CONSTITUIÇÃO DA REPÚBLICA FEDERATIVA DO BRASIL

COLEÇÃO
SARAIVA
DE LEGISLAÇÃO

CONSTITUIÇÃO DA REPÚBLICA FEDERATIVA DO BRASIL

Promulgada em 5 de outubro de 1988

Íntegra das Emendas
  Constitucionais
Súmulas Vinculantes
Índices sistemático, cronológico
  e alfabético-remissivo
Atualizada até a Emenda
  Constitucional n. 135,
  de 20-12-2024

Inclui MATERIAL SUPLEMENTAR:
Convenção Internacional sobre
  os Direitos das Pessoas com
  Deficiência
Tratado de Marraqueche
Convenção Interamericana contra
  o Racismo, a Discriminação
  Racial e Formas Correlatas de
  Intolerância

60ª edição, atualizada
2025

- O Grupo Editorial Nacional | Saraiva Jur empenha seus melhores esforços para assegurar que as informações e os procedimentos apresentados no texto estejam em acordo com os padrões aceitos à época da publicação, *e todos os dados foram atualizados até a data de fechamento do livro*. Entretanto, tendo em conta a evolução das ciências, as atualizações legislativas, as mudanças regulamentares governamentais e o constante fluxo de novas informações sobre os temas que constam do livro, recomendamos enfaticamente que os leitores consultem sempre outras fontes fidedignas, de modo a se certificarem de que as informações contidas no texto estão corretas e de que não houve alterações nas recomendações ou na legislação regulamentadora.

- Data do fechamento do livro: 17/01/2025

- A equipe e a editora se empenharam para citar adequadamente e dar o devido crédito a todos os detentores de direitos autorais de qualquer material utilizado neste livro, dispondo-se a possíveis acertos posteriores caso, inadvertida e involuntariamente, a identificação de algum deles tenha sido omitida.

- Direitos exclusivos para a língua portuguesa
  Copyright ©2025 by
  Saraiva Jur, um selo da SRV Editora Ltda.
  Uma editora integrante do GEN | Grupo Editorial Nacional
  Travessa do Ouvidor, 11
  Rio de Janeiro – RJ – 20040-040

- **Atendimento ao cliente: https://www.editoradodireito.com.br/contato**

- Reservados todos os direitos. É proibida a duplicação ou reprodução deste volume, no todo ou em parte, em quaisquer formas ou por quaisquer meios (eletrônico, mecânico, gravação, fotocópia, distribuição pela Internet ou outros), sem permissão, por escrito, da **SRV Editora Ltda.**

- Capa: Aero Comunicação / Danilo Zanott e Tiago Dela Rosa

DADOS INTERNACIONAIS DE CATALOGAÇÃO NA PUBLICAÇÃO (CIP)
DE ACORDO COM ISBD
ELABORADO POR VAGNER RODOLFO DA SILVA – CRB-8/9410

S243c   Saraiva

       Constituição da República Federativa do Brasil – Coleção saraiva de legislação / Saraiva. – 60. ed. – São Paulo: Saraiva Jur, 2025.
       480 p.

       ISBN: 978-85-5362-442-3

       1. Direito. 2. Direito Previdenciário. 3. Constituição da República Federativa do Brasil. I. Título.

2024-4380   CDU 342
                                                               CDU 342

Índices para catálogo sistemático:
1. Direito Previdenciário 342
2. Direito Previdenciário 342

CONSTITUIÇÃO DA REPÚBLICA FEDERATIVA DO BRASIL

Promulgada em 5 de outubro de 1988

60ª edição, atualizada

2025

Indicador Geral

Nota dos Organizadores	IX
Abreviaturas	XI
Índice Sistemático da Constituição Federal	XV
Índice Cronológico das Emendas Constitucionais	XIX
Índice Cronológico das Emendas Constitucionais Alteradoras	XXVII
Constituição da República Federativa do Brasil...	1
Ato das Disposições Constitucionais Transitórias	201
Emendas Constitucionais	257
Súmulas Vinculantes	369
Índice Alfabético-Remissivo da Constituição Federal	375
Índice Alfabético-Remissivo do Ato das Disposições Constitucionais Transitórias	429

Convenção Internacional sobre os Direitos das Pessoas com Deficiência, acesse:

> https://uqr.to/1yk25

*O seu acesso tem validade de 12 meses a contar da data de fechamento desta edição.

Tratado de Marraqueche, acesse:

> https://uqr.to/1yk24

*O seu acesso tem validade de 12 meses a contar da data de fechamento desta edição.

Convenção Interamericana contra o Racismo, a Discriminação Racial e Formas Correlatas de Intolerância, acesse:

> https://uqr.to/1yk22

*O seu acesso tem validade de 12 meses a contar da data de fechamento desta edição.

Nota dos Organizadores

Apresentação

A Coleção Saraiva de Legislação é composta por obras de temas variados, atuais e de oportunidade. Trata-se de legislação *seca*, sem anotações doutrinárias, o que permite seu uso em provas e concursos públicos.

A Coleção traz títulos que apresentam uma norma principal, acompanhada da legislação complementar pertinente, como, por exemplo, Código de Proteção e Defesa do Consumidor e Código Eleitoral. O leitor conta, ainda, com notas e índices facilitadores de consulta.

O conteúdo, criteriosamente selecionado pela equipe do departamento Editorial Jurídico, foi organizado com o objetivo de proporcionar consulta prática e eficiente.

Material Suplementar

- Convenção Internacional sobre os Direitos das Pessoas com Deficiência
- Tratado de Marraqueche
- Convenção Interamericana contra o Racismo, a Discriminação Racial e Formas Correlatas de Intolerância

O texto completo desses diplomas poderá ser acessado através do *QR Code* ou *link* abaixo:

Acesse o material suplementar
> https://uqr.to/1ykbm

*O seu acesso tem validade de 12 meses a contar da data de fechamento desta edição.

Destaque

→ dispositivos incluídos e/ou alterados em 2024 e 2025.

Notas

As notas foram selecionadas de acordo com seu grau de importância, e estão separadas em fundamentais (grafadas com ••) e acessórias (grafadas com •).

Organizadores

Abreviaturas

ADCs – Ação(ões) Declaratória(s) de Constitucionalidade

ADCT – Ato das Disposições Constitucionais Transitórias

ADI(s) – Ação(ões) Direta(s) de Inconstitucionalidade

ADPF(s) – Arguição(ões) de Descumprimento de Preceito Fundamental

AGU – Advocacia-Geral da União

art.(s) – artigo(s)

BNDES – Banco Nacional de Desenvolvimento Econômico e Social

CAMEX – Câmara de Comércio Exterior

CBA – Código Brasileiro de Aeronáutica (Lei n. 7.565, de 19-12-1986)

CC – Código Civil (Lei n. 10.406, de 10-1-2002)

c/c – combinado com

CCom – Código Comercial (Lei n. 556, de 25-6-1850)

CDC – Código de Proteção e Defesa do Consumidor (Lei n. 8.078, de 11-9-1990)

CE – Código Eleitoral (Lei n. 4.737, de 15-7-1965)

CF – Constituição Federal

CJF – Conselho da Justiça Federal

CLT – Consolidação das Leis do Trabalho (Decreto-lei n. 5.452, de 1.º-5-1943)

CN – Congresso Nacional

CNDI – Conselho Nacional dos Direitos do Idoso

CNJ – Conselho Nacional de Justiça

CNMP – Conselho Nacional do Ministério Público

CNPCP – Conselho Nacional de Política Criminal e Penitenciária

CONAMA – Conselho Nacional do Meio Ambiente

CONASP – Conselho Nacional de Segurança Pública

CONTRAN – Conselho Nacional de Trânsito

CP – Código Penal (Decreto-lei n. 2.848, de 7-12-1940)

CPC – Código de Processo Civil (Lei n. 13.105, de 16-3-2015)

CPF – Cadastro de Pessoas Físicas

Abreviaturas

CPM – Código Penal Militar (Decreto-lei n. 1.001, de 21-10-1969)

CPP – Código de Processo Penal (Decreto-lei n. 3.689, de 3-10-1941)

CPPM – Código de Processo Penal Militar (Decreto-lei n. 1.002, de 21-10-1969)

CTB – Código de Trânsito Brasileiro (Lei n. 9.503, de 23-9-1997)

CTN – Código Tributário Nacional (Lei n. 5.172, de 25-10-1966)

DJE – *Diário da Justiça Eletrônico*

DJU – *Diário da Justiça da União*

DNRC – Departamento Nacional de Registro do Comércio

DOU – *Diário Oficial da União*

EAOAB – Estatuto da Advocacia e da Ordem dos Advogados do Brasil (Lei n. 8.906, de 4-7-1994)

EC(s) – Emenda(s) Constitucional(ais)

ECA – Estatuto da Criança e do Adolescente (Lei n. 8.069, de 13-7-1990)

ECR(s) – Emenda(s) Constitucional(ais) de Revisão

FCDF – Fundo Constitucional do Distrito Federal

FGTS – Fundo de Garantia do Tempo de Serviço

FUNAI – Fundação Nacional do Índio

FUNPEN – Fundo Penitenciário Nacional

INCRA – Instituto Nacional de Colonização e Reforma Agrária

INSS – Instituto Nacional do Seguro Social

IPTU – Imposto Predial e Territorial Urbano

LCP – Lei das Contravenções Penais (Decreto-lei n. 3.688, de 3-10-1941)

LDA – Lei de Direitos Autorais (Lei n. 9.610, de 19-2-1998)

LEF – Lei de Execução Fiscal (Lei n. 6.830, de 22-9-1980)

LEP – Lei de Execução Penal (Lei n. 7.210, de 11-7-1984)

LINDB – Lei de Introdução às Normas do Direito Brasileiro (Decreto-lei n. 4.657, de 4-9-1942)

LOM – Lei Orgânica da Magistratura (Lei Complementar n. 35, de 14-3-1979)

LPI – Lei de Propriedade Industrial (Lei n. 9.279, de 14-5-1996)

LRP – Lei de Registros Públicos (Lei n. 6.015, de 31-12-1973)

LSA – Lei de Sociedades Anônimas (Lei n. 6.404, de 15-12-1976)

MTE – Ministério do Trabalho e Emprego

NCPC – Novo Código de Processo Civil (Lei n. 13.105, de 16-3-2015)

OIT – Organização Internacional do Trabalho

PNC – Plano Nacional de Cultura

PRONAC – Programa Nacional de Apoio à Cultura

PRONAICA – Programa Nacional de Atenção Integral à Criança e ao Adolescente

PRONASCI – Programa Nacional de Segurança Pública com Cidadania

s. – seguinte(s)

SENAR – Serviço Nacional de Aprendizes Rural

SINAMOB – Sistema Nacional de Mobilização

SNDC – Sistema Nacional de Defesa do Consumidor

SNIIC – Sistema Nacional de Informação e Indicadores Culturais

STF – Supremo Tribunal Federal

STJ – Superior Tribunal de Justiça

STM – Superior Tribunal Militar

SUDAM – Superintendência de Desenvolvimento da Amazônia

SUDECO – Superintendência de Desenvolvimento do Centro-Oeste

SUDENE – Superintendência de Desenvolvimento do Nordeste

SUFRAMA – Superintendência da Zona Franca de Manaus

SUS – Sistema Único de Saúde

TCU – Tribunal de Contas da União

TRE – Tribunal Regional Eleitoral

TSE – Tribunal Superior Eleitoral

TST – Tribunal Superior do Trabalho

Índice Sistemático da Constituição Federal

PREÂMBULO 1

Título I
DOS PRINCÍPIOS FUNDAMENTAIS 2

Título II
DOS DIREITOS E GARANTIAS FUNDAMENTAIS 3

Capítulo I – Dos Direitos e Deveres Individuais e Coletivos 4

Capítulo II – Dos Direitos Sociais 12

Capítulo III – Da Nacionalidade 17

Capítulo IV – Dos Direitos Políticos 18

Capítulo V – Dos Partidos Políticos 20

Título III
DA ORGANIZAÇÃO DO ESTADO 22

Capítulo I – Da Organização Político-Administrativa 22

Capítulo II – Da União 22

Capítulo III – Dos Estados Federados 32

Capítulo IV – Dos Municípios 33

Capítulo V – Do Distrito Federal e dos Territórios 38

    Seção I – Do Distrito Federal 38

    Seção II – Dos Territórios 39

Capítulo VI – Da Intervenção 39

Capítulo VII – Da Administração Pública 40

Seção I – Disposições Gerais... 40
Seção II – Dos Servidores Públicos 46
Seção III – Dos Militares dos Estados, do Distrito Federal e dos Territórios 53
Seção IV – Das Regiões 53

Título IV
DA ORGANIZAÇÃO DOS PODERES **54**

Capítulo I – Do Poder Legislativo 54

Seção I – Do Congresso Nacional 54
Seção II – Das Atribuições do Congresso Nacional 55
Seção III – Da Câmara dos Deputados 57
Seção IV – Do Senado Federal 57
Seção V – Dos Deputados e dos Senadores 59
Seção VI – Das Reuniões 61
Seção VII – Das Comissões 62
Seção VIII – Do Processo Legislativo 63
  Subseção I – Disposição Geral 63
  Subseção II – Da Emenda à Constituição 63
  Subseção III – Das Leis.. 64
Seção IX – Da Fiscalização Contábil, Financeira e Orçamentária 68

Capítulo II – Do Poder Executivo.. 70

Seção I – Do Presidente e do Vice-Presidente da República 70
Seção II – Das Atribuições do Presidente da República 71
Seção III – Da Responsabilidade do Presidente da República 73
Seção IV – Dos Ministros de Estado 74
Seção V – Do Conselho da República e do Conselho de Defesa Nacional 75
  Subseção I – Do Conselho da República 75
  Subseção II – Do Conselho de Defesa Nacional 75

Capítulo III – Do Poder Judiciário 76

Seção I – Disposições Gerais... 76
Seção II – Do Supremo Tribunal Federal.. 85
Seção III – Do Superior Tribunal de Justiça 91
Seção IV – Dos Tribunais Regionais Federais e dos Juízes Federais.................. 93
Seção V – Do Tribunal Superior do Trabalho, dos Tribunais Regionais do Trabalho e dos Juízes do Trabalho 95
Seção VI – Dos Tribunais e Juízes Eleitorais 98
Seção VII – Dos Tribunais e Juízes Militares 99
Seção VIII – Dos Tribunais e Juízes dos Estados 100

Capítulo IV – Das Funções Essenciais à Justiça 101
Seção I – Do Ministério Público 101
Seção II – Da Advocacia Pública 105
Seção III – Da Advocacia 106
Seção IV – Da Defensoria Pública 106

Título V
DA DEFESA DO ESTADO E DAS INSTITUIÇÕES DEMOCRÁTICAS 107

Capítulo I – Do Estado de Defesa e do Estado de Sítio 107
Seção I – Do Estado de Defesa 107
Seção II – Do Estado de Sítio 108
Seção III – Disposições Gerais 109

Capítulo II – Das Forças Armadas 109

Capítulo III – Da Segurança Pública 111

Título VI
DA TRIBUTAÇÃO E DO ORÇAMENTO 113

Capítulo I – Do Sistema Tributário Nacional 113
Seção I – Dos Princípios Gerais 113
Seção II – Das Limitações do Poder de Tributar 117
Seção III – Dos Impostos da União 119
Seção IV – Dos Impostos dos Estados e do Distrito Federal 122
Seção V – Dos Impostos dos Municípios 126
Seção V-A – Do Imposto de Competência Compartilhada entre Estados, Distrito Federal e Municípios 128
Seção VI – Da Repartição das Receitas Tributárias 135

Capítulo II – Das Finanças Públicas 139
Seção I – Normas Gerais 139
Seção II – Dos Orçamentos 141

Título VII
DA ORDEM ECONÔMICA E FINANCEIRA 154

Capítulo I – Dos Princípios Gerais da Atividade Econômica 154

Capítulo II – Da Política Urbana 159

Capítulo III – Da Política Agrícola e Fundiária e da Reforma Agrária 160

Capítulo IV – Do Sistema Financeiro Nacional 162

Título VIII

DA ORDEM SOCIAL	162
Capítulo I – Disposição Geral	162
Capítulo II – Da Seguridade Social	162
Seção I – Disposições Gerais	162
Seção II – Da Saúde	166
Seção III – Da Previdência Social	169
Seção IV – Da Assistência Social	173
Capítulo III – Da Educação, da Cultura e do Desporto	174
Seção I – Da Educação	174
Seção II – Da Cultura	182
Seção III – Do Desporto	185
Capítulo IV – Da Ciência, Tecnologia e Inovação	185
Capítulo V – Da Comunicação Social	187
Capítulo VI – Do Meio Ambiente	189
Capítulo VII – Da Família, da Criança, do Adolescente, do Jovem e do Idoso	191
Capítulo VIII – Dos Índios	195

Título IX

DAS DISPOSIÇÕES CONSTITUCIONAIS GERAIS	**195**

ATO DAS DISPOSIÇÕES CONSTITUCIONAIS TRANSITÓRIAS

(arts. 1.º a 138)	201

Índice Cronológico das Emendas Constitucionais

1, de 31-3-1992 – Dispõe sobre a remuneração dos Deputados Estaduais e dos Vereadores .. 257
2, de 25-8-1992 – Dispõe sobre o plebiscito previsto no art. 2.º do Ato das Disposições Constitucionais Transitórias 257
3, de 17-3-1993 – Altera dispositivos da Constituição Federal 258
4, de 14-9-1993 – Dá nova redação ao art. 16 da Constituição Federal 259
5, de 15-8-1995 – Altera o § 2.º do art. 25 da Constituição Federal 261
6, de 15-8-1995 – Altera o inciso IX do art. 170, o art. 171 e o § 1.º do art. 176 da Constituição Federal 262
7, de 15-8-1995 – Altera o art. 178 da Constituição Federal e dispõe sobre a adoção de Medidas Provisórias 262
8, de 15-8-1995 – Altera o inciso XI e a alínea *a* do inciso XII do art. 21 da Constituição Federal 263
9, de 9-11-1995 – Dá nova redação ao art. 177 da Constituição Federal, alterando e inserindo parágrafos 263
10, de 4-3-1996 – Altera os arts. 71 e 72 do Ato das Disposições Constitucionais Transitórias, introduzidos pela Emenda Constitucional de Revisão n. 1, de 1994 263
11, de 30-4-1996 – Permite a admissão de professores, técnicos e cientistas estrangeiros pelas universidades brasileiras e concede autonomia às instituições de pesquisa científica e tecnológica 264
12, de 15-8-1996 – Outorga competência à União, para instituir contribuição provisória sobre movimentação ou transmissão de valores e de créditos e direitos de natureza financeira ... 264
13, de 21-8-1996 – Dá nova redação ao inciso II do art. 192 da Constituição Federal 265
14, de 12-9-1996 – Modifica os arts. 34, 208, 211 e 212 da Constituição Federal, e dá nova redação ao art. 60 do Ato das Disposições Constitucionais Transitórias 265
15, de 12-9-1996 – Dá nova redação ao § 4.º do art. 18 da Constituição Federal 266
16, de 4-6-1997 – Dá nova redação ao § 5.º do art. 14, ao *caput* do art. 28, ao inciso II do art. 29, ao *caput* do art. 77 e ao art. 82 da Constituição Federal 266
17, de 22-11-1997 – Altera dispositivos dos arts. 71 e 72 do Ato das Disposições Constitucionais Transitórias, introduzidos pela Emenda Constitucional de Revisão n. 1, de 1994 .. 267
18, de 5-2-1998 – Dispõe sobre o regime constitucional dos militares 267
19, de 4-6-1998 – Modifica o regime e dispõe sobre princípios e normas da Administração Pública, servidores e agentes políticos, controle de despesas e finanças públicas e custeio de atividades a cargo do Distrito Federal, e dá outras providências 268

Índice Cronológico das ECs

20, de 15-12-1998 – Modifica o sistema de previdência social, estabelece normas de transição e dá outras providências 271

21, de 18-3-1999 – Prorroga, alterando a alíquota, a contribuição provisória sobre movimentação ou transmissão de valores e de créditos e de direitos de natureza financeira, a que se refere o art. 74 do Ato das Disposições Constitucionais Transitórias 273

22, de 18-3-1999 – Acrescenta parágrafo único ao art. 98 e altera as alíneas *i* do inciso I do art. 102, e c do inciso I do art. 105 da Constituição Federal 274

23, de 2-9-1999 – Altera os arts. 12, 52, 84, 91, 102 e 105 da Constituição Federal (criação do Ministério da Defesa) 274

24, de 9-12-1999 – Altera dispositivos da Constituição Federal pertinentes à representação classista na Justiça do Trabalho 274

25, de 14-2-2000 – Altera o inciso VI do art. 29 e acrescenta o art. 29-A à Constituição Federal, que dispõem sobre limites de despesas com o Poder Legislativo Municipal 275

26, de 14-2-2000 – Altera a redação do art. 6.º da Constituição Federal 275

27, de 21-3-2000 – Acrescenta o art. 76 ao Ato das Disposições Constitucionais Transitórias, instituindo a desvinculação de arrecadação de impostos e contribuições sociais da União 276

28, de 25-5-2000 – Dá nova redação ao inciso XXIX do art. 7.º e revoga o art. 233 da Constituição Federal 276

29, de 13-9-2000 – Altera os arts. 34, 35, 156, 160, 167 e 198 da Constituição Federal e acrescenta artigo ao Ato das Disposições Constitucionais Transitórias, para assegurar os recursos mínimos para o financiamento das ações e serviços públicos de saúde 276

30, de 13-9-2000 – Altera a redação do art. 100 da Constituição Federal e acrescenta o art. 78 no Ato das Disposições Constitucionais Transitórias, referente ao pagamento de precatórios judiciários 277

31, de 14-12-2000 – Altera o Ato das Disposições Constitucionais Transitórias, introduzindo artigos que criam o Fundo de Combate e Erradicação da Pobreza 278

32, de 11-9-2001 – Altera dispositivos dos arts. 48, 57, 61, 62, 64, 66, 84, 88 e 246 da Constituição Federal, e dá outras providências 278

33, de 11-12-2001 – Altera os arts. 149, 155 e 177 da Constituição Federal 278

34, de 13-12-2001 – Dá nova redação à alínea c do inciso XVI do art. 37 da Constituição Federal 279

35, de 20-12-2001 – Dá nova redação ao art. 53 da Constituição Federal 279

36, de 28-5-2002 – Dá nova redação ao art. 222 da Constituição Federal, para permitir a participação de pessoas jurídicas no capital social de empresas jornalísticas e de radiodifusão sonora e de sons e imagens, nas condições que especifica 280

37, de 12-6-2002 – Altera os arts. 100 e 156 da Constituição Federal e acrescenta os arts. 84, 85, 86, 87 e 88 ao Ato das Disposições Constitucionais Transitórias 280

38, de 12-6-2002 – Acrescenta o art. 89 ao Ato das Disposições Constitucionais Transitórias, incorporando os Policiais Militares do extinto Território Federal de Rondônia aos Quadros da União 281

39, de 19-12-2002 – Acrescenta o art. 149-A à Constituição Federal (instituindo contribuição para custeio do serviço de iluminação pública nos Municípios e no Distrito Federal) 281

40, de 29-5-2003 – Altera o inciso V do art. 163 e o art. 192 da Constituição Federal, e o *caput* do art. 52 do Ato das Disposições Constitucionais Transitórias 281

41, de 19-12-2003 – Modifica os arts. 37, 40, 42, 48, 96, 149 e 201 da Constituição Federal, revoga o inciso IX do § 3.º do art. 142 da Constituição Federal e dispositivos da Emenda Constitucional n. 20, de 15 de dezembro de 1998, e dá outras providências 282

Índice Cronológico das ECs | XXI

42, de 19-12-2003 – Altera o Sistema Tributário Nacional e dá outras providências 285

43, de 15-4-2004 – Altera o art. 42 do Ato das Disposições Constitucionais Transitórias, prorrogando, por 10 (dez) anos, a aplicação, por parte da União, de percentuais mínimos do total dos recursos destinados à irrigação nas Regiões Centro-Oeste e Nordeste 286

44, de 30-6-2004 – Altera o Sistema Tributário Nacional e dá outras providências 286

45, de 8-12-2004 – Altera dispositivos dos arts. 5.º, 36, 52, 92, 93, 95, 98, 99, 102, 103, 104, 105, 107, 109, 111, 112, 114, 115, 125, 126, 127, 128, 129, 134 e 168 da Constituição Federal, e acrescenta os arts. 103-A, 103-B, 111-A e 130-A, e dá outras providências 286

46, de 5-5-2005 – Altera o inciso IV do art. 20 da Constituição Federal 288

47, de 5-7-2005 – Altera os arts. 37, 40, 195 e 201 da Constituição Federal, para dispor sobre a previdência social, e dá outras providências 288

48, de 10-8-2005 – Acrescenta o § 3.º ao art. 215 da Constituição Federal, instituindo o Plano Nacional de Cultura 289

49, de 8-2-2006 – Altera a redação da alínea *b* e acrescenta alínea *c* ao inciso XXIII do *caput* do art. 21 e altera a redação do inciso V do *caput* do art. 177 da Constituição Federal para excluir do monopólio da União a produção, a comercialização e a utilização de radioisótopos de meia-vida curta, para usos médicos, agrícolas e industriais 289

50, de 14-2-2006 – Modifica o art. 57 da Constituição Federal 290

51, de 14-2-2006 – Acrescenta os §§ 4.º, 5.º e 6.º ao art. 198 da Constituição Federal 290

52, de 8-3-2006 – Dá nova redação ao § 1.º do art. 17 da Constituição Federal para disciplinar as coligações eleitorais 291

53, de 19-12-2006 – Dá nova redação aos arts. 7.º, 23, 30, 206, 208, 211 e 212 da Constituição Federal e ao art. 60 do Ato das Disposições Constitucionais Transitórias 291

54, de 20-9-2007 – Dá nova redação à alínea *c* do inciso I do art. 12 da Constituição Federal e acrescenta art. 95 ao Ato das Disposições Constitucionais Transitórias, assegurando o registro nos consulados de brasileiros nascidos no estrangeiro 292

55, de 20-9-2007 – Altera o art. 159 da Constituição Federal, aumentando a entrega de recursos pela União ao Fundo de Participação dos Municípios 292

56, de 20-12-2007 – Prorroga o prazo previsto no *caput* do art. 76 do Ato das Disposições Constitucionais Transitórias e dá outras providências 293

57, de 18-12-2008 – Acrescenta artigo ao Ato das Disposições Constitucionais Transitórias para convalidar os atos de criação, fusão, incorporação e desmembramento de Municípios 293

58, de 23-9-2009 – Altera a redação do inciso IV do *caput* do art. 29 e do art. 29-A da Constituição Federal, tratando das disposições relativas à recomposição das Câmaras Municipais 294

59, de 11-11-2009 – Acrescenta § 3.º ao art. 76 do Ato das Disposições Constitucionais Transitórias para reduzir, anualmente, a partir do exercício de 2009, o percentual da Desvinculação das Receitas da União incidente sobre os recursos destinados à manutenção e desenvolvimento do ensino de que trata o art. 212 da Constituição Federal, dá nova redação aos incisos I e VII do art. 208, de forma a prever a obrigatoriedade do ensino de quatro a dezessete anos e ampliar a abrangência dos programas suplementares para todas as etapas da educação básica, e dá nova redação ao § 4.º do art. 211 e ao § 3.º do art. 212 e ao *caput* do art. 214, com a inserção neste dispositivo de inciso VI 294

60, de 11-11-2009 – Altera o art. 89 do Ato das Disposições Constitucionais Transitórias para dispor sobre o quadro de servidores civis e militares do ex-Território Federal de Rondônia 295

61, de 11-11-2009 – Altera o art. 103-B da Constituição Federal, para modificar a composição do Conselho Nacional de Justiça 295

62, de 9-12-2009 – Altera o art. 100 da Constituição Federal e acrescenta o art. 97 ao Ato das Disposições Constitucionais Transitórias, instituindo regime especial de pagamento de precatórios pelos Estados, Distrito Federal e Municípios 296

63, de 4-2-2010 – Altera o § 5.º do art. 198 da Constituição Federal para dispor sobre piso salarial profissional nacional e diretrizes para os Planos de Carreira de agentes comunitários de saúde e de agentes de combate às endemias 297

64, de 4-2-2010 – Altera o art. 6.º da Constituição Federal, para introduzir a alimentação como direito social 297

65, de 13-7-2010 – Altera a denominação do Capítulo VII do Título VIII da Constituição Federal e modifica o seu art. 227, para cuidar dos interesses da juventude 297

66, de 13-7-2010 – Dá nova redação ao § 6.º do art. 226 da Constituição Federal, que dispõe sobre a dissolubilidade do casamento civil pelo divórcio, suprimindo o requisito de prévia separação judicial por mais de 1 (um) ano ou de comprovada separação de fato por mais de 2 (dois) anos 298

67, de 22-12-2010 – Prorroga, por tempo indeterminado, o prazo de vigência do Fundo de Combate e Erradicação da Pobreza 298

68, de 21-12-2011 – Altera o art. 76 do Ato das Disposições Constitucionais Transitórias 299

69, de 29-3-2012 – Altera os arts. 21, 22 e 48 da Constituição Federal, para transferir da União para o Distrito Federal as atribuições de organizar e manter a Defensoria Pública do Distrito Federal 299

70, de 29-3-2012 – Acrescenta art. 6.º-A à Emenda Constitucional n. 41, de 2003, para estabelecer critérios para o cálculo e a correção dos proventos da aposentadoria por invalidez dos servidores públicos que ingressaram no serviço público até a data da publicação daquela Emenda Constitucional 300

71, de 29-11-2012 – Acrescenta o art. 216-A à Constituição Federal para instituir o Sistema Nacional de Cultura 300

72, de 2-4-2013 – Altera a redação do parágrafo único do art. 7.º da Constituição Federal para estabelecer a igualdade de direitos trabalhistas entre os trabalhadores domésticos e os demais trabalhadores urbanos e rurais 301

73, de 6-6-2013 – Cria os Tribunais Regionais Federais da 6.ª, 7.ª, 8.ª e 9.ª Regiões 301

74, de 6-8-2013 – Altera o art. 134 da Constituição Federal 302

75, de 15-10-2013 – Acrescenta a alínea e ao inciso VI do art. 150 da Constituição Federal, instituindo imunidade tributária sobre os fonogramas e videofonogramas musicais produzidos no Brasil contendo obras musicais ou literomusicais de autores brasileiros e/ou obras em geral interpretadas por artistas brasileiros bem como os suportes materiais ou arquivos digitais que os contenham 302

76, de 28-11-2013 – Altera o § 2.º do art. 55 e o § 4.º do art. 66 da Constituição Federal, para abolir a votação secreta nos casos de perda de mandato de Deputado ou Senador e de apreciação de veto 302

77, de 11-2-2014 – Altera os incisos II, III e VIII do § 3.º do art. 142 da Constituição Federal, para estender aos profissionais de saúde das Forças Armadas a possibilidade de cumulação de cargo a que se refere o art. 37, XVI, c 303

78, de 14-5-2014 – Acrescenta o art. 54-A ao Ato das Disposições Constitucionais Transitórias, para dispor sobre indenização devida aos seringueiros de que trata o art. 54 desse Ato ... 303

79, de 27-5-2014 – Altera o art. 31 da Emenda Constitucional n. 19, de 4 de junho de 1998, para prever a inclusão, em quadro em extinção da Administração Federal, de servidores e policiais militares admitidos pelos Estados do Amapá e de Roraima, na fase de instalação dessas unidades federadas, e dá outras providências 304

Índice Cronológico das ECs

80, de 4-6-2014 – Altera o Capítulo IV – Das Funções Essenciais à Justiça, do Título IV – Da Organização dos Poderes, e acrescenta artigo ao Ato das Disposições Constitucionais Transitórias da Constituição Federal 305
81, de 5-6-2014 – Dá nova redação ao art. 243 da Constituição Federal 305
82, de 16-7-2014 – Inclui o § 10 ao art. 144 da Constituição Federal, para disciplinar a segurança viária no âmbito dos Estados, do Distrito Federal e dos Municípios 306
83, de 5-8-2014 – Acrescenta o art. 92-A ao Ato das Disposições Constitucionais Transitórias – ADCT 306
84, de 2-12-2014 – Altera o art. 159 da Constituição Federal para aumentar a entrega de recursos pela União para o Fundo de Participação dos Municípios 307
85, de 26-2-2015 – Altera e adiciona dispositivos na Constituição Federal para atualizar o tratamento das atividades de ciência, tecnologia e inovação 307
86, de 17-3-2015 – Altera os arts. 165, 166 e 198 da Constituição Federal, para tornar obrigatória a execução da programação orçamentária que especifica 308
87, de 16-4-2015 – Altera o § 2.º do art. 155 da Constituição Federal e inclui o art. 99 no Ato das Disposições Constitucionais Transitórias, para tratar da sistemática de cobrança do imposto sobre operações relativas à circulação de mercadorias e sobre prestações de serviços de transporte interestadual e intermunicipal e de comunicação incidente sobre as operações e prestações que destinem bens e serviços a consumidor final, contribuinte ou não do imposto, localizado em outro Estado 308
88, de 7-5-2015 – Altera o art. 40 da Constituição Federal, relativamente ao limite de idade para a aposentadoria compulsória do servidor público em geral, e acrescenta dispositivo ao Ato das Disposições Constitucionais Transitórias 309
89, de 15-9-2015 – Dá nova redação ao art. 42 do Ato das Disposições Constitucionais Transitórias, ampliando o prazo em que a União deverá destinar às Regiões Centro-Oeste e Nordeste percentuais mínimos dos recursos destinados à irrigação 309
90, de 15-9-2015 – Dá nova redação ao art. 6.º da Constituição Federal, para introduzir o transporte como direito social.................. 310
91, de 18-2-2016 – Altera a Constituição Federal para estabelecer a possibilidade, excepcional e em período determinado, de desfiliação partidária, sem prejuízo do mandato 310
92, de 12-7-2016 – Altera os arts. 92 e 111-A da Constituição Federal, para explicitar o Tribunal Superior do Trabalho como órgão do Poder Judiciário, alterar os requisitos para o provimento dos cargos de Ministros daquele Tribunal e modificar-lhe a competência .. 310
93, de 8-9-2016 – Altera o Ato das Disposições Constitucionais Transitórias para prorrogar a desvinculação de receitas da União e estabelecer a desvinculação de receitas dos Estados, Distrito Federal e Municípios 311
94, de 15-12-2016 – Altera o art. 100 da Constituição Federal, para dispor sobre o regime de pagamento de débitos públicos decorrentes de condenações judiciais; e acrescenta dispositivos ao Ato das Disposições Constitucionais Transitórias, para instituir regime especial de pagamento para os casos em mora 311
95, de 15-12-2016 – Altera o Ato das Disposições Constitucionais Transitórias, para instituir o Novo Regime Fiscal, e dá outras providências 312
96, de 6-6-2017 – Acrescenta § 7.º ao art. 225 da Constituição Federal para determinar que práticas desportivas que utilizem animais não são consideradas cruéis, nas condições que especifica 312
97, de 4-10-2017 – Altera a Constituição Federal para vedar as coligações partidárias nas eleições proporcionais, estabelecer normas sobre acesso dos partidos políticos aos recursos do fundo partidário e ao tempo de propaganda gratuito no rádio e na televisão e dispor sobre regras de transição 313

Índice Cronológico das ECs

98, de 6-12-2017 – Altera o art. 31 da Emenda Constitucional n. 19, de 4 de junho de 1998, para prever a inclusão, em quadro em extinção da administração pública federal, de servidor público, de integrante da carreira de policial, civil ou militar, e de pessoa que haja mantido relação ou vínculo funcional, empregatício, estatutário ou de trabalho com a administração pública dos ex-Territórios ou dos Estados do Amapá ou de Roraima, inclusive suas prefeituras, na fase de instalação dessas unidades federadas, e dá outras providências 314

99, de 14-12-2017 – Altera o art. 101 do Ato das Disposições Constitucionais Transitórias, para instituir novo regime especial de pagamento de precatórios, e os arts. 102, 103 e 105 do Ato das Disposições Constitucionais Transitórias 315

100, de 26-6-2019 – Altera os arts. 165 e 166 da Constituição Federal para tornar obrigatória a execução da programação orçamentária proveniente de emendas de bancada de parlamentares de Estado ou do Distrito Federal 315

101, de 3-7-2019 – Acrescenta § 3.º ao art. 42 da Constituição Federal para estender aos militares dos Estados, do Distrito Federal e dos Territórios o direito à acumulação de cargos públicos prevista no art. 37, inciso XVI 316

102, de 26-9-2019 – Dá nova redação ao art. 20 da Constituição Federal e altera o art. 165 da Constituição Federal e o art. 107 do Ato das Disposições Constitucionais Transitórias 317

103, de 12-11-2019 – Altera o sistema de previdência social e estabelece regras de transição e disposições transitórias 317

104, de 4-12-2019 – Altera o inciso XIV do caput do art. 21, o § 4.º do art. 32 e o art. 144 da Constituição Federal, para criar as polícias penais federal, estaduais e distrital 332

105, de 12-12-2019 – Acrescenta o art. 166-A à Constituição Federal, para autorizar a transferência de recursos federais a Estados, ao Distrito Federal e a Municípios mediante emendas ao projeto de lei orçamentária anual 333

106, de 7-5-2020 – Institui regime extraordinário fiscal, financeiro e de contratações para enfrentamento de calamidade pública nacional decorrente de pandemia 333

107, de 2-7-2020 – Adia, em razão da pandemia da Covid-19, as eleições municipais de outubro de 2020 e os prazos eleitorais respectivos 336

108, de 26-8-2020 – Altera a Constituição Federal para estabelecer critérios de distribuição da cota municipal do Imposto sobre Operações Relativas à Circulação de Mercadorias e sobre Prestações de Serviços de Transporte Interestadual e Intermunicipal e de Comunicação (ICMS), para disciplinar a disponibilização de dados contábeis pelos entes federados, para tratar do planejamento na ordem social e para dispor sobre o Fundo de Manutenção e Desenvolvimento da Educação Básica e de Valorização dos Profissionais da Educação (Fundeb); altera o Ato das Disposições Constitucionais Transitórias; e dá outras providências .. 338

109, de 15-3-2021 – Altera os arts. 29-A, 37, 49, 84, 163, 165, 167, 168 e 169 da Constituição Federal e os arts. 101 e 109 do Ato das Disposições Constitucionais Transitórias; acrescenta à Constituição Federal os arts. 164-A, 167-A, 167-B, 167-C, 167-D, 167-E, 167-F e 167-G; revoga dispositivos do Ato das Disposições Constitucionais Transitórias e institui regras transitórias sobre redução de benefícios tributários; desvincula parcialmente o superávit financeiro de fundos públicos; e suspende condicionalidades para realização de despesas com concessão de auxílio emergencial residual para enfrentar as consequências sociais e econômicas da pandemia da Covid-19 338

110, de 12-7-2021 – Acrescenta o art. 18-A ao Ato das Disposições Constitucionais Transitórias, para dispor sobre a convalidação de atos administrativos praticados no Estado do Tocantins entre 1.º de janeiro de 1989 e 31 de dezembro de 1994 341

111, de 28-9-2021 – Altera a Constituição Federal para disciplinar a realização de consultas populares concomitantes às eleições municipais, dispor sobre o instituto da fidelidade partidária, alterar a data de posse de Governadores e do Presidente da República e estabelecer regras transitórias para distribuição entre os partidos políticos dos recursos do fundo partidário e do Fundo Especial de Financiamento de Campanha (FEFC) e para o funcionamento dos partidos políticos 341

112, de 27-10-2021 – Altera o art. 159 da Constituição Federal para disciplinar a distribuição de recursos pela União ao Fundo de Participação dos Municípios.................................... 342

113, de 8-12-2021 – Altera a Constituição Federal e o Ato das Disposições Constitucionais Transitórias para estabelecer o novo regime de pagamentos de precatórios, modificar normas relativas ao Novo Regime Fiscal e autorizar o parcelamento de débitos previdenciários dos Municípios; e dá outras providências... 342

114, de 16-12-2021 – Altera a Constituição Federal e o Ato das Disposições Constitucionais Transitórias para estabelecer o novo regime de pagamentos de precatórios, modificar normas relativas ao Novo Regime Fiscal e autorizar o parcelamento de débitos previdenciários dos Municípios; e dá outras providências... 343

115, de 10-2-2022 – Altera a Constituição Federal para incluir a proteção de dados pessoais entre os direitos e garantias fundamentais e para fixar a competência privativa da União para legislar sobre proteção e tratamento de dados pessoais 345

116, de 17-2-2022 – Acrescenta o § 1.º-A ao art. 156 da Constituição Federal para prever a não incidência sobre templos de qualquer culto do Imposto sobre a Propriedade Predial e Territorial Urbana (IPTU), ainda que as entidades abrangidas pela imunidade tributária sejam apenas locatárias do bem imóvel 345

117, de 5-4-2022 – Altera o art. 17 da Constituição Federal para impor aos partidos políticos a aplicação de recursos do fundo partidário na promoção e difusão da participação política das mulheres, bem como a aplicação de recursos desse fundo e do Fundo Especial de Financiamento de Campanha e a divisão do tempo de propaganda gratuita no rádio e na televisão no percentual mínimo de 30% (trinta por cento) para candidaturas femininas.. 346

118, de 26-4-2022 – Dá nova redação às alíneas *b* e *c* do inciso XXIII do *caput* do art. 21 da Constituição Federal, para autorizar a produção, a comercialização e a utilização de radioisótopos para pesquisa e uso médicos.. 346

119, de 27-4-2022 – Altera o Ato das Disposições Constitucionais Transitórias para determinar a impossibilidade de responsabilização dos Estados, do Distrito Federal, dos Municípios e dos agentes públicos desses entes federados pelo descumprimento, nos exercícios financeiros de 2020 e 2021, do disposto no *caput* do art. 212 da Constituição Federal. 347

120, de 5-5-2022 – Acrescenta §§ 7.º, 8.º, 9.º, 10 e 11 ao art. 198 da Constituição Federal, para dispor sobre a responsabilidade financeira da União, corresponsável pelo Sistema Único de Saúde (SUS), na política remuneratória e na valorização dos profissionais que exercem atividades de agente comunitário de saúde e de agente de combate às endemias.............. 347

121, de 10-5-2022 – Altera o inciso IV do § 2.º do art. 4.º da Emenda Constitucional n. 109, de 15 de março de 2021. 348

122, de 17-5-2022 – Altera a Constituição Federal para elevar para setenta anos a idade máxima para a escolha e nomeação de membros do Supremo Tribunal Federal, do Superior Tribunal de Justiça, dos Tribunais Regionais Federais, do Tribunal Superior do Trabalho, dos Tribunais Regionais do Trabalho, do Tribunal de Contas da União e dos Ministros civis do Superior Tribunal Militar... 348

123, de 14-7-2022 – Altera a Constituição Federal e o Ato das Disposições Constitucionais Transitórias para estabelecer benefícios sociais diante do estado de emergência decorrente da elevação dos preços do petróleo, combustíveis e seus derivados. 349

124, de 14-7-2022 – Institui o piso salarial nacional do enfermeiro, do técnico de enfermagem, do auxiliar de enfermagem e da parteira.. 353

125, de 14-7-2022 – Altera a Constituição Federal para instituir no recurso especial o requisito da relevância das questões de direito federal infraconstitucional........................ 353

126, de 21-12-2022 – Altera a Constituição Federal, para dispor sobre as emendas individuais ao projeto de lei orçamentária, e o Ato das Disposições Constitucionais Transitórias para excluir despesas dos limites previstos no art. 107, além de definir regras para a transição da Presidência da República aplicáveis à Lei Orçamentária de 2023..................... 354

127, de 22-12-2022 – Altera a Constituição Federal e o Ato das Disposições Constitucionais Transitórias para estabelecer que compete à União prestar assistência financeira complementar aos Estados, ao Distrito Federal e aos Municípios e às entidades filantrópicas, para o cumprimento dos pisos salariais profissionais nacionais para o enfermeiro, o técnico de enfermagem, o auxiliar de enfermagem e a parteira; altera a Emenda Constitucional n. 109, de 15 de março de 2021, para estabelecer o superávit financeiro dos fundos públicos do Poder Executivo como fonte de recursos para o cumprimento dos pisos salariais profissionais nacionais para o enfermeiro, o técnico de enfermagem, o auxiliar de enfermagem e a parteira; e dá outras providências 355

128, de 22-12-2022 – Acrescenta § 7.º ao art. 167 da Constituição Federal, para proibir a imposição e a transferência, por lei, de qualquer encargo financeiro decorrente da prestação de serviço público para a União, os Estados, o Distrito Federal e os Municípios...... 356

129, de 5-7-2023 – Acrescenta o art. 123 ao Ato das Disposições Constitucionais Transitórias, para assegurar prazo de vigência adicional aos instrumentos de permissão lotérica......... 356

130, de 3-10-2023 – Altera o art. 93 da Constituição Federal para permitir a permuta entre juízes de direito vinculados a diferentes tribunais... 357

131, de 3-10-2023 – Altera o art. 12 da Constituição Federal para suprimir a perda da nacionalidade brasileira em razão da mera aquisição de outra nacionalidade, incluir a exceção para situações de apatridia e acrescentar a possibilidade de uma pessoa requerer a perda da própria nacionalidade.. 357

132, de 20-12-2023 – Altera o Sistema Tributário Nacional.. 358

133, de 22-8-2024 – Altera o art. 17 da Constituição Federal para impor aos partidos políticos a obrigatoriedade da aplicação de recursos financeiros para candidaturas de pessoas pretas e pardas... 365

134, de 24-9-2024 – Altera o art. 96 da Constituição Federal, para dispor sobre a eleição dos órgãos diretivos de Tribunais de Justiça.. 367

135, de 20-12-2024 – Altera os arts. 37, 163, 165, 212-A e 239 da Constituição Federal e o Ato das Disposições Constitucionais Transitórias (ADCT)............................ 367

EMENDAS CONSTITUCIONAIS DE REVISÃO

1, de 1.º-3-1994 – Acrescenta os arts. 71, 72 e 73 ao Ato das Disposições Constitucionais Transitórias.. 259

2, de 7-6-1994 – Dá nova redação ao art. 50, *caput* e § 2.º, da Constituição Federal.......... 260

3, de 7-6-1994 – Altera a alínea c do inciso I, a alínea b do inciso II, o § 1.º e o inciso II do § 4.º do art. 12 da Constituição Federal.. 260

4, de 7-6-1994 – Dá nova redação ao § 9.º do art. 14 da Constituição Federal................... 260

5, de 7-6-1994 – Substitui a expressão cinco anos por quatro anos no art. 82 da Constituição Federal... 261

6, de 7-6-1994 – Acrescenta § 4.º ao art. 55 da Constituição Federal........................... 261

Índice Cronológico das Emendas Constitucionais Alteradoras

EMENDA CONSTITUCIONAL N. 1, DE 31 DE MARÇO DE 1992
Altera os arts. 27 e 29.
•• *Vide* Emendas Constitucionais n. 19, de 4-6-1998, e n. 25, de 14-2-2000.

EMENDA CONSTITUCIONAL N. 2, DE 25 DE AGOSTO DE 1992
Dispõe sobre o plebiscito previsto no art. 2.º do Ato das Disposições Constitucionais Transitórias.

EMENDA CONSTITUCIONAL N. 3, DE 17 DE MARÇO DE 1993
Altera os arts. 40, 42, 102, 103, 150, 155, 156, 160 e 167.
Revoga o inciso IV e o § 4.º do art. 156.
•• *Vide* Emendas Constitucionais n. 18, de 5-2-1998, n. 20, de 15-12-1998, n. 29, de 13-9-2000, n. 33, de 11-12-2001, n. 37, de 12-6-2002, e n. 45, de 8-12-2004.

EMENDA CONSTITUCIONAL N. 4, DE 14 DE SETEMBRO DE 1993
Altera o art. 16.

EMENDA CONSTITUCIONAL DE REVISÃO N. 1, DE 1.º DE MARÇO DE 1994
Acrescenta os arts. 71, 72 e 73 ao Ato das Disposições Constitucionais Transitórias.
•• *Vide* Emendas Constitucionais n. 10, de 4-3-1996, e n. 17, de 22-11-1997.

EMENDA CONSTITUCIONAL DE REVISÃO N. 2, DE 7 DE JUNHO DE 1994
Altera o art. 50.

EMENDA CONSTITUCIONAL DE REVISÃO N. 3, DE 7 DE JUNHO DE 1994
Altera o art. 12.
•• *Vide* Emenda Constitucional n. 54, de 20-9-2007.
•• *Vide* Emenda Constitucional n. 131, de 3-10-2023.

EMENDA CONSTITUCIONAL DE REVISÃO N. 4, DE 7 DE JUNHO DE 1994
Altera o art. 14.

EMENDA CONSTITUCIONAL DE REVISÃO N. 5, DE 7 DE JUNHO DE 1994
Altera o art. 82.
•• *Vide* Emenda Constitucional n. 16, de 4-6-1997.

EMENDA CONSTITUCIONAL DE REVISÃO N. 6, DE 7 DE JUNHO DE 1994
Altera o art. 55.

EMENDA CONSTITUCIONAL N. 5, DE 15 DE AGOSTO DE 1995
Altera o art. 25.

EMENDA CONSTITUCIONAL N. 6, DE 15 DE AGOSTO DE 1995
Acrescenta o art. 246.
Altera os arts. 170 e 176.
Revoga o art. 171.
- •• Vide Emendas Constitucionais n. 7, de 15-8-1995, e n. 32, de 11-9-2001.

EMENDA CONSTITUCIONAL N. 7, DE 15 DE AGOSTO DE 1995
Acrescenta o art. 246.
Altera o art. 178.
- •• Vide Emenda Constitucional n. 32, de 11-9-2001.

EMENDA CONSTITUCIONAL N. 8, DE 15 DE AGOSTO DE 1995
Altera o art. 21.

EMENDA CONSTITUCIONAL N. 9, DE 9 DE NOVEMBRO DE 1995
Altera o art. 177.

EMENDA CONSTITUCIONAL N. 10, DE 4 DE MARÇO DE 1996
Altera os arts. 71 e 72 do Ato das Disposições Constitucionais Transitórias.
- •• Vide Emenda Constitucional n. 17, de 22-11-1997.

EMENDA CONSTITUCIONAL N. 11, DE 30 DE ABRIL DE 1996
Altera o art. 207.

EMENDA CONSTITUCIONAL N. 12, DE 15 DE AGOSTO DE 1996
Acrescenta o art. 74 ao Ato das Disposições Constitucionais Transitórias.

EMENDA CONSTITUCIONAL N. 13, DE 21 DE AGOSTO DE 1996
Altera o art. 192.
- •• Vide Emenda Constitucional n. 40, de 29-5-2003.

EMENDA CONSTITUCIONAL N. 14, DE 12 DE SETEMBRO DE 1996
Altera os arts. 34, 208, 211 e 212 da Constituição Federal, e 60 do Ato das Disposições Constitucionais Transitórias.
- •• Vide Emendas Constitucionais n. 29, de 13-9-2000, n. 53, de 19-12-2006, e n. 59, de 11-11-2009.

EMENDA CONSTITUCIONAL N. 15, DE 12 DE SETEMBRO DE 1996
Altera o art. 18.

EMENDA CONSTITUCIONAL N. 16, DE 4 DE JUNHO DE 1997
Altera os arts. 14, 28, 29, 77 e 82.

EMENDA CONSTITUCIONAL N. 17, DE 22 DE NOVEMBRO DE 1997
Altera os arts. 71 e 72 do Ato das Disposições Constitucionais Transitórias.

EMENDA CONSTITUCIONAL N. 18, DE 5 DE FEVEREIRO DE 1998
Altera os arts. 37, 42, 61 e 142.
- •• Vide Emendas Constitucionais n. 19, de 4-6-1998, n. 20, de 15-9-1998, n. 41, de 19-12-2003, e n. 77, de 11-2-2014.

EMENDA CONSTITUCIONAL N. 19, DE 4 DE JUNHO DE 1998
Acrescenta o art. 247.
Altera os arts. 21, 22, 27, 28, 29, 37, 38, 39, 41, 48, 49, 51, 52, 57, 70, 93, 95, 96, 127, 128, 132, 135, 144, 167, 169, 173, 206 e 241.
- •• Vide Emendas Constitucionais n. 25, de 14-2-2000, n. 32, de 11-9-2001, n. 34, de 13-12-2001, n. 41, de 19-12-2003, n. 50, de 14-2-2006, e n. 53, de 19-12-2006.

Índice Cronológico das ECs Alteradoras — XXIX

EMENDA CONSTITUCIONAL N. 20, DE 15 DE DEZEMBRO DE 1998
Acrescenta os arts. 248, 249 e 250.
Altera os arts. 7.º, 37, 40, 42, 73, 93, 100, 114, 142, 167, 194, 195, 201 e 202.
Revoga o inciso II do § 2.º do art. 153.
•• *Vide* Emendas Constitucionais n. 30, de 13-9-2000, n. 41, de 19-12-2003, n. 45, de 8-12-2004, n. 47, de 5-7-2005, n. 62, de 9-12-2009, n. 88, de 7-5-2015 e n. 103, de 12-11-2019.

EMENDA CONSTITUCIONAL N. 21, DE 18 DE MARÇO DE 1999
Acrescenta o art. 75 do Ato das Disposições Constitucionais Transitórias.

EMENDA CONSTITUCIONAL N. 22, DE 18 DE MARÇO DE 1999
Altera os arts. 98, 102 e 105.
•• *Vide* Emendas Constitucionais n. 23, de 2-9-1999, e n. 45, de 8-12-2004.

EMENDA CONSTITUCIONAL N. 23, DE 2 DE SETEMBRO DE 1999
Altera os arts. 12, 52, 84, 91, 102 e 105.

EMENDA CONSTITUCIONAL N. 24, DE 9 DE DEZEMBRO DE 1999
Altera os arts. 111, 112, 113, 115 e 116.
Revoga o art. 117.
•• *Vide* Emenda Constitucional n. 45, de 8-12-2004.

EMENDA CONSTITUCIONAL N. 25, DE 14 DE FEVEREIRO DE 2000
Altera os arts. 29 e 29-A.
•• *Vide* Emenda Constitucional n. 58, de 23-9-2009.

EMENDA CONSTITUCIONAL N. 26, DE 14 DE FEVEREIRO DE 2000
Altera o art. 6.º.
•• *Vide* Emenda Constitucional n. 64, de 4-2-2010.

EMENDA CONSTITUCIONAL N. 27, DE 21 DE MARÇO DE 2000
Acrescenta o art. 76 do Ato das Disposições Constitucionais Transitórias.
•• *Vide* Emendas Constitucionais n. 42, de 19-12-2003, n. 56, de 20-12-2007, e n. 68, de 21-12-2011.

EMENDA CONSTITUCIONAL N. 28, DE 25 DE MAIO DE 2000
Altera o art. 7.º.
Revoga o art. 233.

EMENDA CONSTITUCIONAL N. 29, DE 13 DE SETEMBRO DE 2000
Acrescenta o art. 77 ao Ato das Disposições Constitucionais Transitórias.
Altera os arts. 34, 35, 156, 160, 167 e 198.
•• *Vide* Emendas Constitucionais n. 42, de 19-12-2003, e n. 86, de 17-3-2015.

EMENDA CONSTITUCIONAL N. 30, DE 13 DE SETEMBRO DE 2000
Acrescenta o art. 78 ao Ato das Disposições Constitucionais Transitórias.
Altera o art. 100.
•• *Vide* Emendas Constitucionais n. 37, de 12-7-2002, e n. 62, de 9-12-2009.

EMENDA CONSTITUCIONAL N. 31, DE 14 DE DEZEMBRO DE 2000
Acrescenta os arts. 79, 80, 81, 82 e 83 do Ato das Disposições Constitucionais Transitórias.
•• *Vide* Emenda Constitucional n. 42, de 19-12-2003.

EMENDA CONSTITUCIONAL N. 32, DE 11 DE SETEMBRO DE 2001
Altera os arts. 48, 57, 61, 62, 64, 66, 84, 88 e 246.
•• *Vide* Emenda Constitucional n. 50, de 14-2-2006.

EMENDA CONSTITUCIONAL N. 33, DE 11 DE DEZEMBRO DE 2001
Altera os arts. 149, 155 e 177.
•• *Vide* Emenda Constitucional n. 42, de 19-12-2003.

EMENDA CONSTITUCIONAL N. 34, DE 13 DE DEZEMBRO DE 2001
Altera o art. 37.

EMENDA CONSTITUCIONAL N. 35, DE 20 DE DEZEMBRO DE 2001
Altera o art. 53.

EMENDA CONSTITUCIONAL N. 36, DE 28 DE MAIO DE 2002
Altera o art. 222.

EMENDA CONSTITUCIONAL N. 37, DE 12 DE JUNHO DE 2002
Acrescenta os arts. 84, 85, 86, 87 e 88 ao Ato das Disposições Constitucionais Transitórias.
Altera os arts. 100 e 156.
•• *Vide* Emendas Constitucionais n. 42, de 19-12-2003, e n. 62, de 9-12-2009.

EMENDA CONSTITUCIONAL N. 38, DE 12 DE JUNHO DE 2002
Acrescenta o art. 89 do Ato das Disposições Constitucionais Transitórias.
•• *Vide* Emenda Constitucional n. 60, de 11-11-2009.

EMENDA CONSTITUCIONAL N. 39, DE 19 DE DEZEMBRO DE 2002
Acrescenta o art. 149-A.

EMENDA CONSTITUCIONAL N. 40, DE 29 DE MAIO DE 2003
Altera os arts. 163 e 192 da Constituição Federal, e 52 do Ato das Disposições Constitucionais Transitórias.

EMENDA CONSTITUCIONAL N. 41, DE 19 DE DEZEMBRO DE 2003
Altera os arts. 37, 40, 42, 48, 96, 149 e 201.
Revoga o inciso IX do § 3.º do art. 142.
•• *Vide* Emendas Constitucionais n. 47, de 5-7-2005, e n. 103, de 12-11-2019.

EMENDA CONSTITUCIONAL N. 42, DE 19 DE DEZEMBRO DE 2003
Acrescenta os arts. 146-A à Constituição Federal, e 90 a 94 ao Ato das Disposições Constitucionais Transitórias.
Altera os arts. 37, 52, 146, 149, 150, 153, 155, 158, 159, 167, 170, 195, 204 e 216 da Constituição Federal, e 76, 82 e 83 do Ato das Disposições Constitucionais Transitórias.
Revoga o inciso II do § 3.º do art. 84.
•• *Vide* Emendas Constitucionais n. 44, de 30-6-2004, n. 56, de 20-12-2007, n. 68, de 21-12-2011, e n. 103, de 12-11-2019.

EMENDA CONSTITUCIONAL N. 43, DE 15 DE ABRIL DE 2004
Altera o art. 42 do Ato das Disposições Constitucionais Transitórias.
•• *Vide* Emenda Constitucional n. 89, de 15-9-2015.

EMENDA CONSTITUCIONAL N. 44, DE 30 DE JUNHO DE 2004
Altera o art. 159.

EMENDA CONSTITUCIONAL N. 45, DE 8 DE DEZEMBRO DE 2004
Acrescenta os arts. 103-A, 103-B, 111-A e 130-A.
Altera os arts. 5.º, 36, 52, 92, 93, 95, 98, 99, 102, 103, 104, 105, 107, 109, 111, 112, 114, 115, 125, 126, 127, 128, 129, 134 e 168.
Revoga o inciso IV do art. 36, a alínea *h* do inciso I do art. 102, o § 4.º do art. 103 e os §§ 1.º a 3.º do art. 111.
•• *Vide* Emendas Constitucionais n. 61, de 11-11-2009, n. 103, de 12-11-2019 e n. 122, de 17-5-2022.

EMENDA CONSTITUCIONAL N. 46, DE 5 DE MAIO DE 2005
Altera o art. 20.

EMENDA CONSTITUCIONAL N. 47, DE 5 DE JULHO DE 2005
Altera os arts. 37, 40, 195 e 201.
•• Vide Emenda Constitucional n. 103, de 12-11-2019.

EMENDA CONSTITUCIONAL N. 48, DE 10 DE AGOSTO DE 2005
Altera o art. 215.

EMENDA CONSTITUCIONAL N. 49, DE 8 DE FEVEREIRO DE 2006
Altera os arts. 21 e 177.
•• Vide Emenda Constitucional n. 118, de 26-4-2022.

EMENDA CONSTITUCIONAL N. 50, DE 14 DE FEVEREIRO DE 2006
Altera o art. 57.

EMENDA CONSTITUCIONAL N. 51, DE 14 DE FEVEREIRO DE 2006
Altera o art. 198.
•• Vide Emenda Constitucional n. 63, de 4-2-2010.

EMENDA CONSTITUCIONAL N. 52, DE 8 DE MARÇO DE 2006
Altera o art. 17.
•• Vide Emenda Constitucional n. 97, de 4-10-2017.

EMENDA CONSTITUCIONAL N. 53, DE 19 DE DEZEMBRO DE 2006
Altera os arts. 7.º, 23, 30, 206, 208, 211 e 212 da Constituição Federal, e 60 do Ato das Disposições Constitucionais Transitórias.

EMENDA CONSTITUCIONAL N. 54, DE 20 DE SETEMBRO DE 2007
Acrescenta o art. 95 ao Ato das Disposições Constitucionais Transitórias.
Altera o art. 12.

EMENDA CONSTITUCIONAL N. 55, DE 20 DE SETEMBRO DE 2007
Altera o art. 159.
•• Vide Emenda Constitucional n. 84, de 2-12-2014.

EMENDA CONSTITUCIONAL N. 56, DE 20 DE DEZEMBRO DE 2007
Altera o art. 76 do Ato das Disposições Constitucionais Transitórias.
•• Vide Emenda Constitucional n. 68, de 21-12-2011.

EMENDA CONSTITUCIONAL N. 57, DE 18 DE DEZEMBRO DE 2008
Acrescenta o art. 96 ao Ato das Disposições Constitucionais Transitórias.

EMENDA CONSTITUCIONAL N. 58, DE 23 DE SETEMBRO DE 2009
Altera os arts. 29 e 29-A.

EMENDA CONSTITUCIONAL N. 59, DE 11 DE NOVEMBRO DE 2009
Altera os arts. 208, 211, 212 e 214 da Constituição Federal, e 76 do Ato das Disposições Constitucionais Transitórias.
•• Vide Emenda Constitucional n. 68, de 21-12-2011.

EMENDA CONSTITUCIONAL N. 60, DE 11 DE NOVEMBRO DE 2009
Altera o art. 89 do Ato das Disposições Constitucionais Transitórias.

EMENDA CONSTITUCIONAL N. 61, DE 11 DE NOVEMBRO DE 2009
Altera o art. 103-B.

EMENDA CONSTITUCIONAL N. 62, DE 9 DE DEZEMBRO DE 2009
Acrescenta o art. 97 ao Ato das Disposições Constitucionais Transitórias.
Altera o art. 100.
•• Vide Emenda Constitucional n. 94, de 15-12-2016.

EMENDA CONSTITUCIONAL N. 63, DE 4 DE FEVEREIRO DE 2010
Altera o art. 198.

EMENDA CONSTITUCIONAL N. 64, DE 4 DE FEVEREIRO DE 2010
Altera o art. 6.º.
•• Vide Emenda Constitucional n. 90, de 15-9-2015.

EMENDA CONSTITUCIONAL N. 65, DE 13 DE JULHO DE 2010
Altera a denominação do Capítulo VII do Título VIII e o art. 227.

EMENDA CONSTITUCIONAL N. 66, DE 13 DE JULHO DE 2010
Altera o art. 226.

EMENDA CONSTITUCIONAL N. 68, DE 21 DE DEZEMBRO DE 2011
Altera o art. 76 do Ato das Disposições Constitucionais Transitórias.

EMENDA CONSTITUCIONAL N. 69, DE 29 DE MARÇO DE 2012
Altera os arts. 21, 22 e 48.

EMENDA CONSTITUCIONAL N. 70, DE 29 DE MARÇO DE 2012
Acrescenta o art. 6.º-A à Emenda Constitucional n. 41, de 19-12-2003.

EMENDA CONSTITUCIONAL N. 71, DE 29 DE NOVEMBRO DE 2012
Acrescenta o art. 216-A.

EMENDA CONSTITUCIONAL N. 72, DE 2 DE ABRIL DE 2013
Altera o art. 7.º.

EMENDA CONSTITUCIONAL N. 73, DE 6 DE JUNHO DE 2013
Altera o art. 27 do Ato das Disposições Constitucionais Transitórias.

EMENDA CONSTITUCIONAL N. 74, DE 6 DE AGOSTO DE 2013
Altera o art. 134.

EMENDA CONSTITUCIONAL N. 75, DE 15 DE OUTUBRO DE 2013
Altera o art. 150.

EMENDA CONSTITUCIONAL N. 76, DE 28 DE NOVEMBRO DE 2013
Altera os arts. 55 e 66.

EMENDA CONSTITUCIONAL N. 77, DE 11 DE FEVEREIRO DE 2014
Altera o art. 142.

EMENDA CONSTITUCIONAL N. 78, DE 14 DE MAIO DE 2014
Acrescenta o art. 54-A ao Ato das Disposições Constitucionais Transitórias.

EMENDA CONSTITUCIONAL N. 79, DE 27 DE MAIO DE 2014
Altera o art. 31 da Emenda Constitucional n. 19, de 4-6-1998.
•• Vide Emenda Constitucional n. 98, de 6-12-2017.

EMENDA CONSTITUCIONAL N. 80, DE 4 DE JUNHO DE 2014
Acrescenta o art. 98 ao Ato das Disposições Constitucionais Transitórias.
Altera a denominação da Seção III do Capítulo IV do Título IV e o art. 134.

EMENDA CONSTITUCIONAL N. 81, DE 5 DE JUNHO DE 2014
Altera o art. 243.

EMENDA CONSTITUCIONAL N. 82, DE 16 DE JULHO DE 2014
Altera o art. 144.

EMENDA CONSTITUCIONAL N. 83, DE 5 DE AGOSTO DE 2014
Acrescenta o art. 92-A ao Ato das Disposições Constitucionais Transitórias.

EMENDA CONSTITUCIONAL N. 84, DE 2 DE DEZEMBRO DE 2014
Altera o art. 159.
•• *Vide* Emenda Constitucional n. 112, de 27-10-2021.

EMENDA CONSTITUCIONAL N. 85, DE 26 DE FEVEREIRO DE 2015
Acrescenta os arts. 219-A e 219-B.
Altera os arts. 23, 24, 167, 200, 213, 218 e 219.
Altera a denominação do Capítulo IV do Título VIII.

EMENDA CONSTITUCIONAL N. 86, DE 17 DE MARÇO DE 2015
Altera os arts. 165, 166 e 198.
Revoga o inciso IV do § 3.º do art. 198.
•• *Vide* Emenda Constitucional n. 100, de 26-6-2019.

EMENDA CONSTITUCIONAL N. 87, DE 16 DE ABRIL DE 2015
Acrescenta o art. 99 ao Ato das Disposições Constitucionais Transitórias.
Altera o art. 155.

EMENDA CONSTITUCIONAL N. 88, DE 7 DE MAIO DE 2015
Acrescenta o art. 100 ao Ato das Disposições Constitucionais Transitórias.
Altera o art. 40.

EMENDA CONSTITUCIONAL N. 89, DE 15 DE SETEMBRO DE 2015
Altera o art. 42 do Ato das Disposições Constitucionais Transitórias.

EMENDA CONSTITUCIONAL N. 90, DE 15 DE SETEMBRO DE 2015
Altera o art. 6.º.

EMENDA CONSTITUCIONAL N. 92, DE 12 DE JULHO DE 2016
Altera a denominação da Seção V do Capítulo III do Título IV e os arts. 92 e 111-A.
•• *Vide* Emenda Constitucional n. 122, de 17-5-2022.

EMENDA CONSTITUCIONAL N. 93, DE 8 DE SETEMBRO DE 2016
Altera o art. 76 do Ato das Disposições Constitucionais Transitórias.
Acrescenta os arts. 76-A e 76-B ao Ato das Disposições Constitucionais Transitórias.

EMENDA CONSTITUCIONAL N. 94, DE 15 DE DEZEMBRO DE 2016
Acrescenta os arts. 101 a 105 ao Ato das Disposições Constitucionais Transitórias.
Altera o art. 100.
•• *Vide* Emenda Constitucional n. 99, de 14-12-2017.

EMENDA CONSTITUCIONAL N. 95, DE 15 DE DEZEMBRO DE 2016
Acrescenta os arts. 106 a 114 ao Ato das Disposições Constitucionais Transitórias.
•• Vide Emenda Constitucional n. 126, de 21-12-2022.

EMENDA CONSTITUCIONAL N. 96, DE 6 DE JUNHO DE 2017
Altera o art. 225.

EMENDA CONSTITUCIONAL N. 97, DE 4 DE OUTUBRO DE 2017
Altera o art. 17.

EMENDA CONSTITUCIONAL N. 98, DE 6 DE DEZEMBRO DE 2017
Altera o art. 31 da Emenda Constitucional n. 19, de 4-6-1998.

EMENDA CONSTITUCIONAL N. 99, DE 14 DE DEZEMBRO DE 2017
Altera os arts. 101, 102, 103 e 105 do Ato das Disposições Constitucionais Transitórias.

EMENDA CONSTITUCIONAL N. 100, DE 26 DE JUNHO DE 2019
Altera os arts. 165 e 166.
Revoga os incisos I a IV do § 14 e o § 15 do art. 166.

EMENDA CONSTITUCONAL N. 101, DE 3 DE JULHO DE 2019
Altera o art. 42.

EMENDA CONSTITUCIONAL N. 102, DE 26 DE SETEMBRO DE 2019
Altera os arts. 20 e 165.
Altera o art. 107 do ADCT.

EMENDA CONSTITUCIONAL N. 103, DE 12 DE NOVEMBRO DE 2019
Altera os arts. 22, 37, 38, 39, 40, 93, 103-B, 109, 130-A, 149, 167, 194, 195, 201, 202 e 239.
Altera o art. 76 do ADCT.
Revoga o § 21 do art. 40 e o § 13 do art. 195.
Revoga os arts. 9.º, 13 e 15 da Emenda Constitucional n. 20/98.
Revoga os arts. 2.º, 6.º e 6.º-A da Emenda Constitucional n. 41/2003.
Revoga o art. 3.º da Emenda Constitucional n. 47/2005.

EMENDA CONSTITUCIONAL N. 104, DE 4 DE DEZEMBRO DE 2019
Altera os arts. 21, 32 e 144.

EMENDA CONSTITUCIONAL N. 105, DE 12 DE DEZEMBRO DE 2019
Acrescenta o art. 166-A.

EMENDA CONSTITUCIONAL N. 106, DE 7 DE MAIO DE 2020
Institui regime extraordinário fiscal, financeiro e de contratações para enfrentamento de calamidade pública nacional decorrente de pandemia.

EMENDA CONSTITUCIONAL N. 107, DE 2 DE JULHO DE 2020
Adia, em razão da pandemia da Covid-19, as eleições municipais de outubro de 2020 e os prazos eleitorais respectivos.

EMENDA CONSTITUCIONAL N. 108, DE 26 DE AGOSTO DE 2020
Acrescenta os arts. 163-A e 212-A.
Acrescenta o art. 60-A ao ADCT.
Altera os arts. 158, 193, 206, 211 e 212.
Altera os arts. 60 e 107 do ADCT.

EMENDA CONSTITUCIONAL N. 109, DE 15 DE MARÇO DE 2021
Acrescenta os arts. 167-A a 167-G.
Altera os arts. 101 e 109 do ADCT.
Altera os arts. 29-A, 37, 49, 84, 163, 165, 167, 168 e 169.
Revoga o art. 91 e o § 4.º do art. 101 do ADCT.

EMENDA CONSTITUCIONAL N. 110, DE 12 DE JULHO DE 2021
Acrescenta o art. 18-A ao ADCT.

EMENDA CONSTITUCIONAL N. 111, DE 28 DE SETEMBRO DE 2021
Altera os arts. 14, 17, 28 e 82.

EMENDA CONSTITUCIONAL N. 112, DE 27 DE OUTUBRO DE 2021
Altera o art. 159.

EMENDA CONSTITUCIONAL N. 113, DE 8 DE DEZEMBRO DE 2021
Acrescenta os arts. 115 a 117 do ADCT.
Altera os arts. 100 e 160.
Altera os arts. 101 e 107 do ADCT.
Revoga o art. 108 do ADCT.

EMENDA CONSTITUCIONAL N. 114, DE 16 DE DEZEMBRO DE 2021
Acrescenta os arts. 107-A e 118 ao ADCT.
Altera os arts. 6.º, 100 e 203.
Altera o art. 4.º da Emenda Constitucional n. 113, de 8-12-2021.

EMENDA CONSTITUCIONAL N. 115, DE 10 DE FEVEREIRO DE 2022
Altera os arts. 5.º, 21 e 22.

EMENDA CONSTITUCIONAL N. 116, DE 17 DE FEVEREIRO DE 2022
Altera o art. 156.

EMENDA CONSTITUCIONAL N. 117, DE 5 DE ABRIL DE 2022
Altera o art. 17.

EMENDA CONSTITUCIONAL N. 118, DE 26 DE ABRIL DE 2022
Altera o art. 21.

EMENDA CONSTITUCIONAL N. 119, DE 27 DE ABRIL DE 2022
Acrescenta o art. 119 ao ADCT.

EMENDA CONSTITUCIONAL N. 120, DE 5 DE MAIO DE 2022
Altera o art. 198.

EMENDA CONSTITUCIONAL N. 121, DE 10 DE MAIO DE 2022
Altera o art. 4.º da Emenda Constitucional n. 109/2021.

EMENDA CONSTITUCIONAL N. 122, DE 17 DE MAIO DE 2022
Altera os arts. 73, 101, 104, 107, 111-A, 115 e 123.

EMENDA CONSTITUCIONAL N. 123, DE 14 DE JULHO DE 2022
Altera o art. 225.
Acrescenta o art. 120 ao ADTC.

EMENDA CONSTITUCIONAL N. 124, DE 14 DE JULHO DE 2022
Altera o art. 198.

EMENDA CONSTITUCIONAL N. 125, DE 14 DE JULHO DE 2022
Altera o art. 105.

EMENDA CONSTITUCIONAL N. 126, DE 21 DE DEZEMBRO DE 2022
Acrescenta os arts. 111-A, 121 e 122 ao ADCT.
Altera os arts. 155 e 166.
Altera os arts. 76, 107, 107-A e 111 do ADCT.

EMENDA CONSTITUCIONAL N. 127, DE 22 DE DEZEMBRO DE 2022
Altera o art. 198.
Altera os arts. 38 e 107 do ADCT.
Altera o art. 5.º da Emenda Constitucional n. 109/2021.

EMENDA CONSTITUCIONAL N. 128, DE 22 DE DEZEMBRO DE 2022
Altera o art. 167.

EMENDA CONSTITUCIONAL N. 129, DE 5 DE JULHO DE 2023
Acrescenta o art. 123 ao ADCT.

EMENDA CONSTITUCIONAL N. 130, DE 3 DE OUTUBRO DE 2023
Altera o art. 93.

EMENDA CONSTITUCIONAL N. 131, DE 3 DE OUTUBRO DE 2023
Altera o art. 12.

EMENDA CONSTITUCIONAL N. 132, DE 20 DE DEZEMBRO DE 2023
Acrescenta os arts. 149-B, 149-C, 156-A, 156-B e 159-A.
Acrescenta os arts. 92-B e 124 a 137 ao ADCT.
Altera os arts. 37, 43, 50, 105, 145, 146, 149-A, 150, 153, 155, 156, 158, 159, 161, 167, 177, 195, 198, 212-A, 225 e 239.
Altera os arts. 76-B, 82 e 104 do ADCT.
Revoga a alínea *b* do inciso I, o inciso IV e o § 12 do art. 195.
Revoga o inciso II do art. 80, o § 2.º do art. 82 e o art. 83 do ADCT.
Revoga o inciso II do *caput* e os §§ 2.º a 5.º do art. 155, o inciso III do *caput* e o § 3.º do art. 156, a alínea *a* do inciso IV e o § 1.º do art. 158 e o inciso I do art. 161.

EMENDA CONSTITUCIONAL N. 133, DE 22 DE AGOSTO DE 2024
Altera o art. 17.

EMENDA CONSTITUCIONAL N. 134, DE 24 DE SETEMBRO DE 2024
Altera o art. 96.

EMENDA CONSTITUCIONAL N. 135, DE 20 DE DEZEMBRO DE 2025
Altera os arts. 37, 163, 165, 212-A, 239.
Altera o art. 76 do ADCT.
Acrescenta o art. 138 ao ADCT.

Constituição da República Federativa do Brasil

(Publicada no *Diário Oficial da União* n. 191-A, de 5-10-1988)

PREÂMBULO

Nós, representantes do povo brasileiro, reunidos em Assembleia Nacional Constituinte para instituir um Estado Democrático, destinado a assegurar o exercício dos direitos sociais e individuais, a liberdade, a segurança, o bem-estar, o desenvolvimento, a igualdade e a justiça como valores supremos de uma sociedade fraterna, pluralista e sem preconceitos, fundada na harmonia social e comprometida, na ordem interna e internacional, com a solução pacífica das controvérsias, promulgamos, sob a proteção de Deus, a seguinte CONSTITUIÇÃO DA REPÚBLICA FEDERATIVA DO BRASIL.

Título I
DOS PRINCÍPIOS FUNDAMENTAIS

Art. 1.º A República Federativa do Brasil, formada pela união indissolúvel dos Estados e Municípios e do Distrito Federal, constitui-se em Estado Democrático de Direito e tem como fundamentos:

- *Vide* arts. 18, *caput*, e 60, § 4.º, I e II, da CF.

I – a soberania;

- *Vide* arts. 20, VI, 21, I e II, 49, II, 84, VII, VIII e XIX, da CF.

II – a cidadania;

- *Vide* arts. 5.º, XXXIV, LIV, LXXI, LXXIII e LXXVII, e 60, § 4.º, da CF.
- A Lei n. 9.265, de 12-2-1996, estabelece a gratuidade dos atos necessários ao exercício da cidadania.
- A Lei n. 10.835, de 8-1-2004, institui a renda básica de cidadania.

III – a dignidade da pessoa humana;

- *Vide* arts. 5.º, 34, VII, *b*, 226, § 7.º, 227 e 230, da CF.
- A Lei n. 11.340, de 7-8-2006, cria mecanismos para coibir a violência doméstica e familiar contra a mulher.
- *Vide* Súmulas Vinculantes 6, 11 e 14.

IV – os valores sociais do trabalho e da livre iniciativa;

- *Vide* arts. 6.º a 11 da CF.

V – o pluralismo político.

- *Vide* art. 17 da CF.
- A Lei n. 9.096, de 19-9-1995, dispõe sobre os partidos políticos.

Parágrafo único. Todo o poder emana do povo, que o exerce por meio de representantes eleitos ou diretamente, nos termos desta Constituição.

- *Vide* arts. 14 e 60, § 4.º, III, da CF.
- A Lei n. 9.709, de 18-11-1998, estabelece em seu art. 1.º que a soberania popular é exercida por sufrágio universal e pelo voto direto e secreto, com igual valor para todos.

Art. 2.º São Poderes da União, independentes e harmônicos entre si, o Legislativo, o Executivo e o Judiciário.

- *Vide* art. 60, § 4.º, III, da CF.

Art. 3.º Constituem objetivos fundamentais da República Federativa do Brasil:

I – construir uma sociedade livre, justa e solidária;

- O Decreto n. 99.710, de 21-11-1990, promulga a Convenção sobre os Direitos da Criança.
- O Decreto n. 591, de 6-7-1992, promulga o Pacto Internacional sobre Direitos Econômicos, Sociais e Culturais.

II – garantir o desenvolvimento nacional;

- *Vide* arts. 23, parágrafo único, e 174, § 1.º, da CF.

III – erradicar a pobreza e a marginalização e reduzir as desigualdades sociais e regionais;

- *Vide* art. 23, X, da CF.
- *Vide* arts. 79 a 82 do ADCT.
- Fundo de Combate e Erradicação da Pobreza: dispõem a Emenda Constitucional n. 31, de 14-12-2000, Emenda Constitucional n. 67, de 22-12-2010, e Lei Complementar n. 111, de 6-7-2001.
- O Decreto n. 11.679, de 31-8-2023, institui o Plano Brasil Sem Miséria.

IV – promover o bem de todos, sem preconceitos de origem, raça, sexo, cor, idade e quaisquer outras formas de discriminação.

- Crimes resultantes de preconceito de raça ou de cor: Lei n. 7.716, de 5-1-1989, e Lei n. 9.459, de 13-5-1997.
- A Lei n. 8.081, de 21-9-1990, estabelece os crimes e as penas aplicáveis aos atos discriminatórios ou de preconceito de raça, cor, religião, etnia ou procedência nacional, praticados pelos meios de comunicação ou por publicação de qualquer natureza.

- Convenção Interamericana para Eliminação de todas as Formas de Discriminação contra as Pessoas Portadoras de Deficiência: Decreto n. 3.956, de 8-10-2001.
- Convenção sobre a eliminação de todas as formas de discriminação contra a mulher: Decreto n. 4.377, de 13-9-2002.
- O Decreto n. 4.886, de 20-11-2003, institui a Política Nacional de Promoção da Igualdade Racial – PNPIR.
- O Decreto n. 6.872, de 4-6-2009, aprova o Plano Nacional de Promoção da Igualdade Racial – PLANAPIR, e institui o seu Comitê de Articulação e Monitoramento.
- A Lei n. 12.288, de 20-7-2010, institui o Estatuto da Igualdade Racial.
- O Decreto n. 11.471, de 6-4-2023, institui o Conselho Nacional dos Direitos das Pessoas Lésbicas, Gays, Bissexuais, Travestis, Transexuais, Queers, Intersexos, Assexuais e Outras.

Art. 4.º A República Federativa do Brasil rege-se nas suas relações internacionais pelos seguintes princípios:

- Vide arts. 21, I, e 84, VII e VIII, da CF.

I – independência nacional;

- Vide arts. 78 e 91, § 1.º, IV, da CF.

II – prevalência dos direitos humanos;

- O Decreto n. 678, de 6-11-1992, promulgou a Convenção Americana sobre Direitos Humanos – Pacto de São José da Costa Rica. O Decreto n. 4.463, de 8-11-2002, promulga a Declaração de Reconhecimento da Competência Obrigatória da Corte Interamericana em todos os casos relativos à interpretação ou aplicação da Convenção Americana sobre Direitos Humanos.

III – autodeterminação dos povos;

IV – não intervenção;

V – igualdade entre os Estados;

VI – defesa da paz;

VII – solução pacífica dos conflitos;

VIII – repúdio ao terrorismo e ao racismo;

- •• O Decreto n. 10.932, de 10-1-2022, promulga a Convenção Interamericana contra o Racismo, a Discriminação Racial e Formas Correlatas de Intolerância.
- Vide art. 5.º, XLII e XLIII, da CF.
- A Lei n. 7.716, de 5-1-1989, define os crimes resultantes de preconceito de raça ou de cor.
- O Decreto n. 5.639, de 26-12-2005, promulga a Convenção Interamericana contra o Terrorismo.
- A Lei n. 12.288, de 20-7-2010, institui o Estatuto da Igualdade Racial.

IX – cooperação entre os povos para o progresso da humanidade;

X – concessão de asilo político.

- O Decreto n. 55.929, de 14-4-1965, promulgou a Convenção sobre Asilo Territorial.
- A Lei n. 9.474, de 22-7-1997, estabelece o Estatuto dos Refugiados.

Parágrafo único. A República Federativa do Brasil buscará a integração econômica, política, social e cultural dos povos da América Latina, visando à formação de uma comunidade latino-americana de nações.

- O Decreto n. 350, de 21-11-1991, promulgou o Tratado de Assunção, que estabeleceu o Mercado Comum entre Brasil, Paraguai, Argentina e Uruguai – MERCOSUL.
- O Decreto n. 11.475, de 6-4-2023, promulga o Tratado Constitutivo da União de Nações Sul-Americanas.

Título II
DOS DIREITOS E GARANTIAS FUNDAMENTAIS

- •• A Lei n. 14.583, de 16-5-2023, dispõe sobre a difusão por órgãos públicos dos direitos fundamentais e dos direitos humanos, especialmente os que tratam de mulheres, crianças, adolescentes e idosos.

Capítulo I
DOS DIREITOS E DEVERES INDIVIDUAIS E COLETIVOS

Art. 5.º Todos são iguais perante a lei, sem distinção de qualquer natureza, garantindo-se aos brasileiros e aos estrangeiros residentes no País a inviolabilidade do direito à vida, à liberdade, à igualdade, à segurança e à propriedade, nos termos seguintes:

- *Vide* art. 60, § 4.º, IV, da CF.
- *Vide* notas ao art. 3.º, IV, da CF.
- Instituição do número único de Registro de Identidade Civil: Lei n. 9.454, de 7-4-1997.
- Estrangeiro: Lei n. 13.445, de 24-5-2017 (Lei de Migração), e Decreto n. 9.199, de 20-11-2017 (regulamento). Aquisição de imóvel rural: Lei n. 5.709, de 7-10-1971, e Decreto n. 74.965, de 26-11-1974. Casamento com brasileiro: Lei n. 1.542, de 5-1-1952.
- A Lei n. 11.789, de 2-10-2008, proíbe a inserção nas certidões de nascimento e de óbito de expressões que indiquem condição de pobreza ou semelhantes.
- A Lei n. 12.288, de 20-7-2010, institui o Estatuto da Igualdade Racial.

I – homens e mulheres são iguais em direitos e obrigações, nos termos desta Constituição;

- *Vide* arts. 143, § 2.º, e 226, § 5.º, da CF.
- Os arts. 372 e s. da CLT dispõem sobre a duração, condições do trabalho e da discriminação contra a mulher.
- A Lei n. 9.029, de 13-4-1995, proíbe a exigência de atestados de gravidez e esterilização, e outras práticas discriminatórias, para efeitos admissionais ou de permanência da relação jurídica de trabalho.
- Convenção sobre a eliminação de todas as formas de discriminação contra a mulher: Decreto n. 4.377, de 13-9-2002.

II – ninguém será obrigado a fazer ou deixar de fazer alguma coisa senão em virtude de lei;

- *Vide* arts. 14, § 1.º, I, e 143, da CF.
- *Vide* Súmula Vinculante 44.

III – ninguém será submetido a tortura nem a tratamento desumano ou degradante;

- Convenção contra a tortura e outros tratamentos ou penas cruéis, desumanos ou degradantes: Decreto n. 40, de 15-2-1991.
- A Lei n. 9.455, de 7-4-1997, define os crimes de tortura.
- A Lei n. 12.847, de 2-8-2013, institui o Sistema Nacional de Prevenção e Combate à Tortura.

IV – é livre a manifestação do pensamento, sendo vedado o anonimato;

- *Vide* arts. 220 e s. da CF.

V – é assegurado o direito de resposta, proporcional ao agravo, além da indenização por dano material, moral ou à imagem;

- •• A Lei n. 13.188, de 11-11-2015, dispõe sobre o direito de resposta ou retificação do ofendido em matéria divulgada, publicada ou transmitida por veículo de comunicação social.

VI – é inviolável a liberdade de consciência e de crença, sendo assegurado o livre exercício dos cultos religiosos e garantida, na forma da lei, a proteção aos locais de culto e a suas liturgias;

- Crimes contra o sentimento religioso e contra o respeito aos mortos (arts. 208 a 212 do CP).

VII – é assegurada, nos termos da lei, a prestação de assistência religiosa nas entidades civis e militares de internação coletiva;

- A Lei n. 6.923, de 29-6-1981, dispõe sobre o serviço de Assistência Religiosa nas Forças Armadas.
- A Lei n. 9.982, de 14-7-2000, dispõe sobre a prestação de assistência religiosa nas entidades hospitalares públicas e privadas, bem como nos estabelecimentos prisionais civis e militares.

VIII – ninguém será privado de direitos por motivo de crença religiosa ou de convicção filosófica ou política, salvo se as invocar para eximir-se de obrigação legal a todos imposta e recusar-se a cumprir prestação alternativa, fixada em lei;

- *Vide* art. 143 da CF.

Constituição da República Federativa do Brasil   Art. 5.º   5

IX – é livre a expressão da atividade intelectual, artística, científica e de comunicação, independentemente de censura ou licença;

- LDA: Lei n. 5.988, de 14-12-1973, e Lei n. 9.610, de 19-2-1998.
- Lei de Proteção de Cultivares: Lei n. 9.456, de 25-4-1997, e Decreto n. 2.366, de 5-11-1997.
- Lei de Proteção da Propriedade Intelectual de Programa de Computador e sua comercialização no País: Lei n. 9.609, de 19-2-1998, e Decreto n. 2.556, de 20-4-1998.

X – são invioláveis a intimidade, a vida privada, a honra e a imagem das pessoas, assegurado o direito a indenização pelo dano material ou moral decorrente de sua violação;

XI – a casa é asilo inviolável do indivíduo, ninguém nela podendo penetrar sem consentimento do morador, salvo em caso de flagrante delito ou desastre, ou para prestar socorro, ou, durante o dia, por determinação judicial;

- Violação de domicílio no CP: art. 150, §§ 1.º a 5.º.
- Inviolabilidade do domicílio no CPP: art. 283, § 2.º.
- Do tempo e do lugar dos atos processuais no CPC: arts. 212 a 217.

XII – é inviolável o sigilo da correspondência e das comunicações telegráficas, de dados e das comunicações telefônicas, salvo, no último caso, por ordem judicial, nas hipóteses e na forma que a lei estabelecer para fins de investigação criminal ou instrução processual penal;

- Vide arts. 136, § 1.º, b e c, e 139, III, da CF.
- A Lei n. 9.296, de 24-7-1996, regulamenta este inciso no tocante às comunicações telefônicas (Lei da Escuta Telefônica).
- Violação de correspondência no CP: arts. 151 e 152.
- Serviços postais: Lei n. 6.538, de 22-6-1978.

XIII – é livre o exercício de qualquer trabalho, ofício ou profissão, atendidas as qualificações profissionais que a lei estabelecer;

- Vide art. 170 da CF.

XIV – é assegurado a todos o acesso à informação e resguardado o sigilo da fonte, quando necessário ao exercício profissional;

- O art. 154 do CP dispõe sobre violação do segredo profissional.

XV – é livre a locomoção no território nacional em tempo de paz, podendo qualquer pessoa, nos termos da lei, nele entrar, permanecer ou dele sair com seus bens;

- Vide art. 139 da CF.

XVI – todos podem reunir-se pacificamente, sem armas, em locais abertos ao público, independentemente de autorização, desde que não frustrem outra reunião anteriormente convocada para o mesmo local, sendo apenas exigido prévio aviso à autoridade competente;

- Vide art. 139 da CF.

XVII – é plena a liberdade de associação para fins lícitos, vedada a de caráter paramilitar;

XVIII – a criação de associações e, na forma da lei, a de cooperativas independem de autorização, sendo vedada a interferência estatal em seu funcionamento;

- A Lei n. 5.764, de 16-12-1971, dispõe sobre o regime jurídico das cooperativas.
- A Lei n. 9.867, de 10-11-1999, dispõe sobre a criação e o funcionamento de Cooperativas Sociais, visando à integração social dos cidadãos.

XIX – as associações só poderão ser compulsoriamente dissolvidas ou ter suas atividades suspensas por decisão judicial, exigindo-se, no primeiro caso, o trânsito em julgado;

XX – ninguém poderá ser compelido a associar-se ou a permanecer associado;

* Vide notas ao art. 8.º, V, da CF.

XXI – as entidades associativas, quando expressamente autorizadas, têm legitimidade para representar seus filiados judicial ou extrajudicialmente;

* A Lei n. 7.347, de 24-7-1985, disciplina a ação civil pública.

XXII – é garantido o direito de propriedade;

* Vide art. 243 da CF.
* Propriedade no CC (Lei n. 10.406, de 10-1-2002): arts. 1.228 a 1.368.

XXIII – a propriedade atenderá a sua função social;

* Vide notas aos incisos XXII e XXIV.
* Função social da propriedade para fins de incidência do IPTU: vide art. 156, § 1.º, da CF.
* Função social da propriedade como princípio da ordem econômica e financeira: vide art. 170, III, da CF.
* Função social da propriedade urbana: vide art. 182, § 2.º.
* Função social da propriedade rural: vide art. 186.
* A Lei n. 4.504, de 30-11-1964, estabelece o Estatuto da Terra.

XXIV – a lei estabelecerá o procedimento para desapropriação por necessidade ou utilidade pública, ou por interesse social, mediante justa e prévia indenização em dinheiro, ressalvados os casos previstos nesta Constituição;

* Desapropriação: Decreto-lei n. 3.365, de 21-6-1941, Lei n. 4.132, de 10-9-1962, Lei n. 6.602, de 7-12-1978, Decreto-lei n. 1.075, de 22-1-1970, Lei n. 8.629, de 25-2-1993, Lei Complementar n. 76, de 6-7-1993, e Lei n. 10.406, de 10-1-2002, art. 1.228, § 3.º.

XXV – no caso de iminente perigo público, a autoridade competente poderá usar de propriedade particular, assegurada ao proprietário indenização ulterior, se houver dano;

XXVI – a pequena propriedade rural, assim definida em lei, desde que trabalhada pela família, não será objeto de penhora para pagamento de débitos decorrentes de sua atividade produtiva, dispondo a lei sobre os meios de financiar o seu desenvolvimento;

* Estatuto da Terra: Lei n. 4.504, de 30-11-1964.
* O art. 4.º da Lei n. 8.629, de 25-2-1993, dispõe sobre a pequena propriedade rural.

XXVII – aos autores pertence o direito exclusivo de utilização, publicação ou reprodução de suas obras, transmissível aos herdeiros pelo tempo que a lei fixar;

* LDA: Lei n. 5.988, de 14-12-1973, e Lei n. 9.610, de 19-2-1998.
* Lei de Proteção de Cultivares: Lei n. 9.456, de 25-4-1997, e Decreto n. 2.366, de 5-11-1997.
* Lei de Proteção da Propriedade Intelectual do Programa de Computador e sua comercialização no País: Lei n. 9.609, de 19-2-1998, e Decreto n. 2.556, de 20-4-1998.

XXVIII – são assegurados, nos termos da lei:

a) a proteção às participações individuais em obras coletivas e à reprodução da imagem e voz humanas, inclusive nas atividades desportivas;

b) o direito de fiscalização do aproveitamento econômico das obras que criarem ou de que participarem aos criadores, aos intérpretes e às respectivas representações sindicais e associativas;

XXIX – a lei assegurará aos autores de inventos industriais privilégio temporário para sua utilização, bem como proteção às criações industriais, à propriedade das marcas, aos nomes de empresas e a outros signos distintivos, tendo em vista o interesse social e o desenvolvimento tecnológico e econômico do País;

* Propriedade Industrial: Lei n. 9.279, de 14-5-1996, e Decreto n. 2.553, de 16-4-1998.

XXX – é garantido o direito de herança;

- CC: direito das sucessões: arts. 1.784 e s.; aceitação e renúncia da herança: arts. 1.804 e s.; e herança jacente: arts. 1.819 e s.
- Direitos dos companheiros a alimentos e à sucessão: Lei n. 8.971, de 29-12-1994, e CC, art. 1.790.

XXXI – a sucessão de bens de estrangeiros situados no País será regulada pela lei brasileira em benefício do cônjuge ou dos filhos brasileiros, sempre que não lhes seja mais favorável a lei pessoal do *de cujus*;

- LINDB (Decreto-lei n. 4.657, de 4-9-1942): art. 10, §§ 1.º e 2.º.

XXXII – o Estado promoverá, na forma da lei, a defesa do consumidor;

- Prevenção e repressão às infrações contra a ordem econômica: Lei n. 12.529, de 30-11-2011.
- A Lei n. 8.078, de 11-9-1990, dispõe sobre a proteção do consumidor (CDC).
- o Decreto n. 2.181, de 20-3-1997, dispõe sobre a organização do SNDC e estabelece normas gerais de aplicação das sanções administrativas previstas na Lei n. 8.078, de 11-9-1990 (CDC).
- As Portarias n. 4, de 13-3-1998, n. 3, de 19-3-1999, n. 3, de 15-3-2001, e n. 5, de 27-8-2002, da Secretaria de Direito Econômico, divulgam as cláusulas contratuais consideradas abusivas.
- A Lei n. 10.504, de 8-7-2002, institui o Dia Nacional do Consumidor, que será comemorado, anualmente, no dia 15 de março.
- O Decreto n. 8.573, de 19-11-2015, dispõe sobre o Consumidor.gov.br, sistema alternativo de solução de conflitos de consumo.

XXXIII – todos têm direito a receber dos órgãos públicos informações de seu interesse particular, ou de interesse coletivo ou geral, que serão prestadas no prazo da lei, sob pena de responsabilidade, ressalvadas aquelas cujo sigilo seja imprescindível à segurança da sociedade e do Estado;

- •• A Lei n. 12.527, de 18-11-2011, regulamentada pelo Decreto n. 7.724, de 16-5-2012, dispõe sobre o acesso a informações previsto neste inciso.
- *Vide* incisos LXXII e LXXVII deste artigo.
- O Decreto n. 7.845, de 14-11-2012, regulamenta procedimentos para credenciamento de segurança e tratamento de informação classificada em qualquer grau de sigilo e dispõe sobre o Núcleo de Segurança e Credenciamento.

XXXIV – são a todos assegurados, independentemente do pagamento de taxas:

a) o direito de petição aos Poderes Públicos em defesa de direitos ou contra ilegalidade ou abuso de poder;

- *Vide* Súmula Vinculante 21.
- LEP: art. 41, XIV.

b) a obtenção de certidões em repartições públicas, para defesa de direitos e esclarecimento de situações de interesse pessoal;

- A Lei n. 9.051, de 18-5-1995, dispõe sobre a expedição de certidões para a defesa de direitos e esclarecimentos de situações.

XXXV – a lei não excluirá da apreciação do Poder Judiciário lesão ou ameaça a direito;

XXXVI – a lei não prejudicará o direito adquirido, o ato jurídico perfeito e a coisa julgada;

- LINDB (Decreto-lei n. 4.657, de 4-9-1942): art. 6.º.
- *Vide* Súmula Vinculante 1.

XXXVII – não haverá juízo ou tribunal de exceção;

XXXVIII – é reconhecida a instituição do júri, com a organização que lhe der a lei, assegurados:

- Do processo dos crimes da competência do júri: arts. 406 e s. do CPP.
- A Lei n. 11.697, de 13-6-2008, dispõe sobre a Organização Judiciária do Distrito Federal e dos Territórios. Sobre o Tribunal do Júri: arts. 18 e 19.
- *Vide* Súmula Vinculante 45.

a) a plenitude de defesa;

b) o sigilo das votações;

c) a soberania dos veredictos;

d) a competência para o julgamento dos crimes dolosos contra a vida;

- *Vide* Súmula Vinculante 45.

XXXIX – não há crime sem lei anterior que o defina, nem pena sem prévia cominação legal;

- CP: art. 1.º.

XL – a lei penal não retroagirá, salvo para beneficiar o réu;

- CP: art. 2.º, parágrafo único.
- *Vide* Súmula Vinculante 26.

XLI – a lei punirá qualquer discriminação atentatória dos direitos e liberdades fundamentais;

- Crimes resultantes de preconceito de raça ou de cor: Lei n. 7.716, de 5-1-1989, e Lei n. 9.459, de 13-5-1997.
- A Lei n. 8.081, de 21-9-1990, estabelece os crimes e as penas aplicáveis aos atos discriminatórios ou de preconceito de raça, cor, religião, etnia ou procedência nacional, praticados pelos meios de comunicação ou por publicação de qualquer natureza.
- Convenção Interamericana para Eliminação de todas as Formas de Discriminação contra as Pessoas Portadoras de Deficiência: Decreto n. 3.956, de 8-10-2001.
- Convenção sobre a eliminação de todas as formas de discriminação contra a mulher: Decreto n. 4.377, de 13-9-2002.
- O Decreto n. 4.886, de 20-11-2003, institui a Política Nacional de Promoção da Igualdade Racial – PNPIR.
- Estatuto da Igualdade Racial: Lei n. 12.288, de 20-7-2010.
- O Decreto n. 11.471, de 6-4-2023, institui o Conselho Nacional dos Direitos das Pessoas Lésbicas, Gays, Bissexuais, Travestis, Transexuais, *Queers*, Intersexos, Assexuais e Outras.

XLII – a prática do racismo constitui crime inafiançável e imprescritível, sujeito à pena de reclusão, nos termos da lei;

- •• O Decreto n. 10.932, de 10-1-2022, promulga a Convenção Interamericana contra o Racismo, a Discriminação Racial e Formas Correlatas de Intolerância.
- *Vide* notas ao inciso anterior.

XLIII – a lei considerará crimes inafiançáveis e insuscetíveis de graça ou anistia a prática da tortura, o tráfico ilícito de entorpecentes e drogas afins, o terrorismo e os definidos como crimes hediondos, por eles respondendo os mandantes, os executores e os que, podendo evitá-los, se omitirem;

- •• Inciso regulamentado pela Lei n. 13.260, de 16-3-2016 (Lei Antiterrorismo).
- A Lei n. 8.072, de 25-7-1990, dispõe sobre os crimes hediondos, nos termos deste inciso.
- A Lei n. 9.455, de 7-4-1997, define os crimes de tortura.
- O Decreto n. 5.639, de 26-12-2005, promulga a Convenção Interamericana contra o Terrorismo.
- Lei de Drogas: Lei n. 11.343, de 23-8-2006, regulamentada pelo Decreto n. 5.912, de 27-9-2006.

XLIV – constitui crime inafiançável e imprescritível a ação de grupos armados, civis ou militares, contra a ordem constitucional e o Estado Democrático;

- Organizações criminosas: Lei n. 12.850, de 2-8-2013.
- O Decreto n. 5.015, de 12-3-2004, promulga a Convenção das Nações Unidas contra o Crime Organizado Transnacional.

XLV – nenhuma pena passará da pessoa do condenado, podendo a obrigação de reparar o dano e a decretação do perdimento de bens ser, nos termos da lei, estendidas aos sucessores e contra eles executadas, até o limite do valor do patrimônio transferido;

- Das penas no CP: arts. 32 e s.
- CC: arts. 932 e 935.

Constituição da República Federativa do Brasil — Art. 5.º

XLVI – a lei regulará a individualização da pena e adotará, entre outras, as seguintes:

- Das penas no CP: arts. 32 e s.

a) privação ou restrição da liberdade;

- CP: arts. 33 e s.

b) perda de bens;

- CP: art. 43, II.

c) multa;

- CP: art. 49.

d) prestação social alternativa;

- CP: arts. 44 e 46.

e) suspensão ou interdição de direitos;

- CP: art. 47.

XLVII – não haverá penas:

- Das penas no CP: arts. 32 e s.

a) de morte, salvo em caso de guerra declarada, nos termos do art. 84, XIX;

- •• O CP Militar (Decreto-lei n. 1.001, de 21-10-1969) dispõe sobre pena de morte nos arts. 55 a 57.

b) de caráter perpétuo;

c) de trabalhos forçados;

d) de banimento;

e) cruéis;

XLVIII – a pena será cumprida em estabelecimentos distintos, de acordo com a natureza do delito, a idade e o sexo do apenado;

- Das penas no CP: arts. 32 e s.
- Dos estabelecimentos penais: Lei n. 7.210, de 11-7-1984, arts. 82 a 104.
- A Lei n. 10.792, de 1.º-12-2003, altera a LEP, instituindo o regime disciplinar diferenciado e facultando à União, aos Estados, ao Distrito Federal e aos Territórios, a construção de Penitenciárias destinadas aos presos sujeitos a este regime.

XLIX – é assegurado aos presos o respeito à integridade física e moral;

- CP: art. 38.
- Transporte de presos: Lei n. 8.653, de 10-5-1993.
- LEP: Lei n. 7.210, de 11-7-1984, art. 40.
- Vide Súmula Vinculante 11.

L – às presidiárias serão asseguradas condições para que possam permanecer com seus filhos durante o período de amamentação;

- Da penitenciária de mulheres: Lei n. 7.210, de 11-7-1984, art. 89.
- A Lei n. 11.942, de 28-5-2009, altera a LEP (Lei n. 7.210, de 11-7-1984), para assegurar às mães presas e aos recém-nascidos condições mínimas de assistência.

LI – nenhum brasileiro será extraditado, salvo o naturalizado, em caso de crime comum, praticado antes da naturalização, ou de comprovado envolvimento em tráfico ilícito de entorpecentes e drogas afins, na forma da lei;

- Vide art. 12, II, da CF.

LII – não será concedida extradição de estrangeiro por crime político ou de opinião;

- Extradição: arts. 81 a 99 da Lei n. 13.445, de 24-5-2017, e art. 267, VII, do Decreto n. 9.199, de 20-11-2017 (regulamento).

LIII – ninguém será processado nem sentenciado senão pela autoridade competente;

LIV – ninguém será privado da liberdade ou de seus bens sem o devido processo legal;

LV – aos litigantes, em processo judicial ou administrativo, e aos acusados em geral são assegurados o contraditório e ampla defesa, com os meios e recursos a ela inerentes;

- Vide Súmulas Vinculantes 3, 5, 14, 21 e 28.

LVI – são inadmissíveis, no processo, as provas obtidas por meios ilícitos;

- Das provas no CPP: arts. 155 e s. Das provas no CPC: arts. 369 e s.

LVII – ninguém será considerado culpado até o trânsito em julgado de sentença penal condenatória;

LVIII – o civilmente identificado não será submetido a identificação criminal, salvo nas hipóteses previstas em lei;

- • Inciso LVIII regulamentado pela Lei n. 12.037, de 1.º-10-2009.

LIX – será admitida ação privada nos crimes de ação pública, se esta não for intentada no prazo legal;

- Da ação penal privada subsidiária da pública: art. 100, § 3.º, do CP, e art. 29 do CPP.

LX – a lei só poderá restringir a publicidade dos atos processuais quando a defesa da intimidade ou o interesse social o exigirem;

- Do sigilo no inquérito policial: CPP, art. 20.
- Segredo de justiça: CPC, art. 189.
- Sistema de transmissão de dados para a prática de atos processuais: Lei n. 9.800, de 26-5-1999.

LXI – ninguém será preso senão em flagrante delito ou por ordem escrita e fundamentada de autoridade judiciária competente, salvo nos casos de transgressão militar ou crime propriamente militar, definidos em lei;

- Vide inciso LVII deste artigo.
- O Decreto-lei n. 1.001, de 21-10-1969, estabelece o CP Militar.

LXII – a prisão de qualquer pessoa e o local onde se encontre serão comunicados imediatamente ao juiz competente e à família do preso ou à pessoa por ele indicada;

LXIII – o preso será informado de seus direitos, entre os quais o de permanecer calado, sendo-lhe assegurada a assistência da família e de advogado;

- Vide art. 136, § 3.º, IV, da CF.
- Vide Súmula Vinculante 14.

LXIV – o preso tem direito à identificação dos responsáveis por sua prisão ou por seu interrogatório policial;

LXV – a prisão ilegal será imediatamente relaxada pela autoridade judiciária;

LXVI – ninguém será levado à prisão ou nela mantido, quando a lei admitir a liberdade provisória, com ou sem fiança;

- Os arts. 321 e s. do CPP dispõem sobre liberdade provisória.

LXVII – não haverá prisão civil por dívida, salvo a do responsável pelo inadimplemento voluntário e inescusável de obrigação alimentícia e a do depositário infiel;

- •• O Decreto n. 592, de 6-7-1992 (Pacto Internacional sobre Direitos Civis e Políticos), dispõe em seu art. 11 que "ninguém poderá ser preso apenas por não poder cumprir com uma obrigação contratual".
- •• O Decreto n. 678, de 6-11-1992 (Pacto de São José da Costa Rica), dispõe em seu art. 7.º, item 7, que ninguém deve ser detido por dívida, exceto no caso de inadimplemento de obrigação alimentar.

- •• Pensão alimentícia: art. 19 da Lei n. 5.478, de 25-7-1968.
- •• Víde Súmula Vinculante 25.
- • Alienação fiduciária: Decreto-lei n. 911, de 1.º-10-1969, e Lei n. 9.514, de 20-11-1997.
- • Depositário infiel: Lei n. 8.866, de 11-4-1994.

LXVIII – conceder-se-á *habeas corpus* sempre que alguém sofrer ou se achar ameaçado de sofrer violência ou coação em sua liberdade de locomoção, por ilegalidade ou abuso de poder;

- • Víde art. 142, § 2.º, da CF.
- • *Habeas corpus* e seu processo: arts. 647 e s. do CPP.

LXIX – conceder-se-á mandado de segurança para proteger direito líquido e certo, não amparado por *habeas corpus* ou *habeas data*, quando o responsável pela ilegalidade ou abuso de poder for autoridade pública ou agente de pessoa jurídica no exercício de atribuições do Poder Público;

- • Mandado de segurança: Lei n. 12.016, de 7-8-2009.
- • *Habeas data*: Lei n. 9.507, de 12-11-1997.

LXX – o mandado de segurança coletivo pode ser impetrado por:

- • Mandado de segurança coletivo: Lei n. 12.016, de 7-8-2009.

a) partido político com representação no Congresso Nacional;

b) organização sindical, entidade de classe ou associação legalmente constituída e em funcionamento há pelo menos um ano, em defesa dos interesses de seus membros ou associados;

LXXI – conceder-se-á mandado de injunção sempre que a falta de norma regulamentadora torne inviável o exercício dos direitos e liberdades constitucionais e das prerrogativas inerentes à nacionalidade, à soberania e à cidadania;

LXXII – conceder-se-á *habeas data*:

- • *Habeas data*: Lei n. 9.507, de 12-11-1997.

a) para assegurar o conhecimento de informações relativas à pessoa do impetrante, constantes de registros ou bancos de dados de entidades governamentais ou de caráter público;

b) para a retificação de dados, quando não se prefira fazê-lo por processo sigiloso, judicial ou administrativo;

LXXIII – qualquer cidadão é parte legítima para propor ação popular que vise a anular ato lesivo ao patrimônio público ou de entidade de que o Estado participe, à moralidade administrativa, ao meio ambiente e ao patrimônio histórico e cultural, ficando o autor, salvo comprovada má-fé, isento de custas judiciais e do ônus da sucumbência;

- • Lei de Ação Popular: Lei n. 4.717, de 29-6-1965.

LXXIV – o Estado prestará assistência jurídica integral e gratuita aos que comprovarem insuficiência de recursos;

- • Assistência judiciária: Lei n. 1.060, de 5-2-1950.
- • Defensoria Pública: Lei Complementar n. 80, de 12-1-1994.

LXXV – o Estado indenizará o condenado por erro judiciário, assim como o que ficar preso além do tempo fixado na sentença;

LXXVI – são gratuitos para os reconhecidamente pobres, na forma da lei:

- • Inciso regulamentado pela Lei n. 9.265, de 12-2-1996.
- • O art. 30 da Lei n. 6.015, de 31-12-1973 (LRP), dispõe sobre a gratuidade pelo registro civil de nascimento e pelo assento de óbito, bem como pela primeira certidão respectiva.
- • Gratuidade dos atos necessários ao exercício da cidadania: Lei n. 9.534, de 10-12-1997.

a) o registro civil de nascimento;

- • Do nascimento na LRP (Lei n. 6.015, de 31-12-1973): arts. 46 e 50 a 66.

b) a certidão de óbito;
- Do óbito na LRP (Lei n. 6.015, de 31-12-1973): arts. 77 a 88.

LXXVII – são gratuitas as ações de *habeas corpus* e *habeas data*, e, na forma da lei, os atos necessários ao exercício da cidadania;
- • Inciso regulamentado pela Lei n. 9.265, de 12-2-1996.

LXXVIII – a todos, no âmbito judicial e administrativo, são assegurados a razoável duração do processo e os meios que garantam a celeridade de sua tramitação;
- • Inciso LXXVIII acrescentado pela Emenda Constitucional n. 45, de 8-12-2004.

LXXIX – é assegurado, nos termos da lei, o direito à proteção dos dados pessoais, inclusive nos meios digitais.
- • Inciso LXXIX acrescentado pela Emenda Constitucional n. 115, de 10-2-2022.

§ 1.º As normas definidoras dos direitos e garantias fundamentais têm aplicação imediata.

§ 2.º Os direitos e garantias expressos nesta Constituição não excluem outros decorrentes do regime e dos princípios por ela adotados, ou dos tratados internacionais em que a República Federativa do Brasil seja parte.
- *Vide* Súmula Vinculante 25.

§ 3.º Os tratados e convenções internacionais sobre direitos humanos que forem aprovados, em cada Casa do Congresso Nacional, em dois turnos, por três quintos dos votos dos respectivos membros, serão equivalentes às emendas constitucionais.
- • § 3.º acrescentado pela Emenda Constitucional n. 45, de 8-12-2004.
- • O Decreto 6.949, de 25-8-2009, promulga a Convenção Internacional sobre os Direitos das Pessoas com Deficiência e seu Protocolo Facultativo, de acordo com o procedimento previsto neste § 3º.
- • O Decreto n. 9.522, de 8-10-2018, promulga o Tratado de Marraqueche para Facilitar o Acesso a Obras Publicadas às Pessoas Cegas, com Deficiência Visual ou com Outras Dificuldades para Ter Acesso ao Texto Impresso, de acordo com o procedimento previsto neste § 3º.
- • O Decreto n. 10.932, de 10-1-2022, promulga a Convenção Interamericana contra o Racismo, a Discriminação Racial e Formas Correlatas de Intolerância, de acordo com o procedimento previsto neste § 3º.

§ 4.º O Brasil se submete à jurisdição de Tribunal Penal Internacional a cuja criação tenha manifestado adesão.
- • § 4.º acrescentado pela Emenda Constitucional n. 45, de 8-12-2004.
- • O Decreto n. 4.388, de 25-9-2002, dispõe sobre o Tribunal Penal Internacional.

Capítulo II
DOS DIREITOS SOCIAIS

Art. 6.º São direitos sociais a educação, a saúde, a alimentação, o trabalho, a moradia, o transporte, o lazer, a segurança, a previdência social, a proteção à maternidade e à infância, a assistência aos desamparados, na forma desta Constituição.
- • *Caput* com redação determinada pela Emenda Constitucional n. 90, de 15-9-2015.
- • *Vide* Súmulas Vinculantes 60 e 61.
- A Lei n. 10.216, de 6-4-2001, dispõe sobre a proteção e os direitos das pessoas portadoras de transtornos mentais e redireciona o modelo assistencial em saúde mental.
- Fundo Nacional de Saúde: Decreto n. 3.964, de 10-10-2001.
- A Lei n. 11.804, de 5-11-2008, disciplina o direito a alimentos gravídicos e a forma como ele será exercido.
- A Lei n. 11.888, de 24-12-2008, assegura às famílias de baixa renda assistência técnica pública e gratuita para o projeto e a construção de habitação de interesse social, como parte integrante do direito social à moradia previsto neste artigo.

Parágrafo único. Todo brasileiro em situação de vulnerabilidade social terá direito a uma renda básica familiar, garantida pelo poder público em programa permanente de transferência de renda, cujas normas e requisitos de acesso serão determinados em lei, observada a legislação fiscal e orçamentária.
- • Parágrafo único acrescentado pela Emenda Constitucional n. 114, de 16-12-2021.

Constituição da República Federativa do Brasil | Art. 7.º | 13

Art. 7.º São direitos dos trabalhadores urbanos e rurais, além de outros que visem à melhoria de sua condição social:

I – relação de emprego protegida contra despedida arbitrária ou sem justa causa, nos termos de lei complementar, que preverá indenização compensatória, dentre outros direitos;

II – seguro-desemprego, em caso de desemprego involuntário;
- •• A Lei n. 7.998, de 11-1-1990, regulamenta o Programa do Seguro-Desemprego.
- • Dispõem ainda sobre a matéria: Lei n. 8.019, de 11-4-1990, Lei n. 10.779, de 25-11-2003, e Lei Complementar n. 150, de 1.º-6-2015.

III – Fundo de Garantia do Tempo de Serviço;
- • FGTS: Lei n. 8.036, de 11-5-1990 (disposições), regulamentada pelo Decreto n. 99.684, de 8-11-1990, Lei n. 8.844, de 20-1-1994 (fiscalização, apuração e cobrança judicial das contribuições e multas), Lei Complementar n. 150, de 1.º-6-2015 (empregado doméstico).

IV – salário mínimo, fixado em lei, nacionalmente unificado, capaz de atender a suas necessidades vitais básicas e às de sua família com moradia, alimentação, educação, saúde, lazer, vestuário, higiene, transporte e previdência social, com reajustes periódicos que lhe preservem o poder aquisitivo, sendo vedada sua vinculação para qualquer fim;
- • O Decreto n. 12.342, de 30-12-2024, estabelece que, a partir de 1.º-1-2025, o salário mínimo será de R$ 1.518,00 (mil quinhentos e dezoito reais).
- • A Lei n. 6.205, de 29-4-1975, estabelece a descaracterização do salário mínimo como fator de correção monetária.
- • Víde Súmulas Vinculantes 4, 6, 15 e 16.

V – piso salarial proporcional à extensão e à complexidade do trabalho;
- •• A Lei Complementar n. 103, de 14-7-2000, autoriza os Estados e o Distrito Federal a instituir o piso salarial a que se refere este inciso.

VI – irredutibilidade do salário, salvo o disposto em convenção ou acordo coletivo;

VII – garantia de salário, nunca inferior ao mínimo, para os que percebem remuneração variável;

VIII – décimo terceiro salário com base na remuneração integral ou no valor da aposentadoria;
- • Décimo terceiro salário: Lei n. 4.090, de 13-7-1962, e Lei n. 4.749, de 12-8-1965.

IX – remuneração do trabalho noturno superior à do diurno;
- • Trabalho noturno na CLT: art. 73 e §§ 1.º a 5.º.

X – proteção do salário na forma da lei, constituindo crime sua retenção dolosa;

XI – participação nos lucros, ou resultados, desvinculada da remuneração, e, excepcionalmente, participação na gestão da empresa, conforme definido em lei;
- •• Regulamento: Lei n. 10.101, de 19-12-2000.

XII – salário-família pago em razão do dependente do trabalhador de baixa renda nos termos da lei;
- •• Inciso XII com redação determinada pela Emenda Constitucional n. 20, de 15-12-1998.
- • Salário-família: Lei n. 4.266, de 3-10-1963, Lei n. 8.213, de 24-7-1991, arts. 18, 26, 28, 65 a 70, e Decreto n. 3.048, de 6-5-1999, arts. 5.º, 25, 30 a 32, 42, 81 a 92, 173, 217, § 6.º, 218, 225 e 255.

XIII – duração do trabalho normal não superior a oito horas diárias e quarenta e quatro semanais, facultada a compensação de horários e a redução da jornada, mediante acordo ou convenção coletiva de trabalho;
- • Duração do trabalho na CLT: arts. 57 e s. e 224 e s.

XIV – jornada de seis horas para o trabalho realizado em turnos ininterruptos de revezamento, salvo negociação coletiva;

XV – repouso semanal remunerado, preferencialmente aos domingos;
- • Repouso semanal: Lei n. 605, de 5-1-1949.

Art. 7.º

XVI – remuneração do serviço extraordinário superior, no mínimo, em cinquenta por cento à do normal;

- Remuneração do serviço extraordinário na CLT: arts. 61, 142 e 227.

XVII – gozo de férias anuais remuneradas com, pelo menos, um terço a mais do que o salário normal;

- Férias na CLT: arts. 129 e s.

XVIII – licença à gestante, sem prejuízo do emprego e do salário, com a duração de cento e vinte dias;

- •• A Lei n. 11.770, de 9-9-2008, alterada pela Lei n. 13.257, de 8-3-2016, estabelece em seu art. 1.º: "É instituído o Programa Empresa Cidadã, destinado a prorrogar: I – por 60 (sessenta) dias a duração da licença-maternidade prevista no inciso XVIII do *caput* do art. 7.º da Constituição Federal; II – por 15 (quinze) dias a duração da licença-paternidade, nos termos desta Lei, além dos 5 (cinco) dias estabelecidos no § 1.º do art. 10 do Ato das Disposições Constitucionais Transitórias. § 1.º A prorrogação de que trata este artigo: I – será garantida à empregada da pessoa jurídica que aderir ao Programa, desde que a empregada a requeira até o final do primeiro mês após o parto, e será concedida imediatamente após a fruição da licença-maternidade de que trata o inciso XVIII do *caput* do art. 7.º da Constituição Federal; II – será garantida ao empregado da pessoa jurídica que aderir ao Programa, desde que o empregado a requeira no prazo de 2 (dois) dias úteis após o parto e comprove participação em programa ou atividade de orientação sobre paternidade responsável. § 2.º A prorrogação será garantida, na mesma proporção, à empregada e ao empregado que adotar ou obtiver guarda judicial para fins de adoção de criança".
- •• A Lei n. 12.812, de 16-5-2013, acrescenta o art. 391-A à CLT, para dispor sobre a estabilidade provisória da gestante, prevista na alínea *b* do inciso II do art. 10 do ADCT.
- *Vide* art. 10, II, *b*, do ADCT.
- *Vide* notas ao art. 14 da Emenda Constitucional n. 20, de 15-12-1998.
- Salário-maternidade: arts. 71 a 73 da Lei n. 8.213, de 24-7-1991, regulamentada pelo Decreto n. 3.048, de 6-5-1999, arts. 93 a 103.

XIX – licença-paternidade, nos termos fixados em lei;

- *Vide* art. 10, § 1.º, do ADCT.
- •• A Lei n. 11.770, de 9-9-2008 (Programa Empresa Cidadã), alterada pela Lei n. 13.257, de 8-3-2016, faculta a prorrogação por 15 dias da licença-paternidade, mediante concessão de incentivo fiscal.
- •• O STF, na ADI por Omissão n. 20, no plenário de 14-12-2023 (*DOU* de 8-1-2024), por maioria, julgou procedente o pedido, com o reconhecimento da existência de omissão inconstitucional na regulamentação da licença-paternidade prevista neste inciso XIX, com fixação do prazo de dezoito meses para o Congresso Nacional legislar a respeito da matéria, contados da publicação da ata de julgamento, e entendeu, ao final, que, não sobrevindo a lei regulamentadora no prazo acima estabelecido, caberá a este Tribunal fixar o período da licença-paternidade.

XX – proteção do mercado de trabalho da mulher, mediante incentivos específicos, nos termos da lei;

- Proteção ao trabalho da mulher na CLT: arts. 372 e s.
- Convenção sobre a eliminação de todas as formas de discriminação contra a mulher: Decreto n. 4.377, de 13-9-2002.

XXI – aviso prévio proporcional ao tempo de serviço, sendo no mínimo de trinta dias, nos termos da lei;

- •• Regulamento: Lei n. 12.506, de 11-10-2011.
- Aviso prévio na CLT: arts. 487 e s.

XXII – redução dos riscos inerentes ao trabalho, por meio de normas de saúde, higiene e segurança;

- Segurança e medicina do trabalho: arts. 154 e s. da CLT.

XXIII – adicional de remuneração para as atividades penosas, insalubres ou perigosas, na forma da lei;

- •• O STF, na ADI por Omissão n. 74, nas sessões virtuais de 24-5-2024 a 4-6-2024 (*DOU* de 12-6-2024), por unanimidade, julgou procedente o pedido, para reconhecer a mora do Congresso Nacional na regulamentação deste inciso XXIII, no ponto em que prevê o adicional de penosidade aos trabalhadores urbanos e rurais, e fixou prazo de 18 (dezoito) meses, a contar da publicação da ata deste julgamento, para adoção das medidas legislativas constitucionalmente exigíveis para suplantar a omissão, não se tratando de imposição de prazo para a atuação legislativa do Congresso Nacional, mas apenas da fixação de um parâmetro temporal razoável para que o Congresso Nacional supra a mora legislativa.
- Atividades insalubres e perigosas na CLT: arts. 189 e s.

XXIV – aposentadoria;

- Planos de benefícios da previdência social: Lei n. 8.213, de 24-7-1991, e Decreto n. 3.048, de 6-5-1999, que aprova o regulamento da previdência social.
- Fundo de Aposentadoria Programada Individual – FAPI e o Plano de Incentivo à Aposentadoria Programada Individual: Lei n. 9.477, de 24-7-1997.

XXV – assistência gratuita aos filhos e dependentes desde o nascimento até 5 (cinco) anos de idade em creches e pré-escolas;

- •• Inciso XXV com redação determinada pela Emenda Constitucional n. 53, de 19-12-2006.

XXVI – reconhecimento das convenções e acordos coletivos de trabalho;

- Convenções coletivas de trabalho na CLT: arts. 611 e s.

XXVII – proteção em face da automação, na forma da lei;

XXVIII – seguro contra acidentes de trabalho, a cargo do empregador, sem excluir a indenização a que este está obrigado, quando incorrer em dolo ou culpa;

- Acidente do trabalho: Lei n. 6.338, de 7-6-1976; Lei n. 8.212, de 24-7-1991; Lei n. 8.213, de 24-7-1991; e Decreto n. 3.048, de 6-5-1999.

XXIX – ação, quanto aos créditos resultantes das relações de trabalho, com prazo prescricional de cinco anos para os trabalhadores urbanos e rurais, até o limite de dois anos após a extinção do contrato de trabalho;

- •• Inciso XXIX com redação determinada pela Emenda Constitucional n. 28, de 25-5-2000.

a) e b) (*Revogadas pela Emenda Constitucional n. 28, de 25-5-2000.*)

XXX – proibição de diferença de salários, de exercício de funções e de critério de admissão por motivo de sexo, idade, cor ou estado civil;

- Convenção sobre a eliminação de todas as formas de discriminação contra a mulher: Decreto n. 4.377, de 13-9-2002.

XXXI – proibição de qualquer discriminação no tocante a salário e critérios de admissão do trabalhador portador de deficiência;

- O Decreto n. 3.298, de 20-12-1999, consolida as normas de proteção à pessoa portadora de deficiência.

XXXII – proibição de distinção entre trabalho manual, técnico e intelectual ou entre os profissionais respectivos;

XXXIII – proibição de trabalho noturno, perigoso ou insalubre a menores de 18 (dezoito) e de qualquer trabalho a menores de 16 (dezesseis) anos, salvo na condição de aprendiz, a partir de 14 (quatorze) anos;

- •• Inciso XXXIII com redação determinada pela Emenda Constitucional n. 20, de 15-12-1998.
- Proteção ao trabalho do menor na CLT: arts. 402 e s.
- Do direito à profissionalização e à proteção do trabalho: *vide* arts. 60 a 69 da Lei n. 8.069, de 13-7-1990 (ECA).
- Diretrizes e Normas do Programa de Erradicação do Trabalho Infantil – PETI: Portaria n. 458, de 4-10-2001.

XXXIV – igualdade de direitos entre o trabalhador com vínculo empregatício permanente e o trabalhador avulso.

Parágrafo único. São assegurados à categoria dos trabalhadores domésticos os direitos previstos nos incisos IV, VI, VII, VIII, X, XIII, XV, XVI, XVII, XVIII, XIX, XXI, XXII, XXIV, XXVI, XXX, XXXI e XXXIII e, atendidas as condições estabelecidas em lei e observada a simplificação do cumprimento das obrigações tributárias, principais e acessórias, decorrentes da relação de trabalho e suas peculiaridades, os previstos nos incisos I, II, III, IX, XII, XXV e XXVIII, bem como a sua integração à previdência social.

- •• Parágrafo único com redação determinada pela Emenda Constitucional n. 72, de 2-4-2013.

•• O Decreto n. 12.009, de 1.º-5-2024, promulga os textos da Convenção sobre o Trabalho Decente para as Trabalhadoras e os Trabalhadores Domésticos (n. 189) e da Recomendação sobre o Trabalho Doméstico Decente para as Trabalhadoras e os Trabalhadores Domésticos (n. 201), da OIT.

• Empregado doméstico, FGTS e seguro-desemprego: Lei n. 7.195, de 12-6-1984, e Lei Complementar n. 150, de 1.º-6-2015.

• Salário-maternidade: arts. 93 a 103 do Decreto n. 3.048, de 6-5-1999.

Art. 8.º É livre a associação profissional ou sindical, observado o seguinte:

• Organização sindical na CLT: arts. 511 e s.

I – a lei não poderá exigir autorização do Estado para a fundação de sindicato, ressalvado o registro no órgão competente, vedadas ao Poder Público a interferência e a intervenção na organização sindical;

II – é vedada a criação de mais de uma organização sindical, em qualquer grau, representativa de categoria profissional ou econômica, na mesma base territorial, que será definida pelos trabalhadores ou empregadores interessados, não podendo ser inferior à área de um Município;

III – ao sindicato cabe a defesa dos direitos e interesses coletivos ou individuais da categoria, inclusive em questões judiciais ou administrativas;

IV – a assembleia geral fixará a contribuição que, em se tratando de categoria profissional, será descontada em folha, para custeio do sistema confederativo da representação sindical respectiva, independentemente da contribuição prevista em lei;

• Vide Súmula Vinculante 40.

V – ninguém será obrigado a filiar-se ou a manter-se filiado a sindicato;

• Atentado contra a liberdade de associação: art. 199 do CP.

• O Precedente Normativo 119, do TST, dispõe sobre contribuições sindicais.

VI – é obrigatória a participação dos sindicatos nas negociações coletivas de trabalho;

VII – o aposentado filiado tem direito a votar e ser votado nas organizações sindicais;

VIII – é vedada a dispensa do empregado sindicalizado a partir do registro da candidatura a cargo de direção ou representação sindical e, se eleito, ainda que suplente, até um ano após o final do mandato, salvo se cometer falta grave nos termos da lei.

Parágrafo único. As disposições deste artigo aplicam-se à organização de sindicatos rurais e de colônias de pescadores, atendidas as condições que a lei estabelecer.

•• Parágrafo regulamentado pela Lei n. 11.699, de 13-6-2008, que estabelece que as Colônias de Pescadores, as Federações Estaduais e a Confederação Nacional dos Pescadores ficam reconhecidas como órgãos de classe dos trabalhadores do setor artesanal da pesca, com forma e natureza jurídica próprias, obedecendo ao princípio da livre organização previsto neste artigo.

Art. 9.º É assegurado o direito de greve, competindo aos trabalhadores decidir sobre a oportunidade de exercê-lo e sobre os interesses que devam por meio dele defender.

• Greve: Lei n. 7.783, de 28-6-1989.

• Vide arts. 37, VII, 114, II, e 142, § 3.º, IV, da CF.

§ 1.º A lei definirá os serviços ou atividades essenciais e disporá sobre o atendimento das necessidades inadiáveis da comunidade.

§ 2.º Os abusos cometidos sujeitam os responsáveis às penas da lei.

Art. 10. É assegurada a participação dos trabalhadores e empregadores nos colegiados dos órgãos públicos em que seus interesses profissionais ou previdenciários sejam objeto de discussão e deliberação.

Constituição da República Federativa do Brasil — Arts. 11 e 12 — 17

Art. 11. Nas empresas de mais de duzentos empregados, é assegurada a eleição de um representante destes com a finalidade exclusiva de promover-lhes o entendimento direto com os empregadores.

Capítulo III
DA NACIONALIDADE

- O Decreto n. 4.246, de 22-5-2002, promulga a Convenção sobre o Estatuto dos Apátridas.

Art. 12. São brasileiros:

I – natos:

a) os nascidos na República Federativa do Brasil, ainda que de pais estrangeiros, desde que estes não estejam a serviço de seu país;

b) os nascidos no estrangeiro, de pai brasileiro ou mãe brasileira, desde que qualquer deles esteja a serviço da República Federativa do Brasil;

c) os nascidos no estrangeiro de pai brasileiro ou de mãe brasileira, desde que sejam registrados em repartição brasileira competente ou venham a residir na República Federativa do Brasil e optem, em qualquer tempo, depois de atingida a maioridade, pela nacionalidade brasileira;

•• Alínea c com redação determinada pela Emenda Constitucional n. 54, de 20-9-2007.

II – naturalizados:

- Naturalização: Lei n. 13.445, de 24-5-2017 (Lei de Migração), e arts. 218 a 246 do Decreto n. 9.199, de 20-11-2017 (regulamento).

a) os que, na forma da lei, adquiram a nacionalidade brasileira, exigidas aos originários de países de língua portuguesa apenas residência por um ano ininterrupto e idoneidade moral;

b) os estrangeiros de qualquer nacionalidade residentes na República Federativa do Brasil há mais de quinze anos ininterruptos e sem condenação penal, desde que requeiram a nacionalidade brasileira.

•• Alínea b com redação determinada pela Emenda Constitucional de Revisão n. 3, de 7-6-1994.

§ 1.º Aos portugueses com residência permanente no País, se houver reciprocidade em favor de brasileiros, serão atribuídos os direitos inerentes ao brasileiro, salvo os casos previstos nesta Constituição.

•• § 1.º com redação determinada pela Emenda Constitucional de Revisão n. 3, de 7-6-1994.

§ 2.º A lei não poderá estabelecer distinção entre brasileiros natos e naturalizados, salvo nos casos previstos nesta Constituição.

- O Decreto n. 3.927, de 19-9-2001, promulga o Tratado de Amizade, Cooperação e Consulta entre a República Federativa do Brasil e a República Portuguesa.

§ 3.º São privativos de brasileiro nato os cargos:

I – de Presidente e Vice-Presidente da República;

II – de Presidente da Câmara dos Deputados;

III – de Presidente do Senado Federal;

IV – de Ministro do Supremo Tribunal Federal;

V – da carreira diplomática;

VI – de oficial das Forças Armadas;

- A Lei Complementar n. 97, de 9-6-1999, dispõe sobre as normas gerais para a organização, o preparo e o emprego das Forças Armadas.

VII – de Ministro de Estado da Defesa.

- •• Inciso VII acrescentado pela Emenda Constitucional n. 23, de 2-9-1999.
- A Lei Complementar n. 97, de 9-6-1999, criou o Ministério da Defesa.

§ 4.º Será declarada a perda da nacionalidade do brasileiro que:

I – tiver cancelada sua naturalização, por sentença judicial, em virtude de fraude relacionada ao processo de naturalização ou de atentado contra a ordem constitucional e o Estado Democrático;

- •• Inciso I com redação determinada pela Emenda Constitucional n. 131, de 3-10-2023.

II – fizer pedido expresso de perda da nacionalidade brasileira perante autoridade brasileira competente, ressalvadas situações que acarretem apatridia.

- •• Inciso II, *caput*, com redação determinada pela Emenda Constitucional n. 131, de 3-10-2023.

a) e b) (*Revogadas pela Emenda Constitucional n. 131, de 3-10-2023.*)

§ 5.º A renúncia da nacionalidade, nos termos do inciso II do § 4.º deste artigo, não impede o interessado de readquirir sua nacionalidade brasileira originária, nos termos da lei.

- •• § 5.º acrescentado pela Emenda Constitucional n. 131, de 3-10-2023.

Art. 13. A língua portuguesa é o idioma oficial da República Federativa do Brasil.

- O Decreto n. 5.002, de 3-3-2004, promulga a Declaração Constitutiva e os Estatutos da Comunidade dos Países de Língua Portuguesa.
- O Decreto n. 6.583, de 29-9-2008, promulga o Acordo Ortográfico da Língua Portuguesa.

§ 1.º São símbolos da República Federativa do Brasil a bandeira, o hino, as armas e o selo nacionais.

- Apresentação e forma dos símbolos nacionais: Lei n. 5.700, de 1.º-9-1971.
- O Decreto n. 98.068, de 18-8-1989, alterado pelo Decreto n. 4.835, de 8-9-2003, dispõe sobre o hasteamento da bandeira nacional nas repartições públicas federais e nos estabelecimentos de ensino.

§ 2.º Os Estados, o Distrito Federal e os Municípios poderão ter símbolos próprios.

Capítulo IV
DOS DIREITOS POLÍTICOS

Art. 14. A soberania popular será exercida pelo sufrágio universal e pelo voto direto e secreto, com valor igual para todos, e, nos termos da lei, mediante:

- *Vide* art. 45, § 1.º, da CF.

I – plebiscito;

- •• Inciso I regulamentado pela Lei n. 9.709, de 18-11-1998.

II – referendo;

- •• Inciso II regulamentado pela Lei n. 9.709, de 18-11-1998.

III – iniciativa popular.

- •• Inciso III regulamentado pela Lei n. 9.709, de 18-11-1998.

§ 1.º O alistamento eleitoral e o voto são:

- Alistamento no CE (Lei n. 4.737, de 15-7-1965): arts. 42 e s.

I – obrigatórios para os maiores de dezoito anos;

II – facultativos para:

a) os analfabetos;

b) os maiores de setenta anos;

c) os maiores de dezesseis e menores de dezoito anos.

§ 2.º Não podem alistar-se como eleitores os estrangeiros e, durante o período do serviço militar obrigatório, os conscritos.

§ 3.º São condições de elegibilidade, na forma da lei:

I – a nacionalidade brasileira;

II – o pleno exercício dos direitos políticos;

III – o alistamento eleitoral;

IV – o domicílio eleitoral na circunscrição;

V – a filiação partidária;

•• Inciso V regulamentado pela Lei n. 9.096, de 19-9-1995.

VI – a idade mínima de:

a) trinta e cinco anos para Presidente e Vice-Presidente da República e Senador;

b) trinta anos para Governador e Vice-Governador de Estado e do Distrito Federal;

c) vinte e um anos para Deputado Federal, Deputado Estadual ou Distrital, Prefeito, Vice-Prefeito e juiz de paz;

• Responsabilidade dos Prefeitos: Decreto-lei n. 201, de 27-2-1967.

d) dezoito anos para Vereador.

• Responsabilidade dos Vereadores: Decreto-lei n. 201, de 27-2-1967.

§ 4.º São inelegíveis os inalistáveis e os analfabetos.

§ 5.º O Presidente da República, os Governadores de Estado e do Distrito Federal, os Prefeitos e quem os houver sucedido ou substituído no curso dos mandatos poderão ser reeleitos para um único período subsequente.

•• § 5.º com redação determinada pela Emenda Constitucional n. 16, de 4-6-1997.

§ 6.º Para concorrerem a outros cargos, o Presidente da República, os Governadores de Estado e do Distrito Federal e os Prefeitos devem renunciar aos respectivos mandatos até seis meses antes do pleito.

§ 7.º São inelegíveis, no território de jurisdição do titular, o cônjuge e os parentes consanguíneos ou afins, até o segundo grau ou por adoção, do Presidente da República, de Governador de Estado ou Território, do Distrito Federal, de Prefeito ou de quem os haja substituído dentro dos seis meses anteriores ao pleito, salvo se já titular de mandato eletivo e candidato à reeleição.

• *Vide* Súmula Vinculante 18.

§ 8.º O militar alistável é elegível, atendidas as seguintes condições:

I – se contar menos de dez anos de serviço, deverá afastar-se da atividade;

II – se contar mais de dez anos de serviço, será agregado pela autoridade superior e, se eleito, passará automaticamente, no ato da diplomação, para a inatividade.
- Vide art. 42 da CF.

§ 9.º Lei complementar estabelecerá outros casos de inelegibilidade e os prazos de sua cessação, a fim de proteger a probidade administrativa, a moralidade para o exercício do mandato, considerada a vida pregressa do candidato, e a normalidade e legitimidade das eleições contra a influência do poder econômico ou o abuso do exercício de função, cargo ou emprego na administração direta ou indireta.
- •• § 9.º com redação determinada pela Emenda Constitucional de Revisão n. 4, de 7-6-1994.
- Casos de inelegibilidade: Lei Complementar n. 64, de 18-5-1990.

§ 10. O mandato eletivo poderá ser impugnado ante a Justiça Eleitoral no prazo de quinze dias contados da diplomação, instruída a ação com provas de abuso do poder econômico, corrupção ou fraude.

§ 11. A ação de impugnação de mandato tramitará em segredo de justiça, respondendo o autor, na forma da lei, se temerária ou de manifesta má-fé.

§ 12. Serão realizadas concomitantemente às eleições municipais as consultas populares sobre questões locais aprovadas pelas Câmaras Municipais e encaminhadas à Justiça Eleitoral até 90 (noventa) dias antes da data das eleições, observados os limites operacionais relativos ao número de quesitos.
- •• § 12 acrescentado pela Emenda Constitucional n. 111, de 28-9-2021.

§ 13. As manifestações favoráveis e contrárias às questões submetidas às consultas populares nos termos do § 12 ocorrerão durante as campanhas eleitorais, sem a utilização de propaganda gratuita no rádio e na televisão.
- •• § 13 acrescentado pela Emenda Constitucional n. 111, de 28-9-2021.

Art. 15. É vedada a cassação de direitos políticos, cuja perda ou suspensão só se dará nos casos de:
- Lei Orgânica dos Partidos Políticos: Lei n. 9.096, de 19-9-1995.

I – cancelamento da naturalização por sentença transitada em julgado;

II – incapacidade civil absoluta;

III – condenação criminal transitada em julgado, enquanto durarem seus efeitos;

IV – recusa de cumprir obrigação a todos imposta ou prestação alternativa, nos termos do art. 5.º, VIII;

V – improbidade administrativa, nos termos do art. 37, § 4.º.

Art. 16. A lei que alterar o processo eleitoral entrará em vigor na data de sua publicação, não se aplicando à eleição que ocorra até 1 (um) ano da data de sua vigência.
- •• Artigo com redação determinada pela Emenda Constitucional n. 4, de 14-9-1993.
- •• Sobre as Eleições Municipais 2020: vide art. 2.º da Emenda Constitucional n. 107, de 2-7-2020.

Capítulo V
DOS PARTIDOS POLÍTICOS

Art. 17. É livre a criação, fusão, incorporação e extinção de partidos políticos, resguardados a soberania nacional, o regime democrático, o pluripartidarismo, os direitos fundamentais da pessoa humana e observados os seguintes preceitos:
- •• A Lei n. 9.096, de 19-9-1995, regulamenta este artigo.
- •• Vide Emenda Constitucional n. 91, de 18-2-2016, que dispõe sobre desfiliação partidária.

Constituição da República Federativa do Brasil

I – caráter nacional;

II – proibição de recebimento de recursos financeiros de entidade ou governo estrangeiros ou de subordinação a estes;

III – prestação de contas à Justiça Eleitoral;
- Constituição dos órgãos de direção e os nomes dos respectivos integrantes: Lei n. 9.096, de 19-9-1995, art. 10.

IV – funcionamento parlamentar de acordo com a lei.

§ 1.º É assegurada aos partidos políticos autonomia para definir sua estrutura interna e estabelecer regras sobre escolha, formação e duração de seus órgãos permanentes e provisórios e sobre sua organização e funcionamento e para adotar os critérios de escolha e o regime de suas coligações nas eleições majoritárias, vedada a sua celebração nas eleições proporcionais, sem obrigatoriedade de vinculação entre as candidaturas em âmbito nacional, estadual, distrital ou municipal, devendo seus estatutos estabelecer normas de disciplina e fidelidade partidária.
- •• § 1.º com redação determinada pela Emenda Constitucional n. 97, de 4-10-2017.
- •• Vide art. 2.º da Emenda Constitucional n. 97, de 4-10-2017.

§ 2.º Os partidos políticos, após adquirirem personalidade jurídica, na forma da lei civil, registrarão seus estatutos no Tribunal Superior Eleitoral.

§ 3.º Somente terão direito a recursos do fundo partidário e acesso gratuito ao rádio e à televisão, na forma da lei, os partidos políticos que alternativamente:
- •• § 3.º, caput, com redação determinada pela Emenda Constitucional n. 97, de 4-10-2017.
- •• Vide art. 3.º da Emenda Constitucional n. 97, de 4-10-2017.

I – obtiverem, nas eleições para a Câmara dos Deputados, no mínimo, 3% (três por cento) dos votos válidos, distribuídos em pelo menos um terço das unidades da Federação, com um mínimo de 2% (dois por cento) dos votos válidos em cada uma delas; ou
- •• Inciso I acrescentado pela Emenda Constitucional n. 97, de 4-10-2017.

II – tiverem elegido pelo menos quinze Deputados Federais distribuídos em pelo menos um terço das unidades da Federação.
- •• Inciso II acrescentado pela Emenda Constitucional n. 97, de 4-10-2017.
- Os arts. 240 e s. do CE dispõem sobre a propaganda partidária.

§ 4.º É vedada a utilização pelos partidos políticos de organização paramilitar.

§ 5.º Ao eleito por partido que não preencher os requisitos previstos no § 3.º deste artigo é assegurado o mandato e facultada a filiação, sem perda do mandato, a outro partido que os tenha atingido, não sendo essa filiação considerada para fins de distribuição dos recursos do fundo partidário e de acesso gratuito ao tempo de rádio e de televisão.
- •• § 5.º acrescentado pela Emenda Constitucional n. 97, de 4-10-2017.

§ 6.º Os Deputados Federais, os Deputados Estaduais, os Deputados Distritais e os Vereadores que se desligarem do partido pelo qual tenham sido eleitos perderão o mandato, salvo nos casos de anuência do partido ou de outras hipóteses de justa causa estabelecidas em lei, não computada, em qualquer caso, a migração de partido para fins de distribuição de recursos do fundo partidário ou de outros fundos públicos e de acesso gratuito ao rádio e à televisão.
- •• § 6.º acrescentado pela Emenda Constitucional n. 111, de 28-9-2021.

§ 7.º Os partidos políticos devem aplicar no mínimo 5% (cinco por cento) dos recursos do fundo partidário na criação e na manutenção de programas de promoção e difusão da participação política das mulheres, de acordo com os interesses intrapartidários.
- •• § 7.º acrescentado pela Emenda Constitucional n. 117, de 5-4-2022.
- •• Vide arts. 3.º e 4.º da Emenda Constitucional n. 117, de 5-4-2022.

§ 8.º O montante do Fundo Especial de Financiamento de Campanha e da parcela do fundo partidário destinada a campanhas eleitorais, bem como o tempo de propaganda gratuita no rádio e na televisão a ser distribuído pelos partidos às respectivas candidatas, deverão ser de no mínimo 30% (trinta por cento), proporcional ao número de candidatas, e a distribuição deverá ser realizada conforme critérios definidos pelos respectivos órgãos de direção e pelas normas estatutárias, considerados a autonomia e o interesse partidário.

•• § 8.º acrescentado pela Emenda Constitucional n. 117, de 5-4-2022.

§ 9.º Dos recursos oriundos do Fundo Especial de Financiamento de Campanha e do fundo partidário destinados às campanhas eleitorais, os partidos políticos devem, obrigatoriamente, aplicar 30% (trinta por cento) em candidaturas de pessoas pretas e pardas, nas circunscrições que melhor atendam aos interesses e às estratégias partidárias.

•• § 9.º acrescentado pela Emenda Constitucional n. 133, de 22-8-2024.

Título III
DA ORGANIZAÇÃO DO ESTADO

Capítulo I
DA ORGANIZAÇÃO POLÍTICO-ADMINISTRATIVA

Art. 18. A organização político-administrativa da República Federativa do Brasil compreende a União, os Estados, o Distrito Federal e os Municípios, todos autônomos, nos termos desta Constituição.

§ 1.º Brasília é a Capital Federal.

§ 2.º Os Territórios Federais integram a União, e sua criação, transformação em Estado ou reintegração ao Estado de origem serão reguladas em lei complementar.

§ 3.º Os Estados podem incorporar-se entre si, subdividir-se ou desmembrar-se para se anexarem a outros, ou formarem novos Estados ou Territórios Federais, mediante aprovação da população diretamente interessada, através de plebiscito, e do Congresso Nacional, por lei complementar.

§ 4.º A criação, a incorporação, a fusão e o desmembramento de Municípios far-se-ão por lei estadual, dentro do período determinado por lei complementar federal, e dependerão de consulta prévia, mediante plebiscito, às populações dos Municípios envolvidos, após divulgação dos Estudos de Viabilidade Municipal, apresentados e publicados na forma da lei.

•• § 4.º com redação determinada pela Emenda Constitucional n. 15, de 12-9-1996.
• A Lei n. 10.521, de 18-7-2002, assegura a instalação de Municípios criados por Lei Estadual.

Art. 19. É vedado à União, aos Estados, ao Distrito Federal e aos Municípios:

I – estabelecer cultos religiosos ou igrejas, subvencioná-los, embaraçar-lhes o funcionamento ou manter com eles ou seus representantes relações de dependência ou aliança, ressalvada, na forma da lei, a colaboração de interesse público;

II – recusar fé aos documentos públicos;

III – criar distinções entre brasileiros ou preferências entre si.

Capítulo II
DA UNIÃO

Art. 20. São bens da União:

• Bens imóveis da União: Decreto-lei n. 9.760, de 5-9-1946, e Lei n. 9.636, de 15-5-1998.
• Bens públicos: Lei n. 10.406, de 10-1-2002 (CC), art. 99.

Constituição da República Federativa do Brasil — Art. 20 — 23

I – os que atualmente lhe pertencem e os que lhe vierem a ser atribuídos;

II – as terras devolutas indispensáveis à defesa das fronteiras, das fortificações e construções militares, das vias federais de comunicação e à preservação ambiental, definidas em lei;
- A Lei n. 6.383, de 7-12-1976, dispõe sobre o processo discriminatório de terras devolutas da União.
- A Lei n. 6.938, de 31-8-1981, dispõe sobre a Política Nacional do Meio Ambiente, seus fins e mecanismos de formulação e aplicação.

III – os lagos, rios e quaisquer correntes de água em terrenos de seu domínio, ou que banhem mais de um Estado, sirvam de limites com outros países, ou se estendam a território estrangeiro ou dele provenham, bem como os terrenos marginais e as praias fluviais;
- Política Marítima Nacional (PMN): Decreto n. 1.265, de 11-10-1994.

IV – as ilhas fluviais e lacustres nas zonas limítrofes com outros países; as praias marítimas; as ilhas oceânicas e as costeiras, excluídas, destas, as que contenham a sede de Municípios, exceto aquelas áreas afetadas ao serviço público e a unidade ambiental federal, e as referidas no art. 26, II;
- •• Inciso IV com redação determinada pela Emenda Constitucional n. 46, de 5-5-2005.
- Política Marítima Nacional (PMN): Decreto n. 1.265, de 11-10-1994.

V – os recursos naturais da plataforma continental e da zona econômica exclusiva;
- A Lei n. 8.617, de 4-1-1993, dispõe sobre o mar territorial, a zona contígua, a zona econômica exclusiva e a plataforma continental brasileira.
- Política Marítima Nacional (PMN): Decreto n. 1.265, de 11-10-1994.

VI – o mar territorial;
- Vide notas ao inciso anterior.

VII – os terrenos de marinha e seus acrescidos;

VIII – os potenciais de energia hidráulica;

IX – os recursos minerais, inclusive os do subsolo;

X – as cavidades naturais subterrâneas e os sítios arqueológicos e pré-históricos;

XI – as terras tradicionalmente ocupadas pelos índios.

§ 1.º É assegurada, nos termos da lei, à União, aos Estados, ao Distrito Federal e aos Municípios a participação no resultado da exploração de petróleo ou gás natural, de recursos hídricos para fins de geração de energia elétrica e de outros recursos minerais no respectivo território, plataforma continental, mar territorial ou zona econômica exclusiva, ou compensação financeira por essa exploração.
- •• § 1.º com redação determinada pela Emenda Constitucional n. 102, de 26-9-2019.
- •• Vide art. 100, § 18, da CF.
- •• Vide art. 3.º da Emenda Constitucional n. 86, de 17-3-2015.
- •• Vide art. 198, § 2.º, I, da CF.
- A Lei n. 7.990, de 28-12-1989, institui, para os Estados, Distrito Federal e Municípios, compensação financeira pelo resultado da exploração de petróleo ou gás natural, de recursos hídricos para fins de geração de energia elétrica, de recursos minerais em seus respectivos territórios, plataforma continental, mar territorial ou zona econômica exclusiva.
- A Lei n. 8.001, de 13-3-1990, define os percentuais da distribuição da compensação financeira de que trata a Lei n. 7.990, de 28-12-1989.
- O Decreto n. 1, de 11-1-1991, regulamenta o pagamento da compensação financeira instituída pela Lei n. 7.990, de 28-12-1989.
- A Lei n. 9.427, de 26-12-1996, institui a Agência Nacional de Energia Elétrica – ANEEL, e disciplina o regime de concessões de serviços públicos de energia elétrica.

- A Lei n. 9.478, de 6-8-1997, dispõe sobre a Política Energética Nacional, as atividades relativas ao monopólio do petróleo, institui o Conselho Nacional de Política Energética e a Agência Nacional do Petróleo.
- A Lei n. 9.984, de 17-7-2000, dispõe sobre a Agência Nacional de Águas – ANA.
- A Lei n. 12.734, de 30-11-2012, modifica as Leis n. 9.478, de 6-8-1997, e 12.351, de 22-12-2010, para determinar novas regras de distribuição entre os entes da Federação dos *royalties* e da participação especial, devidos em função da exploração de petróleo, gás natural e outros hidrocarbonetos fluidos, e para aprimorar o marco regulatório sobre a exploração desses recursos no regime de partilha.
- A Lei n. 12.858, de 9-9-2013, dispõe sobre a destinação para as áreas de educação e saúde de parcela da participação no resultado ou da compensação financeira pela exploração de petróleo e gás natural, com a finalidade de cumprimento da meta prevista no inciso VI do *caput* do art. 214 e no art. 196 da CF.

§ 2.º A faixa de até cento e cinquenta quilômetros de largura, ao longo das fronteiras terrestres, designada como faixa de fronteira, é considerada fundamental para defesa do território nacional, e sua ocupação e utilização serão reguladas em lei.

- A Lei n. 6.634, de 2-5-1979, dispõe sobre Faixa de Fronteira.
- O Decreto n. 8.903, de 16-11-2016, institui o Programa de Proteção Integrada de Fronteiras e organiza a atuação de unidades da administração pública federal para sua execução.

Art. 21. Compete à União:

I – manter relações com Estados estrangeiros e participar de organizações internacionais;

II – declarar a guerra e celebrar a paz;

III – assegurar a defesa nacional;

- O Decreto n. 6.703, de 18-12-2008, aprova a Estratégia Nacional de Defesa.

IV – permitir, nos casos previstos em lei complementar, que forças estrangeiras transitem pelo território nacional ou nele permaneçam temporariamente;

- A Lei Complementar n. 90, de 1.º-10-1997, regulamenta este inciso e determina os casos em que Forças Estrangeiras possam transitar pelo Território Nacional ou nele permanecer temporariamente.

V – decretar o estado de sítio, o estado de defesa e a intervenção federal;

VI – autorizar e fiscalizar a produção e o comércio de material bélico;

VII – emitir moeda;

VIII – administrar as reservas cambiais do País e fiscalizar as operações de natureza financeira, especialmente as de crédito, câmbio e capitalização, bem como as de seguros e de previdência privada;

- A Lei n. 4.595, de 31-12-1964, dispõe sobre a política e as instituições monetárias, bancárias e creditícias e cria o Conselho Monetário Nacional.
- A Lei n. 4.728, de 14-7-1965, disciplina o mercado de capitais e estabelece medidas para o seu desenvolvimento.
- O Decreto-lei n. 73, de 21-11-1966, regulamentado pelo Decreto n. 60.459, de 13-3-1967, dispõe sobre o sistema nacional de seguros privados e regula as operações de seguros e resseguros.
- A Lei Complementar n. 108, de 29-5-2001, dispõe sobre a relação entre a União, os Estados, o Distrito Federal e os Municípios, suas autarquias, fundações, sociedades de economia mista e outras entidades públicas e suas respectivas entidades fechadas de previdência complementar, e dá outras providências.
- A Lei Complementar n. 109, de 29-5-2001, dispõe sobre o regime de previdência complementar e dá outras providências.
- A Resolução n. 43, de 21-12-2001, do Senado Federal, dispõe sobre as operações de crédito interno e externo dos Estados, do Distrito Federal e dos Municípios.

IX – elaborar e executar planos nacionais e regionais de ordenação do território e de desenvolvimento econômico e social;

X – manter o serviço postal e o correio aéreo nacional;

- Serviço postal: Lei n. 6.538, de 22-6-1978.

XI – explorar, diretamente ou mediante autorização, concessão ou permissão, os serviços de telecomunicações, nos termos da lei, que disporá sobre a organização dos serviços, a criação de um órgão regulador e outros aspectos institucionais;
- •• Inciso XI com redação determinada pela Emenda Constitucional n. 8, de 15-8-1995.
- •• Vide art. 2.º da Emenda Constitucional n. 8, de 15-8-1995.
- • Sobre concessão para exploração de serviços públicos de telecomunicações, trata a Lei n. 9.472, de 16-7-1997.
- • Concessões e permissões de serviços públicos: Lei n. 8.987, de 13-2-1995.
- • Serviços de Telecomunicações, organização e órgão regulador: Lei n. 9.295, de 19-7-1996.
- • O Decreto n. 3.896, de 23-8-2001, dispõe sobre a regência dos serviços de telecomunicações, e dá outras providências.
- • Fundo para o Desenvolvimento Tecnológico das Telecomunicações – Funttel: Lei n. 10.052, de 28-11-2000, e Decreto n. 3.737, de 30-1-2001 (regulamento).

XII – explorar, diretamente ou mediante autorização, concessão ou permissão:

a) os serviços de radiodifusão sonora e de sons e imagens;
- •• Alínea a com redação determinada pela Emenda Constitucional n. 8, de 15-8-1995.
- • Código Brasileiro de Telecomunicações: Lei n. 4.117, de 27-8-1962, e Lei n. 9.472, de 16-7-1997.
- • A Lei n. 9.612, de 19-2-1998, institui o Serviço de Radiodifusão Comunitária, e o Decreto n. 2.615, de 3-6-1998, aprova seu regulamento.

b) os serviços e instalações de energia elétrica e o aproveitamento energético dos cursos de água, em articulação com os Estados onde se situam os potenciais hidroenergéticos;
- • A Lei n. 9.427, de 26-12-1996, institui a Agência Nacional de Energia Elétrica – ANEEL, e disciplina o regime de concessões de serviços públicos de energia elétrica.
- • A Lei n. 9.648, de 27-5-1998, regulamentada pelo Decreto n. 2.655, de 2-7-1998, autoriza o Poder Executivo a promover a reestruturação da Centrais Elétricas Brasileiras – ELETROBRÁS e de suas subsidiárias.

c) a navegação aérea, aeroespacial e a infraestrutura aeroportuária;
- • CBA: Lei n. 7.565, de 19-12-1986.
- • A Lei n. 12.379, de 6-1-2011, dispõe sobre o Sistema Nacional de Viação – SNV, que é composto pelo Subsistema Aeroviário Federal.

d) os serviços de transporte ferroviário e aquaviário entre portos brasileiros e fronteiras nacionais, ou que transponham os limites de Estado ou Território;
- • A Lei n. 9.432, de 8-1-1997, dispõe sobre a ordenação do transporte aquaviário.
- • A Lei n. 12.379, de 6-1-2011, dispõe sobre o Sistema Nacional de Viação – SNV, que é composto pelos Subsistemas Ferroviário e Aquaviário Federais.

e) os serviços de transporte rodoviário interestadual e internacional de passageiros;
- • A Lei n. 12.379, de 6-1-2011, dispõe sobre o Sistema Nacional de Viação – SNV, que é composto pelo Subsistema Rodoviário Federal.

f) os portos marítimos, fluviais e lacustres;
- • Política Marítima Nacional (PMN): Decreto n. 1.265, de 11-10-1994.

XIII – organizar e manter o Poder Judiciário, o Ministério Público do Distrito Federal e dos Territórios e a Defensoria Pública dos Territórios;
- •• Inciso XIII com redação determinada pela Emenda Constitucional n. 69, de 29-3-2012.

XIV – organizar e manter a polícia civil, a polícia penal, a polícia militar e o corpo de bombeiros militar do Distrito Federal, bem como prestar assistência financeira ao Distrito Federal para a execução de serviços públicos, por meio de fundo próprio;
- •• Inciso XIV com redação determinada pela Emenda Constitucional n. 104, de 4-12-2019.
- •• Vide arts. 5.º e 10, §§ 2.º, I, e 6.º, da Emenda Constitucional n. 103, de 12-11-2019.

- •• A Lei n. 15.047, de 17-12-2024, institui o regime disciplinar da Polícia Federal e da Polícia Civil do Distrito Federal.
- • A Lei n. 10.633, de 27-12-2002, institui o FCDF, para atender o disposto neste inciso.
- • *Vide* art. 25 da Emenda Constitucional n. 19, de 4-6-1998.
- • *Vide* Súmula Vinculante 39.

XV – organizar e manter os serviços oficiais de estatística, geografia, geologia e cartografia de âmbito nacional;

- • O Decreto-lei n. 243, de 28-2-1967, fixa as diretrizes e bases da cartografia brasileira.

XVI – exercer a classificação, para efeito indicativo, de diversões públicas e de programas de rádio e televisão;

- •• A Portaria n. 502, de 23-11-2021, do Ministério da Justiça e Segurança Pública, regulamenta o processo de classificação indicativa.
- • Serviço de Radiodifusão Comunitária: Lei n. 9.612, de 19-2-1998, e Decreto n. 2.615, de 3-6-1998.

XVII – conceder anistia;

XVIII – planejar e promover a defesa permanente contra as calamidades públicas, especialmente as secas e as inundações;

- • A Lei n. 3.742, de 4-4-1960, dispõe sobre o auxílio federal em casos de prejuízos causados por fatores naturais.
- • A Lei n. 12.340, de 1.º-12-2010, dispõe sobre as transferências de recursos da União aos órgãos e entidades dos Estados, Distrito Federal e Municípios para a execução de ações de prevenção em áreas de risco de desastres e de resposta e de recuperação em áreas atingidas por desastres e sobre o Fundo Nacional para Calamidades Públicas, Proteção e Defesa Civil.
- • A Lei n. 12.608, de 10-4-2012, institui a Política Nacional de Proteção e Defesa Civil – PNPDEC.
- • A Lei n. 12.787, de 11-1-2013, dispõe sobre a Política Nacional de Irrigação.

XIX – instituir sistema nacional de gerenciamento de recursos hídricos e definir critérios de outorga de direitos de seu uso;

- • A Lei n. 9.433, de 8-1-1997, institui a Política Nacional de Recursos Hídricos, cria o Sistema Nacional de Gerenciamento de Recursos Hídricos, e regulamenta este inciso.

XX – instituir diretrizes para o desenvolvimento urbano, inclusive habitação, saneamento básico e transportes urbanos;

- • A Lei n. 11.445, de 5-1-2007, estabelece diretrizes nacionais para o saneamento básico.
- • A Lei n. 12.587, de 3-1-2012, institui diretrizes da Política Nacional de Mobilidade Urbana.
- • A Lei n. 13.425, de 30-3-2017, "Lei Boate Kiss", estabelece diretrizes gerais sobre medidas de prevenção e combate a incêndio e a desastres em estabelecimentos, edificações e áreas de reunião de público.

XXI – estabelecer princípios e diretrizes para o sistema nacional de viação;

- • A Lei n. 12.379, de 6-1-2011, dispõe sobre o Sistema Nacional de Viação – SNV.

XXII – executar os serviços de polícia marítima, aeroportuária e de fronteiras;

- •• Inciso XXII com redação determinada pela Emenda Constitucional n. 19, de 4-6-1998.

XXIII – explorar os serviços e instalações nucleares de qualquer natureza e exercer monopólio estatal sobre a pesquisa, a lavra, o enriquecimento e reprocessamento, a industrialização e o comércio de minérios nucleares e seus derivados, atendidos os seguintes princípios e condições:

- • O Decreto-lei n. 1.982, de 28-12-1982, dispõe sobre o exercício das atividades nucleares incluídas no monopólio da União e o controle do desenvolvimento de pesquisas no campo da energia nuclear.
- • O Decreto n. 911, de 3-9-1993, promulga a Convenção de Viena sobre responsabilidade civil por danos nucleares, de 21-5-1963.
- • A Lei n. 10.308, de 20-11-2001, estabelece normas para o destino final dos rejeitos radioativos produzidos em território nacional, incluídos a seleção de locais, a construção, o licenciamento, a operação, a fiscalização, os custos, a indenização, a responsabilidade civil e as garantias referentes aos depósitos radioativos.

a) toda atividade nuclear em território nacional somente será admitida para fins pacíficos e mediante aprovação do Congresso Nacional;

b) sob regime de permissão, são autorizadas a comercialização e a utilização de radioisótopos para pesquisa e uso agrícolas e industriais;
- •• Alínea *b* com redação determinada pela Emenda Constitucional n. 118, de 26-4-2022.

c) sob regime de permissão, são autorizadas a produção, a comercialização e a utilização de radioisótopos para pesquisa e uso médicos;
- •• Alínea *c* com redação determinada pela Emenda Constitucional n. 118, de 26-4-2022.

d) a responsabilidade civil por danos nucleares independe da existência de culpa;
- •• Primitiva alínea *c* renumerada pela Emenda Constitucional n. 49, de 8-2-2006.
- • Responsabilidade civil por danos nucleares e responsabilidade criminal por atos relacionados com atividades nucleares: Lei n. 6.453, de 17-10-1977.

XXIV – organizar, manter e executar a inspeção do trabalho;

XXV – estabelecer as áreas e as condições para o exercício da atividade de garimpagem, em forma associativa;
- • A Lei n. 7.805, de 18-7-1989, regulamentada pelo Decreto n. 9.406, de 12-6-2018, disciplina o regime de permissão de lavra garimpeira.
- • A Lei n. 11.685, de 2-6-2008, institui o Estatuto do Garimpeiro.

XXVI – organizar e fiscalizar a proteção e o tratamento de dados pessoais, nos termos da lei.
- •• Inciso XXVI acrescentado pela Emenda Constitucional n. 115, de 10-2-2022.

Art. 22. Compete privativamente à União legislar sobre:

I – direito civil, comercial, penal, processual, eleitoral, agrário, marítimo, aeronáutico, espacial e do trabalho;
- • CC: Lei n. 10.406, de 10-1-2002, CCom: Lei n. 556, de 25-6-1850, CP: Decreto-lei n. 2.848, de 7-12-1940, CPC: Lei n. 13.105, de 16-3-2015, CPP: Decreto-lei n. 3.689, de 3-10-1941, CE: Lei n. 4.737, de 15-7-1965, CBA: Lei n. 7.565, de 19-12-1986, e CLT: Decreto-lei n. 5.452, de 1.º-5-1943.
- • *Vide* Súmula Vinculante 46.

II – desapropriação;
- • Desapropriação: Decreto-lei n. 3.365, de 21-6-1941, Lei n. 4.132, de 10-9-1962, Lei n. 6.602, de 7-12-1978, Decreto-lei n. 1.075, de 22-1-1970, Lei Complementar n. 76, de 6-7-1993, e Lei n. 10.406, de 10-1-2002, art. 1.228, § 3.º.

III – requisições civis e militares, em caso de iminente perigo e em tempo de guerra;

IV – águas, energia, informática, telecomunicações e radiodifusão;
- • Código Brasileiro de Telecomunicações: Lei n. 4.117, de 27-8-1962.
- • Organização dos Serviços de Telecomunicações: Lei n. 9.472, de 16-7-1997.
- • A Lei n. 9.295, de 19-7-1996, dispõe sobre os serviços de telecomunicações e sua organização e órgão regulador.

V – serviço postal;
- • Serviço Postal: Lei n. 6.538, de 22-6-1978.

VI – sistema monetário e de medidas, títulos e garantias dos metais;
- • Real: Lei n. 9.069, de 29-6-1995, e Lei n. 10.192, de 14-2-2001.

VII – política de crédito, câmbio, seguros e transferência de valores;
- • *Vide* Súmula Vinculante 32.

VIII – comércio exterior e interestadual;

IX – diretrizes da política nacional de transportes;
- • Conselho Nacional de Integração de Políticas de Transportes: Lei n. 10.233, de 5-6-2001, e Decretos n. 4.122 e 4.130, de 13-2-2002.

X – regime dos portos, navegação lacustre, fluvial, marítima, aérea e aeroespacial;
- Política Marítima Nacional (PMN): Decreto n. 1.265, de 11-10-1994.
- A Lei n. 9.277, de 10-5-1996, autoriza a União a delegar aos Municípios, Estados da Federação e ao Distrito Federal a administração e exploração de rodovias e portos federais.
- A Lei n. 12.815, de 5-6-2013, dispõe sobre a exploração direta e indireta pela União de portos e instalações portuárias e sobre as atividades desempenhadas pelos operadores portuários.

XI – trânsito e transporte;
- CTB: Lei n. 9.503, de 23-9-1997.

XII – jazidas, minas, outros recursos minerais e metalurgia;
- Código de Mineração: Decreto-lei n. 227, de 28-2-1967.

XIII – nacionalidade, cidadania e naturalização;
- Vide art. 12 da CF.
- Situação jurídica do estrangeiro no Brasil: Lei n. 13.445, de 24-5-2017 (Lei de Migração), e Decreto n. 9.199, de 20-11-2017, que regulamenta esta lei.

XIV – populações indígenas;
- Estatuto do Índio: Lei n. 6.001, de 19-12-1973.
- Vide notas ao art. 231.

XV – emigração e imigração, entrada, extradição e expulsão de estrangeiros;
- Lei de Migração: Lei n. 13.445, de 24-5-2017, e Decreto n. 9.199, de 20-11-2017, que regulamenta esta lei.
- O Decreto n. 9.873, de 27-6-2019, dispõe sobre o Conselho Nacional de Imigração.
- Estatuto dos Refugiados de 1951 (implementação): Lei n. 9.474, de 22-7-1997.

XVI – organização do sistema nacional de emprego e condições para o exercício de profissões;
- • A Lei n. 13.667, de 17-5-2018, dispõe sobre o Sistema Nacional de Emprego (SINE).

XVII – organização judiciária, do Ministério Público do Distrito Federal e dos Territórios e da Defensoria Pública dos Territórios, bem como organização administrativa destes;
- • Inciso XVII com redação determinada pela Emenda Constitucional n. 69, de 29-3-2012.
- Organização, atribuições e Estatuto do Ministério Público da União: Lei Complementar n. 75, de 20-5-1993.
- Organização da Defensoria Pública da União, do Distrito Federal e dos Territórios, com normas gerais para os Estados: Lei Complementar n. 80, de 12-1-1994.

XVIII – sistema estatístico, sistema cartográfico e de geologia nacionais;

XIX – sistemas de poupança, captação e garantia da poupança popular;
- Regras para a remuneração das cadernetas de poupança: Lei n. 8.177, de 1.º-3-1991, Lei n. 9.069, de 29-6-1995, e Lei n. 10.192, de 14-2-2001.
- Poupança: Decreto-lei n. 70, de 21-11-1966.

XX – sistemas de consórcios e sorteios;
- A Lei n. 5.768, de 20-12-1971, regulamentada pelo Decreto n. 70.951, de 9-8-1972, dispõe sobre a distribuição gratuita de prêmios, mediante sorteio, vale-brinde ou concurso, a título de propaganda, e estabelece normas de proteção à poupança popular.
- Sistema de Consórcio: Lei n. 11.795, de 8-10-2008.
- Vide Súmula Vinculante 2.

XXI – normas gerais de organização, efetivos, material bélico, garantias, convocação, mobilização, inatividades e pensões das polícias militares e dos corpos de bombeiros militares;
- • Inciso XXI com redação determinada pela Emenda Constitucional n. 103, de 12-11-2019.
- • A Lei n. 14.751, de 12-12-2023, institui a Lei Orgânica Nacional das Polícias Militares e dos Corpos de Bombeiros Militares dos Estados, do Distrito Federal e dos Territórios

XXII – competência da polícia federal e das polícias rodoviária e ferroviária federais;
- Policial Rodoviário Federal: Lei n. 9.654, de 2-6-1998.

XXIII – seguridade social;
- Lei Orgânica da Seguridade Social: Lei n. 8.212, de 24-7-1991, regulamentada pelo Decreto n. 3.048, de 6-5-1999.

XXIV – diretrizes e bases da educação nacional;
- Lei de Diretrizes e Bases da Educação Nacional: Lei n. 9.394, de 20-12-1996.
- A Resolução n. 5, de 22-6-2012, do Conselho Nacional de Educação, define Diretrizes Curriculares Nacionais para a Educação Escolar Indígena na Educação Básica.

XXV – registros públicos;
- LRP: Lei n. 6.015, de 31-12-1973.

XXVI – atividades nucleares de qualquer natureza;
- *Vide* nota ao art. 21, XXIII, *a*, da CF.
- A Lei 12.731, de 21-11-2012, institui o Sistema de Proteção ao Programa Nuclear Brasileiro – SIPRON.

XXVII – normas gerais de licitação e contratação, em todas as modalidades, para as administrações públicas diretas, autárquicas e fundacionais da União, Estados, Distrito Federal e Municípios, obedecido o disposto no art. 37, XXI, e para as empresas públicas e sociedades de economia mista, nos termos do art. 173, § 1.º, III;
- •• Inciso XXVII com redação determinada pela Emenda Constitucional n. 19, de 4-6-1998.
- Licitações e contratos administrativos: Lei n. 14.133, de 1.º-4-2021.

XXVIII – defesa territorial, defesa aeroespacial, defesa marítima, defesa civil e mobilização nacional;
- A Lei n. 12.608, de 10-4-2012, institui a Política Nacional de Proteção e Defesa Civil – PNPDEC, dispõe sobre o Sistema Nacional de Proteção e Defesa Civil – SINPDEC e o Conselho Nacional de Proteção e Defesa Civil – CONPDEC e autoriza a criação de sistema de informações e monitoramento de desastres.

XXIX – propaganda comercial;
- CDC: Lei n. 8.078, de 11-9-1990.

XXX – proteção e tratamento de dados pessoais.
- •• Inciso XXX acrescentado pela Emenda Constitucional n. 115, de 10-2-2022.

Parágrafo único. Lei complementar poderá autorizar os Estados a legislar sobre questões específicas das matérias relacionadas neste artigo.

Art. 23. É competência comum da União, dos Estados, do Distrito Federal e dos Municípios:

I – zelar pela guarda da Constituição, das leis e das instituições democráticas e conservar o patrimônio público;

II – cuidar da saúde e assistência pública, da proteção e garantia das pessoas portadoras de deficiência;
- *Vide* Súmula Vinculante 60.
- Da proteção à pessoa portadora de deficiência: Lei n. 7.853, de 24-10-1989, regulamentada pelo Decreto n. 3.298, de 20-12-1999.
- Convenção Interamericana para a Eliminação de todas as Formas de Discriminação contra as Pessoas Portadoras de Deficiência: Decreto n. 3.956, de 8-10-2001.
- Fundo Nacional de Saúde: Decreto n. 3.964, de 10-10-2001.
- Língua Brasileira de Sinais – LIBRAS: Lei n. 10.436, de 24-4-2002 (meio legal de comunicação e expressão de comunidades de pessoas surdas).
- Convenção Internacional sobre os Direitos das Pessoas com Deficiência: Decreto n. 6.949, de 25-8-2009.

III – proteger os documentos, as obras e outros bens de valor histórico, artístico e cultural, os monumentos, as paisagens naturais notáveis e os sítios arqueológicos;
- •• *Vide* nota ao parágrafo único deste artigo.
- O Decreto-lei n. 25, de 30-11-1937, organiza a proteção do patrimônio histórico e artístico nacional.

IV – impedir a evasão, a destruição e a descaracterização de obras de arte e de outros bens de valor histórico, artístico ou cultural;

V – proporcionar os meios de acesso à cultura, à educação, à ciência, à tecnologia, à pesquisa e à inovação;
- •• Inciso V com redação determinada pela Emenda Constitucional n. 85, de 26-2-2015.
- • *Vide* art. 212 da CF.

VI – proteger o meio ambiente e combater a poluição em qualquer de suas formas;
- •• *Vide* nota ao parágrafo único deste artigo.
- • Política nacional do meio ambiente, seus fins e mecanismos de formulação e aplicação: Lei n. 6.938, de 31-8-1981, e Decreto n. 4.297, de 10-7-2002, que regulamenta o inciso II do art. 9.º desta Lei, estabelecendo critérios para o Zoneamento Ecológico-Econômico do Brasil – ZEE.
- • Sanções penais e administrativas derivadas de condutas e atividades lesivas ao meio ambiente: Lei n. 9.605, de 12-2-1998. O Decreto n. 6.514, de 22-7-2008, dispõe as infrações e sanções administrativas ao meio ambiente, estabelece o processo administrativo federal para apuração destas infrações.
- • A Lei n. 9.966, de 28-4-2000, dispõe sobre a prevenção, o controle e a fiscalização da poluição causada por lançamento de óleo e outras substâncias nocivas ou perigosas em águas sob jurisdição nacional. A Resolução CONAMA n. 306, de 5-7-2002, estabelece os requisitos para a realização de auditorias ambientais, objetivando avaliar os sistemas de gestão e controle ambiental nos portos, plataformas e refinarias, tendo em vista o cumprimento da legislação vigente e do licenciamento ambiental pela indústria de petróleo e gás natural, e seus derivados.
- • O Decreto n. 5.445, de 12-5-2005, promulga o Protocolo de Quioto.

VII – preservar as florestas, a fauna e a flora;
- •• *Vide* nota ao parágrafo único deste artigo.
- • Código de Caça: Lei n. 5.197, de 3-1-1967.
- • Código Florestal: Lei n. 12.651, de 25-5-2012.
- • Aquicultura e pesca: Lei n. 11.959, de 29-6-2009.
- • *Vide* notas ao inciso anterior.

VIII – fomentar a produção agropecuária e organizar o abastecimento alimentar;
- • A Medida Provisória n. 2.206-1, de 6-9-2001, cria o Programa Nacional de Renda Mínima vinculado à saúde – "Bolsa-Alimentação". Regulamento: Decreto n. 3.934, de 20-9-2001.

IX – promover programas de construção de moradias e a melhoria das condições habitacionais e de saneamento básico;
- • A Lei n. 11.445, de 5-1-2007, estabelece diretrizes nacionais para o saneamento básico.

X – combater as causas da pobreza e os fatores de marginalização, promovendo a integração social dos setores desfavorecidos;
- • A Lei Complementar n. 111, de 6-7-2001, dispõe sobre o Fundo de Combate e Erradicação da Pobreza, na forma prevista nos arts. 79, 80 e 81 do ADCT.
- • *Vide* Emenda Constitucional n. 67, de 22-12-2010.

XI – registrar, acompanhar e fiscalizar as concessões de direitos de pesquisa e exploração de recursos hídricos e minerais em seus territórios;
- • A Lei n. 9.433, de 8-1-1997, institui a Política Nacional de Recursos Hídricos, e cria o Sistema Nacional de Gerenciamento de Recursos Hídricos.

XII – estabelecer e implantar política de educação para a segurança do trânsito.
- • A Lei n. 9.503, de 23-9-1997, institui o CTB.

Parágrafo único. Leis complementares fixarão normas para a cooperação entre a União e os Estados, o Distrito Federal e os Municípios, tendo em vista o equilíbrio do desenvolvimento e do bem-estar em âmbito nacional.
- •• Parágrafo único com redação determinada pela Emenda Constitucional n. 53, de 19-12-2006.
- •• A Lei Complementar n. 140, de 8-12-2011, fixa normas, nos termos deste parágrafo único e dos incisos III, VI e VII do *caput* deste artigo, para a cooperação entre a União, os Estados, o Distrito Federal e os Municípios nas ações administrativas decorrentes do exercício da competência comum relativas à proteção das paisagens naturais notáveis, à proteção do meio ambiente, ao combate à poluição em qualquer de suas formas e à preservação das florestas, da fauna e da flora.

Constituição da República Federativa do Brasil — Art. 24

Art. 24. Compete à União, aos Estados e ao Distrito Federal legislar concorrentemente sobre:

I – direito tributário, financeiro, penitenciário, econômico e urbanístico;
- CTN: Lei n. 5.172, de 25-10-1966. Normas gerais de Direito Financeiro: Lei n. 4.320, de 17-3-1964. LEP: Lei n. 7.210, de 11-7-1984. LEF: Lei n. 6.830, de 22-9-1980.

II – orçamento;

III – juntas comerciais;
- Registro do Comércio e Juntas Comerciais: Lei n. 8.934, de 18-11-1994, e Decreto n. 1.800, de 30-1-1996.

IV – custas dos serviços forenses;
- A Lei n. 9.289, de 4-7-1996, dispõe sobre custas devidas na Justiça Federal.

V – produção e consumo;

VI – florestas, caça, pesca, fauna, conservação da natureza, defesa do solo e dos recursos naturais, proteção do meio ambiente e controle da poluição;
- Código de Caça: Lei n. 5.197, de 3-1-1967; Código Florestal: Lei n. 12.651, de 25-5-2012; Código da Pesca: Decreto-lei n. 221, de 28-2-1967.
- Lei de Crimes Ambientais: Lei n. 9.605, de 12-2-1998.
- A Lei n. 9.966, de 28-4-2000, dispõe sobre a prevenção, o controle e a fiscalização da poluição causada por lançamento de óleo e outras substâncias nocivas ou perigosas em águas sob jurisdição nacional. A Resolução CONAMA n. 306, de 5-7-2002, estabelece os requisitos para a realização de auditorias ambientais, objetivando avaliar os sistemas de gestão e controle ambiental nos portos, plataformas e refinarias, tendo em vista o cumprimento da legislação vigente e do licenciamento ambiental pela indústria de petróleo e gás natural, e seus derivados.
- O Decreto n. 6.514, de 22-7-2008, dispõe sobre as infrações e sanções administrativas ao meio ambiente, e estabelece processo administrativo para apuração destas infrações.
- A Lei n. 11.959, de 29-6-2009, dispõe sobre a Política Nacional de Desenvolvimento Sustentável da Aquicultura e da Pesca, e regula as atividades pesqueiras.

VII – proteção ao patrimônio histórico, cultural, artístico, turístico e paisagístico;

VIII – responsabilidade por dano ao meio ambiente, ao consumidor, a bens e direitos de valor artístico, estético, histórico, turístico e paisagístico;
- Lei de Crimes Ambientais: Lei n. 9.605, de 12-2-1998.
- Ação civil pública de responsabilidade por danos causados ao meio ambiente, ao consumidor, a bens e direitos de valor artístico, estético, histórico, turístico e paisagístico: Lei n. 7.347, de 24-7-1985, e Decreto n. 1.306, de 9-11-1994.
- Ministério Público: Lei n. 8.625, de 12-2-1993, art. 25, IV, a, e Lei Complementar n. 75, de 20-5-1993, arts. 6.º, VII, b, e 37, II.
- SNDC: Decreto n. 2.181, de 20-3-1997.
- A Lei n. 10.504, de 8-7-2002, instituiu o Dia Nacional do Consumidor, que será comemorado, anualmente, no dia 15 de março.

IX – educação, cultura, ensino, desporto, ciência, tecnologia, pesquisa, desenvolvimento e inovação;
- •• Inciso IX com redação determinada pela Emenda Constitucional n. 85, de 26-2-2015.
- •• A Lei n. 14.903, de 27-6-2024, estabelece o marco regulatório do fomento à cultura, no âmbito da administração pública da União, dos Estados, do Distrito Federal e dos Municípios.
- Normas gerais sobre desportos: Lei n. 9.615, de 24-3-1998.
- Diretrizes e Bases da Educação Nacional (Lei Darcy Ribeiro): Lei n. 9.394, de 20-12-1996.

X – criação, funcionamento e processo do juizado de pequenas causas;
- Juizado especial de causas cíveis e criminais: Lei n. 9.099, de 26-9-1995.
- Juizados Especiais Cíveis e Criminais no âmbito da Justiça Federal: Lei n. 10.259, de 12-7-2001.

XI – procedimentos em matéria processual;

XII – previdência social, proteção e defesa da saúde;
- Proteção e defesa da saúde: Leis n. 8.080, de 19-9-1990, e n. 8.142, de 28-12-1990.
- Planos de Benefícios da Previdência Social: Lei n. 8.213, de 24-7-1991, regulamentada pelo Decreto n. 3.048, de 6-5-1999.

XIII – assistência jurídica e defensoria pública;
- Assistência judiciária: Lei n. 1.060, de 5-2-1950.
- Defensoria Pública: Lei Complementar n. 80, de 12-1-1994.

XIV – proteção e integração social das pessoas portadoras de deficiência;
- A Lei n. 7.853, de 24-10-1989, dispõe sobre o apoio às pessoas portadoras de deficiência, sua integração social, sobre a Coordenadoria Nacional para Integração da Pessoa Portadora de Deficiência (CORDE), institui a tutela jurisdicional de interesses coletivos ou difusos dessas pessoas, disciplina a atuação do Ministério Público, define crimes, dá outras providências, tendo sido regulamentada pelo Decreto n. 3.298, de 20-12-1999, que consolida as normas de proteção ao deficiente.
- *Vide* notas ao art. 23, II, da CF.

XV – proteção à infância e à juventude;
- ECA: Lei n. 8.069, de 13-7-1990.
- A Lei n. 10.515, de 11-7-2002, institui o 12 de agosto como Dia Nacional da Juventude.
- A Lei n. 13.257, de 8-3-2016, dispõe sobre as políticas públicas para a primeira infância.

XVI – organização, garantias, direitos e deveres das polícias civis.
- •• A Lei n. 14.735, de 23-11-2023, institui a Lei Orgânica Nacional das Polícias Civis.

§ 1.º No âmbito da legislação concorrente, a competência da União limitar-se-á a estabelecer normas gerais.

§ 2.º A competência da União para legislar sobre normas gerais não exclui a competência suplementar dos Estados.

§ 3.º Inexistindo lei federal sobre normas gerais, os Estados exercerão a competência legislativa plena, para atender a suas peculiaridades.

§ 4.º A superveniência de lei federal sobre normas gerais suspende a eficácia da lei estadual, no que lhe for contrário.

Capítulo III
DOS ESTADOS FEDERADOS

Art. 25. Os Estados organizam-se e regem-se pelas Constituições e leis que adotarem, observados os princípios desta Constituição.

§ 1.º São reservadas aos Estados as competências que não lhes sejam vedadas por esta Constituição.

§ 2.º Cabe aos Estados explorar diretamente, ou mediante concessão, os serviços locais de gás canalizado, na forma da lei, vedada a edição de medida provisória para a sua regulamentação.
- •• § 2.º com redação determinada pela Emenda Constitucional n. 5, de 15-8-1995.

§ 3.º Os Estados poderão, mediante lei complementar, instituir regiões metropolitanas, aglomerações urbanas e microrregiões, constituídas por agrupamentos de Municípios limítrofes, para integrar a organização, o planejamento e a execução de funções públicas de interesse comum.

Art. 26. Incluem-se entre os bens dos Estados:

I – as águas superficiais ou subterrâneas, fluentes, emergentes e em depósito, ressalvadas, neste caso, na forma da lei, as decorrentes de obras da União;

II – as áreas, nas ilhas oceânicas e costeiras, que estiverem no seu domínio, excluídas aquelas sob domínio da União, Municípios ou terceiros;

III – as ilhas fluviais e lacustres não pertencentes à União;

Constituição da República Federativa do Brasil — Arts. 26 a 29

IV – as terras devolutas não compreendidas entre as da União.

Art. 27. O número de Deputados à Assembleia Legislativa corresponderá ao triplo da representação do Estado na Câmara dos Deputados e, atingido o número de trinta e seis, será acrescido de tantos quantos forem os Deputados Federais acima de doze.

§ 1.º Será de quatro anos o mandato dos Deputados Estaduais, aplicando-se-lhes as regras desta Constituição sobre sistema eleitoral, inviolabilidade, imunidades, remuneração, perda de mandato, licença, impedimentos e incorporação às Forças Armadas.

§ 2.º O subsídio dos Deputados Estaduais será fixado por lei de iniciativa da Assembleia Legislativa, na razão de, no máximo, 75% (setenta e cinco por cento) daquele estabelecido, em espécie, para os Deputados Federais, observado o que dispõem os arts. 39, § 4.º, 57, § 7.º, 150, II, 153, III, e 153, § 2.º, I.

•• § 2.º com redação determinada pela Emenda Constitucional n. 19, de 4-6-1998.

§ 3.º Compete às Assembleias Legislativas dispor sobre seu regimento interno, polícia e serviços administrativos de sua secretaria, e prover os respectivos cargos.

§ 4.º A lei disporá sobre a iniciativa popular no processo legislativo estadual.

Art. 28. A eleição do Governador e do Vice-Governador de Estado, para mandato de 4 (quatro) anos, realizar-se-á no primeiro domingo de outubro, em primeiro turno, e no último domingo de outubro, em segundo turno, se houver, do ano anterior ao do término do mandato de seus antecessores, e a posse ocorrerá em 6 de janeiro do ano subsequente, observado, quanto ao mais, o disposto no art. 77 desta Constituição.

•• *Caput* com redação determinada pela Emenda Constitucional n. 111, de 28-9-2021.

•• *Víde* art. 5.º da Emenda Constitucional n. 111, de 28-9-2021.

§ 1.º Perderá o mandato o Governador que assumir outro cargo ou função na administração pública direta ou indireta, ressalvada a posse em virtude de concurso público e observado o disposto no art. 38, I, IV e V.

•• Anterior parágrafo único transformado em § 1.º pela Emenda Constitucional n. 19, de 4-6-1998.

§ 2.º Os subsídios do Governador, do Vice-Governador e dos Secretários de Estado serão fixados por lei de iniciativa da Assembleia Legislativa, observado o que dispõem os arts. 37, XI, 39, § 4.º, 150, II, 153, III, e 153, § 2.º, I.

•• § 2.º acrescentado pela Emenda Constitucional n. 19, de 4-6-1998.

Capítulo IV
DOS MUNICÍPIOS

Art. 29. O Município reger-se-á por lei orgânica, votada em dois turnos, com o interstício mínimo de dez dias, e aprovada por dois terços dos membros da Câmara Municipal, que a promulgará, atendidos os princípios estabelecidos nesta Constituição, na Constituição do respectivo Estado e os seguintes preceitos:

• *Víde* Súmula Vinculante 42.

I – eleição do Prefeito, do Vice-Prefeito e dos Vereadores, para mandato de quatro anos, mediante pleito direto e simultâneo realizado em todo o País;

• Normas para as eleições: Lei n. 9.504, de 30-9-1997.

II – eleição do Prefeito e do Vice-Prefeito realizada no primeiro domingo de outubro do ano anterior ao término do mandato dos que devam suceder, aplicadas as regras do art. 77 no caso de Municípios com mais de duzentos mil eleitores;

•• Inciso II com redação determinada pela Emenda Constitucional n. 16, de 4-6-1997.

III – posse do Prefeito e do Vice-Prefeito no dia 1.º de janeiro do ano subsequente ao da eleição;

IV – para a composição das Câmaras Municipais, será observado o limite máximo de:

•• Inciso IV, *caput*, com redação determinada pela Emenda Constitucional n. 58, de 23-9-2009.

•• O STF, na ADI n. 4.307, de 11-4-2013 (*DOU* de 29-10-2013), declarou a inconstitucionalidade do inciso I do art. 3.º da Emenda Constitucional n. 58, de 23-9-2009, que determinava que as alterações feitas neste art. 29 produziram efeitos a partir do processo eleitoral de 2008.

a) 9 (nove) Vereadores, nos Municípios de até 15.000 (quinze mil) habitantes;

•• Alínea *a* com redação determinada pela Emenda Constitucional n. 58, de 23-9-2009.

b) 11 (onze) Vereadores, nos Municípios de mais de 15.000 (quinze mil) habitantes e de até 30.000 (trinta mil) habitantes;

•• Alínea *b* com redação determinada pela Emenda Constitucional n. 58, de 23-9-2009.

c) 13 (treze) Vereadores, nos Municípios com mais de 30.000 (trinta mil) habitantes e de até 50.000 (cinquenta mil) habitantes;

•• Alínea *c* com redação determinada pela Emenda Constitucional n. 58, de 23-9-2009.

d) 15 (quinze) Vereadores, nos Municípios de mais de 50.000 (cinquenta mil) habitantes e de até 80.000 (oitenta mil) habitantes;

•• Alínea *d* acrescentada pela Emenda Constitucional n. 58, de 23-9-2009.

e) 17 (dezessete) Vereadores, nos Municípios de mais de 80.000 (oitenta mil) habitantes e de até 120.000 (cento e vinte mil) habitantes;

•• Alínea *e* acrescentada pela Emenda Constitucional n. 58, de 23-9-2009.

f) 19 (dezenove) Vereadores, nos Municípios de mais de 120.000 (cento e vinte mil) habitantes e de até 160.000 (cento e sessenta mil) habitantes;

•• Alínea *f* acrescentada pela Emenda Constitucional n. 58, de 23-9-2009.

g) 21 (vinte e um) Vereadores, nos Municípios de mais de 160.000 (cento e sessenta mil) habitantes e de até 300.000 (trezentos mil) habitantes;

•• Alínea *g* acrescentada pela Emenda Constitucional n. 58, de 23-9-2009.

h) 23 (vinte e três) Vereadores, nos Municípios de mais de 300.000 (trezentos mil) habitantes e de até 450.000 (quatrocentos e cinquenta mil) habitantes;

•• Alínea *h* acrescentada pela Emenda Constitucional n. 58, de 23-9-2009.

i) 25 (vinte e cinco) Vereadores, nos Municípios de mais de 450.000 (quatrocentos e cinquenta mil) habitantes e de até 600.000 (seiscentos mil) habitantes;

•• Alínea *i* acrescentada pela Emenda Constitucional n. 58, de 23-9-2009.

j) 27 (vinte e sete) Vereadores, nos Municípios de mais de 600.000 (seiscentos mil) habitantes e de até 750.000 (setecentos e cinquenta mil) habitantes;

•• Alínea *j* acrescentada pela Emenda Constitucional n. 58, de 23-9-2009.

k) 29 (vinte e nove) Vereadores, nos Municípios de mais de 750.000 (setecentos e cinquenta mil) habitantes e de até 900.000 (novecentos mil) habitantes;

•• Alínea *k* acrescentada pela Emenda Constitucional n. 58, de 23-9-2009.

l) 31 (trinta e um) Vereadores, nos Municípios de mais de 900.000 (novecentos mil) habitantes e de até 1.050.000 (um milhão e cinquenta mil) habitantes;

•• Alínea *l* acrescentada pela Emenda Constitucional n. 58, de 23-9-2009.

m) 33 (trinta e três) Vereadores, nos Municípios de mais de 1.050.000 (um milhão e cinquenta mil) habitantes e de até 1.200.000 (um milhão e duzentos mil) habitantes;

•• Alínea *m* acrescentada pela Emenda Constitucional n. 58, de 23-9-2009.

n) 35 (trinta e cinco) Vereadores, nos Municípios de mais de 1.200.000 (um milhão e duzentos mil) habitantes e de até 1.350.000 (um milhão e trezentos e cinquenta mil) habitantes;

•• Alínea *n* acrescentada pela Emenda Constitucional n. 58, de 23-9-2009.

o) 37 (trinta e sete) Vereadores, nos Municípios de 1.350.000 (um milhão e trezentos e cinquenta mil) habitantes e de até 1.500.000 (um milhão e quinhentos mil) habitantes;

•• Alínea *o* acrescentada pela Emenda Constitucional n. 58, de 23-9-2009.

p) 39 (trinta e nove) Vereadores, nos Municípios de mais de 1.500.000 (um milhão e quinhentos mil) habitantes e de até 1.800.000 (um milhão e oitocentos mil) habitantes;

•• Alínea *p* acrescentada pela Emenda Constitucional n. 58, de 23-9-2009.

q) 41 (quarenta e um) Vereadores, nos Municípios de mais de 1.800.000 (um milhão e oitocentos mil) habitantes e de até 2.400.000 (dois milhões e quatrocentos mil) habitantes;

•• Alínea *q* acrescentada pela Emenda Constitucional n. 58, de 23-9-2009.

r) 43 (quarenta e três) Vereadores, nos Municípios de mais de 2.400.000 (dois milhões e quatrocentos mil) habitantes e de até 3.000.000 (três milhões) de habitantes;

•• Alínea *r* acrescentada pela Emenda Constitucional n. 58, de 23-9-2009.

s) 45 (quarenta e cinco) Vereadores, nos Municípios de mais de 3.000.000 (três milhões) de habitantes e de até 4.000.000 (quatro milhões) de habitantes;

•• Alínea *s* acrescentada pela Emenda Constitucional n. 58, de 23-9-2009.

t) 47 (quarenta e sete) Vereadores, nos Municípios de mais de 4.000.000 (quatro milhões) de habitantes e de até 5.000.000 (cinco milhões) de habitantes;

•• Alínea *t* acrescentada pela Emenda Constitucional n. 58, de 23-9-2009.

u) 49 (quarenta e nove) Vereadores, nos Municípios de mais de 5.000.000 (cinco milhões) de habitantes e de até 6.000.000 (seis milhões) de habitantes;

•• Alínea *u* acrescentada pela Emenda Constitucional n. 58, de 23-9-2009.

v) 51 (cinquenta e um) Vereadores, nos Municípios de mais de 6.000.000 (seis milhões) de habitantes e de até 7.000.000 (sete milhões) de habitantes;

•• Alínea *v* acrescentada pela Emenda Constitucional n. 58, de 23-9-2009.

w) 53 (cinquenta e três) Vereadores, nos Municípios de mais de 7.000.000 (sete milhões) de habitantes e de até 8.000.000 (oito milhões) de habitantes; e

•• Alínea *w* acrescentada pela Emenda Constitucional n. 58, de 23-9-2009.

x) 55 (cinquenta e cinco) Vereadores, nos Municípios de mais de 8.000.000 (oito milhões) de habitantes;

•• Alínea *x* acrescentada pela Emenda Constitucional n. 58, de 23-9-2009.

V – subsídios do Prefeito, do Vice-Prefeito e dos Secretários Municipais fixados por lei de iniciativa da Câmara Municipal, observado o que dispõem os arts. 37, XI, 39, § 4.º, 150, II, 153, III, e 153, § 2.º, I;

•• Inciso V com redação determinada pela Emenda Constitucional n. 19, de 4-6-1998.

VI – o subsídio dos Vereadores será fixado pelas respectivas Câmaras Municipais em cada legislatura para a subsequente, observado o que dispõe esta Constituição, observados os critérios estabelecidos na respectiva Lei Orgânica e os seguintes limites máximos:

•• Inciso VI, *caput*, com redação determinada pela Emenda Constitucional n. 25, de 14-2-2000. Em vigor a partir de 1.º-1-2001.

a) em Municípios de até 10.000 (dez mil) habitantes, o subsídio máximo dos Vereadores corresponderá a 20% (vinte por cento) do subsídio dos Deputados Estaduais;

•• Alínea *a* acrescentada pela Emenda Constitucional n. 25, de 14-2-2000. Em vigor a partir de 1.º-1-2001.

b) em Municípios de 10.001 (dez mil e um) a 50.000 (cinquenta mil) habitantes, o subsídio máximo dos Vereadores corresponderá a 30% (trinta por cento) do subsídio dos Deputados Estaduais;

- •• Alínea *b* acrescentada pela Emenda Constitucional n. 25, de 14-2-2000. Em vigor a partir de 1.º-1-2001.

c) em Municípios de 50.001 (cinquenta mil e um) a 100.000 (cem mil) habitantes, o subsídio máximo dos Vereadores corresponderá a 40% (quarenta por cento) do subsídio dos Deputados Estaduais;

- •• Alínea *c* acrescentada pela Emenda Constitucional n. 25, de 14-2-2000. Em vigor a partir de 1.º-1-2001.

d) em Municípios de 100.001 (cem mil e um) a 300.000 (trezentos mil) habitantes, o subsídio máximo dos Vereadores corresponderá a 50% (cinquenta por cento) do subsídio dos Deputados Estaduais;

- •• Alínea *d* acrescentada pela Emenda Constitucional n. 25, de 14-2-2000. Em vigor a partir de 1.º-1-2001.

e) em Municípios de 300.001 (trezentos mil e um) a 500.000 (quinhentos mil) habitantes, o subsídio máximo dos Vereadores corresponderá a 60% (sessenta por cento) do subsídio dos Deputados Estaduais;

- •• Alínea *e* acrescentada pela Emenda Constitucional n. 25, de 14-2-2000. Em vigor a partir de 1.º-1-2001.

f) em Municípios de mais de 500.000 (quinhentos mil) habitantes, o subsídio máximo dos Vereadores corresponderá a 75% (setenta e cinco por cento) do subsídio dos Deputados Estaduais;

- •• Alínea *f* acrescentada pela Emenda Constitucional n. 25, de 14-2-2000. Em vigor a partir de 1.º-1-2001.

VII – o total da despesa com a remuneração dos Vereadores não poderá ultrapassar o montante de 5% (cinco por cento) da receita do Município;

- •• Inciso VII acrescentado pela Emenda Constitucional n. 1, de 31-3-1992.

VIII – inviolabilidade dos Vereadores por suas opiniões, palavras e votos no exercício do mandato e na circunscrição do Município;

- •• Inciso renumerado pela Emenda Constitucional n. 1, de 31-3-1992.

IX – proibições e incompatibilidades, no exercício da vereança, similares, no que couber, ao disposto nesta Constituição para os membros do Congresso Nacional e, na Constituição do respectivo Estado, para os membros da Assembleia Legislativa;

- •• Inciso renumerado pela Emenda Constitucional n. 1, de 31-3-1992.

X – julgamento do Prefeito perante o Tribunal de Justiça;

- •• Inciso renumerado pela Emenda Constitucional n. 1, de 31-3-1992.
- •• Responsabilidade de prefeitos e vereadores: Decreto-lei n. 201, de 27-2-1967.

XI – organização das funções legislativas e fiscalizadoras da Câmara Municipal;

- •• Inciso renumerado pela Emenda Constitucional n. 1, de 31-3-1992.
- • A Lei n. 9.452, de 20-3-1997, determina que as Câmaras Municipais sejam obrigatoriamente notificadas da liberação de recursos federais para os respectivos Municípios.

XII – cooperação das associações representativas no planejamento municipal;

- •• Inciso renumerado pela Emenda Constitucional n. 1, de 31-3-1992.

XIII – iniciativa popular de projetos de lei de interesse específico do Município, da cidade ou de bairros, através de manifestação de, pelo menos, cinco por cento do eleitorado;

- •• Inciso renumerado pela Emenda Constitucional n. 1, de 31-3-1992.

XIV – perda do mandato do Prefeito, nos termos do art. 28, parágrafo único.

- •• Inciso renumerado pela Emenda Constitucional n. 1, de 31-3-1992.
- •• De acordo com a Emenda Constitucional n. 19, de 4-6-1998, a referência é ao art. 28, § 1.º.

Art. 29-A. O total da despesa do Poder Legislativo Municipal, incluídos os subsídios dos Vereadores e os demais gastos com pessoal inativo e pensionistas, não poderá ultrapassar os seguintes percentuais, relativos ao somatório da receita tributária e das transferências previstas no § 5.º do art. 153 e nos arts. 158 e 159 desta Constituição, efetivamente realizado no exercício anterior:
- •• *Caput* com redação determinada pela Emenda Constitucional n. 109, de 15-3-2021, em vigor a partir do início da primeira legislatura municipal após a data de sua publicação (*DOU* 16.03.2021).

I – 7% (sete por cento) para Municípios com população de até 100.000 (cem mil) habitantes;
- •• Inciso I com redação determinada pela Emenda Constitucional n. 58, de 23-9-2009.
- •• Sobre produção de efeitos deste inciso, *vide* art. 3.º, I, da Emenda Constitucional n. 58, de 23-9-2009.

II – 6% (seis por cento) para Municípios com população entre 100.000 (cem mil) e 300.000 (trezentos mil) habitantes;
- •• Inciso II com redação determinada pela Emenda Constitucional n. 58, de 23-9-2009.
- •• Sobre produção de efeitos deste inciso, *vide* art. 3.º, I, da Emenda Constitucional n. 58, de 23-9-2009.

III – 5% (cinco por cento) para Municípios com população entre 300.001 (trezentos mil e um) e 500.000 (quinhentos mil) habitantes;
- •• Inciso III com redação determinada pela Emenda Constitucional n. 58, de 23-9-2009.
- •• Sobre produção de efeitos deste inciso, *vide* art. 3.º, I, da Emenda Constitucional n. 58, de 23-9-2009.

IV – 4,5% (quatro inteiros e cinco décimos por cento) para Municípios com população entre 500.001 (quinhentos mil e um) e 3.000.000 (três milhões) de habitantes;
- •• Inciso IV com redação determinada pela Emenda Constitucional n. 58, de 23-9-2009.
- •• Sobre produção de efeitos deste inciso, *vide* art. 3.º, I, da Emenda Constitucional n. 58, de 23-9-2009.

V – 4% (quatro por cento) para Municípios com população entre 3.000.001 (três milhões e um) e 8.000.000 (oito milhões) de habitantes;
- •• Inciso V acrescentado pela Emenda Constitucional n. 58, de 23-9-2009.
- •• Sobre produção de efeitos deste inciso, *vide* art. 3.º, I, da Emenda Constitucional n. 58, de 23-9-2009.

VI – 3,5% (três inteiros e cinco décimos por cento) para Municípios com população acima de 8.000.001 (oito milhões e um) habitantes.
- •• Inciso VI acrescentado pela Emenda Constitucional n. 58, de 23-9-2009.
- •• Sobre produção de efeitos deste inciso, *vide* art. 3.º, I, da Emenda Constitucional n. 58, de 23-9-2009.

§ 1.º A Câmara Municipal não gastará mais de 70% (setenta por cento) de sua receita com folha de pagamento, incluído o gasto com o subsídio de seus Vereadores.
- •• § 1.º acrescentado pela Emenda Constitucional n. 25, de 14-2-2000.

§ 2.º Constitui crime de responsabilidade do Prefeito Municipal:
- •• § 2.º, *caput*, acrescentado pela Emenda Constitucional n. 25, de 14-2-2000.

I – efetuar repasse que supere os limites definidos neste artigo;
- •• Inciso I acrescentado pela Emenda Constitucional n. 25, de 14-2-2000.

II – não enviar o repasse até o dia 20 (vinte) de cada mês; ou
- •• Inciso II acrescentado pela Emenda Constitucional n. 25, de 14-2-2000.

III – enviá-lo a menor em relação à proporção fixada na Lei Orçamentária.
- •• Inciso III acrescentado pela Emenda Constitucional n. 25, de 14-2-2000.
- • A Lei Complementar n. 101, de 4-5-2000, dispõe sobre a responsabilidade fiscal. A Lei n. 10.028, de 19-10-2000, estabelece os crimes contra as finanças públicas.

§ 3.º Constitui crime de responsabilidade do Presidente da Câmara Municipal o desrespeito ao § 1.º deste artigo.
- •• § 3.º acrescentado pela Emenda Constitucional n. 25, de 14-2-2000. Em vigor a partir de 1.º-1-2001.

Art. 30. Compete aos Municípios:

I – legislar sobre assuntos de interesse local;

* Vide Súmulas Vinculantes 38 e 42.

II – suplementar a legislação federal e a estadual no que couber;

III – instituir e arrecadar os tributos de sua competência, bem como aplicar suas rendas, sem prejuízo da obrigatoriedade de prestar contas e publicar balancetes nos prazos fixados em lei;

IV – criar, organizar e suprimir distritos, observada a legislação estadual;

V – organizar e prestar, diretamente ou sob regime de concessão ou permissão, os serviços públicos de interesse local, incluído o de transporte coletivo, que tem caráter essencial;

* Vide art. 175 da CF.

VI – manter, com a cooperação técnica e financeira da União e do Estado, programas de educação infantil e de ensino fundamental;

** Inciso VI com redação determinada pela Emenda Constitucional n. 53, de 19-12-2006.

VII – prestar, com a cooperação técnica e financeira da União e do Estado, serviços de atendimento à saúde da população;

* Fundo Nacional de Saúde: Decreto n. 3.964, de 10-10-2001.

VIII – promover, no que couber, adequado ordenamento territorial, mediante planejamento e controle do uso, do parcelamento e da ocupação do solo urbano;

IX – promover a proteção do patrimônio histórico-cultural local, observada a legislação e a ação fiscalizadora federal e estadual.

Art. 31. A fiscalização do Município será exercida pelo Poder Legislativo Municipal, mediante controle externo, e pelos sistemas de controle interno do Poder Executivo Municipal, na forma da lei.

§ 1.º O controle externo da Câmara Municipal será exercido com o auxílio dos Tribunais de Contas dos Estados ou do Município ou dos Conselhos ou Tribunais de Contas dos Municípios, onde houver.

§ 2.º O parecer prévio, emitido pelo órgão competente sobre as contas que o Prefeito deve anualmente prestar, só deixará de prevalecer por decisão de dois terços dos membros da Câmara Municipal.

§ 3.º As contas dos Municípios ficarão, durante 60 (sessenta) dias, anualmente, à disposição de qualquer contribuinte, para exame e apreciação, o qual poderá questionar-lhes a legitimidade, nos termos da lei.

§ 4.º É vedada a criação de Tribunais, Conselhos ou órgãos de Contas Municipais.

Capítulo V
DO DISTRITO FEDERAL E DOS TERRITÓRIOS

Seção I

Do Distrito Federal

Art. 32. O Distrito Federal, vedada sua divisão em Municípios, reger-se-á por lei orgânica, votada em dois turnos com interstício mínimo de dez dias, e aprovada por dois terços da Câmara Legislativa, que a promulgará, atendidos os princípios estabelecidos nesta Constituição.

§ 1.º Ao Distrito Federal são atribuídas as competências legislativas reservadas aos Estados e Municípios.

§ 2.º A eleição do Governador e do Vice-Governador, observadas as regras do art. 77, e dos Deputados Distritais coincidirá com a dos Governadores e Deputados Estaduais, para mandato de igual duração.

§ 3.º Aos Deputados Distritais e à Câmara Legislativa aplica-se o disposto no art. 27.

§ 4.º Lei federal disporá sobre a utilização, pelo Governo do Distrito Federal, da polícia civil, da polícia penal, da polícia militar e do corpo de bombeiros militar.

•• § 4.º acrescentado pela Emenda Constitucional n. 104, de 4-12-2019.

Seção II
Dos Territórios

Art. 33. A lei disporá sobre a organização administrativa e judiciária dos Territórios.

§ 1.º Os Territórios poderão ser divididos em Municípios, aos quais se aplicará, no que couber, o disposto no Capítulo IV deste Título.

§ 2.º As contas do Governo do Território serão submetidas ao Congresso Nacional, com parecer prévio do Tribunal de Contas da União.

§ 3.º Nos Territórios Federais com mais de cem mil habitantes, além do Governador nomeado na forma desta Constituição, haverá órgãos judiciários de primeira e segunda instância, membros do Ministério Público e defensores públicos federais; a lei disporá sobre as eleições para a Câmara Territorial e sua competência deliberativa.

Capítulo VI
DA INTERVENÇÃO

Art. 34. A União não intervirá nos Estados nem no Distrito Federal, exceto para:

I – manter a integridade nacional;

II – repelir invasão estrangeira ou de uma unidade da Federação em outra;

III – pôr termo a grave comprometimento da ordem pública;

IV – garantir o livre exercício de qualquer dos Poderes nas unidades da Federação;

V – reorganizar as finanças da unidade da Federação que:

a) suspender o pagamento da dívida fundada por mais de dois anos consecutivos, salvo motivo de força maior;

b) deixar de entregar aos Municípios receitas tributárias fixadas nesta Constituição, dentro dos prazos estabelecidos em lei;

VI – prover a execução de lei federal, ordem ou decisão judicial;

VII – assegurar a observância dos seguintes princípios constitucionais:

a) forma republicana, sistema representativo e regime democrático;

b) direitos da pessoa humana;

c) autonomia municipal;

d) prestação de contas da administração pública, direta e indireta;

e) aplicação do mínimo exigido da receita resultante de impostos estaduais, compreendida a proveniente de transferências, na manutenção e desenvolvimento do ensino e nas ações e serviços públicos de saúde.

•• Alínea e com redação determinada pela Emenda Constitucional n. 29, de 13-9-2000.
•• *Vide* art. 212 da CF.

Art. 35. O Estado não intervirá em seus Municípios, nem a União nos Municípios localizados em Território Federal, exceto quando:

I – deixar de ser paga, sem motivo de força maior, por dois anos consecutivos, a dívida fundada;

II – não forem prestadas contas devidas, na forma da lei;

III – não tiver sido aplicado o mínimo exigido da receita municipal na manutenção e desenvolvimento do ensino e nas ações e serviços públicos de saúde;
- •• Inciso III com redação determinada pela Emenda Constitucional n. 29, de 13-9-2000.
- •• Vide art. 212 da CF.

IV – o Tribunal de Justiça der provimento a representação para assegurar a observância de princípios indicados na Constituição Estadual, ou para prover a execução de lei, de ordem ou de decisão judicial.

Art. 36. A decretação da intervenção dependerá:

I – no caso do art. 34, IV, de solicitação do Poder Legislativo ou do Poder Executivo coacto ou impedido, ou de requisição do Supremo Tribunal Federal, se a coação for exercida contra o Poder Judiciário;

II – no caso de desobediência a ordem ou decisão judiciária, de requisição do Supremo Tribunal Federal, do Superior Tribunal de Justiça ou do Tribunal Superior Eleitoral;

III – de provimento, pelo Supremo Tribunal Federal, de representação do Procurador-Geral da República, na hipótese do art. 34, VII, e no caso de recusa à execução de lei federal;
- •• Inciso III com redação determinada pela Emenda Constitucional n. 45, de 8-12-2004.
- •• Inciso III regulamentado pela Lei n. 12.562, de 23-12-2011.

IV – (Revogado pela Emenda Constitucional n. 45, de 8-12-2004.)

§ 1.º O decreto de intervenção, que especificará a amplitude, o prazo e as condições de execução e que, se couber, nomeará o interventor, será submetido à apreciação do Congresso Nacional ou da Assembleia Legislativa do Estado, no prazo de vinte e quatro horas.

§ 2.º Se não estiver funcionando o Congresso Nacional ou a Assembleia Legislativa, far-se-á convocação extraordinária, no mesmo prazo de vinte e quatro horas.

§ 3.º Nos casos do art. 34, VI e VII, ou do art. 35, IV, dispensada a apreciação pelo Congresso Nacional ou pela Assembleia Legislativa, o decreto limitar-se-á a suspender a execução do ato impugnado, se essa medida bastar ao restabelecimento da normalidade.

§ 4.º Cessados os motivos da intervenção, as autoridades afastadas de seus cargos a estes voltarão, salvo impedimento legal.

Capítulo VII
DA ADMINISTRAÇÃO PÚBLICA

- Regime jurídico dos servidores públicos civis da União, das Autarquias e das Fundações Públicas Federais: Lei n. 8.112, de 11-12-1990.
- A Lei n. 8.727, de 5-11-1993, estabelece diretrizes para a consolidação e o reescalonamento, pela União, de dívidas internas das administrações direta e indireta dos Estados, do Distrito Federal e dos Municípios.
- A Lei n. 9.784, de 29-1-1999, regula o processo administrativo no âmbito da Administração Pública Federal.

Seção I
Disposições Gerais

Art. 37. A administração pública direta e indireta de qualquer dos Poderes da União, dos Estados, do Distrito Federal e dos Municípios obedecerá aos princípios de legalidade, impessoalidade, moralidade, publicidade e eficiência e, também, ao seguinte:

- •• *Caput* com redação determinada pela Emenda Constitucional n. 19, de 4-6-1998.
- • *Vide* Súmula Vinculante 13.

I – os cargos, empregos e funções públicas são acessíveis aos brasileiros que preencham os requisitos estabelecidos em lei, assim como aos estrangeiros, na forma da lei;
- •• Inciso I com redação determinada pela Emenda Constitucional n. 19, de 4-6-1998.
- • A Lei n. 8.730, de 10-11-1993, estabelece a obrigatoriedade da declaração de bens e rendas para o exercício de cargos, empregos e funções nos Poderes Executivo, Legislativo e Judiciário.
- • *Vide* Súmula Vinculante 44.

II – a investidura em cargo ou emprego público depende de aprovação prévia em concurso público de provas ou de provas e títulos, de acordo com a natureza e a complexidade do cargo ou emprego, na forma prevista em lei, ressalvadas as nomeações para cargo em comissão declarado em lei de livre nomeação e exoneração;
- •• Inciso II com redação determinada pela Emenda Constitucional n. 19, de 4-6-1998.
- •• A Lei n. 14.965, de 9-9-2024, dispõe sobre as normas gerais relativas a concursos públicos.
- • *Vide* Súmula Vinculante 43.

III – o prazo de validade do concurso público será de até dois anos, prorrogável uma vez, por igual período;
- • Disposição igual na Lei n. 8.112, de 11-12-1990, art. 12.

IV – durante o prazo improrrogável previsto no edital de convocação, aquele aprovado em concurso público de provas ou de provas e títulos será convocado com prioridade sobre novos concursados para assumir cargo ou emprego, na carreira;

V – as funções de confiança, exercidas exclusivamente por servidores ocupantes de cargo efetivo, e os cargos em comissão, a serem preenchidos por servidores de carreira nos casos, condições e percentuais mínimos previstos em lei, destinam-se apenas às atribuições de direção, chefia e assessoramento;
- •• Inciso V com redação determinada pela Emenda Constitucional n. 19, de 4-6-1998.

VI – é garantido ao servidor público civil o direito à livre associação sindical;

VII – o direito de greve será exercido nos termos e nos limites definidos em lei específica;
- •• Inciso VII com redação determinada pela Emenda Constitucional n. 19, de 4-6-1998.
- • A Lei n. 7.783, de 28-6-1989, dispõe sobre o direito de greve.
- • Paralisações dos serviços públicos federais: Decreto n. 1.480, de 3-5-1995.

VIII – a lei reservará percentual dos cargos e empregos públicos para as pessoas portadoras de deficiência e definirá os critérios de sua admissão;
- • *Vide* nota ao art. 24, XIV, da CF.

IX – a lei estabelecerá os casos de contratação por tempo determinado para atender a necessidade temporária de excepcional interesse público;
- •• *Vide* art. 2.º, *caput*, da Emenda Constitucional n. 106, de 7-5-2020.
- • A Lei n. 8.745, de 9-12-1993, dispõe sobre a contratação por tempo determinado para atender a necessidade temporária de excepcional interesse público.

X – a remuneração dos servidores públicos e o subsídio de que trata o § 4.º do art. 39 somente poderão ser fixados ou alterados por lei específica, observada a iniciativa privativa em cada caso, assegurada revisão geral anual, sempre na mesma data e sem distinção de índices;
- •• Inciso X com redação determinada pela Emenda Constitucional n. 19, de 4-6-1998.
- •• A Lei n. 10.331, de 18-12-2001, regulamenta este inciso.
- •• *Vide* Súmulas Vinculantes 37 e 51.

XI – a remuneração e o subsídio dos ocupantes de cargos, funções e empregos públicos da administração direta, autárquica e fundacional, dos membros de qualquer dos Poderes da União, dos Estados, do Distrito Federal e dos Municípios, dos detentores de mandato eletivo e dos demais agentes políticos e os proventos, pensões ou outra espécie remuneratória, percebidos cumulativamente ou não, incluídas as vantagens pessoais ou de qualquer outra natureza, não poderão exceder o subsídio mensal, em espécie, dos Ministros do Supremo Tribunal Federal, aplicando-se como limite, nos Municípios, o subsídio do Prefeito, e nos Estados e no Distrito Federal, o subsídio mensal do Governador no âmbito do Poder Executivo, o subsídio dos Deputados Estaduais e Distritais no âmbito do Poder Legislativo e o subsídio dos Desembargadores do Tribunal de Justiça, limitado a noventa inteiros e vinte e cinco centésimos por cento do subsídio mensal, em espécie, dos Ministros do Supremo Tribunal Federal, no âmbito do Poder Judiciário, aplicável este limite aos membros do Ministério Público, aos Procuradores e aos Defensores Públicos;

- •• Inciso XI com redação determinada pela Emenda Constitucional n. 41, de 19-12-2003.
- •• Inciso regulamentado pela Lei n. 8.448, de 21-7-1992.
- •• O STF, nas ADIs 3.854 e 4.014, nas sessões virtuais de 27-11-2020 a 4-12-2020 (*DOU* de 8-1-2021), julgou procedente o pedido da ação para afastar "a submissão dos membros da magistratura estadual da regra do subteto remuneratório", de que trata este inciso.
- •• *Vide* art. 8.º da Emenda Constitucional n. 41, de 19-12-2003, que dispõe sobre a fixação do valor do subsídio de que trata este inciso.
- •• *Vide* §§ 11 e 12 deste artigo e art. 4.º da Emenda Constitucional n. 47, de 5-7-2005.
- •• A Lei n. 8.852, de 4-2-1994, dispõe sobre a aplicação deste inciso.
- •• A Lei n. 13.753, de 26-11-2018, dispõe sobre o subsídio do Procurador-Geral da República, referido neste inciso.
- •• A Portaria n. 4.975, de 29-4-2021, da Secretaria Especial de Desburocratização, Gestão e Governo Digital, dispõe sobre os procedimentos para a aplicação do limite remuneratório de que trata este inciso XI, sobre a remuneração, provento ou pensão percebidos cumulativamente por servidor, empregado ou militar, aposentado, inativo ou beneficiário de pensão e demais providências.

XII – os vencimentos dos cargos do Poder Legislativo e do Poder Judiciário não poderão ser superiores aos pagos pelo Poder Executivo;

- •• A Lei n. 8.852, de 4-2-1994, dispõe sobre a aplicação deste inciso.

XIII – é vedada a vinculação ou equiparação de quaisquer espécies remuneratórias para o efeito de remuneração de pessoal do serviço público;

- •• Inciso XIII com redação determinada pela Emenda Constitucional n. 19, de 4-6-1998.
- • *Vide* Súmula Vinculante 42.

XIV – os acréscimos pecuniários percebidos por servidor público não serão computados nem acumulados para fim de concessão de acréscimos ulteriores;

- •• Inciso XIV com redação determinada pela Emenda Constitucional n. 19, de 4-6-1998.

XV – o subsídio e os vencimentos dos ocupantes de cargos e empregos públicos são irredutíveis, ressalvado o disposto nos incisos XI e XIV deste artigo e nos arts. 39, § 4.º, 150, II, 153, III, e 153, § 2.º, I;

- •• Inciso XV com redação determinada pela Emenda Constitucional n. 19, de 4-6-1998.

XVI – é vedada a acumulação remunerada de cargos públicos, exceto, quando houver compatibilidade de horários, observado em qualquer caso o disposto no inciso XI:

- •• Inciso XVI, *caput*, com redação determinada pela Emenda Constitucional n. 19, de 4-6-1998.
- •• *Vide* art. 42, § 3.º da CF.

a) a de dois cargos de professor;

- •• Alínea a com redação determinada pela Emenda Constitucional n. 19, de 4-6-1998.

b) a de um cargo de professor com outro, técnico ou científico;

•• Alínea b com redação determinada pela Emenda Constitucional n. 19, de 4-6-1998.

c) a de dois cargos ou empregos privativos de profissionais de saúde, com profissões regulamentadas;

•• Alínea c com redação determinada pela Emenda Constitucional n. 34, de 13-12-2001.

XVII – a proibição de acumular estende-se a empregos e funções e abrange autarquias, fundações, empresas públicas, sociedades de economia mista, suas subsidiárias, e sociedades controladas, direta ou indiretamente, pelo poder público;

•• Inciso XVII com redação determinada pela Emenda Constitucional n. 19, de 4-6-1998.

XVIII – a administração fazendária e seus servidores fiscais terão, dentro de suas áreas de competência e jurisdição, precedência sobre os demais setores administrativos, na forma da lei;

XIX – somente por lei específica poderá ser criada autarquia e autorizada a instituição de empresa pública, de sociedade de economia mista e de fundação, cabendo à lei complementar, neste último caso, definir as áreas de sua atuação;

•• Inciso XIX com redação determinada pela Emenda Constitucional n. 19, de 4-6-1998.

XX – depende de autorização legislativa, em cada caso, a criação de subsidiárias das entidades mencionadas no inciso anterior, assim como a participação de qualquer delas em empresa privada;

XXI – ressalvados os casos especificados na legislação, as obras, serviços, compras e alienações serão contratados mediante processo de licitação pública que assegure igualdade de condições a todos os concorrentes, com cláusulas que estabeleçam obrigações de pagamento, mantidas as condições efetivas da proposta, nos termos da lei, o qual somente permitirá as exigências de qualificação técnica e econômica indispensáveis à garantia do cumprimento das obrigações;

•• Regulamento: Lei n. 14.133, de 1.º-4-2021.

XXII – as administrações tributárias da União, dos Estados, do Distrito Federal e dos Municípios, atividades essenciais ao funcionamento do Estado, exercidas por servidores de carreiras específicas, terão recursos prioritários para a realização de suas atividades e atuarão de forma integrada, inclusive com o compartilhamento de cadastros e de informações fiscais, na forma da lei ou convênio.

•• Inciso XXII acrescentado pela Emenda Constitucional n. 42, de 19-12-2003.

§ 1.º A publicidade dos atos, programas, obras, serviços e campanhas dos órgãos públicos deverá ter caráter educativo, informativo ou de orientação social, dela não podendo constar nomes, símbolos ou imagens que caracterizem promoção pessoal de autoridades ou servidores públicos.

• Vide art. 224 da CF.
• O Decreto n. 6.555, de 8-9-2008, dispõe sobre as ações de comunicação do Poder Executivo Federal.

§ 2.º A não observância do disposto nos incisos II e III implicará a nulidade do ato e a punição da autoridade responsável, nos termos da lei.

§ 3.º A Lei disciplinará as formas de participação do usuário na administração pública direta e indireta, regulando especialmente:

•• § 3.º, caput, com redação determinada pela Emenda Constitucional n. 19, de 4-6-1998.

I – as reclamações relativas à prestação dos serviços públicos em geral, asseguradas a manutenção de serviço de atendimento ao usuário e a avaliação periódica, externa e interna, da qualidade dos serviços;

•• Inciso I acrescentado pela Emenda Constitucional n. 19, de 4-6-1998.

II – o acesso dos usuários a registros administrativos e a informações sobre atos de governo, observado o disposto no art. 5.º, X e XXXIII;

•• Inciso II acrescentado pela Emenda Constitucional n. 19, de 4-6-1998.
•• A Lei n. 12.527, de 18-11-2011, regulamentada pelo Decreto n. 7.724, de 16-5-2012, dispõe sobre o acesso a informações previsto neste inciso.
• O Decreto n. 7.845, de 14-11-2012, regulamenta procedimentos para credenciamento de segurança e tratamento de informação classificada em qualquer grau de sigilo, e dispõe sobre o Núcleo de Segurança e Credenciamento.

III – a disciplina da representação contra o exercício negligente ou abusivo de cargo, emprego ou função na administração pública.

•• Inciso III acrescentado pela Emenda Constitucional n. 19, de 4-6-1998.

§ 4.º Os atos de improbidade administrativa importarão a suspensão dos direitos políticos, a perda da função pública, a indisponibilidade dos bens e o ressarcimento ao erário, na forma e gradação previstas em lei, sem prejuízo da ação penal cabível.

• Os arts. 312 e s. do CP dispõem sobre os crimes praticados por funcionário público contra a administração em geral.
• A Lei n. 8.026, de 12-4-1990, dispõe sobre a aplicação da pena de demissão a funcionário público.
• A Lei n. 8.027, de 12-4-1990, dispõe sobre normas de conduta dos servidores públicos civis da União, autarquias e fundações públicas.
• A Lei n. 8.429, de 2-6-1992, dispõe sobre as sanções aplicáveis aos agentes públicos nos casos de enriquecimento ilícito no exercício de mandato, cargo, emprego ou função na administração pública direta, indireta ou fundacional.
• O Decreto n. 4.410, de 7-10-2002, promulga a Convenção Interamericana contra a Corrupção.

§ 5.º A lei estabelecerá os prazos de prescrição para ilícitos praticados por qualquer agente, servidor ou não, que causem prejuízos ao erário, ressalvadas as respectivas ações de ressarcimento.

§ 6.º As pessoas jurídicas de direito público e as de direito privado prestadoras de serviços públicos responderão pelos danos que seus agentes, nessa qualidade, causarem a terceiros, assegurado o direito de regresso contra o responsável nos casos de dolo ou culpa.

§ 7.º A lei disporá sobre os requisitos e as restrições ao ocupante de cargo ou emprego da administração direta e indireta que possibilite o acesso a informações privilegiadas.

•• § 7.º acrescentado pela Emenda Constitucional n. 19, de 4-6-1998.

§ 8.º A autonomia gerencial, orçamentária e financeira dos órgãos e entidades da administração direta e indireta poderá ser ampliada mediante contrato, a ser firmado entre seus administradores e o poder público, que tenha por objeto a fixação de metas de desempenho para o órgão ou entidade, cabendo à lei dispor sobre:

•• § 8.º, caput, acrescentado pela Emenda Constitucional n. 19, de 4-6-1998.
•• A Lei n. 13.934, de 11-12-2019, regulamenta o contrato referido neste § 8.º, denominado "contrato de desempenho", no âmbito da administração pública federal direta de qualquer dos Poderes da União e das autarquias e fundações públicas federais.

I – o prazo de duração do contrato;

•• Inciso I acrescentado pela Emenda Constitucional n. 19, de 4-6-1998.

II – os controles e critérios de avaliação de desempenho, direitos, obrigações e responsabilidade dos dirigentes;

•• Inciso II acrescentado pela Emenda Constitucional n. 19, de 4-6-1998.

Constituição da República Federativa do Brasil — Art. 37

III – a remuneração do pessoal.
•• Inciso III acrescentado pela Emenda Constitucional n. 19, de 4-6-1998.

§ 9.º O disposto no inciso XI aplica-se às empresas públicas e às sociedades de economia mista, e suas subsidiárias, que receberem recursos da União, dos Estados, do Distrito Federal ou dos Municípios para pagamento de despesas de pessoal ou de custeio em geral.
•• § 9.º acrescentado pela Emenda Constitucional n. 19, de 4-6-1998.

§ 10. É vedada a percepção simultânea de proventos de aposentadoria decorrentes do art. 40 ou dos arts. 42 e 142 com a remuneração de cargo, emprego ou função pública, ressalvados os cargos acumuláveis na forma desta Constituição, os cargos eletivos e os cargos em comissão declarados em lei de livre nomeação e exoneração.
•• § 10 acrescentado pela Emenda Constitucional n. 20, de 15-12-1998.
•• A Portaria n. 4.975, de 29-4-2021, da Secretaria Especial de Desburocratização, Gestão e Governo Digital, dispõe sobre os procedimentos para a aplicação do limite remuneratório de que trata este § 10, sobre a remuneração, provento ou pensão percebidos cumulativamente por servidor, empregado ou militar, aposentado, inativo ou beneficiário de pensão e demais providências.
• *Vide* art. 11 da Emenda Constitucional n. 20, de 15-12-1998.

§ 11. Não serão computadas, para efeito dos limites remuneratórios de que trata o inciso XI do *caput* deste artigo, as parcelas de caráter indenizatório expressamente previstas em lei ordinária, aprovada pelo Congresso Nacional, de caráter nacional, aplicada a todos os Poderes e órgãos constitucionalmente autônomos.
•• § 11 com redação determinada pela Emenda Constitucional n. 135, de 20-12-2024.
•• *Vide* art. 3.º da Emenda Constitucional n. 135, de 20-12-2024.

§ 12. Para os fins do disposto no inciso XI do *caput* deste artigo, fica facultado aos Estados e ao Distrito Federal fixar, em seu âmbito, mediante emenda às respectivas Constituições e Lei Orgânica, como limite único, o subsídio mensal dos Desembargadores do respectivo Tribunal de Justiça, limitado a noventa inteiros e vinte e cinco centésimos por cento do subsídio mensal dos Ministros do Supremo Tribunal Federal, não se aplicando o disposto neste parágrafo aos subsídios dos Deputados Estaduais e Distritais e dos Vereadores.
•• § 12 acrescentado pela Emenda Constitucional n. 47, de 5-7-2005.
•• O STF, nas ADIs 3.854 e 4.014, nas sessões virtuais de 27-11-2020 a 4-12-2020 (*DOU* de 8-1-2021), julgou procedente o pedido da ação para afastar "a submissão dos membros da magistratura estadual da regra do subteto remuneratório", de que trata este § 12.

§ 13. O servidor público titular de cargo efetivo poderá ser readaptado para exercício de cargo cujas atribuições e responsabilidades sejam compatíveis com a limitação que tenha sofrido em sua capacidade física ou mental, enquanto permanecer nesta condição, desde que possua a habilitação e o nível de escolaridade exigidos para o cargo de destino, mantida a remuneração do cargo de origem.
•• § 13 acrescentado pela Emenda Constitucional n. 103, de 12-11-2019.

§ 14. A aposentadoria concedida com a utilização de tempo de contribuição decorrente de cargo, emprego ou função pública, inclusive do Regime Geral de Previdência Social, acarretará o rompimento do vínculo que gerou o referido tempo de contribuição.
•• § 14 acrescentado pela Emenda Constitucional n. 103, de 12-11-2019.
•• *Vide* art. 6.º da Emenda Constitucional n. 103, de 12-11-2019.

§ 15. É vedada a complementação de aposentadorias de servidores públicos e de pensões por morte a seus dependentes que não seja decorrente do disposto nos §§ 14 a 16 do art. 40 ou que não seja prevista em lei que extinga regime próprio de previdência social.
•• § 15 acrescentado pela Emenda Constitucional n. 103, de 12-11-2019.
•• *Vide* art. 7.º da Emenda Constitucional n. 103, de 12-11-2019.

§ 16. Os órgãos e entidades da administração pública, individual ou conjuntamente, devem realizar avaliação das políticas públicas, inclusive com divulgação do objeto a ser avaliado e dos resultados alcançados, na forma da lei.
- •• § 16 acrescentado pela Emenda Constitucional n. 109, de 15-3-2021.
- •• A Emenda Constitucional n. 132, de 20-12-2023, a partir de 2027, acrescenta a este artigo os §§ 17 e 18: "§ 17. Lei complementar estabelecerá normas gerais aplicáveis às administrações tributárias da União, dos Estados, do Distrito Federal e dos Municípios, dispondo sobre deveres, direitos e garantias dos servidores das carreiras de que trata o inciso XXII do *caput*. § 18. Para os fins do disposto no inciso XI do *caput* deste artigo, os servidores de carreira das administrações tributárias dos Estados, do Distrito Federal e dos Municípios sujeitam-se ao limite aplicável aos servidores da União."

Art. 38. Ao servidor público da administração direta, autárquica e fundacional, no exercício de mandato eletivo, aplicam-se as seguintes disposições:
- •• *Caput* com redação determinada pela Emenda Constitucional n. 19, de 4-6-1998.

I – tratando-se de mandato eletivo federal, estadual ou distrital, ficará afastado de seu cargo, emprego ou função;

II – investido no mandato de Prefeito, será afastado do cargo, emprego ou função, sendo--lhe facultado optar pela sua remuneração;

III – investido no mandato de Vereador, havendo compatibilidade de horários, perceberá as vantagens de seu cargo, emprego ou função, sem prejuízo da remuneração do cargo eletivo, e, não havendo compatibilidade, será aplicada a norma do inciso anterior;

IV – em qualquer caso que exija o afastamento para o exercício de mandato eletivo, seu tempo de serviço será contado para todos os efeitos legais, exceto para promoção por merecimento;

V – na hipótese de ser segurado de regime próprio de previdência social, permanecerá filiado a esse regime, no ente federativo de origem.
- •• Inciso V com redação determinada pela Emenda Constitucional n. 103, de 12-11-2019.

Seção II
Dos Servidores Públicos
- •• Seção II com redação determinada pela Emenda Constitucional n. 18, de 5-2-1998.
- • Regime jurídico dos servidores públicos civis da União, das Autarquias e das Fundações Públicas Federais: Lei n. 8.112, de 11-12-1990.
- • A Lei n. 8.026, de 12-4-1990, dispõe sobre a aplicação de pena de demissão a funcionário público.
- • A Lei n. 8.027, de 12-4-1990, dispõe sobre normas de conduta dos servidores públicos civis da União, das Autarquias e das Fundações Públicas.

Art. 39. A União, os Estados, o Distrito Federal e os Municípios instituirão conselho de política de administração e remuneração de pessoal, integrado por servidores designados pelos respectivos Poderes.
- •• *Caput* com redação determinada pela Emenda Constitucional n. 19, de 4-6-1998.
- •• O STF, no plenário de 6-11-2024, por maioria, julgou improcedente o pedido formulado na ação direta ADI n. 2.135 e, "tendo em vista o largo lapso temporal desde o deferimento da medida cautelar nestes autos, atribuiu eficácia ex nunc à presente decisão, esclarecendo, ainda, ser vedada a transmudação de regime dos atuais servidores, como medida de evitar tumultos administrativos e previdenciários".

§ 1.º A fixação dos padrões de vencimento e dos demais componentes do sistema remuneratório observará:
- •• § 1.º, *caput*, com redação determinada pela Emenda Constitucional n. 19, de 4-6-1998.
- •• § 1.º regulamentado pela Lei n. 8.448, de 21-7-1992.
- •• A Lei n. 8.852, de 4-2-1994, dispõe sobre a aplicação deste parágrafo.

I – a natureza, o grau de responsabilidade e a complexidade dos cargos componentes de cada carreira;
- •• Inciso I acrescentado pela Emenda Constitucional n. 19, de 4-6-1998.

Constituição da República Federativa do Brasil — Art. 39

II – os requisitos para a investidura;
- •• Inciso II acrescentado pela Emenda Constitucional n. 19, de 4-6-1998.

III – as peculiaridades dos cargos.
- •• Inciso III acrescentado pela Emenda Constitucional n. 19, de 4-6-1998.

§ 2.º A União, os Estados e o Distrito Federal manterão escolas de governo para a formação e o aperfeiçoamento dos servidores públicos, constituindo-se a participação nos cursos um dos requisitos para a promoção na carreira, facultada, para isso, a celebração de convênios ou contratos entre os entes federados.
- •• § 2.º com redação determinada pela Emenda Constitucional n. 19, de 4-6-1998.

§ 3.º Aplica-se aos servidores ocupantes de cargo público o disposto no art. 7.º, IV, VII, VIII, IX, XII, XIII, XV, XVI, XVII, XVIII, XIX, XX, XXII e XXX, podendo a lei estabelecer requisitos diferenciados de admissão quando a natureza do cargo o exigir.
- •• § 3.º acrescentado pela Emenda Constitucional n. 19, de 4-6-1998.
- •• Mencionados incisos referem-se, respectivamente, aos seguintes direitos: salário mínimo, garantia de salário, décimo terceiro salário, remuneração superior do trabalho noturno, salário-família, limites da jornada de trabalho, repouso semanal remunerado, remuneração superior do serviço extraordinário, férias anuais, licença à gestante, licença-paternidade, proteção do mercado de trabalho da mulher, redução dos riscos inerentes ao trabalho e proibição de diferença de salários.
- • Vide Súmula Vinculante 16.

§ 4.º O membro de Poder, o detentor de mandato eletivo, os Ministros de Estado e os Secretários Estaduais e Municipais serão remunerados exclusivamente por subsídio fixado em parcela única, vedado o acréscimo de qualquer gratificação, adicional, abono, prêmio, verba de representação ou outra espécie remuneratória, obedecido, em qualquer caso, o disposto no art. 37, X e XI.
- •• § 4.º acrescentado pela Emenda Constitucional n. 19, de 4-6-1998.
- •• A Lei n. 13.753, de 26-11-2018, dispõe sobre o subsídio do Procurador-Geral da República, referido neste parágrafo.

§ 5.º Lei da União, dos Estados, do Distrito Federal e dos Municípios poderá estabelecer a relação entre a maior e a menor remuneração dos servidores públicos, obedecido, em qualquer caso, o disposto no art. 37, XI.
- •• § 5.º acrescentado pela Emenda Constitucional n. 19, de 4-6-1998.

§ 6.º Os Poderes Executivo, Legislativo e Judiciário publicarão anualmente os valores do subsídio e da remuneração dos cargos e empregos públicos.
- •• § 6.º acrescentado pela Emenda Constitucional n. 19, de 4-6-1998.

§ 7.º Lei da União, dos Estados, do Distrito Federal e dos Municípios disciplinará a aplicação de recursos orçamentários provenientes da economia com despesas correntes em cada órgão, autarquia e fundação, para aplicação no desenvolvimento de programas de qualidade e produtividade, treinamento e desenvolvimento, modernização, reaparelhamento e racionalização do serviço público, inclusive sob a forma de adicional ou prêmio de produtividade.
- •• § 7.º acrescentado pela Emenda Constitucional n. 19, de 4-6-1998.

§ 8.º A remuneração dos servidores públicos organizados em carreira poderá ser fixada nos termos do § 4.º.
- •• § 8.º acrescentado pela Emenda Constitucional n. 19, de 4-6-1998.

§ 9.º É vedada a incorporação de vantagens de caráter temporário ou vinculadas ao exercício de função de confiança ou de cargo em comissão à remuneração do cargo efetivo.
- •• § 9.º acrescentado pela Emenda Constitucional n. 103, de 12-11-2019.
- •• Vide art. 13 da Emenda Constitucional n. 103, de 12-11-2019.

Art. 40. O regime próprio de previdência social dos servidores titulares de cargos efetivos terá caráter contributivo e solidário, mediante contribuição do respectivo ente federativo, de servidores ativos, de aposentados e de pensionistas, observados critérios que preservem o equilíbrio financeiro e atuarial.

- •• *Caput* com redação determinada pela Emenda Constitucional n. 103, de 12-11-2019.
- •• *Vide* arts. 4.º, 10, 20 e 21 da Emenda Constitucional n. 103, de 12-11-2019.
- •• *Vide* art. 92-B do ADCT.
- • *Vide* art. 3.º da Emenda Constitucional n. 47, de 5-7-2005.

§ 1.º O servidor abrangido por regime próprio de previdência social será aposentado:

- •• § 1.º, *caput*, com redação determinada pela Emenda Constitucional n. 103, de 12-11-2019.

I – por incapacidade permanente para o trabalho, no cargo em que estiver investido, quando insuscetível de readaptação, hipótese em que será obrigatória a realização de avaliações periódicas para verificação da continuidade das condições que ensejaram a concessão da aposentadoria, na forma de lei do respectivo ente federativo;

- •• Inciso I com redação determinada pela Emenda Constitucional n. 103, de 12-11-2019.
- • *Vide* art. 6.º-A da Emenda Constitucional n. 41, de 19-12-2003.
- • A Orientação Normativa n. 1, de 30-5-2012, da Secretaria de Políticas de Previdência Social, estabelece orientações para o cálculo e as revisões dos benefícios de aposentadoria por invalidez e das pensões deles decorrentes concedidas pelos regimes próprios de previdência social para fins de cumprimento do disposto na Emenda Constitucional n. 70, de 29-3-2012.

II – compulsoriamente, com proventos proporcionais ao tempo de contribuição, aos 70 (setenta) anos de idade, ou aos 75 (setenta e cinco) anos de idade, na forma de lei complementar;

- •• Inciso II com redação determinada pela Emenda Constitucional n. 88, de 7-5-2015.
- •• *Vide* art. 100 do ADCT.
- •• A Lei Complementar n. 152, de 3-12-2015, dispõe sobre a aposentadoria compulsória por idade, com proventos proporcionais, nos termos deste inciso.

III – no âmbito da União, aos 62 (sessenta e dois) anos de idade, se mulher, e aos 65 (sessenta e cinco) anos de idade, se homem, e, no âmbito dos Estados, do Distrito Federal e dos Municípios, na idade mínima estabelecida mediante emenda às respectivas Constituições e Leis Orgânicas, observados o tempo de contribuição e os demais requisitos estabelecidos em lei complementar do respectivo ente federativo.

- •• Inciso III com redação determinada pela Emenda Constitucional n. 103, de 12-11-2019.
- •• Havia aqui alíneas *a* e *b*, que diziam:
  "*a)* sessenta anos de idade e trinta e cinco de contribuição, se homem, e cinquenta e cinco anos de idade e trinta de contribuição, se mulher;
- •• Alínea *a* acrescentada pela Emenda Constitucional n. 20, de 15-12-1998.
  b) sessenta e cinco anos de idade, se homem, e sessenta anos de idade, se mulher, com proventos proporcionais ao tempo de contribuição.
- •• Alínea *b* acrescentada pela Emenda Constitucional n. 20, de 15-12-1998".
- •• *Vide* art. 3.º, § 3.º, da Emenda Constitucional n. 103, de 12-11-2019.
- • *Vide* art. 2.º da Emenda Constitucional n. 41, de 19-12-2003.

§ 2.º Os proventos de aposentadoria não poderão ser inferiores ao valor mínimo a que se refere o § 2.º do art. 201 ou superiores ao limite máximo estabelecido para o Regime Geral de Previdência Social, observado o disposto nos §§ 14 a 16.

- •• § 2.º com redação determinada pela Emenda Constitucional n. 103, de 12-11-2019.

§ 3.º As regras para cálculo de proventos de aposentadoria serão disciplinadas em lei do respectivo ente federativo.

- •• § 3.º com redação determinada pela Emenda Constitucional n. 103, de 12-11-2019.

Constituição da República Federativa do Brasil — Art. 40

•• *Vide* art. 2.º da Emenda Constitucional n. 41, de 19-12-2003.
• A Lei n. 10.887, de 18-6-2004, dispõe sobre o cálculo dos proventos de aposentadoria dos servidores titulares de cargo efetivo de qualquer dos poderes, previsto neste parágrafo.

§ 4.º É vedada a adoção de requisitos ou critérios diferenciados para concessão de benefícios em regime próprio de previdência social, ressalvado o disposto nos §§ 4.º-A, 4.º-B, 4.º-C e 5.º.

•• § 4.º com redação determinada pela Emenda Constitucional n. 103, de 12-11-2019.
• *Vide* Súmula Vinculante 55.
• *Vide* Súmula 680 do STF.

§ 4.º-A. Poderão ser estabelecidos por lei complementar do respectivo ente federativo idade e tempo de contribuição diferenciados para aposentadoria de servidores com deficiência, previamente submetidos a avaliação biopsicossocial realizada por equipe multiprofissional e interdisciplinar.

•• § 4.º-A acrescentado pela Emenda Constitucional n. 103, de 12-11-2019.
•• *Vide* arts. 4.º, §§ 9.º e 10, 22 da Emenda Constitucional n. 103, de 12-11-2019.

§ 4.º-B. Poderão ser estabelecidos por lei complementar do respectivo ente federativo idade e tempo de contribuição diferenciados para aposentadoria de ocupantes do cargo de agente penitenciário, de agente socioeducativo ou de policial dos órgãos de que tratam o inciso IV do *caput* do art. 51, o inciso XIII do *caput* do art. 52 e os incisos I a IV do *caput* do art. 144.

•• § 4.º-B acrescentado pela Emenda Constitucional n. 103, de 12-11-2019.
•• *Vide* arts. 4.º, §§ 9.º e 10, 10, §§ 2.º e 3.º, e 22 da Emenda Constitucional n. 103, de 12-11-2019.

§ 4.º-C. Poderão ser estabelecidos por lei complementar do respectivo ente federativo idade e tempo de contribuição diferenciados para aposentadoria de servidores cujas atividades sejam exercidas com efetiva exposição a agentes químicos, físicos e biológicos prejudiciais à saúde, ou associação desses agentes, vedada a caracterização por categoria profissional ou ocupação.

•• § 4.º-C acrescentado pela Emenda Constitucional n. 103, de 12-11-2019.
•• *Vide* art. 4.º, §§ 9.º e 10, da Emenda Constitucional n. 103, de 12-11-2019.

§ 5.º Os ocupantes do cargo de professor terão idade mínima reduzida em 5 (cinco) anos em relação às idades decorrentes da aplicação do disposto no inciso III do § 1.º, desde que comprovem tempo de efetivo exercício das funções de magistério na educação infantil e no ensino fundamental e médio fixado em lei complementar do respectivo ente federativo.

•• § 5.º com redação determinada pela Emenda Constitucional n. 103, de 12-11-2019.
•• *Vide* art. 2.º, § 1.º, e art. 6.º, *caput*, da Emenda Constitucional n. 41, de 19-12-2003.
•• *Vide* art. 10, § 2.º, III, e 15, § 3.º, da Emenda Constitucional n. 103, de 12-11-2019.

§ 6.º Ressalvadas as aposentadorias decorrentes dos cargos acumuláveis na forma desta Constituição, é vedada a percepção de mais de uma aposentadoria à conta de regime próprio de previdência social, aplicando-se outras vedações, regras e condições para a acumulação de benefícios previdenciários estabelecidas no Regime Geral de Previdência Social.

•• § 6.º com redação determinada pela Emenda Constitucional n. 103, de 12-11-2019.

§ 7.º Observado o disposto no § 2.º do art. 201, quando se tratar da única fonte de renda formal auferida pelo dependente, o benefício de pensão por morte será concedido nos termos de lei do respectivo ente federativo, a qual tratará de forma diferenciada a hipótese de morte dos servidores de que trata o § 4.º-B decorrente de agressão sofrida no exercício ou em razão da função.

•• § 7.º com redação determinada pela Emenda Constitucional n. 103, de 12-11-2019.
•• *Vide* arts. 23 e 24 da Emenda Constitucional n. 103, de 12-11-2019.

§ 8.º É assegurado o reajustamento dos benefícios para preservar-lhes, em caráter permanente, o valor real, conforme critérios estabelecidos em lei.
- •• § 8.º com redação determinada pela Emenda Constitucional n. 41, de 19-12-2003.
- • Víde Súmula Vinculante 20.

§ 9.º O tempo de contribuição federal, estadual, distrital ou municipal será contado para fins de aposentadoria, observado o disposto nos §§ 9.º e 9.º-A do art. 201, e o tempo de serviço correspondente será contado para fins de disponibilidade.
- •• § 9.º com redação determinada pela Emenda Constitucional n. 103, de 12-11-2019.

§ 10. A lei não poderá estabelecer qualquer forma de contagem de tempo de contribuição fictício.
- •• § 10 acrescentado pela Emenda Constitucional n. 20, de 15-12-1998.
- •• Víde art. 4.º da Emenda Constitucional n. 20, de 15-12-1998.

§ 11. Aplica-se o limite fixado no art. 37, XI, à soma total dos proventos de inatividade, inclusive quando decorrentes da acumulação de cargos ou empregos públicos, bem como de outras atividades sujeitas a contribuição para o regime geral de previdência social, e ao montante resultante da adição de proventos de inatividade com remuneração de cargo acumulável na forma desta Constituição, cargo em comissão declarado em lei de livre nomeação e exoneração, e de cargo eletivo.
- •• § 11 acrescentado pela Emenda Constitucional n. 20, de 15-12-1998.

§ 12. Além do disposto neste artigo, serão observados, em regime próprio de previdência social, no que couber, os requisitos e critérios fixados para o Regime Geral de Previdência Social.
- •• § 12 com redação determinada pela Emenda Constitucional n. 103, de 12-11-2019.

§ 13. Aplica-se ao agente público ocupante, exclusivamente, de cargo em comissão declarado em lei de livre nomeação e exoneração, de outro cargo temporário, inclusive mandato eletivo, ou de emprego público, o Regime Geral de Previdência Social.
- •• § 13 com redação determinada pela Emenda Constitucional n. 103, de 12-11-2019.

§ 14. A União, os Estados, o Distrito Federal e os Municípios instituirão, por lei de iniciativa do respectivo Poder Executivo, regime de previdência complementar para servidores públicos ocupantes de cargo efetivo, observado o limite máximo dos benefícios do Regime Geral de Previdência Social para o valor das aposentadorias e das pensões em regime próprio de previdência social, ressalvado o disposto no § 16.
- •• § 14 com redação determinada pela Emenda Constitucional n. 103, de 12-11-2019.
- •• Víde art. 9.º, § 6.º, da Emenda Constitucional n. 103, de 12-11-2019.
- • A Lei n. 12.618, de 30-4-2012, institui o regime de previdência complementar para os servidores públicos federais titulares de cargo efetivo a que se refere este parágrafo.
- • A Lei Complementar n. 108, de 29-5-2001, dispõe sobre a relação entre a União, os Estados, o Distrito Federal e os Municípios, suas autarquias, fundações, sociedades de economia mista e outras entidades públicas e suas respectivas entidades fechadas de previdência complementar, e dá outras providências.
- • A Lei Complementar n. 109, de 29-5-2001, dispõe sobre o regime de previdência complementar e dá outras providências.

§ 15. O regime de previdência complementar de que trata o § 14 oferecerá plano de benefícios somente na modalidade contribuição definida, observará o disposto no art. 202 e será efetivado por intermédio de entidade fechada de previdência complementar ou de entidade aberta de previdência complementar.
- •• § 15 com redação determinada pela Emenda Constitucional n. 103, de 12-11-2019.
- •• Víde art. 9.º, § 6.º, da Emenda Constitucional n. 103, de 12-11-2019.
- •• A Lei n. 12.618, de 30-4-2012, institui o regime de previdência complementar para os servidores públicos federais titulares de cargo efetivo a que se refere este parágrafo.

§ 16. Somente mediante sua prévia e expressa opção, o disposto nos §§ 14 e 15 poderá ser aplicado ao servidor que tiver ingressado no serviço público até a data da publicação do ato de instituição do correspondente regime de previdência complementar.

- •• § 16 acrescentado pela Emenda Constitucional n. 20, de 15-12-1998.
- •• *Víde* art. 4.º, § 6.º, da Emenda Constitucional n. 103, de 12-11-2019.
- •• A Lei n. 12.618, de 30-4-2012, institui o regime de previdência complementar para os servidores públicos federais titulares de cargo efetivo a que se refere este parágrafo.
- •• *Víde* notas ao art. 40, § 14, da CF.

§ 17. Todos os valores de remuneração considerados para o cálculo do benefício previsto no § 3.º serão devidamente atualizados, na forma da lei.

- •• § 17 acrescentado pela Emenda Constitucional n. 41, de 19-12-2003.
- •• *Víde* art. 2.º da Emenda Constitucional n. 41, de 19-12-2003.

§ 18. Incidirá contribuição sobre os proventos de aposentadorias e pensões concedidas pelo regime de que trata este artigo que superem o limite máximo estabelecido para os benefícios do regime geral de previdência social de que trata o art. 201, com percentual igual ao estabelecido para os servidores titulares de cargos efetivos.

- •• § 18 acrescentado pela Emenda Constitucional n. 41, de 19-12-2003.
- •• *Víde* § 21 deste artigo.

§ 19. Observados critérios a serem estabelecidos em lei do respectivo ente federativo, o servidor titular de cargo efetivo que tenha completado as exigências para a aposentadoria voluntária e que opte por permanecer em atividade poderá fazer jus a um abono de permanência equivalente, no máximo, ao valor da sua contribuição previdenciária, até completar a idade para aposentadoria compulsória.

- •• § 19 com redação determinada pela Emenda Constitucional n. 103, de 12-11-2019.
- •• *Víde* arts. 9.º, § 6.º, e 10, § 5.º, da Emenda Constitucional n. 103, de 12-11-2019.
- • O Ato Declaratório Interpretativo n. 24, de 4-10-2004, da Secretaria da Receita Federal, dispõe sobre o abono de permanência a que se refere este parágrafo.

§ 20. É vedada a existência de mais de um regime próprio de previdência social e de mais de um órgão ou entidade gestora desse regime em cada ente federativo, abrangidos todos os poderes, órgãos e entidades autárquicas e fundacionais, que serão responsáveis pelo seu financiamento, observados os critérios, os parâmetros e a natureza jurídica definidos na lei complementar de que trata o § 22.

- •• § 20 com redação determinada pela Emenda Constitucional n. 103, de 12-11-2019.
- •• *Víde* arts. 3.º, § 3.º, e 8.º da Emenda Constitucional n. 103, de 12-11-2019.

§ 21. *(Revogado pela Emenda Constitucional n. 103, de 12-11-2019.)*

- •• Sobre o prazo de vigência desta revogação, *vide* art. 36, II, da Emenda Constitucional n. 103, de 12-11-2019.
- •• O texto revogado dizia:
    "§ 21. A contribuição prevista no § 18 deste artigo incidirá apenas sobre as parcelas de proventos de aposentadoria e de pensão que superem o dobro do limite máximo estabelecido para os benefícios do regime geral de previdência social de que trata o art. 201 desta Constituição, quando o beneficiário, na forma da lei, for portador de doença incapacitante.
    - •• § 21 acrescentado pela Emenda Constitucional n. 47, de 5-7-2005.

§ 22. Vedada a instituição de novos regimes próprios de previdência social, lei complementar federal estabelecerá, para os que já existam, normas gerais de organização, de funcionamento e de responsabilidade em sua gestão, dispondo, entre outros aspectos, sobre:

- •• § 22, *caput*, acrescentado pela Emenda Constitucional n. 103, de 12-11-2019.
- •• *Víde* art. 9.º da Emenda Constitucional n. 103, de 12-11-2019.

I – requisitos para sua extinção e consequente migração para o Regime Geral de Previdência Social;

•• Inciso I acrescentado pela Emenda Constitucional n. 103, de 12-11-2019.

II – modelo de arrecadação, de aplicação e de utilização dos recursos;

•• Inciso II acrescentado pela Emenda Constitucional n. 103, de 12-11-2019.

III – fiscalização pela União e controle externo e social;

•• Inciso III acrescentado pela Emenda Constitucional n. 103, de 12-11-2019.

IV – definição de equilíbrio financeiro e atuarial;

•• Inciso IV acrescentado pela Emenda Constitucional n. 103, de 12-11-2019.

V – condições para instituição do fundo com finalidade previdenciária de que trata o art. 249 e para vinculação a ele dos recursos provenientes de contribuições e dos bens, direitos e ativos de qualquer natureza;

•• Inciso V acrescentado pela Emenda Constitucional n. 103, de 12-11-2019.

VI – mecanismos de equacionamento do déficit atuarial;

•• Inciso VI acrescentado pela Emenda Constitucional n. 103, de 12-11-2019.

VII – estruturação do órgão ou entidade gestora do regime, observados os princípios relacionados com governança, controle interno e transparência;

•• Inciso VII acrescentado pela Emenda Constitucional n. 103, de 12-11-2019.

VIII – condições e hipóteses para responsabilização daqueles que desempenhem atribuições relacionadas, direta ou indiretamente, com a gestão do regime;

•• Inciso VIII acrescentado pela Emenda Constitucional n. 103, de 12-11-2019.

IX – condições para adesão a consórcio público;

•• Inciso IX acrescentado pela Emenda Constitucional n. 103, de 12-11-2019.

X – parâmetros para apuração da base de cálculo e definição de alíquota de contribuições ordinárias e extraordinárias.

•• Inciso X acrescentado pela Emenda Constitucional n. 103, de 12-11-2019.

Art. 41. São estáveis após 3 (três) anos de efetivo exercício os servidores nomeados para cargo de provimento efetivo em virtude de concurso público.

•• *Caput* com redação determinada pela Emenda Constitucional n. 19, de 4-6-1998.

§ 1.º O servidor público estável só perderá o cargo:

•• § 1.º, *caput*, com redação determinada pela Emenda Constitucional n. 19, de 4-6-1998.

I – em virtude de sentença judicial transitada em julgado;

•• Inciso I acrescentado pela Emenda Constitucional n. 19, de 4-6-1998.

II – mediante processo administrativo em que lhe seja assegurada ampla defesa;

•• Inciso II acrescentado pela Emenda Constitucional n. 19, de 4-6-1998.

III – mediante procedimento de avaliação periódica de desempenho, na forma de lei complementar, assegurada ampla defesa.

•• Inciso III acrescentado pela Emenda Constitucional n. 19, de 4-6-1998.
• *Vide* arts. 198, § 6.º, e 247 da CF.

§ 2.º Invalidada por sentença judicial a demissão do servidor estável, será ele reintegrado, e o eventual ocupante da vaga, se estável, reconduzido ao cargo de origem, sem direito a indenização, aproveitado em outro cargo ou posto em disponibilidade com remuneração proporcional ao tempo de serviço.

- •• § 2.º com redação determinada pela Emenda Constitucional n. 19, de 4-6-1998.

§ 3.º Extinto o cargo ou declarada sua desnecessidade, o servidor estável ficará em disponibilidade, com remuneração proporcional ao tempo de serviço, até seu adequado aproveitamento em outro cargo.

- •• § 3.º com redação determinada pela Emenda Constitucional n. 19, de 4-6-1998.

§ 4.º Como condição para a aquisição da estabilidade, é obrigatória a avaliação especial de desempenho por comissão instituída para essa finalidade.

- •• § 4.º acrescentado pela Emenda Constitucional n. 19, de 4-6-1998.
- •• Vide art. 28 da Emenda Constitucional n. 19, de 4-6-1998.

Seção III

Dos Militares dos Estados, do Distrito Federal e dos Territórios

- •• Seção III com denominação dada pela Emenda Constitucional n. 18, de 5-2-1998.

Art. 42. Os membros das Polícias Militares e Corpos de Bombeiros Militares, instituições organizadas com base na hierarquia e disciplina, são militares dos Estados, do Distrito Federal e dos Territórios.

- •• *Caput* com redação determinada pela Emenda Constitucional n. 18, de 5-2-1998.
- •• *Vide* art. 89 do ADCT acrescentado pela Emenda Constitucional n. 38, de 12-6-2002.
- •• *Vide* arts. 12, 24 e 26 da Emenda Constitucional n. 103, de 12-11-2019.
- •• A Lei n. 14.751, de 12-12-2023, instituiu a Lei Orgânica Nacional das Polícias Militares e dos Corpos de Bombeiros Militares dos Estados, do Distrito Federal e dos Territórios.

§ 1.º Aplicam-se aos militares dos Estados, do Distrito Federal e dos Territórios, além do que vier a ser fixado em lei, as disposições do art. 14, § 8.º; do art. 40, § 9.º; e do art. 142, §§ 2.º e 3.º, cabendo a lei estadual específica dispor sobre as matérias do art. 142, § 3.º, X, sendo as patentes dos oficiais conferidas pelos respectivos governadores.

- •• § 1.º com redação determinada pela Emenda Constitucional n. 20, de 15-12-1998.

§ 2.º Aos pensionistas dos militares dos Estados, do Distrito Federal e dos Territórios aplica-se o que for fixado em lei específica do respectivo ente estatal.

- •• § 2.º com redação determinada pela Emenda Constitucional n. 41, de 19-12-2003.

§ 3.º Aplica-se aos militares dos Estados, do Distrito Federal e dos Territórios o disposto no art. 37, inciso XVI, com prevalência da atividade militar.

- •• § 3.º acrescentado pela Emenda Constitucional n. 101, de 3-7-2019.

Seção IV

Das Regiões

Art. 43. Para efeitos administrativos, a União poderá articular sua ação em um mesmo complexo geoeconômico e social, visando a seu desenvolvimento e à redução das desigualdades regionais.

§ 1.º Lei complementar disporá sobre:

I – as condições para integração de regiões em desenvolvimento;

II – a composição dos organismos regionais que executarão, na forma da lei, os planos regionais, integrantes dos planos nacionais de desenvolvimento econômico e social, aprovados juntamente com estes.

- • A Lei Complementar n. 124, de 3-1-2007, institui a SUDAM.
- • A Lei Complementar n. 125, de 3-1-2007, institui a SUDENE.

- A Lei Complementar n. 129, de 8-1-2009, institui, na forma deste artigo, a SUDECO, estabelece sua missão institucional, natureza jurídica, objetivos, área de atuação e instrumentos de ação.
- A Lei Complementar n. 134, de 14-1-2010, dispõe sobre a composição do Conselho de Administração da SUFRAMA.
- O Decreto n. 12.129, de 2-8-2024, aprova o regulamento do Fundo de Desenvolvimento do Nordeste – FDNE.
- O Decreto n. 7.839, de 9-11-2012, aprova o regulamento do Fundo de Desenvolvimento da Amazônia – FDA.

§ 2.º Os incentivos regionais compreenderão, além de outros, na forma da lei:

I – igualdade de tarifas, fretes, seguros e outros itens de custos e preços de responsabilidade do Poder Público;

II – juros favorecidos para financiamento de atividades prioritárias;

III – isenções, reduções ou diferimento temporário de tributos federais devidos por pessoas físicas ou jurídicas;

IV – prioridade para o aproveitamento econômico e social dos rios e das massas de água represadas ou represáveis nas regiões de baixa renda, sujeitas a secas periódicas.

§ 3.º Nas áreas a que se refere o § 2.º, IV, a União incentivará a recuperação de terras áridas e cooperará com os pequenos e médios proprietários rurais para o estabelecimento, em suas glebas, de fontes de água e de pequena irrigação.

§ 4.º Sempre que possível, a concessão dos incentivos regionais a que se refere o § 2.º, III, considerará critérios de sustentabilidade ambiental e redução das emissões de carbono.
- § 4.º acrescentado pela Emenda Constitucional n. 132, de 20-12-2023.

TÍTULO IV
DA ORGANIZAÇÃO DOS PODERES

CAPÍTULO I
DO PODER LEGISLATIVO

Seção I
Do Congresso Nacional

Art. 44. O Poder Legislativo é exercido pelo Congresso Nacional, que se compõe da Câmara dos Deputados e do Senado Federal.

Parágrafo único. Cada legislatura terá a duração de quatro anos.

Art. 45. A Câmara dos Deputados compõe-se de representantes do povo, eleitos, pelo sistema proporcional, em cada Estado, em cada Território e no Distrito Federal.

§ 1.º O número total de Deputados, bem como a representação por Estado e pelo Distrito Federal, será estabelecido por lei complementar, proporcionalmente à população, procedendo-se aos ajustes necessários, no ano anterior às eleições, para que nenhuma daquelas unidades da Federação tenha menos de oito ou mais de setenta Deputados.
- O STF, na ADI por Omissão n. 38, nas sessões virtuais de 18-8-2023 a 25-8-2023 (*DOU* de 4-9-2023), por unanimidade, julgou procedente a presente ação direta para declarar a mora do Congresso Nacional quanto à edição da Lei Complementar prevista na segunda parte deste § 1.º (revisão periódica da proporcionalidade na relação deputado/população), "fixando prazo até 30 de junho de 2025 para que seja sanada a omissão, pela redistribuição proporcional das cadeiras hoje existentes, e entendeu que, após esse prazo, e na hipótese de persistência da omissão inconstitucional, caberá ao Tribunal Superior Eleitoral determinar, até 1.º de outubro de 2025, o número de deputados federais de cada Estado e do Distrito Federal para a legislatura que se iniciará em 2027, bem como o consequente número de deputados estaduais e distritais (CF, arts. 27, *caput*, e 32, § 3.º), observado o piso e o teto constitucional por circunscrição e o número total de parlamentares previsto na LC n. 78/1993, valendo-se, para tanto, dos dados demográficos coletados pelo IBGE no Censo 2022 e a metodologia utilizada por ocasião da edição da Resolução-TSE 23.389/2013".

- Lei Complementar n. 78, de 30-12-1993, dispõe:

  "Art. 1.º Proporcional à população dos Estados e do Distrito Federal, o número de deputados federais não ultrapassará 513 (quinhentos e treze) representantes, fornecida, pela Fundação Instituto Brasileiro de Geografia e Estatística, no ano anterior às eleições, a atualização estatística demográfica das unidades da Federação.

  Parágrafo único. Feitos os cálculos da representação dos Estados e do Distrito Federal, o TSE fornecerá aos Tribunais Regionais Eleitorais e aos partidos políticos o número de vagas a serem disputadas.

  Art. 2.º Nenhum dos Estados membros da Federação terá menos de 8 (oito) deputados federais.

  Parágrafo único. Cada Território Federal será representado por 4 (quatro) deputados federais.

  Art. 3.º O Estado mais populoso será representado por 70 (setenta) deputados federais".

§ 2.º Cada Território elegerá quatro Deputados.

Art. 46. O Senado Federal compõe-se de representantes dos Estados e do Distrito Federal, eleitos segundo o princípio majoritário.

§ 1.º Cada Estado e o Distrito Federal elegerão três Senadores, com mandato de oito anos.

§ 2.º A representação de cada Estado e do Distrito Federal será renovada de quatro em quatro anos, alternadamente, por um e dois terços.

§ 3.º Cada Senador será eleito com dois suplentes.

Art. 47. Salvo disposição constitucional em contrário, as deliberações de cada Casa e de suas Comissões serão tomadas por maioria dos votos, presente a maioria absoluta de seus membros.

Seção II
Das Atribuições do Congresso Nacional

Art. 48. Cabe ao Congresso Nacional, com a sanção do Presidente da República, não exigida esta para o especificado nos arts. 49, 51 e 52, dispor sobre todas as matérias de competência da União, especialmente sobre:

I – sistema tributário, arrecadação e distribuição de rendas;

II – plano plurianual, diretrizes orçamentárias, orçamento anual, operações de crédito, dívida pública e emissões de curso forçado;

III – fixação e modificação do efetivo das Forças Armadas;

IV – planos e programas nacionais, regionais e setoriais de desenvolvimento;

V – limites do território nacional, espaço aéreo e marítimo e bens do domínio da União;

VI – incorporação, subdivisão ou desmembramento de áreas de Territórios ou Estados, ouvidas as respectivas Assembleias Legislativas;

VII – transferência temporária da sede do Governo Federal;

VIII – concessão de anistia;

- A Portaria n. 893, de 25-3-2004, do Ministério da Justiça, aprova o Regimento Interno da Comissão de Anistia.

IX – organização administrativa, judiciária, do Ministério Público e da Defensoria Pública da União e dos Territórios e organização judiciária e do Ministério Público do Distrito Federal;

•• Inciso IX com redação determinada pela Emenda Constitucional n. 69, de 29-3-2012.

X – criação, transformação e extinção de cargos, empregos e funções públicas, observado o que estabelece o art. 84, VI, *b*;

•• Inciso X com redação determinada pela Emenda Constitucional n. 32, de 11-9-2001.

XI – criação e extinção de Ministérios e órgãos da administração pública;

•• Inciso XI com redação determinada pela Emenda Constitucional n. 32, de 11-9-2001.

XII – telecomunicações e radiodifusão;

• Código Brasileiro de Telecomunicações: Lei n. 4.117, de 27-8-1962.
• A Lei n. 9.295, de 19-7-1996, dispõe sobre os serviços de telecomunicações e sua organização.
• Organização dos Serviços de Telecomunicações: Lei n. 9.472, de 16-7-1997.
• Serviço de Radiodifusão Comunitária: Lei n. 9.612, de 19-2-1998.

XIII – matéria financeira, cambial e monetária, instituições financeiras e suas operações;

XIV – moeda, seus limites de emissão, e montante da dívida mobiliária federal;

XV – fixação do subsídio dos Ministros do Supremo Tribunal Federal, observado o que dispõem os arts. 39, § 4.º; 150, II; 153, III; e 153, § 2.º, I.

•• Inciso XV com redação determinada pela Emenda Constitucional n. 41, de 19-12-2003.
•• A Lei n. 14.520, de 9-1-2023, dispõe sobre a atualização dos valores do subsídio de Ministro do STF.

Art. 49. É da competência exclusiva do Congresso Nacional:

I – resolver definitivamente sobre tratados, acordos ou atos internacionais que acarretem encargos ou compromissos gravosos ao patrimônio nacional;

II – autorizar o Presidente da República a declarar guerra, a celebrar a paz, a permitir que forças estrangeiras transitem pelo território nacional ou nele permaneçam temporariamente, ressalvados os casos previstos em lei complementar;

III – autorizar o Presidente e o Vice-Presidente da República a se ausentarem do País, quando a ausência exceder a quinze dias;

IV – aprovar o estado de defesa e a intervenção federal, autorizar o estado de sítio, ou suspender qualquer uma dessas medidas;

V – sustar os atos normativos do Poder Executivo que exorbitem do poder regulamentar ou dos limites de delegação legislativa;

VI – mudar temporariamente sua sede;

VII – fixar idêntico subsídio para os Deputados Federais e os Senadores, observado o que dispõem os arts. 37, XI, 39, § 4.º, 150, II, 153, III, e 153, § 2.º, I;

•• Inciso VII com redação determinada pela Emenda Constitucional n. 19, de 4-6-1998.

VIII – fixar os subsídios do Presidente e do Vice-Presidente da República e dos Ministros de Estado, observado o que dispõem os arts. 37, XI, 39, § 4.º, 150, II, 153, III, e 153, § 2.º, I;

•• Inciso VIII com redação determinada pela Emenda Constitucional n. 19, de 4-6-1998.

IX – julgar anualmente as contas prestadas pelo Presidente da República e apreciar os relatórios sobre a execução dos planos de governo;

X – fiscalizar e controlar, diretamente, ou por qualquer de suas Casas, os atos do Poder Executivo, incluídos os da administração indireta;

XI – zelar pela preservação de sua competência legislativa em face da atribuição normativa dos outros Poderes;

XII – apreciar os atos de concessão e renovação de concessão de emissoras de rádio e televisão;

XIII – escolher dois terços dos membros do Tribunal de Contas da União;

• O Decreto Legislativo n. 6, de 22-4-1993, regulamenta a escolha de Ministros do TCU pelo CN.

XIV – aprovar iniciativas do Poder Executivo referentes a atividades nucleares;

XV – autorizar referendo e convocar plebiscito;

XVI – autorizar, em terras indígenas, a exploração e o aproveitamento de recursos hídricos e a pesquisa e lavra de riquezas minerais;

XVII – aprovar, previamente, a alienação ou concessão de terras públicas com área superior a dois mil e quinhentos hectares;

XVIII – decretar o estado de calamidade pública de âmbito nacional previsto nos arts. 167-B, 167-C, 167-D, 167-E, 167-F e 167-G desta Constituição.

•• Inciso XVIII acrescentado pela Emenda Constitucional n. 109, de 15-3-2021.

Art. 50. A Câmara dos Deputados e o Senado Federal, ou qualquer de suas Comissões, poderão convocar Ministro de Estado, quaisquer titulares de órgãos diretamente subordinados à Presidência da República ou o Presidente do Comitê Gestor do Imposto sobre Bens e Serviços para prestarem, pessoalmente, informações sobre assunto previamente determinado, importando crime de responsabilidade a ausência sem justificação adequada.

•• *Caput* com redação determinada pela Emenda Constitucional n. 132, de 20-12-2023.

§ 1.º Os Ministros de Estado poderão comparecer ao Senado Federal, à Câmara dos Deputados, ou a qualquer de suas Comissões, por sua iniciativa e mediante entendimentos com a Mesa respectiva, para expor assunto de relevância de seu Ministério.

§ 2.º As Mesas da Câmara dos Deputados e do Senado Federal poderão encaminhar pedidos escritos de informação a Ministros de Estado ou a qualquer das pessoas referidas no *caput* deste artigo, importando em crime de responsabilidade a recusa, ou o não atendimento, no prazo de trinta dias, bem como a prestação de informações falsas.

•• § 2.º com redação determinada pela Emenda Constitucional de Revisão n. 2, de 7-6-1994.

Seção III
Da Câmara dos Deputados

Art. 51. Compete privativamente à Câmara dos Deputados:

I – autorizar, por dois terços de seus membros, a instauração de processo contra o Presidente e o Vice-Presidente da República e os Ministros de Estado;

II – proceder à tomada de contas do Presidente da República, quando não apresentadas ao Congresso Nacional dentro de sessenta dias após a abertura da sessão legislativa;

III – elaborar seu regimento interno;

IV – dispor sobre sua organização, funcionamento, polícia, criação, transformação ou extinção dos cargos, empregos e funções de seus serviços, e a iniciativa de lei para fixação da respectiva remuneração, observados os parâmetros estabelecidos na lei de diretrizes orçamentárias;

•• Inciso IV com redação determinada pela Emenda Constitucional n. 19, de 4-6-1998.
•• *Vide* arts. 5.º e 10, § 2.º, I, da Emenda Constitucional n. 103, de 12-11-2019.

V – eleger membros do Conselho da República, nos termos do art. 89, VII.

Seção IV
Do Senado Federal

Art. 52. Compete privativamente ao Senado Federal:

I – processar e julgar o Presidente e o Vice-Presidente da República nos crimes de responsabilidade, bem como os Ministros de Estado e os Comandantes da Marinha, do Exército e da Aeronáutica nos crimes da mesma natureza conexos com aqueles;

•• Inciso I com redação determinada pela Emenda Constitucional n. 23, de 2-9-1999.
•• A Lei n. 1.079, de 10-4-1950, define os crimes de responsabilidade e regula o respectivo processo de julgamento.

II – processar e julgar os Ministros do Supremo Tribunal Federal, os membros do Conselho Nacional de Justiça e do Conselho Nacional do Ministério Público, o Procurador-Geral da República e o Advogado-Geral da União nos crimes de responsabilidade;

•• Inciso II com redação determinada pela Emenda Constitucional n. 45, de 8-12-2004.
•• Vide Seção II do Capítulo IV do Título IV da CF que passou a denominar-se "Da Advocacia Pública" (arts. 131 e 132).

III – aprovar previamente, por voto secreto, após arguição pública, a escolha de:

a) magistrados, nos casos estabelecidos nesta Constituição;

b) Ministros do Tribunal de Contas da União indicados pelo Presidente da República;

c) Governador de Território;

d) presidente e diretores do banco central;

e) Procurador-Geral da República;

f) titulares de outros cargos que a lei determinar;

IV – aprovar previamente, por voto secreto, após arguição em sessão secreta, a escolha dos chefes de missão diplomática de caráter permanente;

V – autorizar operações externas de natureza financeira, de interesse da União, dos Estados, do Distrito Federal, dos Territórios e dos Municípios;

VI – fixar, por proposta do Presidente da República, limites globais para o montante da dívida consolidada da União, dos Estados, do Distrito Federal e dos Municípios;

•• Vide art. 100, § 19, da CF.

VII – dispor sobre limites globais e condições para as operações de crédito externo e interno da União, dos Estados, do Distrito Federal e dos Municípios, de suas autarquias e demais entidades controladas pelo Poder Público federal;

•• Vide art. 100, § 19, da CF.

VIII – dispor sobre limites e condições para a concessão de garantia da União em operações de crédito externo e interno;

IX – estabelecer limites globais e condições para o montante da dívida mobiliária dos Estados, do Distrito Federal e dos Municípios;

• Vide nota ao inciso VI deste artigo.

X – suspender a execução, no todo ou em parte, de lei declarada inconstitucional por decisão definitiva do Supremo Tribunal Federal;

XI – aprovar, por maioria absoluta e por voto secreto, a exoneração, de ofício, do Procurador-Geral da República antes do término de seu mandato;

XII – elaborar seu regimento interno;

XIII – dispor sobre sua organização, funcionamento, polícia, criação, transformação ou extinção dos cargos, empregos e funções de seus serviços, e a iniciativa de lei para fixação da respectiva remuneração, observados os parâmetros estabelecidos na lei de diretrizes orçamentárias;

•• Inciso XIII com redação determinada pela Emenda Constitucional n. 19, de 4-6-1998.
•• Vide arts. 5.º e 10, § 2.º, I, da Emenda Constitucional n. 103, de 12-11-2019.

XIV – eleger membros do Conselho da República, nos termos do art. 89, VII;

XV – avaliar periodicamente a funcionalidade do Sistema Tributário Nacional, em sua estrutura e seus componentes, e o desempenho das administrações tributárias da União, dos Estados e do Distrito Federal e dos Municípios.
- •• Inciso XV acrescentado pela Emenda Constitucional n. 42, de 19-12-2003.

Parágrafo único. Nos casos previstos nos incisos I e II, funcionará como Presidente o do Supremo Tribunal Federal, limitando-se a condenação, que somente será proferida por dois terços dos votos do Senado Federal, à perda do cargo, com inabilitação, por oito anos, para o exercício de função pública, sem prejuízo das demais sanções judiciais cabíveis.

Seção V
Dos Deputados e dos Senadores
- Eleição: Lei n. 9.504, de 30-9-1997.

Art. 53. Os Deputados e Senadores são invioláveis, civil e penalmente, por quaisquer de suas opiniões, palavras e votos.
- •• *Caput* com redação determinada pela Emenda Constitucional n. 35, de 20-12-2001.

§ 1.º Os Deputados e Senadores, desde a expedição do diploma, serão submetidos a julgamento perante o Supremo Tribunal Federal.
- •• § 1.º com redação determinada pela Emenda Constitucional n. 35, de 20-12-2001.

§ 2.º Desde a expedição do diploma, os membros do Congresso Nacional não poderão ser presos, salvo em flagrante de crime inafiançável. Nesse caso, os autos serão remetidos dentro de vinte e quatro horas à Casa respectiva, para que, pelo voto da maioria de seus membros, resolva sobre a prisão.
- •• § 2.º com redação determinada pela Emenda Constitucional n. 35, de 20-12-2001.

§ 3.º Recebida a denúncia contra o Senador ou Deputado, por crime ocorrido após a diplomação, o Supremo Tribunal Federal dará ciência à Casa respectiva, que, por iniciativa de partido político nela representado e pelo voto da maioria de seus membros, poderá, até a decisão final, sustar o andamento da ação.
- •• § 3.º com redação determinada pela Emenda Constitucional n. 35, de 20-12-2001.

§ 4.º O pedido de sustação será apreciado pela Casa respectiva no prazo improrrogável de quarenta e cinco dias do seu recebimento pela Mesa Diretora.
- •• § 4.º com redação determinada pela Emenda Constitucional n. 35, de 20-12-2001.

§ 5.º A sustação do processo suspende a prescrição, enquanto durar o mandato.
- •• § 5.º com redação determinada pela Emenda Constitucional n. 35, de 20-12-2001.

§ 6.º Os Deputados e Senadores não serão obrigados a testemunhar sobre informações recebidas ou prestadas em razão do exercício do mandato, nem sobre as pessoas que lhes confiaram ou deles receberam informações.
- •• § 6.º com redação determinada pela Emenda Constitucional n. 35, de 20-12-2001.

§ 7.º A incorporação às Forças Armadas de Deputados e Senadores, embora militares e ainda que em tempo de guerra, dependerá de prévia licença da Casa respectiva.
- •• § 7.º com redação determinada pela Emenda Constitucional n. 35, de 20-12-2001.

§ 8.º As imunidades de Deputados ou Senadores subsistirão durante o estado de sítio, só podendo ser suspensas mediante o voto de dois terços dos membros da Casa respectiva, nos casos de atos praticados fora do recinto do Congresso Nacional, que sejam incompatíveis com a execução da medida.
- •• § 8.º acrescentado pela Emenda Constitucional n. 35, de 20-12-2001.

Art. 54. Os Deputados e Senadores não poderão:

I – desde a expedição do diploma:

a) firmar ou manter contrato com pessoa jurídica de direito público, autarquia, empresa pública, sociedade de economia mista ou empresa concessionária de serviço público, salvo quando o contrato obedecer a cláusulas uniformes;

b) aceitar ou exercer cargo, função ou emprego remunerado, inclusive os de que sejam demissíveis *ad nutum*, nas entidades constantes da alínea anterior;

II – desde a posse:

a) ser proprietários, controladores ou diretores de empresa que goze de favor decorrente de contrato com pessoa jurídica de direito público, ou nela exercer função remunerada;

b) ocupar cargo ou função de que sejam demissíveis *ad nutum*, nas entidades referidas no inciso I, *a*;

c) patrocinar causa em que seja interessada qualquer das entidades a que se refere o inciso I, *a*;

d) ser titulares de mais de um cargo ou mandato público eletivo.

Art. 55. Perderá o mandato o Deputado ou Senador:

I – que infringir qualquer das proibições estabelecidas no artigo anterior;

- Decreto Legislativo n. 16, de 24-3-1994, dispõe:

  "Art. 1.º A renúncia de parlamentar sujeito à investigação por qualquer órgão do Poder Legislativo, ou que tenha contra si procedimento já instaurado ou protocolado junto à Mesa da respectiva Casa, para apuração das faltas a que se referem os incisos I e II do art. 55 da CF, fica sujeita à condição suspensiva, só produzindo efeitos se a decisão final não concluir pela perda do mandato.

  Parágrafo único. Sendo a decisão final pela perda do mandato parlamentar, a declaração da renúncia será arquivada".

II – cujo procedimento for declarado incompatível com o decoro parlamentar;

III – que deixar de comparecer, em cada sessão legislativa, à terça parte das sessões ordinárias da Casa a que pertencer, salvo licença ou missão por esta autorizada;

IV – que perder ou tiver suspensos os direitos políticos;

V – quando o decretar a Justiça Eleitoral, nos casos previstos nesta Constituição;

VI – que sofrer condenação criminal em sentença transitada em julgado.

§ 1.º É incompatível com o decoro parlamentar, além dos casos definidos no regimento interno, o abuso das prerrogativas asseguradas a membro do Congresso Nacional ou a percepção de vantagens indevidas.

§ 2.º Nos casos dos incisos I, II e VI, a perda do mandato será decidida pela Câmara dos Deputados ou pelo Senado Federal, por maioria absoluta, mediante provocação da respectiva Mesa ou de partido político representado no Congresso Nacional, assegurada ampla defesa.

•• § 2.º com redação determinada pela Emenda Constitucional n. 76, de 28-11-2013.

§ 3.º Nos casos previstos nos incisos III a V, a perda será declarada pela Mesa da Casa respectiva, de ofício ou mediante provocação de qualquer de seus membros, ou de partido político representado no Congresso Nacional, assegurada ampla defesa.

§ 4.º A renúncia de parlamentar submetido a processo que vise ou possa levar à perda do mandato, nos termos deste artigo, terá seus efeitos suspensos até as deliberações finais de que tratam os §§ 2.º e 3.º.

•• § 4.º acrescentado pela Emenda Constitucional de Revisão n. 6, de 7-6-1994.

Art. 56. Não perderá o mandato o Deputado ou Senador:

I – investido no cargo de Ministro de Estado, Governador de Território, Secretário de Estado, do Distrito Federal, de Território, de Prefeitura de Capital ou chefe de missão diplomática temporária;

II – licenciado pela respectiva Casa por motivo de doença, ou para tratar, sem remuneração, de interesse particular, desde que, neste caso, o afastamento não ultrapasse cento e vinte dias por sessão legislativa.

§ 1.º O suplente será convocado nos casos de vaga, de investidura em funções previstas neste artigo ou de licença superior a cento e vinte dias.

§ 2.º Ocorrendo vaga e não havendo suplente, far-se-á eleição para preenchê-la se faltarem mais de quinze meses para o término do mandato.

§ 3.º Na hipótese do inciso I, o Deputado ou Senador poderá optar pela remuneração do mandato.

Seção VI
Das Reuniões

Art. 57. O Congresso Nacional reunir-se-á, anualmente, na Capital Federal, de 2 de fevereiro a 17 de julho e de 1.º de agosto a 22 de dezembro.

•• *Caput com redação determinada pela Emenda Constitucional n. 50, de 14-2-2006.*

§ 1.º As reuniões marcadas para essas datas serão transferidas para o primeiro dia útil subsequente, quando recaírem em sábados, domingos ou feriados.

§ 2.º A sessão legislativa não será interrompida sem a aprovação do projeto de lei de diretrizes orçamentárias.

§ 3.º Além de outros casos previstos nesta Constituição, a Câmara dos Deputados e o Senado Federal reunir-se-ão em sessão conjunta para:

I – inaugurar a sessão legislativa;

II – elaborar o regimento comum e regular a criação de serviços comuns às duas Casas;

III – receber o compromisso do Presidente e do Vice-Presidente da República;

IV – conhecer do veto e sobre ele deliberar.

§ 4.º Cada uma das Casas reunir-se-á em sessões preparatórias, a partir de 1.º de fevereiro, no primeiro ano da legislatura, para a posse de seus membros e eleição das respectivas Mesas, para mandato de 2 (dois) anos, vedada a recondução para o mesmo cargo na eleição imediatamente subsequente.

•• *§ 4.º com redação determinada pela Emenda Constitucional n. 50, de 14-2-2006.*

§ 5.º A Mesa do Congresso Nacional será presidida pelo Presidente do Senado Federal, e os demais cargos serão exercidos, alternadamente, pelos ocupantes de cargos equivalentes na Câmara dos Deputados e no Senado Federal.

§ 6.º A convocação extraordinária do Congresso Nacional far-se-á:

I – pelo Presidente do Senado Federal, em caso de decretação de estado de defesa ou de intervenção federal, de pedido de autorização para a decretação de estado de sítio e para o compromisso e a posse do Presidente e do Vice-Presidente da República;

II – pelo Presidente da República, pelos Presidentes da Câmara dos Deputados e do Senado Federal ou a requerimento da maioria dos membros de ambas as Casas, em caso de urgência ou interesse público relevante, em todas as hipóteses deste inciso com a aprovação da maioria absoluta de cada uma das Casas do Congresso Nacional.

•• Inciso II com redação determinada pela Emenda Constitucional n. 50, de 14-2-2006.

§ 7.º Na sessão legislativa extraordinária, o Congresso Nacional somente deliberará sobre a matéria para a qual foi convocado, ressalvada a hipótese do § 8.º deste artigo, vedado o pagamento de parcela indenizatória, em razão da convocação.

•• § 7.º com redação determinada pela Emenda Constitucional n. 50, de 14-2-2006.

§ 8.º Havendo medidas provisórias em vigor na data de convocação extraordinária do Congresso Nacional, serão elas automaticamente incluídas na pauta da convocação.

•• § 8.º acrescentado pela Emenda Constitucional n. 32, de 11-9-2001.

Seção VII
Das Comissões

Art. 58. O Congresso Nacional e suas Casas terão comissões permanentes e temporárias, constituídas na forma e com as atribuições previstas no respectivo regimento ou no ato de que resultar sua criação.

§ 1.º Na constituição das Mesas e de cada Comissão, é assegurada, tanto quanto possível, a representação proporcional dos partidos ou dos blocos parlamentares que participam da respectiva Casa.

§ 2.º Às comissões, em razão da matéria de sua competência, cabe:

I – discutir e votar projeto de lei que dispensar, na forma do regimento, a competência do Plenário, salvo se houver recurso de um décimo dos membros da Casa;

II – realizar audiências públicas com entidades da sociedade civil;

III – convocar Ministros de Estado para prestar informações sobre assuntos inerentes a suas atribuições;

IV – receber petições, reclamações, representações ou queixas de qualquer pessoa contra atos ou omissões das autoridades ou entidades públicas;

V – solicitar depoimento de qualquer autoridade ou cidadão;

VI – apreciar programas de obras, planos nacionais, regionais e setoriais de desenvolvimento e sobre eles emitir parecer.

§ 3.º As comissões parlamentares de inquérito, que terão poderes de investigação próprios das autoridades judiciais, além de outros previstos nos regimentos das respectivas Casas, serão criadas pela Câmara dos Deputados e pelo Senado Federal, em conjunto ou separadamente, mediante requerimento de um terço de seus membros, para a apuração de fato determinado e por prazo certo, sendo suas conclusões, se for o caso, encaminhadas ao Ministério Público, para que promova a responsabilidade civil ou criminal dos infratores.

• A Lei n. 1.579, de 18-3-1952, dispõe sobre as Comissões Parlamentares de Inquérito.
• A Lei n. 10.001, de 4-9-2000, dispõe sobre a prioridade nos procedimentos a serem adotados pelo Ministério Público e por outros órgãos a respeito das conclusões das Comissões Parlamentares de Inquérito.

§ 4.º Durante o recesso, haverá uma Comissão representativa do Congresso Nacional, eleita por suas Casas na última sessão ordinária do período legislativo, com atribuições definidas no regimento comum, cuja composição reproduzirá, quanto possível, a proporcionalidade da representação partidária.

Seção VIII
Do Processo Legislativo

Subseção I
Disposição Geral

Art. 59. O processo legislativo compreende a elaboração de:

I – emendas à Constituição;

II – leis complementares;

III – leis ordinárias;

IV – leis delegadas;

V – medidas provisórias;
- *Vide* art. 73 do ADCT.

VI – decretos legislativos;

VII – resoluções.

Parágrafo único. Lei complementar disporá sobre a elaboração, redação, alteração e consolidação das leis.

- A Lei Complementar n. 95, de 26-2-1998, regulamentada pelo Decreto n. 4.176, de 28-3-2002, dispõe sobre a elaboração, a redação, a alteração e a consolidação das leis, conforme determina este parágrafo único, e estabelece normas para a consolidação dos atos normativos.

Subseção II
Da Emenda à Constituição

Art. 60. A Constituição poderá ser emendada mediante proposta:

I – de um terço, no mínimo, dos membros da Câmara dos Deputados ou do Senado Federal;

II – do Presidente da República;

III – de mais da metade das Assembleias Legislativas das unidades da Federação, manifestando-se, cada uma delas, pela maioria relativa de seus membros.

§ 1.º A Constituição não poderá ser emendada na vigência de intervenção federal, de estado de defesa ou de estado de sítio.

§ 2.º A proposta será discutida e votada em cada Casa do Congresso Nacional, em dois turnos, considerando-se aprovada se obtiver, em ambos, três quintos dos votos dos respectivos membros.

§ 3.º A emenda à Constituição será promulgada pelas Mesas da Câmara dos Deputados e do Senado Federal, com o respectivo número de ordem.

§ 4.º Não será objeto de deliberação a proposta de emenda tendente a abolir:

I – a forma federativa de Estado;

II – o voto direto, secreto, universal e periódico;

III – a separação dos Poderes;

IV – os direitos e garantias individuais.

§ 5.º A matéria constante de proposta de emenda rejeitada ou havida por prejudicada não pode ser objeto de nova proposta na mesma sessão legislativa.

Subseção III
Das Leis

Art. 61. A iniciativa das leis complementares e ordinárias cabe a qualquer membro ou Comissão da Câmara dos Deputados, do Senado Federal ou do Congresso Nacional, ao Presidente da República, ao Supremo Tribunal Federal, aos Tribunais Superiores, ao Procurador-Geral da República e aos cidadãos, na forma e nos casos previstos nesta Constituição.

§ 1.º São de iniciativa privativa do Presidente da República as leis que:

I – fixem ou modifiquem os efetivos das Forças Armadas;

II – disponham sobre:

a) criação de cargos, funções ou empregos públicos na administração direta e autárquica ou aumento de sua remuneração;

b) organização administrativa e judiciária, matéria tributária e orçamentária, serviços públicos e pessoal da administração dos Territórios;

c) servidores públicos da União e Territórios, seu regime jurídico, provimento de cargos, estabilidade e aposentadoria;

•• Alínea c com redação determinada pela Emenda Constitucional n. 18, de 5-2-1998.

d) organização do Ministério Público e da Defensoria Pública da União, bem como normas gerais para a organização do Ministério Público e da Defensoria Pública dos Estados, do Distrito Federal e dos Territórios;

e) criação e extinção de Ministérios e órgãos da administração pública, observado o disposto no art. 84, VI;

•• Alínea e com redação determinada pela Emenda Constitucional n. 32, de 11-9-2001.

f) militares das Forças Armadas, seu regime jurídico, provimento de cargos, promoções, estabilidade, remuneração, reforma e transferência para a reserva.

•• Alínea f acrescentada pela Emenda Constitucional n. 18, de 5-2-1998.

§ 2.º A iniciativa popular pode ser exercida pela apresentação à Câmara dos Deputados de projeto de lei subscrito por, no mínimo, um por cento do eleitorado nacional, distribuído pelo menos por cinco Estados, com não menos de três décimos por cento dos eleitores de cada um deles.

Art. 62. Em caso de relevância e urgência, o Presidente da República poderá adotar medidas provisórias, com força de lei, devendo submetê-las de imediato ao Congresso Nacional.

•• *Caput* com redação determinada pela Emenda Constitucional n. 32, de 11-9-2001.
• *Vide* art. 2.º da Emenda Constitucional n. 32, de 11-9-2001.
• A Resolução n. 1, de 8-5-2002, do CN, dispõe sobre a apreciação, pelo CN, das Medidas Provisórias a que se refere este artigo.
• *Vide* nota ao art. 167, § 3.º, da CF.

§ 1.º É vedada a edição de medidas provisórias sobre matéria:

•• § 1.º, *caput*, acrescentado pela Emenda Constitucional n. 32, de 11-9-2001.

I – relativa a:

•• Inciso I, *caput*, acrescentado pela Emenda Constitucional n. 32, de 11-9-2001.

a) nacionalidade, cidadania, direitos políticos, partidos políticos e direito eleitoral;

•• Alínea a acrescentada pela Emenda Constitucional n. 32, de 11-9-2001.

b) direito penal, processual penal e processual civil;

•• Alínea b acrescentada pela Emenda Constitucional n. 32, de 11-9-2001.

c) organização do Poder Judiciário e do Ministério Público, a carreira e a garantia de seus membros;

•• Alínea c acrescentada pela Emenda Constitucional n. 32, de 11-9-2001.

d) planos plurianuais, diretrizes orçamentárias, orçamento e créditos adicionais e suplementares, ressalvado o previsto no art. 167, § 3.º;

•• Alínea d acrescentada pela Emenda Constitucional n. 32, de 11-9-2001.

II – que vise a detenção ou sequestro de bens, de poupança popular ou qualquer outro ativo financeiro;

•• Inciso II acrescentado pela Emenda Constitucional n. 32, de 11-9-2001.

III – reservada a lei complementar;

•• Inciso III acrescentado pela Emenda Constitucional n. 32, de 11-9-2001.

IV – já disciplinada em projeto de lei aprovado pelo Congresso Nacional e pendente de sanção ou veto do Presidente da República.

•• Inciso IV acrescentado pela Emenda Constitucional n. 32, de 11-9-2001.

§ 2.º Medida provisória que implique instituição ou majoração de impostos, exceto os previstos nos arts. 153, I, II, IV, V, e 154, II, só produzirá efeitos no exercício financeiro seguinte se houver sido convertida em lei até o último dia daquele em que foi editada.

•• § 2.º acrescentado pela Emenda Constitucional n. 32, de 11-9-2001.

§ 3.º As medidas provisórias, ressalvado o disposto nos §§ 11 e 12 perderão eficácia, desde a edição, se não forem convertidas em lei no prazo de sessenta dias, prorrogável, nos termos do § 7.º, uma vez por igual período, devendo o Congresso Nacional disciplinar, por decreto legislativo, as relações jurídicas delas decorrentes.

•• § 3.º acrescentado pela Emenda Constitucional n. 32, de 11-9-2001.
• Vide Súmula Vinculante 54.

§ 4.º O prazo a que se refere o § 3.º contar-se-á da publicação da medida provisória, suspendendo-se durante os períodos de recesso do Congresso Nacional.

•• § 4.º acrescentado pela Emenda Constitucional n. 32, de 11-9-2001.

§ 5.º A deliberação de cada uma das Casas do Congresso Nacional sobre o mérito das medidas provisórias dependerá de juízo prévio sobre o atendimento de seus pressupostos constitucionais.

•• § 5.º acrescentado pela Emenda Constitucional n. 32, de 11-9-2001.

§ 6.º Se a medida provisória não for apreciada em até quarenta e cinco dias contados de sua publicação, entrará em regime de urgência, subsequentemente, em cada uma das Casas do Congresso Nacional, ficando sobrestadas, até que se ultime a votação, todas as demais deliberações legislativas da Casa em que estiver tramitando.

•• § 6.º acrescentado pela Emenda Constitucional n. 32, de 11-9-2001.

§ 7.º Prorrogar-se-á uma única vez por igual período a vigência de medida provisória que, no prazo de sessenta dias, contado de sua publicação, não tiver a sua votação encerrada nas duas Casas do Congresso Nacional.

•• § 7.º acrescentado pela Emenda Constitucional n. 32, de 11-9-2001.

§ 8.º As medidas provisórias terão sua votação iniciada na Câmara dos Deputados.
* **•• §** 8.º acrescentado pela Emenda Constitucional n. 32, de 11-9-2001.

§ 9.º Caberá à comissão mista de Deputados e Senadores examinar as medidas provisórias e sobre elas emitir parecer, antes de serem apreciadas, em sessão separada, pelo plenário de cada uma das Casas do Congresso Nacional.
* **•• §** 9.º acrescentado pela Emenda Constitucional n. 32, de 11-9-2001.
* **••** O STF, por maioria, confirmou a medida cautelar referendada pelo Plenário e julgou parcialmente procedentes as Arguições de Descumprimento de Preceito Fundamental 661 e 663, "para conferir interpretação conforme aos atos impugnados, delimitando que, durante a emergência em Saúde Pública de importância nacional e o estado de calamidade pública decorrente da COVID-19, as medidas provisórias sejam instruídas perante o Plenário da Câmara dos Deputados e do Senado Federal, ficando, excepcionalmente, autorizada a emissão de parecer, em substituição à Comissão Mista, por parlamentar de cada uma das Casas designado na forma regimental; bem como, em deliberação nos Plenários da Câmara dos Deputados e do Senado Federal, operando por sessão remota, as emendas e requerimentos de destaque possam ser apresentados à Mesa, na forma e prazo definidos para funcionamento do Sistema de Deliberação Remota (SDR) em cada Casa, sem prejuízo da possibilidade de as Casas Legislativas regulamentarem a complementação desse procedimento legislativo regimental", nas sessões virtuais de 27-8-2021 a 3-9-2021 (*DOU* de 14-9-2021).

§ 10. É vedada a reedição, na mesma sessão legislativa, de medida provisória que tenha sido rejeitada ou que tenha perdido sua eficácia por decurso de prazo.
* **•• §** 10 acrescentado pela Emenda Constitucional n. 32, de 11-9-2001.

§ 11. Não editado o decreto legislativo a que se refere o § 3.º até sessenta dias após a rejeição ou perda de eficácia de medida provisória, as relações jurídicas constituídas e decorrentes de atos praticados durante sua vigência conservar-se-ão por ela regidas.
* **•• §** 11 acrescentado pela Emenda Constitucional n. 32, de 11-9-2001.

§ 12. Aprovado projeto de lei de conversão alterando o texto original da medida provisória, esta manter-se-á integralmente em vigor até que seja sancionado ou vetado o projeto.
* **•• §** 12 acrescentado pela Emenda Constitucional n. 32, de 11-9-2001.

Art. 63. Não será admitido aumento da despesa prevista:

I – nos projetos de iniciativa exclusiva do Presidente da República, ressalvado o disposto no art. 166, §§ 3.º e 4.º;

II – nos projetos sobre organização dos serviços administrativos da Câmara dos Deputados, do Senado Federal, dos Tribunais Federais e do Ministério Público.

Art. 64. A discussão e votação dos projetos de lei de iniciativa do Presidente da República, do Supremo Tribunal Federal e dos Tribunais Superiores terão início na Câmara dos Deputados.

§ 1.º O Presidente da República poderá solicitar urgência para apreciação de projetos de sua iniciativa.

§ 2.º Se, no caso do § 1.º, a Câmara dos Deputados e o Senado Federal não se manifestarem sobre a proposição, cada qual sucessivamente, em até quarenta e cinco dias, sobrestar-se-ão todas as demais deliberações legislativas da respectiva Casa, com exceção das que tenham prazo constitucional determinado, até que se ultime a votação.
* **•• §** 2.º com redação determinada pela Emenda Constitucional n. 32, de 11-9-2001.

§ 3.º A apreciação das emendas do Senado Federal pela Câmara dos Deputados far-se-á no prazo de dez dias, observado quanto ao mais o disposto no parágrafo anterior.

§ 4.º Os prazos do § 2.º não correm nos períodos de recesso do Congresso Nacional, nem se aplicam aos projetos de código.

Art. 65. O projeto de lei aprovado por uma Casa será revisto pela outra, em um só turno de discussão e votação, e enviado à sanção ou promulgação, se a Casa revisora o aprovar, ou arquivado, se o rejeitar.

Parágrafo único. Sendo o projeto emendado, voltará à Casa iniciadora.

Art. 66. A Casa na qual tenha sido concluída a votação enviará o projeto de lei ao Presidente da República, que, aquiescendo, o sancionará.

§ 1.º Se o Presidente da República considerar o projeto, no todo ou em parte, inconstitucional ou contrário ao interesse público, vetá-lo-á total ou parcialmente, no prazo de quinze dias úteis, contados da data do recebimento, e comunicará, dentro de quarenta e oito horas, ao Presidente do Senado Federal os motivos do veto.

§ 2.º O veto parcial somente abrangerá texto integral de artigo, de parágrafo, de inciso ou de alínea.

§ 3.º Decorrido o prazo de quinze dias, o silêncio do Presidente da República importará sanção.

§ 4.º O veto será apreciado em sessão conjunta, dentro de trinta dias a contar de seu recebimento, só podendo ser rejeitado pelo voto da maioria absoluta dos Deputados e Senadores.

•• § 4.º com redação determinada pela Emenda Constitucional n. 76, de 28-11-2013.

§ 5.º Se o veto não for mantido, será o projeto enviado, para promulgação, ao Presidente da República.

§ 6.º Esgotado sem deliberação o prazo estabelecido no § 4.º, o veto será colocado na ordem do dia da sessão imediata, sobrestadas as demais proposições, até sua votação final.

•• § 6.º com redação determinada pela Emenda Constitucional n. 32, de 11-9-2001.

§ 7.º Se a lei não for promulgada dentro de quarenta e oito horas pelo Presidente da República, nos casos dos §§ 3.º e 5.º, o Presidente do Senado a promulgará, e, se este não o fizer em igual prazo, caberá ao Vice-Presidente do Senado fazê-lo.

Art. 67. A matéria constante de projeto de lei rejeitado somente poderá constituir objeto de novo projeto, na mesma sessão legislativa, mediante proposta da maioria absoluta dos membros de qualquer das Casas do Congresso Nacional.

Art. 68. As leis delegadas serão elaboradas pelo Presidente da República, que deverá solicitar a delegação ao Congresso Nacional.

§ 1.º Não serão objeto de delegação os atos de competência exclusiva do Congresso Nacional, os de competência privativa da Câmara dos Deputados ou do Senado Federal, a matéria reservada à lei complementar, nem a legislação sobre:

I – organização do Poder Judiciário e do Ministério Público, a carreira e a garantia de seus membros;

II – nacionalidade, cidadania, direitos individuais, políticos e eleitorais;

III – planos plurianuais, diretrizes orçamentárias e orçamentos.

§ 2.º A delegação ao Presidente da República terá a forma de resolução do Congresso Nacional, que especificará seu conteúdo e os termos de seu exercício.

§ 3.º Se a resolução determinar a apreciação do projeto pelo Congresso Nacional, este a fará em votação única, vedada qualquer emenda.

Art. 69. As leis complementares serão aprovadas por maioria absoluta.

Seção IX
Da Fiscalização Contábil, Financeira e Orçamentária

- O Decreto n. 3.590, de 6-9-2000, estabelece o Sistema de Administração Financeira Federal.
- O Decreto n. 3.591, de 6-9-2000, dispõe sobre o Sistema de Controle Interno do Poder Executivo Federal.
- O Decreto n. 6.976, de 7-10-2009, dispõe sobre o Sistema de Contabilidade Federal.

Art. 70. A fiscalização contábil, financeira, orçamentária, operacional e patrimonial da União e das entidades da administração direta e indireta, quanto à legalidade, legitimidade, economicidade, aplicação das subvenções e renúncia de receitas, será exercida pelo Congresso Nacional, mediante controle externo, e pelo sistema de controle interno de cada Poder.

Parágrafo único. Prestará contas qualquer pessoa física ou jurídica, pública ou privada, que utilize, arrecade, guarde, gerencie ou administre dinheiros, bens e valores públicos ou pelos quais a União responda, ou que, em nome desta, assuma obrigações de natureza pecuniária.

- •• Parágrafo único com redação determinada pela Emenda Constitucional n. 19, de 4-6-1998.

Art. 71. O controle externo, a cargo do Congresso Nacional, será exercido com o auxílio do Tribunal de Contas da União, ao qual compete:

- A Lei n. 8.443, de 16-7-1992, dispõe sobre a Lei Orgânica do TCU.

I – apreciar as contas prestadas anualmente pelo Presidente da República, mediante parecer prévio que deverá ser elaborado em sessenta dias a contar de seu recebimento;

II – julgar as contas dos administradores e demais responsáveis por dinheiros, bens e valores públicos da administração direta e indireta, incluídas as fundações e sociedades instituídas e mantidas pelo Poder Público federal, e as contas daqueles que derem causa a perda, extravio ou outra irregularidade de que resulte prejuízo ao erário público;

III – apreciar, para fins de registro, a legalidade dos atos de admissão de pessoal, a qualquer título, na administração direta e indireta, incluídas as fundações instituídas e mantidas pelo Poder Público, excetuadas as nomeações para cargo de provimento em comissão, bem como a das concessões de aposentadorias, reformas e pensões, ressalvadas as melhorias posteriores que não alterem o fundamento legal do ato concessório;

- *Vide* Súmula Vinculante 3.

IV – realizar, por iniciativa própria, da Câmara dos Deputados, do Senado Federal, de Comissão técnica ou de inquérito, inspeções e auditorias de natureza contábil, financeira, orçamentária, operacional e patrimonial, nas unidades administrativas dos Poderes Legislativo, Executivo e Judiciário, e demais entidades referidas no inciso II;

V – fiscalizar as contas nacionais das empresas supranacionais de cujo capital social a União participe, de forma direta ou indireta, nos termos do tratado constitutivo;

VI – fiscalizar a aplicação de quaisquer recursos repassados pela União mediante convênio, acordo, ajuste ou outros instrumentos congêneres, a Estado, ao Distrito Federal ou a Município;

VII – prestar as informações solicitadas pelo Congresso Nacional, por qualquer de suas Casas, ou por qualquer das respectivas Comissões, sobre a fiscalização contábil, financeira, orçamentária, operacional e patrimonial e sobre resultados de auditorias e inspeções realizadas;

VIII – aplicar aos responsáveis, em caso de ilegalidade de despesa ou irregularidade de contas, as sanções previstas em lei, que estabelecerá, entre outras cominações, multa proporcional ao dano causado ao erário;

IX – assinar prazo para que o órgão ou entidade adote as providências necessárias ao exato cumprimento da lei, se verificada ilegalidade;

X – sustar, se não atendido, a execução do ato impugnado, comunicando a decisão à Câmara dos Deputados e ao Senado Federal;

XI – representar ao Poder competente sobre irregularidades ou abusos apurados.

§ 1.º No caso de contrato, o ato de sustação será adotado diretamente pelo Congresso Nacional, que solicitará, de imediato, ao Poder Executivo as medidas cabíveis.

§ 2.º Se o Congresso Nacional ou o Poder Executivo, no prazo de noventa dias, não efetivar as medidas previstas no parágrafo anterior, o Tribunal decidirá a respeito.

§ 3.º As decisões do Tribunal de que resulte imputação de débito ou multa terão eficácia de título executivo.

§ 4.º O Tribunal encaminhará ao Congresso Nacional, trimestral e anualmente, relatório de suas atividades.

Art. 72. A Comissão mista permanente a que se refere o art. 166, § 1.º, diante de indícios de despesas não autorizadas, ainda que sob a forma de investimentos não programados ou de subsídios não aprovados, poderá solicitar à autoridade governamental responsável que, no prazo de cinco dias, preste os esclarecimentos necessários.

- Vide art. 16, § 2.º, do ADCT.

§ 1.º Não prestados os esclarecimentos, ou considerados estes insuficientes, a Comissão solicitará ao Tribunal pronunciamento conclusivo sobre a matéria, no prazo de trinta dias.

§ 2.º Entendendo o Tribunal irregular a despesa, a Comissão, se julgar que o gasto possa causar dano irreparável ou grave lesão à economia pública, proporá ao Congresso Nacional sua sustação.

Art. 73. O Tribunal de Contas da União, integrado por nove Ministros, tem sede no Distrito Federal, quadro próprio de pessoal e jurisdição em todo o território nacional, exercendo, no que couber, as atribuições previstas no art. 96.

- A Lei n. 8.443, de 16-7-1992, dispõe sobre a Lei Orgânica do TCU.
- Regimento Interno do TCU: Resolução n. 155, de 4-12-2002.

§ 1.º Os Ministros do Tribunal de Contas da União serão nomeados dentre brasileiros que satisfaçam os seguintes requisitos:

I – mais de trinta e cinco e menos de setenta anos de idade;

•• Inciso I com redação determinada pela Emenda Constitucional n. 122, de 17-5-2022.

II – idoneidade moral e reputação ilibada;

III – notórios conhecimentos jurídicos, contábeis, econômicos e financeiros ou de administração pública;

IV – mais de dez anos de exercício de função ou de efetiva atividade profissional que exija os conhecimentos mencionados no inciso anterior.

- Escolha de Ministros do TCU: Decreto Legislativo n. 6, de 22-4-1993.

§ 2.º Os Ministros do Tribunal de Contas da União serão escolhidos:

I – um terço pelo Presidente da República, com aprovação do Senado Federal, sendo dois alternadamente dentre auditores e membros do Ministério Público junto ao Tribunal, indicados em lista tríplice pelo Tribunal, segundo os critérios de antiguidade e merecimento;

II – dois terços pelo Congresso Nacional.

§ 3.º Os Ministros do Tribunal de Contas da União terão as mesmas garantias, prerrogativas, impedimentos, vencimentos e vantagens dos Ministros do Superior Tribunal de Justiça, aplicando-se-lhes, quanto à aposentadoria e pensão, as normas constantes do art. 40.

•• § 3.º com redação determinada pela Emenda Constitucional n. 20, de 15-12-1998.

§ 4.º O auditor, quando em substituição a Ministro, terá as mesmas garantias e impedimentos do titular e, quando no exercício das demais atribuições da judicatura, as de juiz de Tribunal Regional Federal.

Art. 74. Os Poderes Legislativo, Executivo e Judiciário manterão, de forma integrada, sistema de controle interno com a finalidade de:

I – avaliar o cumprimento das metas previstas no plano plurianual, a execução dos programas de governo e dos orçamentos da União;

II – comprovar a legalidade e avaliar os resultados, quanto à eficácia e eficiência, da gestão orçamentária, financeira e patrimonial nos órgãos e entidades da administração federal, bem como da aplicação de recursos públicos por entidades de direito privado;

III – exercer o controle das operações de crédito, avais e garantias, bem como dos direitos e haveres da União;

• *Víde* nota ao art. 52, VII, deste volume.

IV – apoiar o controle externo no exercício de sua missão institucional.

§ 1.º Os responsáveis pelo controle interno, ao tomarem conhecimento de qualquer irregularidade ou ilegalidade, dela darão ciência ao Tribunal de Contas da União, sob pena de responsabilidade solidária.

§ 2.º Qualquer cidadão, partido político, associação ou sindicato é parte legítima para, na forma da lei, denunciar irregularidades ou ilegalidades perante o Tribunal de Contas da União.

Art. 75. As normas estabelecidas nesta seção aplicam-se, no que couber, à organização, composição e fiscalização dos Tribunais de Contas dos Estados e do Distrito Federal, bem como dos Tribunais e Conselhos de Contas dos Municípios.

• *Víde* art. 31, § 4.º, da CF.

Parágrafo único. As Constituições estaduais disporão sobre os Tribunais de Contas respectivos, que serão integrados por sete Conselheiros.

Capítulo II
DO PODER EXECUTIVO

Seção I
Do Presidente e do Vice-Presidente da República

• Organização da Presidência da República: Lei n. 13.844, de 18-6-2019.

Art. 76. O Poder Executivo é exercido pelo Presidente da República, auxiliado pelos Ministros de Estado.

Art. 77. A eleição do Presidente e do Vice-Presidente da República realizar-se-á, simultaneamente, no primeiro domingo de outubro, em primeiro turno, e no último domingo de outubro, em segundo turno, se houver, do ano anterior ao do término do mandato presidencial vigente.

•• *Caput* com redação determinada pela Emenda Constitucional n. 16, de 4-6-1997.
• Normas para as eleições: Lei n. 9.504, de 30-9-1997.

§ 1.º A eleição do Presidente da República importará a do Vice-Presidente com ele registrado.

§ 2.º Será considerado eleito Presidente o candidato que, registrado por partido político, obtiver a maioria absoluta de votos, não computados os em branco e os nulos.

§ 3.º Se nenhum candidato alcançar maioria absoluta na primeira votação, far-se-á nova eleição em até vinte dias após a proclamação do resultado, concorrendo os dois candidatos mais votados e considerando-se eleito aquele que obtiver a maioria dos votos válidos.

§ 4.º Se, antes de realizado o segundo turno, ocorrer morte, desistência ou impedimento legal de candidato, convocar-se-á, dentre os remanescentes, o de maior votação.

§ 5.º Se, na hipótese dos parágrafos anteriores, remanescer, em segundo lugar, mais de um candidato com a mesma votação, qualificar-se-á o mais idoso.

Art. 78. O Presidente e o Vice-Presidente da República tomarão posse em sessão do Congresso Nacional, prestando o compromisso de manter, defender e cumprir a Constituição, observar as leis, promover o bem geral do povo brasileiro, sustentar a união, a integridade e a independência do Brasil.

Parágrafo único. Se, decorridos dez dias da data fixada para a posse, o Presidente ou o Vice-Presidente, salvo motivo de força maior, não tiver assumido o cargo, este será declarado vago.

Art. 79. Substituirá o Presidente, no caso de impedimento, e suceder-lhe-á, no de vaga, o Vice-Presidente.

Parágrafo único. O Vice-Presidente da República, além de outras atribuições que lhe forem conferidas por lei complementar, auxiliará o Presidente, sempre que por ele convocado para missões especiais.

Art. 80. Em caso de impedimento do Presidente e do Vice-Presidente, ou vacância dos respectivos cargos, serão sucessivamente chamados ao exercício da Presidência o Presidente da Câmara dos Deputados, o do Senado Federal e o do Supremo Tribunal Federal.

Art. 81. Vagando os cargos de Presidente e Vice-Presidente da República, far-se-á eleição noventa dias depois de aberta a última vaga.

§ 1.º Ocorrendo a vacância nos últimos dois anos do período presidencial, a eleição para ambos os cargos será feita trinta dias depois da última vaga, pelo Congresso Nacional, na forma da lei.

§ 2.º Em qualquer dos casos, os eleitos deverão completar o período de seus antecessores.

Art. 82. O mandato do Presidente da República é de 4 (quatro) anos e terá início em 5 de janeiro do ano seguinte ao de sua eleição.
- Artigo com redação determinada pela Emenda Constitucional n. 111, de 28-9-2021.
- Vide art. 5.º da Emenda Constitucional n. 111, de 28-9-2021.

Art. 83. O Presidente e o Vice-Presidente da República não poderão, sem licença do Congresso Nacional, ausentar-se do País por período superior a quinze dias, sob pena de perda do cargo.

Seção II
Das Atribuições do Presidente da República

Art. 84. Compete privativamente ao Presidente da República:

I – nomear e exonerar os Ministros de Estado;

II – exercer, com o auxílio dos Ministros de Estado, a direção superior da administração federal;

III – iniciar o processo legislativo, na forma e nos casos previstos nesta Constituição;

IV – sancionar, promulgar e fazer publicar as leis, bem como expedir decretos e regulamentos para sua fiel execução;

V – vetar projetos de lei, total ou parcialmente;

VI – dispor, mediante decreto, sobre:

- •• Inciso VI, *caput*, com redação determinada pela Emenda Constitucional n. 32, de 11-9-2001.
- • *Vide* art. 61, § 1.º, II, *e*, da CF.

a) organização e funcionamento da administração federal, quando não implicar aumento de despesa nem criação ou extinção de órgãos públicos;

- •• Alínea *a* acrescentada pela Emenda Constitucional n. 32, de 11-9-2001.
- • O Decreto n. 12.301, de 9-12-2024, dispõe sobre a aprovação de diretrizes e de estratégias relativas à governança corporativa nas empresas estatais federais e à administração das participações societárias da União.
- • O Decreto n. 12.303, de 9-12-2024, instituiu o Programa de Governança e Modernização das Empresas Estatais - Inova, em âmbito federal, com as finalidades de aprimorar o desenho institucional e a governança, formar capacidades em gestão, coordenação e supervisão de empresas estatais federais e produzir conhecimento sobre o tema.

b) extinção de funções ou cargos públicos, quando vagos;

- •• Alínea *b* acrescentada pela Emenda Constitucional n. 32, de 11-9-2001.
- • *Vide* art. 48, X, da CF.

VII – manter relações com Estados estrangeiros e acreditar seus representantes diplomáticos;

VIII – celebrar tratados, convenções e atos internacionais, sujeitos a referendo do Congresso Nacional;

IX – decretar o estado de defesa e o estado de sítio;

X – decretar e executar a intervenção federal;

XI – remeter mensagem e plano de governo ao Congresso Nacional por ocasião da abertura da sessão legislativa, expondo a situação do País e solicitando as providências que julgar necessárias;

XII – conceder indulto e comutar penas, com audiência, se necessário, dos órgãos instituídos em lei;

XIII – exercer o comando supremo das Forças Armadas, nomear os Comandantes da Marinha, do Exército e da Aeronáutica, promover seus oficiais-generais e nomeá-los para os cargos que lhes são privativos;

- •• Inciso XIII com redação determinada pela Emenda Constitucional n. 23, de 2-9-1999.
- • A Lei Complementar n. 97, de 9-6-1999, dispõe sobre as normas gerais para a organização, o preparo e o emprego das Forças Armadas.

XIV – nomear, após aprovação pelo Senado Federal, os Ministros do Supremo Tribunal Federal e dos Tribunais Superiores, os Governadores de Territórios, o Procurador-Geral da República, o presidente e os diretores do banco central e outros servidores, quando determinado em lei;

XV – nomear, observado o disposto no art. 73, os Ministros do Tribunal de Contas da União;

XVI – nomear os magistrados, nos casos previstos nesta Constituição, e o Advogado-Geral da União;

- • *Vide* Seção II do Capítulo IV do Título IV da CF que passou a denominar-se "Da Advocacia Pública" (arts. 131 e 132).

XVII – nomear membros do Conselho da República, nos termos do art. 89, VII;

XVIII – convocar e presidir o Conselho da República e o Conselho de Defesa Nacional;

XIX – declarar guerra, no caso de agressão estrangeira, autorizado pelo Congresso Nacional ou referendado por ele, quando ocorrida no intervalo das sessões legislativas, e, nas mesmas condições, decretar, total ou parcialmente, a mobilização nacional;

•• A Lei n. 11.631, de 27-12-2007, regulamentada pelo Decreto n. 6.592, de 2-10-2008, dispõe sobre a Mobilização Nacional e cria o SINAMOB.
• *Vide* nota ao art. 5.º, XLVII, *a*, da CF.

XX – celebrar a paz, autorizado ou com o referendo do Congresso Nacional;

XXI – conferir condecorações e distinções honoríficas;

XXII – permitir, nos casos previstos em lei complementar, que forças estrangeiras transitem pelo território nacional ou nele permaneçam temporariamente;

•• A Lei Complementar n. 90, de 1.º-10-1997, regulamenta este inciso e determina os casos em que forças estrangeiras possam transitar ou nele permanecer temporariamente.

XXIII – enviar ao Congresso Nacional o plano plurianual, o projeto de lei de diretrizes orçamentárias e as propostas de orçamento previstos nesta Constituição;

XXIV – prestar, anualmente, ao Congresso Nacional, dentro de sessenta dias após a abertura da sessão legislativa, as contas referentes ao exercício anterior;

• A Instrução Normativa n. 1, de 6-4-2001, da Secretaria Federal de Controle Interno, define diretrizes, princípios, conceitos e aprova normas técnicas para a atuação do Sistema de Controle Interno Executivo Federal.

XXV – prover e extinguir os cargos públicos federais, na forma da lei;

XXVI – editar medidas provisórias com força de lei, nos termos do art. 62;

XXVII – exercer outras atribuições previstas nesta Constituição;

XXVIII – propor ao Congresso Nacional a decretação do estado de calamidade pública de âmbito nacional previsto nos arts. 167-B, 167-C, 167-D, 167-E, 167-F e 167-G desta Constituição.

•• Inciso XXVIII acrescentado pela Emenda Constitucional n. 109, de 15-3-2021.

Parágrafo único. O Presidente da República poderá delegar as atribuições mencionadas nos incisos VI, XII e XXV, primeira parte, aos Ministros de Estado, ao Procurador-Geral da República ou ao Advogado-Geral da União, que observarão os limites traçados nas respectivas delegações.

Seção III
Da Responsabilidade do Presidente da República

Art. 85. São crimes de responsabilidade os atos do Presidente da República que atentem contra a Constituição Federal e, especialmente, contra:

• A Lei n. 1.079, de 10-4-1950, define os crimes de responsabilidade e regula o respectivo processo de julgamento.
• A Lei n. 8.429, de 2-6-1992, dispõe sobre as sanções aplicáveis aos agentes públicos nos casos de enriquecimento ilícito no exercício de mandato, cargo, emprego ou função na administração pública direta, indireta ou fundacional e dá outras providências.

I – a existência da União;

II – o livre exercício do Poder Legislativo, do Poder Judiciário, do Ministério Público e dos Poderes constitucionais das unidades da Federação;

III – o exercício dos direitos políticos, individuais e sociais;

IV – a segurança interna do País;

• A Lei Complementar n. 90, de 1.º-10-1997, determina os casos em que forças estrangeiras possam transitar pelo território nacional ou nele permanecer temporariamente.

V – a probidade na administração;

VI – a lei orçamentária;

VII – o cumprimento das leis e das decisões judiciais.

Parágrafo único. Esses crimes serão definidos em lei especial, que estabelecerá as normas de processo e julgamento.

• *Vide* Súmula Vinculante 46.

Art. 86. Admitida a acusação contra o Presidente da República, por dois terços da Câmara dos Deputados, será ele submetido a julgamento perante o Supremo Tribunal Federal, nas infrações penais comuns, ou perante o Senado Federal, nos crimes de responsabilidade.

§ 1.º O Presidente ficará suspenso de suas funções:

I – nas infrações penais comuns, se recebida a denúncia ou queixa-crime pelo Supremo Tribunal Federal;

II – nos crimes de responsabilidade, após a instauração do processo pelo Senado Federal.

§ 2.º Se, decorrido o prazo de cento e oitenta dias, o julgamento não estiver concluído, cessará o afastamento do Presidente, sem prejuízo do regular prosseguimento do processo.

§ 3.º Enquanto não sobrevier sentença condenatória, nas infrações comuns, o Presidente da República não estará sujeito a prisão.

§ 4.º O Presidente da República, na vigência de seu mandato, não pode ser responsabilizado por atos estranhos ao exercício de suas funções.

Seção IV
Dos Ministros de Estado

• O Decreto s/n, de 24-10-2001, dispõe sobre a substituição de Ministro de Estado em sua ausência do Território Nacional.
• Organização da Presidência da República: Lei n. 13.844, de 18-6-2019.

Art. 87. Os Ministros de Estado serão escolhidos dentre brasileiros maiores de vinte e um anos e no exercício dos direitos políticos.

Parágrafo único. Compete ao Ministro de Estado, além de outras atribuições estabelecidas nesta Constituição e na lei:

I – exercer a orientação, coordenação e supervisão dos órgãos e entidades da administração federal na área de sua competência e referendar os atos e decretos assinados pelo Presidente da República;

II – expedir instruções para a execução das leis, decretos e regulamentos;

III – apresentar ao Presidente da República relatório anual de sua gestão no Ministério;

IV – praticar os atos pertinentes às atribuições que lhe forem outorgadas ou delegadas pelo Presidente da República.

Art. 88. A lei disporá sobre a criação e extinção de Ministérios e órgãos da administração pública.

•• Artigo com redação determinada pela Emenda Constitucional n. 32, de 11-9-2001.

Seção V
Do Conselho da República e do Conselho de Defesa Nacional

Subseção I
Do Conselho da República

- A Lei n. 8.041, de 5-6-1990, dispõe sobre a organização e o funcionamento do Conselho da República.

Art. 89. O Conselho da República é órgão superior de consulta do Presidente da República, e dele participam:

I – o Vice-Presidente da República;

II – o Presidente da Câmara dos Deputados;

III – o Presidente do Senado Federal;

IV – os líderes da maioria e da minoria na Câmara dos Deputados;

V – os líderes da maioria e da minoria no Senado Federal;

- Vide arts. 51, V, 52, XIV, e 84, XIV, da CF.

VI – o Ministro da Justiça;

VII – seis cidadãos brasileiros natos, com mais de trinta e cinco anos de idade, sendo dois nomeados pelo Presidente da República, dois eleitos pelo Senado Federal e dois eleitos pela Câmara dos Deputados, todos com mandato de três anos, vedada a recondução.

Art. 90. Compete ao Conselho da República pronunciar-se sobre:

I – intervenção federal, estado de defesa e estado de sítio;

II – as questões relevantes para a estabilidade das instituições democráticas.

§ 1.º O Presidente da República poderá convocar Ministro de Estado para participar da reunião do Conselho, quando constar da pauta questão relacionada com o respectivo Ministério.

§ 2.º A lei regulará a organização e o funcionamento do Conselho da República.

- A Lei n. 8.041, de 5-6-1990, dispõe sobre a organização e o funcionamento do Conselho da República.

Subseção II
Do Conselho de Defesa Nacional

- Organização e funcionamento do Conselho de Defesa Nacional: Lei n. 8.183, de 11-4-1991.
- Regulamento do Conselho de Defesa Nacional: Decreto n. 893, de 12-8-1993.
- O Decreto n. 4.118, de 7-2-2002, em seu art. 15, dispõe sobre o Conselho de Defesa Nacional.

Art. 91. O Conselho de Defesa Nacional é órgão de consulta do Presidente da República nos assuntos relacionados com a soberania nacional e a defesa do Estado democrático, e dele participam como membros natos:

I – o Vice-Presidente da República;

II – o Presidente da Câmara dos Deputados;

III – o Presidente do Senado Federal;

IV – o Ministro da Justiça;

V – o Ministro de Estado da Defesa;

•• Inciso V com redação determinada pela Emenda Constitucional n. 23, de 2-9-1999.

VI – o Ministro das Relações Exteriores;

VII – o Ministro do Planejamento;

VIII – os Comandantes da Marinha, do Exército e da Aeronáutica.

•• Inciso VIII acrescentado pela Emenda Constitucional n. 23, de 2-9-1999.

§ 1.º Compete ao Conselho de Defesa Nacional:

I – opinar nas hipóteses de declaração de guerra e de celebração da paz, nos termos desta Constituição;

II – opinar sobre a decretação do estado de defesa, do estado de sítio e da intervenção federal;

III – propor os critérios e condições de utilização de áreas indispensáveis à segurança do território nacional e opinar sobre seu efetivo uso, especialmente na faixa de fronteira e nas relacionadas com a preservação e a exploração dos recursos naturais de qualquer tipo;

• O Decreto n. 7.496, de 8-6-2011, institui o Plano Estratégico de Fronteiras.

IV – estudar, propor e acompanhar o desenvolvimento de iniciativas necessárias a garantir a independência nacional e a defesa do Estado democrático.

§ 2.º A lei regulará a organização e o funcionamento do Conselho de Defesa Nacional.

Capítulo III
DO PODER JUDICIÁRIO

Seção I
Disposições Gerais

Art. 92. São órgãos do Poder Judiciário:

I – o Supremo Tribunal Federal;

I-A – o Conselho Nacional de Justiça;

•• Inciso I-A acrescentado pela Emenda Constitucional n. 45, de 8-12-2004.
• *Vide* art. 5.º da Emenda Constitucional n. 45, de 8-12-2004.

II – o Superior Tribunal de Justiça;

II-A – o Tribunal Superior do Trabalho;

•• Inciso II-A acrescentado pela Emenda Constitucional n. 92, de 12-7-2016.

III – os Tribunais Regionais Federais e Juízes Federais;

IV – os Tribunais e Juízes do Trabalho;

V – os Tribunais e Juízes Eleitorais;

VI – os Tribunais e Juízes Militares;

VII – os Tribunais e Juízes dos Estados e do Distrito Federal e Territórios.

Constituição da República Federativa do Brasil

§ 1.º O Supremo Tribunal Federal, o Conselho Nacional de Justiça e os Tribunais Superiores têm sede na Capital Federal.

•• § 1.º acrescentado pela Emenda Constitucional n. 45, de 8-12-2004.

§ 2.º O Supremo Tribunal Federal e os Tribunais Superiores têm jurisdição em todo o território nacional.

•• § 2.º acrescentado pela Emenda Constitucional n. 45, de 8-12-2004.

Art. 93. Lei complementar, de iniciativa do Supremo Tribunal Federal, disporá sobre o Estatuto da Magistratura, observados os seguintes princípios:

• A Lei Complementar n. 35, de 14-3-1979, promulgada sob a vigência da ordem constitucional anterior, disporá sobre a Magistratura Nacional até o advento da norma prevista no caput deste artigo.

I – ingresso na carreira, cujo cargo inicial será o de juiz substituto, mediante concurso público de provas e títulos, com a participação da Ordem dos Advogados do Brasil em todas as fases, exigindo-se do bacharel em direito, no mínimo, três anos de atividade jurídica e obedecendo-se, nas nomeações, à ordem de classificação;

•• Inciso I com redação determinada pela Emenda Constitucional n. 45, de 8-12-2004.

II – promoção de entrância para entrância, alternadamente, por antiguidade e merecimento, atendidas as seguintes normas:

a) é obrigatória a promoção do juiz que figure por três vezes consecutivas ou cinco alternadas em lista de merecimento;

b) a promoção por merecimento pressupõe dois anos de exercício na respectiva entrância e integrar o juiz a primeira quinta parte da lista de antiguidade desta, salvo se não houver com tais requisitos quem aceite o lugar vago;

c) aferição do merecimento conforme o desempenho e pelos critérios objetivos de produtividade e presteza no exercício da jurisdição e pela frequência e aproveitamento em cursos oficiais ou reconhecidos de aperfeiçoamento;

•• Alínea c com redação determinada pela Emenda Constitucional n. 45, de 8-12-2004.

d) na apuração de antiguidade, o tribunal somente poderá recusar o juiz mais antigo pelo voto fundamentado de dois terços de seus membros, conforme procedimento próprio, e assegurada ampla defesa, repetindo-se a votação até fixar-se a indicação;

•• Alínea d com redação determinada pela Emenda Constitucional n. 45, de 8-12-2004.

e) não será promovido o juiz que, injustificadamente, retiver autos em seu poder além do prazo legal, não podendo devolvê-los ao cartório sem o devido despacho ou decisão;

•• Alínea e acrescentada pela Emenda Constitucional n. 45, de 8-12-2004.

III – o acesso aos tribunais de segundo grau far-se-á por antiguidade e merecimento, alternadamente, apurados na última ou única entrância;

•• Inciso III com redação determinada pela Emenda Constitucional n. 45, de 8-12-2004.

IV – previsão de cursos oficiais de preparação, aperfeiçoamento e promoção de magistrados, constituindo etapa obrigatória do processo de vitaliciamento a participação em curso oficial ou reconhecido por escola nacional de formação e aperfeiçoamento de magistrados;

•• Inciso IV com redação determinada pela Emenda Constitucional n. 45, de 8-12-2004.

V – o subsídio dos Ministros dos Tribunais Superiores corresponderá a 95% (noventa e cinco por cento) do subsídio mensal fixado para os Ministros do Supremo Tribunal Federal e os subsídios dos demais magistrados serão fixados em lei e escalonados, em nível federal e estadual, conforme as respectivas categorias da estrutura judiciária nacional, não podendo a diferença entre uma e outra ser superior a 10% (dez por cento) ou inferior a 5% (cinco por cento), nem exceder a 95% (noventa e cinco por cento) do subsídio mensal dos Ministros dos Tribunais Superiores, obedecido, em qualquer caso, o disposto nos arts. 37, XI, e 39, § 4.º;

- •• Inciso V com redação determinada pela Emenda Constitucional n. 19, de 4-6-1998.
- • A Lei n. 9.655, de 2-6-1998, altera o percentual de diferença entre a remuneração dos cargos de Ministros do STJ e dos Juízes da Justiça Federal de Primeiro e Segundo Graus.

VI – a aposentadoria dos magistrados e a pensão de seus dependentes observarão o disposto no art. 40;

- •• Inciso VI com redação determinada pela Emenda Constitucional n. 20, de 15-12-1998.

VII – o juiz titular residirá na respectiva comarca, salvo autorização do tribunal;

- •• Inciso VII com redação determinada pela Emenda Constitucional n. 45, de 8-12-2004.

VIII – o ato de remoção ou de disponibilidade do magistrado, por interesse público, fundar-se-á em decisão por voto da maioria absoluta do respectivo tribunal ou do Conselho Nacional de Justiça, assegurada ampla defesa;

- •• Inciso VIII com redação determinada pela Emenda Constitucional n. 103, de 12-11-2019.

VIII-A – a remoção a pedido de magistrados de comarca de igual entrância atenderá, no que couber, ao disposto nas alíneas *a*, *b*, *c* e *e* do inciso II do *caput* deste artigo e no art. 94 desta Constituição;

- •• Inciso VIII-A com redação determinada pela Emenda Constitucional n. 130, de 3-10-2023.

VIII-B – a permuta de magistrados de comarca de igual entrância, quando for o caso, e dentro do mesmo segmento de justiça, inclusive entre os juízes de segundo grau, vinculados a diferentes tribunais, na esfera da justiça estadual, federal ou do trabalho, atenderá, no que couber, ao disposto nas alíneas *a*, *b*, *c* e *e* do inciso II do *caput* deste artigo e no art. 94 desta Constituição;

- •• Inciso VIII-B acrescentado pela Emenda Constitucional n. 130, de 3-10-2023.

IX – todos os julgamentos dos órgãos do Poder Judiciário serão públicos, e fundamentadas todas as decisões, sob pena de nulidade, podendo a lei limitar a presença, em determinados atos, às próprias partes e a seus advogados, ou somente a estes, em casos nos quais a preservação do direito à intimidade do interessado no sigilo não prejudique o interesse público à informação;

- •• Inciso IX com redação determinada pela Emenda Constitucional n. 45, de 8-12-2004.
- •• *Vide* Súmula 674 do STJ.

X – as decisões administrativas dos tribunais serão motivadas e em sessão pública, sendo as disciplinares tomadas pelo voto da maioria absoluta de seus membros;

- •• Inciso X com redação determinada pela Emenda Constitucional n. 45, de 8-12-2004.

XI – nos tribunais com número superior a vinte e cinco julgadores, poderá ser constituído órgão especial, com o mínimo de onze e o máximo de vinte e cinco membros, para o exercício das atribuições administrativas e jurisdicionais delegadas da competência do tribunal pleno, provendo-se metade das vagas por antiguidade e a outra metade por eleição pelo tribunal pleno;

- •• Inciso XI com redação determinada pela Emenda Constitucional n. 45, de 8-12-2004.
- • A Resolução n. 16, de 30-5-2006, do CNJ, estabelece critérios para a composição e eleição do Órgão Especial dos Tribunais.

XII – a atividade jurisdicional será ininterrupta, sendo vedado férias coletivas nos juízos e tribunais de segundo grau, funcionando, nos dias em que não houver expediente forense normal, juízes em plantão permanente;

- •• Inciso XII acrescentado pela Emenda Constitucional n. 45, de 8-12-2004.

XIII – o número de juízes na unidade jurisdicional será proporcional à efetiva demanda judicial e à respectiva população;

•• Inciso XIII acrescentado pela Emenda Constitucional n. 45, de 8-12-2004.

XIV – os servidores receberão delegação para a prática de atos de administração e atos de mero expediente sem caráter decisório;

•• Inciso XIV acrescentado pela Emenda Constitucional n. 45, de 8-12-2004.

XV – a distribuição de processos será imediata, em todos os graus de jurisdição.

•• Inciso XV acrescentado pela Emenda Constitucional n. 45, de 8-12-2004.

Art. 94. Um quinto dos lugares dos Tribunais Regionais Federais, dos Tribunais dos Estados, e do Distrito Federal e Territórios será composto de membros, do Ministério Público, com mais de dez anos de carreira, e de advogados de notório saber jurídico e de reputação ilibada, com mais de dez anos de efetiva atividade profissional, indicados em lista sêxtupla pelos órgãos de representação das respectivas classes.

Parágrafo único. Recebidas as indicações, o tribunal formará lista tríplice, enviando-a ao Poder Executivo, que, nos vinte dias subsequentes, escolherá um de seus integrantes para nomeação.

Art. 95. Os juízes gozam das seguintes garantias:

I – vitaliciedade, que, no primeiro grau, só será adquirida após dois anos de exercício, dependendo a perda do cargo, nesse período, de deliberação do tribunal a que o juiz estiver vinculado, e, nos demais casos, de sentença judicial transitada em julgado;

II – inamovibilidade, salvo por motivo de interesse público, na forma do art. 93, VIII;

III – irredutibilidade de subsídio, ressalvado o disposto nos arts. 37, X e XI, 39, § 4.º, 150, II, 153, III, e 153, § 2.º, I.

•• Inciso III com redação determinada pela Emenda Constitucional n. 19, de 4-6-1998.

Parágrafo único. Aos juízes é vedado:

I – exercer, ainda que em disponibilidade, outro cargo ou função, salvo uma de magistério;

II – receber, a qualquer título ou pretexto, custas ou participação em processo;

III – dedicar-se à atividade político-partidária;

IV – receber, a qualquer título ou pretexto, auxílios ou contribuições de pessoas físicas, entidades públicas ou privadas, ressalvadas as exceções previstas em lei;

•• Inciso IV acrescentado pela Emenda Constitucional n. 45, de 8-12-2004.

V – exercer a advocacia no juízo ou tribunal do qual se afastou, antes de decorridos três anos do afastamento do cargo por aposentadoria ou exoneração.

•• Inciso V acrescentado pela Emenda Constitucional n. 45, de 8-12-2004.

Art. 96. Compete privativamente:

I – aos tribunais:

a) eleger seus órgãos diretivos e elaborar seus regimentos internos, com observância das normas de processo e das garantias processuais das partes, dispondo sobre a competência e o funcionamento dos respectivos órgãos jurisdicionais e administrativos;

b) organizar suas secretarias e serviços auxiliares e os dos juízes que lhes forem vinculados, velando pelo exercício da atividade correicional respectiva;

c) prover, na forma prevista nesta Constituição, os cargos de juiz de carreira da respectiva jurisdição;

d) propor a criação de novas varas judiciárias;

e) prover, por concurso público de provas, ou de provas e títulos, obedecido o disposto no art. 169, parágrafo único, os cargos necessários à administração da Justiça, exceto os de confiança assim definidos em lei;

•• De acordo com alteração processada pela Emenda Constitucional n. 19, de 4-6-1998, a referência passa a ser ao art. 169, § 1.º.

f) conceder licença, férias e outros afastamentos a seus membros e aos juízes e servidores que lhes forem imediatamente vinculados;

II – ao Supremo Tribunal Federal, aos Tribunais Superiores e aos Tribunais de Justiça propor ao Poder Legislativo respectivo, observado o disposto no art. 169:

a) a alteração do número de membros dos tribunais inferiores;

b) a criação e a extinção de cargos e a remuneração dos seus serviços auxiliares e dos juízos que lhes forem vinculados, bem como a fixação do subsídio de seus membros e dos juízes, inclusive dos tribunais inferiores, onde houver;

•• Alínea *b* com redação determinada pela Emenda Constitucional n. 41, de 19-12-2003.

c) a criação ou extinção dos tribunais inferiores;

d) a alteração da organização e da divisão judiciárias;

III – aos Tribunais de Justiça julgar os juízes estaduais e do Distrito Federal e Territórios, bem como os membros do Ministério Público, nos crimes comuns e de responsabilidade, ressalvada a competência da Justiça Eleitoral.

Parágrafo único. Nos Tribunais de Justiça compostos de mais de 170 (cento e setenta) desembargadores em efetivo exercício, a eleição para os cargos diretivos, de que trata a alínea "a" do inciso I do *caput* deste artigo, será realizada entre os membros do tribunal pleno, por maioria absoluta e por voto direto e secreto, para um mandato de 2 (dois) anos, vedada mais de 1 (uma) recondução sucessiva.

•• Parágrafo único acrescentado pela Emenda Constitucional n. 134, de 24-9-2024.

Art. 97. Somente pelo voto da maioria absoluta de seus membros ou dos membros do respectivo órgão especial poderão os tribunais declarar a inconstitucionalidade de lei ou ato normativo do Poder Público.

• *Vide* Súmula Vinculante 10.

Art. 98. A União, no Distrito Federal e nos Territórios, e os Estados criarão:

I – juizados especiais, providos por juízes togados, ou togados e leigos, competentes para a conciliação, o julgamento e a execução de causas cíveis de menor complexidade e infrações penais de menor potencial ofensivo, mediante os procedimentos oral e sumariíssimo, permitidos, nas hipóteses previstas em lei, a transação e o julgamento de recursos por turmas de juízes de primeiro grau;

• Juizados Especiais Cíveis e Criminais: Lei n. 9.099, de 26-9-1995.
• A Lei n. 10.259, de 12-7-2001, dispõe sobre a instituição dos Juizados Especiais Cíveis e Criminais no âmbito da Justiça Federal.
• Juizados de Violência Doméstica e Familiar contra a Mulher: Lei n. 11.340, de 7-8-2006.
• Juizados Especiais da Fazenda Pública: Lei n. 12.153, de 22-12-2009.

II – justiça de paz, remunerada, composta de cidadãos eleitos pelo voto direto, universal e secreto, com mandato de quatro anos e competência para, na forma da lei, celebrar casa-

Constituição da República Federativa do Brasil — Arts. 98 a 100

mentos, verificar, de ofício ou em face de impugnação apresentada, o processo de habilitação e exercer atribuições conciliatórias, sem caráter jurisdicional, além de outras previstas na legislação.

§ 1.º Lei federal disporá sobre a criação de juizados especiais no âmbito da Justiça Federal.

•• Anterior parágrafo único transformado em § 1.º pela Emenda Constitucional n. 45, de 8-12-2004.
• A Lei n. 10.259, de 12-7-2001, dispõe sobre a instituição dos Juizados Especiais Cíveis e Criminais no âmbito da Justiça Federal.

§ 2.º As custas e emolumentos serão destinados exclusivamente ao custeio dos serviços afetos às atividades específicas da Justiça.

•• § 2.º acrescentado pela Emenda Constitucional n. 45, de 8-12-2004.

Art. 99. Ao Poder Judiciário é assegurada autonomia administrativa e financeira.

§ 1.º Os tribunais elaborarão suas propostas orçamentárias dentro dos limites estipulados conjuntamente com os demais Poderes na lei de diretrizes orçamentárias.

§ 2.º O encaminhamento da proposta, ouvidos os outros tribunais interessados, compete:

I – no âmbito da União, aos Presidentes do Supremo Tribunal Federal e dos Tribunais Superiores, com a aprovação dos respectivos tribunais;

II – no âmbito dos Estados e no do Distrito Federal e Territórios, aos Presidentes dos Tribunais de Justiça, com a aprovação dos respectivos tribunais.

§ 3.º Se os órgãos referidos no § 2.º não encaminharem as respectivas propostas orçamentárias dentro do prazo estabelecido na lei de diretrizes orçamentárias, o Poder Executivo considerará, para fins de consolidação da proposta orçamentária anual, os valores aprovados na lei orçamentária vigente, ajustados de acordo com os limites estipulados na forma do § 1.º deste artigo.

•• § 3.º acrescentado pela Emenda Constitucional n. 45, de 8-12-2004.

§ 4.º Se as propostas orçamentárias de que trata este artigo forem encaminhadas em desacordo com os limites estipulados na forma do § 1.º, o Poder Executivo procederá aos ajustes necessários para fins de consolidação da proposta orçamentária anual.

•• § 4.º acrescentado pela Emenda Constitucional n. 45, de 8-12-2004.

§ 5.º Durante a execução orçamentária do exercício, não poderá haver a realização de despesas ou a assunção de obrigações que extrapolem os limites estabelecidos na lei de diretrizes orçamentárias, exceto se previamente autorizadas, mediante a abertura de créditos suplementares ou especiais.

•• § 5.º acrescentado pela Emenda Constitucional n. 45, de 8-12-2004.

Art. 100. Os pagamentos devidos pelas Fazendas Públicas Federal, Estaduais, Distrital e Municipais, em virtude de sentença judiciária, far-se-ão exclusivamente na ordem cronológica de apresentação dos precatórios e à conta dos créditos respectivos, proibida a designação de casos ou de pessoas nas dotações orçamentárias e nos créditos adicionais abertos para este fim.

•• *Caput* com redação determinada pela Emenda Constitucional n. 62, de 9-12-2009.
•• *Vide* art. 4.º da Emenda Constitucional n. 62, de 9-12-2009.
• A Resolução n. 303, de 18-12-2019, do CNJ, dispõe sobre a gestão dos precatórios e respectivos procedimentos operacionais no âmbito do Poder Judiciário.

§ 1.º Os débitos de natureza alimentícia compreendem aqueles decorrentes de salários, vencimentos, proventos, pensões e suas complementações, benefícios previdenciários e indenizações por morte ou por invalidez, fundadas em responsabilidade civil, em virtude de sentença judicial transitada em julgado, e serão pagos com preferência sobre todos os demais débitos, exceto sobre aqueles referidos no § 2.º deste artigo.

- •• § 1.º com redação determinada pela Emenda Constitucional n. 62, de 9-12-2009.
- • *Vide* Súmulas Vinculantes 17 e 47.

§ 2.º Os débitos de natureza alimentícia cujos titulares, originários ou por sucessão hereditária, tenham 60 (sessenta) anos de idade, ou sejam portadores de doença grave, ou pessoas com deficiência, assim definidos na forma da lei, serão pagos com preferência sobre todos os demais débitos, até o valor equivalente ao triplo fixado em lei para os fins do disposto no § 3.º deste artigo, admitido o fracionamento para essa finalidade, sendo que o restante será pago na ordem cronológica de apresentação do precatório.

- •• § 2.º com redação determinada pela Emenda Constitucional n. 94, de 15-12-2016.
- •• *Vide* art. 97, § 17, do ADCT.

§ 3.º O disposto no *caput* deste artigo relativamente à expedição de precatórios não se aplica aos pagamentos de obrigações definidas em leis como de pequeno valor que as Fazendas referidas devam fazer em virtude de sentença judicial transitada em julgado.

- •• § 3.º com redação determinada pela Emenda Constitucional n. 62, de 9-12-2009.

§ 4.º Para os fins do disposto no § 3.º, poderão ser fixados, por leis próprias, valores distintos às entidades de direito público, segundo as diferentes capacidades econômicas, sendo o mínimo igual ao valor do maior benefício do regime geral de previdência social.

- •• § 4.º com redação determinada pela Emenda Constitucional n. 62, de 9-12-2009.
- •• *Vide* art. 97, § 12, do ADCT.

§ 5.º É obrigatória a inclusão no orçamento das entidades de direito público de verba necessária ao pagamento de seus débitos oriundos de sentenças transitadas em julgado constantes de precatórios judiciários apresentados até 2 de abril, fazendo-se o pagamento até o final do exercício seguinte, quando terão seus valores atualizados monetariamente.

- •• § 5.º com redação determinada pela Emenda Constitucional n. 114, de 16-12-2021.

§ 6.º As dotações orçamentárias e os créditos abertos serão consignados diretamente ao Poder Judiciário, cabendo ao Presidente do Tribunal que proferir a decisão exequenda determinar o pagamento integral e autorizar, a requerimento do credor e exclusivamente para os casos de preterimento de seu direito de precedência ou de não alocação orçamentária do valor necessário à satisfação do seu débito, o sequestro da quantia respectiva.

- •• § 6.º com redação determinada pela Emenda Constitucional n. 62, de 9-12-2009.

§ 7.º O Presidente do Tribunal competente que, por ato comissivo ou omissivo, retardar ou tentar frustrar a liquidação regular de precatórios incorrerá em crime de responsabilidade e responderá, também, perante o Conselho Nacional de Justiça.

- •• § 7.º acrescentado pela Emenda Constitucional n. 62, de 9-12-2009.
- • Crimes de responsabilidade: Lei n. 1.079, de 10-4-1950.

§ 8.º É vedada a expedição de precatórios complementares ou suplementares de valor pago, bem como o fracionamento, repartição ou quebra do valor da execução para fins de enquadramento de parcela do total ao que dispõe o § 3.º deste artigo.

- •• § 8.º acrescentado pela Emenda Constitucional n. 62, de 9-12-2009.

§ 9.º Sem que haja interrupção no pagamento do precatório e mediante comunicação da Fazenda Pública ao Tribunal, o valor correspondente aos eventuais débitos inscritos em dívida ativa contra o credor do requisitório e seus substituídos deverá ser depositado à conta do juízo responsável pela ação de cobrança, que decidirá pelo seu destino definitivo.

- •• § 9.º com redação determinada pela Emenda Constitucional n. 113, de 8-12-2021.

•• O STF, nas ADIs n. 7.047 e 7.064, na sessão virtual extraordinária de 30-11-2023 (DJE de 1.º-12-2023), converteu o julgamento da medida cautelar em julgamento de mérito e conheceu da presente ação direta, para julgá-la parcialmente procedente, para declarar a inconstitucionalidade deste § 9.º, com redação estabelecida pelo art. 1.º da EC n. 113/2021. Por fim, a ADI n. 7.064 reconheceu que "o cumprimento integral do teor desta decisão insere-se nas exceções descritas no art. 3.º, § 2.º, da Lei Complementar 200/23, que instituiu o Novo Regime Fiscal Sustentável, cujos valores não serão considerados exclusivamente para fins de verificação do cumprimento da meta de resultado primário a que se refere o art. 4.º, § 1.º, da Lei Complementar 101, de 4 de maio de 2000, prevista na lei de diretrizes orçamentárias em que for realizado o pagamento".

§ 10. Antes da expedição dos precatórios, o Tribunal solicitará à Fazenda Pública devedora, para resposta em até 30 (trinta) dias, sob pena de perda do direito de abatimento, informação sobre os débitos que preencham as condições estabelecidas no § 9.º, para os fins nele previstos.

•• § 10 acrescentado pela Emenda Constitucional n. 62, de 9-12-2009.
•• O STF, no julgamento das ADIs n. 4.357 e 4.425, de 14-3-2013 (DJE de 19-12-2013), julgou procedente a ação para declarar a inconstitucionalidade deste parágrafo.
• *Vide* nota ao parágrafo anterior.
• A compensação de débitos perante a Fazenda Pública Federal com créditos provenientes de precatórios, na forma prevista neste parágrafo, observará o disposto na Lei n. 12.431, de 24-6-2011.

§ 11. É facultada ao credor, conforme estabelecido em lei do ente federativo devedor, com autoaplicabilidade para a União, a oferta de créditos líquidos e certos que originalmente lhe são próprios ou adquiridos de terceiros reconhecidos pelo ente federativo ou por decisão judicial transitada em julgado para:

•• § 11, *caput*, com redação determinada pela Emenda Constitucional n. 113, de 8-12-2021.
•• O Decreto n. 11.249, de 9-11-2022, dispõe sobre o procedimento de oferta de créditos líquidos e certos decorrentes de decisão judicial transitada em julgado, de que trata este § 11.
•• O STF, nas ADIs n. 7.047 e 7.064, na sessão virtual extraordinária de 30-11-2023 (DJE de 1.º-12-2023), converteu o julgamento da medida cautelar em julgamento de mérito e conheceu da presente ação direta, para julgá-la parcialmente procedente, para dar interpretação conforme a Constituição a este § 11, com redação da EC n. 113/2021, para excluir a expressão "com auto aplicabilidade para a União" de seu texto. Por fim, a ADI n. 7.064 reconheceu que "o cumprimento integral do teor desta decisão insere-se nas exceções descritas no art. 3.º, § 2.º, da Lei Complementar 200/23, que instituiu o Novo Regime Fiscal Sustentável, cujos valores não serão considerados exclusivamente para fins de verificação do cumprimento da meta de resultado primário a que se refere o art. 4.º, § 1.º, da Lei Complementar n. 101, de 4 de maio de 2000, prevista na lei de diretrizes orçamentárias em que for realizado o pagamento".

I – quitação de débitos parcelados ou débitos inscritos em dívida ativa do ente federativo devedor, inclusive em transação resolutiva de litígio, e, subsidiariamente, débitos com a administração autárquica e fundacional do mesmo ente;

•• Inciso I acrescentado pela Emenda Constitucional n. 113, de 8-12-2021.

II – compra de imóveis públicos de propriedade do mesmo ente disponibilizados para venda;

•• Inciso II acrescentado pela Emenda Constitucional n. 113, de 8-12-2021.

III – pagamento de outorga de delegações de serviços públicos e demais espécies de concessão negocial promovidas pelo mesmo ente;

•• Inciso III acrescentado pela Emenda Constitucional n. 113, de 8-12-2021.

IV – aquisição, inclusive minoritária, de participação societária, disponibilizada para venda, do respectivo ente federativo; ou

•• Inciso IV acrescentado pela Emenda Constitucional n. 113, de 8-12-2021.

V – compra de direitos, disponibilizados para cessão, do respectivo ente federativo, inclusive, no caso da União, da antecipação de valores a serem recebidos a título do excedente em óleo em contratos de partilha de petróleo.

•• Inciso V acrescentado pela Emenda Constitucional n. 113, de 8-12-2021.

§ 12. A partir da promulgação desta Emenda Constitucional, a atualização de valores de requisitórios, após sua expedição, até o efetivo pagamento, independentemente de sua natureza, será feita pelo índice oficial de remuneração básica da caderneta de poupança, e, para fins de compensação da mora, incidirão juros simples no mesmo percentual de juros incidentes sobre a caderneta de poupança, ficando excluída a incidência de juros compensatórios.

- •• § 12 acrescentado pela Emenda Constitucional n. 62, de 9-12-2009.
- •• O STF, no julgamento das ADIs n. 4.357 e 4.425, de 14-3-2013 (*DJE* de 19-12-2013), julgou procedente a ação para declarar a inconstitucionalidade das expressões "índice oficial de remuneração básica da caderneta de poupança", e "independentemente de sua natureza", contidas na redação deste parágrafo.

§ 13. O credor poderá ceder, total ou parcialmente, seus créditos em precatórios a terceiros, independentemente da concordância do devedor, não se aplicando ao cessionário o disposto nos §§ 2.º e 3.º.

- •• § 13 acrescentado pela Emenda Constitucional n. 62, de 9-12-2009.

§ 14. A cessão de precatórios, observado o disposto no § 9.º deste artigo, somente produzirá efeitos após comunicação, por meio de petição protocolizada, ao Tribunal de origem e ao ente federativo devedor.

- •• § 14 com redação determinada pela Emenda Constitucional n. 113, de 8-12-2021.

§ 15. Sem prejuízo do disposto neste artigo, lei complementar a esta Constituição Federal poderá estabelecer regime especial para pagamento de crédito de precatórios de Estados, Distrito Federal e Municípios, dispondo sobre vinculações à receita corrente líquida e forma e prazo de liquidação.

- •• § 15 acrescentado pela Emenda Constitucional n. 62, de 9-12-2009.
- •• O STF, no julgamento das ADIs n. 4.357 e 4.425, de 14-3-2013 (*DJE* de 19-12-2013), julgou procedente a ação para declarar a inconstitucionalidade deste parágrafo.
- •• *Vide* arts. 97 e 101 a 105 do ADCT.

§ 16. A seu critério exclusivo e na forma de lei, a União poderá assumir débitos, oriundos de precatórios, de Estados, Distrito Federal e Municípios, refinanciando-os diretamente.

- •• § 16 acrescentado pela Emenda Constitucional n. 62, de 9-12-2009.

§ 17. A União, os Estados, o Distrito Federal e os Municípios aferirão mensalmente, em base anual, o comprometimento de suas respectivas receitas correntes líquidas com o pagamento de precatórios e obrigações de pequeno valor.

- •• § 17 acrescentado pela Emenda Constitucional n. 94, de 15-12-2016.

§ 18. Entende-se como receita corrente líquida, para os fins de que trata o § 17, o somatório das receitas tributárias, patrimoniais, industriais, agropecuárias, de contribuições e de serviços, de transferências correntes e outras receitas correntes, incluindo as oriundas do § 1.º do art. 20 da Constituição Federal, verificado no período compreendido pelo segundo mês imediatamente anterior ao de referência e os 11 (onze) meses precedentes, excluídas as duplicidades, e deduzidas:

- •• § 18, *caput*, acrescentado pela Emenda Constitucional n. 94, de 15-12-2016.

I – na União, as parcelas entregues aos Estados, ao Distrito Federal e aos Municípios por determinação constitucional;

- •• Inciso I acrescentado pela Emenda Constitucional n. 94, de 15-12-2016.

II – nos Estados, as parcelas entregues aos Municípios por determinação constitucional;

- •• Inciso II acrescentado pela Emenda Constitucional n. 94, de 15-12-2016.

III – na União, nos Estados, no Distrito Federal e nos Municípios, a contribuição dos servidores para custeio de seu sistema de previdência e assistência social e as receitas provenientes da compensação financeira referida no § 9.º do art. 201 da Constituição Federal.

- •• Inciso III acrescentado pela Emenda Constitucional n. 94, de 15-12-2016.

§ 19. Caso o montante total de débitos decorrentes de condenações judiciais em precatórios e obrigações de pequeno valor, em período de 12 (doze) meses, ultrapasse a média do comprometimento percentual da receita corrente líquida nos 5 (cinco) anos imediatamente anteriores, a parcela que exceder esse percentual poderá ser financiada, excetuada dos limites de endividamento de que tratam os incisos VI e VII do art. 52 da Constituição Federal e de quaisquer outros limites de endividamento previstos, não se aplicando a esse financiamento a vedação de vinculação de receita prevista no inciso IV do art. 167 da Constituição Federal.

•• § 19 acrescentado pela Emenda Constitucional n. 94, de 15-12-2016.

§ 20. Caso haja precatório com valor superior a 15% (quinze por cento) do montante dos precatórios apresentados nos termos do § 5.º deste artigo, 15% (quinze por cento) do valor deste precatório serão pagos até o final do exercício seguinte e o restante em parcelas iguais nos cinco exercícios subsequentes, acrescidas de juros de mora e correção monetária, ou mediante acordos diretos, perante Juízos Auxiliares de Conciliação de Precatórios, com redução máxima de 40% (quarenta por cento) do valor do crédito atualizado, desde que em relação ao crédito não penda recurso ou defesa judicial e que sejam observados os requisitos definidos na regulamentação editada pelo ente federado.

•• § 20 acrescentado pela Emenda Constitucional n. 94, de 15-12-2016.

§ 21. Ficam a União e os demais entes federativos, nos montantes que lhes são próprios, desde que aceito por ambas as partes, autorizados a utilizar valores objeto de sentenças transitadas em julgado devidos a pessoa jurídica de direito público para amortizar dívidas, vencidas ou vincendas:

•• § 21, *caput*, acrescentado pela Emenda Constitucional n. 113, de 8-12-2021.

I – nos contratos de refinanciamento cujos créditos sejam detidos pelo ente federativo que figure como devedor na sentença de que trata o *caput* deste artigo;

•• Inciso I acrescentado pela Emenda Constitucional n. 113, de 8-12-2021.

II – nos contratos em que houve prestação de garantia a outro ente federativo;

•• Inciso II acrescentado pela Emenda Constitucional n. 113, de 8-12-2021.

III – nos parcelamentos de tributos ou de contribuições sociais; e

•• Inciso III acrescentado pela Emenda Constitucional n. 113, de 8-12-2021.

IV – nas obrigações decorrentes do descumprimento de prestação de contas ou de desvio de recursos.

•• Inciso IV acrescentado pela Emenda Constitucional n. 113, de 8-12-2021.

§ 22. A amortização de que trata o § 21 deste artigo:

•• § 22, *caput*, acrescentado pela Emenda Constitucional n. 113, de 8-12-2021.

I – nas obrigações vencidas, será imputada primeiramente às parcelas mais antigas;

•• Inciso I acrescentado pela Emenda Constitucional n. 113, de 8-12-2021.

II – nas obrigações vincendas, reduzirá uniformemente o valor de cada parcela devida, mantida a duração original do respectivo contrato ou parcelamento.

•• Inciso II acrescentado pela Emenda Constitucional n. 113, de 8-12-2021.

Seção II
Do Supremo Tribunal Federal

Art. 101. O Supremo Tribunal Federal compõe-se de onze Ministros, escolhidos dentre cidadãos com mais de trinta e cinco e menos de setenta anos de idade, de notável saber jurídico e reputação ilibada.

•• *Caput* com redação determinada pela Emenda Constitucional n. 122, de 17-5-2022.

Parágrafo único. Os Ministros do Supremo Tribunal Federal serão nomeados pelo Presidente da República, depois de aprovada a escolha pela maioria absoluta do Senado Federal.

Art. 102. Compete ao Supremo Tribunal Federal, precipuamente, a guarda da Constituição, cabendo-lhe:

- A Lei n. 8.038, de 28-5-1990, institui normas procedimentais para os processos que especifica, perante o STJ e o STF.

I – processar e julgar, originariamente:

a) a ação direta de inconstitucionalidade de lei ou ato normativo federal ou estadual e a ação declaratória de constitucionalidade de lei ou ato normativo federal;

- •• Alínea *a* com redação determinada pela Emenda Constitucional n. 3, de 17-3-1993.
- O Decreto n. 2.346, de 10-10-1997, consolida as normas de procedimentos a serem observadas pela administração pública federal em razão de decisões judiciais.
- A Lei n. 9.868, de 10-11-1999, dispõe sobre o processo e julgamento na ação direta de inconstitucionalidade e ação declaratória de constitucionalidade perante o STF.

b) nas infrações penais comuns, o Presidente da República, o Vice-Presidente, os membros do Congresso Nacional, seus próprios Ministros e o Procurador-Geral da República;

c) nas infrações penais comuns e nos crimes de responsabilidade, os Ministros de Estado e os Comandantes da Marinha, do Exército e da Aeronáutica, ressalvado o disposto no art. 52, I, os membros dos Tribunais Superiores, os do Tribunal de Contas da União e os chefes de missão diplomática de caráter permanente;

- •• Alínea *c* com redação determinada pela Emenda Constitucional n. 23, de 2-9-1999.
- A Lei n. 1.079, de 10-4-1950, define os crimes de responsabilidade e regula o respectivo processo de julgamento.

d) o *habeas corpus*, sendo paciente qualquer das pessoas referidas nas alíneas anteriores; o mandado de segurança e o *habeas data* contra atos do Presidente da República, das Mesas da Câmara dos Deputados e do Senado Federal, do Tribunal de Contas da União, do Procurador-Geral da República e do próprio Supremo Tribunal Federal;

e) o litígio entre Estado estrangeiro ou organismo internacional e a União, o Estado, o Distrito Federal ou o Território;

f) as causas e os conflitos entre a União e os Estados, a União e o Distrito Federal, ou entre uns e outros, inclusive as respectivas entidades da administração indireta;

g) a extradição solicitada por Estado estrangeiro;

h) (*Revogada pela Emenda Constitucional n. 45, de 8-12-2004.*)

i) o *habeas corpus,* quando o coator for Tribunal Superior ou quando o coator ou o paciente for autoridade ou funcionário cujos atos estejam sujeitos diretamente à jurisdição do Supremo Tribunal Federal, ou se trate de crime sujeito à mesma jurisdição em uma única instância;

- •• Alínea *i* com redação determinada pela Emenda Constitucional n. 22, de 18-3-1999.

j) a revisão criminal e a ação rescisória de seus julgados;

- Da revisão criminal: arts. 621 e s. do CPP.
- Da ação rescisória: arts. 966 e s. do CPC.

l) a reclamação para a preservação de sua competência e garantia da autoridade de suas decisões;

m) a execução de sentença nas causas de sua competência originária, facultada a delegação de atribuições para a prática de atos processuais;

n) a ação em que todos os membros da magistratura sejam direta ou indiretamente interessados, e aquela em que mais da metade dos membros do tribunal de origem estejam impedidos ou sejam direta ou indiretamente interessados;

Constituição da República Federativa do Brasil — Arts. 102 e 103

o) os conflitos de competência entre o Superior Tribunal de Justiça e quaisquer tribunais, entre Tribunais Superiores, ou entre estes e qualquer outro tribunal;

- Vide arts. 105, I, d, 108, I, e, e 114, V, da CF.

p) o pedido de medida cautelar das ações diretas de inconstitucionalidade;

q) o mandado de injunção, quando a elaboração da norma regulamentadora for atribuição do Presidente da República, do Congresso Nacional, da Câmara dos Deputados, do Senado Federal, das Mesas de uma dessas Casas Legislativas, do Tribunal de Contas da União, de um dos Tribunais Superiores, ou do próprio Supremo Tribunal Federal;

r) as ações contra o Conselho Nacional de Justiça e contra o Conselho Nacional do Ministério Público;

- •• Alínea r acrescentada pela Emenda Constitucional n. 45, de 8-12-2004.

II – julgar, em recurso ordinário:

a) o *habeas corpus*, o mandado de segurança, o *habeas data* e o mandado de injunção decididos em única instância pelos Tribunais Superiores, se denegatória a decisão;

b) o crime político;

III – julgar, mediante recurso extraordinário, as causas decididas em única ou última instância, quando a decisão recorrida:

a) contrariar dispositivo desta Constituição;

b) declarar a inconstitucionalidade de tratado ou lei federal;

c) julgar válida lei ou ato de governo local contestado em face desta Constituição;

d) julgar válida lei local contestada em face de lei federal.

- •• Alínea d acrescentada pela Emenda Constitucional n. 45, de 8-12-2004.

§ 1.º A arguição de descumprimento de preceito fundamental, decorrente desta Constituição, será apreciada pelo Supremo Tribunal Federal, na forma da lei.

- •• § 1.º com redação determinada pela Emenda Constitucional n. 3, de 17-3-1993.
- •• A Lei n. 9.882, de 3-12-1999, dispõe sobre o processo e julgamento da arguição de descumprimento de preceito fundamental, de que trata este parágrafo.

§ 2.º As decisões definitivas de mérito, proferidas pelo Supremo Tribunal Federal, nas ações diretas de inconstitucionalidade e nas ações declaratórias de constitucionalidade produzirão eficácia contra todos e efeito vinculante, relativamente aos demais órgãos do Poder Judiciário e à administração pública direta e indireta, nas esferas federal, estadual e municipal.

- •• § 2.º com redação determinada pela Emenda Constitucional n. 45, de 8-12-2004.

§ 3.º No recurso extraordinário o recorrente deverá demonstrar a repercussão geral das questões constitucionais discutidas no caso, nos termos da lei, a fim de que o Tribunal examine a admissão do recurso, somente podendo recusá-lo pela manifestação de dois terços de seus membros.

- •• § 3.º acrescentado pela Emenda Constitucional n. 45, de 8-12-2004.
- •• § 3.º regulamentado pela Lei n. 11.418, de 19-12-2006.

Art. 103. Podem propor a ação direta de inconstitucionalidade e a ação declaratória de constitucionalidade:

- •• *Caput* com redação determinada pela Emenda Constitucional n. 45, de 8-12-2004.

I – o Presidente da República;

II – a Mesa do Senado Federal;

III – a Mesa da Câmara dos Deputados;

IV – a Mesa de Assembleia Legislativa ou da Câmara Legislativa do Distrito Federal;

•• Inciso IV com redação determinada pela Emenda Constitucional n. 45, de 8-12-2004.

V – o Governador de Estado ou do Distrito Federal;

•• Inciso V com redação determinada pela Emenda Constitucional n. 45, de 8-12-2004.

VI – o Procurador-Geral da República;

VII – o Conselho Federal da Ordem dos Advogados do Brasil;

VIII – partido político com representação no Congresso Nacional;

IX – confederação sindical ou entidade de classe de âmbito nacional.

§ 1.º O Procurador-Geral da República deverá ser previamente ouvido nas ações de inconstitucionalidade e em todos os processos de competência do Supremo Tribunal Federal.

§ 2.º Declarada a inconstitucionalidade por omissão de medida para tornar efetiva norma constitucional, será dada ciência ao Poder competente para a adoção das providências necessárias e, em se tratando de órgão administrativo, para fazê-lo em trinta dias.

§ 3.º Quando o Supremo Tribunal Federal apreciar a inconstitucionalidade, em tese, de norma legal ou ato normativo, citará, previamente, o Advogado-Geral da União, que defenderá o ato ou texto impugnado.

§ 4.º (Revogado pela Emenda Constitucional n. 45, de 8-12-2004.)

Art. 103-A. O Supremo Tribunal Federal poderá, de ofício ou por provocação, mediante decisão de dois terços dos seus membros, após reiteradas decisões sobre matéria constitucional, aprovar súmula que, a partir de sua publicação na imprensa oficial, terá efeito vinculante em relação aos demais órgãos do Poder Judiciário e à administração pública direta e indireta, nas esferas federal, estadual e municipal, bem como proceder à sua revisão ou cancelamento, na forma estabelecida em lei.

•• *Caput* acrescentado pela Emenda Constitucional n. 45, de 8-12-2004.
•• Artigo regulamentado pela Lei n. 11.417, de 19-12-2006.

§ 1.º A súmula terá por objetivo a validade, a interpretação e a eficácia de normas determinadas, acerca das quais haja controvérsia atual entre órgãos judiciários ou entre esses e a administração pública que acarrete grave insegurança jurídica e relevante multiplicação de processos sobre questão idêntica.

•• § 1.º acrescentado pela Emenda Constitucional n. 45, de 8-12-2004.

§ 2.º Sem prejuízo do que vier a ser estabelecido em lei, a aprovação, revisão ou cancelamento de súmula poderá ser provocada por aqueles que podem propor a ação direta de inconstitucionalidade.

•• § 2.º acrescentado pela Emenda Constitucional n. 45, de 8-12-2004.

§ 3.º Do ato administrativo ou decisão judicial que contrariar a súmula aplicável ou que indevidamente a aplicar, caberá reclamação ao Supremo Tribunal Federal que, julgando-a procedente, anulará o ato administrativo ou cassará a decisão judicial reclamada, e determinará que outra seja proferida com ou sem a aplicação da súmula, conforme o caso.

•• § 3.º acrescentado pela Emenda Constitucional n. 45, de 8-12-2004.

Constituição da República Federativa do Brasil

Art. 103-B. O Conselho Nacional de Justiça compõe-se de 15 (quinze) membros com mandato de 2 (dois) anos, admitida 1 (uma) recondução, sendo:
- •• *Caput* com redação determinada pela Emenda Constitucional n. 61, de 11-11-2009.
- • A Resolução n. 67, de 3-3-2009, aprova o Regimento Interno do CNJ.
- • A Portaria n. 34, de 30-5-2017, dispõe sobre a estrutura orgânica do CNJ.

I – o Presidente do Supremo Tribunal Federal;
- •• Inciso I com redação determinada pela Emenda Constitucional n. 61, de 11-11-2009.

II – um Ministro do Superior Tribunal de Justiça, indicado pelo respectivo tribunal;
- •• Inciso II acrescentado pela Emenda Constitucional n. 45, de 8-12-2004.

III – um Ministro do Tribunal Superior do Trabalho, indicado pelo respectivo tribunal;
- •• Inciso III acrescentado pela Emenda Constitucional n. 45, de 8-12-2004.

IV – um desembargador de Tribunal de Justiça, indicado pelo Supremo Tribunal Federal;
- •• Inciso IV acrescentado pela Emenda Constitucional n. 45, de 8-12-2004.
- • A Resolução n. 503, de 23-5-2013, do STF, estabelece o procedimento de escolha e indicação, pelo STF, às vagas do CNJ de que trata este inciso.

V – um juiz estadual, indicado pelo Supremo Tribunal Federal;
- •• Inciso V acrescentado pela Emenda Constitucional n. 45, de 8-12-2004.
- • A Resolução n. 503, de 23-5-2013, do STF, estabelece o procedimento de escolha e indicação, pelo STF, às vagas do CNJ de que trata este inciso.

VI – um juiz de Tribunal Regional Federal, indicado pelo Superior Tribunal de Justiça;
- •• Inciso VI acrescentado pela Emenda Constitucional n. 45, de 8-12-2004.

VII – um juiz federal, indicado pelo Superior Tribunal de Justiça;
- •• Inciso VII acrescentado pela Emenda Constitucional n. 45, de 8-12-2004.

VIII – um juiz de Tribunal Regional do Trabalho, indicado pelo Tribunal Superior do Trabalho;
- •• Inciso VIII acrescentado pela Emenda Constitucional n. 45, de 8-12-2004.

IX – um juiz do trabalho, indicado pelo Tribunal Superior do Trabalho;
- •• Inciso IX acrescentado pela Emenda Constitucional n. 45, de 8-12-2004.

X – um membro do Ministério Público da União, indicado pelo Procurador-Geral da República;
- •• Inciso X acrescentado pela Emenda Constitucional n. 45, de 8-12-2004.

XI – um membro do Ministério Público estadual, escolhido pelo Procurador-Geral da República dentre os nomes indicados pelo órgão competente de cada instituição estadual;
- •• Inciso XI acrescentado pela Emenda Constitucional n. 45, de 8-12-2004.

XII – dois advogados, indicados pelo Conselho Federal da Ordem dos Advogados do Brasil;
- •• Inciso XII acrescentado pela Emenda Constitucional n. 45, de 8-12-2004.
- • O Provimento n. 113, de 10-9-2006, do Conselho Federal da Ordem dos Advogados do Brasil, dispõe sobre a indicação de advogados para integrar o CNJ.
- • O Provimento n. 206, de 24-8-2021, da OAB, dispõe sobre o procedimento de indicação de advogados para integrar o Conselho Nacional de Justiça e o Conselho Nacional do Ministério Público.

XIII – dois cidadãos, de notável saber jurídico e reputação ilibada, indicados um pela Câmara dos Deputados e outro pelo Senado Federal.
- •• Inciso XIII acrescentado pela Emenda Constitucional n. 45, de 8-12-2004.

§ 1.º O Conselho será presidido pelo Presidente do Supremo Tribunal Federal e, nas suas ausências e impedimentos, pelo Vice-Presidente do Supremo Tribunal Federal.
- •• § 1.º com redação determinada pela Emenda Constitucional n. 61, de 11-11-2009.

§ 2.º Os demais membros do Conselho serão nomeados pelo Presidente da República, depois de aprovada a escolha pela maioria absoluta do Senado Federal.

•• § 2.º com redação determinada pela Emenda Constitucional n. 61, de 11-11-2009.

§ 3.º Não efetuadas, no prazo legal, as indicações previstas neste artigo, caberá a escolha ao Supremo Tribunal Federal.

•• § 3.º acrescentado pela Emenda Constitucional n. 45, de 8-12-2004.

§ 4.º Compete ao Conselho o controle da atuação administrativa e financeira do Poder Judiciário e do cumprimento dos deveres funcionais dos juízes, cabendo-lhe, além de outras atribuições que lhe forem conferidas pelo Estatuto da Magistratura:

•• § 4.º, *caput*, acrescentado pela Emenda Constitucional n. 45, de 8-12-2004.

I – zelar pela autonomia do Poder Judiciário e pelo cumprimento do Estatuto da Magistratura, podendo expedir atos regulamentares, no âmbito de sua competência, ou recomendar providências;

•• Inciso I acrescentado pela Emenda Constitucional n. 45, de 8-12-2004.

II – zelar pela observância do art. 37 e apreciar, de ofício ou mediante provocação, a legalidade dos atos administrativos praticados por membros ou órgãos do Poder Judiciário, podendo desconstituí-los, revê-los ou fixar prazo para que se adotem as providências necessárias ao exato cumprimento da lei, sem prejuízo da competência do Tribunal de Contas da União;

•• Inciso II acrescentado pela Emenda Constitucional n. 45, de 8-12-2004.

• A Resolução n. 7, de 18-10-2005, do CNJ, veda a prática de nepotismo no âmbito de todos os órgãos do Poder Judiciário.

III – receber e conhecer das reclamações contra membros ou órgãos do Poder Judiciário, inclusive contra seus serviços auxiliares, serventias e órgãos prestadores de serviços notariais e de registro que atuem por delegação do poder público ou oficializados, sem prejuízo da competência disciplinar e correicional dos tribunais, podendo avocar processos disciplinares em curso, determinar a remoção ou a disponibilidade e aplicar outras sanções administrativas, assegurada ampla defesa;

•• Inciso III com redação determinada pela Emenda Constitucional n. 103, de 12-11-2019.

IV – representar ao Ministério Público, no caso de crime contra a administração pública ou de abuso de autoridade;

•• Inciso IV acrescentado pela Emenda Constitucional n. 45, de 8-12-2004.

V – rever, de ofício ou mediante provocação, os processos disciplinares de juízes e membros de tribunais julgados há menos de um ano;

•• Inciso V acrescentado pela Emenda Constitucional n. 45, de 8-12-2004.

VI – elaborar semestralmente relatório estatístico sobre processos e sentenças prolatadas, por unidade da Federação, nos diferentes órgãos do Poder Judiciário;

•• Inciso VI acrescentado pela Emenda Constitucional n. 45, de 8-12-2004.

VII – elaborar relatório anual, propondo as providências que julgar necessárias, sobre a situação do Poder Judiciário no País e as atividades do Conselho, o qual deve integrar mensagem do Presidente do Supremo Tribunal Federal a ser remetida ao Congresso Nacional, por ocasião da abertura da sessão legislativa.

•• Inciso VII acrescentado pela Emenda Constitucional n. 45, de 8-12-2004.

§ 5.º O Ministro do Superior Tribunal de Justiça exercerá a função de Ministro-Corregedor e ficará excluído da distribuição de processos no Tribunal, competindo-lhe, além das atribuições que lhe forem conferidas pelo Estatuto da Magistratura, as seguintes:

•• § 5.º, *caput*, acrescentado pela Emenda Constitucional n. 45, de 8-12-2004.

I – receber as reclamações e denúncias, de qualquer interessado, relativas aos magistrados e aos serviços judiciários;
- •• Inciso I acrescentado pela Emenda Constitucional n. 45, de 8-12-2004.

II – exercer funções executivas do Conselho, de inspeção e de correição geral;
- •• Inciso II acrescentado pela Emenda Constitucional n. 45, de 8-12-2004.

III – requisitar e designar magistrados, delegando-lhes atribuições, e requisitar servidores de juízos ou tribunais, inclusive nos Estados, Distrito Federal e Territórios.
- •• Inciso III acrescentado pela Emenda Constitucional n. 45, de 8-12-2004.

§ 6.º Junto ao Conselho oficiarão o Procurador-Geral da República e o Presidente do Conselho Federal da Ordem dos Advogados do Brasil.
- •• § 6.º acrescentado pela Emenda Constitucional n. 45, de 8-12-2004.

§ 7.º A União, inclusive no Distrito Federal e nos Territórios, criará ouvidorias de justiça, competentes para receber reclamações e denúncias de qualquer interessado contra membros ou órgãos do Poder Judiciário, ou contra seus serviços auxiliares, representando diretamente ao Conselho Nacional de Justiça.
- •• § 7.º acrescentado pela Emenda Constitucional n. 45, de 8-12-2004.

Seção III
Do Superior Tribunal de Justiça
- Regimento Interno do STJ: *DJU*, de 7-7-1989, republicado em 17-8-1989.
- A Lei n. 8.038, de 28-5-1990, institui normas procedimentais, para processos que especifica, perante o STJ e o STF.

Art. 104. O Superior Tribunal de Justiça compõe-se de, no mínimo, trinta e três Ministros.

Parágrafo único. Os Ministros do Superior Tribunal de Justiça serão nomeados pelo Presidente da República, dentre brasileiros com mais de trinta e cinco e menos de setenta anos de idade, de notável saber jurídico e reputação ilibada, depois de aprovada a escolha pela maioria absoluta do Senado Federal, sendo:
- •• Parágrafo único, *caput*, com redação determinada pela Emenda Constitucional n. 122, de 17-5-2022.

I – um terço dentre juízes dos Tribunais Regionais Federais e um terço dentre desembargadores dos Tribunais de Justiça, indicados em lista tríplice elaborada pelo próprio Tribunal;

II – um terço, em partes iguais, dentre advogados e membros do Ministério Público Federal, Estadual, do Distrito Federal e Territórios, alternadamente, indicados na forma do art. 94.

Art. 105. Compete ao Superior Tribunal de Justiça:
- A Lei n. 8.038, de 28-5-1990, institui normas procedimentais para os processos que especifica, perante o STJ e o STF.

I – processar e julgar, originariamente:

a) nos crimes comuns, os Governadores dos Estados e do Distrito Federal, e, nestes e nos de responsabilidade, os desembargadores dos Tribunais de Justiça dos Estados e do Distrito Federal, os membros dos Tribunais de Contas dos Estados e do Distrito Federal, os dos Tribunais Regionais Federais, dos Tribunais Regionais Eleitorais e do Trabalho, os membros dos Conselhos ou Tribunais de Contas dos Municípios e os do Ministério Público da União que oficiem perante tribunais;

b) os mandados de segurança e os *habeas data* contra ato de Ministro de Estado, dos Comandantes da Marinha, do Exército e da Aeronáutica ou do próprio Tribunal;
- •• Alínea *b* com redação determinada pela Emenda Constitucional n. 23, de 2-9-1999.

c) os *habeas corpus*, quando o coator ou paciente for qualquer das pessoas mencionadas na alínea *a*, ou quando o coator for tribunal sujeito à sua jurisdição, Ministro de Estado ou Comandante da Marinha, do Exército ou da Aeronáutica, ressalvada a competência da Justiça Eleitoral;
- •• Alínea c com redação determinada pela Emenda Constitucional n. 23, de 2-9-1999.

d) os conflitos de competência entre quaisquer tribunais, ressalvado o disposto no art. 102, I, *o*, bem como entre tribunal e juízes a ele não vinculados e entre juízes vinculados a tribunais diversos;

e) as revisões criminais e as ações rescisórias de seus julgados;
- Da revisão criminal: arts. 621 e s. do CPP.
- Da ação rescisória: arts. 966 e s. do CPC.

f) a reclamação para a preservação de sua competência e garantia da autoridade de suas decisões;

g) os conflitos de atribuições entre autoridades administrativas e judiciárias da União, ou entre autoridades judiciárias de um Estado e administrativas de outro ou do Distrito Federal, ou entre as deste e da União;

h) o mandado de injunção, quando a elaboração da norma regulamentadora for atribuição de órgão, entidade ou autoridade federal, da administração direta ou indireta, excetuados os casos de competência do Supremo Tribunal Federal e dos órgãos da Justiça Militar, da Justiça Eleitoral, da Justiça do Trabalho e da Justiça Federal;

i) a homologação de sentenças estrangeiras e a concessão de *exequatur* às cartas rogatórias;
•• Alínea *i* acrescentada pela Emenda Constitucional n. 45, de 8-12-2004.

j) os conflitos entre entes federativos, ou entre estes e o Comitê Gestor do Imposto sobre Bens e Serviços, relacionados aos tributos previstos nos arts. 156-A e 195, V;
•• Alínea *j* acrescentada pela Emenda Constitucional n. 132, de 20-12-2023.

II – julgar, em recurso ordinário:

a) os *habeas corpus* decididos em única ou última instância pelos Tribunais Regionais Federais ou pelos tribunais dos Estados, do Distrito Federal e Territórios, quando a decisão for denegatória;

b) os mandados de segurança decididos em única instância pelos Tribunais Regionais Federais ou pelos tribunais dos Estados, do Distrito Federal e Territórios, quando denegatória a decisão;

c) as causas em que forem partes Estado estrangeiro ou organismo internacional, de um lado, e, do outro, Município ou pessoa residente ou domiciliada no País;

III – julgar, em recurso especial, as causas decididas, em única ou última instância, pelos Tribunais Regionais Federais ou pelos tribunais dos Estados, do Distrito Federal e Territórios, quando a decisão recorrida:

a) contrariar tratado ou lei federal, ou negar-lhes vigência;

b) julgar válido ato de governo local contestado em face de lei federal;
•• Alínea *b* com redação determinada pela Emenda Constitucional n. 45, de 8-12-2004.

c) der a lei federal interpretação divergente da que lhe haja atribuído outro tribunal.

§ 1.º Funcionarão junto ao Superior Tribunal de Justiça:
•• Parágrafo único, *caput*, renumerado pela Emenda Constitucional n. 125, de 14-7-2022.

I – a Escola Nacional de Formação e Aperfeiçoamento de Magistrados, cabendo-lhe, dentre outras funções, regulamentar os cursos oficiais para o ingresso e promoção na carreira;
•• Inciso I acrescentado pela Emenda Constitucional n. 45, de 8-12-2004.

II – o Conselho da Justiça Federal, cabendo-lhe exercer, na forma da lei, a supervisão administrativa e orçamentária da Justiça Federal de primeiro e segundo graus, como órgão central do sistema e com poderes correicionais, cujas decisões terão caráter vinculante.
•• Inciso II acrescentado pela Emenda Constitucional n. 45, de 8-12-2004.

•• A Lei n. 11.798, de 29-10-2008, dispõe sobre a composição e a competência do CJF.
• A Resolução n. 42, de 19-12-2008, aprova o Regimento Interno do CJF.
• A Resolução n. 147, de 15-4-2011, do CJF, institui o Código de Conduta do Conselho e da Justiça Federal de primeiro e segundo graus.

§ 2.º No recurso especial, o recorrente deve demonstrar a relevância das questões de direito federal infraconstitucional discutidas no caso, nos termos da lei, a fim de que a admissão do recurso seja examinada pelo Tribunal, o qual somente pode dele não conhecer com base nesse motivo pela manifestação de 2/3 (dois terços) dos membros do órgão competente para o julgamento.
•• § 2.º acrescentado pela Emenda Constitucional n. 125, de 14-7-2022.
•• *Vide* art. 2.º da Emenda Constitucional n. 125, de 14-7-2022.

§ 3.º Haverá a relevância de que trata o § 2.º deste artigo nos seguintes casos:
•• § 3.º, *caput*, acrescentado pela Emenda Constitucional n. 125, de 14-7-2022.

I – ações penais;
•• Inciso I acrescentado pela Emenda Constitucional n. 125, de 14-7-2022.

II – ações de improbidade administrativa;
•• Inciso II acrescentado pela Emenda Constitucional n. 125, de 14-7-2022.

III – ações cujo valor da causa ultrapasse 500 (quinhentos) salários mínimos;
•• Inciso III acrescentado pela Emenda Constitucional n. 125, de 14-7-2022.

IV – ações que possam gerar inelegibilidade;
•• Inciso IV acrescentado pela Emenda Constitucional n. 125, de 14-7-2022.

V – hipóteses em que o acórdão recorrido contrariar jurisprudência dominante do Superior Tribunal de Justiça;
•• Inciso V acrescentado pela Emenda Constitucional n. 125, de 14-7-2022.

VI – outras hipóteses previstas em lei.
•• Inciso VI acrescentado pela Emenda Constitucional n. 125, de 14-7-2022.

Seção IV
Dos Tribunais Regionais Federais e dos Juízes Federais

Art. 106. São órgãos da Justiça Federal:

I – os Tribunais Regionais Federais;

II – os Juízes Federais.

Art. 107. Os Tribunais Regionais Federais compõem-se de, no mínimo, sete juízes, recrutados, quando possível, na respectiva região e nomeados pelo Presidente da República dentre brasileiros com mais de trinta e menos de setenta anos de idade, sendo:
•• *Caput* com redação determinada pela Emenda Constitucional n. 122, de 17-5-2022.

I – um quinto dentre advogados com mais de dez anos de efetiva atividade profissional e membros do Ministério Público Federal com mais de dez anos de carreira;

II – os demais, mediante promoção de juízes federais com mais de cinco anos de exercício, por antiguidade e merecimento, alternadamente.

§ 1.º A lei disciplinará a remoção ou a permuta de juízes dos Tribunais Regionais Federais e determinará sua jurisdição e sede.
•• § 1.º renumerado pela Emenda Constitucional n. 45, de 8-12-2004.
• Dispõe o art. 1.º da Lei n. 9.967, de 10-5-2000: "Art. 1.º Os Tribunais Regionais das 1.ª, 2.ª, 4.ª e 5.ª Regiões passam a ser compostos pelos seguintes números de membros: I – vinte e sete juízes, na 1.ª Região; II – vinte e sete juízes, na 2.ª Região; III – vinte e sete juízes, na 4.ª Região; IV – quinze juízes, na 5.ª Região".
• Dispõe o art. 1.º da Lei n. 9.968, de 10-5-2000: "Art. 1.º O TRF da 3.ª Região passa a ser composto de quarenta e três juízes".

§ 2.º Os Tribunais Regionais Federais instalarão a justiça itinerante, com a realização de audiências e demais funções da atividade jurisdicional, nos limites territoriais da respectiva jurisdição, servindo-se de equipamentos públicos e comunitários.

•• § 2.º acrescentado pela Emenda Constitucional n. 45, de 8-12-2004.

§ 3.º Os Tribunais Regionais Federais poderão funcionar descentralizadamente, constituindo Câmaras regionais, a fim de assegurar o pleno acesso do jurisdicionado à justiça em todas as fases do processo.

•• § 3.º acrescentado pela Emenda Constitucional n. 45, de 8-12-2004.

Art. 108. Compete aos Tribunais Regionais Federais:

I – processar e julgar, originariamente:

a) os juízes federais da área de sua jurisdição, incluídos os da Justiça Militar e da Justiça do Trabalho, nos crimes comuns e de responsabilidade, e os membros do Ministério Público da União, ressalvada a competência da Justiça Eleitoral;

b) as revisões criminais e as ações rescisórias de julgados seus ou dos juízes federais da região;

• Da revisão criminal: arts. 621 e s. do CPP.
• Da ação rescisória: arts. 966 e s. do CPC.

c) os mandados de segurança e os *habeas data* contra ato do próprio Tribunal ou de juiz federal;

d) os *habeas corpus*, quando a autoridade coatora for juiz federal;

e) os conflitos de competência entre juízes federais vinculados ao Tribunal;

II – julgar, em grau de recurso, as causas decididas pelos juízes federais e pelos juízes estaduais no exercício da competência federal da área de sua jurisdição.

Art. 109. Aos juízes federais compete processar e julgar:

I – as causas em que a União, entidade autárquica ou empresa pública federal forem interessadas na condição de autoras, rés, assistentes ou oponentes, exceto as de falência, as de acidentes de trabalho e as sujeitas à Justiça Eleitoral e à Justiça do Trabalho;

• *Vide* Súmulas Vinculantes 22, 27 e 60.

II – as causas entre Estado estrangeiro ou organismo internacional e Município ou pessoa domiciliada ou residente no País;

III – as causas fundadas em tratado ou contrato da União com Estado estrangeiro ou organismo internacional;

IV – os crimes políticos e as infrações penais praticadas em detrimento de bens, serviços ou interesse da União ou de suas entidades autárquicas ou empresas públicas, excluídas as contravenções e ressalvada a competência da Justiça Militar e da Justiça Eleitoral;

V – os crimes previstos em tratado ou convenção internacional, quando, iniciada a execução no País, o resultado tenha ou devesse ter ocorrido no estrangeiro, ou reciprocamente;

• Tráfico internacional de pessoas para fim de exploração sexual: art. 231 do CP.

V-A – as causas relativas a direitos humanos a que se refere o § 5.º deste artigo;

•• Inciso V-A acrescentado pela Emenda Constitucional n. 45, de 8-12-2004.

VI – os crimes contra a organização do trabalho e, nos casos determinados por lei, contra o sistema financeiro e a ordem econômico-financeira;

• Dos crimes contra a organização do trabalho: arts. 197 a 207 do CP.

Constituição da República Federativa do Brasil | Arts. 109 e 110 | 95

- Dos crimes contra o sistema financeiro: Lei n. 7.492, de 16-6-1986.
- Dos crimes contra a ordem econômica: Leis n. 8.137, de 27-12-1990, e n. 8.176, de 8-2-1991.
- A Resolução n. 314, de 12-5-2003, do CJF, dispõe sobre a especialização de varas federais criminais para processar e julgar, na Justiça Federal, crimes contra o sistema financeiro nacional e de lavagem ou ocultação de bens, direitos e valores.

VII – os *habeas corpus*, em matéria criminal de sua competência ou quando o constrangimento provier de autoridade cujos atos não estejam diretamente sujeitos a outra jurisdição;

VIII – os mandados de segurança e os *habeas data* contra ato de autoridade federal, excetuados os casos de competência dos tribunais federais;

- Mandado de Segurança: Lei n. 12.016, de 7-8-2009.
- *Habeas data*: Lei n. 9.507, de 12-11-1997.

IX – os crimes cometidos a bordo de navios ou aeronaves, ressalvada a competência da Justiça Militar;

X – os crimes de ingresso ou permanência irregular de estrangeiro, a execução de carta rogatória, após o *exequatur*, e de sentença estrangeira, após a homologação, as causas referentes à nacionalidade, inclusive a respectiva opção, e à naturalização;

XI – a disputa sobre direitos indígenas.

§ 1.º As causas em que a União for autora serão aforadas na seção judiciária onde tiver domicílio a outra parte.

§ 2.º As causas intentadas contra a União poderão ser aforadas na seção judiciária em que for domiciliado o autor, naquela onde houver ocorrido o ato ou fato que deu origem à demanda ou onde esteja situada a coisa, ou ainda, no Distrito Federal.

§ 3.º Lei poderá autorizar que as causas de competência da Justiça Federal em que forem parte instituição de previdência social e segurado possam ser processadas e julgadas na justiça estadual quando a comarca do domicílio do segurado não for sede de vara federal.

•• § 3.º com redação determinada pela Emenda Constitucional n. 103, de 12-11-2019.

§ 4.º Na hipótese do parágrafo anterior, o recurso cabível será sempre para o Tribunal Regional Federal na área de jurisdição do juiz de primeiro grau.

§ 5.º Nas hipóteses de grave violação de direitos humanos, o Procurador-Geral da República, com a finalidade de assegurar o cumprimento de obrigações decorrentes de tratados internacionais de direitos humanos dos quais o Brasil seja parte, poderá suscitar, perante o Superior Tribunal de Justiça, em qualquer fase do inquérito ou processo, incidente de deslocamento de competência para a Justiça Federal.

•• § 5.º acrescentado pela Emenda Constitucional n. 45, de 8-12-2004.

Art. 110. Cada Estado, bem como o Distrito Federal, constituirá uma seção judiciária que terá por sede a respectiva Capital, e varas localizadas segundo o estabelecido em lei.

- A Lei n. 9.788, de 19-2-1999, dispõe sobre a reestruturação da Justiça Federal de Primeiro Grau, nas 5 (cinco) regiões, com a criação de 100 (cem) Varas Federais.

Parágrafo único. Nos Territórios Federais, a jurisdição e as atribuições cometidas aos juízes federais caberão aos juízes da justiça local, na forma da lei.

Seção V
Do Tribunal Superior do Trabalho, dos Tribunais Regionais do Trabalho e dos Juízes do Trabalho

•• Seção V com denominação determinada pela Emenda Constitucional n. 92, de 12-7-2016.
- A Lei n. 9.957, de 12-1-2000, instituiu o procedimento sumaríssimo no processo trabalhista.
- A Lei n. 9.958, de 12-1-2000, criou as Comissões de Conciliação Prévia no âmbito da Justiça do Trabalho.

Art. 111. São órgãos da Justiça do Trabalho:

I – o Tribunal Superior do Trabalho;

II – os Tribunais Regionais do Trabalho;

III – Juízes do Trabalho.

•• Inciso III com redação determinada pela Emenda Constitucional n. 24, de 9-12-1999.

§§ 1.º a 3.º (*Revogados pela Emenda Constitucional n. 45, de 8-12-2004.*)

Art. 111-A. O Tribunal Superior do Trabalho compõe-se de vinte e sete Ministros, escolhidos dentre brasileiros com mais de trinta e cinco e menos de setenta anos de idade, de notável saber jurídico e reputação ilibada, nomeados pelo Presidente da República após aprovação pela maioria absoluta do Senado Federal, sendo:

•• *Caput* com redação determinada pela Emenda Constitucional n. 122, de 17-5-2022.

I – um quinto dentre advogados com mais de dez anos de efetiva atividade profissional e membros do Ministério Público do Trabalho com mais de dez anos de efetivo exercício, observado o disposto no art. 94;

•• Inciso I acrescentado pela Emenda Constitucional n. 45, de 8-12-2004.

II – os demais dentre juízes dos Tribunais Regionais do Trabalho, oriundos da magistratura da carreira, indicados pelo próprio Tribunal Superior.

•• Inciso II acrescentado pela Emenda Constitucional n. 45, de 8-12-2004.

§ 1.º A lei disporá sobre a competência do Tribunal Superior do Trabalho.

•• § 1.º acrescentado pela Emenda Constitucional n. 45, de 8-12-2004.

§ 2.º Funcionarão junto ao Tribunal Superior do Trabalho:

•• § 2.º, *caput*, acrescentado pela Emenda Constitucional n. 45, de 8-12-2004.

I – a Escola Nacional de Formação e Aperfeiçoamento de Magistrados do Trabalho, cabendo-lhe, dentre outras funções, regulamentar os cursos oficiais para o ingresso e promoção na carreira;

•• Inciso I acrescentado pela Emenda Constitucional n. 45, de 8-12-2004.

II – o Conselho Superior da Justiça do Trabalho, cabendo-lhe exercer, na forma da lei, a supervisão administrativa, orçamentária, financeira e patrimonial da Justiça do Trabalho de primeiro e segundo graus, como órgão central do sistema, cujas decisões terão efeito vinculante.

•• Inciso II acrescentado pela Emenda Constitucional n. 45, de 8-12-2004.
• *Vide* art. 6.º da Emenda Constitucional n. 45, de 8-12-2004.

§ 3.º Compete ao Tribunal Superior do Trabalho processar e julgar, originariamente, a reclamação para a preservação de sua competência e garantia da autoridade de suas decisões.

•• § 3.º acrescentado pela Emenda Constitucional n. 92, de 12-7-2016.

Art. 112. A lei criará varas da Justiça do Trabalho, podendo, nas comarcas não abrangidas por sua jurisdição, atribuí-la aos juízes de direito, com recurso para o respectivo Tribunal Regional do Trabalho.

•• Artigo com redação determinada pela Emenda Constitucional n. 45, de 8-12-2004.

Art. 113. A lei disporá sobre a constituição, investidura, jurisdição, competência, garantias e condições de exercício dos órgãos da Justiça do Trabalho.

•• Artigo com redação determinada pela Emenda Constitucional n. 24, de 9-12-1999.

Art. 114. Compete à Justiça do Trabalho processar e julgar:

•• *Caput* com redação determinada pela Emenda Constitucional n. 45, de 8-12-2004.

Constituição da República Federativa do Brasil | Art. 114 | 97

I – as ações oriundas da relação de trabalho, abrangidos os entes de direito público externo e da administração pública direta e indireta da União, dos Estados, do Distrito Federal e dos Municípios;

•• Inciso I acrescentado pela Emenda Constitucional n. 45, de 8-12-2004.
•• O STF, em 27-1-2005, concedeu liminar, com efeito *ex tunc*, na ADI n. 3.395-6 (*DJU* de 4-2-2005), atribuindo interpretação a este inciso nos seguintes termos:
"Suspendo, *ad referendum*, toda e qualquer interpretação dada ao inciso I do art. 114 da CF, na redação dada pela EC/45, que inclua na competência da justiça do trabalho, a '... apreciação ... de causas que ... sejam instauradas entre o Poder Público e seus servidores, a ele vinculados por típica relação de ordem estatutária ou de caráter jurídico-administrativo'".
•• O STF, em 1.º-2-2007, concedeu liminar, com efeito *ex tunc*, na ADI n. 3.684-0 (*DJU* de 3-8-2007), para atribuir interpretação conforme a CF a este inciso, declarando que, no âmbito da Justiça do Trabalho, não entra competência para processar e julgar ações penais.

II – as ações que envolvam exercício do direito de greve;

•• Inciso II acrescentado pela Emenda Constitucional n. 45, de 8-12-2004.
• A Lei n. 7.783, de 28-6-1989, dispõe sobre exercício do direito de greve.
• *Vide* Súmula Vinculante 23.

III – as ações sobre representação sindical, entre sindicatos, entre sindicatos e trabalhadores, e entre sindicatos e empregadores;

•• Inciso III acrescentado pela Emenda Constitucional n. 45, de 8-12-2004.

IV – os mandados de segurança, *habeas corpus* e *habeas data*, quando o ato questionado envolver matéria sujeita à sua jurisdição;

•• Inciso IV acrescentado pela Emenda Constitucional n. 45, de 8-12-2004.
•• O STF, em 1.º-2-2007, concedeu liminar, com efeito *ex tunc*, na ADI n. 3.684-0 (*DJU* de 3-8-2007), para atribuir interpretação conforme a CF a este inciso, declarando que, no âmbito da Justiça do Trabalho, não entra competência para processar e julgar ações penais.

V – os conflitos de competência entre órgãos com jurisdição trabalhista, ressalvado o disposto no art. 102, I, *o*;

•• Inciso V acrescentado pela Emenda Constitucional n. 45, de 8-12-2004.

VI – as ações de indenização por dano moral ou patrimonial, decorrentes da relação de trabalho;

•• Inciso VI acrescentado pela Emenda Constitucional n. 45, de 8-12-2004.
• *Vide* Súmula Vinculante 22.

VII – as ações relativas às penalidades administrativas impostas aos empregadores pelos órgãos de fiscalização das relações de trabalho;

•• Inciso VII acrescentado pela Emenda Constitucional n. 45, de 8-12-2004.

VIII – a execução, de ofício, das contribuições sociais previstas no art. 195, I, *a*, e II, e seus acréscimos legais, decorrentes das sentenças que proferir;

•• Inciso VIII acrescentado pela Emenda Constitucional n. 45, de 8-12-2004.
•• *Vide* Súmula Vinculante 53.

IX – outras controvérsias decorrentes da relação de trabalho, na forma da lei.

•• Inciso IX acrescentado pela Emenda Constitucional n. 45, de 8-12-2004.
•• O STF, em 1.º-2-2007, concedeu liminar, com efeito *ex tunc*, na ADI n. 3.684-0 (*DJU* de 3-8-2007), para atribuir interpretação conforme a CF a este inciso, declarando que, no âmbito da Justiça do Trabalho, não entra competência para processar e julgar ações penais.

§ 1.º Frustrada a negociação coletiva, as partes poderão eleger árbitros.

§ 2.º Recusando-se qualquer das partes à negociação coletiva ou à arbitragem, é facultado às mesmas, de comum acordo, ajuizar dissídio coletivo de natureza econômica, podendo a Justiça do Trabalho decidir o conflito, respeitadas as disposições mínimas legais de proteção ao trabalho, bem como as convencionadas anteriormente.

•• § 2.º com redação determinada pela Emenda Constitucional n. 45, de 8-12-2004.

§ 3.º Em caso de greve em atividade essencial, com possibilidade de lesão do interesse público, o Ministério Público do Trabalho poderá ajuizar dissídio coletivo, competindo à Justiça do Trabalho decidir o conflito.

•• § 3.º com redação determinada pela Emenda Constitucional n. 45, de 8-12-2004.

Art. 115. Os Tribunais Regionais do Trabalho compõem-se de, no mínimo, sete juízes, recrutados, quando possível, na respectiva região e nomeados pelo Presidente da República dentre brasileiros com mais de trinta e menos de setenta anos de idade, sendo:

•• Caput com redação determinada pela Emenda Constitucional n. 122, de 17-5-2022.

I – um quinto dentre advogados com mais de dez anos de efetiva atividade profissional e membros do Ministério Público do Trabalho com mais de dez anos de efetivo exercício, observado o disposto no art. 94;

•• Inciso I acrescentado pela Emenda Constitucional n. 45, de 8-12-2004.

II – os demais, mediante promoção de juízes do trabalho por antiguidade e merecimento, alternadamente.

•• Inciso II acrescentado pela Emenda Constitucional n. 45, de 8-12-2004.

§ 1.º Os Tribunais Regionais do Trabalho instalarão a justiça itinerante, com a realização de audiências e demais funções de atividade jurisdicional, nos limites territoriais da respectiva jurisdição, servindo-se de equipamentos públicos e comunitários.

•• § 1.º acrescentado pela Emenda Constitucional n. 45, de 8-12-2004.

§ 2.º Os Tribunais Regionais do Trabalho poderão funcionar descentralizadamente, constituindo Câmaras regionais, a fim de assegurar o pleno acesso do jurisdicionado à justiça em todas as fases do processo.

•• § 2.º acrescentado pela Emenda Constitucional n. 45, de 8-12-2004.

Art. 116. Nas Varas do Trabalho, a jurisdição será exercida por um juiz singular.

•• Caput com redação determinada pela Emenda Constitucional n. 24, de 9-12-1999.

Parágrafo único. (*Revogado pela Emenda Constitucional n. 24, de 9-12-1999.*)

Art. 117. (*Revogado pela Emenda Constitucional n. 24, de 9-12-1999.*)

Seção VI
Dos Tribunais e Juízes Eleitorais

Art. 118. São órgãos da Justiça Eleitoral:

I – o Tribunal Superior Eleitoral;

II – os Tribunais Regionais Eleitorais;

III – os Juízes Eleitorais;

IV – as Juntas Eleitorais.

Art. 119. O Tribunal Superior Eleitoral compor-se-á, no mínimo, de sete membros, escolhidos:

I – mediante eleição, pelo voto secreto:

a) três juízes dentre os Ministros do Supremo Tribunal Federal;

b) dois juízes dentre os Ministros do Superior Tribunal de Justiça;

II – por nomeação do Presidente da República, dois juízes dentre seis advogados de notável saber jurídico e idoneidade moral, indicados pelo Supremo Tribunal Federal.

Parágrafo único. O Tribunal Superior Eleitoral elegerá seu Presidente e o Vice-Presidente dentre os Ministros do Supremo Tribunal Federal, e o Corregedor Eleitoral dentre os Ministros do Superior Tribunal de Justiça.

Art. 120. Haverá um Tribunal Regional Eleitoral na Capital de cada Estado e no Distrito Federal.

§ 1.º Os Tribunais Regionais Eleitorais compor-se-ão:

I – mediante eleição, pelo voto secreto:

a) de dois juízes dentre os desembargadores do Tribunal de Justiça;

b) de dois juízes, dentre juízes de direito, escolhidos pelo Tribunal de Justiça;

II – de um juiz do Tribunal Regional Federal com sede na Capital do Estado ou no Distrito Federal, ou, não havendo, de juiz federal, escolhido, em qualquer caso, pelo Tribunal Regional Federal respectivo;

III – por nomeação, pelo Presidente da República, de dois juízes dentre seis advogados de notável saber jurídico e idoneidade moral, indicados pelo Tribunal de Justiça.

§ 2.º O Tribunal Regional Eleitoral elegerá seu Presidente e o Vice-Presidente dentre os desembargadores.

Art. 121. Lei complementar disporá sobre a organização e competência dos tribunais, dos juízes de direito e das juntas eleitorais.

§ 1.º Os membros dos tribunais, os juízes de direito e os integrantes das juntas eleitorais, no exercício de suas funções, e no que lhes for aplicável, gozarão de plenas garantias e serão inamovíveis.

§ 2.º Os juízes dos tribunais eleitorais, salvo motivo justificado, servirão por dois anos, no mínimo, e nunca por mais de dois biênios consecutivos, sendo os substitutos escolhidos na mesma ocasião e pelo mesmo processo, em número igual para cada categoria.

§ 3.º São irrecorríveis as decisões do Tribunal Superior Eleitoral, salvo as que contrariarem esta Constituição e as denegatórias de *habeas corpus* ou mandado de segurança.

§ 4.º Das decisões dos Tribunais Regionais Eleitorais somente caberá recurso quando:

I – forem proferidas contra disposição expressa desta Constituição ou de lei;

II – ocorrer divergência na interpretação de lei entre dois ou mais tribunais eleitorais;

III – versarem sobre inelegibilidade ou expedição de diplomas nas eleições federais ou estaduais;

IV – anularem diplomas ou decretarem a perda de mandatos eletivos federais ou estaduais;

V – denegarem *habeas corpus*, mandado de segurança, *habeas data* ou mandado de injunção.

Seção VII
Dos Tribunais e Juízes Militares

Art. 122. São órgãos da Justiça Militar:

I – o Superior Tribunal Militar;

II – os Tribunais e Juízes Militares instituídos por lei.

Art. 123. O Superior Tribunal Militar compor-se-á de quinze Ministros vitalícios, nomeados pelo Presidente da República, depois de aprovada a indicação pelo Senado Federal, sendo três dentre oficiais-generais da Marinha, quatro dentre oficiais-generais do Exército, três dentre oficiais-generais da Aeronáutica, todos da ativa e do posto mais elevado da carreira, e cinco dentre civis.

Parágrafo único. Os Ministros civis serão escolhidos pelo Presidente da República dentre brasileiros com mais de trinta e cinco e menos de setenta anos de idade, sendo:

•• Parágrafo único, *caput*, com redação determinada pela Emenda Constitucional n. 122, de 17-5-2022.

I – três dentre advogados de notório saber jurídico e conduta ilibada, com mais de dez anos de efetiva atividade profissional;

II – dois, por escolha paritária, dentre juízes auditores e membros do Ministério Público da Justiça Militar.

Art. 124. À Justiça Militar compete processar e julgar os crimes militares definidos em lei.

Parágrafo único. A lei disporá sobre a organização, o funcionamento e a competência, da Justiça Militar.

Seção VIII
Dos Tribunais e Juízes dos Estados

Art. 125. Os Estados organizarão sua Justiça, observados os princípios estabelecidos nesta Constituição.

§ 1.º A competência dos tribunais será definida na Constituição do Estado, sendo a lei de organização judiciária de iniciativa do Tribunal de Justiça.

•• *Vide* art. 70 do ADCT.
• *Vide* Súmula Vinculante 45.

§ 2.º Cabe aos Estados a instituição de representação de inconstitucionalidade de leis ou atos normativos estaduais ou municipais em face da Constituição Estadual, vedada a atribuição da legitimação para agir a um único órgão.

§ 3.º A lei estadual poderá criar, mediante proposta do Tribunal de Justiça, a Justiça Militar estadual, constituída, em primeiro grau, pelos juízes de direito e pelos Conselhos de Justiça e, em segundo grau, pelo próprio Tribunal de Justiça, ou por Tribunal de Justiça Militar nos Estados em que o efetivo militar seja superior a vinte mil integrantes.

•• § 3.º com redação determinada pela Emenda Constitucional n. 45, de 8-12-2004.

§ 4.º Compete à Justiça Militar estadual processar e julgar os militares dos Estados, nos crimes militares definidos em lei e as ações judiciais contra atos disciplinares militares, ressalvada a competência do júri quando a vítima for civil, cabendo ao tribunal competente decidir sobre a perda do posto e da patente dos oficiais e da graduação das praças.

•• § 4.º com redação determinada pela Emenda Constitucional n. 45, de 8-12-2004.

§ 5.º Compete aos juízes de direito do juízo militar processar e julgar, singularmente, os crimes militares cometidos contra civis e as ações judiciais contra atos disciplinares militares, cabendo ao Conselho de Justiça, sob a presidência de juiz de direito, processar e julgar os demais crimes militares.

•• § 5.º acrescentado pela Emenda Constitucional n. 45, de 8-12-2004.

§ 6.º O Tribunal de Justiça poderá funcionar descentralizadamente, constituindo Câmaras regionais, a fim de assegurar o pleno acesso do jurisdicionado à justiça em todas as fases do processo.

•• § 6.º acrescentado pela Emenda Constitucional n. 45, de 8-12-2004.

Constituição da República Federativa do Brasil | Arts. 125 a 127 | 101

§ 7.º O Tribunal de Justiça instalará a justiça itinerante, com a realização de audiências e demais funções da atividade jurisdicional, nos limites territoriais da respectiva jurisdição, servindo-se de equipamentos públicos e comunitários.

•• § 7.º acrescentado pela Emenda Constitucional n. 45, de 8-12-2004.

Art. 126. Para dirimir conflitos fundiários, o Tribunal de Justiça proporá a criação de varas especializadas, com competência exclusiva para questões agrárias.

•• *Caput* com redação determinada pela Emenda Constitucional n. 45, de 8-12-2004.

Parágrafo único. Sempre que necessário à eficiente prestação jurisdicional, o juiz far-se-á presente no local do litígio.

CAPÍTULO IV
DAS FUNÇÕES ESSENCIAIS À JUSTIÇA

Seção I
Do Ministério Público

- Lei Orgânica Nacional do Ministério Público: Lei n. 8.625, de 12-2-1993.
- Organização, atribuições e Estatuto do Ministério Público da União: Lei Complementar n. 75, de 20-5-1993.
- A Lei n. 13.316, de 20-7-2016, dispõe sobre as carreiras dos servidores do Ministério Público da União e as carreiras dos servidores do Conselho Nacional do Ministério Público.

Art. 127. O Ministério Público é instituição permanente, essencial à função jurisdicional do Estado, incumbindo-lhe a defesa da ordem jurídica, do regime democrático e dos interesses sociais e individuais indisponíveis.

§ 1.º São princípios institucionais do Ministério Público a unidade, a indivisibilidade e a independência funcional.

§ 2.º Ao Ministério Público é assegurada autonomia funcional e administrativa, podendo, observado o disposto no art. 169, propor ao Poder Legislativo a criação e extinção de seus cargos e serviços auxiliares, provendo-os por concurso público de provas ou de provas e títulos, a política remuneratória e os planos de carreira; a lei disporá sobre sua organização e funcionamento.

•• § 2.º com redação determinada pela Emenda Constitucional n. 19, de 4-6-1998.

§ 3.º O Ministério Público elaborará sua proposta orçamentária dentro dos limites estabelecidos na lei de diretrizes orçamentárias.

§ 4.º Se o Ministério Público não encaminhar a respectiva proposta orçamentária dentro do prazo estabelecido na lei de diretrizes orçamentárias, o Poder Executivo considerará, para fins de consolidação da proposta orçamentária anual, os valores aprovados na lei orçamentária vigente, ajustados de acordo com os limites estipulados na forma do § 3.º.

•• § 4.º acrescentado pela Emenda Constitucional n. 45, de 8-12-2004.

§ 5.º Se a proposta orçamentária de que trata este artigo for encaminhada em desacordo com os limites estipulados na forma do § 3.º, o Poder Executivo procederá aos ajustes necessários para fins de consolidação da proposta orçamentária anual.

•• § 5.º acrescentado pela Emenda Constitucional n. 45, de 8-12-2004.

§ 6.º Durante a execução orçamentária do exercício, não poderá haver a realização de despesas ou a assunção de obrigações que extrapolem os limites estabelecidos na lei de diretrizes orçamentárias, exceto se previamente autorizadas, mediante a abertura de créditos suplementares ou especiais.

•• § 6.º acrescentado pela Emenda Constitucional n. 45, de 8-12-2004.

Art. 128. O Ministério Público abrange:

I – o Ministério Público da União, que compreende:

a) o Ministério Público Federal;

b) o Ministério Público do Trabalho;

c) o Ministério Público Militar;

d) o Ministério Público do Distrito Federal e Territórios;

II – os Ministérios Públicos dos Estados.

§ 1.º O Ministério Público da União tem por chefe o Procurador-Geral da República, nomeado pelo Presidente da República dentre integrantes da carreira, maiores de trinta e cinco anos, após a aprovação de seu nome pela maioria absoluta dos membros do Senado Federal, para mandato de dois anos, permitida a recondução.

§ 2.º A destituição do Procurador-Geral da República, por iniciativa do Presidente da República, deverá ser precedida de autorização da maioria absoluta do Senado Federal.

§ 3.º Os Ministérios Públicos dos Estados e o do Distrito Federal e Territórios formarão lista tríplice dentre integrantes da carreira, na forma da lei respectiva, para escolha de seu Procurador-Geral, que será nomeado pelo Chefe do Poder Executivo, para mandato de dois anos, permitida uma recondução.

§ 4.º Os Procuradores-Gerais nos Estados e no Distrito Federal e Territórios poderão ser destituídos por deliberação da maioria absoluta do Poder Legislativo, na forma da lei complementar respectiva.

§ 5.º Leis complementares da União e dos Estados, cuja iniciativa é facultada aos respectivos Procuradores-Gerais, estabelecerão a organização, as atribuições e o estatuto de cada Ministério Público, observadas, relativamente a seus membros:

I – as seguintes garantias:

a) vitaliciedade, após dois anos de exercício, não podendo perder o cargo senão por sentença judicial transitada em julgado;

- A Portaria n. 74, de 17-2-1992, da Procuradoria-Geral da República, dispõe sobre a garantia constitucional da vitaliciedade dos membros do Ministério Público Federal.

b) inamovibilidade, salvo por motivo de interesse público, mediante decisão do órgão colegiado competente do Ministério Público, pelo voto da maioria absoluta de seus membros, assegurada ampla defesa;

•• Alínea b com redação determinada pela Emenda Constitucional n. 45, de 8-12-2004.

c) irredutibilidade de subsídio, fixado na forma do art. 39, § 4.º, e ressalvado o disposto nos arts. 37, X e XI, 150, II, 153, III, 153, § 2.º, I;

•• Alínea c com redação determinada pela Emenda Constitucional n. 19, de 4-6-1998.

II – as seguintes vedações:

a) receber, a qualquer título e sob qualquer pretexto, honorários, percentagens ou custas processuais;

b) exercer a advocacia;

c) participar de sociedade comercial, na forma da lei;

Constituição da República Federativa do Brasil | Arts. 128 e 129 | 103

d) exercer, ainda que em disponibilidade, qualquer outra função pública, salvo uma de magistério;

e) exercer atividade político-partidária;

•• Alínea e com redação determinada pela Emenda Constitucional n. 45, de 8-12-2004.

f) receber, a qualquer título ou pretexto, auxílios ou contribuições de pessoas físicas, entidades públicas ou privadas, ressalvadas as exceções previstas em lei.

•• Alínea f acrescentada pela Emenda Constitucional n. 45, de 8-12-2004.

§ 6.º Aplica-se aos membros do Ministério Público o disposto no art. 95, parágrafo único, V.

•• § 6.º acrescentado pela Emenda Constitucional n. 45, de 8-12-2004.

Art. 129. São funções institucionais do Ministério Público:

I – promover, privativamente, a ação penal pública, na forma da lei;

- O art. 100 do CP estabelece que a ação penal é pública, salvo quando a lei expressamente a declara privativa do ofendido.
- Os arts. 24 e s. dispõem sobre a ação penal.

II – zelar pelo efetivo respeito dos Poderes Públicos e dos serviços de relevância pública aos direitos assegurados nesta Constituição, promovendo as medidas necessárias a sua garantia;

III – promover o inquérito civil e a ação civil pública, para a proteção do patrimônio público e social, do meio ambiente e de outros interesses difusos e coletivos;

- A Lei n. 7.347, de 24-7-1985, disciplina a ação civil pública de responsabilidade por danos causados ao meio ambiente, ao consumidor, a bens e direitos de valor artístico, estético, histórico, turístico e paisagístico.

IV – promover a ação de inconstitucionalidade ou representação para fins de intervenção da União e dos Estados, nos casos previstos nesta Constituição;

V – defender judicialmente os direitos e interesses das populações indígenas;

- Vide notas ao art. 231, caput, da CF.

VI – expedir notificações nos procedimentos administrativos de sua competência, requisitando informações e documentos para instruí-los, na forma da lei complementar respectiva;

VII – exercer o controle externo da atividade policial, na forma da lei complementar mencionada no artigo anterior;

VIII – requisitar diligências investigatórias e a instauração de inquérito policial, indicados os fundamentos jurídicos de suas manifestações processuais;

IX – exercer outras funções que lhe forem conferidas, desde que compatíveis com sua finalidade, sendo-lhe vedada a representação judicial e a consultoria jurídica de entidades públicas.

§ 1.º A legitimação do Ministério Público para as ações civis previstas neste artigo não impede a de terceiros, nas mesmas hipóteses, segundo o disposto nesta Constituição e na lei.

§ 2.º As funções do Ministério Público só podem ser exercidas por integrantes da carreira, que deverão residir na comarca da respectiva lotação, salvo autorização do chefe da instituição.

•• § 2.º com redação determinada pela Emenda Constitucional n. 45, de 8-12-2004.

§ 3.º O ingresso na carreira do Ministério Público far-se-á mediante concurso público de provas e títulos, assegurada a participação da Ordem dos Advogados do Brasil em sua realização, exigindo-se do bacharel em direito, no mínimo, três anos de atividade jurídica e observando-se, nas nomeações, a ordem de classificação.

•• § 3.º com redação determinada pela Emenda Constitucional n. 45, de 8-12-2004.

§ 4.º Aplica-se ao Ministério Público, no que couber, o disposto no art. 93.
- •• § 4.º com redação determinada pela Emenda Constitucional n. 45, de 8-12-2004.

§ 5.º A distribuição de processos no Ministério Público será imediata.
- •• § 5.º acrescentado pela Emenda Constitucional n. 45, de 8-12-2004.

Art. 130. Aos membros do Ministério Público junto aos Tribunais de Contas aplicam-se as disposições desta seção pertinentes a direitos, vedações e forma de investidura.

Art. 130-A. O Conselho Nacional do Ministério Público compõe-se de quatorze membros nomeados pelo Presidente da República, depois de aprovada a escolha pela maioria absoluta do Senado Federal, para um mandato de dois anos, admitida uma recondução, sendo:
- •• *Caput* acrescentado pela Emenda Constitucional n. 45, de 8-12-2004.

I – o Procurador-Geral da República, que o preside;
- •• Inciso I acrescentado pela Emenda Constitucional n. 45, de 8-12-2004.

II – quatro membros do Ministério Público da União, assegurada a representação de cada uma de suas carreiras;
- •• Inciso II acrescentado pela Emenda Constitucional n. 45, de 8-12-2004.

III – três membros do Ministério Público dos Estados;
- •• Inciso III acrescentado pela Emenda Constitucional n. 45, de 8-12-2004.
- • A Portaria n. 119, de 31-3-2005, do Procurador-Geral da República, dispõe sobre a escolha dos membros a que se refere este inciso.

IV – dois juízes, indicados um pelo Supremo Tribunal Federal e outro pelo Superior Tribunal de Justiça;
- •• Inciso IV acrescentado pela Emenda Constitucional n. 45, de 8-12-2004.
- • A Resolução n. 504, de 23-5-2013, do STF, estabelece o procedimento de escolha e indicação, pelo STF, à vaga do CNMP, de que dispõe este inciso.

V – dois advogados, indicados pelo Conselho Federal da Ordem dos Advogados do Brasil;
- •• Inciso V acrescentado pela Emenda Constitucional n. 45, de 8-12-2004.
- • O Provimento n. 206, de 24-8-2021, da OAB, dispõe sobre o procedimento de indicação de advogados para integrar o Conselho Nacional de Justiça e o Conselho Nacional do Ministério Público.

VI – dois cidadãos de notável saber jurídico e reputação ilibada, indicados um pela Câmara dos Deputados e outro pelo Senado Federal.
- •• Inciso VI acrescentado pela Emenda Constitucional n. 45, de 8-12-2004.

§ 1.º Os membros do Conselho oriundos do Ministério Público serão indicados pelos respectivos Ministérios Públicos, na forma da lei.
- •• § 1.º acrescentado pela Emenda Constitucional n. 45, de 8-12-2004.
- •• § 1.º regulamentado pela Lei n. 11.372, de 28-11-2006.
- •• A Portaria n. 119, de 31-3-2005, do Procurador-Geral da República, dispõe sobre a indicação de que trata este parágrafo.

§ 2.º Compete ao Conselho Nacional do Ministério Público o controle da atuação administrativa e financeira do Ministério Público e do cumprimento dos deveres funcionais de seus membros, cabendo-lhe:
- •• § 2.º, *caput*, acrescentado pela Emenda Constitucional n. 45, de 8-12-2004.

I – zelar pela autonomia funcional e administrativa do Ministério Público, podendo expedir atos regulamentares, no âmbito de sua competência, ou recomendar providências;
- •• Inciso I acrescentado pela Emenda Constitucional n. 45, de 8-12-2004.

Constituição da República Federativa do Brasil | Arts. 130-A e 131 | 105

II – zelar pela observância do art. 37 e apreciar, de ofício ou mediante provocação, a legalidade dos atos administrativos praticados por membros ou órgãos do Ministério Público da União e dos Estados, podendo desconstituí-los, revê-los ou fixar prazo para que se adotem as providências necessárias ao exato cumprimento da lei, sem prejuízo da competência dos Tribunais de Contas;
- •• Inciso II acrescentado pela Emenda Constitucional n. 45, de 8-12-2004.

III – receber e conhecer das reclamações contra membros ou órgãos do Ministério Público da União ou dos Estados, inclusive contra seus serviços auxiliares, sem prejuízo da competência disciplinar e correicional da instituição, podendo avocar processos disciplinares em curso, determinar a remoção ou a disponibilidade e aplicar outras sanções administrativas, assegurada ampla defesa;
- •• Inciso III com redação determinada pela Emenda Constitucional n. 103, de 12-11-2019.

IV – rever, de ofício ou mediante provocação, os processos disciplinares de membros do Ministério Público da União ou dos Estados julgados há menos de um ano;
- •• Inciso IV acrescentado pela Emenda Constitucional n. 45, de 8-12-2004.

V – elaborar relatório anual, propondo as providências que julgar necessárias sobre a situação do Ministério Público no País e as atividades do Conselho, o qual deve integrar a mensagem prevista no art. 84, XI.
- •• Inciso V acrescentado pela Emenda Constitucional n. 45, de 8-12-2004.

§ 3.º O Conselho escolherá, em votação secreta, um Corregedor nacional, dentre os membros do Ministério Público que o integram, vedada a recondução, competindo-lhe, além das atribuições que lhe forem conferidas pela lei, as seguintes:
- •• § 3.º, caput, acrescentado pela Emenda Constitucional n. 45, de 8-12-2004.

I – receber reclamações e denúncias, de qualquer interessado, relativas aos membros do Ministério Público e dos seus serviços auxiliares;
- •• Inciso I acrescentado pela Emenda Constitucional n. 45, de 8-12-2004.

II – exercer funções executivas do Conselho, de inspeção e correição geral;
- •• Inciso II acrescentado pela Emenda Constitucional n. 45, de 8-12-2004.

III – requisitar e designar membros do Ministério Público, delegando-lhes atribuições, e requisitar servidores de órgãos do Ministério Público.
- •• Inciso III acrescentado pela Emenda Constitucional n. 45, de 8-12-2004.

§ 4.º O Presidente do Conselho Federal da Ordem dos Advogados do Brasil oficiará junto ao Conselho.
- •• § 4.º acrescentado pela Emenda Constitucional n. 45, de 8-12-2004.

§ 5.º Leis da União e dos Estados criarão ouvidorias do Ministério Público, competentes para receber reclamações e denúncias de qualquer interessado contra membros ou órgãos do Ministério Público, inclusive contra seus serviços auxiliares, representando diretamente ao Conselho Nacional do Ministério Público.
- •• § 5.º acrescentado pela Emenda Constitucional n. 45, de 8-12-2004.
- • A Portaria n. 82, de 19-7-2011, do CNMP, institui a Ouvidoria do CNMP.

Seção II
Da Advocacia Pública
- •• Título com redação determinada pela Emenda Constitucional n. 19, de 4-6-1998.
- • Lei Orgânica da AGU: Lei Complementar n. 73, de 10-2-1993. O Decreto n. 767, de 5-3-1993, dispõe sobre as atividades de controle interno da Advocacia-Geral da União.

• Exercício das atribuições institucionais da AGU, em caráter emergencial e provisório: Lei n. 9.028, de 12-4-1995.

• Apuração de antiguidade nas carreiras de Advogado da União, de Procurador da Fazenda Nacional, de Procurador Federal e de Procurador do Banco Central: Decreto n. 7.734, de 25-5-2012.

Art. 131. A Advocacia-Geral da União é a instituição que, diretamente ou através de órgão vinculado, representa a União, judicial e extrajudicialmente, cabendo-lhe, nos termos da lei complementar que dispuser sobre sua organização e funcionamento, as atividades de consultoria e assessoramento jurídico do Poder Executivo.

•• A Portaria Normativa n. 94, de 26-5-2023, da AGU, disciplina os procedimentos relativos à representação extrajudicial da União, relativamente aos Poderes Legislativo, Judiciário e Executivo federais, este restrito à Administração Direta, e às demais Funções Essenciais à Justiça, e de seus agentes públicos, pela Consultoria-Geral da União, por seus órgãos de execução e pela Procuradoria-Geral da Fazenda Nacional.

§ 1.º A Advocacia-Geral da União tem por chefe o Advogado-Geral da União, de livre nomeação pelo Presidente da República dentre cidadãos maiores de trinta e cinco anos, de notável saber jurídico e reputação ilibada.

§ 2.º O ingresso nas classes iniciais das carreiras da instituição de que trata este artigo far-se-á mediante concurso público de provas e títulos.

§ 3.º Na execução da dívida ativa de natureza tributária, a representação da União cabe à Procuradoria-Geral da Fazenda Nacional, observado o disposto em lei.

Art. 132. Os Procuradores dos Estados e do Distrito Federal, organizados em carreira, na qual o ingresso dependerá de concurso público de provas e títulos, com a participação da Ordem dos Advogados do Brasil em todas as suas fases, exercerão a representação judicial e a consultoria jurídica das respectivas unidades federadas.

•• *Caput* com redação determinada pela Emenda Constitucional n. 19, de 4-6-1998.

Parágrafo único. Aos procuradores referidos neste artigo é assegurada estabilidade após 3 (três) anos de efetivo exercício, mediante avaliação de desempenho perante os órgãos próprios, após relatório circunstanciado das corregedorias.

•• Parágrafo único acrescentado pela Emenda Constitucional n. 19, de 4-6-1998.

Seção III
Da Advocacia

•• Seção III com redação determinada pela Emenda Constitucional n. 80, de 4-6-2014.

Art. 133. O advogado é indispensável à administração da justiça, sendo inviolável por seus atos e manifestações no exercício da profissão, nos limites da lei.

•• A Lei n. 8.906, de 4-7-1994, estabelece o EAOAB.

Seção IV
Da Defensoria Pública

•• Seção IV acrescentada pela Emenda Constitucional n. 80, de 4-6-2014.

Art. 134. A Defensoria Pública é instituição permanente, essencial à função jurisdicional do Estado, incumbindo-lhe, como expressão e instrumento do regime democrático, fundamentalmente, a orientação jurídica, a promoção dos direitos humanos e a defesa, em todos os graus, judicial e extrajudicial, dos direitos individuais e coletivos, de forma integral e gratuita, aos necessitados, na forma do inciso LXXIV do art. 5.º desta Constituição Federal.

•• *Caput* com redação determinada pela Emenda Constitucional n. 80, de 4-6-2014.
• Defensoria Pública: Lei Complementar n. 80, de 12-1-1994.
• A Resolução n. 202, de 8-7-2022, dispõe sobre o Regimento Interno da Defensoria Pública-Geral da União.

§ 1.º Lei Complementar organizará a Defensoria Pública da União e do Distrito Federal e dos Territórios e prescreverá normas gerais para sua organização nos Estados, em cargos de carreira, providos, na classe inicial, mediante concurso público de provas e títulos, assegurada a seus integrantes a garantia da inamovibilidade e vedado o exercício da advocacia fora das atribuições institucionais.

•• Primitivo parágrafo único transformado em § 1.º pela Emenda Constitucional n. 45, de 8-12-2004.

§ 2.º Às Defensorias Públicas Estaduais são asseguradas autonomia funcional e administrativa e a iniciativa de sua proposta orçamentária dentro dos limites estabelecidos na lei de diretrizes orçamentárias e subordinação ao disposto no art. 99, § 2.º.

•• § 2.º acrescentado pela Emenda Constitucional n. 45, de 8-12-2004.

§ 3.º Aplica-se o disposto no § 2.º às Defensorias Públicas da União e do Distrito Federal.

•• § 3.º acrescentado pela Emenda Constitucional n. 74, de 6-8-2013.

§ 4.º São princípios institucionais da Defensoria Pública a unidade, a indivisibilidade e a independência funcional, aplicando-se também, no que couber, o disposto no art. 93 e no inciso II do art. 96 desta Constituição Federal.

•• § 4.º acrescentado pela Emenda Constitucional n. 80, de 4-6-2014.

Art. 135. Os servidores integrantes das carreiras disciplinadas nas Seções II e III deste Capítulo serão remunerados na forma do art. 39, § 4.º.

•• Artigo com redação determinada pela Emenda Constitucional n. 19, de 4-6-1998.

TÍTULO V
DA DEFESA DO ESTADO E DAS INSTITUIÇÕES DEMOCRÁTICAS

CAPÍTULO I
DO ESTADO DE DEFESA E DO ESTADO DE SÍTIO

Seção I
Do Estado de Defesa

Art. 136. O Presidente da República pode, ouvidos o Conselho da República e o Conselho de Defesa Nacional, decretar estado de defesa para preservar ou prontamente restabelecer, em locais restritos e determinados, a ordem pública ou a paz social ameaçadas por grave e iminente instabilidade institucional ou atingidas por calamidades de grandes proporções na natureza.

• A Lei n. 8.041, de 5-6-1990, dispõe sobre a organização e o funcionamento do Conselho da República.
• A Lei n. 8.183, de 11-4-1991, dispõe sobre a organização do Conselho de Defesa Nacional. Regulamentada pelo Decreto n. 893, de 12-3-1993.

§ 1.º O decreto que instituir o estado de defesa determinará o tempo de sua duração, especificará as áreas a serem abrangidas e indicará, nos termos e limites da lei, as medidas coercitivas a vigorarem, dentre as seguintes:

I – restrições aos direitos de:

a) reunião, ainda que exercida no seio das associações;

b) sigilo de correspondência;

c) sigilo de comunicação telegráfica e telefônica;

II – ocupação e uso temporário de bens e serviços públicos, na hipótese de calamidade pública, respondendo a União pelos danos e custos decorrentes.

§ 2.º O tempo de duração do estado de defesa não será superior a trinta dias, podendo ser prorrogado uma vez, por igual período, se persistirem as razões que justificaram a sua decretação.

§ 3.º Na vigência do estado de defesa:

I – a prisão por crime contra o Estado, determinada pelo executor da medida, será por este comunicada imediatamente ao juiz competente, que a relaxará, se não for legal, facultado ao preso requerer exame de corpo de delito à autoridade policial;

II – a comunicação será acompanhada de declaração, pela autoridade, do estado físico e mental do detido no momento de sua autuação;

III – a prisão ou detenção de qualquer pessoa não poderá ser superior a dez dias, salvo quando autorizada pelo Poder Judiciário;

IV – é vedada a incomunicabilidade do preso.

§ 4.º Decretado o estado de defesa ou sua prorrogação, o Presidente da República, dentro de vinte e quatro horas, submeterá o ato com a respectiva justificação ao Congresso Nacional, que decidirá por maioria absoluta.

§ 5.º Se o Congresso Nacional estiver em recesso, será convocado, extraordinariamente, no prazo de cinco dias.

§ 6.º O Congresso Nacional apreciará o decreto dentro de dez dias contados de seu recebimento, devendo continuar funcionando enquanto vigorar o estado de defesa.

§ 7.º Rejeitado o decreto, cessa imediatamente o estado de defesa.

Seção II
Do Estado de Sítio

Art. 137. O Presidente da República pode, ouvidos o Conselho da República e o Conselho de Defesa Nacional, solicitar ao Congresso Nacional autorização para decretar o estado de sítio nos casos de:

I – comoção grave de repercussão nacional ou ocorrência de fatos que comprovem a ineficácia de medida tomada durante o estado de defesa;

II – declaração de estado de guerra ou resposta a agressão armada estrangeira.

Parágrafo único. O Presidente da República, ao solicitar autorização para decretar o estado de sítio ou sua prorrogação, relatará os motivos determinantes do pedido, devendo o Congresso Nacional decidir por maioria absoluta.

Art. 138. O decreto do estado de sítio indicará sua duração, as normas necessárias a sua execução e as garantias constitucionais que ficarão suspensas, e, depois de publicado, o Presidente da República designará o executor das medidas específicas e as áreas abrangidas.

§ 1.º O estado de sítio, no caso do art. 137, I, não poderá ser decretado por mais de trinta dias, nem prorrogado, de cada vez, por prazo superior; no do inciso II, poderá ser decretado por todo o tempo que perdurar a guerra ou a agressão armada estrangeira.

§ 2.º Solicitada autorização para decretar o estado de sítio durante o recesso parlamentar, o Presidente do Senado Federal, de imediato, convocará extraordinariamente o Congresso Nacional para se reunir dentro de cinco dias, a fim de apreciar o ato.

§ 3.º O Congresso Nacional permanecerá em funcionamento até o término das medidas coercitivas.

Art. 139. Na vigência do estado de sítio decretado com fundamento no art. 137, I, só poderão ser tomadas contra as pessoas as seguintes medidas:

I – obrigação de permanência em localidade determinada;

II – detenção em edifício não destinado a acusados ou condenados por crimes comuns;

III – restrições relativas à inviolabilidade da correspondência, ao sigilo das comunicações, à prestação de informações e à liberdade de imprensa, radiodifusão e televisão, na forma da lei;

IV – suspensão da liberdade de reunião;

V – busca e apreensão em domicílio;

VI – intervenção nas empresas de serviços públicos;

VII – requisição de bens.

Parágrafo único. Não se inclui nas restrições do inciso III a difusão de pronunciamentos de parlamentares efetuados em suas Casas Legislativas, desde que liberada pela respectiva Mesa.

Seção III
Disposições Gerais

Art. 140. A Mesa do Congresso Nacional, ouvidos os líderes partidários, designará Comissão composta de cinco de seus membros para acompanhar e fiscalizar a execução das medidas referentes ao estado de defesa e ao estado de sítio.

Art. 141. Cessado o estado de defesa ou o estado de sítio, cessarão também seus efeitos, sem prejuízo da responsabilidade pelos ilícitos cometidos por seus executores ou agentes.

Parágrafo único. Logo que cesse o estado de defesa ou o estado de sítio, as medidas aplicadas em sua vigência serão relatadas pelo Presidente da República, em mensagem ao Congresso Nacional, com especificação e justificação das providências adotadas, com relação nominal dos atingidos, e indicação das restrições aplicadas.

Capítulo II
DAS FORÇAS ARMADAS

- O Decreto n. 3.897, de 24-8-2001, fixa as diretrizes para o emprego das Forças Armadas na garantia da lei e da ordem, e dá outras providências.

Art. 142. As Forças Armadas, constituídas pela Marinha, pelo Exército e pela Aeronáutica, são instituições nacionais permanentes e regulares, organizadas com base na hierarquia e na disciplina, sob a autoridade suprema do Presidente da República, e destinam-se à defesa da Pátria, à garantia dos poderes constitucionais e, por iniciativa de qualquer destes, da lei e da ordem.

- *Vide* art. 12, 24 e 26 da Emenda Constitucional n. 103, de 12-11-2019.

§ 1.º Lei complementar estabelecerá as normas gerais a serem adotadas na organização, no preparo e no emprego das Forças Armadas.

- Organização, preparo e emprego das Forças Armadas: Lei Complementar n. 97, de 9-6-1999.

§ 2.º Não caberá *habeas corpus* em relação a punições disciplinares militares.

- *Vide* art. 42.

§ 3.º Os membros das Forças Armadas são denominados militares, aplicando-se-lhes, além das que vierem a ser fixadas em lei, as seguintes disposições:

- § 3.º, *caput*, acrescentado pela Emenda Constitucional n. 18, de 5-2-1998.
- *Vide* art. 42, § 2.º, da CF.
- Sistema de Ensino do Exército: Lei n. 9.786, de 8-2-1999, regulamentada pelo Decreto n. 3.182, de 23-9-1999.

I – as patentes, com prerrogativas, direitos e deveres a elas inerentes, são conferidas pelo Presidente da República e asseguradas em plenitude aos oficiais da ativa, da reserva ou reformados, sendo-lhes privativos os títulos e postos militares e, juntamente com os demais membros, o uso dos uniformes das Forças Armadas;

•• Inciso I acrescentado pela Emenda Constitucional n. 18, de 5-2-1998.

II – o militar em atividade que tomar posse em cargo ou emprego público civil permanente, ressalvada a hipótese prevista no art. 37, inciso XVI, alínea *c*, será transferido para a reserva, nos termos da lei;

•• Inciso II com redação determinada pela Emenda Constitucional n. 77, de 11-2-2014.

III – o militar da ativa que, de acordo com a lei, tomar posse em cargo, emprego ou função pública civil temporária, não eletiva, ainda que da administração indireta, ressalvada a hipótese prevista no art. 37, inciso XVI, alínea *c*, ficará agregado ao respectivo quadro e somente poderá, enquanto permanecer nessa situação, ser promovido por antiguidade, contando-se-lhe o tempo de serviço apenas para aquela promoção e transferência para a reserva, sendo depois de 2 (dois) anos de afastamento, contínuos ou não, transferido para a reserva, nos termos da lei;

•• Inciso III com redação determinada pela Emenda Constitucional n. 77, de 11-2-2014.

IV – ao militar são proibidas a sindicalização e a greve;

•• Inciso IV acrescentado pela Emenda Constitucional n. 18, de 5-2-1998.

V – o militar, enquanto em serviço ativo, não pode estar filiado a partidos políticos;

•• Inciso V acrescentado pela Emenda Constitucional n. 18, de 5-2-1998.

VI – o oficial só perderá o posto e a patente se for julgado indigno do oficialato ou com ele incompatível, por decisão de tribunal militar de caráter permanente, em tempo de paz, ou de tribunal especial, em tempo de guerra;

•• Inciso VI acrescentado pela Emenda Constitucional n. 18, de 5-2-1998.

VII – o oficial condenado na justiça comum ou militar a pena privativa de liberdade superior a 2 (dois) anos, por sentença transitada em julgado, será submetido ao julgamento previsto no inciso anterior;

•• Inciso VII acrescentado pela Emenda Constitucional n. 18, de 5-2-1998.

VIII – aplica-se aos militares o disposto no art. 7.º, incisos VIII, XII, XVII, XVIII, XIX e XXV, e no art. 37, incisos XI, XIII, XIV e XV, bem como, na forma da lei e com prevalência da atividade militar, no art. 37, inciso XVI, alínea *c*;

•• Inciso VIII com redação determinada pela Emenda Constitucional n. 77, de 11-2-2014.
•• *Vide* Súmula Vinculante 6.
• Mencionados incisos referem-se, respectivamente, às garantias de décimo terceiro salário, salário-família, férias anuais remuneradas, licença à gestante, licença-paternidade, assistência gratuita a filhos e dependentes em creches, limite de remuneração e subsídio, vedação de vinculação de espécies remuneratórias para o serviço público, vedação de acréscimos pecuniários para fins ulteriores e irredutibilidade de subsídios e vencimentos.

IX – (*Revogado pela Emenda Constitucional n. 41, de 19-12-2003.*)

X – a lei disporá sobre o ingresso nas Forças Armadas, os limites de idade, a estabilidade e outras condições de transferência do militar para a inatividade, os direitos, os deveres, a remuneração, as prerrogativas e outras situações especiais dos militares, consideradas as peculiaridades de suas atividades, inclusive aquelas cumpridas por força de compromissos internacionais e de guerra.

•• Inciso X acrescentado pela Emenda Constitucional n. 18, de 5-2-1998.
• *Vide* art. 40, § 20, da CF.

Art. 143. O serviço militar é obrigatório nos termos da lei.

- Lei do Serviço Militar: Lei n. 4.375, de 17-8-1964, regulamentada pelo Decreto n. 57.654, de 20-1-1966.
- A Portaria n. 153, de 25-3-1998, do Ministério do Exército, regula, para o Exército, o Serviço Militar temporário em tempo de paz, para reservistas ou dispensados de incorporação e mulheres que tenham habilitações profissionais de interesse do Exército.

§ 1.º Às Forças Armadas compete, na forma da lei, atribuir serviço alternativo aos que, em tempo de paz, após alistados, alegarem imperativo de consciência, entendendo-se como tal o decorrente de crença religiosa e de convicção filosófica ou política, para se eximirem de atividades de caráter essencialmente militar.
- •• § 1.º regulamentado pela Lei n. 8.239, de 4-10-1991.
- A Portaria n. 2.681 – COSEMI, de 28-7-1992, aprova o Regulamento da Lei de Prestação do Serviço Alternativo ao Serviço Militar Obrigatório.

§ 2.º As mulheres e os eclesiásticos ficam isentos do serviço militar obrigatório em tempo de paz, sujeitos, porém, a outros encargos que a lei lhes atribuir.
- •• § 2.º regulamentado pela Lei n. 8.239, de 4-10-1991.

Capítulo III
DA SEGURANÇA PÚBLICA

- O Decreto n. 5.289, de 29-11-2004, disciplina a organização e o funcionamento da administração pública federal, para desenvolvimento do programa de cooperação federativa denominado Força Nacional de Segurança Pública, e dá outras providências.
- A Lei n. 11.530, de 24-10-2007, instituiu o PRONASCI.
- O Decreto n.10.822, de 28-9-2021, instituiu o Plano Nacional de Segurança Pública e Defesa Social 2021-2030.

Art. 144. A segurança pública, dever do Estado, direito e responsabilidade de todos, é exercida para a preservação da ordem pública e da incolumidade das pessoas e do patrimônio, através dos seguintes órgãos:
- O Decreto n. 4.332, de 12-8-2002, estabelece normas para o planejamento, a coordenação e a execução das medidas de segurança a serem implementadas durante as viagens presidenciais em território nacional, ou em eventos na Capital Federal.

I – polícia federal;
- •• *Vide* arts. 5.º e 10, § 2.º, I, da Emenda Constitucional n. 103, de 12-11-2019.
- •• A Lei n. 15.047, de 17-12-2024, instituiu o regime disciplinar da Polícia Federal e da Polícia Civil do Distrito Federal.

II – polícia rodoviária federal;
- •• *Vide* arts. 5.º e 10, § 2.º, I, da Emenda Constitucional n. 103, de 12-11-2019.
- Competência da Polícia Rodoviária Federal: Decreto n. 1.655, de 3-10-1995.

III – polícia ferroviária federal;
- •• *Vide* arts. 5.º e 10, § 2.º, I, da Emenda Constitucional n. 103, de 12-11-2019.

IV – polícias civis;
- •• Conselho Nacional de Segurança Pública – CONASP: Decreto n. 9.489, de 30-8-2018.
- •• A Lei n. 14.735, de 23-11-2023, institui a Lei Orgânica Nacional das Polícias Civis.

V – polícias militares e corpos de bombeiros militares;
- •• A Lei n. 14.751, de 12-12-2023, institui a Lei Orgânica Nacional das Polícias Militares e dos Corpos de Bombeiros Militares dos Estados, do Distrito Federal e dos Territórios.

VI – polícias penais federal, estaduais e distrital.
- •• Inciso VI acrescentado pela Emenda Constitucional n. 104, de 4-12-2019.

§ 1.º A polícia federal, instituída por lei como órgão permanente, organizado e mantido pela União e estruturado em carreira, destina-se a:
- •• § 1.º, *caput*, com redação determinada pela Emenda Constitucional n. 19, de 4-6-1998.
- Regimento Interno da Polícia Federal: Portaria n. 155, de 27-9-2018, do Ministério da Justiça.

I – apurar infrações penais contra a ordem política e social ou em detrimento de bens, serviços e interesses da União ou de suas entidades autárquicas e empresas públicas, assim como outras infrações cuja prática tenha repercussão interestadual ou internacional e exija repressão uniforme, segundo se dispuser em lei;

- A Lei n. 8.137, de 27-12-1990, define crimes contra a ordem tributária, econômica e contra as relações de consumo (contra formação de cartel dispõe o art. 4.º, I e II).
- A Lei n. 10.446, de 8-5-2002, dispõe sobre infrações penais de repercussão interestadual ou internacional que exigem repressão uniforme, para os fins do disposto neste inciso.

II – prevenir e reprimir o tráfico ilícito de entorpecentes e drogas afins, o contrabando e o descaminho, sem prejuízo da ação fazendária e de outros órgãos públicos nas respectivas áreas de competência;

III – exercer as funções de polícia marítima, aeroportuária e de fronteiras;

- •• Inciso III com redação determinada pela Emenda Constitucional n. 19, de 4-6-1998.

IV – exercer, com exclusividade, as funções de polícia judiciária da União.

§ 2.º A polícia rodoviária federal, órgão permanente, organizado e mantido pela União e estruturado em carreira, destina-se, na forma da lei, ao patrulhamento ostensivo das rodovias federais.

- •• § 2.º com redação determinada pela Emenda Constitucional n. 19, de 4-6-1998.
- Policial Rodoviário Federal: Lei n. 9.654, de 2-6-1998.
- Regimento Interno da Polícia Rodoviária Federal: Portaria n. 224, de 5-12-2018, do Ministério da Justiça.

§ 3.º A polícia ferroviária federal, órgão permanente, organizado e mantido pela União e estruturado em carreira, destina-se, na forma da lei, ao patrulhamento ostensivo das ferrovias federais.

- •• § 3.º com redação determinada pela Emenda Constitucional n. 19, de 4-6-1998.

§ 4.º Às polícias civis, dirigidas por delegados de polícia de carreira, incumbem, ressalvada a competência da União, as funções de polícia judiciária e a apuração de infrações penais, exceto as militares.

§ 5.º Às polícias militares cabem a polícia ostensiva e a preservação da ordem pública; aos corpos de bombeiros militares, além das atribuições definidas em lei, incumbe a execução de atividades de defesa civil.

- A Resolução n. 4, de 20-2-2002, do CONASP, estabelece diretrizes de procedimentos a serem adotados pela Polícia Militar em relação às suas atribuições legais e dá outras providências.
- A Lei n. 13.425, de 30-3-2017, "Lei Boate Kiss", estabelece diretrizes gerais sobre medidas de prevenção e combate a incêndio e a desastres em estabelecimentos, edificações e áreas de reunião de público.

§ 5.º-A. Às polícias penais, vinculadas ao órgão administrador do sistema penal da unidade federativa a que pertencem, cabe a segurança dos estabelecimentos penais.

- •• § 5.º-A acrescentado pela Emenda Constitucional n. 104, de 4-12-2019.

§ 6.º As polícias militares e os corpos de bombeiros militares, forças auxiliares e reserva do Exército subordinam-se, juntamente com as polícias civis e as polícias penais estaduais e distrital, aos Governadores dos Estados, do Distrito Federal e dos Territórios.

- •• § 6.º com redação determinada pela Emenda Constitucional n. 104, de 4-12-2019.
- •• A Lei n. 14.751, de 12-12-2023, institui a Lei Orgânica Nacional das Polícias Militares e dos Corpos de Bombeiros Militares dos Estados, do Distrito Federal e dos Territórios

§ 7.º A lei disciplinará a organização e o funcionamento dos órgãos responsáveis pela segurança pública, de maneira a garantir a eficiência de suas atividades.

- •• A Lei n. 13.675, de 11-6-2018, dispõe sobre a segurança pública nos termos estabelecidos neste § 7.º.
- •• Conselho Nacional de Segurança Pública – CONASP: Decreto n. 9.489, de 30-8-2018.

Constituição da República Federativa do Brasil — Arts. 144 e 145 — 113

§ 8.º Os Municípios poderão constituir guardas municipais destinadas à proteção de seus bens, serviços e instalações, conforme dispuser a lei.
•• A Lei n. 13.022, de 8-8-2014, dispõe sobre o Estatuto Geral das Guardas Municipais.

§ 9.º A remuneração dos servidores policiais integrantes dos órgãos relacionados neste artigo será fixada na forma do § 4.º do art. 39.
•• § 9.º acrescentado pela Emenda Constitucional n. 19, de 4-6-1998.

§ 10. A segurança viária, exercida para a preservação da ordem pública e da incolumidade das pessoas e do seu patrimônio nas vias públicas:
•• § 10, *caput*, acrescentado pela Emenda Constitucional n. 82, de 16-7-2014.

I – compreende a educação, engenharia e fiscalização de trânsito, além de outras atividades previstas em lei, que assegurem ao cidadão o direito à mobilidade urbana eficiente; e
•• Inciso I acrescentado pela Emenda Constitucional n. 82, de 16-7-2014.

II – compete, no âmbito dos Estados, do Distrito Federal e dos Municípios, aos respectivos órgãos ou entidades executivos e seus agentes de trânsito, estruturados em Carreira, na forma da lei.
•• Inciso II acrescentado pela Emenda Constitucional n. 82, de 16-7-2014.

Título VI
DA TRIBUTAÇÃO E DO ORÇAMENTO
• CTN: Lei n. 5.172, de 25-10-1966.

Capítulo I
DO SISTEMA TRIBUTÁRIO NACIONAL
• Crimes contra a ordem tributária, econômica e contra as relações de consumo: Lei n. 8.137, de 27-12-1990.
• Crimes contra a ordem econômica: Lei n. 8.176, de 8-2-1991.

Seção I
Dos Princípios Gerais

Art. 145. A União, os Estados, o Distrito Federal e os Municípios poderão instituir os seguintes tributos:

I – impostos;

II – taxas, em razão do exercício do poder de polícia ou pela utilização, efetiva ou potencial, de serviços públicos específicos e divisíveis, prestados ao contribuinte ou postos a sua disposição;
• *Vide* Súmulas Vinculantes 19 e 41.

III – contribuição de melhoria, decorrente de obras públicas.
• O Decreto-lei n. 195, de 24-2-1967, dispõe sobre a cobrança da contribuição de melhoria.

§ 1.º Sempre que possível, os impostos terão caráter pessoal e serão graduados segundo a capacidade econômica do contribuinte, facultado à administração tributária, especialmente para conferir efetividade a esses objetivos, identificar, respeitados os direitos individuais e nos termos da lei, o patrimônio, os rendimentos e as atividades econômicas do contribuinte.
• A Lei n. 8.021, de 12-4-1990, dispõe sobre a identificação do contribuinte para fins fiscais.

§ 2.º As taxas não poderão ter base de cálculo própria de impostos.
• *Vide* Súmula Vinculante 29.

§ 3.º O Sistema Tributário Nacional deve observar os princípios da simplicidade, da transparência, da justiça tributária, da cooperação e da defesa do meio ambiente.
•• § 3.º acrescentado pela Emenda Constitucional n. 132, de 20-12-2023.

§ 4.º As alterações na legislação tributária buscarão atenuar efeitos regressivos.
•• § 4.º acrescentado pela Emenda Constitucional n. 132, de 20-12-2023.

Art. 146. Cabe à lei complementar:

I – dispor sobre conflitos de competência, em matéria tributária, entre a União, os Estados, o Distrito Federal e os Municípios;

II – regular as limitações constitucionais ao poder de tributar;

- •• A Lei Complementar n. 187, de 16-12-2021, regula as condições para limitação ao poder de tributar da União em relação às entidades beneficentes no tocante às contribuições para a seguridade social.

III – estabelecer normas gerais em matéria de legislação tributária, especialmente sobre:

a) definição de tributos e de suas espécies, bem como, em relação aos impostos discriminados nesta Constituição, a dos respectivos fatos geradores, bases de cálculo e contribuintes;

b) obrigação, lançamento, crédito, prescrição e decadência tributários;

- •• A Lei Complementar n. 199, de 1.º-8-2023, instituiu o Estatuto Nacional de Simplificação de Obrigações Tributárias Acessórias.

c) adequado tratamento tributário ao ato cooperativo praticado pelas sociedades cooperativas, inclusive em relação aos tributos previstos nos arts. 156-A e 195, V;

- •• Alínea c com redação determinada pela Emenda Constitucional n. 132, de 20-12-2023.

d) definição de tratamento diferenciado e favorecido para as microempresas e para as empresas de pequeno porte, inclusive regimes especiais ou simplificados no caso dos impostos previstos nos arts. 155, II, e 156-A, das contribuições sociais previstas no art. 195, I e V, e § 12 e da contribuição a que se refere o art. 239.

- •• Alínea d com redação determinada pela Emenda Constitucional n. 132, de 20-12-2023.
- •• A Emenda Constitucional n. 132, de 20-12-2023, a partir de 2027, altera a redação desta alínea d: "d) definição de tratamento diferenciado e favorecido para as microempresas e para as empresas de pequeno porte, inclusive regimes especiais ou simplificados no caso dos impostos previstos nos arts. 155, II, e 156-A e das contribuições previstas no art. 195, I e V".
- •• A Emenda Constitucional n. 132, de 20-12-2023, a partir de 2033, altera a redação desta alínea d: "d) definição de tratamento diferenciado e favorecido para as microempresas e para as empresas de pequeno porte, inclusive regimes especiais ou simplificados no caso do imposto previsto no art. 156-A e das contribuições sociais previstas no art. 195, I e V".
- • Vide art. 94 do ADCT.
- •• A Lei Complementar n. 123, de 14-12-2006, instituiu o Regime Especial Unificado de Arrecadação de Tributos e Contribuições devidos pelas Microempresas e Empresas de Pequeno Porte – Simples Nacional.

§ 1.º A lei complementar de que trata o inciso III, d, também poderá instituir um regime único de arrecadação dos impostos e contribuições da União, dos Estados, do Distrito Federal e dos Municípios, observado que:

- •• Parágrafo único, caput, renumerado pela Emenda Constitucional n. 132, de 20-12-2023.
- • Vide art. 199 do CTN.

I – será opcional para o contribuinte;

- •• Inciso I acrescentado pela Emenda Constitucional n. 42, de 19-12-2003.

II – poderão ser estabelecidas condições de enquadramento diferenciadas por Estado;

- •• Inciso II acrescentado pela Emenda Constitucional n. 42, de 19-12-2003.

III – o recolhimento será unificado e centralizado e a distribuição da parcela de recursos pertencentes aos respectivos entes federados será imediata, vedada qualquer retenção ou condicionamento;

- •• Inciso III acrescentado pela Emenda Constitucional n. 42, de 19-12-2003.

IV – a arrecadação, a fiscalização e a cobrança poderão ser compartilhadas pelos entes federados, adotado cadastro nacional único de contribuintes.

- •• Inciso IV acrescentado pela Emenda Constitucional n. 42, de 19-12-2003.

§ 2.º É facultado ao optante pelo regime único de que trata o § 1.º apurar e recolher os tributos previstos nos arts. 156-A e 195, V, nos termos estabelecidos nesses artigos, hipótese em que as parcelas a eles relativas não serão cobradas pelo regime único.

- •• § 2.º acrescentado pela Emenda Constitucional n. 132, de 20-12-2023.

§ 3.º Na hipótese de o recolhimento dos tributos previstos nos arts. 156-A e 195, V, ser realizado por meio do regime único de que trata o § 1.º, enquanto perdurar a opção:

•• § 3.º, *caput*, acrescentado pela Emenda Constitucional n. 132, de 20-12-2023.

I – não será permitida a apropriação de créditos dos tributos previstos nos arts. 156-A e 195, V, pelo contribuinte optante pelo regime único; e

•• Inciso I acrescentado pela Emenda Constitucional n. 132, de 20-12-2023.

II – será permitida a apropriação de créditos dos tributos previstos nos arts. 156-A e 195, V, pelo adquirente não optante pelo regime único de que trata o § 1.º de bens materiais ou imateriais, inclusive direitos, e de serviços do optante, em montante equivalente ao cobrado por meio do regime único.

•• Inciso II acrescentado pela Emenda Constitucional n. 132, de 20-12-2023.

Art. 146-A. Lei complementar poderá estabelecer critérios especiais de tributação, com o objetivo de prevenir desequilíbrios da concorrência, sem prejuízo da competência de a União, por lei, estabelecer normas de igual objetivo.

•• Artigo acrescentado pela Emenda Constitucional n. 42, de 19-12-2003.

Art. 147. Competem à União, em Território Federal, os impostos estaduais e, se o Território não for dividido em Municípios, cumulativamente, os impostos municipais; ao Distrito Federal cabem os impostos municipais.

Art. 148. A União, mediante lei complementar, poderá instituir empréstimos compulsórios:

I – para atender a despesas extraordinárias, decorrentes de calamidade pública, de guerra externa ou sua iminência;

II – no caso de investimento público de caráter urgente e de relevante interesse nacional, observado o disposto no art. 150, III, *b*.

Parágrafo único. A aplicação dos recursos provenientes de empréstimo compulsório será vinculada à despesa que fundamentou sua instituição.

Art. 149. Compete exclusivamente à União instituir contribuições sociais, de intervenção no domínio econômico e de interesse das categorias profissionais ou econômicas, como instrumento de sua atuação nas respectivas áreas, observado o disposto nos arts. 146, III, e 150, I e III, e sem prejuízo do previsto no art. 195, § 6.º, relativamente às contribuições a que alude o dispositivo.

• A Lei n. 10.336, de 19-12-2001, instituiu a Contribuição de Intervenção no Domínio Econômico incidente sobre a importação e a comercialização de petróleo e seus derivados, gás natural e seus derivados e álcool etílico combustível (Cide) a que se refere este artigo.

§ 1.º A União, os Estados, o Distrito Federal e os Municípios instituirão, por meio de lei, contribuições para custeio de regime próprio de previdência social, cobradas dos servidores ativos, dos aposentados e dos pensionistas, que poderão ter alíquotas progressivas de acordo com o valor da base de contribuição ou dos proventos de aposentadoria e de pensões.

•• § 1.º com redação determinada pela Emenda Constitucional n. 103, de 12-11-2019.
•• Sobre o prazo de vigência deste § 1.º, *vide* art. 36, II, da Emenda Constitucional n. 103, de 12-11-2019.
•• O texto anterior dizia:

"§ 1.º Os Estados, o Distrito Federal e os Municípios instituirão contribuição, cobrada de seus servidores, para o custeio, em benefício destes, do regime previdenciário de que trata o art. 40, cuja alíquota não será inferior à da contribuição dos servidores titulares de cargos efetivos da União.

•• § 1.º com redação determinada pela Emenda Constitucional n. 41, de 19-12-2003".

§ 1.º-A. Quando houver déficit atuarial, a contribuição ordinária dos aposentados e pensionistas poderá incidir sobre o valor dos proventos de aposentadoria e de pensões que supere o salário-mínimo.

•• § 1.º-A acrescentado pela Emenda Constitucional n. 103, de 12-11-2019.
•• Sobre o prazo de vigência deste § 1.º-A, *vide* art. 36, II, da Emenda Constitucional n. 103, de 12-11-2019.

§ 1.º-B. Demonstrada a insuficiência da medida prevista no § 1.º-A para equacionar o déficit atuarial, é facultada a instituição de contribuição extraordinária, no âmbito da União, dos servidores públicos ativos, dos aposentados e dos pensionistas.

- •• § 1.º-B acrescentado pela Emenda Constitucional n. 103, de 12-11-2019.
- •• Sobre o prazo de vigência deste § 1.º-B, *vide* art. 36, II, da Emenda Constitucional n. 103, de 12-11-2019.

§ 1.º-C. A contribuição extraordinária de que trata o § 1.º-B deverá ser instituída simultaneamente com outras medidas para equacionamento do déficit e vigorará por período determinado, contado da data de sua instituição.

- •• § 1.º-C acrescentado pela Emenda Constitucional n. 103, de 12-11-2019.
- •• Sobre o prazo de vigência deste § 1.º-C, *vide* art. 36, II, da Emenda Constitucional n. 103, de 12-11-2019.

§ 2.º As contribuições sociais e de intervenção no domínio econômico de que trata o *caput* deste artigo:

- •• § 2.º, *caput*, acrescentado pela Emenda Constitucional n. 33, de 11-12-2001.

I – não incidirão sobre as receitas decorrentes de exportação;

- •• Inciso I acrescentado pela Emenda Constitucional n. 33, de 11-12-2001.

II – incidirão também sobre a importação de produtos estrangeiros ou serviços;

- •• Inciso II com redação determinada pela Emenda Constitucional n. 42, de 19-12-2003.

III – poderão ter alíquotas:

- •• Inciso III, *caput*, acrescentado pela Emenda Constitucional n. 33, de 11-12-2001.

a) *ad valorem*, tendo por base o faturamento, a receita bruta ou o valor da operação e, no caso de importação, o valor aduaneiro;

- •• Alínea *a* acrescentada pela Emenda Constitucional n. 33, de 11-12-2001.

b) específica, tendo por base a unidade de medida adotada.

- •• Alínea *b* acrescentada pela Emenda Constitucional n. 33, de 11-12-2001.

§ 3.º A pessoa natural destinatária das operações de importação poderá ser equiparada a pessoa jurídica, na forma da lei.

- •• § 3.º acrescentado pela Emenda Constitucional n. 33, de 11-12-2001.

§ 4.º A lei definirá as hipóteses em que as contribuições incidirão uma única vez.

- •• § 4.º acrescentado pela Emenda Constitucional n. 33, de 11-12-2001.

Art. 149-A. Os Municípios e o Distrito Federal poderão instituir contribuição, na forma das respectivas leis, para o custeio, a expansão e a melhoria do serviço de iluminação pública e de sistemas de monitoramento para segurança e preservação de logradouros públicos, observado o disposto no art. 150, I e III.

- •• *Caput* com redação determinada pela Emenda Constitucional n. 132, de 20-12-2023.

Parágrafo único. É facultada a cobrança da contribuição a que se refere o *caput*, na fatura de consumo de energia elétrica.

- •• Parágrafo único acrescentado pela Emenda Constitucional n. 39, de 19-12-2002.

Art. 149-B. Os tributos previstos nos arts. 156-A e 195, V, observarão as mesmas regras em relação a:

- •• *Caput* acrescentado pela Emenda Constitucional n. 132, de 20-12-2023.

I – fatos geradores, bases de cálculo, hipóteses de não incidência e sujeitos passivos;

- •• Inciso I acrescentado pela Emenda Constitucional n. 132, de 20-12-2023.

Constituição da República Federativa do Brasil

II – imunidades;
- •• Inciso II acrescentado pela Emenda Constitucional n. 132, de 20-12-2023.

III – regimes específicos, diferenciados ou favorecidos de tributação;
- •• Inciso III acrescentado pela Emenda Constitucional n. 132, de 20-12-2023.

IV – regras de não cumulatividade e de creditamento.
- •• Inciso IV acrescentado pela Emenda Constitucional n. 132, de 20-12-2023.

Parágrafo único. Os tributos de que trata o *caput* observarão as imunidades previstas no art. 150, VI, não se aplicando a ambos os tributos o disposto no art. 195, § 7.º.
- •• Parágrafo único acrescentado pela Emenda Constitucional n. 132, de 20-12-2023.

Art. 149-C. O produto da arrecadação do imposto previsto no art. 156-A e da contribuição prevista no art. 195, V, incidentes sobre operações contratadas pela administração pública direta, por autarquias e por fundações públicas, inclusive suas importações, será integralmente destinado ao ente federativo contratante, mediante redução a zero das alíquotas do imposto e da contribuição devidos aos demais entes e equivalente elevação da alíquota do tributo devido ao ente contratante.
- •• *Caput* acrescentado pela Emenda Constitucional n. 132, de 20-12-2023.

§ 1.º As operações de que trata o *caput* poderão ter alíquotas reduzidas de modo uniforme, nos termos de lei complementar.
- •• § 1.º acrescentado pela Emenda Constitucional n. 132, de 20-12-2023.

§ 2.º Lei complementar poderá prever hipóteses em que não se aplicará o disposto no *caput* e no § 1.º.
- •• § 2.º acrescentado pela Emenda Constitucional n. 132, de 20-12-2023.

§ 3.º Nas importações efetuadas pela administração pública direta, por autarquias e por fundações públicas, o disposto no art. 150, VI, *a*, será implementado na forma do disposto no *caput* e no § 1.º, assegurada a igualdade de tratamento em relação às aquisições internas.
- •• § 3.º acrescentado pela Emenda Constitucional n. 132, de 20-12-2023.

Seção II
Das Limitações do Poder de Tributar

Art. 150. Sem prejuízo de outras garantias asseguradas ao contribuinte, é vedado à União, aos Estados, ao Distrito Federal e aos Municípios:

I – exigir ou aumentar tributo sem lei que o estabeleça;
- •• Os incisos I e II do art. 97 do CTN determinam que somente a lei pode estabelecer a instituição, a extinção, a majoração ou a redução de tributos.
- • *Vide* arts. 153, § 1.º, 155, § 4.º, IV, c, e 177, § 4.º, I, *b*, da CF.

II – instituir tratamento desigual entre contribuintes que se encontrem em situação equivalente, proibida qualquer distinção em razão de ocupação profissional ou função por eles exercida, independentemente da denominação jurídica dos rendimentos, títulos ou direitos;
- • *Vide* arts. 5.º, *caput*, e 153, § 2.º, da CF.

III – cobrar tributos:

a) em relação a fatos geradores ocorridos antes do início da vigência da lei que os houver instituído ou aumentado;

b) no mesmo exercício financeiro em que haja sido publicada a lei que os instituiu ou aumentou;

•• *Vide* art. 150, § 1.º, da CF.

c) antes de decorridos noventa dias da data em que haja sido publicada a lei que os instituiu ou aumentou, observado o disposto na alínea *b*;

•• Alínea *c* acrescentada pela Emenda Constitucional n. 42, de 19-12-2003.

IV – utilizar tributo com efeito de confisco;

V – estabelecer limitações ao tráfego de pessoas ou bens, por meio de tributos interestaduais ou intermunicipais, ressalvada a cobrança de pedágio pela utilização de vias conservadas pelo Poder Público;

VI – instituir impostos sobre:

a) patrimônio, renda ou serviços, uns dos outros;

• *Vide* art. 150, § 3.º, da CF.

b) entidades religiosas e templos de qualquer culto, inclusive suas organizações assistenciais e beneficentes;

•• Alínea *b* com redação determinada pela Emenda Constitucional n. 132, de 20-12-2023.
•• *Vide* art. 156, § 1.º-A, da CF.

c) patrimônio, renda ou serviços dos partidos políticos, inclusive suas fundações, das entidades sindicais dos trabalhadores, das instituições de educação e de assistência social, sem fins lucrativos, atendidos os requisitos da lei;

•• *Vide* Súmula Vinculante 52.

d) livros, jornais, periódicos e o papel destinado a sua impressão;

•• *Vide* Súmula Vinculante 57.
• A Lei n. 10.753, de 30-10-2003, institui a Política Nacional do Livro.

e) fonogramas e videofonogramas musicais produzidos no Brasil contendo obras musicais ou literomusicais de autores brasileiros e/ou obras em geral interpretadas por artistas brasileiros bem como os suportes materiais ou arquivos digitais que os contenham, salvo na etapa de replicação industrial de mídias ópticas de leitura a *laser*.

•• Alínea *e* acrescentada pela Emenda Constitucional n. 75, de 15-10-2013.

§ 1.º A vedação do inciso III, *b*, não se aplica aos tributos previstos nos arts. 148, I, 153, I, II, IV e V; e 154, II; e a vedação do inciso III, *c*, não se aplica aos tributos previstos nos arts. 148, I, 153, I, II, III e V; e 154, II, nem à fixação da base de cálculo dos impostos previstos nos arts. 155, III, e 156, I.

•• § 1.º com redação determinada pela Emenda Constitucional n. 42, de 19-12-2003.

§ 2.º A vedação do inciso VI, *a*, é extensiva às autarquias e às fundações instituídas e mantidas pelo poder público e à empresa pública prestadora de serviço postal, no que se refere ao patrimônio, à renda e aos serviços vinculados a suas finalidades essenciais ou às delas decorrentes.

•• § 2.º com redação determinada pela Emenda Constitucional n. 132, de 20-12-2023.

§ 3.º As vedações do inciso VI, *a*, e do parágrafo anterior não se aplicam ao patrimônio, à renda e aos serviços, relacionados com exploração de atividades econômicas regidas pelas normas aplicáveis a empreendimentos privados, ou em que haja contraprestação ou pagamento de preços ou tarifas pelo usuário, nem exonera o promitente comprador da obrigação de pagar imposto relativamente ao bem imóvel.

Constituição da República Federativa do Brasil | Arts. 150 a 153 | 119

§ 4.º As vedações expressas no inciso VI, alíneas *b* e *c*, compreendem somente o patrimônio, a renda e os serviços, relacionados com as finalidades essenciais das entidades nelas mencionadas.

§ 5.º A lei determinará medidas para que os consumidores sejam esclarecidos acerca dos impostos que incidam sobre mercadorias e serviços.

•• A Lei n. 12.741, de 8-12-2012, dispõe sobre as medidas de esclarecimento ao consumidor, de que trata este § 5.º.

§ 6.º Qualquer subsídio ou isenção, redução de base de cálculo, concessão de crédito presumido, anistia ou remissão, relativos a impostos, taxas ou contribuições, só poderá ser concedido mediante lei específica, federal, estadual ou municipal, que regule exclusivamente as matérias acima enumeradas ou o correspondente tributo ou contribuição, sem prejuízo do disposto no art. 155, § 2.º, XII, *g*.

•• § 6.º com redação determinada pela Emenda Constitucional n. 3, de 17-3-1993.
•• A Emenda Constitucional n. 132, de 20-12-2023, a partir de 2033, altera a redação deste § 6.º: "§ 6.º Qualquer subsídio ou isenção, redução de base de cálculo, concessão de crédito presumido, anistia ou remissão, relativo a impostos, taxas ou contribuições, só poderá ser concedido mediante lei específica, federal, estadual ou municipal, que regule exclusivamente as matérias acima enumeradas ou o correspondente tributo ou contribuição".

§ 7.º A lei poderá atribuir a sujeito passivo de obrigação tributária a condição de responsável pelo pagamento de imposto ou contribuição, cujo fato gerador deva ocorrer posteriormente, assegurada a imediata e preferencial restituição da quantia paga, caso não se realize o fato gerador presumido.

•• § 7.º acrescentado pela Emenda Constitucional n. 3, de 17-3-1993.

Art. 151. É vedado à União:

I – instituir tributo que não seja uniforme em todo o território nacional ou que implique distinção ou preferência em relação a Estado, ao Distrito Federal ou a Município, em detrimento de outro, admitida a concessão de incentivos fiscais destinados a promover o equilíbrio do desenvolvimento socioeconômico entre as diferentes regiões do País;

II – tributar a renda das obrigações da dívida pública dos Estados, do Distrito Federal e dos Municípios, bem como a remuneração e os proventos dos respectivos agentes públicos, em níveis superiores aos que fixar para suas obrigações e para seus agentes;

III – instituir isenções de tributos da competência dos Estados, do Distrito Federal ou dos Municípios.

Art. 152. É vedado aos Estados, ao Distrito Federal e aos Municípios estabelecer diferença tributária entre bens e serviços, de qualquer natureza, em razão de sua procedência ou destino.

Seção III
Dos Impostos da União

Art. 153. Compete à União instituir impostos sobre:

I – importação de produtos estrangeiros;

• *Vide* art. 62, § 2.º, da CF.
• Sobre o imposto de importação cuidam as Leis n. 7.810, de 30-8-1989, n. 8.032, de 12-4-1990, e n. 9.449, de 14-3-1997.

II – exportação, para o exterior, de produtos nacionais ou nacionalizados;

• *Vide* art. 62, § 2.º, da CF.

III – renda e proventos de qualquer natureza;

• O Decreto n. 9.580, de 22-11-2018, regulamenta a tributação, fiscalização, arrecadação e administração do Imposto sobre a Renda.

IV – produtos industrializados;

•• *Vide* art. 7.º da Emenda Constitucional n. 132, de 20-12-2023 (Reforma Tributária).

- *Víde* art. 62, § 2.°, da CF.
- O Decreto n. 7.212, de 15-6-2010, regulamenta a cobrança, fiscalização, arrecadação e administração do IPI.

V – operações de crédito, câmbio e seguro, ou relativas a títulos ou valores mobiliários;

- •• A Emenda Constitucional n. 132, de 20-12-2023, a partir de 2027, altera a redação deste inciso V: "V – operações de crédito e câmbio ou relativas a títulos ou valores mobiliários;".
- *Víde* art. 62, § 2.°, da CF.
- O Decreto n. 6.306, de 14-12-2007, regulamenta o Imposto sobre Operações de Crédito, Câmbio e Seguro, ou relativas a Títulos ou Valores Mobiliários – IOF.
- *Víde* Súmula Vinculante 32.

VI – propriedade territorial rural;

- *Víde* § 4.° deste artigo.
- A Lei n. 9.393, de 19-12-1996, dispõe sobre o Imposto sobre a Propriedade Territorial Rural – ITR, e sobre o pagamento da Dívida representada por Títulos da Dívida Agrária.
- O Decreto n. 4.382, de 19-9-2002, regulamenta a tributação, fiscalização, arrecadação e administração do Imposto sobre a Propriedade Territorial Rural – ITR.

VII – grandes fortunas, nos termos de lei complementar.

- Fundo de Combate e Erradicação da Pobreza: *vide* art. 80, III, do ADCT.

VIII – produção, extração, comercialização ou importação de bens e serviços prejudiciais à saúde ou ao meio ambiente, nos termos de lei complementar.

- •• Inciso VIII acrescentado pela Emenda Constitucional n. 132, de 20-12-2023.
- •• *Víde* arts. 6.°, II e III, 7.° e 9.°, § 9.°, da Emenda Constitucional n. 132, de 20-12-2023 (Reforma Tributária).

§ 1.° É facultado ao Poder Executivo, atendidas as condições e os limites estabelecidos em lei, alterar as alíquotas dos impostos enumerados nos incisos I, II, IV e V.

§ 2.° O imposto previsto no inciso III:

I – será informado pelos critérios da generalidade, da universalidade e da progressividade, na forma da lei;

II – (*Revogado pela Emenda Constitucional n. 20, de 15-12-1998.*)

§ 3.° O imposto previsto no inciso IV:

I – será seletivo, em função da essencialidade do produto;

II – será não cumulativo, compensando-se o que for devido em cada operação com o montante cobrado nas anteriores;

- •• *Víde* Súmula Vinculante 58.

III – não incidirá sobre produtos industrializados destinados ao exterior;

IV – terá reduzido seu impacto sobre a aquisição de bens de capital pelo contribuinte do imposto, na forma da lei.

- •• Inciso IV acrescentado pela Emenda Constitucional n. 42, de 19-12-2003.

§ 4.° O imposto previsto no inciso VI do *caput*:

- •• § 4.°, *caput*, com redação determinada pela Emenda Constitucional n. 42, de 19-12-2003.

I – será progressivo e terá suas alíquotas fixadas de forma a desestimular a manutenção de propriedades improdutivas;

- •• Inciso I acrescentado pela Emenda Constitucional n. 42, de 19-12-2003.

II – não incidirá sobre pequenas glebas rurais, definidas em lei, quando as explore o proprietário que não possua outro imóvel;

- •• Inciso II acrescentado pela Emenda Constitucional n. 42, de 19-12-2003.
- *Víde* art. 146, II, da CF.

III – será fiscalizado e cobrado pelos Municípios que assim optarem, na forma da lei, desde que não implique redução do imposto ou qualquer outra forma de renúncia fiscal.
- •• Inciso III acrescentado pela Emenda Constitucional n. 42, de 19-12-2003.
- •• Inciso regulamentado pela Lei n. 11.250, de 27-12-2005.
- • Víde art. 158, II, da CF.

§ 5.º O ouro, quando definido em lei como ativo financeiro ou instrumento cambial, sujeita-se exclusivamente à incidência do imposto de que trata o inciso V do *caput* deste artigo, devido na operação de origem; a alíquota mínima será de um por cento, assegurada a transferência do montante da arrecadação nos seguintes termos:

I – trinta por cento para o Estado, o Distrito Federal ou o Território, conforme a origem;

II – setenta por cento para o Município de origem.
- • A Lei n. 7.766, de 11-5-1989, dispõe sobre o ouro, ativo financeiro e sobre seu tratamento tributário.
- • Víde arts. 72, § 3.º, 74, § 2.º, e 75 do ADCT.

§ 6.º O imposto previsto no inciso VIII do *caput* deste artigo:
- •• § 6.º, *caput*, acrescentado pela Emenda Constitucional n. 132, de 20-12-2023.

I – não incidirá sobre as exportações nem sobre as operações com energia elétrica e com telecomunicações;
- •• Inciso I acrescentado pela Emenda Constitucional n. 132, de 20-12-2023.

II – incidirá uma única vez sobre o bem ou serviço;
- •• Inciso II acrescentado pela Emenda Constitucional n. 132, de 20-12-2023.

III – não integrará sua própria base de cálculo;
- •• Inciso III acrescentado pela Emenda Constitucional n. 132, de 20-12-2023.

IV – integrará a base de cálculo dos tributos previstos nos arts. 155, II, 156, III, 156-A e 195, V;
- •• Inciso IV acrescentado pela Emenda Constitucional n. 132, de 20-12-2023.
- •• A Emenda Constitucional n. 132, de 20-12-2023, a partir de 2033, altera a redação deste inciso IV: "IV – integrará a base de cálculo dos tributos previstos nos arts. 156-A e 195, V;".

V – poderá ter o mesmo fato gerador e base de cálculo de outros tributos;
- •• Inciso V acrescentado pela Emenda Constitucional n. 132, de 20-12-2023.

VI – terá suas alíquotas fixadas em lei ordinária, podendo ser específicas, por unidade de medida adotada, ou *ad valorem*;
- •• Inciso VI acrescentado pela Emenda Constitucional n. 132, de 20-12-2023.

VII – na extração, o imposto será cobrado independentemente da destinação, caso em que a alíquota máxima corresponderá a 1% (um por cento) do valor de mercado do produto.
- •• Inciso VII acrescentado pela Emenda Constitucional n. 132, de 20-12-2023.

Art. 154. A União poderá instituir:

I – mediante lei complementar, impostos não previstos no artigo anterior, desde que sejam não cumulativos e não tenham fato gerador ou base de cálculo próprios dos discriminados nesta Constituição;
- • Víde arts. 74, § 2.º, e 75 do ADCT.

II – na iminência ou no caso de guerra externa, impostos extraordinários, compreendidos ou não em sua competência tributária, os quais serão suprimidos, gradativamente, cessadas as causas de sua criação.
- • Víde art. 62, § 2.º, da CF.

Seção IV
Dos Impostos dos Estados e do Distrito Federal

Art. 155. Compete aos Estados e ao Distrito Federal instituir impostos sobre:
- •• *Caput* com redação determinada pela Emenda Constitucional n. 3, de 17-3-1993.

I – transmissão *causa mortis* e doação, de quaisquer bens ou direitos;
- •• Inciso I com redação determinada pela Emenda Constitucional n. 3, de 17-3-1993.
- • *Vide* § 1.º deste artigo.
- • *Vide* art. 60, II, do ADCT.

II – operações relativas à circulação de mercadorias e sobre prestações de serviços de transporte interestadual e intermunicipal e de comunicação, ainda que as operações e as prestações se iniciem no exterior;
- •• Inciso II com redação determinada pela Emenda Constitucional n. 3, de 17-3-1993.
- •• A Emenda Constitucional n. 132, de 20-12-2023, a partir de 2033, revoga este inciso II.
- •• *Vide* art. 146, III, c e d, da CF.
- •• *Vide* arts. 6.º, § 1.º, e 12 da Emenda Constitucional n. 132, de 20-12-2023 (Reforma Tributária).
- • *Vide* § 2.º deste artigo.
- • *Vide* art. 60, II, do ADCT.
- • A Lei Complementar n. 114, de 16-12-2002, altera a legislação do imposto dos Estados e do Distrito Federal sobre operações relativas à circulação de mercadorias e sobre prestações de serviços de transporte interestadual e intermunicipal e de comunicação.

III – propriedade de veículos automotores.
- •• Inciso III com redação determinada pela Emenda Constitucional n. 3, de 17-3-1993.
- • *Vide* § 6.º deste artigo.
- • *Vide* art. 60, II, do ADCT.

§ 1.º O imposto previsto no inciso I:
- •• § 1.º, *caput*, com redação determinada pela Emenda Constitucional n. 3, de 17-3-1993.

I – relativamente a bens imóveis e respectivos direitos, compete ao Estado da situação do bem, ou ao Distrito Federal;

II – relativamente a bens móveis, títulos e créditos, compete ao Estado onde era domiciliado o *de cujus*, ou tiver domicílio o doador, ou ao Distrito Federal;
- •• Inciso II com redação determinada pela Emenda Constitucional n. 132, de 20-12-2023.
- •• *Vide* art. 17 da Emenda Constitucional n. 132, de 20-12-2023 (Reforma Tributária).

III – terá a competência para sua instituição regulada por lei complementar:
- •• O STF, na ADI por Omissão n. 67, nas sessões virtuais de 27-5-2022 a 3-6-2022 (*DOU* de 9-7-2022), por unanimidade, julgou procedente o pedido, declarando a omissão inconstitucional na edição da lei complementar a que se refere este inciso III, estabelecendo o prazo de 12 (doze) meses, a contar da data da publicação da ata de julgamento do mérito, para que o Congresso Nacional adote as medidas legislativas necessárias para suprir a omissão.
- •• *Vide* art. 16 da Emenda Constitucional n. 132, de 20-12-2023 (Reforma Tributária).

a) se o doador tiver domicílio ou residência no exterior;

b) se o *de cujus* possuía bens, era residente ou domiciliado ou teve o seu inventário processado no exterior;

IV – terá suas alíquotas máximas fixadas pelo Senado Federal.
- • A Resolução n. 9, de 5-5-1992, do Senado Federal, estabelece alíquota máxima para o Imposto sobre Transmissão *Causa Mortis* e Doação, de que trata este inciso.

V – não incidirá sobre as doações destinadas, no âmbito do Poder Executivo da União, a projetos socioambientais ou destinados a mitigar os efeitos das mudanças climáticas e às instituições federais de ensino.

•• Inciso V acrescentado pela Emenda Constitucional n. 126, de 21-12-2022.

VI – será progressivo em razão do valor do quinhão, do legado ou da doação;

•• Inciso VI acrescentado pela Emenda Constitucional n. 132, de 20-12-2023.

VII – não incidirá sobre as transmissões e as doações para as instituições sem fins lucrativos com finalidade de relevância pública e social, inclusive as organizações assistenciais e beneficentes de entidades religiosas e institutos científicos e tecnológicos, e por elas realizadas na consecução dos seus objetivos sociais, observadas as condições estabelecidas em lei complementar.

•• Inciso VII acrescentado pela Emenda Constitucional n. 132, de 20-12-2023.

§ 2.º O imposto previsto no inciso II atenderá ao seguinte:

•• § 2.º, *caput*, com redação determinada pela Emenda Constitucional n. 3, de 17-3-1993.
•• A Emenda Constitucional n. 132, de 20-12-2023, a partir de 2033, revoga este § 2.º.
• O Decreto-lei n. 406, de 31-12-1968, estabelece normas gerais de Direito Financeiro, aplicáveis aos Impostos sobre Operações Relativas à Circulação de Mercadorias e sobre Serviços de Qualquer Natureza.

I – será não cumulativo, compensando-se o que for devido em cada operação relativa à circulação de mercadorias ou prestação de serviços com o montante cobrado nas anteriores pelo mesmo ou outro Estado ou pelo Distrito Federal;

• *Vide* Súmula Vinculante 26.

II – a isenção ou não incidência, salvo determinação em contrário da legislação:

• A Lei Complementar n. 24, de 7-1-1975, dispõe sobre os Convênios para a concessão de isenções do Imposto sobre Operações Relativas à Circulação de Mercadorias.
• A Lei Complementar n. 87 (Lei Kandir), de 13-9-1996, dispõe sobre o Imposto dos Estados e do Distrito Federal, sobre Operações Relativas à Circulação de Mercadorias e sobre Prestações de Serviços de Transporte Interestadual e Intermunicipal e de Comunicação.
• *Vide* art. 155, § 2.º, X, *a*, da CF.

a) não implicará crédito para compensação com o montante devido nas operações ou prestações seguintes;

b) acarretará a anulação do crédito relativo às operações anteriores;

III – poderá ser seletivo, em função da essencialidade das mercadorias e dos serviços;

IV – resolução do Senado Federal, de iniciativa do Presidente da República ou de um terço dos Senadores, aprovada pela maioria absoluta de seus membros, estabelecerá as alíquotas aplicáveis às operações e prestações, interestaduais e de exportação;

V – é facultado ao Senado Federal:

a) estabelecer alíquotas mínimas nas operações internas, mediante resolução de iniciativa de um terço e aprovada pela maioria absoluta de seus membros;

b) fixar alíquotas máximas nas mesmas operações para resolver conflito específico que envolva interesse de Estados, mediante resolução de iniciativa da maioria absoluta e aprovada por dois terços de seus membros;

VI – salvo deliberação em contrário dos Estados e do Distrito Federal, nos termos do disposto no inciso XII, *g*, as alíquotas internas, nas operações relativas à circulação de mercadorias e nas prestações de serviços, não poderão ser inferiores às previstas para as operações interestaduais;

VII – nas operações e prestações que destinem bens e serviços a consumidor final, contribuinte ou não do imposto, localizado em outro Estado, adotar-se-á a alíquota interestadual e caberá ao Estado de localização do destinatário o imposto correspondente à diferença entre a alíquota interna do Estado destinatário e a alíquota interestadual;

•• Inciso VII com redação determinada pela Emenda Constitucional n. 87, de 16-4-2015.
•• *Vide* art. 99 do ADCT.

a) e **b)** (*Revogadas pela Emenda Constitucional n. 87, de 16-4-2015.*)

VIII – a responsabilidade pelo recolhimento do imposto correspondente à diferença entre a alíquota interna e a interestadual de que trata o inciso VII será atribuída:

•• Inciso VIII com redação determinada pela Emenda Constitucional n. 87, de 16-4-2015.

a) ao destinatário, quando este for contribuinte do imposto;

•• Alínea *a* acrescentada pela Emenda Constitucional n. 87, de 16-4-2015.

b) ao remetente, quando o destinatário não for contribuinte do imposto;

•• Alínea *b* acrescentada pela Emenda Constitucional n. 87, de 16-4-2015.

IX – incidirá também:

a) sobre a entrada de bem ou mercadoria importados do exterior por pessoa física ou jurídica, ainda que não seja contribuinte habitual do imposto, qualquer que seja a sua finalidade, assim como sobre o serviço prestado no exterior, cabendo o imposto ao Estado onde estiver situado o domicílio ou o estabelecimento do destinatário da mercadoria, bem ou serviço;

•• Alínea *a* com redação determinada pela Emenda Constitucional n. 33, de 11-12-2001.
• *Vide* Súmula Vinculante 48.

b) sobre o valor total da operação, quando mercadorias forem fornecidas com serviços não compreendidos na competência tributária dos Municípios;

X – não incidirá:

a) sobre operações que destinem mercadorias para o exterior, nem sobre serviços prestados a destinatários no exterior, assegurada a manutenção e o aproveitamento do montante do imposto cobrado nas operações e prestações anteriores;

•• Alínea *a* com redação determinada pela Emenda Constitucional n. 42, de 19-12-2003.
• *Vide* art. 155, § 2.º, I, da CF.

b) sobre operações que destinem a outros Estados petróleo, inclusive lubrificantes, combustíveis líquidos e gasosos dele derivados, e energia elétrica;

c) sobre o ouro, nas hipóteses definidas no art. 153, § 5.º;

d) nas prestações de serviço de comunicação nas modalidades de radiodifusão sonora e de sons e imagens de recepção livre e gratuita;

•• Alínea *d* acrescentada pela Emenda Constitucional n. 42, de 19-12-2003.

XI – não compreenderá, em sua base de cálculo, o montante do imposto sobre produtos industrializados, quando a operação, realizada entre contribuintes e relativa a produto destinado à industrialização ou à comercialização, configure fato gerador dos dois impostos;

XII – cabe à lei complementar:

•• *Vide* art. 4.º da Emenda Constitucional n. 42, de 19-12-2003.

a) definir seus contribuintes;

b) dispor sobre substituição tributária;

c) disciplinar o regime de compensação do imposto;

d) fixar, para efeito de sua cobrança e definição do estabelecimento responsável, o local das operações relativas à circulação de mercadorias e das prestações de serviços;

e) excluir da incidência do imposto, nas exportações para o exterior, serviços e outros produtos além dos mencionados no inciso X, *a*;

f) prever casos de manutenção de crédito, relativamente à remessa para outro Estado e exportação para o exterior, de serviços e de mercadorias;

g) regular a forma como, mediante deliberação dos Estados e do Distrito Federal, isenções, incentivos e benefícios fiscais serão concedidos e revogados;

•• A Lei Complementar n. 159, de 19-5-2017, instituiu o Regime de Recuperação Fiscal dos Estados e do Distrito Federal.

h) definir os combustíveis e lubrificantes sobre os quais o imposto incidirá uma única vez, qualquer que seja a sua finalidade, hipótese em que não se aplicará o disposto no inciso X, *b*;

•• Alínea *h* acrescentada pela Emenda Constitucional n. 33, de 11-12-2001.

•• O art. 2.º da Lei Complementar n. 192, de 11-3-2022, dispõe: "Art. 2.º Os combustíveis sobre os quais incidirá uma única vez o ICMS, qualquer que seja sua finalidade, são os seguintes: I – gasolina e etanol anidro combustível; II – diesel e biodiesel; e III – gás liquefeito de petróleo, inclusive o derivado do gás natural."

• *Vide* § 4.º deste artigo.

i) fixar a base de cálculo, de modo que o montante do imposto a integre, também na importação do exterior de bem, mercadoria ou serviço.

•• Alínea *i* acrescentada pela Emenda Constitucional n. 33, de 11-12-2001.

§ 3.º À exceção dos impostos de que tratam o inciso II do *caput* deste artigo e os arts. 153, I e II, e 156-A, nenhum outro imposto poderá incidir sobre operações relativas a energia elétrica e serviços de telecomunicações e, à exceção destes e do previsto no art. 153, VIII, nenhum outro imposto poderá incidir sobre operações relativas a derivados de petróleo, combustíveis e minerais do País.

•• § 3.º com redação determinada pela Emenda Constitucional n. 132, de 20-12-2023.

•• A Emenda Constitucional n. 132, de 20-12-2023, a partir de 2033, revoga este § 3.º.

§ 4.º Na hipótese do inciso XII, *h*, observar-se-á o seguinte:

•• § 4.º, *caput*, acrescentado pela Emenda Constitucional n. 33, de 11-12-2001.

•• A Emenda Constitucional n. 132, de 20-12-2023, a partir de 2033, revoga este § 4.º.

I – nas operações com os lubrificantes e combustíveis derivados de petróleo, o imposto caberá ao Estado onde ocorrer o consumo;

•• Inciso I acrescentado pela Emenda Constitucional n. 33, de 11-12-2001.

II – nas operações interestaduais, entre contribuintes, com gás natural e seus derivados, e lubrificantes e combustíveis não incluídos no inciso I deste parágrafo, o imposto será repartido entre os Estados de origem e de destino, mantendo-se a mesma proporcionalidade que ocorre nas operações com as demais mercadorias;

•• Inciso II acrescentado pela Emenda Constitucional n. 33, de 11-12-2001.

III – nas operações interestaduais com gás natural e seus derivados, e lubrificantes e combustíveis não incluídos no inciso I deste parágrafo, destinadas a não contribuinte, o imposto caberá ao Estado de origem;

•• Inciso III acrescentado pela Emenda Constitucional n. 33, de 11-12-2001.

IV – as alíquotas do imposto serão definidas mediante deliberação dos Estados e Distrito Federal, nos termos do § 2.º, XII, g, observando-se o seguinte:

•• Inciso IV, caput, acrescentado pela Emenda Constitucional n. 33, de 11-12-2001.

a) serão uniformes em todo o território nacional, podendo ser diferenciadas por produto;

•• Alínea a acrescentada pela Emenda Constitucional n. 33, de 11-12-2001.

b) poderão ser específicas, por unidade de medida adotada, ou *ad valorem*, incidindo sobre o valor da operação ou sobre o preço que o produto ou seu similar alcançaria em uma venda em condições de livre concorrência;

•• Alínea b acrescentada pela Emenda Constitucional n. 33, de 11-12-2001.

c) poderão ser reduzidas e restabelecidas, não se lhes aplicando o disposto no art. 150, III, b.

•• Alínea c acrescentada pela Emenda Constitucional n. 33, de 11-12-2001.

§ 5.º As regras necessárias à aplicação do disposto no § 4.º, inclusive as relativas à apuração e à destinação do imposto, serão estabelecidas mediante deliberação dos Estados e do Distrito Federal, nos termos do § 2.º, XII, g.

•• § 5.º acrescentado pela Emenda Constitucional n. 33, de 11-12-2001.
•• A Emenda Constitucional n. 132, de 20-12-2023, a partir de 2033, revoga este § 5.º.

§ 6.º O imposto previsto no inciso III:

•• § 6.º, caput, acrescentado pela Emenda Constitucional n. 42, de 19-12-2003.

I – terá alíquotas mínimas fixadas pelo Senado Federal;

•• Inciso I acrescentado pela Emenda Constitucional n. 42, de 19-12-2003.

II – poderá ter alíquotas diferenciadas em função do tipo, do valor, da utilização e do impacto ambiental;

•• Inciso II com redação determinada pela Emenda Constitucional n. 132, de 20-12-2023.

III – incidirá sobre a propriedade de veículos automotores terrestres, aquáticos e aéreos, excetuados:

•• Inciso III, caput, acrescentado pela Emenda Constitucional n. 132, de 20-12-2023.

a) aeronaves agrícolas e de operador certificado para prestar serviços aéreos a terceiros;

•• Alínea a acrescentada pela Emenda Constitucional n. 132, de 20-12-2023.

b) embarcações de pessoa jurídica que detenha outorga para prestar serviços de transporte aquaviário ou de pessoa física ou jurídica que pratique pesca industrial, artesanal, científica ou de subsistência;

•• Alínea b acrescentada pela Emenda Constitucional n. 132, de 20-12-2023.

c) plataformas suscetíveis de se locomoverem na água por meios próprios, inclusive aquelas cuja finalidade principal seja a exploração de atividades econômicas em águas territoriais e na zona econômica exclusiva e embarcações que tenham essa mesma finalidade principal;

•• Alínea c acrescentada pela Emenda Constitucional n. 132, de 20-12-2023.

d) tratores e máquinas agrícolas.

•• Alínea d acrescentada pela Emenda Constitucional n. 132, de 20-12-2023.

Seção V
Dos Impostos dos Municípios

Art. 156. Compete aos Municípios instituir impostos sobre:

I – propriedade predial e territorial urbana;

II – transmissão *inter vivos*, a qualquer título, por ato oneroso, de bens imóveis, por natureza ou acessão física, e de direitos reais sobre imóveis, exceto os de garantia, bem como cessão de direitos a sua aquisição;

III – serviços de qualquer natureza, não compreendidos no art. 155, II, definidos em lei complementar;
- •• Inciso III com redação determinada pela Emenda Constitucional n. 3, de 17-3-1993.
- •• A Emenda Constitucional n. 132, de 20-12-2023, a partir de 2033, revoga este inciso III.
- •• *Vide* art. 6.º, § 1.º, da Emenda Constitucional n. 132, de 20-12-2023 (Reforma Tributária).
- • A Lei Complementar n. 116, de 31-7-2003, dispõe sobre o Imposto Sobre Serviços de Qualquer Natureza, de competência dos Municípios e do Distrito Federal.

IV – (*Revogado pela Emenda Constitucional n. 3, de 17-3-1993.*)

§ 1.º Sem prejuízo da progressividade no tempo a que se refere o art. 182, § 4.º, II, o imposto previsto no inciso I poderá:
- •• § 1.º, *caput*, com redação determinada pela Emenda Constitucional n. 29, de 13-9-2000.

I – ser progressivo em razão do valor do imóvel; e
- •• Inciso I acrescentado pela Emenda Constitucional n. 29, de 13-9-2000.

II – ter alíquotas diferentes de acordo com a localização e o uso do imóvel.
- •• Inciso II acrescentado pela Emenda Constitucional n. 29, de 13-9-2000.

III – ter sua base de cálculo atualizada pelo Poder Executivo, conforme critérios estabelecidos em lei municipal.
- •• Inciso III acrescentado pela Emenda Constitucional n. 132, de 20-12-2023.

§ 1.º-A. O imposto previsto no inciso I do *caput* deste artigo não incide sobre templos de qualquer culto, ainda que as entidades abrangidas pela imunidade de que trata a alínea *b* do inciso VI do *caput* do art. 150 desta Constituição sejam apenas locatárias do bem imóvel.
- •• § 1.º-A acrescentado pela Emenda Constitucional n. 116, de 17-2-2022.

§ 2.º O imposto previsto no inciso II:

I – não incide sobre a transmissão de bens ou direitos incorporados ao patrimônio de pessoa jurídica em realização de capital, nem sobre a transmissão de bens ou direitos decorrentes de fusão, incorporação, cisão ou extinção de pessoa jurídica, salvo se, nesses casos, a atividade preponderante do adquirente for a compra e venda desses bens ou direitos, locação de bens imóveis ou arrendamento mercantil;

II – compete ao Município da situação do bem.

§ 3.º Em relação ao imposto previsto no inciso III do *caput* deste artigo, cabe à lei complementar:
- •• § 3.º, *caput*, com redação determinada pela Emenda Constitucional n. 37, de 12-6-2002.
- •• A Emenda Constitucional n. 132, de 20-12-2023, a partir de 2033, revoga este § 3.º.
- • *Vide* nota ao art. 156, III, da CF.

I – fixar as suas alíquotas máximas e mínimas;
- •• Inciso I com redação determinada pela Emenda Constitucional n. 37, de 12-6-2002.
- • *Vide* art. 88 do ADCT acrescentado pela Emenda Constitucional n. 37, de 12-6-2002.

II – excluir da sua incidência exportações de serviços para o exterior;
- •• Inciso II com redação determinada pela Emenda Constitucional n. 3, de 17-3-1993.

III – regular a forma e as condições como isenções, incentivos e benefícios fiscais serão concedidos e revogados.
- •• Inciso III acrescentado pela Emenda Constitucional n. 37, de 12-6-2002.
- • *Vide* art. 88 do ADCT acrescentado pela Emenda Constitucional n. 37, de 12-6-2002.

§ 4.º *(Revogado pela Emenda Constitucional n. 3, de 17-3-1993.)*

Seção V-A
Do Imposto de Competência Compartilhada entre
Estados, Distrito Federal e Municípios

•• Seção V-A acrescentada pela Emenda Constitucional n. 132, de 20-12-2023.

Art. 156-A. Lei complementar instituirá imposto sobre bens e serviços de competência compartilhada entre Estados, Distrito Federal e Municípios.

•• *Caput* acrescentado pela Emenda Constitucional n. 132, de 20-12-2023.
•• *Vide* arts. 92-B, 124, 125, 126, 127 e 130 do ADCT.
•• *Vide* art. 105, I, *j*, da CF.
•• *Vide* art. 9.º da Emenda Constitucional n. 132, de 20-12-2023 (Reforma Tributária).
•• A Lei Complementar n. 214, de 16-1-2025, instituiu o Imposto sobre Bens e Serviços (IBS), de competência compartilhada entre Estados, Municípios e Distrito Federal, de que trata este artigo.
• *Vide* art. 146, III, c e *d*, da CF.

§ 1.º O imposto previsto no *caput* será informado pelo princípio da neutralidade e atenderá ao seguinte:

•• § 1.º, *caput*, acrescentado pela Emenda Constitucional n. 132, de 20-12-2023.

I – incidirá sobre operações com bens materiais ou imateriais, inclusive direitos, ou com serviços;

•• Inciso I acrescentado pela Emenda Constitucional n. 132, de 20-12-2023.

II – incidirá também sobre a importação de bens materiais ou imateriais, inclusive direitos, ou de serviços realizada por pessoa física ou jurídica, ainda que não seja sujeito passivo habitual do imposto, qualquer que seja a sua finalidade;

•• Inciso II acrescentado pela Emenda Constitucional n. 132, de 20-12-2023.

III – não incidirá sobre as exportações, assegurados ao exportador a manutenção e o aproveitamento dos créditos relativos às operações nas quais seja adquirente de bem material ou imaterial, inclusive direitos, ou serviço, observado o disposto no § 5.º, III;

•• Inciso III acrescentado pela Emenda Constitucional n. 132, de 20-12-2023.

IV – terá legislação única e uniforme em todo o território nacional, ressalvado o disposto no inciso V;

•• Inciso IV acrescentado pela Emenda Constitucional n. 132, de 20-12-2023.

V – cada ente federativo fixará sua alíquota própria por lei específica;

•• Inciso V acrescentado pela Emenda Constitucional n. 132, de 20-12-2023.

VI – a alíquota fixada pelo ente federativo na forma do inciso V será a mesma para todas as operações com bens materiais ou imateriais, inclusive direitos, ou com serviços, ressalvadas as hipóteses previstas nesta Constituição;

•• Inciso VI acrescentado pela Emenda Constitucional n. 132, de 20-12-2023.

VII – será cobrado pelo somatório das alíquotas do Estado e do Município de destino da operação;

•• Inciso VII acrescentado pela Emenda Constitucional n. 132, de 20-12-2023.

VIII – será não cumulativo, compensando-se o imposto devido pelo contribuinte com o montante cobrado sobre todas as operações nas quais seja adquirente de bem material ou imaterial, inclusive direito, ou de serviço, excetuadas exclusivamente as consideradas de uso ou consumo pessoal especificadas em lei complementar e as hipóteses previstas nesta Constituição;

•• Inciso VIII acrescentado pela Emenda Constitucional n. 132, de 20-12-2023.

IX – não integrará sua própria base de cálculo nem a dos tributos previstos nos arts. 153, VIII, e 195, I, b, IV e V, e da contribuição para o Programa de Integração Social de que trata o art. 239;

•• Inciso IX acrescentado pela Emenda Constitucional n. 132, de 20-12-2023.
•• A Emenda Constitucional n. 132, de 20-12-2023, a partir de 2027, altera a redação deste inciso IX: "IX – não integrará sua própria base de cálculo nem a dos tributos previstos nos arts. 153, VIII, e 195, V;".
•• A Emenda Constitucional n. 132, de 20-12-2023, a partir de 2033, altera a redação deste inciso IX: "IX – não integrará sua própria base de cálculo nem a dos tributos previstos nos arts. 153, VIII, e 195, V;".

X – não será objeto de concessão de incentivos e benefícios financeiros ou fiscais relativos ao imposto ou de regimes específicos, diferenciados ou favorecidos de tributação, excetuadas as hipóteses previstas nesta Constituição;

•• Inciso X acrescentado pela Emenda Constitucional n. 132, de 20-12-2023.

XI – não incidirá nas prestações de serviço de comunicação nas modalidades de radiodifusão sonora e de sons e imagens de recepção livre e gratuita;

•• Inciso XI acrescentado pela Emenda Constitucional n. 132, de 20-12-2023.

XII – resolução do Senado Federal fixará alíquota de referência do imposto para cada esfera federativa, nos termos de lei complementar, que será aplicada se outra não houver sido estabelecida pelo próprio ente federativo;

•• Inciso XII acrescentado pela Emenda Constitucional n. 132, de 20-12-2023.

XIII – sempre que possível, terá seu valor informado, de forma específica, no respectivo documento fiscal.

•• Inciso XIII acrescentado pela Emenda Constitucional n. 132, de 20-12-2023.

§ 2.º Para fins do disposto no § 1.º, V, o Distrito Federal exercerá as competências estadual e municipal na fixação de suas alíquotas.

•• § 2.º acrescentado pela Emenda Constitucional n. 132, de 20-12-2023.

§ 3.º Lei complementar poderá definir como sujeito passivo do imposto a pessoa que concorrer para a realização, a execução ou o pagamento da operação, ainda que residente ou domiciliada no exterior.

•• § 3.º acrescentado pela Emenda Constitucional n. 132, de 20-12-2023.

§ 4.º Para fins de distribuição do produto da arrecadação do imposto, o Comitê Gestor do Imposto sobre Bens e Serviços:

•• § 4.º, *caput*, acrescentado pela Emenda Constitucional n. 132, de 20-12-2023.

I – reterá montante equivalente ao saldo acumulado de créditos do imposto não compensados pelos contribuintes e não ressarcidos ao final de cada período de apuração e aos valores decorrentes do cumprimento do § 5.º, VIII;

•• Inciso I acrescentado pela Emenda Constitucional n. 132, de 20-12-2023.

II – distribuirá o produto da arrecadação do imposto, deduzida a retenção de que trata o inciso I deste parágrafo, ao ente federativo de destino das operações que não tenham gerado creditamento.

•• Inciso II acrescentado pela Emenda Constitucional n. 132, de 20-12-2023.

§ 5.º Lei complementar disporá sobre:

•• § 5.º, *caput*, acrescentado pela Emenda Constitucional n. 132, de 20-12-2023.

I – as regras para a distribuição do produto da arrecadação do imposto, disciplinando, entre outros aspectos:

•• Inciso I, *caput*, acrescentado pela Emenda Constitucional n. 132, de 20-12-2023.

a) a sua forma de cálculo;

•• Alínea a acrescentada pela Emenda Constitucional n. 132, de 20-12-2023.

b) o tratamento em relação às operações em que o imposto não seja recolhido tempestivamente;

•• Alínea b acrescentada pela Emenda Constitucional n. 132, de 20-12-2023.

c) as regras de distribuição aplicáveis aos regimes favorecidos, específicos e diferenciados de tributação previstos nesta Constituição;

•• Alínea c acrescentada pela Emenda Constitucional n. 132, de 20-12-2023.

II – o regime de compensação, podendo estabelecer hipóteses em que o aproveitamento do crédito ficará condicionado à verificação do efetivo recolhimento do imposto incidente sobre a operação com bens materiais ou imateriais, inclusive direitos, ou com serviços, desde que:

•• Inciso II, caput, acrescentado pela Emenda Constitucional n. 132, de 20-12-2023.

a) o adquirente possa efetuar o recolhimento do imposto incidente nas suas aquisições de bens ou serviços; ou

•• Alínea a acrescentada pela Emenda Constitucional n. 132, de 20-12-2023.

b) o recolhimento do imposto ocorra na liquidação financeira da operação;

•• Alínea b acrescentada pela Emenda Constitucional n. 132, de 20-12-2023.

III – a forma e o prazo para ressarcimento de créditos acumulados pelo contribuinte;

•• Inciso III acrescentado pela Emenda Constitucional n. 132, de 20-12-2023.

IV – os critérios para a definição do destino da operação, que poderá ser, inclusive, o local da entrega, da disponibilização ou da localização do bem, o da prestação ou da disponibilização do serviço ou o do domicílio ou da localização do adquirente ou destinatário do bem ou serviço, admitidas diferenciações em razão das características da operação;

•• Inciso IV acrescentado pela Emenda Constitucional n. 132, de 20-12-2023.

V – a forma de desoneração da aquisição de bens de capital pelos contribuintes, que poderá ser implementada por meio de:

•• Inciso V, caput, acrescentado pela Emenda Constitucional n. 132, de 20-12-2023.

a) crédito integral e imediato do imposto;

•• Alínea a acrescentada pela Emenda Constitucional n. 132, de 20-12-2023.

b) diferimento; ou

•• Alínea b acrescentada pela Emenda Constitucional n. 132, de 20-12-2023.

c) redução em 100% (cem por cento) das alíquotas do imposto;

•• Alínea c acrescentada pela Emenda Constitucional n. 132, de 20-12-2023.

VI – as hipóteses de diferimento e desoneração do imposto aplicáveis aos regimes aduaneiros especiais e às zonas de processamento de exportação;

•• Inciso VI acrescentado pela Emenda Constitucional n. 132, de 20-12-2023.

VII – o processo administrativo fiscal do imposto;

•• Inciso VII acrescentado pela Emenda Constitucional n. 132, de 20-12-2023.

VIII – as hipóteses de devolução do imposto a pessoas físicas, inclusive os limites e os beneficiários, com o objetivo de reduzir as desigualdades de renda;

•• Inciso VIII acrescentado pela Emenda Constitucional n. 132, de 20-12-2023.

IX – os critérios para as obrigações tributárias acessórias, visando à sua simplificação.

•• Inciso IX acrescentado pela Emenda Constitucional n. 132, de 20-12-2023.

§ 6.º Lei complementar disporá sobre regimes específicos de tributação para:

•• § 6.º, *caput,* acrescentado pela Emenda Constitucional n. 132, de 20-12-2023.

I – combustíveis e lubrificantes sobre os quais o imposto incidirá uma única vez, qualquer que seja a sua finalidade, hipótese em que:

•• Inciso I, *caput,* acrescentado pela Emenda Constitucional n. 132, de 20-12-2023.

a) serão as alíquotas uniformes em todo o território nacional, específicas por unidade de medida e diferenciadas por produto, admitida a não aplicação do disposto no § 1.º, V a VII;

•• Alínea *a* acrescentada pela Emenda Constitucional n. 132, de 20-12-2023.

b) será vedada a apropriação de créditos em relação às aquisições dos produtos de que trata este inciso destinados a distribuição, comercialização ou revenda;

•• Alínea *b* acrescentada pela Emenda Constitucional n. 132, de 20-12-2023.

c) será concedido crédito nas aquisições dos produtos de que trata este inciso por sujeito passivo do imposto, observado o disposto na alínea *b* e no § 1.º, VIII;

•• Alínea *c* acrescentada pela Emenda Constitucional n. 132, de 20-12-2023.

II – serviços financeiros, operações com bens imóveis, planos de assistência à saúde e concursos de prognósticos, podendo prever:

•• Inciso II, *caput,* acrescentado pela Emenda Constitucional n. 132, de 20-12-2023.

•• *Vide* art. 10 da Emenda Constitucional n. 132, de 20-12-2023 (Reforma Tributária).

a) alterações nas alíquotas, nas regras de creditamento e na base de cálculo, admitida, em relação aos adquirentes dos bens e serviços de que trata este inciso, a não aplicação do disposto no § 1.º, VIII;

•• Alínea *a* acrescentada pela Emenda Constitucional n. 132, de 20-12-2023.

b) hipóteses em que o imposto incidirá sobre a receita ou o faturamento, com alíquota uniforme em todo o território nacional, admitida a não aplicação do disposto no § 1.º, V a VII, e, em relação aos adquirentes dos bens e serviços de que trata este inciso, também do disposto no § 1.º, VIII;

•• Alínea *b* acrescentada pela Emenda Constitucional n. 132, de 20-12-2023.

III – sociedades cooperativas, que será optativo, com vistas a assegurar sua competitividade, observados os princípios da livre concorrência e da isonomia tributária, definindo, inclusive:

•• Inciso III, *caput,* acrescentado pela Emenda Constitucional n. 132, de 20-12-2023.

a) as hipóteses em que o imposto não incidirá sobre as operações realizadas entre a sociedade cooperativa e seus associados, entre estes e aquela e pelas sociedades cooperativas entre si quando associadas para a consecução dos objetivos sociais;

•• Alínea *a* acrescentada pela Emenda Constitucional n. 132, de 20-12-2023.

b) o regime de aproveitamento do crédito das etapas anteriores;

•• Alínea *b* acrescentada pela Emenda Constitucional n. 132, de 20-12-2023.

IV – serviços de hotelaria, parques de diversão e parques temáticos, agências de viagens e de turismo, bares e restaurantes, atividade esportiva desenvolvida por Sociedade Anônima do Futebol e aviação regional, podendo prever hipóteses de alterações nas alíquotas, nas bases de cálculo e nas regras de creditamento, admitida a não aplicação do disposto no § 1.º, V a VIII;

•• Inciso IV acrescentado pela Emenda Constitucional n. 132, de 20-12-2023.

V – operações alcançadas por tratado ou convenção internacional, inclusive referentes a missões diplomáticas, repartições consulares, representações de organismos internacionais e respectivos funcionários acreditados;

- •• Inciso V acrescentado pela Emenda Constitucional n. 132, de 20-12-2023.

VI – serviços de transporte coletivo de passageiros rodoviário intermunicipal e interestadual, ferroviário e hidroviário, podendo prever hipóteses de alterações nas alíquotas e nas regras de creditamento, admitida a não aplicação do disposto no § 1.º, V a VIII.

- •• Inciso VI acrescentado pela Emenda Constitucional n. 132, de 20-12-2023.

§ 7.º A isenção e a imunidade:

- •• § 7.º, *caput*, acrescentado pela Emenda Constitucional n. 132, de 20-12-2023.

I – não implicarão crédito para compensação com o montante devido nas operações seguintes;

- •• Inciso I acrescentado pela Emenda Constitucional n. 132, de 20-12-2023.

II – acarretarão a anulação do crédito relativo às operações anteriores, salvo, na hipótese da imunidade, inclusive em relação ao inciso XI do § 1.º, quando determinado em contrário em lei complementar.

- •• Inciso II acrescentado pela Emenda Constitucional n. 132, de 20-12-2023.

§ 8.º Para fins do disposto neste artigo, a lei complementar de que trata o *caput* poderá estabelecer o conceito de operações com serviços, seu conteúdo e alcance, admitida essa definição para qualquer operação que não seja classificada como operação com bens materiais ou imateriais, inclusive direitos.

- •• § 8.º acrescentado pela Emenda Constitucional n. 132, de 20-12-2023.

§ 9.º Qualquer alteração na legislação federal que reduza ou eleve a arrecadação do imposto:

- •• § 9.º, *caput*, acrescentado pela Emenda Constitucional n. 132, de 20-12-2023.

I – deverá ser compensada pela elevação ou redução, pelo Senado Federal, das alíquotas de referência de que trata o § 1.º, XII, de modo a preservar a arrecadação das esferas federativas, nos termos de lei complementar;

- •• Inciso I acrescentado pela Emenda Constitucional n. 132, de 20-12-2023.

II – somente entrará em vigor com o início da produção de efeitos do ajuste das alíquotas de referência de que trata o inciso I deste parágrafo.

- •• Inciso II acrescentado pela Emenda Constitucional n. 132, de 20-12-2023.

§ 10. Os Estados, o Distrito Federal e os Municípios poderão optar por vincular suas alíquotas à alíquota de referência de que trata o § 1.º, XII.

- •• § 10 acrescentado pela Emenda Constitucional n. 132, de 20-12-2023.

§ 11. Projeto de lei complementar em tramitação no Congresso Nacional que reduza ou aumente a arrecadação do imposto somente será apreciado se acompanhado de estimativa de impacto no valor das alíquotas de referência de que trata o § 1º, XII.

- •• § 11 acrescentado pela Emenda Constitucional n. 132, de 20-12-2023.

§ 12. A devolução de que trata o § 5.º, VIII, não será considerada nas bases de cálculo de que tratam os arts. 29-A, 198, § 2.º, 204, parágrafo único, 212, 212-A, II, e 216, § 6.º, não se aplicando a ela, ainda, o disposto no art. 158, IV, *b*.

- •• § 12 acrescentado pela Emenda Constitucional n. 132, de 20-12-2023.

§ 13. A devolução de que trata o § 5.º, VIII, será obrigatória nas operações de fornecimento de energia elétrica e de gás liquefeito de petróleo ao consumidor de baixa renda, podendo a lei complementar determinar que seja calculada e concedida no momento da cobrança da operação.

•• § 13 acrescentado pela Emenda Constitucional n. 132, de 20-12-2023.

Art. 156-B. Os Estados, o Distrito Federal e os Municípios exercerão de forma integrada, exclusivamente por meio do Comitê Gestor do Imposto sobre Bens e Serviços, nos termos e limites estabelecidos nesta Constituição e em lei complementar, as seguintes competências administrativas relativas ao imposto de que trata o art. 156-A:

•• *Caput* acrescentado pela Emenda Constitucional n. 132, de 20-12-2023.

I – editar regulamento único e uniformizar a interpretação e a aplicação da legislação do imposto;

•• Inciso I acrescentado pela Emenda Constitucional n. 132, de 20-12-2023.

II – arrecadar o imposto, efetuar as compensações e distribuir o produto da arrecadação entre Estados, Distrito Federal e Municípios;

•• Inciso II acrescentado pela Emenda Constitucional n. 132, de 20-12-2023.

III – decidir o contencioso administrativo.

•• Inciso III acrescentado pela Emenda Constitucional n. 132, de 20-12-2023.

§ 1.º O Comitê Gestor do Imposto sobre Bens e Serviços, entidade pública sob regime especial, terá independência técnica, administrativa, orçamentária e financeira.

•• § 1.º acrescentado pela Emenda Constitucional n. 132, de 20-12-2023.

§ 2.º Na forma da lei complementar:

•• § 2.º, *caput*, acrescentado pela Emenda Constitucional n. 132, de 20-12-2023.

I – os Estados, o Distrito Federal e os Municípios serão representados, de forma paritária, na instância máxima de deliberação do Comitê Gestor do Imposto sobre Bens e Serviços;

•• Inciso I acrescentado pela Emenda Constitucional n. 132, de 20-12-2023.

II – será assegurada a alternância na presidência do Comitê Gestor entre o conjunto dos Estados e o Distrito Federal e o conjunto dos Municípios e o Distrito Federal;

•• Inciso II acrescentado pela Emenda Constitucional n. 132, de 20-12-2023.

III – o Comitê Gestor será financiado por percentual do produto da arrecadação do imposto destinado a cada ente federativo;

•• Inciso III acrescentado pela Emenda Constitucional n. 132, de 20-12-2023.

IV – o controle externo do Comitê Gestor será exercido pelos Estados, pelo Distrito Federal e pelos Municípios;

•• Inciso IV acrescentado pela Emenda Constitucional n. 132, de 20-12-2023.

V – a fiscalização, o lançamento, a cobrança, a representação administrativa e a representação judicial relativos ao imposto serão realizados, no âmbito de suas respectivas competências, pelas administrações tributárias e procuradorias dos Estados, do Distrito Federal e dos Municípios, que poderão definir hipóteses de delegação ou de compartilhamento de competências, cabendo ao Comitê Gestor a coordenação dessas atividades administrativas com vistas à integração entre os entes federativos;

•• Inciso V acrescentado pela Emenda Constitucional n. 132, de 20-12-2023.

VI – as competências exclusivas das carreiras da administração tributária e das procuradorias dos Estados, do Distrito Federal e dos Municípios serão exercidas, no Comitê Gestor e na representação deste, por servidores das referidas carreiras;

•• Inciso VI acrescentado pela Emenda Constitucional n. 132, de 20-12-2023.

VII – serão estabelecidas a estrutura e a gestão do Comitê Gestor, cabendo ao regimento interno dispor sobre sua organização e funcionamento.

•• Inciso VII acrescentado pela Emenda Constitucional n. 132, de 20-12-2023.

§ 3.º A participação dos entes federativos na instância máxima de deliberação do Comitê Gestor do Imposto sobre Bens e Serviços observará a seguinte composição:

•• § 3.º, *caput*, acrescentado pela Emenda Constitucional n. 132, de 20-12-2023.

I – 27 (vinte e sete) membros, representando cada Estado e o Distrito Federal;

•• Inciso I acrescentado pela Emenda Constitucional n. 132, de 20-12-2023.

II – 27 (vinte e sete) membros, representando o conjunto dos Municípios e do Distrito Federal, que serão eleitos nos seguintes termos:

•• Inciso II, *caput*, acrescentado pela Emenda Constitucional n. 132, de 20-12-2023.

a) 14 (quatorze) representantes, com base nos votos de cada Município, com valor igual para todos; e

•• Alínea *a* acrescentada pela Emenda Constitucional n. 132, de 20-12-2023.

b) 13 (treze) representantes, com base nos votos de cada Município ponderados pelas respectivas populações.

•• Alínea *b* acrescentada pela Emenda Constitucional n. 132, de 20-12-2023.

§ 4.º As deliberações no âmbito do Comitê Gestor do Imposto sobre Bens e Serviços serão consideradas aprovadas se obtiverem, cumulativamente, os votos:

•• § 4.º, *caput*, acrescentado pela Emenda Constitucional n. 132, de 20-12-2023.

I – em relação ao conjunto dos Estados e do Distrito Federal:

•• Inciso I, *caput*, acrescentado pela Emenda Constitucional n. 132, de 20-12-2023.

a) da maioria absoluta de seus representantes; e

•• Alínea *a* acrescentada pela Emenda Constitucional n. 132, de 20-12-2023.

b) de representantes dos Estados e do Distrito Federal que correspondam a mais de 50% (cinquenta por cento) da população do País; e

•• Alínea *b* acrescentada pela Emenda Constitucional n. 132, de 20-12-2023.

II – em relação ao conjunto dos Municípios e do Distrito Federal, da maioria absoluta de seus representantes.

•• Inciso II acrescentado pela Emenda Constitucional n. 132, de 20-12-2023.

§ 5.º O Presidente do Comitê Gestor do Imposto sobre Bens e Serviços deverá ter notórios conhecimentos de administração tributária.

•• § 5.º acrescentado pela Emenda Constitucional n. 132, de 20-12-2023.

§ 6.º O Comitê Gestor do Imposto sobre Bens e Serviços, a administração tributária da União e a Procuradoria-Geral da Fazenda Nacional compartilharão informações fiscais relacionadas aos tributos previstos nos arts. 156-A e 195, V, e atuarão com vistas a harmonizar normas, interpretações, obrigações acessórias e procedimentos a eles relativos.

•• § 6.º acrescentado pela Emenda Constitucional n. 132, de 20-12-2023.

§ 7.º O Comitê Gestor do Imposto sobre Bens e Serviços e a administração tributária da União poderão implementar soluções integradas para a administração e cobrança dos tributos previstos nos arts. 156-A e 195, V.

•• § 7.º acrescentado pela Emenda Constitucional n. 132, de 20-12-2023.

§ 8.º Lei complementar poderá prever a integração do contencioso administrativo relativo aos tributos previstos nos arts. 156-A e 195, V.
- •• § 8.º acrescentado pela Emenda Constitucional n. 132, de 20-12-2023.

Seção VI
Da Repartição das Receitas Tributárias

Art. 157. Pertencem aos Estados e ao Distrito Federal:

I – o produto da arrecadação do imposto da União sobre renda e proventos de qualquer natureza, incidente na fonte, sobre rendimentos pagos, a qualquer título, por eles, suas autarquias e pelas fundações que instituírem e mantiverem;
- • Regulamento do imposto sobre a renda e proventos de qualquer natureza: Decreto n. 9.580, de 22-11-2018.

II – vinte por cento do produto da arrecadação do imposto que a União instituir no exercício da competência que lhe é atribuída pelo art. 154, I.
- • *Vide* art. 60, II, do ADCT.

Art. 158. Pertencem aos Municípios:
- • A Lei Complementar n. 63, de 11-1-1990, dispõe sobre critérios e prazos de crédito das parcelas do produto da arrecadação de impostos de competência dos Estados e de transferências por estes recebidas, pertencentes aos Municípios.

I – o produto da arrecadação do imposto da União sobre renda e proventos de qualquer natureza, incidente na fonte, sobre rendimentos pagos, a qualquer título, por eles, suas autarquias e pelas fundações que instituírem e mantiverem;

II – cinquenta por cento do produto da arrecadação do imposto da União sobre a propriedade territorial rural, relativamente aos imóveis neles situados, cabendo a totalidade na hipótese da opção a que se refere o art. 153, § 4.º, III;
- •• Inciso II com redação determinada pela Emenda Constitucional n. 42, de 19-12-2003.
- • *Vide* arts. 72, § 4.º, e 76, § 1.º, do ADCT.
- • *Vide* art. 60, II, do ADCT.

III – 50% (cinquenta por cento) do produto da arrecadação do imposto do Estado sobre a propriedade de veículos automotores licenciados em seus territórios e, em relação a veículos aquáticos e aéreos, cujos proprietários sejam domiciliados em seus territórios;
- •• Inciso III com redação determinada pela Emenda Constitucional n. 132, de 20-12-2023.
- • *Vide* art. 60, II, do ADCT.

IV – 25% (vinte e cinco por cento):
- •• Inciso IV, *caput*, com redação determinada pela Emenda Constitucional n. 132, de 20-12-2023.

a) do produto da arrecadação do imposto do Estado sobre operações relativas à circulação de mercadorias e sobre prestações de serviços de transporte interestadual e intermunicipal e de comunicação;
- •• Alínea *a* acrescentada pela Emenda Constitucional n. 132, de 20-12-2023.
- •• A Emenda Constitucional n. 132, de 20-12-2023, a partir de 2033, revoga esta alínea *a*.

b) do produto da arrecadação do imposto previsto no art. 156-A distribuída aos Estados.
- •• Alínea *b* acrescentada pela Emenda Constitucional n. 132, de 20-12-2023.
- •• *Vide* art. 6.º, I e IV, *a*, da Emenda Constitucional n. 132, de 20-12-2023 (Reforma Tributária).
- • *Vide* arts. 60, II, e 82, § 1.º, do ADCT.

§ 1.º As parcelas de receita pertencentes aos Municípios mencionadas no inciso IV, *a*, serão creditadas conforme os seguintes critérios:
- •• Parágrafo único, *caput*, renumerado pela Emenda Constitucional n. 132, de 20-12-2023.
- •• A Emenda Constitucional n. 132, de 20-12-2023, a partir de 2033, revoga este § 1.º.

I – 65% (sessenta e cinco por cento), no mínimo, na proporção do valor adicionado nas operações relativas à circulação de mercadorias e nas prestações de serviços, realizadas em seus territórios;
- •• Inciso I com redação determinada pela Emenda Constitucional n. 108, de 26-8-2020.

II – até 35% (trinta e cinco por cento), de acordo com o que dispuser lei estadual, observada, obrigatoriamente, a distribuição de, no mínimo, 10 (dez) pontos percentuais com base em indicadores de melhoria nos resultados de aprendizagem e de aumento da equidade, considerado o nível socioeconômico dos educandos.
- •• Inciso II com redação determinada pela Emenda Constitucional n. 108, de 26-8-2020.
- •• *Vide* art. 3.º da Emenda Constitucional n. 108, de 26-8-2020.

§ 2.º As parcelas de receita pertencentes aos Municípios mencionadas no inciso IV, *b*, serão creditadas conforme os seguintes critérios:
- •• § 2.º, *caput*, acrescentado pela Emenda Constitucional n. 132, de 20-12-2023.

I – 80% (oitenta por cento) na proporção da população;
- •• Inciso I acrescentado pela Emenda Constitucional n. 132, de 20-12-2023.

II – 10% (dez por cento) com base em indicadores de melhoria nos resultados de aprendizagem e de aumento da equidade, considerado o nível socioeconômico dos educandos, de acordo com o que dispuser lei estadual;
- •• Inciso II acrescentado pela Emenda Constitucional n. 132, de 20-12-2023.

III – 5% (cinco por cento) com base em indicadores de preservação ambiental, de acordo com o que dispuser lei estadual;
- •• Inciso III acrescentado pela Emenda Constitucional n. 132, de 20-12-2023.

IV – 5% (cinco por cento) em montantes iguais para todos os Municípios do Estado.
- •• Inciso IV acrescentado pela Emenda Constitucional n. 132, de 20-12-2023.

Art. 159. A União entregará:
- • Normas para cálculo, entrega e controle de liberações dos recursos dos Fundos de Participação: Lei Complementar n. 62, de 28-12-1989.
- • *Vide* arts. 72, §§ 2.º e 4.º, e 80, § 1.º, do ADCT.

I – do produto da arrecadação dos impostos sobre renda e proventos de qualquer natureza e sobre produtos industrializados e do imposto previsto no art. 153, VIII, 50% (cinquenta por cento), da seguinte forma:
- •• Inciso I, *caput*, com redação determinada pela Emenda Constitucional n. 132, de 20-12-2023.
- •• *Vide* art. 7.º da Emenda Constitucional n. 132, de 20-12-2023 (Reforma Tributária).
- •• *Vide* art. 3.º da Emenda Constitucional n. 17, de 22-11-1997.

a) vinte e um inteiros e cinco décimos por cento ao Fundo de Participação dos Estados e do Distrito Federal;

b) vinte e dois inteiros e cinco décimos por cento ao Fundo de Participação dos Municípios;
- • A Lei Complementar n. 91, de 22-12-1997, dispõe sobre a fixação dos coeficientes do Fundo de Participação dos Municípios.

c) três por cento, para aplicação em programas de financiamento ao setor produtivo das Regiões Norte, Nordeste e Centro-Oeste, através de suas instituições financeiras de caráter regional, de acordo com os planos regionais de desenvolvimento, ficando assegurada ao semiárido do Nordeste a metade dos recursos destinados à Região, na forma que a lei estabelecer;

•• Alínea c regulamentada pela Lei n. 7.827, de 27-9-1989.

d) um por cento ao Fundo de Participação dos Municípios, que será entregue no primeiro decêndio do mês de dezembro de cada ano;

•• Alínea *d* acrescentada pela Emenda Constitucional n. 55, de 20-9-2007.
•• *Vide* art. 2.º da Emenda Constitucional n. 55, de 20-9-2007.

e) 1% (um por cento) ao Fundo de Participação dos Municípios, que será entregue no primeiro decêndio do mês de julho de cada ano;

•• Alínea e acrescentada pela Emenda Constitucional n. 84, de 2-12-2014.
•• *Vide* art. 2.º da Emenda Constitucional n. 84, de 2-12-2014.

f) 1% (um por cento) ao Fundo de Participação dos Municípios, que será entregue no primeiro decêndio do mês de setembro de cada ano;

•• Alínea f acrescentada pela Emenda Constitucional n. 112, de 27-10-2021.
•• *Vide* art. 2.º da Emenda Constitucional n. 112, de 27-10-2021.

II – do produto da arrecadação do imposto sobre produtos industrializados e do imposto previsto no art. 153, VIII, 10% (dez por cento) aos Estados e ao Distrito Federal, proporcionalmente ao valor das respectivas exportações de produtos industrializados;

•• Inciso II com redação determinada pela Emenda Constitucional n. 132, de 20-12-2023.
•• *Vide* art. 7.º da Emenda Constitucional n. 132, de 20-12-2023 (Reforma Tributária).
• A Lei n. 8.016, de 8-4-1990, dispõe sobre a entrega das quotas de participação dos Estados e do Distrito Federal na arrecadação do Imposto sobre Produtos Industrializados a que se refere este inciso.

III – do produto da arrecadação da contribuição de intervenção no domínio econômico prevista no art. 177, § 4.º, 29% (vinte e nove por cento) para os Estados e o Distrito Federal, distribuídos na forma da lei, observadas as destinações a que se referem as alíneas c e d do inciso II do referido parágrafo.

•• Inciso III com redação determinada pela Emenda Constitucional n. 132, de 20-12-2023.

§ 1.º Para efeito de cálculo da entrega a ser efetuada de acordo com o previsto no inciso I, excluir-se-á a parcela da arrecadação do imposto de renda e proventos de qualquer natureza pertencente aos Estados, ao Distrito Federal e aos Municípios, nos termos do disposto nos arts. 157, I, e 158, I.

• *Vide* notas ao art. 157, I, da CF.

§ 2.º A nenhuma unidade federada poderá ser destinada parcela superior a vinte por cento do montante a que se refere o inciso II, devendo o eventual excedente ser distribuído entre os demais participantes, mantido, em relação a esses, o critério de partilha nele estabelecido.

• Normas para participação dos Estados e do Distrito Federal no produto da arrecadação do IPI, relativamente às exportações: Lei Complementar n. 61, de 26-12-1989.

§ 3.º Os Estados entregarão aos respectivos Municípios 25% (vinte e cinco por cento) dos recursos que receberem nos termos do inciso II do *caput* deste artigo, observados os critérios estabelecidos no art. 158, § 1.º, para a parcela relativa ao imposto sobre produtos industrializados, e no art. 158, § 2.º, para a parcela relativa ao imposto previsto no art. 153, VIII.

•• § 3.º com redação determinada pela Emenda Constitucional n. 132, de 20-12-2023.

- •• A Emenda Constitucional n. 132, de 20-12-2023, a partir de 2033, altera a redação deste § 3.º: "§ 3.º Os Estados entregarão aos respectivos Municípios 25% (vinte e cinco por cento) dos recursos que receberem nos termos do inciso II do *caput* deste artigo, observados os critérios estabelecidos no art. 158, § 2.º"'.
- • A Lei Complementar n. 63, de 11-1-1990, dispõe sobre critérios e prazos de crédito das parcelas do produto da arrecadação de impostos de competência dos Estados e de transferências por estes recebidas, pertencentes aos Municípios.

§ 4.º Do montante de recursos de que trata o inciso III que cabe a cada Estado, vinte e cinco por cento serão destinados aos seus Municípios, na forma da lei a que se refere o mencionado inciso.

- •• § 4.º acrescentado pela Emenda Constitucional n. 42, de 19-12-2003.
- •• *Vide* art. 93 do ADCT, que dispõe sobre a vigência deste parágrafo.

Art. 159-A. Fica instituído o Fundo Nacional de Desenvolvimento Regional, com o objetivo de reduzir as desigualdades regionais e sociais, nos termos do art. 3.º, III, mediante a entrega de recursos da União aos Estados e ao Distrito Federal para:

- •• *Caput* acrescentado pela Emenda Constitucional n. 132, de 20-12-2023.
- •• *Vide* arts. 13 e 15 da Emenda Constitucional n. 132, de 20-12-2023 (Reforma Tributária).

I – realização de estudos, projetos e obras de infraestrutura;

- •• Inciso I acrescentado pela Emenda Constitucional n. 132, de 20-12-2023.

II – fomento a atividades produtivas com elevado potencial de geração de emprego e renda, incluindo a concessão de subvenções econômicas e financeiras; e

- •• Inciso II acrescentado pela Emenda Constitucional n. 132, de 20-12-2023.

III – promoção de ações com vistas ao desenvolvimento científico e tecnológico e à inovação.

- •• Inciso III acrescentado pela Emenda Constitucional n. 132, de 20-12-2023.

§ 1.º É vedada a retenção ou qualquer restrição ao recebimento dos recursos de que trata o *caput*.

- •• § 1.º acrescentado pela Emenda Constitucional n. 132, de 20-12-2023.

§ 2.º Na aplicação dos recursos de que trata o caput, os Estados e o Distrito Federal priorizarão projetos que prevejam ações de sustentabilidade ambiental e redução das emissões de carbono.

- •• § 2.º acrescentado pela Emenda Constitucional n. 132, de 20-12-2023.

§ 3.º Observado o disposto neste artigo, caberá aos Estados e ao Distrito Federal a decisão quanto à aplicação dos recursos de que trata o *caput*.

- •• § 3.º acrescentado pela Emenda Constitucional n. 132, de 20-12-2023.

§ 4.º Os recursos de que trata o *caput* serão entregues aos Estados e ao Distrito Federal de acordo com coeficientes individuais de participação, calculados com base nos seguintes indicadores e com os seguintes pesos:

- •• § 4.º, *caput*, acrescentado pela Emenda Constitucional n. 132, de 20-12-2023.

I – população do Estado ou do Distrito Federal, com peso de 30% (trinta por cento);

- •• Inciso I acrescentado pela Emenda Constitucional n. 132, de 20-12-2023.

II – coeficiente individual de participação do Estado ou do Distrito Federal nos recursos de que trata o art. 159, I, *a*, da Constituição Federal, com peso de 70% (setenta por cento).

- •• Inciso II acrescentado pela Emenda Constitucional n. 132, de 20-12-2023.

§ 5.º O Tribunal de Contas da União será o órgão responsável por regulamentar e calcular os coeficientes individuais de participação de que trata o § 4.º.

- •• § 5.º acrescentado pela Emenda Constitucional n. 132, de 20-12-2023.

Constituição da República Federativa do Brasil | Arts. 160 a 163 | 139

Art. 160. É vedada a retenção ou qualquer restrição à entrega e ao emprego dos recursos atribuídos, nesta seção, aos Estados, ao Distrito Federal e aos Municípios, neles compreendidos adicionais e acréscimos relativos a impostos.
- •• Víde art. 3.º da Emenda Constitucional n. 17, de 22-11-1997.
- •• Víde art. 212-A, IX, da CF.

§ 1.º A vedação prevista neste artigo não impede a União e os Estados de condicionarem a entrega de recursos:
- •• Parágrafo único, caput, renumerado pela Emenda Constitucional n. 113, de 8-12-2021.

I – ao pagamento de seus créditos, inclusive de suas autarquias;
- •• Inciso I acrescentado pela Emenda Constitucional n. 29, de 13-9-2000.

II – ao cumprimento do disposto no art. 198, § 2.º, II e III.
- •• Inciso II acrescentado pela Emenda Constitucional n. 29, de 13-9-2000.

§ 2.º Os contratos, os acordos, os ajustes, os convênios, os parcelamentos ou as renegociações de débitos de qualquer espécie, inclusive tributários, firmados pela União com os entes federativos conterão cláusulas para autorizar a dedução dos valores devidos dos montantes a serem repassados relacionados às respectivas cotas nos Fundos de Participação ou aos precatórios federais.
- •• § 2.º acrescentado pela Emenda Constitucional n. 113, de 8-12-2021.

Art. 161. Cabe à lei complementar:

I – definir valor adicionado para fins do disposto no art. 158, § 1.º, I;
- •• Inciso I com redação determinada pela Emenda Constitucional n. 132, de 20-12-2023.
- •• A Emenda Constitucional n. 132, de 20-12-2023, a partir de 2033, revoga este inciso I.

II – estabelecer normas sobre a entrega dos recursos de que trata o art. 159, especialmente sobre os critérios de rateio dos fundos previstos em seu inciso I, objetivando promover o equilíbrio socioeconômico entre Estados e entre Municípios;

III – dispor sobre o acompanhamento, pelos beneficiários, do cálculo das quotas e da liberação das participações previstas nos arts. 157, 158 e 159.

Parágrafo único. O Tribunal de Contas da União efetuará o cálculo das quotas referentes aos fundos de participação a que alude o inciso II.
- • A Instrução Normativa n. 75, de 9-12-2015, do TCU, dispõe sobre os procedimentos atinentes ao cálculo das quotas de participação, ao acompanhamento e à fiscalização da entrega dos recursos a que se refere este parágrafo único.

Art. 162. A União, os Estados, o Distrito Federal e os Municípios divulgarão, até o último dia do mês subsequente ao da arrecadação, os montantes de cada um dos tributos arrecadados, os recursos recebidos, os valores de origem tributária entregues e a entregar e a expressão numérica dos critérios de rateio.

Parágrafo único. Os dados divulgados pela União serão discriminados por Estado e por Município; os dos Estados, por Município.

Capítulo II
DAS FINANÇAS PÚBLICAS

Seção I
Normas Gerais

Art. 163. Lei complementar disporá sobre:
- • Víde art. 30 da Emenda Constitucional n. 19, de 4-6-1998.

I – finanças públicas;

•• A Lei Complementar n. 101, de 4-5-2000, estabelece normas de finanças públicas voltadas para a responsabilidade na gestão fiscal e dá outras providências.

II – dívida pública externa e interna, incluída a das autarquias, fundações e demais entidades controladas pelo Poder Público;

III – concessão de garantias pelas entidades públicas;

IV – emissão e resgate de títulos da dívida pública;

V – fiscalização financeira da administração pública direta e indireta;

•• Inciso V com redação determinada pela Emenda Constitucional n. 40, de 29-5-2003.

VI – operações de câmbio realizadas por órgãos e entidades da União, dos Estados, do Distrito Federal e dos Municípios;

VII – compatibilização das funções das instituições oficiais de crédito da União, resguardadas as características e condições operacionais plenas das voltadas ao desenvolvimento regional;

•• *Vide* art. 30 da Emenda Constitucional n. 19, de 4-6-1998.

VIII – sustentabilidade da dívida, especificando:

•• Inciso VIII, *caput*, acrescentado pela Emenda Constitucional n. 109, de 15-3-2021.

a) indicadores de sua apuração;

•• Alínea *a* acrescentada pela Emenda Constitucional n. 109, de 15-3-2021.

b) níveis de compatibilidade dos resultados fiscais com a trajetória da dívida;

•• Alínea *b* acrescentada pela Emenda Constitucional n. 109, de 15-3-2021.

c) trajetória de convergência do montante da dívida com os limites definidos em legislação;

•• Alínea *c* acrescentada pela Emenda Constitucional n. 109, de 15-3-2021.

d) medidas de ajuste, suspensões e vedações;

•• Alínea *d* acrescentada pela Emenda Constitucional n. 109, de 15-3-2021.

e) planejamento de alienação de ativos com vistas à redução do montante da dívida.

•• Alínea *e* acrescentada pela Emenda Constitucional n. 109, de 15-3-2021.

IX – condições e limites para concessão, ampliação ou prorrogação de incentivo ou benefício de natureza tributária.

•• Inciso IX acrescentado pela Emenda Constitucional n. 135, de 20-12-2024.

Parágrafo único. A lei complementar de que trata o inciso VIII do *caput* deste artigo pode autorizar a aplicação das vedações previstas no art. 167-A desta Constituição.

•• Parágrafo único acrescentado pela Emenda Constitucional n. 109, de 15-3-2021.

Art. 163-A. A União, os Estados, o Distrito Federal e os Municípios disponibilizarão suas informações e dados contábeis, orçamentários e fiscais, conforme periodicidade, formato e sistema estabelecidos pelo órgão central de contabilidade da União, de forma a garantir a rastreabilidade, a comparabilidade e a publicidade dos dados coletados, os quais deverão ser divulgados em meio eletrônico de amplo acesso público.

•• Artigo acrescentado pela Emenda Constitucional n. 108, de 26-8-2020.

Art. 164. A competência da União para emitir moeda será exercida exclusivamente pelo banco central.

§ 1.º É vedado ao banco central conceder, direta ou indiretamente, empréstimos ao Tesouro Nacional e a qualquer órgão ou entidade que não seja instituição financeira.

§ 2.º O banco central poderá comprar e vender títulos de emissão do Tesouro Nacional, com o objetivo de regular a oferta de moeda ou a taxa de juros.

§ 3.º As disponibilidades de caixa da União serão depositadas no Banco Central; as dos Estados, do Distrito Federal, dos Municípios e dos órgãos ou entidades do Poder Público e das empresas por ele controladas, em instituições financeiras oficiais, ressalvados os casos previstos em lei.

Art. 164-A. A União, os Estados, o Distrito Federal e os Municípios devem conduzir suas políticas fiscais de forma a manter a dívida pública em níveis sustentáveis, na forma da lei complementar referida no inciso VIII do *caput* do art. 163 desta Constituição.

•• *Caput* acrescentado pela Emenda Constitucional n. 109, de 15-3-2021.

Parágrafo único. A elaboração e a execução de planos e orçamentos devem refletir a compatibilidade dos indicadores fiscais com a sustentabilidade da dívida.

•• Parágrafo único acrescentado pela Emenda Constitucional n. 109, de 15-3-2021.

Seção II
Dos Orçamentos

Art. 165. Leis de iniciativa do Poder Executivo estabelecerão:

I – o plano plurianual;

• A Lei n. 12.593, de 18-1-2012, institui o Plano Plurianual da União para o período de 2012 a 2015.

II – as diretrizes orçamentárias;

III – os orçamentos anuais.

§ 1.º A lei que instituir o plano plurianual estabelecerá, de forma regionalizada, as diretrizes, objetivos e metas da administração pública federal para as despesas de capital e outras delas decorrentes e para as relativas aos programas de duração continuada.

• A Lei n. 13.249, de 13-1-2016, dispõe sobre o Plano Plurianual para o período de 2016 a 2019.

§ 2.º A lei de diretrizes orçamentárias compreenderá as metas e prioridades da administração pública federal, estabelecerá as diretrizes de política fiscal e respectivas metas, em consonância com trajetória sustentável da dívida pública, orientará a elaboração da lei orçamentária anual, disporá sobre as alterações na legislação tributária e estabelecerá a política de aplicação das agências financeiras oficiais de fomento.

•• § 2.º com redação determinada pela Emenda Constitucional n. 109, de 15-3-2021.

§ 3.º O Poder Executivo publicará, até trinta dias após o encerramento de cada bimestre, relatório resumido da execução orçamentária.

•• *Vide* art. 5.º, II, da Emenda Constitucional n. 106, de 7-5-2020.

§ 4.º Os planos e programas nacionais, regionais e setoriais previstos nesta Constituição serão elaborados em consonância com o plano plurianual e apreciados pelo Congresso Nacional.

• Programa Nacional de Desestatização: Lei n. 9.491, de 9-9-1997.

§ 5.º A lei orçamentária anual compreenderá:

• A Lei n. 13.808, de 15-1-2019, estima a receita e fixa a despesa da União para o exercício financeiro de 2019.

I – o orçamento fiscal referente aos Poderes da União, seus fundos, órgãos e entidades da administração direta e indireta, inclusive fundações instituídas e mantidas pelo Poder Público;

II – o orçamento de investimento das empresas em que a União, direta ou indiretamente, detenha a maioria do capital social com direito a voto;

III – o orçamento da seguridade social, abrangendo todas as entidades e órgãos a ela vinculados, da administração direta ou indireta, bem como os fundos e fundações instituídos e mantidos pelo Poder Público.

§ 6.º O projeto de lei orçamentária será acompanhado de demonstrativo regionalizado do efeito, sobre as receitas e despesas, decorrente de isenções, anistias, remissões, subsídios e benefícios de natureza financeira, tributária e creditícia.

§ 7.º Os orçamentos previstos no § 5.º, I e II, deste artigo, compatibilizados com o plano plurianual, terão entre suas funções a de reduzir desigualdades inter-regionais, segundo critério populacional.

- *Vide* art. 35 do ADCT.

§ 8.º A lei orçamentária anual não conterá dispositivo estranho à previsão da receita e à fixação da despesa, não se incluindo na proibição a autorização para abertura de créditos suplementares e contratação de operações de crédito, ainda que por antecipação de receita, nos termos da lei.

§ 9.º Cabe à lei complementar:

I – dispor sobre o exercício financeiro, a vigência, os prazos, a elaboração e a organização do plano plurianual, da lei de diretrizes orçamentárias e da lei orçamentária anual;

- •• Lei Complementar n. 210, de 25-11-2024, dispõe sobre a proposição e a execução de emendas parlamentares na lei orçamentária anual.

II – estabelecer normas de gestão financeira e patrimonial da administração direta e indireta, bem como condições para a instituição e funcionamento de fundos;

- *Vide* arts. 71, § 1.º, e 81, § 3.º, do ADCT.

III – dispor sobre critérios para a execução equitativa, além de procedimentos que serão adotados quando houver impedimentos legais e técnicos, cumprimento de restos a pagar e limitação das programações de caráter obrigatório, para a realização do disposto nos §§ 11 e 12 do art. 166.

- Inciso III com redação determinada pela Emenda Constitucional n. 100, de 26-6-2019.
- •• Lei Complementar n. 210, de 25-11-2024, dispõe sobre a proposição e a execução de emendas parlamentares na lei orçamentária anual.

§ 10. A administração tem o dever de executar as programações orçamentárias, adotando os meios e as medidas necessários, com o propósito de garantir a efetiva entrega de bens e serviços à sociedade.

- § 10 acrescentado pela Emenda Constitucional n. 100, de 26-6-2019.

§ 11. O disposto no § 10 deste artigo, nos termos da lei de diretrizes orçamentárias:

- •• § 11, *caput*, acrescentado pela Emenda Constitucional n. 102, de 26-9-2019.

I – subordina-se ao cumprimento de dispositivos constitucionais e legais que estabeleçam metas fiscais ou limites de despesas e não impede o cancelamento necessário à abertura de créditos adicionais;

- •• Inciso I acrescentado pela Emenda Constitucional n. 102, de 26-9-2019.

II – não se aplica nos casos de impedimentos de ordem técnica devidamente justificados;

- •• Inciso II acrescentado pela Emenda Constitucional n. 102, de 26-9-2019.

III – aplica-se exclusivamente às despesas primárias discricionárias.
•• Inciso III acrescentado pela Emenda Constitucional n. 102, de 26-9-2019.

§ 12. Integrará a lei de diretrizes orçamentárias, para o exercício a que se refere e, pelo menos, para os 2 (dois) exercícios subsequentes, anexo com previsão de agregados fiscais e a proporção dos recursos para investimentos que serão alocados na lei orçamentária anual para a continuidade daqueles em andamento.
•• § 12 acrescentado pela Emenda Constitucional n. 102, de 26-9-2019.

§ 13. O disposto no inciso III do § 9.º e nos §§ 10, 11 e 12 deste artigo aplica-se exclusivamente aos orçamentos fiscal e da seguridade social da União.
•• § 13 acrescentado pela Emenda Constitucional n. 102, de 26-9-2019.

§ 14. A lei orçamentária anual poderá conter previsões de despesas para exercícios seguintes, com a especificação dos investimentos plurianuais e daqueles em andamento.
•• § 14 acrescentado pela Emenda Constitucional n. 102, de 26-9-2019.

§ 15. A União organizará e manterá registro centralizado de projetos de investimento contendo, por Estado ou Distrito Federal, pelo menos, análises de viabilidade, estimativas de custos e informações sobre a execução física e financeira.
•• § 15 acrescentado pela Emenda Constitucional n. 102, de 26-9-2019.

§ 16. As leis de que trata este artigo devem observar, no que couber, os resultados do monitoramento e da avaliação das políticas públicas previstos no § 16 do art. 37 desta Constituição.
•• § 16 acrescentado pela Emenda Constitucional n. 109, de 15-3-2021.

§ 17. Para o cumprimento do disposto no inciso I do § 11 deste artigo, o Poder Executivo poderá reduzir ou limitar, na elaboração e na execução das leis orçamentárias, as despesas com a concessão de subsídios, subvenções e benefícios de natureza financeira, inclusive os relativos a indenizações e restituições por perdas econômicas, observado o ato jurídico perfeito.
•• § 17 acrescentado pela Emenda Constitucional n. 135, de 20-12-2024.

Art. 166. Os projetos de lei relativos ao plano plurianual, às diretrizes orçamentárias, ao orçamento anual e aos créditos adicionais serão apreciados pelas duas Casas do Congresso Nacional, na forma do regimento comum.

§ 1.º Caberá a uma Comissão mista permanente de Senadores e Deputados:
- A Resolução n. 1, de 22-12-2006, do CN, dispõe sobre a Comissão Mista Permanente a que se refere este parágrafo, que passa a denominar-se Comissão Mista de Planos, Orçamentos Públicos e Fiscalização – CMO.
- *Víde* nota ao art. 167, § 3.º, da CF.

I – examinar e emitir parecer sobre os projetos referidos neste artigo e sobre as contas apresentadas anualmente pelo Presidente da República;

II – examinar e emitir parecer sobre os planos e programas nacionais, regionais e setoriais previstos nesta Constituição e exercer o acompanhamento e a fiscalização orçamentária, sem prejuízo da atuação das demais comissões do Congresso Nacional e de suas Casas, criadas de acordo com o art. 58.

§ 2.º As emendas serão apresentadas na Comissão mista, que sobre elas emitirá parecer, e apreciadas, na forma regimental, pelo Plenário das duas Casas do Congresso Nacional.

§ 3.º As emendas ao projeto de lei do orçamento anual ou aos projetos que o modifiquem somente podem ser aprovadas caso:

I – sejam compatíveis com o plano plurianual e com a lei de diretrizes orçamentárias;

II – indiquem os recursos necessários, admitidos apenas os provenientes de anulação de despesa, excluídas as que incidam sobre:

a) dotações para pessoal e seus encargos;

b) serviço da dívida;

c) transferências tributárias constitucionais para Estados, Municípios e Distrito Federal; ou

III – sejam relacionadas:

a) com a correção de erros ou omissões; ou

b) com os dispositivos do texto do projeto de lei.

§ 4.º As emendas ao projeto de lei de diretrizes orçamentárias não poderão ser aprovadas quando incompatíveis com o plano plurianual.

§ 5.º O Presidente da República poderá enviar mensagem ao Congresso Nacional para propor modificação nos projetos a que se refere este artigo enquanto não iniciada a votação, na Comissão mista, da parte cuja alteração é proposta.

§ 6.º Os projetos de lei do plano plurianual, das diretrizes orçamentárias e do orçamento anual serão enviados pelo Presidente da República ao Congresso Nacional, nos termos da lei complementar a que se refere o art. 165, § 9.º.

§ 7.º Aplicam-se aos projetos mencionados neste artigo, no que não contrariar o disposto nesta seção, as demais normas relativas ao processo legislativo.

§ 8.º Os recursos que, em decorrência de veto, emenda ou rejeição do projeto de lei orçamentária anual, ficarem sem despesas correspondentes poderão ser utilizados, conforme o caso, mediante créditos especiais ou suplementares, com prévia e específica autorização legislativa.

§ 9.º As emendas individuais ao projeto de lei orçamentária serão aprovadas no limite de 2% (dois por cento) da receita corrente líquida do exercício anterior ao do encaminhamento do projeto, observado que a metade desse percentual será destinada a ações e serviços públicos de saúde.

•• § 9.º com redação determinada pela Emenda Constitucional n. 126, de 21-12-2022.

§ 9.º-A Do limite a que se refere o § 9º deste artigo, 1,55% (um inteiro e cinquenta e cinco centésimos por cento) caberá às emendas de Deputados e 0,45% (quarenta e cinco centésimos por cento) às de Senadores.

•• § 9.º-A acrescentado pela Emenda Constitucional n. 126, de 21-12-2022.

§ 10. A execução do montante destinado a ações e serviços públicos de saúde previsto no § 9.º, inclusive custeio, será computada para fins do cumprimento do inciso I do § 2.º do art. 198, vedada a destinação para pagamento de pessoal ou encargos sociais.

•• § 10 acrescentado pela Emenda Constitucional n. 86, de 17-3-2015.

§ 11. É obrigatória a execução orçamentária e financeira das programações oriundas de emendas individuais, em montante correspondente ao limite a que se refere o § 9.º deste artigo, conforme os critérios para a execução equitativa da programação definidos na lei complementar prevista no § 9.º do art. 165 desta Constituição, observado o disposto no § 9º-A deste artigo.

•• § 11 com redação determinada pela Emenda Constitucional n. 126, de 21-12-2022.

§ 12. A garantia de execução de que trata o § 11 deste artigo aplica-se também às programações incluídas por todas as emendas de iniciativa de bancada de parlamentares de Estado ou do Distrito Federal, no montante de até 1% (um por cento) da receita corrente líquida realizada no exercício anterior.

•• § 12 com redação determinada pela Emenda Constitucional n. 100, de 26-6-2019).

•• Lei Complementar n. 210, de 25-11-2024, dispõe que as emendas de bancada estadual somente poderão destinar recursos a projetos e ações estruturantes para a unidade da Federação representada pela bancada, vedada a individualização de ações e de projetos para atender a demandas ou a indicações de cada membro da bancada.

•• Sobre o montante de que trata este § 12: *Vide* arts. 2.º e 3.º da Emenda Constitucional n. 100, de 26-6-2019.

§ 13. As programações orçamentárias previstas nos §§ 11 e 12 deste artigo não serão de execução obrigatória nos casos dos impedimentos de ordem técnica.

•• § 13 com redação determinada pela Emenda Constitucional n. 100, de 26-6-2019.

§ 14. Para fins de cumprimento do disposto nos §§ 11 e 12 deste artigo, os órgãos de execução deverão observar, nos termos da lei de diretrizes orçamentárias, cronograma para análise e verificação de eventuais impedimentos das programações e demais procedimentos necessários à viabilização da execução dos respectivos montantes.

•• § 14, *caput,* com redação determinada pela Emenda Constitucional n. 100, de 26-6-2019.

I a IV – *(Revogados pela Emenda Constitucional n. 100, de 26-6-2019.)*

§ 15. *(Revogado pela Emenda Constitucional n. 100, de 26-6-2019.)*

§ 16. Quando a transferência obrigatória da União para a execução da programação prevista nos §§ 11 e 12 deste artigo for destinada a Estados, ao Distrito Federal e a Municípios, independerá da adimplência do ente federativo destinatário e não integrará a base de cálculo da receita corrente líquida para fins de aplicação dos limites de despesa de pessoal de que trata o *caput* do art. 169.

•• § 16 com redação determinada pela Emenda Constitucional n. 100, de 26-6-2019.

§ 17. Os restos a pagar provenientes das programações orçamentárias previstas nos §§ 11 e 12 deste artigo poderão ser considerados para fins de cumprimento da execução financeira até o limite de 1% (um por cento) da receita corrente líquida do exercício anterior ao do encaminhamento do projeto de lei orçamentária, para as programações das emendas individuais, e até o limite de 0,5% (cinco décimos por cento), para as programações das emendas de iniciativa de bancada de parlamentares de Estado ou do Distrito Federal.

•• § 17 com redação determinada pela Emenda Constitucional n. 126, de 21-12-2022.

§ 18. Se for verificado que a reestimativa da receita e da despesa poderá resultar no não cumprimento da meta de resultado fiscal estabelecida na lei de diretrizes orçamentárias, os montantes previstos nos §§ 11 e 12 deste artigo poderão ser reduzidos em até a mesma proporção da limitação incidente sobre o conjunto das demais despesas discricionárias.

•• § 18 com redação determinada pela Emenda Constitucional n. 100, de 26-6-2019.

§ 19. Considera-se equitativa a execução das programações de caráter obrigatório que observe critérios objetivos e imparciais e que atenda de forma igualitária e impessoal às emendas apresentadas, independentemente da autoria, observado o disposto no § 9.º-A deste artigo.

•• § 19 com redação determinada pela Emenda Constitucional n. 126, de 21-12-2022.

§ 20. As programações de que trata o § 12 deste artigo, quando versarem sobre o início de investimentos com duração de mais de 1 (um) exercício financeiro ou cuja execução já tenha sido iniciada, deverão ser objeto de emenda pela mesma bancada estadual, a cada exercício, até a conclusão da obra ou do empreendimento.

•• § 20 acrescentado pela Emenda Constitucional n. 100, de 26-6-2019.

Art. 166-A. As emendas individuais impositivas apresentadas ao projeto de lei orçamentária anual poderão alocar recursos a Estados, ao Distrito Federal e a Municípios por meio de:

•• *Caput* acrescentado pela Emenda Constitucional n. 105, de 12-12-2019.
•• *Vide* art. 2.º da Emenda Constitucional n. 105, de 12-12-2019.

I – transferência especial; ou

•• Inciso I acrescentado pela Emenda Constitucional n. 105, de 12-12-2019.

II – transferência com finalidade definida.

•• Inciso II acrescentado pela Emenda Constitucional n. 105, de 12-12-2019.

§ 1.º Os recursos transferidos na forma do *caput* deste artigo não integrarão a receita do Estado, do Distrito Federal e dos Municípios para fins de repartição e para o cálculo dos limites da despesa com pessoal ativo e inativo, nos termos do § 16 do art. 166, e de endividamento do ente federado, vedada, em qualquer caso, a aplicação dos recursos a que se refere o *caput* deste artigo no pagamento de:

•• § 1.º, *caput*, acrescentado pela Emenda Constitucional n. 105, de 12-12-2019.

I – despesas com pessoal e encargos sociais relativas a ativos e inativos, e com pensionistas; e

•• Inciso I acrescentado pela Emenda Constitucional n. 105, de 12-12-2019.

II – encargos referentes ao serviço da dívida.

•• Inciso II acrescentado pela Emenda Constitucional n. 105, de 12-12-2019.

§ 2.º Na transferência especial a que se refere o inciso I do *caput* deste artigo, os recursos:

•• § 2.º, *caput*, acrescentado pela Emenda Constitucional n. 105, de 12-12-2019.

I – serão repassados diretamente ao ente federado beneficiado, independentemente de celebração de convênio ou de instrumento congênere;

•• Inciso I acrescentado pela Emenda Constitucional n. 105, de 12-12-2019.

II – pertencerão ao ente federado no ato da efetiva transferência financeira; e

•• Inciso II acrescentado pela Emenda Constitucional n. 105, de 12-12-2019.

III – serão aplicadas em programações finalísticas das áreas de competência do Poder Executivo do ente federado beneficiado, observado o disposto no § 5.º deste artigo.

•• Inciso III acrescentado pela Emenda Constitucional n. 105, de 12-12-2019.

§ 3.º O ente federado beneficiado da transferência especial a que se refere o inciso I do *caput* deste artigo poderá firmar contratos de cooperação técnica para fins de subsidiar o acompanhamento da execução orçamentária na aplicação dos recursos.

•• § 3.º acrescentado pela Emenda Constitucional n. 105, de 12-12-2019.

§ 4.º Na transferência com finalidade definida a que se refere o inciso II do *caput* deste artigo, os recursos serão:

•• § 4.º, *caput*, acrescentado pela Emenda Constitucional n. 105, de 12-12-2019.

Constituição da República Federativa do Brasil — Arts. 166-A e 167 — 147

I – vinculados à programação estabelecida na emenda parlamentar; e
•• Inciso I acrescentado pela Emenda Constitucional n. 105, de 12-12-2019.

II – aplicados nas áreas de competência constitucional da União.
•• Inciso II acrescentado pela Emenda Constitucional n. 105, de 12-12-2019.

§ 5.º Pelo menos 70% (setenta por cento) das transferências especiais de que trata o inciso I do *caput* deste artigo deverão ser aplicadas em despesas de capital, observada a restrição a que se refere o inciso II do § 1.º deste artigo.
•• § 5.º acrescentado pela Emenda Constitucional n. 105, de 12-12-2019.

Art. 167. São vedados:

I – o início de programas ou projetos não incluídos na lei orçamentária anual;

II – a realização de despesas ou a assunção de obrigações diretas que excedam os créditos orçamentários ou adicionais;

III – a realização de operações de créditos que excedam o montante das despesas de capital, ressalvadas as autorizadas mediante créditos suplementares ou especiais com finalidade precisa, aprovados pelo Poder Legislativo por maioria absoluta;
•• *Vide* art. 4.º, *caput*, da Emenda Constitucional n. 106, de 7-5-2020.
• *Vide* art. 37 do ADCT.

IV – a vinculação de receita de impostos a órgão, fundo ou despesa, ressalvadas a repartição do produto da arrecadação dos impostos a que se referem os arts. 158 e 159, a destinação de recursos para as ações e serviços públicos de saúde, para manutenção e desenvolvimento do ensino e para realização de atividades da administração tributária, como determinado, respectivamente, pelos arts. 198, § 2.º, 212 e 37, XXII, e a prestação de garantias às operações de crédito por antecipação de receita, previstas no art. 165, § 8.º, bem como o disposto no § 4.º deste artigo;
•• Inciso IV com redação determinada pela Emenda Constitucional n. 42, de 19-12-2003.
• *Vide* arts. 80, § 1.º, e 101, § 2.º, III, do ADCT.

V – a abertura de crédito suplementar ou especial sem prévia autorização legislativa e sem indicação dos recursos correspondentes;

VI – a transposição, o remanejamento ou a transferência de recursos de uma categoria de programação para outra ou de um órgão para outro, sem prévia autorização legislativa;

VII – a concessão ou utilização de créditos ilimitados;

VIII – a utilização, sem autorização legislativa específica, de recursos dos orçamentos fiscal e da seguridade social para suprir necessidade ou cobrir déficit de empresas, fundações e fundos, inclusive dos mencionados no art. 165, § 5.º;

IX – a instituição de fundos de qualquer natureza, sem prévia autorização legislativa;

X – a transferência voluntária de recursos e a concessão de empréstimos, inclusive por antecipação de receita, pelos Governos Federal e Estaduais e suas instituições financeiras, para pagamento de despesas com pessoal ativo, inativo e pensionista, dos Estados, do Distrito Federal e dos Municípios;
•• Inciso X acrescentado pela Emenda Constitucional n. 19, de 4-6-1998.

XI – a utilização dos recursos provenientes das contribuições sociais de que trata o art. 195, I, *a*, e II, para a realização de despesas distintas do pagamento de benefícios do regime geral de previdência social de que trata o art. 201;
•• Inciso XI acrescentado pela Emenda Constitucional n. 20, de 15-12-1998.

XII – na forma estabelecida na lei complementar de que trata o § 22 do art. 40, a utilização de recursos de regime próprio de previdência social, incluídos os valores integrantes dos fundos previstos no art. 249, para a realização de despesas distintas do pagamento dos benefícios previdenciários do respectivo fundo vinculado àquele regime e das despesas necessárias à sua organização e ao seu funcionamento;

•• Inciso XII acrescentado pela Emenda Constitucional n. 103, de 12-11-2019.

XIII – a transferência voluntária de recursos, a concessão de avais, as garantias e as subvenções pela União e a concessão de empréstimos e de financiamentos por instituições financeiras federais aos Estados, ao Distrito Federal e aos Municípios na hipótese de descumprimento das regras gerais de organização e de funcionamento de regime próprio de previdência social;

•• Inciso XIII acrescentado pela Emenda Constitucional n. 103, de 12-11-2019.

XIV – a criação de fundo público, quando seus objetivos puderem ser alcançados mediante a vinculação de receitas orçamentárias específicas ou mediante a execução direta por programação orçamentária e financeira de órgão ou entidade da administração pública.

•• Inciso XIV acrescentado pela Emenda Constitucional n. 109, de 15-3-2021.

§ 1.º Nenhum investimento cuja execução ultrapasse um exercício financeiro poderá ser iniciado sem prévia inclusão no plano plurianual, ou sem lei que autorize a inclusão, sob pena de crime de responsabilidade.

§ 2.º Os créditos especiais e extraordinários terão vigência no exercício financeiro em que forem autorizados, salvo se o ato de autorização for promulgado nos últimos quatro meses daquele exercício, caso em que, reabertos nos limites de seus saldos, serão incorporados ao orçamento do exercício financeiro subsequente.

§ 3.º A abertura de crédito extraordinário somente será admitida para atender a despesas imprevisíveis e urgentes, como as decorrentes de guerra, comoção interna ou calamidade pública, observado o disposto no art. 62.

• Dispõe o art. 2.º, § 6.º, da Resolução n. 1, de 8-5-2002, do CN: "Quando se tratar de Medida Provisória que abra crédito extraordinário à lei orçamentária anual, conforme os arts. 62 e 167, § 3.º, da CF, o exame e o parecer serão realizados pela Comissão Mista, prevista no art. 166, § 1.º, da Constituição, observando-se os prazos e o rito estabelecidos nesta Resolução".

§ 4.º É permitida a vinculação das receitas a que se referem os arts. 155, 156, 156-A, 157, 158 e as alíneas *a*, *b*, *d*, *e* e *f* do inciso I e o inciso II do *caput* do art. 159 desta Constituição para pagamento de débitos com a União e para prestar-lhe garantia ou contragarantia.

•• § 4.º com redação determinada pela Emenda Constitucional n. 132, de 20-12-2023.

§ 5.º A transposição, o remanejamento ou a transferência de recursos de uma categoria de programação para outra poderão ser admitidos, no âmbito das atividades de ciência, tecnologia e inovação, com o objetivo de viabilizar os resultados de projetos restritos a essas funções, mediante ato do Poder Executivo, sem necessidade da prévia autorização legislativa prevista no inciso VI deste artigo.

•• § 5.º acrescentado pela Emenda Constitucional n. 85, de 26-2-2015.

§ 6.º Para fins da apuração ao término do exercício financeiro do cumprimento do limite de que trata o inciso III do *caput* deste artigo, as receitas das operações de crédito efetuadas no contexto da gestão da dívida pública mobiliária federal somente serão consideradas no exercício financeiro em que for realizada a respectiva despesa.

•• § 6.º acrescentado pela Emenda Constitucional n. 109, de 15-3-2021.

§ 7.º A lei não imporá nem transferirá qualquer encargo financeiro decorrente da prestação de serviço público, inclusive despesas de pessoal e seus encargos, para a União, os Estados, o Distrito Federal ou os Municípios, sem a previsão de fonte orçamentária e financeira necessária à realização da despesa ou sem a previsão da correspondente transferência de recursos financeiros necessários ao seu custeio, ressalvadas as obrigações assumidas espontaneamente pelos entes federados e aquelas decorrentes da fixação do salário mínimo, na forma do inciso IV do *caput* do art. 7.º desta Constituição.

•• § 7.º acrescentado pela Emenda Constitucional n. 128, de 22-12-2022.

Art. 167-A. Apurado que, no período de 12 (doze) meses, a relação entre despesas correntes e receitas correntes supera 95% (noventa e cinco por cento), no âmbito dos Estados, do Distrito Federal e dos Municípios, é facultado aos Poderes Executivo, Legislativo e Judiciário, ao Ministério Público, ao Tribunal de Contas e à Defensoria Pública do ente, enquanto permanecer a situação, aplicar o mecanismo de ajuste fiscal de vedação da:

•• *Caput* acrescentado pela Emenda Constitucional n. 109, de 15-3-2021.

I – concessão, a qualquer título, de vantagem, aumento, reajuste ou adequação de remuneração de membros de Poder ou de órgão, de servidores e empregados públicos e de militares, exceto dos derivados de sentença judicial transitada em julgado ou de determinação legal anterior ao início da aplicação das medidas de que trata este artigo;

•• Inciso I acrescentado pela Emenda Constitucional n. 109, de 15-3-2021.

II – criação de cargo, emprego ou função que implique aumento de despesa;

•• Inciso II acrescentado pela Emenda Constitucional n. 109, de 15-3-2021.

III – alteração de estrutura de carreira que implique aumento de despesa;

•• Inciso III acrescentado pela Emenda Constitucional n. 109, de 15-3-2021.

IV – admissão ou contratação de pessoal, a qualquer título, ressalvadas:

•• Inciso IV, *caput*, acrescentado pela Emenda Constitucional n. 109, de 15-3-2021.

a) as reposições de cargos de chefia e de direção que não acarretem aumento de despesa;

•• Alínea a acrescentada pela Emenda Constitucional n. 109, de 15-3-2021.

b) as reposições decorrentes de vacâncias de cargos efetivos ou vitalícios;

•• Alínea *b* acrescentada pela Emenda Constitucional n. 109, de 15-3-2021.

c) as contratações temporárias de que trata o inciso IX do *caput* do art. 37 desta Constituição; e

•• Alínea c acrescentada pela Emenda Constitucional n. 109, de 15-3-2021.

d) as reposições de temporários para prestação de serviço militar e de alunos de órgãos de formação de militares;

•• Alínea *d* acrescentada pela Emenda Constitucional n. 109, de 15-3-2021.

V – realização de concurso público, exceto para as reposições de vacâncias previstas no inciso IV deste *caput*;

•• Inciso V acrescentado pela Emenda Constitucional n. 109, de 15-3-2021.

VI – criação ou majoração de auxílios, vantagens, bônus, abonos, verbas de representação ou benefícios de qualquer natureza, inclusive os de cunho indenizatório, em favor de membros de Poder, do Ministério Público ou da Defensoria Pública e de servidores e empregados públicos e de militares, ou ainda de seus dependentes, exceto quando derivados de sentença judicial transitada em julgado ou de determinação legal anterior ao início da aplicação das medidas de que trata este artigo;

•• Inciso VI acrescentado pela Emenda Constitucional n. 109, de 15-3-2021.

VII – criação de despesa obrigatória;

•• Inciso VII acrescentado pela Emenda Constitucional n. 109, de 15-3-2021.

VIII – adoção de medida que implique reajuste de despesa obrigatória acima da variação da inflação, observada a preservação do poder aquisitivo referida no inciso IV do *caput* do art. 7.º desta Constituição;

•• Inciso VIII acrescentado pela Emenda Constitucional n. 109, de 15-3-2021.

IX – criação ou expansão de programas e linhas de financiamento, bem como remissão, renegociação ou refinanciamento de dívidas que impliquem ampliação das despesas com subsídios e subvenções;

•• Inciso IX acrescentado pela Emenda Constitucional n. 109, de 15-3-2021.

X – concessão ou ampliação de incentivo ou benefício de natureza tributária.

•• Inciso X acrescentado pela Emenda Constitucional n. 109, de 15-3-2021.

§ 1.º Apurado que a despesa corrente supera 85% (oitenta e cinco por cento) da receita corrente, sem exceder o percentual mencionado no *caput* deste artigo, as medidas nele indicadas podem ser, no todo ou em parte, implementadas por atos do Chefe do Poder Executivo com vigência imediata, facultado aos demais Poderes e órgãos autônomos implementá-las em seus respectivos âmbitos.

•• § 1.º acrescentado pela Emenda Constitucional n. 109, de 15-3-2021.

§ 2.º O ato de que trata o § 1.º deste artigo deve ser submetido, em regime de urgência, à apreciação do Poder Legislativo.

•• § 2.º acrescentado pela Emenda Constitucional n. 109, de 15-3-2021.

§ 3.º O ato perde a eficácia, reconhecida a validade dos atos praticados na sua vigência, quando:

•• § 3.º, *caput*, acrescentado pela Emenda Constitucional n. 109, de 15-3-2021.

I – rejeitado pelo Poder Legislativo;

•• Inciso I acrescentado pela Emenda Constitucional n. 109, de 15-3-2021.

II – transcorrido o prazo de 180 (cento e oitenta) dias sem que se ultime a sua apreciação; ou

•• Inciso II acrescentado pela Emenda Constitucional n. 109, de 15-3-2021.

III – apurado que não mais se verifica a hipótese prevista no § 1.º deste artigo, mesmo após a sua aprovação pelo Poder Legislativo.

•• Inciso III acrescentado pela Emenda Constitucional n. 109, de 15-3-2021.

§ 4.º A apuração referida neste artigo deve ser realizada bimestralmente.

•• § 4.º acrescentado pela Emenda Constitucional n. 109, de 15-3-2021.

§ 5.º As disposições de que trata este artigo:

•• § 5.º, *caput*, acrescentado pela Emenda Constitucional n. 109, de 15-3-2021.

I – não constituem obrigação de pagamento futuro pelo ente da Federação ou direitos de outrem sobre o erário;

•• Inciso I acrescentado pela Emenda Constitucional n. 109, de 15-3-2021.

II – não revogam, dispensam ou suspendem o cumprimento de dispositivos constitucionais e legais que disponham sobre metas fiscais ou limites máximos de despesas.

•• Inciso II acrescentado pela Emenda Constitucional n. 109, de 15-3-2021.

§ 6.º Ocorrendo a hipótese de que trata o *caput* deste artigo, até que todas as medidas nele previstas tenham sido adotadas por todos os Poderes e órgãos nele mencionados, de acordo com declaração do respectivo Tribunal de Contas, é vedada:

•• § 6.º, *caput*, acrescentado pela Emenda Constitucional n. 109, de 15-3-2021.

I – a concessão, por qualquer outro ente da Federação, de garantias ao ente envolvido;
* Inciso I acrescentado pela Emenda Constitucional n. 109, de 15-3-2021.

II – a tomada de operação de crédito por parte do ente envolvido com outro ente da Federação, diretamente ou por intermédio de seus fundos, autarquias, fundações ou empresas estatais dependentes, ainda que sob a forma de novação, refinanciamento ou postergação de dívida contraída anteriormente, ressalvados os financiamentos destinados a projetos específicos celebrados na forma de operações típicas das agências financeiras oficiais de fomento.
* Inciso II acrescentado pela Emenda Constitucional n. 109, de 15-3-2021.

Art. 167-B. Durante a vigência de estado de calamidade pública de âmbito nacional, decretado pelo Congresso Nacional por iniciativa privativa do Presidente da República, a União deve adotar regime extraordinário fiscal, financeiro e de contratações para atender às necessidades dele decorrentes, somente naquilo em que a urgência for incompatível com o regime regular, nos termos definidos nos arts. 167-C, 167-D, 167-E, 167-F e 167-G desta Constituição.
* Artigo acrescentado pela Emenda Constitucional n. 109, de 15-3-2021.

Art. 167-C. Com o propósito exclusivo de enfrentamento da calamidade pública e de seus efeitos sociais e econômicos, no seu período de duração, o Poder Executivo federal pode adotar processos simplificados de contratação de pessoal, em caráter temporário e emergencial, e de obras, serviços e compras que assegurem, quando possível, competição e igualdade de condições a todos os concorrentes, dispensada a observância do § 1.º do art. 169 na contratação de que trata o inciso IX do *caput* do art. 37 desta Constituição, limitada a dispensa às situações de que trata o referido inciso, sem prejuízo do controle dos órgãos competentes.
* Artigo acrescentado pela Emenda Constitucional n. 109, de 15-3-2021.

Art. 167-D. As proposições legislativas e os atos do Poder Executivo com propósito exclusivo de enfrentar a calamidade e suas consequências sociais e econômicas, com vigência e efeitos restritos à sua duração, desde que não impliquem despesa obrigatória de caráter continuado, ficam dispensados da observância das limitações legais quanto à criação, à expansão ou ao aperfeiçoamento de ação governamental que acarrete aumento de despesa e à concessão ou à ampliação de incentivo ou benefício de natureza tributária da qual decorra renúncia de receita.
* *Caput* acrescentado pela Emenda Constitucional n. 109, de 15-3-2021.

Parágrafo único. Durante a vigência da calamidade pública de âmbito nacional de que trata o art. 167-B, não se aplica o disposto no § 3.º do art. 195 desta Constituição.
* Parágrafo único acrescentado pela Emenda Constitucional n. 109, de 15-3-2021.

Art. 167-E. Fica dispensada, durante a integralidade do exercício financeiro em que vigore a calamidade pública de âmbito nacional, a observância do inciso III do *caput* do art. 167 desta Constituição.
* Artigo acrescentado pela Emenda Constitucional n. 109, de 15-3-2021.

Art. 167-F. Durante a vigência da calamidade pública de âmbito nacional de que trata o art. 167-B desta Constituição:
* *Caput* acrescentado pela Emenda Constitucional n. 109, de 15-3-2021.

I – são dispensados, durante a integralidade do exercício financeiro em que vigore a calamidade pública, os limites, as condições e demais restrições aplicáveis à União para a contratação de operações de crédito, bem como sua verificação;
* Inciso I acrescentado pela Emenda Constitucional n. 109, de 15-3-2021.

II – o superávit financeiro apurado em 31 de dezembro do ano imediatamente anterior ao reconhecimento pode ser destinado à cobertura de despesas oriundas das medidas de combate à calamidade pública de âmbito nacional e ao pagamento da dívida pública.

•• Inciso II acrescentado pela Emenda Constitucional n. 109, de 15-3-2021.

§ 1.º Lei complementar pode definir outras suspensões, dispensas e afastamentos aplicáveis durante a vigência do estado de calamidade pública de âmbito nacional.

•• § 1.º acrescentado pela Emenda Constitucional n. 109, de 15-3-2021.

§ 2.º O disposto no inciso II do *caput* deste artigo não se aplica às fontes de recursos:

•• § 2.º, *caput*, acrescentado pela Emenda Constitucional n. 109, de 15-3-2021.

I – decorrentes de repartição de receitas a Estados, ao Distrito Federal e a Municípios;

•• Inciso I acrescentado pela Emenda Constitucional n. 109, de 15-3-2021.

II – decorrentes das vinculações estabelecidas pelos arts. 195, 198, 201, 212, 212-A e 239 desta Constituição;

•• Inciso II acrescentado pela Emenda Constitucional n. 109, de 15-3-2021.

III – destinadas ao registro de receitas oriundas da arrecadação de doações ou de empréstimos compulsórios, de transferências recebidas para o atendimento de finalidades determinadas ou das receitas de capital produto de operações de financiamento celebradas com finalidades contratualmente determinadas.

•• Inciso III acrescentado pela Emenda Constitucional n. 109, de 15-3-2021.

Art. 167-G. Na hipótese de que trata o art. 167-B, aplicam-se à União, até o término da calamidade pública, as vedações previstas no art. 167-A desta Constituição.

•• *Caput* acrescentado pela Emenda Constitucional n. 109, de 15-3-2021.

§ 1.º Na hipótese de medidas de combate à calamidade pública cuja vigência e efeitos não ultrapassem a sua duração, não se aplicam as vedações referidas nos incisos II, IV, VII, IX e X do *caput* do art. 167-A desta Constituição.

•• § 1.º acrescentado pela Emenda Constitucional n. 109, de 15-3-2021.

§ 2.º Na hipótese de que trata o art. 167-B, não se aplica a alínea *c* do inciso I do *caput* do art. 159 desta Constituição, devendo a transferência a que se refere aquele dispositivo ser efetuada nos mesmos montantes transferidos no exercício anterior à decretação da calamidade.

•• § 2.º acrescentado pela Emenda Constitucional n. 109, de 15-3-2021.

§ 3.º É facultada aos Estados, ao Distrito Federal e aos Municípios a aplicação das vedações referidas no *caput*, nos termos deste artigo, e, até que as tenham adotado na integralidade, estarão submetidos às restrições do § 6.º do art. 167-A desta Constituição, enquanto perdurarem seus efeitos para a União.

•• § 3.º acrescentado pela Emenda Constitucional n. 109, de 15-3-2021.

Art. 168. Os recursos correspondentes às dotações orçamentárias, compreendidos os créditos suplementares e especiais, destinados aos órgãos dos Poderes Legislativo e Judiciário, do Ministério Público e da Defensoria Pública, ser-lhes-ão entregues até o dia 20 de cada mês, em duodécimos, na forma da lei complementar a que se refere o art. 165, § 9.º.

•• Artigo com redação determinada pela Emenda Constitucional n. 45, de 8-12-2004.

§ 1.º É vedada a transferência a fundos de recursos financeiros oriundos de repasses duodecimais.

•• § 1.º acrescentado pela Emenda Constitucional n. 109, de 15-3-2021.

§ 2.º O saldo financeiro decorrente dos recursos entregues na forma do *caput* deste artigo deve ser restituído ao caixa único do Tesouro do ente federativo, ou terá seu valor deduzido das primeiras parcelas duodecimais do exercício seguinte.
- •• § 2.º acrescentado pela Emenda Constitucional n. 109, de 15-3-2021.

Art. 169. A despesa com pessoal ativo e inativo e pensionistas da União, dos Estados, do Distrito Federal e dos Municípios não pode exceder os limites estabelecidos em lei complementar.
- •• *Caput* com redação determinada pela Emenda Constitucional n. 109, de 15-3-2021.
- • Limites das despesas com o funcionalismo público: Lei Complementar n. 101, de 4-5-2000 (Lei de Responsabilidade Fiscal).

§ 1.º A concessão de qualquer vantagem ou aumento de remuneração, a criação de cargos, empregos e funções ou alteração de estrutura de carreiras, bem como a admissão ou contratação de pessoal, a qualquer título, pelos órgãos e entidades da administração direta ou indireta, inclusive fundações instituídas e mantidas pelo Poder Público, só poderão ser feitas:
- •• § 1.º, *caput*, com redação determinada pela Emenda Constitucional n. 19, de 4-6-1998.
- •• *Vide* art. 2.º, *caput*, da Emenda Constitucional n. 106, de 7-5-2020.

I – se houver prévia dotação orçamentária suficiente para atender às projeções de despesa de pessoal e aos acréscimos dela decorrentes;
- •• Inciso I com redação determinada pela Emenda Constitucional n. 19, de 4-6-1998.

II – se houver autorização específica na lei de diretrizes orçamentárias, ressalvadas as empresas públicas e as sociedades de economia mista.
- •• Inciso II com redação determinada pela Emenda Constitucional n. 19, de 4-6-1998.

§ 2.º Decorrido o prazo estabelecido na lei complementar referida neste artigo para a adaptação aos parâmetros ali previstos, serão imediatamente suspensos todos os repasses de verbas federais ou estaduais aos Estados, ao Distrito Federal e aos Municípios que não observarem os referidos limites.
- •• § 2.º acrescentado pela Emenda Constitucional n. 19, de 4-6-1998.

§ 3.º Para o cumprimento dos limites estabelecidos com base neste artigo, durante o prazo fixado na lei complementar referida no *caput*, a União, os Estados, o Distrito Federal e os Municípios adotarão as seguintes providências:
- •• § 3.º, *caput*, acrescentado pela Emenda Constitucional n. 19, de 4-6-1998.

I – redução em pelo menos 20% (vinte por cento) das despesas com cargos em comissão e funções de confiança;
- •• Inciso I acrescentado pela Emenda Constitucional n. 19, de 4-6-1998.

II – exoneração dos servidores não estáveis.
- •• Inciso II acrescentado pela Emenda Constitucional n. 19, de 4-6-1998.
- • *Vide* art. 33 da Emenda Constitucional n. 19, de 4-6-1998.

§ 4.º Se as medidas adotadas com base no parágrafo anterior não forem suficientes para assegurar o cumprimento da determinação da lei complementar referida neste artigo, o servidor estável poderá perder o cargo, desde que ato normativo motivado de cada um dos Poderes especifique a atividade funcional, o órgão ou unidade administrativa objeto da redução de pessoal.
- •• § 4.º acrescentado pela Emenda Constitucional n. 19, de 4-6-1998.
- • *Vide* art. 198, § 6.º, da CF.

§ 5.º O servidor que perder o cargo na forma do parágrafo anterior fará jus a indenização correspondente a um mês de remuneração por ano de serviço.
- •• § 5.º acrescentado pela Emenda Constitucional n. 19, de 4-6-1998.

§ 6.º O cargo objeto da redução prevista nos parágrafos anteriores será considerado extinto, vedada a criação de cargo, emprego ou função com atribuições iguais ou assemelhadas pelo prazo de 4 (quatro) anos.

- •• § 6.º acrescentado pela Emenda Constitucional n. 19, de 4-6-1998.

§ 7.º Lei federal disporá sobre as normas gerais a serem obedecidas na efetivação do disposto no § 4.º.

- •• § 7.º acrescentado pela Emenda Constitucional n. 19, de 4-6-1998.
- • *Vide* art. 247 da CF.
- • A Lei n. 9.801, de 14-6-1999, dispõe sobre as normas gerais para perda de cargo público por excesso de despesa.

Título VII

DA ORDEM ECONÔMICA E FINANCEIRA

- • Crimes contra a ordem tributária, econômica e contra as relações de consumo: Lei n. 8.137, de 27-12-1990.
- • Crimes contra a ordem econômica: Lei n. 8.176, de 8-2-1991.
- • Conselho Administrativo de Defesa Econômica – CADE: Lei n. 12.529, de 30-11-2011.

Capítulo I
DOS PRINCÍPIOS GERAIS DA ATIVIDADE ECONÔMICA

Art. 170. A ordem econômica, fundada na valorização do trabalho humano e na livre iniciativa, tem por fim assegurar a todos existência digna, conforme os ditames da justiça social, observados os seguintes princípios:

- •• A Lei n. 13.874, de 20-9-2019, institui a Declaração de Direitos de Liberdade Econômica e estabelece garantias de livre mercado e de análise de impacto regulatório.
- •• O Decreto n. 9.571, de 21-11-2018, estabelece as Diretrizes Nacionais sobre Empresas e Direitos Humanos.

I – soberania nacional;

II – propriedade privada;

III – função social da propriedade;

IV – livre concorrência;

- • Sobre livre concorrência: Lei n. 12.529, de 30-11-2011.
- • Defesa da concorrência: art. 52 do Decreto n. 2.594, de 15-5-1998.
- • *Vide* Súmula Vinculante 49.

V – defesa do consumidor;

- • CDC: Lei n. 8.078, de 11-9-1990.
- • SNDC: Decreto n. 2.181, de 20-3-1997.
- • Prevenção e repressão às infrações contra a ordem econômica: Lei n. 12.529, de 30-11-2011.
- • A Lei n. 10.504, de 8-7-2002, instituiu o Dia Nacional do Consumidor, que será comemorado, anualmente, no dia 15 de março.
- • Sistema alternativo de solução de conflitos de consumo: Decreto n. 8.573, de 19-11-2015.
- • *Vide* Súmula Vinculante 49.

VI – defesa do meio ambiente, inclusive mediante tratamento diferenciado conforme o impacto ambiental dos produtos e serviços e de seus processos de elaboração e prestação;

- •• Inciso VI com redação determinada pela Emenda Constitucional n. 42, de 19-12-2003.
- • Lei de Crimes Ambientais: Lei n. 9.605, de 12-2-1998. O Decreto n. 6.514, de 22-7-2008, dispõe sobre as infrações e sanções administrativas ao meio ambiente.

VII – redução das desigualdades regionais e sociais;

VIII – busca do pleno emprego;

IX – tratamento favorecido para as empresas de pequeno porte constituídas sob as leis brasileiras e que tenham sua sede e administração no País.

- •• Inciso IX com redação determinada pela Emenda Constitucional n. 6, de 15-8-1995.
- • A Lei Complementar n. 123, de 14-12-2006, institui o Estatuto Nacional da Microempresa e da Empresa de Pequeno Porte.

Parágrafo único. É assegurado a todos o livre exercício de qualquer atividade econômica, independentemente de autorização de órgãos públicos, salvo nos casos previstos em lei.

- • Vide Súmula Vinculante 49.

Art. 171. (*Revogado pela Emenda Constitucional n. 6, de 15-8-1995.*)

Art. 172. A lei disciplinará, com base no interesse nacional, os investimentos de capital estrangeiro, incentivará os reinvestimentos e regulará a remessa de lucros.

Art. 173. Ressalvados os casos previstos nesta Constituição, a exploração direta de atividade econômica pelo Estado só será permitida quando necessária aos imperativos da segurança nacional ou a relevante interesse coletivo, conforme definidos em lei.

§ 1.º A lei estabelecerá o estatuto jurídico da empresa pública, da sociedade de economia mista e de suas subsidiárias que explorem atividade econômica de produção ou comercialização de bens ou de prestação de serviços, dispondo sobre:

- •• § 1.º, *caput*, com redação determinada pela Emenda Constitucional n. 19, de 4-6-1998.

I – sua função social e formas de fiscalização pelo Estado e pela sociedade;

- •• Inciso I acrescentado pela Emenda Constitucional n. 19, de 4-6-1998.

II – a sujeição ao regime jurídico próprio das empresas privadas, inclusive quanto aos direitos e obrigações civis, comerciais, trabalhistas e tributários;

- •• Inciso II acrescentado pela Emenda Constitucional n. 19, de 4-6-1998.

III – licitação e contratação de obras, serviços, compras e alienações, observados os princípios da administração pública;

- •• Inciso III acrescentado pela Emenda Constitucional n. 19, de 4-6-1998.

IV – a constituição e o funcionamento dos conselhos de administração e fiscal, com a participação de acionistas minoritários;

- •• Inciso IV acrescentado pela Emenda Constitucional n. 19, de 4-6-1998.

V – os mandatos, a avaliação de desempenho e a responsabilidade dos administradores.

- •• Inciso V acrescentado pela Emenda Constitucional n. 19, de 4-6-1998.

§ 2.º As empresas públicas e as sociedades de economia mista não poderão gozar de privilégios fiscais não extensivos às do setor privado.

§ 3.º A lei regulamentará as relações da empresa pública com o Estado e a sociedade.

§ 4.º A lei reprimirá o abuso do poder econômico que vise à dominação dos mercados, à eliminação da concorrência e ao aumento arbitrário dos lucros.

- • Lei Antitruste e de infrações à ordem econômica: Lei n. 12.529, de 30-11-2011.
- • Vide Súmula Vinculante 49.

§ 5.º A lei, sem prejuízo da responsabilidade individual dos dirigentes da pessoa jurídica, estabelecerá a responsabilidade desta, sujeitando-a às punições compatíveis com sua natureza, nos atos praticados contra a ordem econômica e financeira e contra a economia popular.

- • Intervenção no domínio econômico para assegurar a livre distribuição de produto necessário ao consumo do povo: Lei Delegada n. 4, de 26-9-1962.

Art. 174. Como agente normativo e regulador da atividade econômica, o Estado exercerá, na forma da lei, as funções de fiscalização, incentivo e planejamento, sendo este determinante para o setor público e indicativo para o setor privado.

§ 1.º A lei estabelecerá as diretrizes e bases do planejamento do desenvolvimento nacional equilibrado, o qual incorporará e compatibilizará os planos nacionais e regionais de desenvolvimento.

§ 2.º A lei apoiará e estimulará o cooperativismo e outras formas de associativismo.

§ 3.º O Estado favorecerá a organização da atividade garimpeira em cooperativas, levando em conta a proteção do meio ambiente e a promoção econômico-social dos garimpeiros.

- A Lei n. 11.685, de 2-6-2008, institui o Estatuto do Garimpeiro.

§ 4.º As cooperativas a que se refere o parágrafo anterior terão prioridade na autorização ou concessão para pesquisa e lavra dos recursos e jazidas de minerais garimpáveis, nas áreas onde estejam atuando, e naquelas fixadas de acordo com o art. 21, XXV, na forma da lei.

Art. 175. Incumbe ao Poder Público, na forma da lei, diretamente ou sob regime de concessão ou permissão, sempre através de licitação, a prestação de serviços públicos.

- •• Regime de concessão e permissão da prestação de serviços públicos previsto neste artigo: Lei n. 8.987, de 13-2-1995.
- • Outorga e prorrogações das concessões e permissões de serviços públicos: Lei n. 9.074, de 7-7-1995.
- • A Lei n. 9.791, de 24-3-1999, dispõe sobre a obrigatoriedade de as concessionárias de serviços públicos estabelecerem ao consumidor e ao usuário datas opcionais para o vencimento de seus débitos.

Parágrafo único. A lei disporá sobre:

I – o regime das empresas concessionárias e permissionárias de serviços públicos, o caráter especial de seu contrato e de sua prorrogação, bem como as condições de caducidade, fiscalização e rescisão da concessão ou permissão;

II – os direitos dos usuários;

III – política tarifária;

IV – a obrigação de manter serviço adequado.

Art. 176. As jazidas, em lavra ou não, e demais recursos minerais e os potenciais de energia hidráulica constituem propriedade distinta da do solo, para efeito de exploração ou aproveitamento, e pertencem à União, garantida ao concessionário a propriedade do produto da lavra.

§ 1.º A pesquisa e a lavra de recursos minerais e o aproveitamento dos potenciais a que se refere o *caput* deste artigo somente poderão ser efetuados mediante autorização ou concessão da União, no interesse nacional, por brasileiros ou empresa constituída sob as leis brasileiras e que tenha sua sede e administração no País, na forma da lei, que estabelecerá as condições específicas quando essas atividades se desenvolverem em faixa de fronteira ou terras indígenas.

- •• § 1.º com redação determinada pela Emenda Constitucional n. 6, de 15-8-1995.

§ 2.º É assegurada participação ao proprietário do solo nos resultados da lavra, na forma e no valor que dispuser a lei.

- •• § 2.º regulamentado pela Lei n. 8.901, de 30-6-1994.

§ 3.º A autorização de pesquisa será sempre por prazo determinado, e as autorizações e concessões previstas neste artigo não poderão ser cedidas ou transferidas, total ou parcialmente, sem prévia anuência do poder concedente.

§ 4.º Não dependerá de autorização ou concessão o aproveitamento do potencial de energia renovável de capacidade reduzida.

Art. 177. Constituem monopólio da União:

- •• A Lei n. 14.134, de 8-4-2021, regulamentada pelo Decreto n. 10.712, de 2-6-2021, dispõe sobre as atividades relativas ao transporte de gás natural de que trata este artigo.

I – a pesquisa e a lavra das jazidas de petróleo e gás natural e outros hidrocarbonetos fluidos;

II – a refinação do petróleo nacional ou estrangeiro;

- • A Lei n. 9.478, de 6-8-1997, dispõe sobre a Política Energética Nacional, e as atividades relativas ao monopólio do petróleo, e institui o Conselho Nacional de Política Energética e a Agência Nacional do Petróleo.

III – a importação e exportação dos produtos e derivados básicos resultantes das atividades previstas nos incisos anteriores;

- •• A Lei n. 11.909, de 4-3-2009, institui normas para a exploração das atividades econômicas de transporte de gás natural por meio de condutos e da importação e exportação de gás natural, de que tratam os incisos III e IV do *caput* deste artigo, bem como para a exploração das atividades de tratamento, processamento, estocagem, liquefação, regaseificação e comercialização de gás natural.

IV – o transporte marítimo do petróleo bruto de origem nacional ou de derivados básicos de petróleo produzidos no País, bem assim o transporte, por meio de conduto, de petróleo bruto, seus derivados e gás natural de qualquer origem;

- •• *Vide* nota ao inciso anterior.

V – a pesquisa, a lavra, o enriquecimento, o reprocessamento, a industrialização e o comércio de minérios e minerais nucleares e seus derivados, com exceção dos radioisótopos cuja produção, comercialização e utilização poderão ser autorizadas sob regime de permissão, conforme as alíneas *b* e *c* do inciso XXIII do *caput* do art. 21 desta Constituição Federal.

- •• Inciso V com redação determinada pela Emenda Constitucional n. 49, de 8-2-2006.

§ 1.º A União poderá contratar com empresas estatais ou privadas a realização das atividades previstas nos incisos I a IV deste artigo, observadas as condições estabelecidas em lei.

- •• § 1.º com redação determinada pela Emenda Constitucional n. 9, de 9-11-1995.

§ 2.º A lei a que se refere o § 1.º disporá sobre:

- •• § 2.º, *caput*, acrescentado pela Emenda Constitucional n. 9, de 9-11-1995.
- • A Lei n. 9.478, de 6-8-1997, dispõe sobre a política energética nacional, as atividades relativas ao monopólio do petróleo, institui o Conselho Nacional de Política Energética e a Agência Nacional do Petróleo, e a Lei n. 9.847, de 26-10-1999, dispõe sobre a fiscalização das atividades relativas ao abastecimento nacional de combustíveis de que trata a referida norma, bem como estabelece sanções administrativas.

I – a garantia do fornecimento dos derivados de petróleo em todo o território nacional;

- •• Inciso I acrescentado pela Emenda Constitucional n. 9, de 9-11-1995.

II – as condições de contratação;

- •• Inciso II acrescentado pela Emenda Constitucional n. 9, de 9-11-1995.

III – a estrutura e atribuições do órgão regulador do monopólio da União.

- •• Inciso III acrescentado pela Emenda Constitucional n. 9, de 9-11-1995.

§ 3.º A lei disporá sobre o transporte e a utilização de materiais radioativos no território nacional.

- •• § 2.º renumerado pela Emenda Constitucional n. 9, de 9-11-1995.

§ 4.º A lei que instituir contribuição de intervenção no domínio econômico relativa às atividades de importação ou comercialização de petróleo e seus derivados, gás natural e seus derivados e álcool combustível deverá atender aos seguintes requisitos:

- •• § 4.º, *caput*, acrescentado pela Emenda Constitucional n. 33, de 11-12-2001.

•• A Lei n. 10.336, de 19-12-2001, instituiu a Contribuição de Intervenção no Domínio Econômico incidente sobre a importação e a comercialização de petróleo e seus derivados, gás natural e seus derivados e álcool etílico combustível (Cide) a que se refere este parágrafo.
• A Lei n. 10.453, de 13-5-2002, dispõe em seu art. 1.º: "Art. 1.º Parcela dos recursos financeiros oriundos da arrecadação da contribuição de intervenção de domínio econômico de que trata o art. 177, § 4.º, da Constituição, será destinada à concessão de subvenções aos preços ou ao transporte de álcool combustível e de subsídios ao preço do gás liquefeito de petróleo – GLP".

I – a alíquota da contribuição poderá ser:
•• Inciso I, *caput*, acrescentado pela Emenda Constitucional n. 33, de 11-12-2001.

a) diferenciada por produto ou uso;
•• Alínea *a* acrescentada pela Emenda Constitucional n. 33, de 11-12-2001.

b) reduzida e restabelecida por ato do Poder Executivo, não se lhe aplicando o disposto no art. 150, III, *b*;
•• Alínea *b* acrescentada pela Emenda Constitucional n. 33, de 11-12-2001.

II – os recursos arrecadados serão destinados:
•• Inciso II, *caput*, acrescentado pela Emenda Constitucional n. 33, de 11-12-2001.
•• O STF, na ADI n. 2.925-8, de 19-12-2003 (*DOU* de 4-4-2005), dá interpretação conforme a CF a este inciso, "no sentido de que a abertura de crédito suplementar deve ser destinada às três finalidades enumeradas" nas alíneas a seguir.

a) ao pagamento de subsídios a preços ou transporte de álcool combustível, gás natural e seus derivados e derivados de petróleo;
•• Alínea *a* acrescentada pela Emenda Constitucional n. 33, de 11-12-2001.

b) ao financiamento de projetos ambientais relacionados com a indústria do petróleo e do gás;
•• Alínea *b* acrescentada pela Emenda Constitucional n. 33, de 11-12-2001.

c) ao financiamento de programas de infraestrutura de transportes.
•• Alínea *c* acrescentada pela Emenda Constitucional n. 33, de 11-12-2001.
•• *Vide* art. 159, III, da CF.

d) ao pagamento de subsídios a tarifas de transporte público coletivo de passageiros.
•• Alínea *d* acrescentada pela Emenda Constitucional n. 132, de 20-12-2023.

Art. 178. A lei disporá sobre a ordenação dos transportes aéreo, aquático e terrestre, devendo, quanto à ordenação do transporte internacional, observar os acordos firmados pela União, atendido o princípio da reciprocidade.
•• *Caput* com redação determinada pela Emenda Constitucional n. 7, de 15-8-1995.
• A Lei n. 9.611, de 19-2-1998, dispõe sobre o transporte multimodal de cargas.
• A Lei n. 10.233, de 5-6-2001, dispõe sobre a reestruturação dos transportes aquaviário e terrestre, cria o Conselho Nacional de Integração de Políticas de Transportes Terrestres, a Agência Nacional de Transportes Aquaviários e o Departamento Nacional de Infraestrutura de Transportes, e dá outras providências.
• O Decreto n. 5.910, de 27-9-2006, promulga a Convenção para a Unificação de Certas Regras Relativas ao Transporte Aéreo Internacional, celebrada em Montreal, em 28-5-1999.
• O Decreto n. 10.267, de 5-3-2020, dispõe sobre o transporte aéreo de autoridades em aeronaves do Comando da Aeronáutica.

Parágrafo único. Na ordenação do transporte aquático, a lei estabelecerá as condições em que o transporte de mercadorias na cabotagem e a navegação interior poderão ser feitos por embarcações estrangeiras.
•• Parágrafo único com redação determinada pela Emenda Constitucional n. 7, de 15-8-1995.

Art. 179. A União, os Estados, o Distrito Federal e os Municípios dispensarão às microempresas e às empresas de pequeno porte, assim definidas em lei, tratamento jurídico diferen-

Constituição da República Federativa do Brasil — Arts. 179 a 183

ciado, visando a incentivá-las pela simplificação de suas obrigações administrativas, tributárias, previdenciárias e creditícias, ou pela eliminação ou redução destas por meio de lei.

- •• O Decreto n. 9.571, de 21-11-2018, estabelece as Diretrizes Nacionais sobre Empresas e Direitos Humanos.
- •• A Lei Complementar n. 123, de 14-12-2006, institui o Estatuto Nacional da Microempresa e da Empresa de Pequeno Porte.

Art. 180. A União, os Estados, o Distrito Federal e os Municípios promoverão e incentivarão o turismo como fator de desenvolvimento social e econômico.

- • A Lei n. 11.771, de 17-9-2008, dispõe sobre a Política Nacional de Turismo, define as atribuições do Governo Federal no planejamento, desenvolvimento e estímulo ao setor turístico.

Art. 181. O atendimento de requisição de documento ou informação de natureza comercial, feita por autoridade administrativa ou judiciária estrangeira, à pessoa física ou jurídica residente ou domiciliada no País dependerá de autorização do Poder competente.

Capítulo II
DA POLÍTICA URBANA

Art. 182. A política de desenvolvimento urbano, executada pelo Poder Público municipal, conforme diretrizes gerais fixadas em lei, tem por objetivo ordenar o pleno desenvolvimento das funções sociais da cidade e garantir o bem-estar de seus habitantes.

- •• Artigo regulamentado pela Lei n. 10.257, de 10-7-2001 (Estatuto da Cidade).
- • A Lei n. 13.425, de 30-3-2017, "Lei Boate Kiss", estabelece diretrizes gerais sobre medidas de prevenção e combate a incêndio e a desastres em estabelecimentos, edificações e áreas de reunião de público.

§ 1.º O plano diretor, aprovado pela Câmara Municipal, obrigatório para cidades com mais de vinte mil habitantes, é o instrumento básico da política de desenvolvimento e de expansão urbana.

- • A Lei n. 12.587, de 3-1-2012 (Política Nacional de Mobilidade Urbana), em seu art. 24, § 1.º, determina que, em municípios com mais de 20.000 habitantes e em todos obrigados à elaboração de plano diretor, deverá ser elaborado um Plano de Mobilidade Urbana.

§ 2.º A propriedade urbana cumpre sua função social quando atende às exigências fundamentais de ordenação da cidade expressas no plano diretor.

§ 3.º As desapropriações de imóveis urbanos serão feitas com prévia e justa indenização em dinheiro.

§ 4.º É facultado ao Poder Público municipal, mediante lei específica para área incluída no plano diretor, exigir, nos termos da lei federal, do proprietário do solo urbano não edificado, subutilizado ou não utilizado, que promova seu adequado aproveitamento, sob pena, sucessivamente, de:

I – parcelamento ou edificação compulsórios;

II – imposto sobre a propriedade predial e territorial urbana progressivo no tempo;

III – desapropriação com pagamento mediante títulos da dívida pública de emissão previamente aprovada pelo Senado Federal, com prazo de resgate de até dez anos, em parcelas anuais, iguais e sucessivas, assegurados o valor real da indenização e os juros legais.

- • Vide nota ao art. 5.º, XXIV, da CF.

Art. 183. Aquele que possuir como sua área urbana de até duzentos e cinquenta metros quadrados, por cinco anos, ininterruptamente e sem oposição, utilizando-a para sua moradia ou de sua família, adquirir-lhe-á o domínio, desde que não seja proprietário de outro imóvel urbano ou rural.

- •• Artigo regulamentado pela Lei n. 10.257, de 10-7-2001 (Estatuto da Cidade).

§ 1.º O título de domínio e a concessão de uso serão conferidos ao homem ou à mulher, ou a ambos, independentemente do estado civil.

•• A Medida Provisória n. 2.220, de 4-9-2001, dispõe sobre a concessão de uso especial, de que trata este parágrafo.

§ 2.º Esse direito não será reconhecido ao mesmo possuidor mais de uma vez.

§ 3.º Os imóveis públicos não serão adquiridos por usucapião.

Capítulo III
DA POLÍTICA AGRÍCOLA E FUNDIÁRIA E DA REFORMA AGRÁRIA

•• Estatuto da Terra: Lei n. 4.504, de 30-11-1964.

•• Princípios da política agrícola: Lei n. 8.174, de 30-1-1991.

•• A Lei n. 8.629, de 25-2-1993, dispõe sobre a regulamentação dos dispositivos constitucionais relativos à reforma agrária prevista neste Capítulo.

• A Lei n. 9.393, de 19-12-1996, dispõe sobre o Imposto sobre a Propriedade Territorial Rural – ITR, e sobre o pagamento da dívida representada por Títulos da Dívida Agrária.

• Fundo de Terras e da Reforma Agrária – Banco da Terra: Lei Complementar n. 93, de 4-2-1998, regulamentada pelo Decreto n. 4.892, de 25-11-2003.

• A Lei n. 10.469, de 25-6-2002, institui o dia 17 de abril como o Dia Nacional de Luta pela Reforma Agrária.

Art. 184. Compete à União desapropriar por interesse social, para fins de reforma agrária, o imóvel rural que não esteja cumprindo sua função social, mediante prévia e justa indenização em títulos da dívida agrária, com cláusula de preservação do valor real, resgatáveis no prazo de até vinte anos, a partir do segundo ano de sua emissão, e cuja utilização será definida em lei.

§ 1.º As benfeitorias úteis e necessárias serão indenizadas em dinheiro.

§ 2.º O decreto que declarar o imóvel como de interesse social, para fins de reforma agrária, autoriza a União a propor a ação de desapropriação.

§ 3.º Cabe à lei complementar estabelecer procedimento contraditório especial, de rito sumário, para o processo judicial de desapropriação.

•• A Lei Complementar n. 76, de 6-7-1993, dispõe sobre o procedimento contraditório especial, de rito sumário, para o processo de desapropriação de imóvel rural, por interesse social, para fins de reforma agrária.

§ 4.º O orçamento fixará anualmente o volume total de títulos da dívida agrária, assim como o montante de recursos para atender ao programa de reforma agrária no exercício.

§ 5.º São isentas de impostos federais, estaduais e municipais as operações de transferência de imóveis desapropriados para fins de reforma agrária.

Art. 185. São insuscetíveis de desapropriação para fins de reforma agrária:

I – a pequena e média propriedade rural, assim definida em lei, desde que seu proprietário não possua outra;

II – a propriedade produtiva.

Parágrafo único. A lei garantirá tratamento especial à propriedade produtiva e fixará normas para o cumprimento dos requisitos relativos a sua função social.

Art. 186. A função social é cumprida quando a propriedade rural atende, simultaneamente, segundo critérios e graus de exigência estabelecidos em lei, aos seguintes requisitos:

I – aproveitamento racional e adequado;

II – utilização adequada dos recursos naturais disponíveis e preservação do meio ambiente;

III – observância das disposições que regulam as relações de trabalho;

Constituição da República Federativa do Brasil — Arts. 186 a 191

IV – exploração que favoreça o bem-estar dos proprietários e dos trabalhadores.

Art. 187. A política agrícola será planejada e executada na forma da lei, com a participação efetiva do setor de produção, envolvendo produtores e trabalhadores rurais, bem como dos setores de comercialização, de armazenamento e de transportes, levando em conta, especialmente:

- A Lei n. 8.171, de 17-1-1991, dispõe sobre a Política Agrícola.

I – os instrumentos creditícios e fiscais;

II – os preços compatíveis com os custos de produção e a garantia de comercialização;

III – o incentivo à pesquisa e à tecnologia;

IV – a assistência técnica e extensão rural;

V – o seguro agrícola;

VI – o cooperativismo;

VII – a eletrificação rural e irrigação;

VIII – a habitação para o trabalhador rural.

§ 1.º Incluem-se no planejamento agrícola as atividades agroindustriais, agropecuárias, pesqueiras e florestais.

§ 2.º Serão compatibilizadas as ações de política agrícola e de reforma agrária.

Art. 188. A destinação de terras públicas e devolutas será compatibilizada com a política agrícola e com o plano nacional de reforma agrária.

§ 1.º A alienação ou a concessão, a qualquer título, de terras públicas com área superior a dois mil e quinhentos hectares a pessoa física ou jurídica, ainda que por interposta pessoa, dependerá de prévia aprovação do Congresso Nacional.

§ 2.º Excetuam-se do disposto no parágrafo anterior as alienações ou as concessões de terras públicas para fins de reforma agrária.

Art. 189. Os beneficiários da distribuição de imóveis rurais pela reforma agrária receberão títulos de domínio ou de concessão de uso, inegociáveis pelo prazo de dez anos.

Parágrafo único. O título de domínio e a concessão de uso serão conferidos ao homem ou à mulher, ou a ambos, independentemente do estado civil, nos termos e condições previstos em lei.

Art. 190. A lei regulará e limitará a aquisição ou o arrendamento de propriedade rural por pessoa física ou jurídica estrangeira e estabelecerá os casos que dependerão de autorização do Congresso Nacional.

- A Instrução Normativa n. 88, de 13-12-2017, dispõe sobre aquisição e o arrendamento de imóvel rural por pessoa natural estrangeira residente no País, pessoa jurídica estrangeira autorizada a funcionar no Brasil e pessoa jurídica brasileira equiparada à estrangeira.

Art. 191. Aquele que, não sendo proprietário de imóvel rural ou urbano, possua como seu, por cinco anos ininterruptos, sem oposição, área de terra, em zona rural, não superior a cinquenta hectares, tornando-a produtiva por seu trabalho ou de sua família, tendo nela sua moradia, adquirir-lhe-á a propriedade.

- A Lei n. 5.709, de 7-10-1971, regula a aquisição de imóvel rural por estrangeiro residente no País ou pessoa jurídica estrangeira autorizada a funcionar no Brasil.

Parágrafo único. Os imóveis públicos não serão adquiridos por usucapião.

Capítulo IV
DO SISTEMA FINANCEIRO NACIONAL

• Dos crimes contra o sistema financeiro: Lei n. 7.492, de 16-6-1986.

• A Lei n. 9.613, de 3-3-1998, dispõe sobre os crimes de lavagem ou ocultação de bens, direitos e valores, a prevenção da utilização do sistema financeiro para os ilícitos previstos nesta Lei e cria o Conselho de Controle de Atividades Financeiras – COAF, cujo Estatuto foi aprovado pelo Decreto n. 9.663, de 1.º-1-2019.

Art. 192. O sistema financeiro nacional, estruturado de forma a promover o desenvolvimento equilibrado do País e a servir aos interesses da coletividade, em todas as partes que o compõem, abrangendo as cooperativas de crédito, será regulado por leis complementares que disporão, inclusive, sobre a participação do capital estrangeiro nas instituições que o integram.

•• *Caput* com redação determinada pela Emenda Constitucional n. 40, de 29-5-2003.

• O Decreto n. 9.889, de 27-6-2019, dispõe sobre o Conselho de Recursos do Sistema Financeiro Nacional e sobre o Comitê de Avaliação e Seleção de Conselheiros do Conselho de Recursos do Sistema Financeiro Nacional.

I a III – (*Revogados pela Emenda Constitucional n. 40, de 29-5-2003.*)

a) e b) (*Revogadas pela Emenda Constitucional n. 40, de 29-5-2003.*)

IV a VIII – (*Revogados pela Emenda Constitucional n. 40, de 29-5-2003.*)

§§ 1.º a 3.º (*Revogados pela Emenda Constitucional n. 40, de 29-5-2003.*)

Título VIII
DA ORDEM SOCIAL

Capítulo I
DISPOSIÇÃO GERAL

Art. 193. A ordem social tem como base o primado do trabalho, e como objetivo o bem-estar e a justiça sociais.

Parágrafo único. O Estado exercerá a função de planejamento das políticas sociais, assegurada, na forma da lei, a participação da sociedade nos processos de formulação, de monitoramento, de controle e de avaliação dessas políticas.

•• Parágrafo único acrescentado pela Emenda Constitucional n. 108, de 26-8-2020.

Capítulo II
DA SEGURIDADE SOCIAL

• Organização da seguridade social, Plano de Custeio: Lei n. 8.212, de 24-7-1991, regulamentada pelo Decreto n. 3.048, de 6-5-1999.

Seção I
Disposições Gerais

Art. 194. A seguridade social compreende um conjunto integrado de ações de iniciativa dos Poderes Públicos e da sociedade, destinadas a assegurar os direitos relativos à saúde, à previdência e à assistência social.

Parágrafo único. Compete ao Poder Público, nos termos da lei, organizar a seguridade social, com base nos seguintes objetivos:

I – universalidade da cobertura e do atendimento;

II – uniformidade e equivalência dos benefícios e serviços às populações urbanas e rurais;

III – seletividade e distributividade na prestação dos benefícios e serviços;

IV – irredutibilidade do valor dos benefícios;

V – equidade na forma de participação no custeio;

VI – diversidade da base de financiamento, identificando-se, em rubricas contábeis específicas para cada área, as receitas e as despesas vinculadas a ações de saúde, previdência e assistência social, preservado o caráter contributivo da previdência social;

- •• Inciso VI com redação determinada pela Emenda Constitucional n. 103, de 12-11-2019.

VII – caráter democrático e descentralizado da administração, mediante gestão quadripartite, com participação dos trabalhadores, dos empregadores, dos aposentados e do Governo nos órgãos colegiados.

- •• Inciso VII com redação determinada pela Emenda Constitucional n. 20, de 15-12-1998.

Art. 195. A seguridade social será financiada por toda a sociedade, de forma direta e indireta, nos termos da lei, mediante recursos provenientes dos orçamentos da União, dos Estados, do Distrito Federal e dos Municípios, e das seguintes contribuições sociais:

- • *Vide* art. 240 da CF.

I – do empregador, da empresa e da entidade a ela equiparada na forma da lei, incidentes sobre:

- •• Inciso I, *caput*, com redação determinada pela Emenda Constitucional n. 20, de 15-12-1998.
- •• A Lei Complementar n. 187, de 16-12-2021, regula os procedimentos referentes à imunidade de contribuições à seguridade social de que trata este inciso.

a) a folha de salários e demais rendimentos do trabalho pagos ou creditados, a qualquer título, à pessoa física que lhe preste serviço, mesmo sem vínculo empregatício;

- •• Alínea *a* acrescentada pela Emenda Constitucional n. 20, de 15-12-1998.
- • *Vide* art. 114, VIII, da CF.

b) a receita ou o faturamento;

- •• Alínea *b* acrescentada pela Emenda Constitucional n. 20, de 15-12-1998.
- •• A Emenda Constitucional n. 132, de 20-12-2023, a partir de 2027, revoga esta alínea *b*.

c) o lucro;

- •• Alínea *c* acrescentada pela Emenda Constitucional n. 20, de 15-12-1998.
- •• A Lei Complementar n. 70, de 30-12-1991, institui contribuição para financiamento da Seguridade Social e eleva alíquota da contribuição social sobre o lucro das instituições financeiras.
- • *Vide* § 9.º deste artigo.

II – do trabalhador e dos demais segurados da previdência social, podendo ser adotadas alíquotas progressivas de acordo com o valor do salário de contribuição, não incidindo contribuição sobre aposentadoria e pensão concedidas pelo Regime Geral de Previdência Social;

- •• Inciso II com redação determinada pela Emenda Constitucional n. 103, de 12-11-2019.
- • Fundo de Aposentadoria Programada Individual – FAPI: Lei n. 9.477, de 24-7-1997.
- • *Vide* art. 114, VIII, da CF.

III – sobre a receita de concursos de prognósticos;

- •• A Lei Complementar n. 187, de 16-12-2021, regula os procedimentos referentes à imunidade de contribuições à seguridade social de que trata este inciso.

IV – do importador de bens ou serviços do exterior, ou de quem a lei a ele equiparar.

- •• Inciso IV acrescentado pela Emenda Constitucional n. 42, de 19-12-2003.
- •• A Emenda Constitucional n. 132, de 20-12-2023, a partir de 2027, revoga este inciso IV.
- •• A Lei Complementar n. 187, de 16-12-2021, regula os procedimentos referentes à imunidade de contribuições à seguridade social de que trata este inciso.

V – sobre bens e serviços, nos termos de lei complementar.
- •• Inciso V acrescentado pela Emenda Constitucional n. 132, de 20-12-2023.
- •• *Vide* arts. 92-B, 124, 125, 126, 127 e 130 do ADCT.
- •• *Vide* art. 105, I, *j*, da CF.
- •• *Vide* art. 9.º da Emenda Constitucional n. 132, de 20-12-2023 (Reforma Tributária).
- •• A Lei Complementar n. 214, de 16-1-2025, institui a Contribuição Social sobre Bens e Serviços (CBS), de competência da União, de que trata este inciso.

§ 1.º As receitas dos Estados, do Distrito Federal e dos Municípios destinadas à seguridade social constarão dos respectivos orçamentos, não integrando o orçamento da União.

§ 2.º A proposta de orçamento da seguridade social será elaborada de forma integrada pelos órgãos responsáveis pela saúde, previdência social e assistência social, tendo em vista as metas e prioridades estabelecidas na lei de diretrizes orçamentárias, assegurada a cada área a gestão de seus recursos.

§ 3.º A pessoa jurídica em débito com o sistema da seguridade social, como estabelecido em lei, não poderá contratar com o Poder Público nem dele receber benefícios ou incentivos fiscais ou creditícios.
- •• *Vide* art. 3.º, parágrafo único, da Emenda Constitucional n. 106, de 7-5-2020.

§ 4.º A lei poderá instituir outras fontes destinadas a garantir a manutenção ou expansão da seguridade social, obedecido o disposto no art. 154, I.
- • A Lei n. 9.876, de 26-11-1999, dispõe sobre a contribuição previdenciária do contribuinte individual e o cálculo do benefício.

§ 5.º Nenhum benefício ou serviço da seguridade social poderá ser criado, majorado ou estendido sem a correspondente fonte de custeio total.

§ 6.º As contribuições sociais de que trata este artigo só poderão ser exigidas após decorridos noventa dias da data da publicação da lei que as houver instituído ou modificado, não se lhes aplicando o disposto no art. 150, III, *b*.
- • *Vide* arts. 74, § 4.º, e 75, § 1.º, do ADCT.
- • *Vide* Súmula Vinculante 50.

§ 7.º São isentas de contribuição para a seguridade social as entidades beneficentes de assistência social que atendam às exigências estabelecidas em lei.
- •• A Lei Complementar n. 187, de 16-12-2021, regula as condições para limitação ao poder de tributar da União em relação às entidades beneficentes no tocante às contribuições para a seguridade social.

§ 8.º O produtor, o parceiro, o meeiro e o arrendatário rurais e o pescador artesanal, bem como os respectivos cônjuges, que exerçam suas atividades em regime de economia familiar, sem empregados permanentes, contribuirão para a seguridade social mediante a aplicação de uma alíquota sobre o resultado da comercialização da produção e farão jus aos benefícios nos termos da lei.
- •• § 8.º com redação determinada pela Emenda Constitucional n. 20, de 15-12-1998.
- •• *Vide* art. 25, § 1.º, da Emenda Constitucional n. 103, de 12-11-2019.

§ 9.º As contribuições sociais previstas no inciso I do *caput* deste artigo poderão ter alíquotas diferenciadas em razão da atividade econômica, da utilização intensiva de mão de obra, do porte da empresa ou da condição estrutural do mercado de trabalho, sendo também autorizada a adoção de bases de cálculo diferenciadas apenas no caso das alíneas *b* e *c* do inciso I do *caput*.
- •• § 9.º com redação determinada pela Emenda Constitucional n. 103, de 12-11-2019.
- •• A Emenda Constitucional n. 132, de 20-12-2023, a partir de 2027, altera a redação deste § 9.º: "§ 9.º As contribuições sociais previstas no inciso I do *caput* deste artigo poderão ter alíquotas diferenciadas em razão da atividade econômica, da utilização intensiva de mão de obra, do porte da empresa ou da condição estrutural do mercado de trabalho, sendo também autorizada a adoção de bases de cálculo diferenciadas apenas no caso da alínea *c* do inciso I do *caput*".
- •• *Vide* art. 30 da Emenda Constitucional n. 103, de 12-11-2019.

§ 10. A lei definirá os critérios de transferência de recursos para o sistema único de saúde e ações de assistência social da União para os Estados, o Distrito Federal e os Municípios, e dos Estados para os Municípios, observada a respectiva contrapartida de recursos.
- •• § 10 acrescentado pela Emenda Constitucional n. 20, de 15-12-1998.

§ 11. São vedados a moratória e o parcelamento em prazo superior a 60 (sessenta) meses e, na forma de lei complementar, a remissão e a anistia das contribuições sociais de que tratam a alínea *a* do inciso I e o inciso II do *caput*.
- •• § 11 com redação determinada pela Emenda Constitucional n. 103, de 12-11-2019.
- •• *Vide* arts. 9.º, § 9.º, e 31 da Emenda Constitucional n. 103, de 12-11-2019.

§ 12. A lei definirá os setores de atividade econômica para os quais as contribuições incidentes na forma dos incisos I, *b*; e IV do *caput*, serão não cumulativas.
- •• § 12 acrescentado pela Emenda Constitucional n. 42, de 19-12-2003.
- •• A Emenda Constitucional n. 132, de 20-12-2023, a partir de 2027, revoga este § 12.

§ 13 (*Revogado pela Emenda Constitucional n. 103, de 12-11-2019.*)

§ 14. O segurado somente terá reconhecida como tempo de contribuição ao Regime Geral de Previdência Social a competência cuja contribuição seja igual ou superior à contribuição mínima mensal exigida para sua categoria, assegurado o agrupamento de contribuições.
- •• § 14 acrescentado pela Emenda Constitucional n. 103, de 12-11-2019.
- •• *Vide* art. 29 da Emenda Constitucional n. 103, de 12-11-2019.

§ 15. A contribuição prevista no inciso V do *caput* poderá ter sua alíquota fixada em lei ordinária.
- •• § 15 acrescentado pela Emenda Constitucional n. 132, de 20-12-2023.

§ 16. Aplica-se à contribuição prevista no inciso V do *caput* o disposto no art. 156-A, § 1.º, I a VI, VIII, X a XIII, § 3.º, § 5.º, II a VI e IX, e §§ 6.º a 11 e 13.
- •• § 16 acrescentado pela Emenda Constitucional n. 132, de 20-12-2023.

§ 17. A contribuição prevista no inciso V do *caput* não integrará sua própria base de cálculo nem a dos tributos previstos nos arts. 153, VIII, 156-A e 195, I, *b*, e IV, e da contribuição para o Programa de Integração Social de que trata o art. 239.
- •• § 17 acrescentado pela Emenda Constitucional n. 132, de 20-12-2023.
- •• A Emenda Constitucional n. 132, de 20-12-2023, a partir de 2027, altera a redação deste § 17: "§ 17. A contribuição prevista no inciso V do *caput* não integrará sua própria base de cálculo nem a dos impostos previstos nos arts. 153, VIII, e 156-A".
- •• A Emenda Constitucional n. 132, de 20-12-2023, a partir de 2033, altera a redação deste § 17: "§ 17. A contribuição prevista no inciso V do *caput* não integrará sua própria base de cálculo nem a dos impostos previstos nos arts. 153, VIII, e 156-A".

§ 18. Lei estabelecerá as hipóteses de devolução da contribuição prevista no inciso V do *caput* a pessoas físicas, inclusive em relação a limites e beneficiários, com o objetivo de reduzir as desigualdades de renda.
- •• § 18 acrescentado pela Emenda Constitucional n. 132, de 20-12-2023.

§ 19. A devolução de que trata o § 18 não será computada na receita corrente líquida da União para os fins do disposto nos arts. 100, § 15, 166, §§ 9º, 12 e 17, e 198, § 2.º.
- •• § 19 acrescentado pela Emenda Constitucional n. 132, de 20-12-2023.
- •• A Emenda Constitucional n. 132, de 20-12-2023, a partir de 2027, altera a redação deste § 19: "§ 19. A devolução de que trata o § 18: I – não será computada na receita corrente líquida da União para os fins do disposto nos arts. 100, § 15, 166, §§ 9.º, 12 e 17, e 198, § 2.º; II – não integrará a base de cálculo para fins do disposto no art. 239".

Seção II
Da Saúde

- Promoção gratuita da saúde por meio de organizações da sociedade civil de interesse público: Lei n. 9.790, de 23-3-1999.
- A Lei n. 10.216, de 6-4-2001, dispõe sobre a proteção e os direitos das pessoas portadoras de transtornos mentais e redireciona o modelo assistencial em saúde mental.
- Fundo Nacional de Saúde: Decreto n. 3.964, de 10-10-2001.
- A Portaria n. 1.820, de 13-8-2009, do Ministério da Saúde, dispõe sobre os direitos e deveres dos usuários da saúde.

Art. 196. A saúde é direito de todos e dever do Estado, garantido mediante políticas sociais e econômicas que visem à redução do risco de doença e de outros agravos e ao acesso universal igualitário às ações e serviços para sua promoção, proteção e recuperação.

•• *Vide* Súmulas Vinculantes 60 e 61.

Art. 197. São de relevância pública as ações e serviços de saúde, cabendo ao Poder Público dispor, nos termos da lei, sobre sua regulamentação, fiscalização e controle, devendo sua execução ser feita diretamente ou através de terceiros e, também, por pessoa física ou jurídica de direito privado.

- *Vide* Súmula Vinculante 60.

Art. 198. As ações e serviços públicos de saúde integram uma rede regionalizada e hierarquizada e constituem um sistema único, organizado de acordo com as seguintes diretrizes:

I – descentralização, com direção única em cada esfera de governo;

- *Vide* Súmula Vinculante 60.

II – atendimento integral, com prioridade para as atividades preventivas, sem prejuízo dos serviços assistenciais;

III – participação da comunidade.

§ 1.º O sistema único de saúde será financiado, nos termos do art. 195, com recursos do orçamento da seguridade social, da União, dos Estados, do Distrito Federal e dos Municípios, além de outras fontes.

•• Primitivo parágrafo único renumerado pela Emenda Constitucional n. 29, de 13-9-2000.

§ 2.º A União, os Estados, o Distrito Federal e os Municípios aplicarão, anualmente, em ações e serviços públicos de saúde recursos mínimos derivados da aplicação de percentuais calculados sobre:

•• § 2.º, *caput*, acrescentado pela Emenda Constitucional n. 29, de 13-9-2000.

I – no caso da União, a receita corrente líquida do respectivo exercício financeiro, não podendo ser inferior a 15% (quinze por cento);

•• Inciso I com redação determinada pela Emenda Constitucional n. 86, de 17-3-2015.
•• *Vide* art. 3.º da Emenda Constitucional n. 86, de 17-3-2015.

II – no caso dos Estados e do Distrito Federal, o produto da arrecadação dos impostos a que se referem os arts. 155 e 156-A e dos recursos de que tratam os arts. 157 e 159, I, *a*, e II, deduzidas as parcelas que forem transferidas aos respectivos Municípios;

•• Inciso II com redação determinada pela Emenda Constitucional n. 132, de 20-12-2023.

III – no caso dos Municípios e do Distrito Federal, o produto da arrecadação dos impostos a que se referem os arts. 156 e 156-A e dos recursos de que tratam os arts. 158 e 159, I, *b*, e § 3.º.

•• Inciso III com redação determinada pela Emenda Constitucional n. 132, de 20-12-2023.

§ 3.º Lei complementar, que será reavaliada pelo menos a cada cinco anos, estabelecerá:
- •• § 3.º, *caput*, acrescentado pela Emenda Constitucional n. 29, de 13-9-2000.
- •• § 3.º regulamentado pela Lei Complementar n. 141, de 13-1-2012.

I – os percentuais de que tratam os incisos II e III do § 2.º;
- •• Inciso I com redação determinada pela Emenda Constitucional n. 86, de 17-3-2015.

II – os critérios de rateio dos recursos da União vinculados à saúde destinados aos Estados, ao Distrito Federal e aos Municípios, e dos Estados destinados a seus respectivos Municípios, objetivando a progressiva redução das disparidades regionais;
- •• Inciso II acrescentado pela Emenda Constitucional n. 29, de 13-9-2000.

III – as normas de fiscalização, avaliação e controle das despesas com saúde nas esferas federal, estadual, distrital e municipal;
- •• Inciso III acrescentado pela Emenda Constitucional n. 29, de 13-9-2000.

IV – *(Revogado pela Emenda Constitucional n. 86, de 17-3-2015.)*

§ 4.º Os gestores locais do sistema único de saúde poderão admitir agentes comunitários de saúde e agentes de combate às endemias por meio de processo seletivo público, de acordo com a natureza e complexidade de suas atribuições e requisitos específicos para sua atuação.
- •• § 4.º acrescentado pela Emenda Constitucional n. 51, de 14-2-2006.
- •• *Vide* art. 2.º da Emenda Constitucional n. 51, de 14-2-2006.

§ 5.º Lei federal disporá sobre o regime jurídico, o piso salarial profissional nacional, as diretrizes para os Planos de Carreira e a regulamentação das atividades de agente comunitário de saúde e agente de combate às endemias, competindo à União, nos termos da lei, prestar assistência financeira complementar aos Estados, ao Distrito Federal e aos Municípios, para o cumprimento do referido piso salarial.
- •• § 5.º com redação determinada pela Emenda Constitucional n. 63, de 4-2-2010.
- •• § 5.º regulamentado pela Lei n. 11.350, de 5-10-2006.

§ 6.º Além das hipóteses previstas no § 1.º do art. 41 e no § 4.º do art. 169 da Constituição Federal, o servidor que exerça funções equivalentes às de agente comunitário de saúde ou de agente de combate às endemias poderá perder o cargo em caso de descumprimento dos requisitos específicos, fixados em lei, para o seu exercício.
- •• § 6.º acrescentado pela Emenda Constitucional n. 51, de 14-2-2006.

§ 7.º O vencimento dos agentes comunitários de saúde e dos agentes de combate às endemias fica sob responsabilidade da União, e cabe aos Estados, ao Distrito Federal e aos Municípios estabelecer, além de outros consectários e vantagens, incentivos, auxílios, gratificações e indenizações, a fim de valorizar o trabalho desses profissionais.
- •• § 7.º acrescentado pela Emenda Constitucional n. 120, de 5-5-2022.

§ 8.º Os recursos destinados ao pagamento do vencimento dos agentes comunitários de saúde e dos agentes de combate às endemias serão consignados no orçamento geral da União com dotação própria e exclusiva.
- •• § 8.º acrescentado pela Emenda Constitucional n. 120, de 5-5-2022.

§ 9.º O vencimento dos agentes comunitários de saúde e dos agentes de combate às endemias não será inferior a 2 (dois) salários mínimos, repassados pela União aos Municípios, aos Estados e ao Distrito Federal.
- •• § 9.º acrescentado pela Emenda Constitucional n. 120, de 5-5-2022.

§ 10. Os agentes comunitários de saúde e os agentes de combate às endemias terão também, em razão dos riscos inerentes às funções desempenhadas, aposentadoria especial e, somado aos seus vencimentos, adicional de insalubridade.

•• § 10 acrescentado pela Emenda Constitucional n. 120, de 5-5-2022.

§ 11. Os recursos financeiros repassados pela União aos Estados, ao Distrito Federal e aos Municípios para pagamento do vencimento ou de qualquer outra vantagem dos agentes comunitários de saúde e dos agentes de combate às endemias não serão objeto de inclusão no cálculo para fins do limite de despesa com pessoal.

•• § 11 acrescentado pela Emenda Constitucional n. 120, de 5-5-2022.

§ 12. Lei federal instituirá pisos salariais profissionais nacionais para o enfermeiro, o técnico de enfermagem, o auxiliar de enfermagem e a parteira, a serem observados por pessoas jurídicas de direito público e de direito privado.

•• § 12 acrescentado pela Emenda Constitucional n. 124, de 14-7-2022.

§ 13. A União, os Estados, o Distrito Federal e os Municípios, até o final do exercício financeiro em que for publicada a lei de que trata o § 12 deste artigo, adequarão a remuneração dos cargos ou dos respectivos planos de carreiras, quando houver, de modo a atender aos pisos estabelecidos para cada categoria profissional.

•• § 13 acrescentado pela Emenda Constitucional n. 124, de 14-7-2022.

§ 14. Compete à União, nos termos da lei, prestar assistência financeira complementar aos Estados, ao Distrito Federal e aos Municípios e às entidades filantrópicas, bem como aos prestadores de serviços contratualizados que atendam, no mínimo, 60% (sessenta por cento) de seus pacientes pelo sistema único de saúde, para o cumprimento dos pisos salariais de que trata o § 12 deste artigo.

•• § 14 acrescentado pela Emenda Constitucional n. 127, de 22-12-2022.

§ 15. Os recursos federais destinados aos pagamentos da assistência financeira complementar aos Estados, ao Distrito Federal e aos Municípios e às entidades filantrópicas, bem como aos prestadores de serviços contratualizados que atendam, no mínimo, 60% (sessenta por cento) de seus pacientes pelo sistema único de saúde, para o cumprimento dos pisos salariais de que trata o § 12 deste artigo serão consignados no orçamento geral da União com dotação própria e exclusiva.

•• § 15 acrescentado pela Emenda Constitucional n. 127, de 22-12-2022.
•• *Vide* art. 4.º da Emenda Constitucional n. 127, de 22-12-2022.

Art. 199. A assistência à saúde é livre à iniciativa privada.

• Planos e seguros privados de assistência à saúde: Lei n. 9.656, de 3-6-1998.

§ 1.º As instituições privadas poderão participar de forma complementar do sistema único de saúde, segundo diretrizes deste, mediante contrato de direito público ou convênio, tendo preferência as entidades filantrópicas e as sem fins lucrativos.

§ 2.º É vedada a destinação de recursos públicos para auxílios ou subvenções às instituições privadas com fins lucrativos.

§ 3.º É vedada a participação direta ou indireta de empresas ou capitais estrangeiros na assistência à saúde no País, salvo nos casos previstos em lei.

§ 4.º A lei disporá sobre as condições e os requisitos que facilitem a remoção de órgãos, tecidos e substâncias humanas para fins de transplante, pesquisa e tratamento, bem como a coleta, processamento e transfusão de sangue e seus derivados, sendo vedado todo tipo de comercialização.

•• § 4.º regulamentado pela Lei n. 10.205, de 21-3-2001.

Constituição da República Federativa do Brasil   Arts. 199 a 201   169

- Lei n. 9.434, de 4-2-1997, e Decreto n. 9.175, de 18-10-2017: Remoção de órgãos, tecidos e partes do corpo humano para transplante e tratamento.
- A Lei n. 10.972, de 2-12-2004, autoriza o Poder Executivo a criar a Empresa Pública denominada Empresa Brasileira de Hemoderivados e Biotecnologia – HEMOBRÁS. O Decreto n.5.402, de 28-3-2005, aprova o Estatuto da HEMOBRÁS.

Art. 200. Ao sistema único de saúde compete, além de outras atribuições, nos termos da lei:

- SUS: Leis n. 8.080, de 19-9-1990, e n. 8.142, de 28-12-1990.
- A Lei n. 9.797, de 6-5-1999, dispõe sobre a obrigatoriedade da cirurgia plástica reparadora da mama pela rede de unidades integrantes do SUS, nos casos de mutilação decorrente de tratamento de câncer.

I – controlar e fiscalizar procedimentos, produtos e substâncias de interesse para a saúde e participar da produção de medicamentos, equipamentos, imunobiológicos, hemoderivados e outros insumos;

- As Leis n. 9.677, de 2-7-1998, e n. 9.695, de 20-8-1998, incluíram na classificação dos delitos considerados hediondos determinados crimes contra a saúde pública.

II – executar as ações de vigilância sanitária e epidemiológica, bem como as de saúde do trabalhador;

III – ordenar a formação de recursos humanos na área de saúde;

IV – participar da formulação da política e da execução das ações de saneamento básico;

V – incrementar, em sua área de atuação, o desenvolvimento científico e tecnológico e a inovação;

•• Inciso V com redação determinada pela Emenda Constitucional n. 85, de 26-2-2015.

VI – fiscalizar e inspecionar alimentos, compreendido o controle de seu teor nutricional, bem como bebidas e águas para consumo humano;

VII – participar do controle e fiscalização da produção, transporte, guarda e utilização de substâncias e produtos psicoativos, tóxicos e radioativos;

VIII – colaborar na proteção do meio ambiente, nele compreendido o do trabalho.

Seção III
Da Previdência Social

- Planos de benefícios da previdência social: Lei n. 8.213, de 24-7-1991, regulamentada pelo Decreto n. 3.048, de 6-5-1999.
- A Lei n. 9.796, de 5-5-1999 (Lei Hauly), dispõe sobre a compensação financeira entre o Regime Geral de Previdência Social e os regimes de previdência dos servidores da União, dos Estados, do Distrito Federal e dos Municípios, nos casos de contagem recíproca de tempo de contribuição para efeito de aposentadoria.

Art. 201. A previdência social será organizada sob a forma do Regime Geral de Previdência Social, de caráter contributivo e de filiação obrigatória, observados critérios que preservem o equilíbrio financeiro e atuarial, e atenderá, na forma da lei, a:

•• *Caput* com redação determinada pela Emenda Constitucional n. 103, de 12-11-2019.
•• *Vide* arts. 15, 16, 17, 19, 20, 21, 23 e 24 da Emenda Constitucional n. 103, de 12-11-2019.
•• A Instrução Normativa n. 128, de 28-3-2022, do INSS, disciplina as regras, procedimentos e rotinas necessárias à efetiva aplicação das normas de direito previdenciário.
•• *Vide* art. 14 da Emenda Constitucional n. 20, de 15-12-1998.
•• *Vide* art. 4.º, parágrafo único, da Emenda Constitucional n. 41, de 19-12-2003.

I – cobertura dos eventos de incapacidade temporária ou permanente para o trabalho e idade avançada;

•• Inciso I com redação determinada pela Emenda Constitucional n. 103, de 12-11-2019.

II – proteção à maternidade, especialmente à gestante;

•• Inciso II com redação determinada pela Emenda Constitucional n. 20, de 15-12-1998.

III – proteção ao trabalhador em situação de desemprego involuntário;
- •• Inciso III com redação determinada pela Emenda Constitucional n. 20, de 15-12-1998.
- •• A Lei n. 7.998, de 11-1-1990, regulamenta o Programa do Seguro-Desemprego, o Abono Salarial, e institui o Fundo de Amparo ao Trabalhador.

IV – salário-família e auxílio-reclusão para os dependentes dos segurados de baixa renda;
- •• Inciso IV com redação determinada pela Emenda Constitucional n. 20, de 15-12-1998.
- •• Vide art. 27 da Emenda Constitucional n. 103, de 12-11-2019.

V – pensão por morte do segurado, homem ou mulher, ao cônjuge ou companheiro e dependentes, observado o disposto no § 2.º.
- •• Inciso V com redação determinada pela Emenda Constitucional n. 20, de 15-12-1998.

§ 1.º É vedada a adoção de requisitos ou critérios diferenciados para concessão de benefícios, ressalvada, nos termos de lei complementar, a possibilidade de previsão de idade e tempo de contribuição distintos da regra geral para concessão de aposentadoria exclusivamente em favor dos segurados:
- •• § 1.º, *caput* com redação determinada pela Emenda Constitucional n. 103, de 12-11-2019.
- •• § 1.º regulamentado pela Lei Complementar n. 142, de 8-5-2013, no tocante à aposentadoria da pessoa com deficiência segurada do Regime Geral de Previdência Social – RGPS.
- •• Vide arts. 19, § 1.º, e 22 da Emenda Constitucional n. 103, de 12-11-2019.

I – com deficiência, previamente submetidos a avaliação biopsicossocial realizada por equipe multiprofissional e interdisciplinar;
- •• Inciso I acrescentado pela Emenda Constitucional n. 103, de 12-11-2019.
- •• Vide art. 22 da Emenda Constitucional n. 103, de 12-11-2019.

II – cujas atividades sejam exercidas com efetiva exposição a agentes químicos, físicos e biológicos prejudiciais à saúde, ou associação desses agentes, vedada a caracterização por categoria profissional ou ocupação.
- •• Inciso II acrescentado pela Emenda Constitucional n. 103, de 12-11-2019.

§ 2.º Nenhum benefício que substitua o salário de contribuição ou o rendimento do trabalho do segurado terá valor mensal inferior ao salário mínimo.
- •• § 2.º com redação determinada pela Emenda Constitucional n. 20, de 15-12-1998.

§ 3.º Todos os salários de contribuição considerados para o cálculo de benefício serão devidamente atualizados, na forma da lei.
- •• § 3.º com redação determinada pela Emenda Constitucional n. 20, de 15-12-1998.

§ 4.º É assegurado o reajustamento dos benefícios para preservar-lhes, em caráter permanente, o valor real, conforme critérios definidos em lei.
- •• § 4.º com redação determinada pela Emenda Constitucional n. 20, de 15-12-1998.

§ 5.º É vedada a filiação ao regime geral de previdência social, na qualidade de segurado facultativo, de pessoa participante de regime próprio de previdência.
- •• § 5.º com redação determinada pela Emenda Constitucional n. 20, de 15-12-1998.

§ 6.º A gratificação natalina dos aposentados e pensionistas terá por base o valor dos proventos do mês de dezembro de cada ano.
- •• § 6.º com redação determinada pela Emenda Constitucional n. 20, de 15-12-1998.
- • Sobre gratificação de natal (13.º salário): Lei n. 4.090, de 13-7-1962, e Lei n. 4.749, de 12-8-1965.

§ 7.º É assegurada aposentadoria no regime geral de previdência social, nos termos da lei, obedecidas as seguintes condições:
- •• § 7.º, *caput*, com redação determinada pela Emenda Constitucional n. 20, de 15-12-1998.

I – 65 (sessenta e cinco) anos de idade, se homem, e 62 (sessenta e dois) anos de idade, se mulher, observado tempo mínimo de contribuição;
- •• Inciso I com redação determinada pela Emenda Constitucional n. 103, de 12-11-2019.
- •• Vide arts. 18 e 19, da Emenda Constitucional n. 103, de 12-11-2019.

II – 60 (sessenta) anos de idade, se homem, e 55 (cinquenta e cinco) anos de idade, se mulher, para os trabalhadores rurais e para os que exerçam suas atividades em regime de economia familiar, nestes incluídos o produtor rural, o garimpeiro e o pescador artesanal.
- •• Inciso II com redação determinada pela Emenda Constitucional n. 103, de 12-11-2019.
- • A Lei n. 11.685, de 2-6-2008, institui o Estatuto do Garimpeiro.

§ 8.º O requisito de idade a que se refere o inciso I do § 7.º será reduzido em 5 (cinco) anos, para o professor que comprove tempo de efetivo exercício das funções de magistério na educação infantil e no ensino fundamental e médio fixado em lei complementar.
- •• § 8.º com redação determinada pela Emenda Constitucional n. 103, de 12-11-2019.
- •• Vide art. 19, § 1.º, da Emenda Constitucional n. 103, de 12-11-2019.

§ 9.º Para fins de aposentadoria, será assegurada a contagem recíproca do tempo de contribuição entre o Regime Geral de Previdência Social e os regimes próprios de previdência social, e destes entre si, observada a compensação financeira, de acordo com os critérios estabelecidos em lei.
- •• § 9.º com redação determinada pela Emenda Constitucional n. 103, de 12-11-2019.
- •• Vide art. 100, § 18, da CF.
- •• A Portaria n. 1.400, de 27-5-2024, do MPS, disciplina os parâmetros e diretrizes da operacionalização da compensação financeira entre o Regime Geral de Previdência Social e os Regimes Próprios de Previdência Social da União, dos Estados, do Distrito Federal e dos Municípios, e destes entre si.
- • A Lei n. 9.796, de 5-5-1999, dispõe sobre a compensação financeira entre o Regime Geral de Previdência Social e os Regimes de Previdência dos Servidores da União, dos Estados, do Distrito Federal e dos Municípios nos casos de contagem recíproca de tempo de contribuição para efeito de aposentadoria.

§ 9.º-A. O tempo de serviço militar exercido nas atividades de que tratam os arts. 42, 142 e 143 e o tempo de contribuição ao Regime Geral de Previdência Social ou a regime próprio de previdência social terão contagem recíproca para fins de inativação militar ou aposentadoria, e a compensação financeira será devida entre as receitas de contribuição referentes aos militares e as receitas de contribuição aos demais regimes.
- •• § 9.º-A acrescentado pela Emenda Constitucional n. 103, de 12-11-2019.

§ 10. Lei complementar poderá disciplinar a cobertura de benefícios não programados, inclusive os decorrentes de acidente do trabalho, a ser atendida concorrentemente pelo Regime Geral de Previdência Social e pelo setor privado.
- •• § 10 com redação determinada pela Emenda Constitucional n. 103, de 12-11-2019.

§ 11. Os ganhos habituais do empregado, a qualquer título, serão incorporados ao salário para efeito de contribuição previdenciária e consequente repercussão em benefícios, nos casos e na forma da lei.
- •• § 11 acrescentado pela Emenda Constitucional n. 20, de 15-12-1998.

§ 12. Lei instituirá sistema especial de inclusão previdenciária, com alíquotas diferenciadas, para atender aos trabalhadores de baixa renda, inclusive os que se encontram em situação de informalidade, e àqueles sem renda própria que se dediquem exclusivamente ao trabalho doméstico no âmbito de sua residência, desde que pertencentes a famílias de baixa renda.
- •• § 12 com redação determinada pela Emenda Constitucional n. 103, de 12-11-2019.

§ 13. A aposentadoria concedida ao segurado de que trata o § 12 terá valor de 1 (um) salário-mínimo.
- •• § 13 com redação determinada pela Emenda Constitucional n. 103, de 12-11-2019.

§ 14. É vedada a contagem de tempo de contribuição fictício para efeito de concessão dos benefícios previdenciários e de contagem recíproca.
- •• § 14 acrescentado pela Emenda Constitucional n. 103, de 12-11-2019.
- •• Víde art. 25 da Emenda Constitucional n. 103, de 12-11-2019.

§ 15. Lei complementar estabelecerá vedações, regras e condições para a acumulação de benefícios previdenciários.
- •• § 15 acrescentado pela Emenda Constitucional n. 103, de 12-11-2019.

§ 16. Os empregados dos consórcios públicos, das empresas públicas, das sociedades de economia mista e das suas subsidiárias serão aposentados compulsoriamente, observado o cumprimento do tempo mínimo de contribuição, ao atingir a idade máxima de que trata o inciso II do § 1.º do art. 40, na forma estabelecida em lei.
- •• § 16 acrescentado pela Emenda Constitucional n. 103, de 12-11-2019.

Art. 202. O regime de previdência privada, de caráter complementar e organizado de forma autônoma em relação ao regime geral de previdência social, será facultativo, baseado na constituição de reservas que garantam o benefício contratado, e regulado por lei complementar.
- •• Caput com redação determinada pela Emenda Constitucional n. 20, de 15-12-1998.
- •• Víde art. 7.º da Emenda Constitucional n. 20, de 15-12-1998.
- • Regime de Previdência Complementar: Lei Complementar n. 109, de 29-5-2001.

§ 1.º A lei complementar de que trata este artigo assegurará ao participante de planos de benefícios de entidades de previdência privada o pleno acesso às informações relativas à gestão de seus respectivos planos.
- •• § 1.º com redação determinada pela Emenda Constitucional n. 20, de 15-12-1998.

§ 2.º As contribuições do empregador, os benefícios e as condições contratuais previstas nos estatutos, regulamentos e planos de benefícios das entidades de previdência privada não integram o contrato de trabalho dos participantes, assim como, à exceção dos benefícios concedidos, não integram a remuneração dos participantes, nos termos da lei.
- •• § 2.º com redação determinada pela Emenda Constitucional n. 20, de 15-12-1998.

§ 3.º É vedado o aporte de recursos a entidade de previdência privada pela União, Estados, Distrito Federal e Municípios, suas autarquias, fundações, empresas públicas, sociedades de economia mista e outras entidades públicas, salvo na qualidade de patrocinador, situação na qual, em hipótese alguma, sua contribuição normal poderá exceder a do segurado.
- •• § 3.º acrescentado pela Emenda Constitucional n. 20, de 15-12-1998.
- •• § 3.º regulamentado pela Lei Complementar n. 108, de 29-5-2001.
- • Víde art. 5.º da Emenda Constitucional n. 20, de 15-12-1998.

§ 4.º Lei complementar disciplinará a relação entre a União, Estados, Distrito Federal ou Municípios, inclusive suas autarquias, fundações, sociedades de economia mista e empresas controladas direta ou indiretamente, enquanto patrocinadores de planos de benefícios previdenciários, e as entidades de previdência complementar.
- •• § 4.º com redação determinada pela Emenda Constitucional n. 103, de 12-11-2019.
- •• § 4.º regulamentado pela Lei Complementar n. 108, de 29-5-2001.
- •• Víde art. 33 da Emenda Constitucional n. 103, de 12-11-2019.
- • Víde art. 40, § 14, da CF.

§ 5.º A lei complementar de que trata o § 4.º aplicar-se-á, no que couber, às empresas privadas permissionárias ou concessionárias de prestação de serviços públicos, quando patrocinadoras de planos de benefícios em entidades de previdência complementar.
- •• § 5.º com redação determinada pela Emenda Constitucional n. 103, de 12-11-2019.

- • § 5.º regulamentado pela Lei Complementar n. 108, de 29-5-2001.
- • *Víde* art. 33 da Emenda Constitucional n. 103, de 12-11-2019.

§ 6.º Lei complementar estabelecerá os requisitos para a designação dos membros das diretorias das entidades fechadas de previdência complementar instituídas pelos patrocinadores de que trata o § 4.º e disciplinará a inserção dos participantes nos colegiados e instâncias de decisão em que seus interesses sejam objeto de discussão e deliberação.

- • § 6.º com redação determinada pela Emenda Constitucional n. 103, de 12-11-2019.
- • § 6.º regulamentado pela Lei Complementar n. 108, de 29-5-2001.

Seção IV
Da Assistência Social

- • A Lei n. 8.742, de 7-12-1993, dispõe sobre a organização da Assistência Social.
- • A Lei n. 8.909, de 6-7-1994, dispõe, em caráter emergencial, sobre a prestação de serviços por entidades de assistência social, entidades beneficentes de assistência social e entidades de fins filantrópicos e estabelece prazos e procedimentos para o recadastramento de entidades junto ao Conselho Nacional de Assistência Social.
- • Promoção da assistência social através de organizações da sociedade civil de interesse público: Lei n. 9.790, de 23-3-1999.
- • A Lei n. 10.741, de 1.º-10-2003, Estatuto da Pessoa Idosa, dispõe sobre a assistência social em seus arts. 14, 33 a 36, 47, II, 79, IV, e 84.

Art. 203. A assistência social será prestada a quem dela necessitar, independentemente de contribuição à seguridade social, e tem por objetivos:

I – a proteção à família, à maternidade, à infância, à adolescência e à velhice;

II – o amparo às crianças e adolescentes carentes;

III – a promoção da integração ao mercado de trabalho;

IV – a habilitação e reabilitação das pessoas portadoras de deficiência e a promoção de sua integração à vida comunitária;

- • *Víde* notas ao art. 208, III, da CF.

V – a garantia de um salário mínimo de benefício mensal à pessoa portadora de deficiência e ao idoso que comprovem não possuir meios de prover à própria manutenção ou de tê-la provida por sua família, conforme dispuser a lei;

VI – a redução da vulnerabilidade socioeconômica de famílias em situação de pobreza ou extrema pobreza.

- • Inciso VI acrescentado pela Emenda Constitucional n. 114, de 16-12-2021.

Art. 204. As ações governamentais na área da assistência social serão realizadas com recursos do orçamento da seguridade social, previstos no art. 195, além de outras fontes, e organizadas com base nas seguintes diretrizes:

I – descentralização político-administrativa, cabendo a coordenação e as normas gerais à esfera federal e a coordenação e a execução dos respectivos programas às esferas estadual e municipal, bem como a entidades beneficentes e de assistência social;

II – participação da população, por meio de organizações representativas, na formulação das políticas e no controle das ações em todos os níveis.

Parágrafo único. É facultado aos Estados e ao Distrito Federal vincular a programa de apoio à inclusão e promoção social até cinco décimos por cento de sua receita tributária líquida, vedada a aplicação desses recursos no pagamento de:

- • Parágrafo único, *caput*, acrescentado pela Emenda Constitucional n. 42, de 19-12-2003.

I – despesas com pessoal e encargos sociais;

•• Inciso I acrescentado pela Emenda Constitucional n. 42, de 19-12-2003.

II – serviço da dívida;

•• Inciso II acrescentado pela Emenda Constitucional n. 42, de 19-12-2003.

III – qualquer outra despesa corrente não vinculada diretamente aos investimentos ou ações apoiados.

•• Inciso III acrescentado pela Emenda Constitucional n. 42, de 19-12-2003.

CAPÍTULO III
DA EDUCAÇÃO, DA CULTURA E DO DESPORTO

• A Lei n. 10.219, de 11-4-2001, cria o Programa Nacional de Renda Mínima vinculado à educação – "Bolsa-Escola". Regulamento: Decreto n. 4.313, de 24-7-2002.

Seção I
Da Educação

•• Lei de Diretrizes e Bases da Educação Nacional: Lei n. 9.394, de 20-12-1996.
• A Lei n. 9.424, de 24-12-1996, dispõe sobre o fundo de manutenção e desenvolvimento e de valorização do magistério.
• Salário-educação: Lei n. 9.766, de 18-12-1998.
• Promoção gratuita da educação através de organizações da sociedade civil de interesse público: Lei n. 9.790, de 23-3-1999.
• A Lei n. 10.558, de 13-11-2002, regulamentada pelo Decreto n. 4.876, de 12-11-2003, cria o Programa Diversidade na Universidade, e dá outras providências.
• A Lei n. 11.096, de 13-1-2005, institui o Programa Universidade para Todos – PROUNI. Regulamento: Decreto n. 5.493, de 18-7-2005.
• A Lei n. 11.274, de 6-2-2006, fixa a idade de 6 (seis) anos para o início do ensino fundamental obrigatório e altera para 9 (nove) anos seu período de duração.
• Lei do Estágio: Lei n. 11.788, de 25-9-2008.

Art. 205. A educação, direito de todos e dever do Estado e da família, será promovida e incentivada com a colaboração da sociedade, visando ao pleno desenvolvimento da pessoa, seu preparo para o exercício da cidadania e sua qualificação para o trabalho.

Art. 206. O ensino será ministrado com base nos seguintes princípios:

I – igualdade de condições para o acesso e permanência na escola;

• Estatuto da Igualdade Racial: Lei n. 12.288, de 20-7-2010.

II – liberdade de aprender, ensinar, pesquisar e divulgar o pensamento, a arte e o saber;

III – pluralismo de ideias e de concepções pedagógicas, e coexistência de instituições públicas e privadas de ensino;

IV – gratuidade do ensino público em estabelecimentos oficiais;

• *Vide* Súmula Vinculante 12.

V – valorização dos profissionais da educação escolar, garantidos, na forma da lei, planos de carreira, com ingresso exclusivamente por concurso público de provas e títulos, aos das redes públicas;

•• Inciso V com redação determinada pela Emenda Constitucional n. 53, de 19-12-2006.
•• A Lei n. 14.817, de 16-1-2024, estabelece diretrizes para a valorização dos profissionais da educação escolar básica pública.

VI – gestão democrática do ensino público, na forma da lei;

VII – garantia de padrão de qualidade;

VIII – piso salarial profissional nacional para os profissionais da educação escolar pública, nos termos de lei federal;

•• Inciso VIII acrescentado pela Emenda Constitucional n. 53, de 19-12-2006.

IX – garantia do direito à educação e à aprendizagem ao longo da vida.

•• Inciso IX acrescentado pela Emenda Constitucional n. 108, de 26-8-2020.

Parágrafo único. A lei disporá sobre as categorias de trabalhadores considerados profissionais da educação básica e sobre a fixação de prazo para a elaboração ou adequação de seus planos de carreira, no âmbito da União, dos Estados, do Distrito Federal e dos Municípios.

•• Parágrafo único acrescentado pela Emenda Constitucional n. 53, de 19-12-2006.

Art. 207. As universidades gozam de autonomia didático-científica, administrativa e de gestão financeira e patrimonial, e obedecerão ao princípio de indissociabilidade entre ensino, pesquisa e extensão.

- O Decreto n. 9.235, de 15-12-2017, dispõe sobre o exercício das funções de regulação, supervisão e avaliação de instituições de educação superior e cursos superiores de graduação e pós-graduação no sistema federal de ensino..
- O Decreto n. 7.233, de 19-7-2010, dispõe sobre procedimentos orçamentários e financeiros relacionados à autonomia universitária.

§ 1.º É facultado às universidades admitir professores, técnicos e cientistas estrangeiros, na forma da lei.

•• § 1.º acrescentado pela Emenda Constitucional n. 11, de 30-4-1996.

§ 2.º O disposto neste artigo aplica-se às instituições de pesquisa científica e tecnológica.

•• § 2.º acrescentado pela Emenda Constitucional n. 11, de 30-4-1996.

Art. 208. O dever do Estado com a educação será efetivado mediante a garantia de:

I – educação básica obrigatória e gratuita dos 4 (quatro) aos 17 (dezessete) anos de idade, assegurada inclusive sua oferta gratuita para todos os que a ela não tiveram acesso na idade própria;

•• Inciso I com redação determinada pela Emenda Constitucional n. 59, de 11-11-2009.
•• *Vide* art. 6.º da Emenda Constitucional n. 59, de 11-11-2009.

II – progressiva universalização do ensino médio gratuito;

•• Inciso II com redação determinada pela Emenda Constitucional n. 14, de 12-9-1996.

III – atendimento educacional especializado aos portadores de deficiência, preferencialmente na rede regular de ensino;

•• A Lei n. 10.845, de 5-3-2004, instituiu o Programa de Complementação ao Atendimento Educacional Especializado às Pessoas Portadoras de Deficiência – PAED, em cumprimento ao disposto neste inciso.
- A Lei n. 7.853, de 24-10-1989, regulamentada pelo Decreto n. 3.298, de 20-12-1999, consolida as normas de proteção à pessoa portadora de deficiência.
- Convenção Interamericana para a Eliminação de todas as Formas de Discriminação contra as Pessoas Portadoras de Deficiência: Decreto n. 3.956, de 8-10-2001.
- Língua Brasileira de Sinais – LIBRAS: Lei n. 10.436, de 24-4-2002 (meio legal de comunicação e expressão de comunidade de pessoas surdas). Regulamento: Decreto n. 5.626, de 22-12-2005.
- A Lei n. 13.146, de 6-7-2015, instituiu o Estatuto da Pessoa com Deficiência.

IV – educação infantil, em creche e pré-escola, às crianças até 5 (cinco) anos de idade;

•• Inciso IV com redação determinada pela Emenda Constitucional n. 53, de 19-12-2006.

V – acesso aos níveis mais elevados do ensino, da pesquisa e da criação artística, segundo a capacidade de cada um;

VI – oferta de ensino noturno regular, adequado às condições do educando;

VII – atendimento ao educando, em todas as etapas da educação básica, por meio de programas suplementares de material didático-escolar, transporte, alimentação e assistência à saúde.

- •• Inciso VII com redação determinada pela Emenda Constitucional n. 59, de 11-11-2009.
- • A Lei n. 11.947, de 16-6-2009, dispõe sobre o atendimento da alimentação escolar e do Programa Dinheiro Direto na Escola aos alunos da educação básica.

§ 1.º O acesso ao ensino obrigatório e gratuito é direito público subjetivo.

§ 2.º O não oferecimento do ensino obrigatório pelo Poder Público, ou sua oferta irregular, importa responsabilidade da autoridade competente.

§ 3.º Compete ao Poder Público recensear os educandos no ensino fundamental, fazer-lhes a chamada e zelar, junto aos pais ou responsáveis, pela frequência à escola.

Art. 209. O ensino é livre à iniciativa privada, atendidas as seguintes condições:

I – cumprimento das normas gerais da educação nacional;

II – autorização e avaliação de qualidade pelo Poder Público.

Art. 210. Serão fixados conteúdos mínimos para o ensino fundamental, de maneira a assegurar formação básica comum e respeito aos valores culturais e artísticos, nacionais e regionais.

§ 1.º O ensino religioso, de matrícula facultativa, constituirá disciplina dos horários normais das escolas públicas de ensino fundamental.

§ 2.º O ensino fundamental regular será ministrado em língua portuguesa, assegurada às comunidades indígenas também a utilização de suas línguas maternas e processos próprios de aprendizagem.

Art. 211. A União, os Estados, o Distrito Federal e os Municípios organizarão em regime de colaboração seus sistemas de ensino.

- • *Vide* art. 60 e §§ do ADCT.

§ 1.º A União organizará o sistema federal de ensino e o dos Territórios, financiará as instituições de ensino públicas federais e exercerá, em matéria educacional, função redistributiva e supletiva, de forma a garantir equalização de oportunidades educacionais e padrão mínimo de qualidade do ensino mediante assistência técnica e financeira aos Estados, ao Distrito Federal e aos Municípios.

- •• § 1.º com redação determinada pela Emenda Constitucional n. 14, de 12-9-1996.

§ 2.º Os Municípios atuarão prioritariamente no ensino fundamental e na educação infantil.

- •• § 2.º com redação determinada pela Emenda Constitucional n. 14, de 12-9-1996.

§ 3.º Os Estados e o Distrito Federal atuarão prioritariamente no ensino fundamental e médio.

- •• § 3.º acrescentado pela Emenda Constitucional n. 14, de 12-9-1996.

§ 4.º Na organização de seus sistemas de ensino, a União, os Estados, o Distrito Federal e os Municípios definirão formas de colaboração, de forma a assegurar a universalização, a qualidade e a equidade do ensino obrigatório.

- •• § 4.º com redação determinada pela Emenda Constitucional n. 108, de 26-8-2020.

§ 5.º A educação básica pública atenderá prioritariamente ao ensino regular.

- •• § 5.º acrescentado pela Emenda Constitucional n. 53, de 19-12-2006.

Constituição da República Federativa do Brasil — Arts. 211 e 212 — 177

§ 6.º A União, os Estados, o Distrito Federal e os Municípios exercerão ação redistributiva em relação a suas escolas.

- •• § 6.º acrescentado pela Emenda Constitucional n. 108, de 26-8-2020.

§ 7.º O padrão mínimo de qualidade de que trata o § 1.º deste artigo considerará as condições adequadas de oferta e terá como referência o Custo Aluno Qualidade (CAQ), pactuados em regime de colaboração na forma disposta em lei complementar, conforme o parágrafo único do art. 23 desta Constituição.

- •• § 7.º acrescentado pela Emenda Constitucional n. 108, de 26-8-2020.

Art. 212. A União aplicará, anualmente, nunca menos de dezoito, e os Estados, o Distrito Federal e os Municípios vinte e cinco por cento, no mínimo, da receita resultante de impostos, compreendida a proveniente de transferências, na manutenção e desenvolvimento do ensino.

- Vide arts. 60 e 72, §§ 2.º e 3.º, do ADCT.
- A Instrução Normativa n. 60, de 4-11-2009, do TCU, dispõe sobre os procedimentos para a fiscalização do cumprimento do disposto neste artigo.

§ 1.º A parcela da arrecadação de impostos transferida pela União aos Estados, ao Distrito Federal e aos Municípios, ou pelos Estados aos respectivos Municípios, não é considerada, para efeito do cálculo previsto neste artigo, receita do governo que a transferir.

§ 2.º Para efeito do cumprimento do disposto no *caput* deste artigo, serão considerados os sistemas de ensino federal, estadual e municipal e os recursos aplicados na forma do art. 213.

§ 3.º A distribuição dos recursos públicos assegurará prioridade ao atendimento das necessidades do ensino obrigatório, no que se refere a universalização, garantia de padrão de qualidade e equidade, nos termos do plano nacional de educação.

- •• § 3.º com redação determinada pela Emenda Constitucional n. 59, de 11-11-2009.

§ 4.º Os programas suplementares de alimentação e assistência à saúde previstos no art. 208, VII, serão financiados com recursos provenientes de contribuições sociais e outros recursos orçamentários.

- Vide nota ao art. 208, VII, da CF.

§ 5.º A educação básica pública terá como fonte adicional de financiamento a contribuição social do salário-educação, recolhida pelas empresas na forma da lei.

- •• § 5.º com redação determinada pela Emenda Constitucional n. 53, de 19-12-2006.
- A Lei n. 9.766, de 18-12-1998, regulamenta o salário-educação.
- O Decreto n. 6.003, de 28-12-2006, regulamenta a arrecadação, a fiscalização e a cobrança da contribuição social do salário-educação, a que se refere este parágrafo.
- Vide art. 76, § 2.º, do ADCT.

§ 6.º As cotas estaduais e municipais da arrecadação da contribuição social do salário-educação serão distribuídas proporcionalmente ao número de alunos matriculados na educação básica nas respectivas redes públicas de ensino.

- •• § 6.º acrescentado pela Emenda Constitucional n. 53, de 19-12-2006.

§ 7.º É vedado o uso dos recursos referidos no *caput* e nos §§ 5.º e 6.º deste artigo para pagamento de aposentadorias e de pensões.

- •• § 7.º acrescentado pela Emenda Constitucional n. 108, de 26-8-2020.

§ 8.º Na hipótese de extinção ou de substituição de impostos, serão redefinidos os percentuais referidos no *caput* deste artigo e no inciso II do *caput* do art. 212-A, de modo que resultem recursos vinculados à manutenção e ao desenvolvimento do ensino, bem como os recursos subvinculados aos fundos de que trata o art. 212-A desta Constituição, em aplicações equivalentes às anteriormente praticadas.

•• § 8.º acrescentado pela Emenda Constitucional n. 108, de 26-8-2020.

§ 9.º A lei disporá sobre normas de fiscalização, de avaliação e de controle das despesas com educação nas esferas estadual, distrital e municipal.

•• § 9.º acrescentado pela Emenda Constitucional n. 108, de 26-8-2020.

Art. 212-A. Os Estados, o Distrito Federal e os Municípios destinarão parte dos recursos a que se refere o *caput* do art. 212 desta Constituição à manutenção e ao desenvolvimento do ensino na educação básica e à remuneração condigna de seus profissionais, respeitadas as seguintes disposições:

•• *Caput* acrescentado pela Emenda Constitucional n. 108, de 26-8-2020.

I – a distribuição dos recursos e de responsabilidades entre o Distrito Federal, os Estados e seus Municípios é assegurada mediante a instituição, no âmbito de cada Estado e do Distrito Federal, de um Fundo de Manutenção e Desenvolvimento da Educação Básica e de Valorização dos Profissionais da Educação (Fundeb), de natureza contábil;

•• Inciso I acrescentado pela Emenda Constitucional n. 108, de 26-8-2020.

II – os fundos referidos no inciso I do *caput* deste artigo serão constituídos por 20% (vinte por cento):

•• Inciso II, *caput*, com redação determinada pela Emenda Constitucional n. 132, de 20-12-2023.

a) das parcelas dos Estados no imposto de que trata o art. 156-A;

•• Alínea a acrescentada pela Emenda Constitucional n. 132, de 20-12-2023.

b) da parcela do Distrito Federal no imposto de que trata o art. 156-A, relativa ao exercício de sua competência estadual, nos termos do art. 156-A, § 2.º; e

•• Alínea b acrescentada pela Emenda Constitucional n. 132, de 20-12-2023.

c) dos recursos a que se referem os incisos I, II e III do *caput* do art. 155, o inciso II do *caput* do art. 157, os incisos II, III e IV do *caput* do art. 158 e as alíneas *a* e *b* do inciso I e o inciso II do *caput* do art. 159 desta Constituição;

•• Alínea c acrescentada pela Emenda Constitucional n. 132, de 20-12-2023.

•• A Emenda Constitucional n. 132, de 20-12-2023, a partir de 2033, altera a redação desta alínea *c*: "c) dos recursos a que se referem os incisos I e III do *caput* do art. 155, o inciso II do *caput* do art. 157, os incisos II, III e IV do *caput* do art. 158 e as alíneas *a* e *b* do inciso I e o inciso II do *caput* do art. 159 desta Constituição;".

III – os recursos referidos no inciso II do *caput* deste artigo serão distribuídos entre cada Estado e seus Municípios, proporcionalmente ao número de alunos das diversas etapas e modalidades da educação básica presencial matriculados nas respectivas redes, nos âmbitos de atuação prioritária, conforme estabelecido nos §§ 2.º e 3.º do art. 211 desta Constituição, observadas as ponderações referidas na alínea *a* do inciso X do *caput* e no § 2.º deste artigo;

•• Inciso III acrescentado pela Emenda Constitucional n. 108, de 26-8-2020.

IV – a União complementará os recursos dos fundos a que se refere o inciso II do *caput* deste artigo;

•• Inciso IV acrescentado pela Emenda Constitucional n. 108, de 26-8-2020.

V – a complementação da União será equivalente a, no mínimo, 23% (vinte e três por cento) do total de recursos a que se refere o inciso II do *caput* deste artigo, distribuída da seguinte forma:

•• Inciso V, *caput*, acrescentado pela Emenda Constitucional n. 108, de 26-8-2020.

a) 10 (dez) pontos percentuais no âmbito de cada Estado e do Distrito Federal, sempre que o valor anual por aluno (VAAF), nos termos do inciso III do *caput* deste artigo, não alcançar o mínimo definido nacionalmente;

•• Alínea *a* acrescentada pela Emenda Constitucional n. 108, de 26-8-2020.

b) no mínimo, 10,5 (dez inteiros e cinco décimos) pontos percentuais em cada rede pública de ensino municipal, estadual ou distrital, sempre que o valor anual total por aluno (VAAT), referido no inciso VI do *caput* deste artigo, não alcançar o mínimo definido nacionalmente;

•• Alínea *b* acrescentada pela Emenda Constitucional n. 108, de 26-8-2020.

c) 2,5 (dois inteiros e cinco décimos) pontos percentuais nas redes públicas que, cumpridas condicionalidades de melhoria de gestão previstas em lei, alcançarem evolução de indicadores a serem definidos, de atendimento e melhoria da aprendizagem com redução das desigualdades, nos termos do sistema nacional de avaliação da educação básica;

•• Alínea *c* acrescentada pela Emenda Constitucional n. 108, de 26-8-2020.

VI – o VAAT será calculado, na forma da lei de que trata o inciso X do *caput* deste artigo, com base nos recursos a que se refere o inciso II do *caput* deste artigo, acrescidos de outras receitas e de transferências vinculadas à educação, observado o disposto no § 1.º e consideradas as matrículas nos termos do inciso III do *caput* deste artigo;

•• Inciso VI acrescentado pela Emenda Constitucional n. 108, de 26-8-2020.

VII – os recursos de que tratam os incisos II e IV do *caput* deste artigo serão aplicados pelos Estados e pelos Municípios exclusivamente nos respectivos âmbitos de atuação prioritária, conforme estabelecido nos §§ 2.º e 3.º do art. 211 desta Constituição;

•• Inciso VII acrescentado pela Emenda Constitucional n. 108, de 26-8-2020.

VIII – a vinculação de recursos à manutenção e ao desenvolvimento do ensino estabelecida no art. 212 desta Constituição suportará, no máximo, 30% (trinta por cento) da complementação da União, considerados para os fins deste inciso os valores previstos no inciso V do *caput* deste artigo;

•• Inciso VIII acrescentado pela Emenda Constitucional n. 108, de 26-8-2020.

IX – o disposto no *caput* do art. 160 desta Constituição aplica-se aos recursos referidos nos incisos II e IV do *caput* deste artigo, e seu descumprimento pela autoridade competente importará em crime de responsabilidade;

•• Inciso IX acrescentado pela Emenda Constitucional n. 108, de 26-8-2020.

X – a lei disporá, observadas as garantias estabelecidas nos incisos I, II, III e IV do *caput* e no § 1.º do art. 208 e as metas pertinentes do plano nacional de educação, nos termos previstos no art. 214 desta Constituição, sobre:

•• Inciso X, *caput*, acrescentado pela Emenda Constitucional n. 108, de 26-8-2020.

a) a organização dos fundos referidos no inciso I do *caput* deste artigo e a distribuição proporcional de seus recursos, as diferenças e as ponderações quanto ao valor anual por aluno entre etapas, modalidades, duração da jornada e tipos de estabelecimento de ensino, observados as respectivas especificidades e os insumos necessários para a garantia de sua qualidade;

•• Alínea *a* acrescentada pela Emenda Constitucional n. 108, de 26-8-2020.

b) a forma de cálculo do VAAF decorrente do inciso III do *caput* deste artigo e do VAAT referido no inciso VI do *caput* deste artigo;

•• Alínea *b* acrescentada pela Emenda Constitucional n. 108, de 26-8-2020.

c) a forma de cálculo para distribuição prevista na alínea *c* do inciso V do *caput* deste artigo;

•• Alínea c acrescentada pela Emenda Constitucional n. 108, de 26-8-2020.

d) a transparência, o monitoramento, a fiscalização e o controle interno, externo e social dos fundos referidos no inciso I do *caput* deste artigo, assegurada a criação, a autonomia, a manutenção e a consolidação de conselhos de acompanhamento e controle social, admitida sua integração aos conselhos de educação;

•• Alínea *d* acrescentada pela Emenda Constitucional n. 108, de 26-8-2020.

e) o conteúdo e a periodicidade da avaliação, por parte do órgão responsável, dos efeitos redistributivos, da melhoria dos indicadores educacionais e da ampliação do atendimento;

•• Alínea e acrescentada pela Emenda Constitucional n. 108, de 26-8-2020.

XI – proporção não inferior a 70% (setenta por cento) de cada fundo referido no inciso I do *caput* deste artigo, excluídos os recursos de que trata a alínea *c* do inciso V do *caput* deste artigo, será destinada ao pagamento dos profissionais da educação básica em efetivo exercício, observado, em relação aos recursos previstos na alínea *b* do inciso V do *caput* deste artigo, o percentual mínimo de 15% (quinze por cento) para despesas de capital;

•• Inciso XI acrescentado pela Emenda Constitucional n. 108, de 26-8-2020.

XII – lei específica disporá sobre o piso salarial profissional nacional para os profissionais do magistério da educação básica pública;

•• Inciso XII acrescentado pela Emenda Constitucional n. 108, de 26-8-2020.

XIII – a utilização dos recursos a que se refere o § 5.º do art. 212 desta Constituição para a complementação da União ao Fundeb, referida no inciso V do *caput* deste artigo, é vedada.

•• Inciso XIII acrescentado pela Emenda Constitucional n. 108, de 26-8-2020.

XIV – no exercício de 2025, da complementação de que trata o inciso V do *caput*, até 10% (dez por cento) dos valores de cada uma das modalidades referidas nesse dispositivo poderão ser repassados pela União para ações de fomento à criação de matrículas em tempo integral na educação básica pública, considerados indicadores de atendimento, melhoria da qualidade e redução de desigualdades, mantida a classificação orçamentária do repasse como Fundeb, não se aplicando, para fins deste inciso, os critérios de que tratam as alíneas *a*, *b* e *c* do inciso V deste artigo;

•• Inciso XIV acrescentado pela Emenda Constitucional n. 135, de 20-12-2024.

XV – a partir do exercício de 2026, no mínimo 4% (quatro por cento) dos recursos dos fundos referidos no inciso I do *caput* deste artigo serão destinados pelos Estados, pelo Distrito Federal e pelos Municípios à criação de matrículas em tempo integral na educação básica, conforme diretrizes pactuadas entre a União e demais entes da Federação, até o atingimento das metas de educação em tempo integral estabelecidas pelo Plano Nacional de Educação.

•• Inciso XV acrescentado pela Emenda Constitucional n. 135, de 20-12-2024.

§ 1.º O cálculo do VAAT, referido no inciso VI do *caput* deste artigo, deverá considerar, além dos recursos previstos no inciso II do *caput* deste artigo, pelo menos, as seguintes disponibilidades:

•• § 1.º, *caput*, acrescentado pela Emenda Constitucional n. 108, de 26-8-2020.

I – receitas de Estados, do Distrito Federal e de Municípios vinculadas à manutenção e ao desenvolvimento do ensino não integrantes dos fundos referidos no inciso I do *caput* deste artigo;

•• Inciso I acrescentado pela Emenda Constitucional n. 108, de 26-8-2020.

II – cotas estaduais e municipais da arrecadação do salário-educação de que trata o § 6.º do art. 212 desta Constituição;

•• Inciso II acrescentado pela Emenda Constitucional n. 108, de 26-8-2020.

III – complementação da União transferida a Estados, ao Distrito Federal e a Municípios nos termos da alínea *a* do inciso V do *caput* deste artigo.

•• Inciso III acrescentado pela Emenda Constitucional n. 108, de 26-8-2020.

§ 2.º Além das ponderações previstas na alínea *a* do inciso X do *caput* deste artigo, a lei definirá outras relativas ao nível socioeconômico dos educandos e aos indicadores de disponibilidade de recursos vinculados à educação e de potencial de arrecadação tributária de cada ente federado, bem como seus prazos de implementação.

•• § 2.º acrescentado pela Emenda Constitucional n. 108, de 26-8-2020.

§ 3.º Será destinada à educação infantil a proporção de 50% (cinquenta por cento) dos recursos globais a que se refere a alínea *b* do inciso V do *caput* deste artigo, nos termos da lei.

•• § 3.º acrescentado pela Emenda Constitucional n. 108, de 26-8-2020.

Art. 213. Os recursos públicos serão destinados às escolas públicas, podendo ser dirigidos a escolas comunitárias, confessionais ou filantrópicas, definidas em lei, que:

• *Vide* art. 61 do ADCT.

I – comprovem finalidade não lucrativa e apliquem seus excedentes financeiros em educação;

II – assegurem a destinação de seu patrimônio a outra escola comunitária, filantrópica ou confessional, ou ao Poder Público, no caso de encerramento de suas atividades.

§ 1.º Os recursos de que trata este artigo poderão ser destinados a bolsas de estudo para o ensino fundamental e médio, na forma da lei, para os que demonstrarem insuficiência de recursos, quando houver falta de vagas e cursos regulares da rede pública na localidade da residência do educando, ficando o Poder Público obrigado a investir prioritariamente na expansão de sua rede na localidade.

§ 2.º As atividades de pesquisa, de extensão e de estímulo e fomento à inovação realizadas por universidades e/ou por instituições de educação profissional e tecnológica poderão receber apoio financeiro do Poder Público.

•• § 2.º com redação determinada pela Emenda Constitucional n. 85, de 26-2-2015.

Art. 214. A lei estabelecerá o plano nacional de educação, de duração decenal, com o objetivo de articular o sistema nacional de educação em regime de colaboração e definir diretrizes, objetivos, metas e estratégias de implementação para assegurar a manutenção e desenvolvimento do ensino em seus diversos níveis, etapas e modalidades por meio de ações integradas dos poderes públicos das diferentes esferas federativas que conduzam a:

•• *Caput* com redação determinada pela Emenda Constitucional n. 59, de 11-11-2009.

I – erradicação do analfabetismo;

II – universalização do atendimento escolar;

III – melhoria da qualidade do ensino;

IV – formação para o trabalho;

V – promoção humanística, científica e tecnológica do País;

VI – estabelecimento de meta de aplicação de recursos públicos em educação como proporção do produto interno bruto.

•• Inciso VI acrescentado pela Emenda Constitucional n. 59, de 11-11-2009.

Seção II
Da Cultura

•• A Lei n. 14.903, de 27-6-2024, estabelece o marco regulatório do fomento à cultura, no âmbito da administração pública da União, dos Estados, do Distrito Federal e dos Municípios.
• Promoção da cultura através de organizações da sociedade civil de interesse público: Lei n. 9.790, de 23-3-1999.
• A Lei n. 8.313, de 23-12-1991, institui o PRONAC.
• A Lei n. 8.685, de 20-7-1993, cria mecanismo de fomento à atividade audiovisual.

Art. 215. O Estado garantirá a todos o pleno exercício dos direitos culturais e acesso às fontes da cultura nacional, e apoiará e incentivará a valorização e a difusão das manifestações culturais.

• A Lei n. 13.018, de 22-7-2014, institui a Política Nacional de Cultura Viva.

§ 1.º O Estado protegerá as manifestações das culturas populares, indígenas e afro-brasileiras, e das de outros grupos participantes do processo civilizatório nacional.

§ 2.º A lei disporá sobre a fixação de datas comemorativas de alta significação para os diferentes segmentos étnicos nacionais.

§ 3.º A lei estabelecerá o Plano Nacional de Cultura, de duração plurianual, visando ao desenvolvimento cultural do País e à integração das ações do poder público que conduzem à:

•• § 3.º, *caput*, acrescentado pela Emenda Constitucional n. 48, de 10-8-2005.
•• A Lei n. 12.343, de 2-12-2010, institui o PNC, cria o Sistema Nacional de Informações e Indicadores Culturais – SNIIC e dá outras providências.

I – defesa e valorização do patrimônio cultural brasileiro;

•• Inciso I acrescentado pela Emenda Constitucional n. 48, de 10-8-2005.

II – produção, promoção e difusão de bens culturais;

•• Inciso II acrescentado pela Emenda Constitucional n. 48, de 10-8-2005.

III – formação de pessoal qualificado para a gestão da cultura em suas múltiplas dimensões;

•• Inciso III acrescentado pela Emenda Constitucional n. 48, de 10-8-2005.

IV – democratização do acesso aos bens de cultura;

•• Inciso IV acrescentado pela Emenda Constitucional n. 48, de 10-8-2005.

V – valorização da diversidade étnica e regional.

•• Inciso V acrescentado pela Emenda Constitucional n. 48, de 10-8-2005.

Art. 216. Constituem patrimônio cultural brasileiro os bens de natureza material e imaterial, tomados individualmente ou em conjunto, portadores de referência à identidade, à ação, à memória dos diferentes grupos formadores da sociedade brasileira, nos quais se incluem:

• A Lei n. 12.840, de 9-7-2013, dispõe sobre a destinação dos bens de valor cultural, artístico ou histórico aos museus.

I – as formas de expressão;

II – os modos de criar, fazer e viver;

III – as criações científicas, artísticas e tecnológicas;

IV – as obras, objetos, documentos, edificações e demais espaços destinados às manifestações artístico-culturais;

Constituição da República Federativa do Brasil | Arts. 216 e 216-A | 183

V – os conjuntos urbanos e sítios de valor histórico, paisagístico, artístico, arqueológico, paleontológico, ecológico e científico.

- A Lei n. 3.924, de 26-7-1961, dispõe sobre os monumentos arqueológicos e pré-históricos.

§ 1.º O Poder Público, com a colaboração da comunidade, promoverá e protegerá o patrimônio cultural brasileiro, por meio de inventários, registros, vigilância, tombamento e desapropriação, e de outras formas de acautelamento e preservação.

- A Lei n. 8.394, de 30-12-1991, regulamentada pelo Decreto n. 4.344, de 26-8-2002, dispõe sobre a preservação, organização e proteção dos acervos documentais privados dos presidentes da República.
- O Decreto n. 3.551, de 4-8-2000, institui o registro de bens culturais de natureza imaterial que constituem patrimônio cultural brasileiro e cria o Programa Nacional do Patrimônio Imaterial.

§ 2.º Cabem à administração pública, na forma da lei, a gestão da documentação governamental e as providências para franquear sua consulta a quantos dela necessitem.

- •• A Lei n. 12.527, de 18-11-2011, regulamentada pelo Decreto n. 7.724, de 16-5-2012, dispõe sobre o acesso a informações previsto neste § 2.º.
- O Decreto n. 7.845, de 14-11-2012, regulamenta procedimentos para credenciamento de segurança e tratamento de informação classificada em qualquer grau de sigilo, e dispõe sobre o Núcleo de Segurança e Credenciamento.

§ 3.º A lei estabelecerá incentivos para a produção e o conhecimento de bens e valores culturais.

- As Leis n. 7.505, de 2-7-1986 (Lei Sarney), e n. 8.313, de 23-12-1991 (Lei Rouanet), dispõem sobre benefícios fiscais concedidos a operações de caráter cultural ou artístico.

§ 4.º Os danos e ameaças ao patrimônio cultural serão punidos, na forma da lei.

§ 5.º Ficam tombados todos os documentos e os sítios detentores de reminiscências históricas dos antigos quilombos.

- •• A Portaria n. 135, de 20-11-2023, do IPHAN, regulamenta o procedimento para a declaração do tombamento de documentos e sítios detentores de reminiscências históricas dos antigos quilombos, de que trata este § 5.º, no âmbito do IPHAN.

§ 6.º É facultado aos Estados e ao Distrito Federal vincular a fundo estadual de fomento à cultura até cinco décimos por cento de sua receita tributária líquida, para o financiamento de programas e projetos culturais, vedada a aplicação desses recursos no pagamento de:

- •• § 6.º, *caput*, acrescentado pela Emenda Constitucional n. 42, de 19-12-2003.

I – despesas com pessoal e encargos sociais;

- •• Inciso I acrescentado pela Emenda Constitucional n. 42, de 19-12-2003.

II – serviço da dívida;

- •• Inciso II acrescentado pela Emenda Constitucional n. 42, de 19-12-2003.

III – qualquer outra despesa corrente não vinculada diretamente aos investimentos ou ações apoiados.

- •• Inciso III acrescentado pela Emenda Constitucional n. 42, de 19-12-2003.

Art. 216-A. O Sistema Nacional de Cultura, organizado em regime de colaboração, de forma descentralizada e participativa, institui um processo de gestão e promoção conjunta de políticas públicas de cultura, democráticas e permanentes, pactuadas entre os entes da Federação e a sociedade, tendo por objetivo promover o desenvolvimento humano, social e econômico com pleno exercício dos direitos culturais.

- *Caput* acrescentado pela Emenda Constitucional n. 71, de 29-11-2012.
- A Lei n. 12.761, de 27-12-2012, institui o Programa de Cultura ao Trabalhador e cria o vale-cultura, no valor mensal de R$ 50,00.

§ 1.º O Sistema Nacional de Cultura fundamenta-se na política nacional de cultura e nas suas diretrizes, estabelecidas no Plano Nacional de Cultura, e rege-se pelos seguintes princípios:

- •• § 1.º, *caput*, acrescentado pela Emenda Constitucional n. 71, de 29-11-2012.

I – diversidade das expressões culturais;
- •• Inciso I acrescentado pela Emenda Constitucional n. 71, de 29-11-2012.

II – universalização do acesso aos bens e serviços culturais;
- •• Inciso II acrescentado pela Emenda Constitucional n. 71, de 29-11-2012.

III – fomento à produção, difusão e circulação de conhecimento e bens culturais;
- •• Inciso III acrescentado pela Emenda Constitucional n. 71, de 29-11-2012.

IV – cooperação entre os entes federados, os agentes públicos e privados atuantes na área cultural;
- •• Inciso IV acrescentado pela Emenda Constitucional n. 71, de 29-11-2012.

V – integração e interação na execução das políticas, programas, projetos e ações desenvolvidas;
- •• Inciso V acrescentado pela Emenda Constitucional n. 71, de 29-11-2012.

VI – complementaridade nos papéis dos agentes culturais;
- •• Inciso VI acrescentado pela Emenda Constitucional n. 71, de 29-11-2012.

VII – transversalidade das políticas culturais;
- •• Inciso VII acrescentado pela Emenda Constitucional n. 71, de 29-11-2012.

VIII – autonomia dos entes federados e das instituições da sociedade civil;
- •• Inciso VIII acrescentado pela Emenda Constitucional n. 71, de 29-11-2012.

IX – transparência e compartilhamento das informações;
- •• Inciso IX acrescentado pela Emenda Constitucional n. 71, de 29-11-2012.

X – democratização dos processos decisórios com participação e controle social;
- •• Inciso X acrescentado pela Emenda Constitucional n. 71, de 29-11-2012.

XI – descentralização articulada e pactuada da gestão, dos recursos e das ações;
- •• Inciso XI acrescentado pela Emenda Constitucional n. 71, de 29-11-2012.

XII – ampliação progressiva dos recursos contidos nos orçamentos públicos para a cultura.
- •• Inciso XII acrescentado pela Emenda Constitucional n. 71, de 29-11-2012.

§ 2.º Constitui a estrutura do Sistema Nacional de Cultura, nas respectivas esferas da Federação:
- •• § 2.º, *caput*, acrescentado pela Emenda Constitucional n. 71, de 29-11-2012.

I – órgãos gestores da cultura;
- •• Inciso I acrescentado pela Emenda Constitucional n. 71, de 29-11-2012.

II – conselhos de política cultural;
- •• Inciso II acrescentado pela Emenda Constitucional n. 71, de 29-11-2012.

III – conferências de cultura;
- •• Inciso III acrescentado pela Emenda Constitucional n. 71, de 29-11-2012.

IV – comissões intergestores;
- •• Inciso IV acrescentado pela Emenda Constitucional n. 71, de 29-11-2012.

V – planos de cultura;
- •• Inciso V acrescentado pela Emenda Constitucional n. 71, de 29-11-2012.

VI – sistemas de financiamento à cultura;
- •• Inciso VI acrescentado pela Emenda Constitucional n. 71, de 29-11-2012.

VII – sistemas de informações e indicadores culturais;
- •• Inciso VII acrescentado pela Emenda Constitucional n. 71, de 29-11-2012.

VIII – programas de formação na área da cultura; e
- •• Inciso VIII acrescentado pela Emenda Constitucional n. 71, de 29-11-2012.

IX – sistemas setoriais de cultura.
- •• Inciso IX acrescentado pela Emenda Constitucional n. 71, de 29-11-2012.

§ 3.º Lei federal disporá sobre a regulamentação do Sistema Nacional de Cultura, bem como de sua articulação com os demais sistemas nacionais ou políticas setoriais de governo.
- •• § 3.º acrescentado pela Emenda Constitucional n. 71, de 29-11-2012.
- •• A Lei n. 14.835, de 4-4-2024, instituiu o marco regulatório do Sistema Nacional de Cultura (SNC), para garantia dos direitos culturais, organizado em regime de colaboração entre os entes federativos para gestão conjunta das políticas públicas de cultura, de que trata este § 3.º.

§ 4.º Os Estados, o Distrito Federal e os Municípios organizarão seus respectivos sistemas de cultura em leis próprias.
- •• § 4.º acrescentado pela Emenda Constitucional n. 71, de 29-11-2012.

Seção III
Do Desporto

- A Lei n. 9.615, de 24-3-1998, institui normas gerais sobre desportos.
- A Lei n. 10.891, de 9-7-2004, regulamentada pelo Decreto n. 5.342, de 14-1-2005, institui a Bolsa-Atleta.
- A Lei n. 11.438, de 29-12-2006, regulamentada pelo Decreto n. 6.180, de 3-8-2007, dispõe sobre incentivos e benefícios para fomentar as atividades de caráter desportivo.

Art. 217. É dever do Estado fomentar práticas desportivas formais e não formais, como direito de cada um, observados:

I – a autonomia das entidades desportivas dirigentes e associações, quanto a sua organização e funcionamento;

II – a destinação de recursos públicos para a promoção prioritária do desporto educacional e, em casos específicos, para a do desporto de alto rendimento;

III – o tratamento diferenciado para o desporto profissional e o não profissional;

IV – a proteção e o incentivo às manifestações desportivas de criação nacional.

§ 1.º O Poder Judiciário só admitirá ações relativas à disciplina e às competições desportivas após esgotarem-se as instâncias da justiça desportiva, reguladas em lei.

§ 2.º A justiça desportiva terá o prazo máximo de sessenta dias, contados da instauração do processo, para proferir decisão final.

§ 3.º O Poder Público incentivará o lazer, como forma de promoção social.

Capítulo IV
DA CIÊNCIA, TECNOLOGIA E INOVAÇÃO

- •• Capítulo IV com denominação determinada pela Emenda Constitucional n. 85, de 26-2-2015.
- Fundo Nacional de Desenvolvimento Científico e Tecnológico: Decreto-lei n. 719, de 31-7-1969, restabelecido pela Lei n. 8.172, de 18-1-1991.
- Conselho Nacional de Ciência e Tecnologia: Lei n. 9.257, de 9-1-1996.

- Programa de Estímulo à Interação Universidade-Empresa para Apoio à Inovação: Lei n. 10.168, de 29-12-2000, regulamentada pelo Decreto n. 4.195, de 11-4-2002.
- A Lei n. 10.332, de 19-12-2001, institui mecanismo de financiamento para o Programa de Ciência e Tecnologia para o Agronegócio, para o Programa de Fomento à Pesquisa em Saúde, para o Programa de Biotecnologia e Recursos Genéticos – Genoma, para o Programa de Ciência e Tecnologia para o Setor Aeronáutico e para o Programa de Inovação para Competitividade. Regulamento: Decretos n. 4.143, de 25-2-2002, 4.154, de 7-3-2002, 4.157, de 12-3-2002, e 4.195, de 11-4-2002.

Art. 218. O Estado promoverá e incentivará o desenvolvimento científico, a pesquisa, a capacitação científica e tecnológica e a inovação.

- *Caput* com redação determinada pela Emenda Constitucional n. 85, de 26-2-2015.
- A Lei n. 14.874, de 28-5-2024, dispõe sobre a pesquisa com seres humanos e institui o Sistema Nacional de Ética em Pesquisa com Seres Humanos.
- A Lei n. 10.973, de 2-12-2004, estabelece medidas de incentivo à inovação e à pesquisa científica e tecnológica no ambiente produtivo, com vistas à capacitação e ao alcance da autonomia tecnológica e ao desenvolvimento industrial do país, nos termos deste artigo e do art. 219. Regulamento: Decreto n. 5.563, de 11-10-2005.

§ 1.º A pesquisa científica básica e tecnológica receberá tratamento prioritário do Estado, tendo em vista o bem público e o progresso da ciência, tecnologia e inovação.

- § 1.º com redação determinada pela Emenda Constitucional n. 85, de 26-2-2015.

§ 2.º A pesquisa tecnológica voltar-se-á preponderantemente para a solução dos problemas brasileiros e para o desenvolvimento do sistema produtivo nacional e regional.

§ 3.º O Estado apoiará a formação de recursos humanos nas áreas de ciência, pesquisa, tecnologia e inovação, inclusive por meio do apoio às atividades de extensão tecnológica, e concederá aos que delas se ocupem meios e condições especiais de trabalho.

- § 3.º com redação determinada pela Emenda Constitucional n. 85, de 26-2-2015.

§ 4.º A lei apoiará e estimulará as empresas que invistam em pesquisa, criação de tecnologia adequada ao País, formação e aperfeiçoamento de seus recursos humanos e que pratiquem sistemas de remuneração que assegurem ao empregado, desvinculada do salário, participação nos ganhos econômicos resultantes da produtividade de seu trabalho.

§ 5.º É facultado aos Estados e ao Distrito Federal vincular parcela de sua receita orçamentária a entidades públicas de fomento ao ensino e à pesquisa científica e tecnológica.

§ 6.º O Estado, na execução das atividades previstas no *caput*, estimulará a articulação entre entes, tanto públicos quanto privados, nas diversas esferas de governo.

- § 6.º acrescentado pela Emenda Constitucional n. 85, de 26-2-2015.

§ 7.º O Estado promoverá e incentivará a atuação no exterior das instituições públicas de ciência, tecnologia e inovação, com vistas à execução das atividades previstas no *caput*.

- § 7.º acrescentado pela Emenda Constitucional n. 85, de 26-2-2015.

Art. 219. O mercado interno integra o patrimônio nacional e será incentivado de modo a viabilizar o desenvolvimento cultural e socioeconômico, o bem-estar da população e a autonomia tecnológica do País, nos termos de lei federal.

- *Vide* nota ao artigo anterior.

Parágrafo único. O Estado estimulará a formação e o fortalecimento da inovação nas empresas, bem como nos demais entes, públicos ou privados, a constituição e a manutenção de parques e polos tecnológicos e de demais ambientes promotores da inovação, a atuação dos inventores independentes e a criação, absorção, difusão e transferência de tecnologia.

- Parágrafo único acrescentado pela Emenda Constitucional n. 85, de 26-2-2015.

Art. 219-A. A União, os Estados, o Distrito Federal e os Municípios poderão firmar instrumentos de cooperação com órgãos e entidades públicos e com entidades privadas, inclusive para o compartilhamento de recursos humanos especializados e capacidade instalada, para a execução de projetos de pesquisa, de desenvolvimento científico e tecnológico e de inovação, mediante contrapartida financeira ou não financeira assumida pelo ente beneficiário, na forma da lei.

•• Artigo acrescentado pela Emenda Constitucional n. 85, de 26-2-2015.

Art. 219-B. O Sistema Nacional de Ciência, Tecnologia e Inovação será organizado em regime de colaboração entre entes, tanto públicos quanto privados, com vistas a promover o desenvolvimento científico e tecnológico e a inovação.

•• *Caput* acrescentado pela Emenda Constitucional n. 85, de 26-2-2015.

§ 1.º Lei federal disporá sobre as normas gerais do Sistema Nacional de Ciência, Tecnologia e Inovação.

•• § 1.º acrescentado pela Emenda Constitucional n. 85, de 26-2-2015.

§ 2.º Os Estados, o Distrito Federal e os Municípios legislarão concorrentemente sobre suas peculiaridades.

•• § 2.º acrescentado pela Emenda Constitucional n. 85, de 26-2-2015.

Capítulo V
DA COMUNICAÇÃO SOCIAL

Art. 220. A manifestação do pensamento, a criação, a expressão e a informação, sob qualquer forma, processo ou veículo não sofrerão qualquer restrição, observado o disposto nesta Constituição.

- Código Brasileiro de Telecomunicações: Lei n. 4.117, de 27-8-1962.
- Organização dos Serviços de Telecomunicações: Lei n. 9.472, de 16-7-1997.

§ 1.º Nenhuma lei conterá dispositivo que possa constituir embaraço à plena liberdade de informação jornalística em qualquer veículo de comunicação social, observado o disposto no art. 5.º, IV, V, X, XIII e XIV.

§ 2.º É vedada toda e qualquer censura de natureza política, ideológica e artística.

§ 3.º Compete à lei federal:

I – regular as diversões e espetáculos públicos, cabendo ao Poder Público informar sobre a natureza deles, as faixas etárias a que não se recomendem, locais e horários em que sua apresentação se mostre inadequada;

•• A Portaria n. 502, de 23-11-2021, do Ministério da Justiça e Segurança Pública, regulamenta o processo de classificação indicativa.
• A Lei n. 10.359, de 27-12-2001, dispõe sobre a obrigatoriedade de novos aparelhos de televisão conterem dispositivo que possibilite o bloqueio temporário de recepção de programação inadequada.

II – estabelecer os meios legais que garantam à pessoa e à família a possibilidade de se defenderem de programas ou programações de rádio e televisão que contrariem o disposto no art. 221, bem como da propaganda de produtos, práticas e serviços que possam ser nocivos à saúde e ao meio ambiente.

§ 4.º A propaganda comercial de tabaco, bebidas alcoólicas, agrotóxicos, medicamentos e terapias estará sujeita a restrições legais, nos termos do inciso II do parágrafo anterior, e conterá, sempre que necessário, advertência sobre os malefícios decorrentes de seu uso.

• A Lei n. 9.294, de 15-7-1996, regulamentada pelo Decreto n. 2.018, de 1.º-10-1996, dispõe sobre as restrições ao uso e à propaganda de produtos fumígenos, bebidas alcoólicas, medicamentos, terapias e defensivos agrícolas aqui referidos.

- A Lei n. 11.705, de 19-6-2008 (Lei Seca), altera a Lei n. 9.503, de 23-9-1997 (CTB), com a finalidade de estabelecer alcoolemia zero e de impor penalidades mais severas para o condutor que dirigir sob a influência de álcool, e a Lei n. 9.294, de 15-7-1996, para obrigar os estabelecimentos comerciais em que se vendem ou oferecem bebidas alcoólicas a estampar no recinto aviso de que constitui crime dirigir sob a influência de álcool.

§ 5.º Os meios de comunicação social não podem, direta ou indiretamente, ser objeto de monopólio ou oligopólio.

§ 6.º A publicação de veículo impresso de comunicação independe de licença de autoridade.

Art. 221. A produção e a programação das emissoras de rádio e televisão atenderão aos seguintes princípios:

I – preferência a finalidades educativas, artísticas, culturais e informativas;
- O Decreto n. 4.901, de 26-11-2003, institui o Sistema Brasileiro de Televisão Digital – SBTVD.

II – promoção da cultura nacional e regional e estímulo à produção independente que objetive sua divulgação;

III – regionalização da produção cultural, artística e jornalística, conforme percentuais estabelecidos em lei;

IV – respeito aos valores éticos e sociais da pessoa e da família.

Art. 222. A propriedade de empresa jornalística e de radiodifusão sonora e de sons e imagens é privativa de brasileiros natos ou naturalizados há mais de 10 (dez) anos, ou de pessoas jurídicas constituídas sob as leis brasileiras e que tenham sede no País.
- *Caput* com redação determinada pela Emenda Constitucional n. 36, de 28-5-2002.

§ 1.º Em qualquer caso, pelo menos 70% (setenta por cento) do capital total e do capital votante das empresas jornalísticas e de radiodifusão sonora e de sons e imagens deverá pertencer, direta ou indiretamente, a brasileiros natos ou naturalizados há mais de 10 (dez) anos, que exercerão obrigatoriamente a gestão das atividades e estabelecerão o conteúdo da programação.
- § 1.º com redação determinada pela Emenda Constitucional n. 36, de 28-5-2002.

§ 2.º A responsabilidade editorial e as atividades de seleção e direção da programação veiculada são privativas de brasileiros natos ou naturalizados há mais de 10 (dez) anos, em qualquer meio de comunicação social.
- § 2.º com redação determinada pela Emenda Constitucional n. 36, de 28-5-2002.

§ 3.º Os meios de comunicação social eletrônica, independentemente da tecnologia utilizada para a prestação do serviço, deverão observar os princípios enunciados no art. 221, na forma de lei específica, que também garantirá a prioridade de profissionais brasileiros na execução de produções nacionais.
- § 3.º acrescentado pela Emenda Constitucional n. 36, de 28-5-2002.

§ 4.º Lei disciplinará a participação de capital estrangeiro nas empresas de que trata o § 1.º.
- § 4.º acrescentado pela Emenda Constitucional n. 36, de 28-5-2002.
- A Lei n. 10.610, de 20-12-2002, disciplina a participação de capital estrangeiro nas empresas jornalísticas e de radiodifusão sonora e de sons e imagens de que trata este parágrafo.

§ 5.º As alterações de controle societário das empresas de que trata o § 1.º serão comunicadas ao Congresso Nacional.
- § 5.º acrescentado pela Emenda Constitucional n. 36, de 28-5-2002.

Art. 223. Compete ao Poder Executivo outorgar e renovar concessão, permissão e autorização para o serviço de radiodifusão sonora e de sons e imagens, observado o princípio da complementaridade dos sistemas privado, público e estatal.

- O Decreto n. 52.795, de 31-10-1963, aprova o Regulamento dos Serviços de Radiodifusão.
- A Lei n. 9.612, de 19-2-1998, institui o Serviço de Radiodifusão Comunitária, e o Decreto n. 2.615, de 3-6-1998, aprova seu regulamento.

§ 1.º O Congresso Nacional apreciará o ato no prazo do art. 64, §§ 2.º e 4.º, a contar do recebimento da mensagem.

§ 2.º A não renovação da concessão ou permissão dependerá de aprovação de, no mínimo, dois quintos do Congresso Nacional, em votação nominal.

§ 3.º O ato de outorga ou renovação somente produzirá efeitos legais após deliberação do Congresso Nacional, na forma dos parágrafos anteriores.

§ 4.º O cancelamento da concessão ou permissão, antes de vencido o prazo, depende de decisão judicial.

§ 5.º O prazo da concessão ou permissão será de dez anos para as emissoras de rádio e de quinze para as de televisão.

Art. 224. Para os efeitos do disposto neste capítulo, o Congresso Nacional instituirá, como órgão auxiliar, o Conselho de Comunicação Social, na forma da lei.
- •• A Lei n. 8.389, de 30-12-1991, institui o Conselho aqui referido.

Capítulo VI
DO MEIO AMBIENTE

- A Lei n. 7.735, de 22-2-1989, cria o Instituto Nacional do Meio Ambiente e dos Recursos Naturais Renováveis.
- A Lei n. 7.797, de 10-7-1989, cria o Fundo Nacional do Meio Ambiente.
- Lei de Crimes Ambientais: Lei n. 9.605, de 12-2-1998. O Decreto n. 6.514, de 22-7-2008, dispõe sobre as infrações e sanções administrativas ao meio ambiente.
- Ministério do Meio Ambiente: Decreto n. 8.975, de 24-1-2017.
- Defesa, preservação e conservação do meio ambiente e promoção do desenvolvimento sustentável através de organizações da sociedade civil de interesse público: Lei n. 9.790, de 23-3-1999.
- O Decreto n. 4.339, de 22-8-2002, institui princípios e diretrizes para a implementação da Política Nacional da Biodiversidade.
- O Decreto n. 4.411, de 7-10-2002, dispõe sobre a atuação das Forças Armadas e da Polícia Federal nas unidades de conservação e dá outras providências.

Art. 225. Todos têm direito ao meio ambiente ecologicamente equilibrado, bem de uso comum do povo e essencial à sadia qualidade de vida, impondo-se ao Poder Público e à coletividade o dever de defendê-lo e preservá-lo para as presentes e futuras gerações.

§ 1.º Para assegurar a efetividade desse direito, incumbe ao Poder Público:

I – preservar e restaurar os processos ecológicos essenciais e prover o manejo ecológico das espécies e ecossistemas;
- •• Inciso I regulamentado pela Lei n. 9.985, de 18-7-2000.

II – preservar a diversidade e a integridade do patrimônio genético do País e fiscalizar as entidades dedicadas à pesquisa e manipulação de material genético;
- •• Regulamento: Lei n. 9.985, de 18-7-2000, Lei n. 11.105, de 24-3-2005, e Lei n. 13.123, de 20-5-2015.
- O Decreto n. 5.705, de 16-2-2006, promulga o Protocolo de Cartagena sobre Biossegurança da Convenção sobre Diversidade Biológica.

III – definir, em todas as unidades da Federação, espaços territoriais e seus componentes a serem especialmente protegidos, sendo a alteração e a supressão permitidas somente através de lei, vedada qualquer utilização que comprometa a integridade dos atributos que justifiquem sua proteção;
- •• Inciso III regulamentado pela Lei n. 9.985, de 18-7-2000.

IV – exigir, na forma da lei, para instalação de obra ou atividade potencialmente causadora de significativa degradação do meio ambiente, estudo prévio de impacto ambiental, a que se dará publicidade;

•• Inciso IV regulamentado pela Lei n. 11.105, de 24-3-2005.

V – controlar a produção, a comercialização e o emprego de técnicas, métodos e substâncias que comportem risco para a vida, a qualidade de vida e o meio ambiente;

•• Inciso V regulamentado pela Lei n. 11.105, de 24-3-2005.

VI – promover a educação ambiental em todos os níveis de ensino e a conscientização pública para a preservação do meio ambiente;

• Lei de Educação Ambiental e instituição da Política Nacional de Educação Ambiental: Lei n. 9.795, de 27-4-1999, regulamentada pelo Decreto n. 4.281, de 25-6-2002.

VII – proteger a fauna e a flora, vedadas, na forma da lei, as práticas que coloquem em risco sua função ecológica, provoquem a extinção de espécies ou submetam os animais a crueldade.

•• Inciso VII regulamentado pela Lei n. 9.985, de 18-7-2000, e Lei n. 11.794, de 8-10-2008.
• Código de Caça: Lei n. 5.197, de 3-1-1967.
• Código Florestal: Lei n. 12.651, de 25-5-2012.
• Crimes Ambientais: Lei n. 9.605, de 12-2-1998.
• Aquicultura e pesca: Lei n. 11.959, de 29-6-2009.

VIII – manter regime fiscal favorecido para os biocombustíveis e para o hidrogênio de baixa emissão de carbono, na forma de lei complementar, a fim de assegurar-lhes tributação inferior à incidente sobre os combustíveis fósseis, capaz de garantir diferencial competitivo em relação a estes, especialmente em relação às contribuições de que tratam o art. 195, I, *b*, IV e V, e o art. 239 e aos impostos a que se referem os arts. 155, II, e 156-A.

•• Inciso VIII com redação determinada pela Emenda Constitucional n. 132, de 20-12-2023.
•• A Emenda Constitucional n. 132, de 20-12-2023, a partir de 2027, altera a redação deste inciso VIII: "VIII – manter regime fiscal favorecido para os biocombustíveis e para o hidrogênio de baixa emissão de carbono, na forma de lei complementar, a fim de assegurar-lhes tributação inferior à incidente sobre os combustíveis fósseis, capaz de garantir diferencial competitivo em relação a estes, especialmente em relação à contribuição de que trata o art. 195, V, e aos impostos a que se referem os arts. 155, II, e 156-A".
•• A Emenda Constitucional n. 132, de 20-12-2023, a partir de 2033, altera a redação deste inciso VIII: "VIII – manter regime fiscal favorecido para os biocombustíveis e para o hidrogênio de baixa emissão de carbono, na forma de lei complementar, a fim de assegurar-lhes tributação inferior à incidente sobre os combustíveis fósseis, capaz de garantir diferencial competitivo em relação a estes, especialmente em relação à contribuição de que trata o art. 195, V, e ao imposto a que se refere o art. 156-A".

§ 2.º Aquele que explorar recursos minerais fica obrigado a recuperar o meio ambiente degradado, de acordo com solução técnica exigida pelo órgão público competente, na forma da lei.

• Código de Mineração: Decreto-lei n. 227, de 28-2-1967.

§ 3.º As condutas e atividades consideradas lesivas ao meio ambiente sujeitarão os infratores, pessoas físicas ou jurídicas, a sanções penais e administrativas, independentemente da obrigação de reparar os danos causados.

• Crimes ambientais, responsabilidade das pessoas físicas e jurídicas: Lei n. 9.605, de 12-2-1998, art. 3.º e parágrafo único. O Decreto n. 6.514, de 22-7-2008, dispõe sobre as infrações e sanções administrativas ao meio ambiente, estabelece o processo administrativo federal para apuração destas infrações.

§ 4.º A Floresta Amazônica brasileira, a Mata Atlântica, a Serra do Mar, o Pantanal Mato-Grossense e a Zona Costeira são patrimônio nacional, e sua utilização far-se-á, na forma da lei, dentro de condições que assegurem a preservação do meio ambiente, inclusive quanto ao uso dos recursos naturais.

•• § 4.º regulamentado pela Lei n. 13.123, de 20-5-2015.

Constituição da República Federativa do Brasil | Arts. 225 e 226 | 191

•• O STF, na ADI por Omissão n. 63, no plenário de 6-6-2024 (*DOU* de 18-6-2024), por maioria, julgou parcialmente procedente o pedido formulado, com o reconhecimento da existência de omissão inconstitucional e fixação do prazo de 18 (dezoito) meses para que ela seja sanada. Foi fixada a seguinte tese de julgamento: 1. Existe omissão inconstitucional relativamente à edição de lei regulamentadora da especial proteção do bioma Pantanal Mato-Grossense, prevista neste § 4.º, *in fine*, da Constituição. 2. Fica estabelecido o prazo de 18 (dezoito) meses para o Congresso Nacional sanar a omissão apontada, contados da publicação da ata de julgamento. 3. Revela-se inadequada, neste momento processual, a adoção de provimento normativo de caráter temporário atinente à aplicação extensivo-analógica da Lei da Mata Atlântica (Lei n. 11.428, de 2006) ao Pantanal Mato-Grossense. 4. Não sobrevindo a lei regulamentadora no prazo acima estabelecido, caberá a este Tribunal determinar providências adicionais, substitutivas e/ou supletivas, a título de execução da presente decisão. 5. Nos termos do art. 24, §§ 1.º a 4.º, da CF/88, enquanto não suprida a omissão inconstitucional ora reconhecida, aplicam-se a Lei n. 6.160/2023, editada pelo Estado do Mato Grosso do Sul, e a Lei n. 8.830/2008, editada pelo Estado do Mato Grosso.

• Política Nacional do Meio Ambiente: Lei n. 6.938, de 31-8-1981, Lei n. 6.902, de 27-4-1981, Lei n. 7.347, de 24-7-1985 (ação civil pública), e Decreto n. 4.297, de 10-7-2002 (Zoneamento Ecológico-Econômico do Brasil – ZEE).
• A Lei n. 11.428, de 22-12-2006, regulamentada pelo Decreto n. 6.660, de 21-11-2008, dispõe sobre a utilização e proteção da vegetação nativa do Bioma Mata Atlântica.
• A Lei n. 11.952, de 25-6-2009, regulamentada pelo Decreto n. 6.992, de 28-10-2009, dispõe sobre a regularização fundiária das ocupações incidentes em terras situadas em áreas da União, no âmbito da Amazônia Legal.

§ 5.º São indisponíveis as terras devolutas ou arrecadadas pelos Estados, por ações discriminatórias, necessárias à proteção dos ecossistemas naturais.

• Terras devolutas: Decreto-lei n. 9.760, de 5-9-1946, Lei n. 6.383, de 7-12-1976, Lei n. 6.925, de 29-6-1981, e Lei n. 13.178, de 22-10-2015.

§ 6.º As usinas que operem com reator nuclear deverão ter sua localização definida em lei federal, sem o que não poderão ser instaladas.

• A Lei n. 12.731, de 21-11-2012, institui o Sistema de Proteção ao Programa Nuclear Brasileiro – SIPRON.

§ 7.º Para fins do disposto na parte final do inciso VII do § 1.º deste artigo, não se consideram cruéis as práticas desportivas que utilizem animais, desde que sejam manifestações culturais, conforme o § 1.º do art. 215 desta Constituição Federal, registradas como bem de natureza imaterial integrante do patrimônio cultural brasileiro, devendo ser regulamentadas por lei específica que assegure o bem-estar dos animais envolvidos.

•• § 7.º acrescentado pela Emenda Constitucional n. 96, de 6-6-2017.

Capítulo VII
DA FAMÍLIA, DA CRIANÇA, DO ADOLESCENTE, DO JOVEM E DO IDOSO

•• Capítulo VII com denominação determinada pela Emenda Constitucional n. 65, de 13-7-2010.
• ECA: Lei n. 8.069, de 13-7-1990.
• Política Nacional do Idoso: Lei n. 8.842, de 4-1-1994. O Decreto n. 9.921, de 18-7-2019, consolida atos normativos que dispõem sobre a temática da pessoa idosa. O Decreto n. 9.893, de 27-6-2019, dispõe sobre o Conselho Nacional dos Direitos da Pessoa Idosa.
• Estatuto da Pessoa Idosa: Lei n. 10.741, de 1.º-10-2003.

Art. 226. A família, base da sociedade, tem especial proteção do Estado.

§ 1.º O casamento é civil e gratuita a celebração.

• Sobre o casamento: arts. 67 e s. da Lei n. 6.015, de 31-12-1973, e arts. 1.511 e s. do CC.
• A Resolução n. 175, de 14-5-2013, do CNJ, dispõe sobre a habilitação, celebração de casamento civil, ou de conversão de união estável em casamento, entre pessoas de mesmo sexo.

§ 2.º O casamento religioso tem efeito civil, nos termos da lei.

• Dos efeitos civis do casamento religioso: Lei n. 1.110, de 23-5-1950, e arts. 71 a 75 da Lei n. 6.015, de 31-12-1973.

§ 3.º Para efeito da proteção do Estado, é reconhecida a união estável entre o homem e a mulher como entidade familiar, devendo a lei facilitar sua conversão em casamento.

•• § 3.º regulamentado pela Lei n. 9.278, de 10-5-1996.

- •• O STF, em 5-5-2011, declarou procedente a ADIn n. 4.277 e a Arguição de Descumprimento de Preceito Fundamental n. 132, com eficácia *erga omnes* e efeito vinculante, conferindo interpretação conforme a CF ao art. 1.723 do CC, a fim de declarar a aplicabilidade de regime da união estável às uniões entre pessoas do mesmo sexo.
- • A Resolução n. 175, de 14-5-2013, do CNJ, dispõe sobre a habilitação, celebração de casamento civil, ou de conversão de união estável em casamento, entre pessoas de mesmo sexo.

§ 4.º Entende-se, também, como entidade familiar a comunidade formada por qualquer dos pais e seus descendentes.

§ 5.º Os direitos e deveres referentes à sociedade conjugal são exercidos igualmente pelo homem e pela mulher.

- • Direitos e deveres dos cônjuges: arts. 1.565 e s. do CC.

§ 6.º O casamento civil pode ser dissolvido pelo divórcio.

- •• § 6.º com redação determinada pela Emenda Constitucional n. 66, de 13-7-2010.
- • Divórcio consensual, separação consensual e extinção consensual: art. 733 do CPC.

§ 7.º Fundado nos princípios da dignidade da pessoa humana e da paternidade responsável, o planejamento familiar é livre decisão do casal, competindo ao Estado propiciar recursos educacionais e científicos para o exercício desse direito, vedada qualquer forma coercitiva por parte de instituições oficiais ou privadas.

- • Planejamento familiar: Lei n. 9.263, de 12-1-1996.

§ 8.º O Estado assegurará a assistência à família na pessoa de cada um dos que a integram, criando mecanismos para coibir a violência no âmbito de suas relações.

- • Violência Doméstica e Familiar contra a Mulher: Lei n. 11.340, de 7-8-2006.
- • A Lei n. 14.344, de 24-5-2022, cria mecanismos para a prevenção e o enfrentamento da violência doméstica e familiar contra a criança e o adolescente.
- • A Lei n. 14.826, de 20-3-2024, institui a parentalidade positiva e o direito ao brincar, como estratégias intersetoriais de prevenção à violência contra crianças.

Art. 227. É dever da família, da sociedade e do Estado assegurar à criança, ao adolescente e ao jovem, com absoluta prioridade, o direito à vida, à saúde, à alimentação, à educação, ao lazer, à profissionalização, à cultura, à dignidade, ao respeito, à liberdade e à convivência familiar e comunitária, além de colocá-los a salvo de toda forma de negligência, discriminação, exploração, violência, crueldade e opressão.

- •• *Caput* com redação determinada pela Emenda Constitucional n. 65, de 13-7-2010.
- •• A Resolução n. 245, de 5-4-2024, do CONANDA, dispõe sobre os direitos das crianças e adolescentes em ambiente digital.
- • Direitos fundamentais no ECA (Lei n. 8.069, de 13-7-1990): direito à vida e à saúde (arts. 7.º a 14); direito à liberdade, ao respeito e à dignidade (arts. 15 a 18); direito à convivência familiar e comunitária (arts. 19 a 52-D).
- • O Decreto n. 3.597, de 12-9-2000, promulga a Convenção 182 e a Recomendação 190 da OIT sobre a proibição das piores formas de trabalho infantil.
- • Convenção sobre os Aspectos Civis do Sequestro Internacional de Crianças: Decreto n. 3.413, de 14-4-2000, e Decreto n. 3.951, de 4-10-2001.
- • A Lei n. 13.431, de 4-4-2017, estabelece o sistema de garantia de direitos da criança e do adolescente vítima ou testemunha de violência.

§ 1.º O Estado promoverá programas de assistência integral à saúde da criança, do adolescente e do jovem, admitida a participação de entidades não governamentais, mediante políticas específicas e obedecendo aos seguintes preceitos:

- •• § 1.º, *caput*, com redação determinada pela Emenda Constitucional n. 65, de 13-7-2010.
- • A Lei n. 8.642, de 31-3-1993, regulamentada pelo Decreto n. 1.056, de 11-2-1994, dispõe sobre a instituição do PRONAICA.

I – aplicação de percentual dos recursos públicos destinados à saúde na assistência materno-infantil;

II – criação de programas de prevenção e atendimento especializado para as pessoas portadoras de deficiência física, sensorial ou mental, bem como de integração social do adolescente e do jovem portador de deficiência, mediante o treinamento para o trabalho e a convivência, e a facilitação do acesso aos bens e serviços coletivos, com a eliminação de obstáculos arquitetônicos e de todas as formas de discriminação.

- •• Inciso II com redação determinada pela Emenda Constitucional n. 65, de 13-7-2010.
- Direito à vida e à saúde no ECA: Lei n. 8.069, de 13-7-1990, arts. 7.º a 14.
- A Lei n. 7.853, de 24-10-1989, regulamentada pelo Decreto n. 3.298, de 20-12-1999, consolida as normas de proteção à pessoa portadora de deficiência.
- A Lei n. 10.216, de 6-4-2001, dispõe sobre a proteção e os direitos das pessoas portadoras de transtornos mentais e redireciona o modelo assistencial em saúde mental.
- Convenção Interamericana para a Eliminação de todas as Formas de Discriminação contra as Pessoas Portadoras de Deficiência: Decreto n. 3.956, de 8-10-2001.
- O Decreto n. 11.793, de 23-11-2023, instituiu o Plano Nacional dos Direitos da Pessoa com Deficiência – Plano Viver sem Limite.

§ 2.º A lei disporá sobre normas de construção dos logradouros e dos edifícios de uso público e de fabricação de veículos de transporte coletivo, a fim de garantir acesso adequado às pessoas portadoras de deficiência.

- *Vide* notas ao art. 244 da CF.

§ 3.º O direito a proteção especial abrangerá os seguintes aspectos:

I – idade mínima de quatorze anos para admissão ao trabalho, observado o disposto no art. 7.º, XXXIII;

- •• O art. 7.º, XXXIII, da CF, foi alterado pela Emenda Constitucional n. 20, de 15-12-1998, e agora fixa em dezesseis anos a idade mínima para admissão ao trabalho.

II – garantia de direitos previdenciários e trabalhistas;

III – garantia de acesso do trabalhador adolescente e jovem à escola;

- •• Inciso III com redação determinada pela Emenda Constitucional n. 65, de 13-7-2010.

IV – garantia de pleno e formal conhecimento da atribuição de ato infracional, igualdade na relação processual e defesa técnica por profissional habilitado, segundo dispuser a legislação tutelar específica;

V – obediência aos princípios de brevidade, excepcionalidade e respeito à condição peculiar de pessoa em desenvolvimento, quando da aplicação de qualquer medida privativa da liberdade;

VI – estímulo do Poder Público, através de assistência jurídica, incentivos fiscais e subsídios, nos termos da lei, ao acolhimento, sob a forma de guarda, de criança ou adolescente órfão ou abandonado;

- ECA (Lei n. 8.069, de 13-7-1990): arts. 33 a 35 tratam da guarda.

VII – programas de prevenção e atendimento especializado à criança, ao adolescente e ao jovem dependente de entorpecentes e drogas afins.

- •• Inciso VII com redação determinada pela Emenda Constitucional n. 65, de 13-7-2010.

§ 4.º A lei punirá severamente o abuso, a violência e a exploração sexual da criança e do adolescente.

- Crimes praticados contra as crianças: arts. 225 e s. da Lei n. 8.069, de 13-7-1990 (ECA).
- Crimes sexuais contra vulnerável: arts. 217-A a 218-B do CP.
- O art. 111, V, do CP, dispõe sobre o termo inicial da prescrição antes do trânsito em julgado da sentença final nos crimes contra a dignidade sexual de crianças e adolescentes.
- A Lei n. 14.344, de 24-5-2022, cria mecanismos para a prevenção e o enfrentamento da violência doméstica e familiar contra a criança e o adolescente.

§ 5.º A adoção será assistida pelo Poder Público, na forma da lei, que estabelecerá casos e condições de sua efetivação por parte de estrangeiros.

- •• Lei Nacional da Adoção: Lei n. 12.010, de 3-8-2009.
- • Adoção: Lei n. 8.069, de 13-7-1990, arts. 39 a 52-D, e CC, arts. 1.618 e 1.619.
- • Convenção relativa à proteção das crianças e à cooperação em matéria de adoção internacional, concluída em Haia, em 29-5-1993: Decreto n. 3.087, de 21-6-1999.

§ 6.º Os filhos, havidos ou não da relação do casamento, ou por adoção, terão os mesmos direitos e qualificações, proibidas quaisquer designações discriminatórias relativas à filiação.

- • Lei n. 8.069, de 13-7-1990, art. 41: filhos adotados.
- • Lei n. 8.560, de 29-12-1992: investigação de paternidade dos filhos havidos fora do casamento.
- • Lei n. 10.317, de 6-12-2001: gratuidade do exame de DNA nos casos que especifica.
- • A Lei n. 11.804, de 5-11-2008, disciplina o direito a alimentos gravídicos e a forma como ele será exercido.

§ 7.º No atendimento dos direitos da criança e do adolescente levar-se-á em consideração o disposto no art. 204.

- • *Vide* notas ao *caput* deste artigo.

§ 8.º A lei estabelecerá:

- •• § 8.º, *caput*, acrescentado pela Emenda Constitucional n. 65, de 13-7-2010.

I – o estatuto da juventude, destinado a regular os direitos dos jovens;

- •• Inciso I acrescentado pela Emenda Constitucional n. 65, de 13-7-2010.
- •• A Lei n. 12.852, de 5-8-2013, institui o Estatuto da Juventude.

II – o plano nacional de juventude, de duração decenal, visando à articulação das várias esferas do poder público para a execução de políticas públicas.

- •• Inciso II acrescentado pela Emenda Constitucional n. 65, de 13-7-2010.

Art. 228. São penalmente inimputáveis os menores de dezoito anos, sujeitos às normas da legislação especial.

- • Disposição idêntica no art. 27 do CP e no art. 104 do ECA.
- • Os arts. 101 e 112 da Lei n. 8.069, de 13-7-1990, dispõem sobre as medidas de proteção e medidas socioeducativas aplicáveis à criança e ao adolescente infratores, respectivamente.

Art. 229. Os pais têm o dever de assistir, criar e educar os filhos menores, e os filhos maiores têm o dever de ajudar e amparar os pais na velhice, carência ou enfermidade.

- • Dever de sustento, guarda e educação dos filhos menores: art. 22 do ECA (Lei n. 8.069, de 13-7-1990).

Art. 230. A família, a sociedade e o Estado têm o dever de amparar as pessoas idosas, assegurando sua participação na comunidade, defendendo sua dignidade e bem-estar e garantindo-lhes o direito à vida.

- • Política Nacional do Idoso: Lei n. 8.842, de 4-1-1994. O Decreto n. 9.921, de 18-7-2019, consolida atos normativos que dispõem sobre a temática da pessoa idosa. O Decreto n. 11.483, de 6-4-2023, dispõe sobre o Conselho Nacional dos Direitos da Pessoa Idosa – CNDPI.
- • Prioridade na tramitação de procedimentos judiciais em que figure como parte ou interveniente pessoa com idade igual ou superior a 60 (sessenta) anos: art. 1.048 do CPC, e art. 71 da Lei n. 10.741, de 1.º-10-2003 (Estatuto da Pessoa Idosa).

§ 1.º Os programas de amparo aos idosos serão executados preferencialmente em seus lares.

§ 2.º Aos maiores de sessenta e cinco anos é garantida a gratuidade dos transportes coletivos urbanos.

Capítulo VIII
DOS ÍNDIOS

Art. 231. São reconhecidos aos índios sua organização social, costumes, línguas, crenças e tradições, e os direitos originários sobre as terras que tradicionalmente ocupam, competindo à União demarcá-las, proteger e fazer respeitar todos os seus bens.

- •• Artigo regulamentado pela Lei n. 14.701, de 20-10-2023.
- • Processo administrativo de demarcação das terras indígenas: Decreto n. 1.775, de 8-1-1996.
- • O Decreto n. 7.747, de 5-6-2012, institui a Política Nacional de Gestão Territorial e Ambiental de Terras Indígenas – PNGATI.
- • Educação indígena no Brasil: Decreto n. 26, de 4-2-1991.
- • Estatuto do Índio: Lei n. 6.001, de 19-12-1973.
- • O Decreto n. 3.156, de 27-8-1999, dispõe sobre as condições para a prestação de assistência à saúde dos povos indígenas, no âmbito do SUS.
- • O Decreto n. 4.412, de 7-10-2002, dispõe sobre a atuação das Forças Armadas e da Polícia Federal nas terras indígenas e dá outras providências.
- • O Decreto n. 6.861, de 27-5-2009, dispõe sobre a Educação Escolar Indígena.

§ 1.º São terras tradicionalmente ocupadas pelos índios as por eles habitadas em caráter permanente, as utilizadas para suas atividades produtivas, as imprescindíveis à preservação dos recursos ambientais necessários a seu bem-estar e as necessárias a sua reprodução física e cultural, segundo seus usos, costumes e tradições.

§ 2.º As terras tradicionalmente ocupadas pelos índios destinam-se a sua posse permanente, cabendo-lhes o usufruto exclusivo das riquezas do solo, dos rios e dos lagos nelas existentes.

§ 3.º O aproveitamento dos recursos hídricos, incluídos os potenciais energéticos, a pesquisa e a lavra das riquezas minerais em terras indígenas só podem ser efetivados com autorização do Congresso Nacional, ouvidas as comunidades afetadas, ficando-lhes assegurada participação nos resultados da lavra, na forma da lei.

§ 4.º As terras de que trata este artigo são inalienáveis e indisponíveis, e os direitos sobre elas, imprescritíveis.

§ 5.º É vedada a remoção dos grupos indígenas de suas terras, salvo, *ad referendum* do Congresso Nacional, em caso de catástrofe ou epidemia que ponha em risco sua população, ou no interesse da soberania do País, após deliberação do Congresso Nacional, garantido, em qualquer hipótese, o retorno imediato logo que cesse o risco.

§ 6.º São nulos e extintos, não produzindo efeitos jurídicos, os atos que tenham por objeto a ocupação, o domínio e a posse das terras a que se refere este artigo, ou a exploração das riquezas naturais do solo, dos rios e dos lagos nelas existentes, ressalvado relevante interesse público da União, segundo o que dispuser lei complementar, não gerando a nulidade e a extinção direito a indenização ou ações contra a União, salvo, na forma da lei, quanto às benfeitorias derivadas da ocupação de boa-fé.

§ 7.º Não se aplica às terras indígenas o disposto no art. 174, §§ 3.º e 4.º.

Art. 232. Os índios, suas comunidades e organizações são partes legítimas para ingressar em juízo em defesa de seus direitos e interesses, intervindo o Ministério Público em todos os atos do processo.

Título IX
DAS DISPOSIÇÕES CONSTITUCIONAIS GERAIS

Art. 233. (*Revogado pela Emenda Constitucional n. 28, de 25-5-2000.*)

Art. 234. É vedado à União, direta ou indiretamente, assumir, em decorrência da criação de Estado, encargos referentes a despesas com pessoal inativo e com encargos e amortizações da dívida interna ou externa da administração pública, inclusive da indireta.

• Vide art. 13, § 6.º, do ADCT.

Art. 235. Nos dez primeiros anos da criação de Estado, serão observadas as seguintes normas básicas:

I – a Assembleia Legislativa será composta de dezessete Deputados se a população do Estado for inferior a seiscentos mil habitantes, e de vinte e quatro, se igual ou superior a esse número, até um milhão e quinhentos mil;

II – o Governo terá no máximo dez Secretarias;

III – o Tribunal de Contas terá três membros, nomeados, pelo Governador eleito, dentre brasileiros de comprovada idoneidade e notório saber;

IV – o Tribunal de Justiça terá sete Desembargadores;

V – os primeiros Desembargadores serão nomeados pelo Governador eleito, escolhidos da seguinte forma:

a) cinco dentre os magistrados com mais de trinta e cinco anos de idade, em exercício na área do novo Estado ou do Estado originário;

b) dois dentre promotores, nas mesmas condições, e advogados de comprovada idoneidade e saber jurídico, com dez anos, no mínimo, de exercício profissional, obedecido o procedimento fixado na Constituição;

VI – no caso de Estado proveniente de Território Federal, os cinco primeiros Desembargadores poderão ser escolhidos dentre juízes de direito de qualquer parte do País;

VII – em cada Comarca, o primeiro Juiz de Direito, o primeiro Promotor de Justiça e o primeiro Defensor Público serão nomeados pelo Governador eleito após concurso público de provas e títulos;

VIII – até a promulgação da Constituição Estadual, responderão pela Procuradoria-Geral, pela Advocacia-Geral e pela Defensoria-Geral do Estado advogados de notório saber, com trinta e cinco anos de idade, no mínimo, nomeados pelo Governador eleito e demissíveis *ad nutum*;

IX – se o novo Estado for resultado de transformação de Território Federal, a transferência de encargos financeiros da União para pagamento dos servidores optantes que pertenciam à Administração Federal ocorrerá da seguinte forma:

a) no sexto ano de instalação, o Estado assumirá vinte por cento dos encargos financeiros para fazer face ao pagamento dos servidores públicos, ficando ainda o restante sob a responsabilidade da União;

b) no sétimo ano, os encargos do Estado serão acrescidos de trinta por cento e, no oitavo, dos restantes cinquenta por cento;

X – as nomeações que se seguirem às primeiras, para os cargos mencionados neste artigo, serão disciplinadas na Constituição Estadual;

XI – as despesas orçamentárias com pessoal não poderão ultrapassar cinquenta por cento da receita do Estado.

Art. 236. Os serviços notariais e de registro são exercidos em caráter privado, por delegação do Poder Público.

•• Artigo regulamentado pela Lei n. 8.935, de 18-11-1994.
• Vide art. 32 do ADCT.

- A Lei n. 11.789, de 2-10-2008, proíbe a inserção nas certidões de nascimento e de óbito de expressões que indiquem condição de pobreza ou semelhantes.

§ 1.º Lei regulará as atividades, disciplinará a responsabilidade civil e criminal dos notários, dos oficiais de registro e de seus prepostos, e definirá a fiscalização de seus atos pelo Poder Judiciário.

§ 2.º Lei federal estabelecerá normas gerais para fixação de emolumentos relativos aos atos praticados pelos serviços notariais e de registro.
- •• § 2.º regulamentado pela Lei n. 10.169, de 29-12-2000.
- •• A Lei n. 11.802, de 4-11-2008, dispõe sobre a obrigatoriedade da afixação dos quadros contendo os valores atualizados das custas e emolumentos.

§ 3.º O ingresso na atividade notarial e de registro depende de concurso público de provas e títulos, não se permitindo que qualquer serventia fique vaga, sem abertura de concurso de provimento ou de remoção, por mais de seis meses.

Art. 237. A fiscalização e o controle sobre o comércio exterior, essenciais à defesa dos interesses fazendários nacionais, serão exercidos pelo Ministério da Fazenda.
- O Decreto n. 11.428, de 2-3-2023, dispõe sobre a CAMEX, que tem por objetivo a formulação, a adoção, a implementação e a coordenação de políticas e de atividades relativas ao comércio exterior de bens e serviços, aos investimentos estrangeiros diretos, aos investimentos brasileiros no exterior e ao financiamento às exportações, com vistas a promover o aumento da produtividade da economia brasileira e da competitividade internacional do País.

Art. 238. A lei ordenará a venda e revenda de combustíveis de petróleo, álcool carburante e outros combustíveis derivados de matérias-primas renováveis, respeitados os princípios desta Constituição.
- A Lei n. 9.478, de 6-8-1997, dispõe sobre a Política Energética Nacional, as atividades relativas ao monopólio do petróleo, institui o Conselho Nacional de Política Energética e a Agência Nacional do Petróleo.
- A Lei n. 9.847, de 26-10-1999, disciplina a fiscalização das atividades relativas ao abastecimento nacional de combustíveis, de que trata a Lei n. 9.478, de 6-8-1997, e estabelece sanções administrativas.

Art. 239. A arrecadação decorrente das contribuições para o Programa de Integração Social, criado pela Lei Complementar n. 7, de 7 de setembro de 1970, e para o Programa de Formação do Patrimônio do Servidor Público, criado pela Lei Complementar n. 8, de 3 de dezembro de 1970, passa, a partir da promulgação desta Constituição, a financiar, nos termos que a lei dispuser, o programa do seguro desemprego, outras ações da previdência social e o abono de que trata o § 3.º deste artigo.
- •• *Caput* com redação determinada pela Emenda Constitucional n. 103, de 12-11-2019.
- •• A Emenda Constitucional n. 132, de 20-12-2023, a partir de 2027, altera a redação deste *caput*: "Art. 239. A arrecadação correspondente a 18% (dezoito por cento) da contribuição prevista no art. 195, V, e a decorrente da contribuição para o Programa de Formação do Patrimônio do Servidor Público, criado pela Lei Complementar n. 8, de 3 de dezembro de 1970, financiarão, nos termos que a lei dispuser, o programa do seguro-desemprego, outras ações da previdência social e o abono de que trata o § 3.º deste artigo".
- •• *Vide* art. 20 da Emenda Constitucional n. 132, de 20-12-2023 (Reforma Tributária).
- •• A Lei n. 7.998, de 11-1-1990, regulamenta o programa do seguro-desemprego, o abono salarial e institui o Fundo de Amparo ao Trabalhador – FAT.
- A Lei n. 9.715, de 25-11-1998, dispõe sobre as contribuições para o Programa de Integração Social e de Formação do Patrimônio do Servidor Público – PIS/PASEP.
- *Vide* art. 72, §§ 2.º e 3.º, do ADCT.

§ 1.º Dos recursos mencionados no *caput*, no mínimo 28% (vinte e oito por cento) serão destinados para o financiamento de programas de desenvolvimento econômico, por meio do Banco Nacional de Desenvolvimento Econômico e Social, com critérios de remuneração que preservem o seu valor.
- •• § 1.º com redação determinada pela Emenda Constitucional n. 103, de 12-11-2019.

§ 2.º Os patrimônios acumulados do Programa de Integração Social e do Programa de Formação do Patrimônio do Servidor Público são preservados, mantendo-se os critérios de saque nas situações previstas nas leis específicas, com exceção da retirada por motivo de casamento, ficando vedada a distribuição da arrecadação de que trata o *caput* deste artigo, para depósito nas contas individuais dos participantes.

§ 3.º Aos empregados que percebam de empregadores que contribuem para o Programa de Integração Social ou para o Programa de Formação do Patrimônio do Servidor Público remuneração mensal de até 2 (duas) vezes o salário mínimo do ano-base para pagamento em 2025, corrigida, a partir de 2026, pela variação anual do Índice Nacional de Preços ao Consumidor (INPC), calculado e divulgado pela Fundação Instituto Brasileiro de Geografia e Estatística (IBGE), ou de outro índice que vier a substituí-lo, acumulada no segundo exercício anterior ao de pagamento do benefício, é assegurado o pagamento de 1 (um) salário mínimo anual, computado nesse valor o rendimento das contas individuais, no caso daqueles que já participavam dos referidos Programas, até a data de promulgação desta Constituição.

•• § 3.º com redação determinada pela Emenda Constitucional n. 135, de 20-12-2024.
•• A Emenda Constitucional n. 132, de 20-12-2023, a partir de 2027, altera a redação deste § 3.º: "§ 3.º Aos empregados que percebam de empregadores que recolhem a contribuição prevista no art. 195, V, ou a contribuição para o Programa de Formação do Patrimônio do Servidor Público até 2 (dois) salários mínimos de remuneração mensal é assegurado o pagamento de 1 (um) salário mínimo anual, computado neste valor o rendimento das contas individuais, no caso daqueles que já participavam dos referidos programas, até a data de promulgação desta Constituição".

§ 3.º-A. O limite para elegibilidade do benefício de que trata o § 3º deste artigo não será inferior ao valor equivalente ao salário mínimo do período trabalhado multiplicado pelo índice de 1,5 (um inteiro e cinco décimos).

•• § 3.º-A acrescentado pela Emenda Constitucional n. 135, de 20-12-2024.

§ 4.º O financiamento do seguro-desemprego receberá uma contribuição adicional da empresa cujo índice de rotatividade da força de trabalho superar o índice médio da rotatividade do setor, na forma estabelecida por lei.

•• A Lei n. 7.998, de 11-1-1990, regula o Programa do Seguro-Desemprego, o Abono Salarial e institui o Fundo de Amparo ao Trabalhador – FAT.

§ 5.º Os programas de desenvolvimento econômico financiados na forma do § 1.º e seus resultados serão anualmente avaliados e divulgados em meio de comunicação social eletrônico e apresentados em reunião da comissão mista permanente de que trata o § 1.º do art. 166.

•• § 5.º acrescentado pela Emenda Constitucional n. 103, de 12-11-2019.

Art. 240. Ficam ressalvadas do disposto no art. 195 as atuais contribuições compulsórias dos empregadores sobre a folha de salários, destinadas às entidades privadas de serviço social e de formação profissional vinculadas ao sistema sindical.

Art. 241. A União, os Estados, o Distrito Federal e os Municípios disciplinarão por meio de lei os consórcios públicos e os convênios de cooperação entre os entes federados, autorizando a gestão associada de serviços públicos, bem como a transferência total ou parcial de encargos, serviços, pessoal e bens essenciais à continuidade dos serviços transferidos.

•• Artigo com redação determinada pela Emenda Constitucional n. 19, de 4-6-1998.
•• Artigo regulamentado pela Lei n. 11.107, de 6-4-2005. O Decreto n. 6.017, de 17-1-2007, regulamenta esta Lei.
•• A Lei n. 11.473, de 10-5-2007, dispõe sobre cooperação federativa no âmbito da segurança pública.

Art. 242. O princípio do art. 206, IV, não se aplica às instituições educacionais oficiais criadas por lei estadual ou municipal e existentes na data da promulgação desta Constituição, que não sejam total ou preponderantemente mantidas com recursos públicos.

Constituição da República Federativa do Brasil   Arts. 242 a 248   199

§ 1.º O ensino da História do Brasil levará em conta as contribuições das diferentes culturas e etnias para a formação do povo brasileiro.

§ 2.º O Colégio Pedro II, localizado na cidade do Rio de Janeiro, será mantido na órbita federal.

Art. 243. As propriedades rurais e urbanas de qualquer região do País onde forem localizadas culturas ilegais de plantas psicotrópicas ou a exploração de trabalho escravo na forma da lei serão expropriadas e destinadas à reforma agrária e a programas de habitação popular, sem qualquer indenização ao proprietário e sem prejuízo de outras sanções previstas em lei, observado, no que couber, o disposto no art. 5.º.

- •• *Caput* com redação determinada pela Emenda Constitucional n. 81, de 5-6-2014.
- • A Lei n. 8.257, de 26-11-1991, dispõe sobre a expropriação das glebas nas quais se localizem culturas ilegais de plantas psicotrópicas.
- • O Decreto n. 577, de 24-6-1992, dispõe sobre a expropriação das glebas, onde forem encontradas culturas ilegais de plantas psicotrópicas.

Parágrafo único. Todo e qualquer bem de valor econômico apreendido em decorrência do tráfico ilícito de entorpecentes e drogas afins e da exploração de trabalho escravo será confiscado e reverterá a fundo especial com destinação específica, na forma da lei.

- •• Parágrafo único com redação determinada pela Emenda Constitucional n. 81, de 5-6-2014.

Art. 244. A lei disporá sobre a adaptação dos logradouros, dos edifícios de uso público e dos veículos de transporte coletivo atualmente existentes a fim de garantir acesso adequado às pessoas portadoras de deficiência, conforme o disposto no art. 227, § 2.º.

- • A Lei n. 8.899, de 29-6-1994, concede passe livre às pessoas portadoras de deficiência, no sistema de transporte coletivo interestadual.
- • A Lei n. 10.098, de 19-12-2000, estabelece normas gerais e critérios básicos para a promoção da acessibilidade das pessoas portadoras de deficiência ou com mobilidade reduzida.

Art. 245. A lei disporá sobre hipóteses e condições em que o Poder Público dará assistência aos herdeiros e dependentes carentes de pessoas vitimadas por crime doloso, sem prejuízo da responsabilidade civil do autor do ilícito.

- • FUNPEN: Lei Complementar n. 79, de 7-1-1994, regulamentada pelo Decreto n. 1.093, de 23-3-1994.

Art. 246. É vedada a adoção de medida provisória na regulamentação de artigo da Constituição cuja redação tenha sido alterada por meio de emenda promulgada entre 1.º de janeiro de 1995 até a promulgação desta emenda, inclusive.

- •• Artigo acrescentado pela Emenda Constitucional n. 6, de 15-8-1995. A Emenda Constitucional n. 7, da mesma data, repete essa inclusão. Redação determinada pela Emenda Constitucional n. 32, de 11-9-2001.

Art. 247. As leis previstas no inciso III do § 1.º do art. 41 e no § 7.º do art. 169 estabelecerão critérios e garantias especiais para a perda do cargo pelo servidor público estável que, em decorrência das atribuições de seu cargo efetivo, desenvolva atividades exclusivas de Estado.

- •• *Caput* acrescentado pela Emenda Constitucional n. 19, de 4-6-1998.

Parágrafo único. Na hipótese de insuficiência de desempenho, a perda do cargo somente ocorrerá mediante processo administrativo em que lhe sejam assegurados o contraditório e a ampla defesa.

- •• Parágrafo único acrescentado pela Emenda Constitucional n. 19, de 4-6-1998.

Art. 248. Os benefícios pagos, a qualquer título, pelo órgão responsável pelo regime geral de previdência social, ainda que à conta do Tesouro Nacional, e os não sujeitos ao limite máximo de valor fixado para os benefícios concedidos por esse regime observarão os limites fixados no art. 37, XI.

- •• Artigo acrescentado pela Emenda Constitucional n. 20, de 15-12-1998.

Art. 249. Com o objetivo de assegurar recursos para o pagamento de proventos de aposentadoria e pensões concedidas aos respectivos servidores e seus dependentes, em adição aos recursos dos respectivos tesouros, a União, os Estados, o Distrito Federal e os Municípios poderão constituir fundos integrados pelos recursos provenientes de contribuições e por bens, direitos e ativos de qualquer natureza, mediante lei que disporá sobre a natureza e administração desses fundos.

•• Artigo acrescentado pela Emenda Constitucional n. 20, de 15-12-1998.

Art. 250. Com o objetivo de assegurar recursos para o pagamento dos benefícios concedidos pelo regime geral de previdência social, em adição aos recursos de sua arrecadação, a União poderá constituir fundo integrado por bens, direitos e ativos de qualquer natureza, mediante lei que disporá sobre a natureza e administração desse fundo.

•• Artigo acrescentado pela Emenda Constitucional n. 20, de 15-12-1998.

Ato das Disposições Constitucionais Transitórias

Art. 1.º O Presidente da República, o Presidente do Supremo Tribunal Federal e os membros do Congresso Nacional prestarão o compromisso de manter, defender e cumprir a Constituição, no ato e na data de sua promulgação.

Art. 2.º No dia 7 de setembro de 1993 o eleitorado definirá, através de plebiscito, a forma (república ou monarquia constitucional) e o sistema de governo (parlamentarismo ou presidencialismo) que devem vigorar no País.

•• *Vide* Emenda Constitucional n. 2, de 25-8-1992, sobre o assunto. A Lei n. 8.624, de 4-2-1993, dispõe sobre o plebiscito previsto neste artigo, realizado em 21-4-1993.

§ 1.º Será assegurada gratuidade na livre divulgação dessas formas e sistemas, através dos meios de comunicação de massa cessionários de serviço público.

§ 2.º O Tribunal Superior Eleitoral, promulgada a Constituição, expedirá as normas regulamentadoras deste artigo.

Art. 3.º A revisão constitucional será realizada após cinco anos, contados da promulgação da Constituição, pelo voto da maioria absoluta dos membros do Congresso Nacional, em sessão unicameral.

Art. 4.º O mandato do atual Presidente da República terminará em 15 de março de 1990.

§ 1.º A primeira eleição para Presidente da República após a promulgação da Constituição será realizada no dia 15 de novembro de 1989, não se lhe aplicando o disposto no art. 16 da Constituição.

§ 2.º É assegurada a irredutibilidade da atual representação dos Estados e do Distrito Federal na Câmara dos Deputados.

§ 3.º Os mandatos dos Governadores e dos Vice-Governadores eleitos em 15 de novembro de 1986 terminarão em 15 de março de 1991.

§ 4.º Os mandatos dos atuais Prefeitos, Vice-Prefeitos e Vereadores terminarão no dia 1.º de janeiro de 1989, com a posse dos eleitos.

Art. 5.º Não se aplicam às eleições previstas para 15 de novembro de 1988 o disposto no art. 16 e as regras do art. 77 da Constituição.

§ 1.º Para as eleições de 15 de novembro de 1988 será exigido domicílio eleitoral na circunscrição pelo menos durante os quatro meses anteriores ao pleito, podendo os candidatos que preencham este requisito, atendidas as demais exigências da lei, ter seu registro efetivado pela Justiça Eleitoral após a promulgação da Constituição.

§ 2.º Na ausência de norma legal específica, caberá ao Tribunal Superior Eleitoral editar as normas necessárias à realização das eleições de 1988, respeitada a legislação vigente.

§ 3.º Os atuais parlamentares federais e estaduais eleitos Vice-Prefeitos, se convocados a exercer a função de Prefeito, não perderão o mandato parlamentar.

§ 4.º O número de vereadores por município será fixado, para a representação a ser eleita em 1988, pelo respectivo Tribunal Regional Eleitoral, respeitados os limites estipulados no art. 29, IV, da Constituição.

§ 5.º Para as eleições de 15 de novembro de 1988, ressalvados os que já exercem mandato eletivo, são inelegíveis para qualquer cargo, no território de jurisdição do titular, o cônjuge e os parentes por consanguinidade ou afinidade, até o segundo grau, ou por adoção, do Presidente da República, do Governador de Estado, do Governador do Distrito Federal e do Prefeito que tenham exercido mais da metade do mandato.

Art. 6.º Nos seis meses posteriores à promulgação da Constituição, parlamentares federais, reunidos em número não inferior a trinta, poderão requerer ao Tribunal Superior Eleitoral o registro de novo partido político, juntando ao requerimento o manifesto, o estatuto e o programa devidamente assinados pelos requerentes.

§ 1.º O registro provisório, que será concedido de plano pelo Tribunal Superior Eleitoral, nos termos deste artigo, defere ao novo partido todos os direitos, deveres e prerrogativas dos atuais, entre eles o de participar, sob legenda própria, das eleições que vierem a ser realizadas nos doze meses seguintes a sua formação.

§ 2.º O novo partido perderá automaticamente seu registro provisório se, no prazo de vinte e quatro meses, contados de sua formação, não obtiver registro definitivo no Tribunal Superior Eleitoral, na forma que a lei dispuser.

Art. 7.º O Brasil propugnará pela formação de um tribunal internacional dos direitos humanos.

- O Decreto n. 4.388, de 25-9-2002, promulga o Estatuto de Roma do Tribunal Penal Internacional.
- O Decreto n. 4.463, de 8-11-2002, promulga a Declaração de Reconhecimento da Competência Obrigatória da Corte Interamericana em todos os casos relativos à interpretação ou aplicação da Convenção Americana sobre Direitos Humanos (Pacto de São José da Costa Rica, promulgado pelo Decreto n. 678, de 6-11-1992).

Art. 8.º É concedida anistia aos que, no período de 18 de setembro de 1946 até a data da promulgação da Constituição, foram atingidos, em decorrência de motivação exclusivamente política, por atos de exceção, institucionais ou complementares, aos que foram abrangidos pelo Decreto Legislativo n. 18, de 15 de dezembro de 1961, e aos atingidos pelo Decreto-lei n. 864, de 12 de setembro de 1969, asseguradas as promoções, na inatividade, ao cargo, emprego, posto ou graduação a que teriam direito se estivessem em serviço ativo, obedecidos os prazos de permanência em atividade previstos nas leis e regulamentos vigentes, respeitadas as características e peculiaridades das carreiras dos servidores públicos civis e militares e observados os respectivos regimes jurídicos.

•• Artigo regulamentado pela Lei n. 10.559, de 13-11-2002.
•• A Lei n. 12.528, de 18-11-2011, cria a Comissão Nacional da Verdade no âmbito da Casa Civil da Presidência da República com a finalidade de examinar e esclarecer as graves violações de direitos humanos praticadas no período fixado neste artigo.
•• O Enunciado n. 5 da Comissão de Anistia dispõe: "A anistia prevista no art. 8.º do ADCT, regulamentado pela Lei n. 10.559/2002, não alcança os militares expulsos ou licenciados com base em legislação disciplinar ordinária ou Penal Militar".

§ 1.º O disposto neste artigo somente gerará efeitos financeiros a partir da promulgação da Constituição, vedada a remuneração de qualquer espécie em caráter retroativo.

Ato das Disposições Constitucionais Transitórias | Arts. 8.º a 10 | 203

§ 2.º Ficam assegurados os benefícios estabelecidos neste artigo aos trabalhadores do setor privado, dirigentes e representantes sindicais que, por motivos exclusivamente políticos, tenham sido punidos, demitidos ou compelidos ao afastamento das atividades remuneradas que exerciam, bem como aos que foram impedidos de exercer atividades profissionais em virtude de pressões ostensivas ou expedientes oficiais sigilosos.

§ 3.º Aos cidadãos que foram impedidos de exercer, na vida civil, atividade profissional específica, em decorrência das Portarias Reservadas do Ministério da Aeronáutica n. S-50-GM5, de 19 de junho de 1964, e n. S-285-GM5 será concedida reparação de natureza econômica, na forma que dispuser lei de iniciativa do Congresso Nacional e a entrar em vigor no prazo de doze meses a contar da promulgação da Constituição.

§ 4.º Aos que, por força de atos institucionais, tenham exercido gratuitamente mandato eletivo de vereador serão computados, para efeito de aposentadoria no serviço público e previdência social, os respectivos períodos.

§ 5.º A anistia concedida nos termos deste artigo aplica-se aos servidores públicos civis e aos empregados em todos os níveis de governo ou em suas fundações, empresas públicas ou empresas mistas sob controle estatal, exceto nos Ministérios militares, que tenham sido punidos ou demitidos por atividades profissionais interrompidas em virtude de decisão de seus trabalhadores, bem como em decorrência do Decreto-lei n. 1.632, de 4 de agosto de 1978, ou por motivos exclusivamente políticos, assegurada a readmissão dos que foram atingidos a partir de 1979, observado o disposto no § 1.º.

- A Lei n. 7.783, de 28-6-1989, revoga o Decreto-lei n. 1.632, de 4-8-1978.

Art. 9.º Os que, por motivos exclusivamente políticos, foram cassados ou tiveram seus direitos políticos suspensos no período de 15 de julho a 31 de dezembro de 1969, por ato do então Presidente da República, poderão requerer ao Supremo Tribunal Federal o reconhecimento dos direitos e vantagens interrompidos pelos atos punitivos, desde que comprovem terem sido estes eivados de vício grave.

Parágrafo único. O Supremo Tribunal Federal proferirá a decisão no prazo de cento e vinte dias, a contar do pedido do interessado.

Art. 10. Até que seja promulgada a lei complementar a que se refere o art. 7.º, I, da Constituição:

I – fica limitada a proteção nele referida ao aumento, para quatro vezes, da porcentagem prevista no art. 6.º, *caput* e § 1.º, da Lei n. 5.107, de 13 de setembro de 1966;

- • Citada Lei foi revogada pela Lei n. 7.839, de 12-10-1989, e pela atual Lei de FGTS: Lei n. 8.036, de 11-5-1990.

II – fica vedada a dispensa arbitrária ou sem justa causa:

a) do empregado eleito para cargo de direção de comissões internas de prevenção de acidentes, desde o registro de sua candidatura até um ano após o final de seu mandato;

b) da empregada gestante, desde a confirmação da gravidez até cinco meses após o parto.

- • A Lei n. 12.812, de 16-5-2013, acrescenta o art. 391-A à CLT, para dispor sobre a estabilidade provisória da gestante, prevista nesta alínea.
- • A Lei Complementar n. 146, de 25-6-2014, assegura o direito prescrito nesta alínea, nos casos em que ocorrer o falecimento da genitora, a quem detiver a guarda do seu filho.

§ 1.º Até que a lei venha a disciplinar o disposto no art. 7.º, XIX, da Constituição, o prazo da licença-paternidade a que se refere o inciso é de cinco dias.

- • A Lei n. 11.770, de 9-9-2008 (Programa Empresa Cidadã), alterada pela Lei n. 13.257, de 8-3-2016, prorroga por 15 (quinze) dias a duração da licença prevista neste § 1.º, mediante concessão de incentivo fiscal.

§ 2.º Até ulterior disposição legal, a cobrança das contribuições para o custeio das atividades dos sindicatos rurais será feita juntamente com a do imposto territorial rural, pelo mesmo órgão arrecadador.

§ 3.º Na primeira comprovação do cumprimento das obrigações trabalhistas pelo empregador rural, na forma do art. 233, após a promulgação da Constituição, será certificada perante a Justiça do Trabalho a regularidade do contrato e das atualizações das obrigações trabalhistas de todo o período.

•• O art. 233 da CF foi revogado pela Emenda Constitucional n. 28, de 25-5-2000.

Art. 11. Cada Assembleia Legislativa, com poderes constituintes, elaborará a Constituição do Estado, no prazo de um ano, contado da promulgação da Constituição Federal, obedecidos os princípios desta.

Parágrafo único. Promulgada a Constituição do Estado, caberá à Câmara Municipal, no prazo de seis meses, votar a Lei Orgânica respectiva, em dois turnos de discussão e votação, respeitado o disposto na Constituição Federal e na Constituição Estadual.

Art. 12. Será criada, dentro de noventa dias da promulgação da Constituição, Comissão de Estudos Territoriais, com dez membros indicados pelo Congresso Nacional e cinco pelo Poder Executivo, com a finalidade de apresentar estudos sobre o território nacional e anteprojetos relativos a novas unidades territoriais, notadamente na Amazônia Legal e em áreas pendentes de solução.

§ 1.º No prazo de um ano, a Comissão submeterá ao Congresso Nacional os resultados de seus estudos para, nos termos da Constituição, serem apreciados nos doze meses subsequentes, extinguindo-se logo após.

§ 2.º Os Estados e os Municípios deverão, no prazo de três anos, a contar da promulgação da Constituição, promover, mediante acordo ou arbitramento, a demarcação de suas linhas divisórias atualmente litigiosas, podendo para isso fazer alterações e compensações de área que atendam aos acidentes naturais, critérios históricos, conveniências administrativas e comodidade das populações limítrofes.

§ 3.º Havendo solicitação dos Estados e Municípios interessados, a União poderá encarregar-se dos trabalhos demarcatórios.

§ 4.º Se, decorrido o prazo de três anos, a contar da promulgação da Constituição, os trabalhos demarcatórios não tiverem sido concluídos, caberá à União determinar os limites das áreas litigiosas.

§ 5.º Ficam reconhecidos e homologados os atuais limites do Estado do Acre com os Estados do Amazonas e de Rondônia, conforme levantamentos cartográficos e geodésicos realizados pela Comissão Tripartite integrada por representantes dos Estados e dos serviços técnico-especializados do Instituto Brasileiro de Geografia e Estatística.

Art. 13. É criado o Estado do Tocantins, pelo desmembramento da área descrita neste artigo, dando-se sua instalação no quadragésimo sexto dia após a eleição prevista no § 3.º, mas não antes de 1.º de janeiro de 1989.

§ 1.º O Estado do Tocantins integra a Região Norte e limita-se com o Estado de Goiás pelas divisas norte dos Municípios de São Miguel do Araguaia, Porangatu, Formoso, Minaçu, Cavalcante, Monte Alegre de Goiás e Campos Belos, conservando a leste, norte e oeste as divisas atuais de Goiás com os Estados da Bahia, Piauí, Maranhão, Pará e Mato Grosso.

§ 2.º O Poder Executivo designará uma das cidades do Estado para sua Capital provisória até a aprovação da sede definitiva do governo pela Assembleia Constituinte.

§ 3.º O Governador, o Vice-Governador, os Senadores, os Deputados Federais e os Deputados Estaduais serão eleitos, em um único turno, até setenta e cinco dias após a promulgação da Constituição, mas não antes de 15 de novembro de 1988, a critério do Tribunal Superior Eleitoral, obedecidas, entre outras, as seguintes normas:

I – o prazo de filiação partidária dos candidatos será encerrado setenta e cinco dias antes da data das eleições;

II – as datas das convenções regionais partidárias destinadas a deliberar sobre coligações e escolha de candidatos, de apresentação de requerimento de registro dos candidatos escolhidos e dos demais procedimentos legais serão fixadas, em calendário especial, pela Justiça Eleitoral;

III – são inelegíveis os ocupantes de cargos estaduais ou municipais que não se tenham deles afastado, em caráter definitivo, setenta e cinco dias antes da data das eleições previstas neste parágrafo;

IV – ficam mantidos os atuais diretórios regionais dos partidos políticos do Estado de Goiás, cabendo às comissões executivas nacionais designar comissões provisórias no Estado do Tocantins, nos termos e para os fins previstos na lei.

§ 4.º Os mandatos do Governador, do Vice-Governador, dos Deputados Federais e Estaduais eleitos na forma do parágrafo anterior extinguir-se-ão concomitantemente aos das demais unidades da Federação; o mandato do Senador eleito menos votado extinguir-se-á nessa mesma oportunidade, e os dos outros dois, juntamente com os dos Senadores eleitos em 1986 nos demais Estados.

§ 5.º A Assembleia Estadual Constituinte será instalada no quadragésimo sexto dia da eleição de seus integrantes, mas não antes de 1.º de janeiro de 1989, sob a presidência do Presidente do Tribunal Regional Eleitoral do Estado de Goiás, e dará posse, na mesma data, ao Governador e ao Vice-Governador eleitos.

§ 6.º Aplicam-se à criação e instalação do Estado do Tocantins, no que couber, as normas legais disciplinadoras da divisão do Estado de Mato Grosso, observado o disposto no art. 234 da Constituição.

§ 7.º Fica o Estado de Goiás liberado dos débitos e encargos decorrentes de empreendimentos no território do novo Estado, e autorizada a União, a seu critério, a assumir os referidos débitos.

Art. 14. Os Territórios Federais de Roraima e do Amapá são transformados em Estados Federados, mantidos seus atuais limites geográficos.

§ 1.º A instalação dos Estados dar-se-á com a posse dos governadores eleitos em 1990.

§ 2.º Aplicam-se à transformação e instalação dos Estados de Roraima e Amapá as normas e critérios seguidos na criação do Estado de Rondônia, respeitado o disposto na Constituição e neste Ato.

§ 3.º O Presidente da República, até quarenta e cinco dias após a promulgação da Constituição, encaminhará à apreciação do Senado Federal os nomes dos governadores dos Estados de Roraima e do Amapá que exercerão o Poder Executivo até a instalação dos novos Estados com a posse dos governadores eleitos.

§ 4.º Enquanto não concretizada a transformação em Estados, nos termos deste artigo, os Territórios Federais de Roraima e do Amapá serão beneficiados pela transferência de recursos prevista nos arts. 159, I, a, da Constituição, e 34, § 2.º, II deste Ato.

Art. 15. Fica extinto o Território Federal de Fernando de Noronha, sendo sua área reincorporada ao Estado de Pernambuco.

Art. 16. Até que se efetive o disposto no art. 32, § 2.º, da Constituição, caberá ao Presidente da República, com a aprovação do Senado Federal, indicar o Governador e o Vice-Governador do Distrito Federal.

§ 1.º A competência da Câmara Legislativa do Distrito Federal, até que se instale, será exercida pelo Senado Federal.

§ 2.º A fiscalização contábil, financeira, orçamentária, operacional e patrimonial do Distrito Federal, enquanto não for instalada a Câmara Legislativa, será exercida pelo Senado Federal, mediante controle externo, com o auxílio do Tribunal de Contas do Distrito Federal, observado o disposto no art. 72 da Constituição.

§ 3.º Incluem-se entre os bens do Distrito Federal aqueles que lhe vierem a ser atribuídos pela União na forma da lei.

Art. 17. Os vencimentos, a remuneração, as vantagens e os adicionais, bem como os proventos de aposentadoria que estejam sendo percebidos em desacordo com a Constituição serão imediatamente reduzidos aos limites dela decorrentes, não se admitindo, neste caso, invocação de direito adquirido ou percepção de excesso a qualquer título.

§ 1.º É assegurado o exercício cumulativo de dois cargos ou empregos privativos de médico que estejam sendo exercidos por médico militar na administração pública direta ou indireta.

§ 2.º É assegurado o exercício cumulativo de dois cargos ou empregos privativos de profissionais de saúde que estejam sendo exercidos na administração pública direta ou indireta.

•• *Vide* art. 9.º da Emenda Constitucional n. 41, de 19-12-2003.

Art. 18. Ficam extintos os efeitos jurídicos de qualquer ato legislativo ou administrativo, lavrado a partir da instalação da Assembleia Nacional Constituinte, que tenha por objeto a concessão de estabilidade a servidor admitido sem concurso público, da administração direta ou indireta, inclusive das fundações instituídas e mantidas pelo Poder Público.

Art. 18-A. Os atos administrativos praticados no Estado do Tocantins, decorrentes de sua instalação, entre 1.º de janeiro de 1989 e 31 de dezembro de 1994, eivados de qualquer vício jurídico e dos quais decorram efeitos favoráveis para os destinatários ficam convalidados após 5 (cinco) anos, contados da data em que foram praticados, salvo comprovada má-fé.

•• Artigo acrescentado pela Emenda Constitucional n. 110, de 12-7-2021.

Art. 19. Os servidores públicos civis da União, dos Estados, do Distrito Federal e dos Municípios, da administração direta, autárquica e das fundações públicas, em exercício na data da promulgação da Constituição, há pelo menos cinco anos continuados, e que não tenham sido admitidos na forma regulada no art. 37, da Constituição, são considerados estáveis no serviço público.

§ 1.º O tempo de serviço dos servidores referidos neste artigo será contado como título quando se submeterem a concurso para fins de efetivação, na forma da lei.

§ 2.º O disposto neste artigo não se aplica aos ocupantes de cargos, funções e empregos de confiança ou em comissão, nem aos que a lei declare de livre exoneração, cujo tempo de serviço não será computado para os fins do *caput* deste artigo, exceto se se tratar de servidor.

§ 3.º O disposto neste artigo não se aplica aos professores de nível superior, nos termos da lei.

Art. 20. Dentro de cento e oitenta dias, proceder-se-á à revisão dos direitos dos servidores públicos inativos e pensionistas e à atualização dos proventos e pensões a eles devidos, a fim de ajustá-los ao disposto na Constituição.

• Regime Jurídico dos Servidores Públicos Civis da União, das Autarquias e das Fundações Públicas Federais: Lei n. 8.112, de 11-12-1990.
• Reforma Previdenciária: *vide* Emenda Constitucional n. 41, de 19-12-2003.

Ato das Disposições Constitucionais Transitórias | Arts. 21 a 26

Art. 21. Os juízes togados de investidura limitada no tempo, admitidos mediante concurso público de provas e títulos e que estejam em exercício na data da promulgação da Constituição, adquirem estabilidade, observado o estágio probatório, e passam a compor quadro em extinção, mantidas as competências, prerrogativas e restrições da legislação a que se achavam submetidos, salvo as inerentes à transitoriedade da investidura.

Parágrafo único. A aposentadoria dos juízes de que trata este artigo regular-se-á pelas normas fixadas para os demais juízes estaduais.

Art. 22. É assegurado aos defensores públicos investidos na função até a data de instalação da Assembleia Nacional Constituinte o direito de opção pela carreira, com a observância das garantias e vedações previstas no art. 134, parágrafo único, da Constituição.

• *Vide* atualmente art. 134, § 1.º, da CF.

Art. 23. Até que se edite a regulamentação do art. 21, XVI, da Constituição, os atuais ocupantes do cargo de censor federal continuarão exercendo funções com este compatíveis, no Departamento de Polícia Federal, observadas as disposições constitucionais.

• A Lei n. 9.688, de 6-7-1998, dispõe sobre a extinção dos cargos de censor federal e o enquadramento de seus ocupantes.

Parágrafo único. A lei referida disporá sobre o aproveitamento dos censores federais, nos termos deste artigo.

Art. 24. A União, os Estados, o Distrito Federal e os Municípios editarão leis que estabeleçam critérios para a compatibilização de seus quadros de pessoal ao disposto no art. 39 da Constituição e à reforma administrativa dela decorrente, no prazo de dezoito meses, contados da sua promulgação.

Art. 25. Ficam revogados, a partir de cento e oitenta dias da promulgação da Constituição, sujeito este prazo a prorrogação por lei, todos os dispositivos legais que atribuam ou deleguem a órgão do Poder Executivo competência assinalada pela Constituição ao Congresso Nacional, especialmente no que tange a:

I – ação normativa;

II – alocação ou transferência de recursos de qualquer espécie.

§ 1.º Os decretos-leis em tramitação no Congresso Nacional e por este não apreciados até a promulgação da Constituição terão seus efeitos regulados da seguinte forma:

I – se editados até 2 de setembro de 1988, serão apreciados pelo Congresso Nacional no prazo de até cento e oitenta dias a contar da promulgação da Constituição, não computado o recesso parlamentar;

II – decorrido o prazo definido no inciso anterior, e não havendo apreciação, os decretos--leis ali mencionados serão considerados rejeitados;

III – nas hipóteses definidas nos incisos I e II, terão plena validade os atos praticados na vigência dos respectivos decretos-leis, podendo o Congresso Nacional, se necessário, legislar sobre os efeitos deles remanescentes.

§ 2.º Os decretos-leis editados entre 3 de setembro de 1988 e a promulgação da Constituição serão convertidos, nesta data, em medidas provisórias, aplicando-se-lhes as regras estabelecidas no art. 62, parágrafo único.

•• O art. 62 da CF foi alterado pela Emenda Constitucional n. 32, de 11-9-2001, que modificou a tramitação das Medidas Provisórias.

Art. 26. No prazo de um ano a contar da promulgação da Constituição, o Congresso Nacional promoverá, através de Comissão mista, exame analítico e pericial dos atos e fatos geradores do endividamento externo brasileiro.

§ 1.º A Comissão terá a força legal de Comissão parlamentar de inquérito para os fins de requisição e convocação, e atuará com o auxílio do Tribunal de Contas da União.

§ 2.º Apurada irregularidade, o Congresso Nacional proporá ao Poder Executivo a declaração de nulidade do ato e encaminhará o processo ao Ministério Público Federal, que formalizará, no prazo de sessenta dias, a ação cabível.

Art. 27. O Superior Tribunal de Justiça será instalado sob a Presidência do Supremo Tribunal Federal.

§ 1.º Até que se instale o Superior Tribunal de Justiça, o Supremo Tribunal Federal exercerá as atribuições e competências definidas na ordem constitucional precedente.

§ 2.º A composição inicial do Superior Tribunal de Justiça far-se-á:

I – pelo aproveitamento dos Ministros do Tribunal Federal de Recursos;

II – pela nomeação dos Ministros que sejam necessários para completar o número estabelecido na Constituição.

§ 3.º Para os efeitos do disposto na Constituição, os atuais Ministros do Tribunal Federal de Recursos serão considerados pertencentes à classe de que provieram, quando de sua nomeação.

§ 4.º Instalado o Tribunal, os Ministros aposentados do Tribunal Federal de Recursos tornar-se-ão, automaticamente, Ministros aposentados do Superior Tribunal de Justiça.

§ 5.º Os Ministros a que se refere o § 2.º, II, serão indicados em lista tríplice pelo Tribunal Federal de Recursos, observado o disposto no art. 104, parágrafo único, da Constituição.

§ 6.º Ficam criados cinco Tribunais Regionais Federais, a serem instalados no prazo de seis meses a contar da promulgação da Constituição, com a jurisdição e sede que lhes fixar o Tribunal Federal de Recursos, tendo em conta o número de processos e sua localização geográfica.

§ 7.º Até que se instalem os Tribunais Regionais Federais, o Tribunal Federal de Recursos exercerá a competência a eles atribuída em todo o território nacional, cabendo-lhe promover sua instalação e indicar os candidatos a todos os cargos da composição inicial, mediante lista tríplice, podendo desta constar juízes federais de qualquer região, observado o disposto no § 9.º.

§ 8.º É vedado, a partir da promulgação da Constituição, o provimento de vagas de Ministros do Tribunal Federal de Recursos.

§ 9.º Quando não houver juiz federal que conte o tempo mínimo previsto no art. 107, II, da Constituição, a promoção poderá contemplar juiz com menos de cinco anos no exercício do cargo.

§ 10. Compete à Justiça Federal julgar as ações nela propostas até a data da promulgação da Constituição, e aos Tribunais Regionais Federais bem como ao Superior Tribunal de Justiça julgar as ações rescisórias das decisões até então proferidas pela Justiça Federal, inclusive daquelas cuja matéria tenha passado à competência de outro ramo do Judiciário.

§ 11. São criados, ainda, os seguintes Tribunais Regionais Federais: o da 6.ª Região, com sede em Curitiba, Estado do Paraná, e jurisdição nos Estados do Paraná, Santa Catarina e Mato Grosso do Sul; o da 7.ª Região, com sede em Belo Horizonte, Estado de Minas Gerais, e jurisdição no Estado de Minas Gerais; o da 8.ª Região, com sede em Salvador, Estado da

Bahia, e jurisdição nos Estados da Bahia e Sergipe; e o da 9.ª Região, com sede em Manaus, Estado do Amazonas, e jurisdição nos Estados do Amazonas, Acre, Rondônia e Roraima.

•• § 11 acrescentado pela Emenda Constitucional n. 73, de 6-6-2013.

Art. 28. Os juízes federais de que trata o art. 123, § 2.º, da Constituição de 1967, com a redação dada pela Emenda Constitucional n. 7, de 1977, ficam investidos na titularidade de varas na Seção Judiciária para a qual tenham sido nomeados ou designados; na inexistência de vagas, proceder-se-á ao desdobramento das varas existentes.

•• Dispõe o § 2.º do art. 123 citado: "A lei poderá atribuir a juízes federais exclusivamente funções de substituição, em uma ou mais seções judiciárias e, ainda, as de auxílio a juízes titulares de Varas, quando não se encontrarem no exercício de substituição".

Parágrafo único. Para efeito de promoção por antiguidade, o tempo de serviço desses juízes será computado a partir do dia de sua posse.

Art. 29. Enquanto não aprovadas as leis complementares relativas ao Ministério Público e à Advocacia-Geral da União, o Ministério Público Federal, a Procuradoria-Geral da Fazenda Nacional, as Consultorias Jurídicas dos Ministérios, as Procuradorias e Departamentos Jurídicos de autarquias federais com representação própria e os membros das Procuradorias das Universidades fundacionais públicas continuarão a exercer suas atividades na área das respectivas atribuições.

• Lei Orgânica da AGU: Lei Complementar n. 73, de 10-2-1993.
• Organização, Atribuições e Estatuto do Ministério Público da União: Lei Complementar n. 75, de 20-5-1993.

§ 1.º O Presidente da República, no prazo de cento e vinte dias, encaminhará ao Congresso Nacional projeto de lei complementar dispondo sobre a organização e o funcionamento da Advocacia-Geral da União.

§ 2.º Aos atuais Procuradores da República, nos termos da lei complementar, será facultada a opção, de forma irretratável, entre as carreiras do Ministério Público Federal e da Advocacia-Geral da União.

§ 3.º Poderá optar pelo regime anterior, no que respeita às garantias e vantagens, o membro do Ministério Público admitido antes da promulgação da Constituição, observando-se, quanto às vedações, a situação jurídica na data desta.

• A Resolução n. 8, de 8-5-2006, do CNMP, dispõe sobre impedimentos e vedações ao exercício de advocacia por membros do Ministério Público com respaldo neste parágrafo.

§ 4.º Os atuais integrantes do quadro suplementar dos Ministérios Públicos do Trabalho e Militar que tenham adquirido estabilidade nessas funções passam a integrar o quadro da respectiva carreira.

§ 5.º Cabe à atual Procuradoria-Geral da Fazenda Nacional, diretamente ou por delegação, que pode ser ao Ministério Público Estadual, representar judicialmente a União nas causas de natureza fiscal, na área da respectiva competência, até a promulgação das leis complementares previstas neste artigo.

Art. 30. A legislação que criar a justiça de paz manterá os atuais juízes de paz até a posse dos novos titulares, assegurando-lhes os direitos e atribuições conferidos a estes, e designará o dia para a eleição prevista no art. 98, II, da Constituição.

Art. 31. Serão estatizadas as serventias do foro judicial, assim definidas em lei, respeitados os direitos dos atuais titulares.

Art. 32. O disposto no art. 236 não se aplica aos serviços notariais e de registro que já tenham sido oficializados pelo Poder Público, respeitando-se o direito de seus servidores.

Art. 33. Ressalvados os créditos de natureza alimentar, o valor dos precatórios judiciais pendentes de pagamento na data da promulgação da Constituição, incluído o remanescente de juros e correção monetária, poderá ser pago em moeda corrente, com atualização, em prestações anuais, iguais e sucessivas, no prazo máximo de oito anos, a partir de 1.º de julho de 1989, por decisão editada pelo Poder Executivo até cento e oitenta dias da promulgação da Constituição.

•• Vide art. 97, § 15, do ADCT.

Parágrafo único. Poderão as entidades devedoras, para o cumprimento do disposto neste artigo, emitir, em cada ano, no exato montante do dispêndio, títulos de dívida pública não computáveis para efeito do limite global de endividamento.

Art. 34. O sistema tributário nacional entrará em vigor a partir do primeiro dia do quinto mês seguinte ao da promulgação da Constituição, mantido, até então, o da Constituição de 1967, com a redação dada pela Emenda n. 1, de 1969, e pelas posteriores.

§ 1.º Entrarão em vigor com a promulgação da Constituição os arts. 148, 149, 150, 154, I, 156, III, e 159, I, c, revogadas as disposições em contrário da Constituição de 1967 e das Emendas que a modificaram, especialmente de seu art. 25, III.

§ 2.º O Fundo de Participação dos Estados e do Distrito Federal e o Fundo de Participação dos Municípios obedecerão às seguintes determinações:

I – a partir da promulgação da Constituição, os percentuais serão, respectivamente, de dezoito por cento e de vinte por cento, calculados sobre o produto da arrecadação dos impostos referidos no art. 153, III e IV, mantidos os atuais critérios de rateio até a entrada em vigor da lei complementar a que se refere o art. 161, II;

II – o percentual relativo ao Fundo de Participação dos Estados e do Distrito Federal será acrescido de um ponto percentual no exercício financeiro de 1989 e, a partir de 1990, inclusive, à razão de meio ponto por exercício, até 1992, inclusive, atingindo em 1993 o percentual estabelecido no art. 159, I, a;

III – o percentual relativo ao Fundo de Participação dos Municípios, a partir de 1989, inclusive, será elevado à razão de meio ponto percentual por exercício financeiro, até atingir o estabelecido no art. 159, I, b.

§ 3.º Promulgada a Constituição, a União, os Estados, o Distrito Federal e os Municípios poderão editar as leis necessárias à aplicação do sistema tributário nacional nela previsto.

§ 4.º As leis editadas nos termos do parágrafo anterior produzirão efeitos a partir da entrada em vigor do sistema tributário nacional previsto na Constituição.

§ 5.º Vigente o novo sistema tributário nacional, fica assegurada a aplicação da legislação anterior, no que não seja incompatível com ele e com a legislação referida nos §§ 3.º e 4.º.

§ 6.º Até 31 de dezembro de 1989, o disposto no art. 150, III, b, não se aplica aos impostos de que tratam os arts. 155, I, a e b, e 156, II e III, que podem ser cobrados trinta dias após a publicação da lei que os tenha instituído ou aumentado.

•• Com a alteração determinada pela Emenda Constitucional n. 3, de 17-3-1993, a referência ao art. 155, I, a e b, passou a ser ao art. 155, I e II, da CF.

§ 7.º Até que sejam fixadas em lei complementar, as alíquotas máximas do imposto municipal sobre vendas a varejo de combustíveis líquidos e gasosos não excederão a três por cento.

§ 8.º Se, no prazo de sessenta dias contados da promulgação da Constituição, não for editada a lei complementar necessária à instituição do imposto de que trata o art. 155, I, b, os

Estados e o Distrito Federal, mediante convênio celebrado nos termos da Lei Complementar n. 24, de 7 de janeiro de 1975, fixarão normas para regular provisoriamente a matéria.

•• Com a alteração determinada pela Emenda Constitucional n. 3, de 17-3-1993, a referência ao art. 155, I, b, passou a ser ao art. 155, II, da CF.

• A Lei Complementar n. 24, de 7-1-1975, dispõe sobre os convênios para a concessão de isenções do imposto sobre operações relativas à circulação de mercadorias.

• A Lei Complementar n. 87, de 13-9-1996, dispõe sobre o Imposto dos Estados e do Distrito Federal, sobre operações relativas à circulação de mercadorias e sobre prestações de serviços de transporte interestadual e intermunicipal e de comunicação (Lei Kandir).

§ 9.º Até que lei complementar disponha sobre a matéria, as empresas distribuidoras de energia elétrica, na condição de contribuintes ou de substitutos tributários, serão as responsáveis, por ocasião da saída do produto de seus estabelecimentos, ainda que destinado a outra unidade da Federação, pelo pagamento do imposto sobre operações relativas à circulação de mercadorias incidente sobre energia elétrica, desde a produção ou importação até a última operação, calculado o imposto sobre o preço então praticado na operação final e assegurado seu recolhimento ao Estado ou ao Distrito Federal, conforme o local onde deva ocorrer essa operação.

§ 10. Enquanto não entrar em vigor a lei prevista no art. 159, I, c, cuja promulgação se fará até 31 de dezembro de 1989, é assegurada a aplicação dos recursos previstos naquele dispositivo da seguinte maneira:

I – seis décimos por cento na Região Norte, através do Banco da Amazônia S.A.;

II – um inteiro e oito décimos por cento na Região Nordeste, através do Banco do Nordeste do Brasil S.A.;

III – seis décimos por cento na Região Centro-Oeste, através do Banco do Brasil S.A.

§ 11. Fica criado, nos termos da lei, o Banco de Desenvolvimento do Centro-Oeste, para dar cumprimento, na referida região, ao que determinam os arts. 159, I, c, e 192, § 2.º, da Constituição.

•• O § 2.º do art. 192 foi revogado pela Emenda Constitucional n. 40, de 29-5-2003.

§ 12. A urgência prevista no art. 148, II, não prejudica a cobrança do empréstimo compulsório instituído, em benefício das Centrais Elétricas Brasileiras S.A. (Eletrobrás), pela Lei n. 4.156, de 28 de novembro de 1962, com as alterações posteriores.

Art. 35. O disposto no art. 165, § 7.º, será cumprido de forma progressiva, no prazo de até dez anos, distribuindo-se os recursos entre as regiões macroeconômicas em razão proporcional à população, a partir da situação verificada no biênio 1986-87.

§ 1.º Para aplicação dos critérios de que trata este artigo, excluem-se das despesas totais as relativas:

I – aos projetos considerados prioritários no plano plurianual;

II – à segurança e defesa nacional;

III – à manutenção dos órgãos federais no Distrito Federal;

IV – ao Congresso Nacional, ao Tribunal de Contas da União e ao Poder Judiciário;

V – ao serviço da dívida da administração direta e indireta da União, inclusive fundações instituídas e mantidas pelo Poder Público federal.

§ 2.º Até a entrada em vigor da lei complementar a que se refere o art. 165, § 9.º, I e II, serão obedecidas as seguintes normas:

I – o projeto do plano plurianual, para vigência até o final do primeiro exercício financeiro do mandato presidencial subsequente, será encaminhado até quatro meses antes do encerramento do primeiro exercício financeiro e devolvido para sanção até o encerramento da sessão legislativa;

II – o projeto de lei de diretrizes orçamentárias será encaminhado até oito meses e meio antes do encerramento do exercício financeiro e devolvido para sanção até o encerramento do primeiro período da sessão legislativa;

III – o projeto de lei orçamentária da União será encaminhado até quatro meses antes do encerramento do exercício financeiro e devolvido para sanção até o encerramento da sessão legislativa.

Art. 36. Os fundos existentes na data da promulgação da Constituição, excetuados os resultantes de isenções fiscais que passem a integrar patrimônio privado e os que interessem à defesa nacional, extinguir-se-ão, se não forem ratificados pelo Congresso Nacional no prazo de dois anos.

Art. 37. A adaptação ao que estabelece o art. 167, III, deverá processar-se no prazo de cinco anos, reduzindo-se o excesso à base de, pelo menos, um quinto por ano.

Art. 38. Até a promulgação da lei complementar referida no art. 169, a União, os Estados, o Distrito Federal e os Municípios não poderão despender com pessoal mais do que sessenta e cinco por cento do valor das respectivas receitas correntes.

§ 1.º A União, os Estados, o Distrito Federal e os Municípios, quando a respectiva despesa de pessoal exceder o limite previsto neste artigo, deverão retornar àquele limite, reduzindo o percentual excedente à razão de um quinto por ano.

•• Parágrafo único renumerado pela Emenda Constitucional n. 127, de 22-12-2022.

§ 2.º As despesas com pessoal resultantes do cumprimento do disposto nos §§ 12, 13, 14 e 15 do art. 198 da Constituição Federal serão contabilizadas, para fins dos limites de que trata o art. 169 da Constituição Federal, da seguinte forma:

•• § 2.º, *caput*, acrescentado pela Emenda Constitucional n. 127, de 22-12-2022.

I – até o fim do exercício financeiro subsequente ao da publicação deste dispositivo, não serão contabilizadas para esses limites;

•• Inciso I acrescentado pela Emenda Constitucional n. 127, de 22-12-2022.

II – no segundo exercício financeiro subsequente ao da publicação deste dispositivo, serão deduzidas em 90% (noventa por cento) do seu valor;

•• Inciso II acrescentado pela Emenda Constitucional n. 127, de 22-12-2022.

III – entre o terceiro e o décimo segundo exercício financeiro subsequente ao da publicação deste dispositivo, a dedução de que trata o inciso II deste parágrafo será reduzida anualmente na proporção de 10% (dez por cento) de seu valor.

•• Inciso III acrescentado pela Emenda Constitucional n. 127, de 22-12-2022.

Art. 39. Para efeito do cumprimento das disposições constitucionais que impliquem variações de despesas e receitas da União, após a promulgação da Constituição, o Poder Executivo deverá elaborar e o Poder Legislativo apreciar projeto de revisão da lei orçamentária referente ao exercício financeiro de 1989.

Parágrafo único. O Congresso Nacional deverá votar no prazo de doze meses a lei complementar prevista no art. 161, II.

Art. 40. É mantida a Zona Franca de Manaus, com suas características de área livre de comércio, de exportação e importação, e de incentivos fiscais, pelo prazo de vinte e cinco anos, a partir da promulgação da Constituição.

•• *Vide* arts. 92 e 92-A do ADCT, que prorrogam o prazo fixado neste artigo.

Ato das Disposições Constitucionais Transitórias | Arts. 40 a 44 | 213

* O Decreto n. 205, de 5-9-1991, dispõe sobre a apresentação de guias de importação ou documento de efeito equivalente, na Zona Franca de Manaus e suspende a fixação de limites máximos globais anuais de importação, durante o prazo de que trata este artigo.

Parágrafo único. Somente por lei federal podem ser modificados os critérios que disciplinaram ou venham a disciplinar a aprovação dos projetos na Zona Franca de Manaus.

Art. 41. Os Poderes Executivos da União, dos Estados, do Distrito Federal e dos Municípios reavaliarão todos os incentivos fiscais de natureza setorial ora em vigor, propondo aos Poderes Legislativos respectivos as medidas cabíveis.

§ 1.º Considerar-se-ão revogados após dois anos, a partir da data da promulgação da Constituição, os incentivos que não forem confirmados por lei.

§ 2.º A revogação não prejudicará os direitos que já tiverem sido adquiridos, àquela data, em relação a incentivos concedidos sob condição e com prazo certo.

§ 3.º Os incentivos concedidos por convênio entre Estados, celebrados nos termos do art. 23, § 6.º, da Constituição de 1967, com a redação da Emenda n. 1, de 17 de outubro de 1969, também deverão ser reavaliados e reconfirmados nos prazos deste artigo.

Art. 42. Durante 40 (quarenta) anos, a União aplicará dos recursos destinados à irrigação:
   •• *Caput* com redação determinada pela Emenda Constitucional n. 89, de 15-9-2015.

I – 20% (vinte por cento) na Região Centro-Oeste;
   •• Inciso I com redação determinada pela Emenda Constitucional n. 89, de 15-9-2015.

II – 50% (cinquenta por cento) na Região Nordeste, preferencialmente no Semiárido.
   •• Inciso II com redação determinada pela Emenda Constitucional n. 89, de 15-9-2015.

Parágrafo único. Dos percentuais previstos nos incisos I e II do *caput*, no mínimo 50% (cinquenta por cento) serão destinados a projetos de irrigação que beneficiem agricultores familiares que atendam aos requisitos previstos em legislação específica.
   •• Parágrafo único acrescentado pela Emenda Constitucional n. 89, de 15-9-2015.

Art. 43. Na data da promulgação da lei que disciplinar a pesquisa e a lavra de recursos e jazidas minerais, ou no prazo de um ano, a contar da promulgação da Constituição, tornar-se-ão sem efeito as autorizações, concessões e demais títulos atributivos de direitos minerários, caso os trabalhos de pesquisa ou de lavra não hajam sido comprovadamente iniciados nos prazos legais ou estejam inativos.
   •• Artigo regulamentado pela Lei n. 7.886, de 20-11-1989.

Art. 44. As atuais empresas brasileiras titulares de autorização de pesquisa, concessão de lavra de recursos minerais e de aproveitamento dos potenciais de energia hidráulica em vigor terão quatro anos, a partir da promulgação da Constituição, para cumprir os requisitos do art. 176, § 1.º.

§ 1.º Ressalvadas as disposições de interesse nacional previstas no texto constitucional, as empresas brasileiras ficarão dispensadas do cumprimento do disposto no art. 176, § 1.º, desde que, no prazo de até quatro anos da data da promulgação da Constituição, tenham o produto de sua lavra e beneficiamento destinado a industrialização no território nacional, em seus próprios estabelecimentos ou em empresa industrial controladora ou controlada.

§ 2.º Ficarão também dispensadas do cumprimento do disposto no art. 176, § 1.º, as empresas brasileiras titulares de concessão de energia hidráulica para uso em seu processo de industrialização.

§ 3.º As empresas brasileiras referidas no § 1.º somente poderão ter autorizações de pesquisa e concessões de lavra ou potenciais de energia hidráulica, desde que a energia e o produto da lavra sejam utilizados nos respectivos processos industriais.

Art. 45. Ficam excluídas do monopólio estabelecido pelo art. 177, II, da Constituição as refinarias em funcionamento no País amparadas pelo art. 43 e nas condições do art. 45 da Lei n. 2.004, de 3 de outubro de 1953.

** A Lei n. 2.004, de 3-10-1953, foi revogada pela Lei n. 9.478, de 6-8-1997, que dispõe sobre a política nacional, as atividades relativas ao monopólio do petróleo, institui o Conselho Nacional de Política Energética e a Agência Nacional do Petróleo.

Parágrafo único. Ficam ressalvados da vedação do art. 177, § 1.º, os contratos de risco feitos com a Petróleo Brasileiro S.A. (Petrobrás), para pesquisa de petróleo, que estejam em vigor na data da promulgação da Constituição.

Art. 46. São sujeitos à correção monetária desde o vencimento, até seu efetivo pagamento, sem interrupção ou suspensão, os créditos junto a entidades submetidas aos regimes de intervenção ou liquidação extrajudicial, mesmo quando esses regimes sejam convertidos em falência.

Parágrafo único. O disposto neste artigo aplica-se também:

I – às operações realizadas posteriormente à decretação dos regimes referidos no *caput* deste artigo;

II – às operações de empréstimo, financiamento, refinanciamento, assistência financeira de liquidez, cessão ou sub-rogação de créditos ou cédulas hipotecárias, efetivação de garantia de depósitos do público ou de compra de obrigações passivas, inclusive as realizadas com recursos de fundos que tenham essas destinações;

III – aos créditos anteriores à promulgação da Constituição;

IV – aos créditos das entidades da administração pública anteriores à promulgação da Constituição, não liquidados até 1.º de janeiro de 1988.

Art. 47. Na liquidação dos débitos, inclusive suas renegociações e composições posteriores, ainda que ajuizados, decorrentes de quaisquer empréstimos concedidos por bancos e por instituições financeiras, não existirá correção monetária desde que o empréstimo tenha sido concedido:

I – aos micro e pequenos empresários ou seus estabelecimentos no período de 28 de fevereiro de 1986 a 28 de fevereiro de 1987;

II – aos míni, pequenos e médios produtores rurais no período de 28 de fevereiro de 1986 a 31 de dezembro de 1987, desde que relativos a crédito rural.

§ 1.º Consideram-se, para efeito deste artigo, microempresas as pessoas jurídicas e as firmas individuais com receitas anuais de até dez mil Obrigações do Tesouro Nacional, e pequenas empresas as pessoas jurídicas e as firmas individuais com receita anual de até vinte e cinco mil Obrigações do Tesouro Nacional.

§ 2.º A classificação de míni, pequeno e médio produtor rural será feita obedecendo-se às normas de crédito rural vigentes à época do contrato.

§ 3.º A isenção da correção monetária a que se refere este artigo só será concedida nos seguintes casos:

I – se a liquidação do débito inicial, acrescido de juros legais e taxas judiciais, vier a ser efetivada no prazo de noventa dias, a contar da data da promulgação da Constituição;

II – se a aplicação dos recursos não contrariar a finalidade do financiamento, cabendo o ônus da prova à instituição credora;

III – se não for demonstrado pela instituição credora que o mutuário dispõe de meios para o pagamento de seu débito, excluídos desta demonstração seu estabelecimento, a casa de moradia e os instrumentos de trabalho e produção;

Ato das Disposições Constitucionais Transitórias — Arts. 47 a 51 — 215

IV – se o financiamento inicial não ultrapassar o limite de cinco mil Obrigações do Tesouro Nacional;

V – se o beneficiário não for proprietário de mais de cinco módulos rurais.

§ 4.º Os benefícios de que trata este artigo não se estendem aos débitos já quitados e aos devedores que sejam constituintes.

§ 5.º No caso de operações com prazos de vencimento posteriores à data-limite de liquidação da dívida, havendo interesse do mutuário, os bancos e as instituições financeiras promoverão, por instrumento próprio, alteração nas condições contratuais originais de forma a ajustá-las ao presente benefício.

§ 6.º A concessão do presente benefício por bancos comerciais privados em nenhuma hipótese acarretará ônus para o Poder Público, ainda que através de refinanciamento e repasse de recursos pelo banco central.

§ 7.º No caso de repasse a agentes financeiros oficiais ou cooperativas de crédito, o ônus recairá sobre a fonte de recursos originária.

Art. 48. O Congresso Nacional, dentro de cento e vinte dias da promulgação da Constituição, elaborará código de defesa do consumidor.

- •• A Lei n. 8.078, de 11-9-1990, dispõe sobre a proteção do consumidor (CDC).

Art. 49. A lei disporá sobre o instituto da enfiteuse em imóveis urbanos, sendo facultada aos foreiros, no caso de sua extinção, a remição dos aforamentos mediante aquisição do domínio direto, na conformidade do que dispuserem os respectivos contratos.

- • O art. 2.038 da Lei n. 10.406, de 10-1-2002 (CC) dispõe: "Fica proibida a constituição de enfiteuses e subenfiteuses, subordinando-se as existentes, até sua extinção, às disposições do CC anterior, Lei n. 3.071, de 1.º-1-1916, e leis posteriores".

§ 1.º Quando não existir cláusula contratual, serão adotados os critérios e bases hoje vigentes na legislação especial dos imóveis da União.

§ 2.º Os direitos dos atuais ocupantes inscritos ficam assegurados pela aplicação de outra modalidade de contrato.

- •• § 2.º regulamentado pela Lei n. 9.636, de 15-5-1998.

§ 3.º A enfiteuse continuará sendo aplicada aos terrenos de marinha e seus acrescidos, situados na faixa de segurança, a partir da orla marítima.

- • O § 2.º do art. 2.038 da Lei n. 10.406, de 10-1-2002 (CC) dispõe: "A enfiteuse dos terrenos de marinha e acrescidos regula-se por lei especial".
- • O Decreto-lei n. 9.760, de 5-9-1946, dispõe sobre aforamento dos bens imóveis da União em seus arts. 99 a 124.

§ 4.º Remido o foro, o antigo titular do domínio direto deverá, no prazo de noventa dias, sob pena de responsabilidade, confiar à guarda do registro de imóveis competente toda a documentação a ele relativa.

Art. 50. Lei agrícola a ser promulgada no prazo de um ano disporá, nos termos da Constituição, sobre os objetivos e instrumentos de política agrícola, prioridades, planejamento de safras, comercialização, abastecimento interno, mercado externo e instituição de crédito fundiário.

Art. 51. Serão revistos pelo Congresso Nacional, através de Comissão mista, nos três anos a contar da data da promulgação da Constituição, todas as doações, vendas e concessões de terras públicas com área superior a três mil hectares, realizadas no período de 1.º de janeiro de 1962 a 31 de dezembro de 1987.

§ 1.º No tocante às vendas, a revisão será feita com base exclusivamente no critério de legalidade da operação.

§ 2.º No caso de concessões e doações, a revisão obedecerá aos critérios de legalidade e de conveniência do interesse público.

§ 3.º Nas hipóteses previstas nos parágrafos anteriores, comprovada a ilegalidade, ou havendo interesse público, as terras reverterão ao patrimônio da União, dos Estados, do Distrito Federal ou dos Municípios.

Art. 52. Até que sejam fixadas as condições do art. 192, são vedados:

•• *Caput* com redação determinada pela Emenda Constitucional n. 40, de 29-5-2003.

I – a instalação, no País, de novas agências de instituições financeiras domiciliadas no exterior;

II – o aumento do percentual de participação, no capital de instituições financeiras com sede no País, de pessoas físicas ou jurídicas residentes ou domiciliadas no exterior.

Parágrafo único. A vedação a que se refere este artigo não se aplica às autorizações resultantes de acordos internacionais, de reciprocidade, ou de interesse do Governo brasileiro.

Art. 53. Ao ex-combatente que tenha efetivamente participado de operações bélicas durante a Segunda Guerra Mundial, nos termos da Lei n. 5.315, de 12 de setembro de 1967, serão assegurados os seguintes direitos:

• A Lei n. 8.059, de 4-7-1990, dispõe sobre a pensão especial devida aos ex-combatentes da Segunda Guerra Mundial e a seus dependentes.

I – aproveitamento no serviço público, sem a exigência de concurso, com estabilidade;

II – pensão especial correspondente à deixada por segundo-tenente das Forças Armadas, que poderá ser requerida a qualquer tempo, sendo inacumulável com quaisquer rendimentos recebidos dos cofres públicos, exceto os benefícios previdenciários, ressalvado o direito de opção;

III – em caso de morte, pensão à viúva ou companheira ou dependente, de forma proporcional, de valor igual à do inciso anterior;

IV – assistência médica, hospitalar e educacional gratuita, extensiva aos dependentes;

V – aposentadoria com proventos integrais aos vinte e cinco anos de serviço efetivo, em qualquer regime jurídico;

VI – prioridade na aquisição da casa própria, para os que não a possuam ou para suas viúvas ou companheiras.

Parágrafo único. A concessão da pensão especial do inciso II substitui, para todos os efeitos legais, qualquer outra pensão já concedida ao ex-combatente.

Art. 54. Os seringueiros recrutados nos termos do Decreto-lei n. 5.813, de 14 de setembro de 1943, e amparados pelo Decreto-lei n. 9.882, de 16 de setembro de 1946, receberão, quando carentes, pensão mensal vitalícia no valor de dois salários mínimos.

• O Decreto-lei n. 5.813, de 14-9-1943, aprova o acordo relativo ao recrutamento, encaminhamento e colocação de trabalhadores para a Amazônia, e dá outras providências. O Decreto-lei n. 9.882, de 16-9-1946, autoriza a elaboração de um plano para a assistência aos trabalhadores da borracha.

§ 1.º O benefício é estendido aos seringueiros que, atendendo a apelo do Governo brasileiro, contribuíram para o esforço de guerra, trabalhando na produção de borracha, na Região Amazônica, durante a Segunda Guerra Mundial.

§ 2.º Os benefícios estabelecidos neste artigo são transferíveis aos dependentes reconhecidamente carentes.

§ 3.º A concessão do benefício far-se-á conforme lei a ser proposta pelo Poder Executivo dentro de cento e cinquenta dias da promulgação da Constituição.

• Concessão do benefício previsto neste artigo: Lei n. 7.986, de 28-12-1989.

Art. 54-A. Os seringueiros de que trata o art. 54 deste Ato das Disposições Constitucionais Transitórias receberão indenização, em parcela única, no valor de R$ 25.000,00 (vinte e cinco mil reais).

•• Artigo acrescentado pela Emenda Constitucional n. 78, de 14-5-2014.

Art. 55. Até que seja aprovada a lei de diretrizes orçamentárias, trinta por cento, no mínimo, do orçamento da seguridade social, excluído o seguro-desemprego, serão destinados ao setor de saúde.

Art. 56. Até que a lei disponha sobre o art. 195, I, a arrecadação decorrente de, no mínimo, cinco dos seis décimos percentuais correspondentes à alíquota da contribuição de que trata o Decreto-lei n. 1.940, de 25 de maio de 1982, alterada pelo Decreto-lei n. 2.049, de 1.º de agosto de 1983, pelo Decreto n. 91.236, de 8 de maio de 1985, e pela Lei n. 7.611, de 8 de julho de 1987, passa a integrar a receita da seguridade social, ressalvados, exclusivamente no exercício de 1988, os compromissos assumidos com programas e projetos em andamento.

• O Decreto-lei n. 1.940, de 25-5-1982, institui contribuição social, cria o Fundo de Investimento Social – FINSOCIAL, e dá outras providências.

• A Lei Complementar n. 70, de 30-12-1991, institui contribuição para financiamento da Seguridade Social e eleva alíquota da contribuição social sobre o lucro das instituições financeiras.

Art. 57. Os débitos dos Estados e dos Municípios relativos às contribuições previdenciárias até 30 de junho de 1988 serão liquidados, com correção monetária em cento e vinte parcelas mensais, dispensados os juros e multas sobre eles incidentes, desde que os devedores requeiram o parcelamento e iniciem seu pagamento no prazo de cento e oitenta dias a contar da promulgação da Constituição.

§ 1.º O montante a ser pago em cada um dos dois primeiros anos não será inferior a cinco por cento do total do débito consolidado e atualizado, sendo o restante dividido em parcelas mensais de igual valor.

§ 2.º A liquidação poderá incluir pagamentos na forma de cessão de bens e prestação de serviços, nos termos da Lei n. 7.578, de 23 de dezembro de 1986.

§ 3.º Em garantia do cumprimento do parcelamento, os Estados e os Municípios consignarão, anualmente, nos respectivos orçamentos as dotações necessárias ao pagamento de seus débitos.

§ 4.º Descumprida qualquer das condições estabelecidas para concessão do parcelamento, o débito será considerado vencido em sua totalidade, sobre ele incidindo juros de mora; nesta hipótese, parcela dos recursos correspondentes aos Fundos de Participação, destinada aos Estados e Municípios devedores, será bloqueada e repassada à previdência social para pagamento de seus débitos.

Art. 58. Os benefícios de prestação continuada, mantidos pela previdência social na data da promulgação da Constituição, terão seus valores revistos, a fim de que seja restabelecido o poder aquisitivo, expresso em número de salários mínimos, que tinham na data de sua concessão, obedecendo-se a esse critério de atualização até a implantação do plano de custeio e benefícios referidos no artigo seguinte.

Parágrafo único. As prestações mensais dos benefícios atualizadas de acordo com este artigo serão devidas e pagas a partir do sétimo mês a contar da promulgação da Constituição.

Art. 59. Os projetos de lei relativos à organização da seguridade social e aos planos de custeio e de benefício serão apresentados no prazo máximo de seis meses da promulgação da Constituição ao Congresso Nacional, que terá seis meses para apreciá-los.

- Seguridade Social: Lei n. 8.212, de 24-7-1991, regulamentada pelo Decreto n. 3.048, de 6-5-1999.
- Previdência Social: Lei n. 8.213, de 24-7-1991, regulamentada pelo Decreto n. 3.048, de 6-5-1999.

Parágrafo único. Aprovados pelo Congresso Nacional, os planos serão implantados progressivamente nos dezoito meses seguintes.

Art. 60. A complementação da União referida no inciso IV do *caput* do art. 212-A da Constituição Federal será implementada progressivamente até alcançar a proporção estabelecida no inciso V do *caput* do mesmo artigo, a partir de 1.º de janeiro de 2021, nos seguintes valores mínimos:

•• *Caput* com redação determinada pela Emenda Constitucional n. 108, de 26-8-2020.

I – 12% (doze por cento), no primeiro ano;

•• Inciso I com redação determinada pela Emenda Constitucional n. 108, de 26-8-2020.

II – 15% (quinze por cento), no segundo ano;

•• Inciso II com redação determinada pela Emenda Constitucional n. 108, de 26-8-2020.

III – 17% (dezessete por cento), no terceiro ano;

•• Inciso III com redação determinada pela Emenda Constitucional n. 108, de 26-8-2020.

IV – 19% (dezenove por cento), no quarto ano;

•• Inciso IV com redação determinada pela Emenda Constitucional n. 108, de 26-8-2020.

V – 21% (vinte e um por cento), no quinto ano;

•• Inciso V com redação determinada pela Emenda Constitucional n. 108, de 26-8-2020.

VI – 23% (vinte e três por cento), no sexto ano.

•• Inciso VI com redação determinada pela Emenda Constitucional n. 108, de 26-8-2020.

§ 1.º A parcela da complementação de que trata a alínea *b* do inciso V do *caput* do art. 212-A da Constituição Federal observará, no mínimo, os seguintes valores:

•• § 1.º, *caput*, com redação determinada pela Emenda Constitucional n. 108, de 26-8-2020.

I – 2 (dois) pontos percentuais, no primeiro ano;

•• Inciso I acrescentado pela Emenda Constitucional n. 108, de 26-8-2020.

II – 5 (cinco) pontos percentuais, no segundo ano;

•• Inciso II acrescentado pela Emenda Constitucional n. 108, de 26-8-2020.

III – 6,25 (seis inteiros e vinte e cinco centésimos) pontos percentuais, no terceiro ano;

•• Inciso III acrescentado pela Emenda Constitucional n. 108, de 26-8-2020.

IV – 7,5 (sete inteiros e cinco décimos) pontos percentuais, no quarto ano;

•• Inciso IV acrescentado pela Emenda Constitucional n. 108, de 26-8-2020.

V – 9 (nove) pontos percentuais, no quinto ano;

•• Inciso V acrescentado pela Emenda Constitucional n. 108, de 26-8-2020.

VI – 10,5 (dez inteiros e cinco décimos) pontos percentuais, no sexto ano.

•• Inciso VI acrescentado pela Emenda Constitucional n. 108, de 26-8-2020.

§ 2.º A parcela da complementação de que trata a alínea c do inciso V do caput do art. 212-A da Constituição Federal observará os seguintes valores:

•• § 2.º, caput, com redação determinada pela Emenda Constitucional n. 108, de 26-8-2020.

I – 0,75 (setenta e cinco centésimos) ponto percentual, no terceiro ano;

•• Inciso I acrescentado pela Emenda Constitucional n. 108, de 26-8-2020.

II – 1,5 (um inteiro e cinco décimos) ponto percentual, no quarto ano;

•• Inciso II acrescentado pela Emenda Constitucional n. 108, de 26-8-2020.

III – 2 (dois) pontos percentuais, no quinto ano;

•• Inciso III acrescentado pela Emenda Constitucional n. 108, de 26-8-2020.

IV – 2,5 (dois inteiros e cinco décimos) pontos percentuais, no sexto ano.

•• Inciso IV acrescentado pela Emenda Constitucional n. 108, de 26-8-2020.

Art. 60-A. Os critérios de distribuição da complementação da União e dos fundos a que se refere o inciso I do caput do art. 212-A da Constituição Federal serão revistos em seu sexto ano de vigência e, a partir dessa primeira revisão, periodicamente, a cada 10 (dez) anos.

•• Artigo acrescentado pela Emenda Constitucional n. 108, de 26-8-2020.

Art. 61. As entidades educacionais a que se refere o art. 213, bem como as fundações de ensino e pesquisa cuja criação tenha sido autorizada por lei, que preencham os requisitos dos incisos I e II do referido artigo e que, nos últimos três anos, tenham recebido recursos públicos, poderão continuar a recebê-los, salvo disposição legal em contrário.

Art. 62. A lei criará o Serviço Nacional de Aprendizagem Rural (SENAR) nos moldes da legislação relativa ao Serviço Nacional de Aprendizagem Industrial (SENAI) e ao Serviço Nacional de Aprendizagem do Comércio (SENAC), sem prejuízo das atribuições dos órgãos públicos que atuam na área.

• A Lei n. 8.315, de 23-12-1991, dispõe sobre a criação do SENAR.

Art. 63. É criada uma Comissão composta de nove membros, sendo três do Poder Legislativo, três do Poder Judiciário e três do Poder Executivo, para promover as comemorações do centenário da Proclamação da República e da promulgação da primeira Constituição republicana do País, podendo, a seu critério, desdobrar-se em tantas subcomissões quantas forem necessárias.

Parágrafo único. No desenvolvimento de suas atribuições, a Comissão promoverá estudos, debates e avaliações sobre a evolução política, social, econômica e cultural do País, podendo articular-se com os governos estaduais e municipais e com instituições públicas e privadas que desejem participar dos eventos.

Art. 64. A Imprensa Nacional e demais gráficas da União, dos Estados, do Distrito Federal e dos Municípios, da administração direta ou indireta, inclusive fundações instituídas e mantidas pelo Poder Público, promoverão edição popular do texto integral da Constituição, que será posta à disposição das escolas e dos cartórios, dos sindicatos, dos quartéis, das igrejas e de outras instituições representativas da comunidade, gratuitamente, de modo que cada cidadão brasileiro possa receber do Estado um exemplar da Constituição do Brasil.

Art. 65. O Poder Legislativo regulamentará, no prazo de doze meses, o art. 220, § 4.º.

Art. 66. São mantidas as concessões de serviços públicos de telecomunicações atualmente em vigor, nos termos da lei.

• A Lei n. 9.472, de 16-7-1997, dispõe sobre a organização dos serviços de telecomunicações, a criação e o funcionamento de um órgão regulador e outros aspectos institucionais, nos termos da Emenda Constitucional n. 8, de 1995.

Art. 67. A União concluirá a demarcação das terras indígenas no prazo de cinco anos a partir da promulgação da Constituição.

Art. 68. Aos remanescentes das comunidades dos quilombos que estejam ocupando suas terras é reconhecida a propriedade definitiva, devendo o Estado emitir-lhes os títulos respectivos.

• A Portaria n. 992, de 13-5-2009, do Ministério da Saúde, institui a Política Nacional de Saúde Integral da População Negra.

Art. 69. Será permitido aos Estados manter consultorias jurídicas separadas de suas Procuradorias-Gerais ou Advocacias-Gerais, desde que, na data da promulgação da Constituição, tenham órgãos distintos para as respectivas funções.

Art. 70. Fica mantida a atual competência dos tribunais estaduais até que a mesma seja definida na Constituição do Estado, nos termos do art. 125, § 1.º, da Constituição.

Art. 71. É instituído, nos exercícios financeiros de 1994 e 1995, bem assim nos períodos de 1.º de janeiro de 1996 a 30 de junho de 1997 e 1.º de julho de 1997 a 31 de dezembro de 1999, o Fundo Social de Emergência, com o objetivo de saneamento financeiro da Fazenda Pública Federal e de estabilização econômica, cujos recursos serão aplicados prioritariamente no custeio das ações dos sistemas de saúde e educação, incluindo a complementação de recursos de que trata o § 3.º do art. 60 do Ato das Disposições Constitucionais Transitórias, benefícios previdenciários e auxílios assistenciais de prestação continuada, inclusive liquidação de passivo previdenciário, e despesas orçamentárias associadas a programas de relevante interesse econômico e social.

•• *Caput* acrescentado pela Emenda Constitucional de Revisão n. 1, de 1.º-3-1994, com redação determinada pela Emenda Constitucional n. 17, de 22-11-1997.

§ 1.º Ao Fundo criado por este artigo não se aplica o disposto na parte final do inciso II do § 9.º do art. 165 da Constituição.

•• § 1.º acrescentado pela Emenda Constitucional n. 10, de 4-3-1996.

§ 2.º O Fundo criado por este artigo passa a ser denominado Fundo de Estabilização Fiscal a partir do início do exercício financeiro de 1996.

•• § 2.º acrescentado pela Emenda Constitucional n. 10, de 4-3-1996.

§ 3.º O Poder Executivo publicará demonstrativo da execução orçamentária, de periodicidade bimestral, no qual se discriminarão as fontes e usos do Fundo criado por este artigo.

•• § 3.º acrescentado pela Emenda Constitucional n. 10, de 4-3-1996.

Art. 72. Integram o Fundo Social de Emergência:

•• *Caput* acrescentado pela Emenda Constitucional de Revisão n. 1, de 1.º-3-1994.

I – o produto da arrecadação do imposto sobre renda e proventos de qualquer natureza incidente na fonte sobre pagamentos efetuados, a qualquer título, pela União, inclusive suas autarquias e fundações;

•• Inciso I acrescentado pela Emenda Constitucional de Revisão n. 1, de 1.º-3-1994.

II – a parcela do produto da arrecadação do imposto sobre renda e proventos de qualquer natureza e do imposto sobre operações de crédito, câmbio e seguro, ou relativas a títulos e valores mobiliários, decorrente das alterações produzidas pela Lei n. 8.894, de 21 de junho de 1994, e pelas Leis n. 8.849 e 8.848, ambas de 28 de janeiro de 1994, e modificações posteriores;

•• Inciso II acrescentado pela Emenda Constitucional de Revisão n. 1, de 1.º-3-1994, com redação determinada pela Emenda Constitucional n. 10, de 4-3-1996.

III – a parcela do produto da arrecadação resultante da elevação da alíquota da contribuição social sobre o lucro dos contribuintes a que se refere o § 1.º do art. 22 da Lei n. 8.212, de 24 de julho de 1991, a qual, nos exercícios financeiros de 1994 e 1995, bem assim no período de 1.º de janeiro de 1996 a 30 de junho de 1997, passa a ser de trinta por cento, sujeita a alteração por lei ordinária, mantidas as demais normas da Lei n. 7.689, de 15 de dezembro de 1988;

•• Inciso III acrescentado pela Emenda Constitucional de Revisão n. 1, de 1.º-3-1994, com redação determinada pela Emenda Constitucional n. 10, de 4-3-1996.

IV – vinte por cento do produto da arrecadação de todos os impostos e contribuições da União, já instituídos ou a serem criados, excetuado o previsto nos incisos I, II e III, observado o disposto nos §§ 3.º e 4.º;

•• Inciso IV acrescentado pela Emenda Constitucional de Revisão n. 1, de 1.º-3-1994, com redação determinada pela Emenda Constitucional n. 10, de 4-3-1996.

V – a parcela do produto da arrecadação da contribuição de que trata a Lei Complementar n. 7, de 7 de setembro de 1970, devida pelas pessoas jurídicas a que se refere o inciso III deste artigo, a qual será calculada, nos exercícios financeiros de 1994 e 1995, bem assim nos períodos de 1.º de janeiro de 1996 a 30 de junho de 1997 e de 1.º de julho de 1997 a 31 de dezembro de 1999, mediante aplicação da alíquota de setenta e cinco centésimos por cento, sujeita a alteração por lei ordinária posterior, sobre a receita bruta operacional, como definida na legislação do imposto sobre renda e proventos de qualquer natureza; e

•• Inciso V acrescentado pela Emenda Constitucional de Revisão n. 1, de 1.º-3-1994, com redação determinada pela Emenda Constitucional n. 17, de 22-11-1997.
• Base de cálculo da contribuição para o PIS devida pelas pessoas jurídicas: Lei n. 9.701, de 17-11-1998. O Decreto n. 4.524, de 17-12-2002, regulamenta a contribuição para o PIS-Pasep e a Cofins devidas pelas pessoas jurídicas em geral.

VI – outras receitas previstas em lei específica.

•• Inciso VI acrescentado pela Emenda Constitucional de Revisão n. 1, de 1.º-3-1994.

§ 1.º As alíquotas e a base de cálculo previstas nos incisos III e V aplicar-se-ão a partir do primeiro dia do mês seguinte aos noventa dias posteriores à promulgação desta Emenda.

•• § 1.º acrescentado pela Emenda Constitucional de Revisão n. 1, de 1.º-3-1994.

§ 2.º As parcelas de que tratam os incisos I, II, III e V serão previamente deduzidas da base de cálculo de qualquer vinculação ou participação constitucional ou legal, não se lhes aplicando o disposto nos arts. 159, 212 e 239 da Constituição.

•• § 2.º acrescentado pela Emenda Constitucional de Revisão n. 1, de 1.º-3-1994, com redação determinada pela Emenda Constitucional n. 10, de 4-3-1996.

§ 3.º A parcela de que trata o inciso IV será previamente deduzida da base de cálculo das vinculações ou participações constitucionais previstas nos arts. 153, § 5.º, 157, II, 212 e 239 da Constituição.

•• § 3.º acrescentado pela Emenda Constitucional de Revisão n. 1, de 1.º-3-1994, com redação determinada pela Emenda Constitucional n. 10, de 4-3-1996.

§ 4.º O disposto no parágrafo anterior não se aplica aos recursos previstos nos arts. 158, II, e 159 da Constituição.

•• § 4.º acrescentado pela Emenda Constitucional de Revisão n. 1, de 1.º-3-1996, com redação determinada pela Emenda Constitucional n. 10, de 4-3-1996.

§ 5.º A parcela dos recursos provenientes do imposto sobre renda e proventos de qualquer natureza, destinada ao Fundo Social de Emergência, nos termos do inciso II deste artigo, não poderá exceder a cinco inteiros e seis décimos por cento do total do produto da sua arrecadação.

- •• § 5.º acrescentado pela Emenda Constitucional de Revisão n. 1, de 1.º-3-1994, com redação determinada pela Emenda Constitucional n. 10, de 4-3-1996.

Art. 73. Na regulação do Fundo Social de Emergência não poderá ser utilizado o instrumento previsto no inciso V do art. 59 da Constituição.

- •• Artigo acrescentado pela Emenda Constitucional de Revisão n. 1, de 1.º-3-1994.

Art. 74. A União poderá instituir contribuição provisória sobre movimentação ou transmissão de valores e de créditos e direitos de natureza financeira.

- •• *Caput* acrescentado pela Emenda Constitucional n. 12, de 15-8-1996.
- •• *Vide* Emendas Constitucionais n. 21, de 18-3-1999, e n. 37, de 12-6-2002.

§ 1.º A alíquota da contribuição de que trata este artigo não excederá a vinte e cinco centésimos por cento, facultado ao Poder Executivo reduzi-la ou restabelecê-la, total ou parcialmente, nas condições e limites fixados em lei.

- •• § 1.º acrescentado pela Emenda Constitucional n. 12, de 15-8-1996.
- •• Alíquota alterada pela Emenda Constitucional n. 21, de 18-3-1999.

§ 2.º À contribuição de que trata este artigo não se aplica o disposto nos arts. 153, § 5.º, e 154, I, da Constituição.

- •• § 2.º acrescentado pela Emenda Constitucional n. 12, de 15-8-1996.

§ 3.º O produto da arrecadação da contribuição de que trata este artigo será destinado integralmente ao Fundo Nacional de Saúde, para financiamento das ações e serviços de saúde.

- •• § 3.º acrescentado pela Emenda Constitucional n. 12, de 15-8-1996.

§ 4.º A contribuição de que trata este artigo terá sua exigibilidade subordinada ao disposto no art. 195, § 6.º, da Constituição, e não poderá ser cobrada por prazo superior a dois anos.

- •• § 4.º acrescentado pela Emenda Constitucional n. 12, de 15-8-1996.
- •• *Vide* arts. 75 e 84 do ADCT, que prorrogaram o prazo previsto neste parágrafo.

Art. 75. É prorrogada, por trinta e seis meses, a cobrança da contribuição provisória sobre movimentação ou transmissão de valores e de créditos e direitos de natureza financeira de que trata o art. 74, instituída pela Lei n. 9.311, de 24 de outubro de 1996, modificada pela Lei n. 9.539, de 12 de dezembro de 1997, cuja vigência é também prorrogada por idêntico prazo.

- •• *Caput* acrescentado pela Emenda Constitucional n. 21, de 18-3-1999.
- •• *Vide* art. 84 do ADCT, que prorrogou o prazo previsto neste artigo até 31-12-2004.
- • Fundo de Combate e Erradicação da Pobreza: *vide* art. 80, I, do ADCT.

§ 1.º Observado o disposto no § 6.º do art. 195 da Constituição Federal, a alíquota da contribuição será de trinta e oito centésimos por cento, nos primeiros doze meses, e de trinta centésimos, nos meses subsequentes, facultado ao Poder Executivo reduzi-la total ou parcialmente, nos limites aqui definidos.

- •• § 1.º acrescentado pela Emenda Constitucional n. 21, de 18-3-1999.

§ 2.º O resultado do aumento da arrecadação, decorrente da alteração da alíquota, nos exercícios financeiros de 1999, 2000 e 2001, será destinado ao custeio da previdência social.

- •• § 2.º acrescentado pela Emenda Constitucional n. 21, de 18-3-1999.

§ 3.º É a União autorizada a emitir títulos da dívida pública interna, cujos recursos serão destinados ao custeio da saúde e da previdência social, em montante equivalente ao produto da arrecadação da contribuição, prevista e não realizada em 1999.
   •• § 3.º acrescentado pela Emenda Constitucional n. 21, de 18-3-1999.
   •• O STF, no julgamento da ADI n. 2.031-5, de 3-10-2002 (*DOU* de 11-10-2002), declarou a inconstitucionalidade deste parágrafo.

Art. 76. São desvinculados de órgão, fundo ou despesa, até 31 de dezembro de 2032, 30% (trinta por cento) da arrecadação da União relativa às contribuições sociais, sem prejuízo do pagamento das despesas do Regime Geral de Previdência Social, às contribuições de intervenção no domínio econômico, às taxas e às receitas patrimoniais, já instituídas ou que vierem a ser criadas até a referida data.
   •• *Caput* com redação determinada pela Emenda Constitucional n. 135, de 20-12-2024

§ 1.º (*Revogado pela Emenda Constitucional n. 93, de 8-9-2016.*)

§ 2.º Excetua-se da desvinculação de que trata o *caput* a arrecadação da contribuição social do salário-educação a que se refere o § 5.º do art. 212 da Constituição Federal.
   •• § 2.º com redação determinada pela Emenda Constitucional n. 68, de 21-12-2011.

§ 3.º (*Revogado pela Emenda Constitucional n. 93, de 8-9-2016.*)

§ 4.º A desvinculação de que trata o *caput* não se aplica às receitas das contribuições sociais destinadas ao custeio da seguridade social.
   •• § 4.º acrescentado pela Emenda Constitucional n. 103, de 12-11-2019.

§ 5.º A desvinculação de que trata o *caput* deste artigo não opera efeitos sobre recursos que, por expressa disposição em norma constitucional ou legal, devam ser transferidos a Estados, ao Distrito Federal e a Municípios.
   •• § 5.º acrescentado pela Emenda Constitucional n. 135, de 20-12-2024.

§ 6.º A desvinculação de que trata o *caput* deste artigo não se aplica às receitas destinadas ao fundo criado pelo art. 47 da Lei n. 12.351, de 22 de dezembro de 2010, e aos recursos a que se refere o art. 2.º da Lei n. 12.858, de 9 de setembro de 2013.
   •• § 6.º acrescentado pela Emenda Constitucional n. 135, de 20-12-2024.

Art. 76-A. São desvinculados de órgão, fundo ou despesa, até 31 de dezembro de 2032, 30% (trinta por cento) das receitas dos Estados e do Distrito Federal relativas a impostos, taxas e multas já instituídos ou que vierem a ser criados até a referida data, seus adicionais e respectivos acréscimos legais, e outras receitas correntes.
   •• *Caput* com redação determinada pela Emenda Constitucional n. 132, de 20-12-2023.

Parágrafo único. Excetuam-se da desvinculação de que trata o *caput*:
   •• Parágrafo único, *caput*, acrescentado pela Emenda Constitucional n. 93, de 8-9-2016.

I – recursos destinados ao financiamento das ações e serviços públicos de saúde e à manutenção e desenvolvimento do ensino de que tratam, respectivamente, os incisos II e III do § 2.º do art. 198 e o art. 212 da Constituição Federal;
   •• Inciso I acrescentado pela Emenda Constitucional n. 93, de 8-9-2016.

II – receitas que pertencem aos Municípios decorrentes de transferências previstas na Constituição Federal;
   •• Inciso II acrescentado pela Emenda Constitucional n. 93, de 8-9-2016.

III – receitas de contribuições previdenciárias e de assistência à saúde dos servidores;
   •• Inciso III acrescentado pela Emenda Constitucional n. 93, de 8-9-2016.

IV – demais transferências obrigatórias e voluntárias entre entes da Federação com destinação especificada em lei;
- • Inciso IV acrescentado pela Emenda Constitucional n. 93, de 8-9-2016.

V – fundos instituídos pelo Poder Judiciário, pelos Tribunais de Contas, pelo Ministério Público, pelas Defensorias Públicas e pelas Procuradorias-Gerais dos Estados e do Distrito Federal.
- • Inciso V acrescentado pela Emenda Constitucional n. 93, de 8-9-2016.

Art. 76-B. São desvinculados de órgão, fundo ou despesa, até 31 de dezembro de 2032, 30% (trinta por cento) das receitas dos Municípios relativas a impostos, taxas e multas, já instituídos ou que vierem a ser criados até a referida data, seus adicionais e respectivos acréscimos legais, e outras receitas correntes.
- • *Caput* com redação determinada pela Emenda Constitucional n. 132, de 20-12-2023.

Parágrafo único. Excetuam-se da desvinculação de que trata o *caput*:
- • Parágrafo único, *caput*, acrescentado pela Emenda Constitucional n. 93, de 8-9-2016.

I – recursos destinados ao financiamento das ações e serviços públicos de saúde e à manutenção e desenvolvimento do ensino de que tratam, respectivamente, os incisos II e III do § 2.º do art. 198 e o art. 212 da Constituição Federal;
- • Inciso I acrescentado pela Emenda Constitucional n. 93, de 8-9-2016.

II – receitas de contribuições previdenciárias e de assistência à saúde dos servidores;
- • Inciso II acrescentado pela Emenda Constitucional n. 93, de 8-9-2016.

III – transferências obrigatórias e voluntárias entre entes da Federação com destinação especificada em lei;
- • Inciso III acrescentado pela Emenda Constitucional n. 93, de 8-9-2016.

IV – fundos instituídos pelo Tribunal de Contas do Município.
- • Inciso IV acrescentado pela Emenda Constitucional n. 93, de 8-9-2016.

Art. 77. Até o exercício financeiro de 2004, os recursos mínimos aplicados nas ações e serviços públicos de saúde serão equivalentes:
- • *Caput* acrescentado pela Emenda Constitucional n. 29, de 13-9-2000.

I – no caso da União:
- • Inciso I, *caput*, acrescentado pela Emenda Constitucional n. 29, de 13-9-2000.

a) no ano 2000, o montante empenhado em ações e serviços públicos de saúde no exercício financeiro de 1999 acrescido de, no mínimo, cinco por cento;
- • Alínea *a* acrescentada pela Emenda Constitucional n. 29, de 13-9-2000.

b) do ano 2001 ao ano 2004, o valor apurado no ano anterior, corrigido pela variação nominal do Produto Interno Bruto – PIB;
- • Alínea *b* acrescentada pela Emenda Constitucional n. 29, de 13-9-2000.

II – no caso dos Estados e do Distrito Federal, doze por cento do produto da arrecadação dos impostos a que se refere o art. 155 e dos recursos de que tratam os arts. 157 e 159, I, *a*, e inciso II, deduzidas as parcelas que forem transferidas aos respectivos Municípios; e
- • Inciso II acrescentado pela Emenda Constitucional n. 29, de 13-9-2000.

III – no caso dos Municípios e do Distrito Federal, quinze por cento do produto da arrecadação dos impostos a que se refere o art. 156 e dos recursos de que tratam os arts. 158 e 159, I, *b* e § 3.º.
- • Inciso III acrescentado pela Emenda Constitucional n. 29, de 13-9-2000.

§ 1.º Os Estados, o Distrito Federal e os Municípios que apliquem percentuais inferiores aos fixados nos incisos II e III deverão elevá-los gradualmente, até o exercício financeiro de 2004, reduzida a diferença à razão de, pelo menos, um quinto por ano, sendo que, a partir de 2000, a aplicação será de pelo menos sete por cento.
- •• § 1.º acrescentado pela Emenda Constitucional n. 29, de 13-9-2000.

§ 2.º Dos recursos da União apurados nos termos deste artigo, quinze por cento, no mínimo, serão aplicados nos Municípios, segundo o critério populacional, em ações e serviços básicos de saúde, na forma da lei.
- •• § 2.º acrescentado pela Emenda Constitucional n. 29, de 13-9-2000.

§ 3.º Os recursos dos Estados, do Distrito Federal e dos Municípios destinados às ações e serviços públicos de saúde e os transferidos pela União para a mesma finalidade serão aplicados por meio de Fundo de Saúde que será acompanhado e fiscalizado por Conselho de Saúde, sem prejuízo do disposto no art. 74 da Constituição Federal.
- •• § 3.º acrescentado pela Emenda Constitucional n. 29, de 13-9-2000.

§ 4.º Na ausência da lei complementar a que se refere o art. 198, § 3.º, a partir do exercício financeiro de 2005, aplicar-se-á à União, aos Estados, ao Distrito Federal e aos Municípios o disposto neste artigo.
- •• § 4.º acrescentado pela Emenda Constitucional n. 29, de 13-9-2000.

Art. 78. Ressalvados os créditos definidos em lei como de pequeno valor, os de natureza alimentícia, os de que trata o art. 33 deste Ato das Disposições Constitucionais Transitórias e suas complementações e os que já tiverem os seus respectivos recursos liberados ou depositados em juízo, os precatórios pendentes na data de promulgação desta Emenda e os que decorram de ações iniciais ajuizadas até 31 de dezembro de 1999 serão liquidados pelo seu valor real, em moeda corrente, acrescido de juros legais, em prestações anuais, iguais e sucessivas, no prazo máximo de dez anos, permitida a cessão dos créditos.
- •• *Caput* acrescentado pela Emenda Constitucional n. 30, de 13-9-2000.
- •• O STF, nas ADIs n. 2.356 e 2.362, nas sessões virtuais de 20-10-2023 a 27-10-2023, (*DOU* de 14-11-2023), por maioria, julgou procedentes os pedidos formulados, para, confirmando a liminar deferida, declarar a inconstitucionalidade do artigo 2.º da Emenda Constitucional n. 30/2000, que introduziu este artigo 78. Nas sessões virtuais de 26-4-2024 a 6-5-2024 (*DOU* de 14-5-2024), o STF, por maioria, modulou os efeitos da presente decisão "para que seja conferida eficácia *ex nunc* ao presente julgamento, mantendo os parcelamentos realizados até a concessão da medida cautelar nestes autos (25-11-2010)".
- •• *Vide* arts. 86 e 97, § 15, do ADCT.

§ 1.º É permitida a decomposição de parcelas, a critério do credor.
- •• § 1.º acrescentado pela Emenda Constitucional n. 30, de 13-9-2000.

§ 2.º As prestações anuais a que se refere o *caput* deste artigo terão, se não liquidadas até o final do exercício a que se referem, poder liberatório do pagamento de tributos da entidade devedora.
- •• § 2.º acrescentado pela Emenda Constitucional n. 30, de 13-9-2000.
- •• *Vide* art. 6.º da Emenda Constitucional n. 62, de 9-12-2009.

§ 3.º O prazo referido no *caput* deste artigo fica reduzido para dois anos, nos casos de precatórios judiciais originários de desapropriação de imóvel residencial do credor, desde que comprovadamente único à época da imissão na posse.
- •• § 3.º acrescentado pela Emenda Constitucional n. 30, de 13-9-2000.

§ 4.º O Presidente do Tribunal competente deverá, vencido o prazo ou em caso de omissão no orçamento, ou preterição ao direito de precedência, a requerimento do credor, requisitar ou determinar o sequestro de recursos financeiros da entidade executada, suficientes à satisfação da prestação.
- •• § 4.º acrescentado pela Emenda Constitucional n. 30, de 13-9-2000.

Art. 79. É instituído, para vigorar até o ano de 2010, no âmbito do Poder Executivo Federal, o Fundo de Combate e Erradicação da Pobreza, a ser regulado por lei complementar com o objetivo de viabilizar a todos os brasileiros acesso a níveis dignos de subsistência, cujos recursos serão aplicados em ações suplementares de nutrição, habitação, educação, saúde, reforço de renda familiar e outros programas de relevante interesse social voltados para melhoria da qualidade de vida.

- •• *Caput* acrescentado pela Emenda Constitucional n. 31, de 14-12-2000.
- •• *Vide* Emenda Constitucional n. 67, de 22-12-2010, que prorroga por tempo indeterminado o prazo de vigência do Fundo de Combate e Erradicação da Pobreza a que se refere este artigo.
- •• Artigo regulamentado pela Lei Complementar n. 111, de 6-7-2001.
- • A Lei n. 10.689, de 13-6-2003, cria o Programa Nacional de Acesso à Alimentação – PNAA, mantido com recursos destinados ao Fundo de Combate e Erradicação da Pobreza.
- • *Vide* art. 4.º da Emenda Constitucional n. 42, de 19-12-2003.

Parágrafo único. O Fundo previsto neste artigo terá Conselho Consultivo e de Acompanhamento que conte com a participação de representantes da sociedade civil, nos termos da lei.

- •• Parágrafo único acrescentado pela Emenda Constitucional n. 31, de 14-12-2000.

Art. 80. Compõem o Fundo de Combate e Erradicação da Pobreza:

- •• *Caput* acrescentado pela Emenda Constitucional n. 31, de 14-12-2000.
- •• Artigo regulamentado pela Lei Complementar n. 111, de 6-7-2001.

I – a parcela do produto da arrecadação correspondente a um adicional de 0,08% (oito centésimos por cento), aplicável de 18 de junho de 2000 a 17 de junho de 2002, na alíquota da contribuição social de que trata o art. 75 do Ato das Disposições Constitucionais Transitórias;

- •• Inciso I acrescentado pela Emenda Constitucional n. 31, de 14-12-2000.
- •• *Vide* art. 84 do ADCT, que prorrogou o prazo previsto neste artigo até 31-12-2004.

II – a parcela do produto da arrecadação correspondente a um adicional de 5 (cinco) pontos percentuais na alíquota do Imposto sobre Produtos Industrializados – IPI, ou do imposto que vier a substituí-lo, incidente sobre produtos supérfluos e aplicável até a extinção do Fundo;

- •• Inciso II acrescentado pela Emenda Constitucional n. 31, de 14-12-2000.
- •• A Emenda Constitucional n. 132, de 20-12-2023, a partir de 2033, revoga este Inciso II.
- • *Vide* art. 83 do ADCT alterado pela Emenda Constitucional n. 42, de 19-12-2003.

III – o produto da arrecadação do imposto de que trata o art. 153, VII, da Constituição;

- •• Inciso III acrescentado pela Emenda Constitucional n. 31, de 14-12-2000.

IV – dotações orçamentárias;

- •• Inciso IV acrescentado pela Emenda Constitucional n. 31, de 14-12-2000.

V – doações, de qualquer natureza, de pessoas físicas ou jurídicas do País ou do exterior;

- •• Inciso V acrescentado pela Emenda Constitucional n. 31, de 14-12-2000.

VI – outras receitas, a serem definidas na regulamentação do referido Fundo.

- •• Inciso VI acrescentado pela Emenda Constitucional n. 31, de 14-12-2000.

§ 1.º Aos recursos integrantes do Fundo de que trata este artigo não se aplica o disposto nos arts. 159 e 167, IV, da Constituição, assim como qualquer desvinculação de recursos orçamentários.

- •• § 1.º acrescentado pela Emenda Constitucional n. 31, de 14-12-2000.

§ 2.º A arrecadação decorrente do disposto no inciso I deste artigo, no período compreendido entre 18 de junho de 2000 e o início da vigência da lei complementar a que se refere o art. 79, será integralmente repassada ao Fundo, preservado o seu valor real, em títulos públicos federais, progressivamente resgatáveis após 18 de junho de 2002, na forma da lei.

•• § 2.º acrescentado pela Emenda Constitucional n. 31, de 14-12-2000.

Art. 81. É instituído Fundo constituído pelos recursos recebidos pela União em decorrência da desestatização de sociedades de economia mista ou empresas públicas por ela controladas, direta ou indiretamente, quando a operação envolver a alienação do respectivo controle acionário a pessoa ou entidade não integrante da Administração Pública, ou de participação societária remanescente após a alienação, cujos rendimentos, gerados a partir de 18 de junho de 2002, reverterão ao Fundo de Combate e Erradicação da Pobreza.

•• *Caput* acrescentado pela Emenda Constitucional n. 31, de 14-12-2000.
•• Artigo regulamentado pela Lei Complementar n. 111, de 6-7-2001.
• *Vide* Emenda Constitucional n. 37, de 12-6-2002.

§ 1.º Caso o montante anual previsto nos rendimentos transferidos ao Fundo de Combate e Erradicação da Pobreza, na forma deste artigo, não alcance o valor de quatro bilhões de reais, far-se-á complementação na forma do art. 80, IV, do Ato das Disposições Constitucionais Transitórias.

•• § 1.º acrescentado pela Emenda Constitucional n. 31, de 14-12-2000.

§ 2.º Sem prejuízo do disposto no § 1.º, o Poder Executivo poderá destinar ao Fundo a que se refere este artigo outras receitas decorrentes da alienação de bens da União.

•• § 2.º acrescentado pela Emenda Constitucional n. 31, de 14-12-2000.

§ 3.º A constituição do Fundo a que se refere o *caput*, a transferência de recursos ao Fundo de Combate e Erradicação da Pobreza e as demais disposições referentes ao § 1.º deste artigo serão disciplinadas em lei, não se aplicando o disposto no art. 165, § 9.º, II, da Constituição.

•• § 3.º acrescentado pela Emenda Constitucional n. 31, de 14-12-2000.

Art. 82. Os Estados, o Distrito Federal e os Municípios devem instituir Fundos de Combate à Pobreza, com os recursos de que trata este artigo e outros que vierem a destinar, devendo os referidos Fundos ser geridos por entidades que contem com a participação da sociedade civil.

•• *Caput* acrescentado pela Emenda Constitucional n. 31, de 14-12-2000.
•• A Emenda Constitucional n. 132, de 20-12-2023, a partir de 2033, altera a redação deste *caput*: "Art. 82. Os Estados, o Distrito Federal e os Municípios devem instituir Fundos de Combate à Pobreza, devendo os referidos Fundos ser geridos por entidades que contem com a participação da sociedade civil".

§ 1.º Para o financiamento dos Fundos Estaduais e Distrital, poderá ser criado adicional de até dois pontos percentuais na alíquota do Imposto sobre Circulação de Mercadorias e Serviços – ICMS, sobre os produtos e serviços supérfluos e nas condições definidas na lei complementar de que trata o art. 155, § 2.º, XII, da Constituição, não se aplicando, sobre este percentual, o disposto no art. 158, IV, da Constituição.

•• § 1.º com redação determinada pela Emenda Constitucional n. 42, de 19-12-2003.
•• A Emenda Constitucional n. 132, de 20-12-2023, a partir de 2033, altera a redação deste § 1.º: "§ 1.º Para o financiamento dos Fundos Estaduais, Distrital e Municipais, poderá ser destinado percentual do imposto previsto no art. 156-A da Constituição Federal e dos recursos distribuídos nos termos dos arts. 131 e 132 deste Ato das Disposições Constitucionais Transitórias, nos limites definidos em lei complementar, não se aplicando, sobre estes valores, o disposto no art. 158, IV, da Constituição Federal".

§ 2.º Para o financiamento dos Fundos Municipais, poderá ser criado adicional de até 0,5 (meio) ponto percentual na alíquota do Imposto sobre serviços ou do imposto que vier a substituí-lo, sobre serviços supérfluos.

•• § 2.º acrescentado pela Emenda Constitucional n. 31, de 14-12-2000.
•• A Emenda Constitucional n. 132, de 20-12-2023, a partir de 2033, revoga este § 2.º.
•• *Vide* art. 83 do ADCT alterado pela Emenda Constitucional n. 42, de 19-12-2003.

Art. 83. Lei federal definirá os produtos e serviços supérfluos a que se referem os arts. 80, II, e 82, § 2.º.

•• Artigo com redação determinada pela Emenda Constitucional n. 42, de 19-12-2003.
•• A Emenda Constitucional n. 132, de 20-12-2023, a partir de 2033, revoga este artigo.

Art. 84. A contribuição provisória sobre movimentação ou transmissão de valores e de créditos e direitos de natureza financeira, prevista nos arts. 74, 75 e 80, I, deste Ato das Disposições Constitucionais Transitórias, será cobrada até 31 de dezembro de 2004.

•• *Caput* acrescentado pela Emenda Constitucional n. 37, de 12-6-2002.
•• *Vide* art. 90 do ADCT, acrescentado pela Emenda Constitucional n. 42, de 19-12-2003, que prorrogou o prazo previsto neste artigo até 31-12-2007.
•• *Vide* nota ao art. 85 do ADCT.

§ 1.º Fica prorrogada, até a data referida no *caput* deste artigo, a vigência da Lei n. 9.311, de 24 de outubro de 1996, e suas alterações.

•• § 1.º acrescentado pela Emenda Constitucional n. 37, de 12-6-2002.

§ 2.º Do produto da arrecadação da contribuição social de que trata este artigo será destinada a parcela correspondente à alíquota de:

•• § 2.º, *caput*, acrescentado pela Emenda Constitucional n. 37, de 12-6-2002.

I – vinte centésimos por cento ao Fundo Nacional de Saúde, para financiamento das ações e serviços de saúde;

•• Inciso I acrescentado pela Emenda Constitucional n. 37, de 12-6-2002.

II – dez centésimos por cento ao custeio da previdência social;

•• Inciso II acrescentado pela Emenda Constitucional n. 37, de 12-6-2002.

III – oito centésimos por cento ao Fundo de Combate e Erradicação da Pobreza, de que tratam os arts. 80 e 81 deste Ato das Disposições Constitucionais Transitórias.

•• Inciso III acrescentado pela Emenda Constitucional n. 37, de 12-6-2002.

§ 3.º A alíquota da contribuição de que trata este artigo será de:

•• § 3.º, *caput*, acrescentado pela Emenda Constitucional n. 37, de 12-6-2002.

I – trinta e oito centésimos por cento, nos exercícios financeiros de 2002 e 2003;

•• Inciso I acrescentado pela Emenda Constitucional n. 37, de 12-6-2002.
•• *Vide* art. 90, § 2.º, do ADCT, acrescentado pela Emenda Constitucional n. 42, de 19-12-2003, que manteve a alíquota de trinta e oito centésimos por cento até o exercício financeiro de 2007.

II – (*Revogado pela Emenda Constitucional n. 42, de 19-12-2003.*)

Art. 85. A contribuição a que se refere o art. 84 deste Ato das Disposições Constitucionais Transitórias não incidirá, a partir do 30.º (trigésimo) dia da data de publicação desta Emenda Constitucional, nos lançamentos:

•• *Caput* acrescentado pela Emenda Constitucional n. 37, de 12-6-2002.
•• *Vide* art. 90 do ADCT, acrescentado pela Emenda Constitucional n. 42, de 19-12-2003.

I – em contas correntes de depósito especialmente abertas e exclusivamente utilizadas para operações de:

•• Inciso I, *caput*, acrescentado pela Emenda Constitucional n. 37, de 12-6-2002.

a) câmaras e prestadoras de serviços de compensação e de liquidação de que trata o parágrafo único do art. 2.º da Lei n. 10.214, de 27 de março de 2001;

•• Alínea *a* acrescentada pela Emenda Constitucional n. 37, de 12-6-2002.

b) companhias securitizadoras de que trata a Lei n. 9.514, de 20 de novembro de 1997;

•• Alínea b acrescentada pela Emenda Constitucional n. 37, de 12-6-2002.

c) sociedades anônimas que tenham por objeto exclusivo a aquisição de créditos oriundos de operações praticadas no mercado financeiro;

•• Alínea c acrescentada pela Emenda Constitucional n. 37, de 12-6-2002.

II – em contas correntes de depósito, relativos a:

•• Inciso II, caput, acrescentado pela Emenda Constitucional n. 37, de 12-6-2002.

a) operações de compra e venda de ações, realizadas em recintos ou sistemas de negociação de bolsas de valores e no mercado de balcão organizado;

•• Alínea a acrescentada pela Emenda Constitucional n. 37, de 12-6-2002.

b) contratos referenciados em ações ou índices de ações, em suas diversas modalidades, negociados em bolsas de valores, de mercadorias e de futuros;

•• Alínea b acrescentada pela Emenda Constitucional n. 37, de 12-6-2002.

III – em contas de investidores estrangeiros, relativos a entradas no País e a remessas para o exterior de recursos financeiros empregados, exclusivamente, em operações e contratos referidos no inciso II deste artigo.

•• Inciso III acrescentado pela Emenda Constitucional n. 37, de 12-6-2002.

§ 1.º O Poder Executivo disciplinará o disposto neste artigo no prazo de 30 (trinta) dias da data de publicação desta Emenda Constitucional.

•• § 1.º acrescentado pela Emenda Constitucional n. 37, de 12-6-2002.

§ 2.º O disposto no inciso I deste artigo aplica-se somente às operações relacionadas em ato do Poder Executivo, dentre aquelas que constituam o objeto social das referidas entidades.

•• § 2.º acrescentado pela Emenda Constitucional n. 37, de 12-6-2002.

§ 3.º O disposto no inciso II deste artigo aplica-se somente a operações e contratos efetuados por intermédio de instituições financeiras, sociedades corretoras de títulos e valores mobiliários, sociedades distribuidoras de títulos e valores mobiliários e sociedades corretoras de mercadorias.

•• § 3.º acrescentado pela Emenda Constitucional n. 37, de 12-6-2002.

Art. 86. Serão pagos conforme disposto no art. 100 da Constituição Federal, não se lhes aplicando a regra de parcelamento estabelecida no caput do art. 78 deste Ato das Disposições Constitucionais Transitórias, os débitos da Fazenda Federal, Estadual, Distrital ou Municipal oriundos de sentenças transitadas em julgado, que preencham, cumulativamente, as seguintes condições:

•• Caput acrescentado pela Emenda Constitucional n. 37, de 12-6-2002.

I – ter sido objeto de emissão de precatórios judiciários;

•• Inciso I acrescentado pela Emenda Constitucional n. 37, de 12-6-2002.

II – ter sido definidos como de pequeno valor pela lei de que trata o § 3.º do art. 100 da Constituição Federal ou pelo art. 87 deste Ato das Disposições Constitucionais Transitórias;

•• Inciso II acrescentado pela Emenda Constitucional n. 37, de 12-6-2002.

III – estar, total ou parcialmente, pendentes de pagamento na data da publicação desta Emenda Constitucional.

•• Inciso III acrescentado pela Emenda Constitucional n. 37, de 12-6-2002.

§ 1.º Os débitos a que se refere o *caput* deste artigo, ou os respectivos saldos, serão pagos na ordem cronológica de apresentação dos respectivos precatórios, com precedência sobre os de maior valor.

•• § 1.º acrescentado pela Emenda Constitucional n. 37, de 12-6-2002.

§ 2.º Os débitos a que se refere o *caput* deste artigo, se ainda não tiverem sido objeto de pagamento parcial, nos termos do art. 78 deste Ato das Disposições Constitucionais Transitórias, poderão ser pagos em duas parcelas anuais, se assim dispuser a lei.

•• § 2.º acrescentado pela Emenda Constitucional n. 37, de 12-6-2002.

§ 3.º Observada a ordem cronológica de sua apresentação, os débitos de natureza alimentícia previstos neste artigo terão precedência para pagamento sobre todos os demais.

•• § 3.º acrescentado pela Emenda Constitucional n. 37, de 12-6-2002.

Art. 87. Para efeito do que dispõem o § 3.º do art. 100 da Constituição Federal e o art. 78 deste Ato das Disposições Constitucionais Transitórias serão considerados de pequeno valor, até que se dê a publicação oficial das respectivas leis definidoras pelos entes da Federação, observado o disposto no § 4.º do art. 100 da Constituição Federal, os débitos ou obrigações consignados em precatório judiciário, que tenham valor igual ou inferior a:

•• *Caput* acrescentado pela Emenda Constitucional n. 37, de 12-6-2002.

I – 40 (quarenta) salários mínimos, perante a Fazenda dos Estados e do Distrito Federal;

•• Inciso I acrescentado pela Emenda Constitucional n. 37, de 12-6-2002.

II – 30 (trinta) salários mínimos, perante a Fazenda dos Municípios.

•• Inciso II acrescentado pela Emenda Constitucional n. 37, de 12-6-2002.

Parágrafo único. Se o valor da execução ultrapassar o estabelecido neste artigo, o pagamento far-se-á, sempre, por meio de precatório, sendo facultada à parte exequente a renúncia ao crédito do valor excedente, para que possa optar pelo pagamento do saldo sem o precatório, da forma prevista no § 3.º do art. 100.

•• Parágrafo único acrescentado pela Emenda Constitucional n. 37, de 12-6-2002.

Art. 88. Enquanto lei complementar não disciplinar o disposto nos incisos I e III do § 3.º do art. 156 da Constituição Federal, o imposto a que se refere o inciso III do *caput* do mesmo artigo:

•• *Caput* acrescentado pela Emenda Constitucional n. 37, de 12-6-2002.

I – terá alíquota mínima de dois por cento, exceto para os serviços a que se referem os itens 32, 33 e 34 da Lista de Serviços anexa ao Decreto-lei n. 406, de 31 de dezembro de 1968;

•• Inciso I acrescentado pela Emenda Constitucional n. 37, de 12-6-2002.

II – não será objeto de concessão de isenções, incentivos e benefícios fiscais, que resulte, direta ou indiretamente, na redução da alíquota mínima estabelecida no inciso I.

•• Inciso II acrescentado pela Emenda Constitucional n. 37, de 12-6-2002.

Art. 89. Os integrantes da carreira policial militar e os servidores municipais do ex-Território Federal de Rondônia que, comprovadamente, se encontravam no exercício regular de suas funções prestando serviço àquele ex-Território na data em que foi transformado em Estado, bem como os servidores e os policiais militares alcançados pelo disposto no art. 36 da Lei Complementar n. 41, de 22 de dezembro de 1981, e aqueles admitidos regularmente nos quadros do Estado de Rondônia até a data de posse do primeiro Governador eleito, em 15 de março de 1987, constituirão, mediante opção, quadro em extinção da administração federal, assegurados os direitos e as vantagens a eles inerentes, vedado o pagamento, a qualquer título, de diferenças remuneratórias.

•• *Caput* com redação determinada pela Emenda Constitucional n. 60, de 11-11-2009.

- •• *Vide* art. 31 da Emenda Constitucional n. 19, de 4-6-1998, e art. 2.º da Emenda Constitucional n. 79, de 27-5-2014.
- •• A Lei n. 13.681, de 18-6-2018, regulamentada pelo Decreto n. 9.823, de 4-6-2019, dispõe sobre as tabelas de salários, vencimentos, soldos e demais vantagens aplicáveis aos servidores civis, aos militares e aos empregados dos ex-Territórios Federais, integrantes do quadro em extinção de que trata este artigo.
- • A Lei Complementar n. 41, de 22-12-1981, criou o Estado de Rondônia.

§ 1.º Os membros da Polícia Militar continuarão prestando serviços ao Estado de Rondônia, na condição de cedidos, submetidos às corporações da Polícia Militar, observadas as atribuições de funções compatíveis com o grau hierárquico.

- •• § 1.º acrescentado pela Emenda Constitucional n. 60, de 11-11-2009.

§ 2.º Os servidores a que se refere o *caput* continuarão prestando serviços ao Estado de Rondônia na condição de cedidos, até seu aproveitamento em órgão ou entidade da administração federal direta, autárquica ou fundacional.

- •• § 2.º acrescentado pela Emenda Constitucional n. 60, de 11-11-2009.

Art. 90. O prazo previsto no *caput* do art. 84 deste Ato das Disposições Constitucionais Transitórias fica prorrogado até 31 de dezembro de 2007.

- •• *Caput* acrescentado pela Emenda Constitucional n. 42, de 19-12-2003.

§ 1.º Fica prorrogada, até a data referida no *caput* deste artigo, a vigência da Lei n. 9.311, de 24 de outubro de 1996, e suas alterações.

- •• § 1.º acrescentado pela Emenda Constitucional n. 42, de 19-12-2003.

§ 2.º Até a data referida no *caput* deste artigo, a alíquota da contribuição de que trata o art. 84 deste Ato das Disposições Constitucionais Transitórias será de trinta e oito centésimos por cento.

- •• § 2.º acrescentado pela Emenda Constitucional n. 42, de 19-12-2003.

Art. 91. (*Revogado pela Emenda Constitucional n. 109, de 15-3-2021.*)

Art. 92. São acrescidos dez anos ao prazo fixado no art. 40 deste Ato das Disposições Constitucionais Transitórias.

- •• Artigo acrescentado pela Emenda Constitucional n. 42, de 19-12-2003.
- •• *Vide* art. 92-A do ADCT.

Art. 92-A. São acrescidos 50 (cinquenta) anos ao prazo fixado pelo art. 92 deste Ato das Disposições Constitucionais Transitórias.

- •• Artigo acrescentado pela Emenda Constitucional n. 83, de 5-8-2014.

Art. 92-B. As leis instituidoras dos tributos previstos nos arts. 156-A e 195, V, da Constituição Federal estabelecerão os mecanismos necessários, com ou sem contrapartidas, para manter, em caráter geral, o diferencial competitivo assegurado à Zona Franca de Manaus pelos arts. 40 e 92-A e às áreas de livre comércio existentes em 31 de maio de 2023, nos níveis estabelecidos pela legislação relativa aos tributos extintos a que se referem os arts. 126 a 129, todos deste Ato das Disposições Constitucionais Transitórias.

- •• *Caput* acrescentado pela Emenda Constitucional n. 132, de 20-12-2023.

§ 1.º Para assegurar o disposto no *caput*, serão utilizados, isolada ou cumulativamente, instrumentos fiscais, econômicos ou financeiros.

- •• § 1.º acrescentado pela Emenda Constitucional n. 132, de 20-12-2023.

§ 2.º Lei complementar instituirá Fundo de Sustentabilidade e Diversificação Econômica do Estado do Amazonas, que será constituído com recursos da União e por ela gerido, com a efetiva participação do Estado do Amazonas na definição das políticas, com o objetivo de fomentar o desenvolvimento e a diversificação das atividades econômicas no Estado.

- •• § 2.º acrescentado pela Emenda Constitucional n. 132, de 20-12-2023.

§ 3.º A lei complementar de que trata o § 2.º:

•• § 3.º, *caput*, acrescentado pela Emenda Constitucional n. 132, de 20-12-2023.

I – estabelecerá o montante mínimo de aporte anual de recursos ao Fundo, bem como os critérios para sua correção;

•• Inciso I acrescentado pela Emenda Constitucional n. 132, de 20-12-2023.

II – preverá a possibilidade de utilização dos recursos do Fundo para compensar eventual perda de receita do Estado do Amazonas em função das alterações no sistema tributário decorrentes da instituição dos tributos previstos nos arts. 156-A e 195, V, da Constituição Federal.

•• Inciso II acrescentado pela Emenda Constitucional n. 132, de 20-12-2023.

§ 4.º A União, mediante acordo com o Estado do Amazonas, poderá reduzir o alcance dos instrumentos previstos no § 1.º, condicionado ao aporte de recursos adicionais ao Fundo de que trata o § 2.º, asseguradas a diversificação das atividades econômicas e a antecedência mínima de 3 (três) anos.

•• § 4.º acrescentado pela Emenda Constitucional n. 132, de 20-12-2023.

§ 5.º Não se aplica aos mecanismos previstos no *caput* o disposto nos incisos III e IV do *caput* do art. 149-B da Constituição Federal.

•• § 5.º acrescentado pela Emenda Constitucional n. 132, de 20-12-2023.

§ 6.º Lei complementar instituirá Fundo de Desenvolvimento Sustentável dos Estados da Amazônia Ocidental e do Amapá, que será constituído com recursos da União e por ela gerido, com a efetiva participação desses Estados na definição das políticas, com o objetivo de fomentar o desenvolvimento e a diversificação de suas atividades econômicas.

•• § 6.º acrescentado pela Emenda Constitucional n. 132, de 20-12-2023.

§ 7.º O Fundo de que trata o § 6.º será integrado pelos Estados onde estão localizadas as áreas de livre comércio de que trata o *caput* e observará, no que couber, o disposto no § 3.º, I e II, sendo, quanto a este inciso, considerados os respectivos Estados, e no § 4.º.

•• § 7.º acrescentado pela Emenda Constitucional n. 132, de 20-12-2023.

Art. 93. A vigência do disposto no art. 159, III, e § 4.º, iniciará somente após a edição da lei de que trata o referido inciso III.

•• Artigo acrescentado pela Emenda Constitucional n. 42, de 19-12-2003.

Art. 94. Os regimes especiais de tributação para microempresas e empresas de pequeno porte próprios da União, dos Estados, do Distrito Federal e dos Municípios cessarão a partir da entrada em vigor do regime previsto no art. 146, III, *d*, da Constituição.

•• Artigo acrescentado pela Emenda Constitucional n. 42, de 19-12-2003.
•• A Lei Complementar n. 123, de 14-12-2006, instituiu o Regime Especial Unificado de Arrecadação de Tributos e Contribuições devidos pelas Microempresas e Empresas de Pequeno Porte – Simples Nacional.

Art. 95. Os nascidos no estrangeiro entre 7 de junho de 1994 e a data da promulgação desta Emenda Constitucional, filhos de pai brasileiro ou mãe brasileira, poderão ser registrados em repartição diplomática ou consular brasileira competente ou em ofício de registro, se vierem a residir na República Federativa do Brasil.

•• Artigo acrescentado pela Emenda Constitucional n. 54, de 20-9-2007.

Art. 96. Ficam convalidados os atos de criação, fusão, incorporação e desmembramento de Municípios, cuja lei tenha sido publicada até 31 de dezembro de 2006, atendidos os requisitos estabelecidos na legislação do respectivo Estado à época de sua criação.

•• Artigo acrescentado pela Emenda Constitucional n. 57, de 18-12-2008.

Art. 97. Até que seja editada a lei complementar de que trata o § 15 do art. 100 da Constituição Federal, os Estados, o Distrito Federal e os Municípios que, na data de publicação desta Emenda Constitucional, estejam em mora na quitação de precatórios vencidos, relativos às suas administrações direta e indireta, inclusive os emitidos durante o período de vigência do regime especial instituído por este artigo, farão esses pagamentos de acordo com as normas a seguir estabelecidas, sendo inaplicável o disposto no art. 100 desta Constituição Federal, exceto em seus §§ 2.º, 3.º, 9.º, 10, 11, 12, 13 e 14, e sem prejuízo dos acordos de juízos conciliatórios já formalizados na data de promulgação desta Emenda Constitucional.

•• *Caput* acrescentado pela Emenda Constitucional n. 62, de 9-12-2009.
•• *Vide* art. 3.º da Emenda Constitucional n. 62, de 9-12-2009.
•• O STF, no julgamento das ADIs n. 4.357 e 4.425, de 14-3-2013 (*DJE* de 19-12-2013), julgou procedente a ação para declarar a inconstitucionalidade deste artigo.
• A Resolução n. 303, de 18-12-2019, do CNJ, dispõe sobre a gestão de precatórios no âmbito do Poder Judiciário.

§ 1.º Os Estados, o Distrito Federal e os Municípios sujeitos ao regime especial de que trata este artigo optarão, por meio de ato do Poder Executivo:

•• § 1.º, *caput*, acrescentado pela Emenda Constitucional n. 62, de 9-12-2009.

I – pelo depósito em conta especial do valor referido pelo § 2.º deste artigo; ou

•• Inciso I acrescentado pela Emenda Constitucional n. 62, de 9-12-2009.
•• *Vide* art. 4.º, I, da Emenda Constitucional n. 62, de 9-12-2009.

II – pela adoção do regime especial pelo prazo de até 15 (quinze) anos, caso em que o percentual a ser depositado na conta especial a que se refere o § 2.º deste artigo corresponderá, anualmente, ao saldo total dos precatórios devidos, acrescido do índice oficial de remuneração básica da caderneta de poupança e de juros simples no mesmo percentual de juros incidentes sobre a caderneta de poupança para fins de compensação da mora, excluída a incidência de juros compensatórios, diminuído das amortizações e dividido pelo número de anos restantes no regime especial de pagamento.

•• Inciso II acrescentado pela Emenda Constitucional n. 62, de 9-12-2009.
•• *Vide* art. 4.º, II, da Emenda Constitucional n. 62, de 9-12-2009.

§ 2.º Para saldar os precatórios, vencidos e a vencer, pelo regime especial, os Estados, o Distrito Federal e os Municípios devedores depositarão mensalmente, em conta especial criada para tal fim, 1/12 (um doze avos) do valor calculado percentualmente sobre as respectivas receitas correntes líquidas, apuradas no segundo mês anterior ao mês de pagamento, sendo que esse percentual, calculado no momento de opção pelo regime e mantido fixo até o final do prazo a que se refere o § 14 deste artigo, será:

•• § 2.º, *caput*, acrescentado pela Emenda Constitucional n. 62, de 9-12-2009.

I – para os Estados e para o Distrito Federal:

a) de, no mínimo, 1,5% (um inteiro e cinco décimos por cento), para os Estados das regiões Norte, Nordeste e Centro-Oeste, além do Distrito Federal, ou cujo estoque de precatórios pendentes das suas administrações direta e indireta corresponder a até 35% (trinta e cinco por cento) do total da receita corrente líquida;

b) de, no mínimo, 2% (dois por cento), para os Estados das regiões Sul e Sudeste, cujo estoque de precatórios pendentes das suas administrações direta e indireta corresponder a mais de 35% (trinta e cinco por cento) da receita corrente líquida;

•• Inciso I acrescentado pela Emenda Constitucional n. 62, de 9-12-2009.

II – para Municípios:

a) de, no mínimo, 1% (um por cento), para Municípios das regiões Norte, Nordeste e Centro-Oeste, ou cujo estoque de precatórios pendentes das suas administrações direta e indireta corresponder a até 35% (trinta e cinco por cento) da receita corrente líquida;

b) de, no mínimo, 1,5% (um inteiro e cinco décimos por cento), para Municípios das regiões Sul e Sudeste, cujo estoque de precatórios pendentes das suas administrações direta e indireta corresponder a mais de 35% (trinta e cinco por cento) da receita corrente líquida.

•• Inciso II acrescentado pela Emenda Constitucional n. 62, de 9-12-2009.

§ 3.º Entende-se como receita corrente líquida, para os fins de que trata este artigo, o somatório das receitas tributárias, patrimoniais, industriais, agropecuárias, de contribuições e de serviços, transferências correntes e outras receitas correntes, incluindo as oriundas do § 1.º do art. 20 da Constituição Federal, verificado no período compreendido pelo mês de referência e os 11 (onze) meses anteriores, excluídas as duplicidades, e deduzidas:

•• § 3.º, *caput*, acrescentado pela Emenda Constitucional n. 62, de 9-12-2009.

I – nos Estados, as parcelas entregues aos Municípios por determinação constitucional;

•• Inciso I acrescentado pela Emenda Constitucional n. 62, de 9-12-2009.

II – nos Estados, no Distrito Federal e nos Municípios, a contribuição dos servidores para custeio do seu sistema de previdência e assistência social e as receitas provenientes da compensação financeira referida no § 9.º do art. 201 da Constituição Federal.

•• Inciso II acrescentado pela Emenda Constitucional n. 62, de 9-12-2009.

§ 4.º As contas especiais de que tratam os §§ 1.º e 2.º serão administradas pelo Tribunal de Justiça local, para pagamento de precatórios expedidos pelos tribunais.

•• § 4.º acrescentado pela Emenda Constitucional n. 62, de 9-12-2009.

§ 5.º Os recursos depositados nas contas especiais de que tratam os §§ 1.º e 2.º deste artigo não poderão retornar para Estados, Distrito Federal e Municípios devedores.

•• § 5.º acrescentado pela Emenda Constitucional n. 62, de 9-12-2009.

§ 6.º Pelo menos 50% (cinquenta por cento) dos recursos de que tratam os §§ 1.º e 2.º deste artigo serão utilizados para pagamento de precatórios em ordem cronológica de apresentação, respeitadas as preferências definidas no § 1.º, para os requisitórios do mesmo ano e no § 2.º do art. 100, para requisitórios de todos os anos.

•• § 6.º acrescentado pela Emenda Constitucional n. 62, de 9-12-2009.

§ 7.º Nos casos em que não se possa estabelecer a precedência cronológica entre 2 (dois) precatórios, pagar-se-á primeiramente o precatório de menor valor.

•• § 7.º acrescentado pela Emenda Constitucional n. 62, de 9-12-2009.

§ 8.º A aplicação dos recursos restantes dependerá de opção a ser exercida por Estados, Distrito Federal e Municípios devedores, por ato do Poder Executivo, obedecendo à seguinte forma, que poderá ser aplicada isoladamente ou simultaneamente:

•• § 8.º, *caput*, acrescentado pela Emenda Constitucional n. 62, de 9-12-2009.

I – destinados ao pagamento dos precatórios por meio do leilão;

•• Inciso I acrescentado pela Emenda Constitucional n. 62, de 9-12-2009.

II – destinados a pagamento a vista de precatórios não quitados na forma do § 6.º e do inciso I, em ordem única e crescente de valor por precatório;

•• Inciso II acrescentado pela Emenda Constitucional n. 62, de 9-12-2009.

III – destinados a pagamento por acordo direto com os credores, na forma estabelecida por lei própria da entidade devedora, que poderá prever criação e forma de funcionamento de câmara de conciliação.

•• Inciso III acrescentado pela Emenda Constitucional n. 62, de 9-12-2009.

§ 9.º Os leilões de que trata o inciso I do § 8.º deste artigo:
- •• § 9.º, *caput*, acrescentado pela Emenda Constitucional n. 62, de 9-12-2009.

I – serão realizados por meio de sistema eletrônico administrado por entidade autorizada pela Comissão de Valores Mobiliários ou pelo Banco Central do Brasil;
- •• Inciso I acrescentado pela Emenda Constitucional n. 62, de 9-12-2009.

II – admitirão a habilitação de precatórios, ou parcela de cada precatório indicada pelo seu detentor, em relação aos quais não esteja pendente, no âmbito do Poder Judiciário, recurso ou impugnação de qualquer natureza, permitida por iniciativa do Poder Executivo a compensação com débitos líquidos e certos, inscritos ou não em dívida ativa e constituídos contra devedor originário pela Fazenda Pública devedora até a data da expedição do precatório, ressalvados aqueles cuja exigibilidade esteja suspensa nos termos da legislação, ou que já tenham sido objeto de abatimento nos termos do § 9.º do art. 100 da Constituição Federal;
- •• Inciso II acrescentado pela Emenda Constitucional n. 62, de 9-12-2009.

III – ocorrerão por meio de oferta pública a todos os credores habilitados pelo respectivo ente federativo devedor;
- •• Inciso III acrescentado pela Emenda Constitucional n. 62, de 9-12-2009.

IV – considerarão automaticamente habilitado o credor que satisfaça o que consta no inciso II;
- •• Inciso IV acrescentado pela Emenda Constitucional n. 62, de 9-12-2009.

V – serão realizados tantas vezes quanto necessário em função do valor disponível;
- •• Inciso V acrescentado pela Emenda Constitucional n. 62, de 9-12-2009.

VI – a competição por parcela do valor total ocorrerá a critério do credor, com deságio sobre o valor desta;
- •• Inciso VI acrescentado pela Emenda Constitucional n. 62, de 9-12-2009.

VII – ocorrerão na modalidade deságio, associado ao maior volume ofertado cumulado ou não com o maior percentual de deságio, pelo maior percentual de deságio, podendo ser fixado valor máximo por credor, ou por outro critério a ser definido em edital;
- •• Inciso VII acrescentado pela Emenda Constitucional n. 62, de 9-12-2009.

VIII – o mecanismo de formação de preço constará nos editais publicados para cada leilão;
- •• Inciso VIII acrescentado pela Emenda Constitucional n. 62, de 9-12-2009.

IX – a quitação parcial dos precatórios será homologada pelo respectivo Tribunal que o expediu.
- •• Inciso IX acrescentado pela Emenda Constitucional n. 62, de 9-12-2009.

§ 10. No caso de não liberação tempestiva dos recursos de que tratam o inciso II do § 1.º e os §§ 2.º e 6.º deste artigo:
- •• § 10, *caput*, acrescentado pela Emenda Constitucional n. 62, de 9-12-2009.

I – haverá o sequestro de quantia nas contas de Estados, Distrito Federal e Municípios devedores, por ordem do Presidente do Tribunal referido no § 4.º, até o limite do valor não liberado;
- •• Inciso I acrescentado pela Emenda Constitucional n. 62, de 9-12-2009.

II – constituir-se-á, alternativamente, por ordem do Presidente do Tribunal requerido, em favor dos credores de precatórios, contra Estados, Distrito Federal e Municípios devedores, direito líquido e certo, autoaplicável e independentemente de regulamentação, à compensação automática com débitos líquidos lançados por esta contra aqueles, e, havendo saldo em favor do credor, o valor terá automaticamente poder liberatório do pagamento de tributos de Estados, Distrito Federal e Municípios devedores, até onde se compensarem;

•• Inciso II acrescentado pela Emenda Constitucional n. 62, de 9-12-2009.

III – o chefe do Poder Executivo responderá na forma da legislação de responsabilidade fiscal e de improbidade administrativa;

•• Inciso III acrescentado pela Emenda Constitucional n. 62, de 9-12-2009.

IV – enquanto perdurar a omissão, a entidade devedora:

a) não poderá contrair empréstimo externo ou interno;

b) ficará impedida de receber transferências voluntárias;

•• Inciso IV acrescentado pela Emenda Constitucional n. 62, de 9-12-2009.

V – a União reterá os repasses relativos ao Fundo de Participação dos Estados e do Distrito Federal e ao Fundo de Participação dos Municípios, e os depositará nas contas especiais referidas no § 1.º, devendo sua utilização obedecer ao que prescreve o § 5.º, ambos deste artigo.

•• Inciso V acrescentado pela Emenda Constitucional n. 62, de 9-12-2009.

§ 11. No caso de precatórios relativos a diversos credores, em litisconsórcio, admite-se o desmembramento do valor, realizado pelo Tribunal de origem do precatório, por credor, e, por este, a habilitação do valor total a que tem direito, não se aplicando, neste caso, a regra do § 3.º do art. 100 da Constituição Federal.

•• § 11 acrescentado pela Emenda Constitucional n. 62, de 9-12-2009.

§ 12. Se a lei a que se refere o § 4.º do art. 100 não estiver publicada em até 180 (cento e oitenta) dias, contados da data de publicação desta Emenda Constitucional, será considerado, para os fins referidos, em relação a Estados, Distrito Federal e Municípios devedores, omissos na regulamentação, o valor de:

•• § 12, *caput*, acrescentado pela Emenda Constitucional n. 62, de 9-12-2009.

I – 40 (quarenta) salários mínimos para Estados e para o Distrito Federal;

•• Inciso I acrescentado pela Emenda Constitucional n. 62, de 9-12-2009.

II – 30 (trinta) salários mínimos para Municípios.

•• Inciso II acrescentado pela Emenda Constitucional n. 62, de 9-12-2009.

§ 13. Enquanto Estados, Distrito Federal e Municípios devedores estiverem realizando pagamentos de precatórios pelo regime especial, não poderão sofrer sequestro de valores, exceto no caso de não liberação tempestiva dos recursos de que tratam o inciso II do § 1.º e o § 2.º deste artigo.

•• § 13 acrescentado pela Emenda Constitucional n. 62, de 9-12-2009.

§ 14. O regime especial de pagamento de precatório previsto no inciso I do § 1.º vigorará enquanto o valor dos precatórios devidos for superior ao valor dos recursos vinculados, nos termos do § 2.º, ambos deste artigo, ou pelo prazo fixo de até 15 (quinze) anos, no caso da opção prevista no inciso II do § 1.º.

•• § 14 acrescentado pela Emenda Constitucional n. 62, de 9-12-2009.

§ 15. Os precatórios parcelados na forma do art. 33 ou do art. 78 deste Ato das Disposições Constitucionais Transitórias e ainda pendentes de pagamento ingressarão no regime especial com o valor atualizado das parcelas não pagas relativas a cada precatório, bem como o saldo dos acordos judiciais e extrajudiciais.

•• § 15 acrescentado pela Emenda Constitucional n. 62, de 9-12-2009.

Ato das Disposições Constitucionais Transitórias | Arts. 97 a 99

§ 16. A partir da promulgação desta Emenda Constitucional, a atualização de valores de requisitórios, até o efetivo pagamento, independentemente de sua natureza, será feita pelo índice oficial de remuneração básica da caderneta de poupança, e, para fins de compensação da mora, incidirão juros simples no mesmo percentual de juros incidentes sobre a caderneta de poupança, ficando excluída a incidência de juros compensatórios.

•• § 16 acrescentado pela Emenda Constitucional n. 62, de 9-12-2009.

§ 17. O valor que exceder o limite previsto no § 2.º do art. 100 da Constituição Federal será pago, durante a vigência do regime especial, na forma prevista nos §§ 6.º e 7.º ou nos incisos I, II e III do § 8.º deste artigo, devendo os valores dispendidos para o atendimento do disposto no § 2.º do art. 100 da Constituição Federal serem computados para efeito do § 6.º deste artigo.

•• § 17 acrescentado pela Emenda Constitucional n. 62, de 9-12-2009.

§ 18. Durante a vigência do regime especial a que se refere este artigo, gozarão também da preferência a que se refere o § 6.º os titulares originais de precatórios que tenham completado 60 (sessenta) anos de idade até a data da promulgação desta Emenda Constitucional.

•• § 18 acrescentado pela Emenda Constitucional n. 62, de 9-12-2009.

Art. 98. O número de defensores públicos na unidade jurisdicional será proporcional à efetiva demanda pelo serviço da Defensoria Pública e à respectiva população.

•• *Caput* acrescentado pela Emenda Constitucional n. 80, de 4-6-2014.

§ 1.º No prazo de 8 (oito) anos, a União, os Estados e o Distrito Federal deverão contar com defensores públicos em todas as unidades jurisdicionais, observado o disposto no *caput* deste artigo.

•• § 1.º acrescentado pela Emenda Constitucional n. 80, de 4-6-2014.

§ 2.º Durante o decurso do prazo previsto no § 1.º deste artigo, a lotação dos defensores públicos ocorrerá, prioritariamente, atendendo as regiões com maiores índices de exclusão social e adensamento populacional.

•• § 2.º acrescentado pela Emenda Constitucional n. 80, de 4-6-2014.

Art. 99. Para efeito do disposto no inciso VII do § 2.º do art. 155, no caso de operações e prestações que destinem bens e serviços a consumidor final não contribuinte localizado em outro Estado, o imposto correspondente à diferença entre a alíquota interna e a interestadual será partilhado entre os Estados de origem e de destino, na seguinte proporção:

•• *Caput* acrescentado pela Emenda Constitucional n. 87, de 16-4-2015.

I – para o ano de 2015: 20% (vinte por cento) para o Estado de destino e 80% (oitenta por cento) para o Estado de origem;

•• Inciso I acrescentado pela Emenda Constitucional n. 87, de 16-4-2015.

II – para o ano de 2016: 40% (quarenta por cento) para o Estado de destino e 60% (sessenta por cento) para o Estado de origem;

•• Inciso II acrescentado pela Emenda Constitucional n. 87, de 16-4-2015.

III – para o ano de 2017: 60% (sessenta por cento) para o Estado de destino e 40% (quarenta por cento) para o Estado de origem;

•• Inciso III acrescentado pela Emenda Constitucional n. 87, de 16-4-2015.

IV – para o ano de 2018: 80% (oitenta por cento) para o Estado de destino e 20% (vinte por cento) para o Estado de origem;

•• Inciso IV acrescentado pela Emenda Constitucional n. 87, de 16-4-2015.

V – a partir do ano de 2019: 100% (cem por cento) para o Estado de destino.

•• Inciso V acrescentado pela Emenda Constitucional n. 87, de 16-4-2015.

Art. 100. Até que entre em vigor a lei complementar de que trata o inciso II do § 1.º do art. 40 da Constituição Federal, os Ministros do Supremo Tribunal Federal, dos Tribunais Superiores e do Tribunal de Contas da União aposentar-se-ão, compulsoriamente, aos 75 (setenta e cinco) anos de idade, nas condições do art. 52 da Constituição Federal.

•• Artigo acrescentado pela Emenda Constitucional n. 88, de 7-5-2015.

•• O STF no julgamento da ADI n. 5.316, de 21-5-2015 (*DOU* de 9-6-2015), deferiu medida cautelar para suspender a aplicação da expressão "nas condições do art. 52 da Constituição Federal", constante deste artigo.

Art. 101. Os Estados, o Distrito Federal e os Municípios que, em 25 de março de 2015, se encontravam em mora no pagamento de seus precatórios quitarão, até 31 de dezembro de 2029, seus débitos vencidos e os que vencerão dentro desse período, atualizados pelo Índice Nacional de Preços ao Consumidor Amplo Especial (IPCA-E), ou por outro índice que venha a substituí-lo, depositando mensalmente em conta especial do Tribunal de Justiça local, sob única e exclusiva administração deste, 1/12 (um doze avos) do valor calculado percentualmente sobre suas receitas correntes líquidas apuradas no segundo mês anterior ao mês de pagamento, em percentual suficiente para a quitação de seus débitos e, ainda que variável, nunca inferior, em cada exercício, ao percentual praticado na data da entrada em vigor do regime especial a que se refere este artigo, em conformidade com plano de pagamento a ser anualmente apresentado ao Tribunal de Justiça local.

•• *Caput* com redação determinada pela Emenda Constitucional n. 109, de 15-3-2021.

§ 1.º Entende-se como receita corrente líquida, para os fins de que trata este artigo, o somatório das receitas tributárias, patrimoniais, industriais, agropecuárias, de contribuições e de serviços, de transferências correntes e outras receitas correntes, incluindo as oriundas do § 1.º do art. 20 da Constituição Federal, verificado no período compreendido pelo segundo mês imediatamente anterior ao de referência e os 11 (onze) meses precedentes, excluídas as duplicidades, e deduzidas:

•• § 1.º, *caput*, acrescentado pela Emenda Constitucional n. 94, de 15-12-2016.

I – nos Estados, as parcelas entregues aos Municípios por determinação constitucional;

•• Inciso I acrescentado pela Emenda Constitucional n. 94, de 15-12-2016.

II – nos Estados, no Distrito Federal e nos Municípios, a contribuição dos servidores para custeio de seu sistema de previdência e assistência social e as receitas provenientes da compensação financeira referida no § 9.º do art. 201 da Constituição Federal.

•• Inciso II acrescentado pela Emenda Constitucional n. 94, de 15-12-2016.

§ 2.º O débito de precatórios será pago com recursos orçamentários próprios provenientes das fontes de receita corrente líquida referidas no § 1.º deste artigo e, adicionalmente, poderão ser utilizados recursos dos seguintes instrumentos:

•• § 2.º, *caput*, com redação determinada pela Emenda Constitucional n. 99, de 14-12-2017.

I – até 75% (setenta e cinco por cento) dos depósitos judiciais e dos depósitos administrativos em dinheiro referentes a processos judiciais ou administrativos, tributários ou não tributários, nos quais sejam parte os Estados, o Distrito Federal ou os Municípios, e as respectivas autarquias, fundações e empresas estatais dependentes, mediante a instituição de fundo garantidor em montante equivalente a 1/3 (um terço) dos recursos levantados, constituído pela parcela restante dos depósitos judiciais e remunerado pela taxa referencial do

Sistema Especial de Liquidação e de Custódia (Selic) para títulos federais, nunca inferior aos índices e critérios aplicados aos depósitos levantados;

•• Inciso I com redação determinada pela Emenda Constitucional n. 99, de 14-12-2017.

II – até 30% (trinta por cento) dos demais depósitos judiciais da localidade sob jurisdição do respectivo Tribunal de Justiça, mediante a instituição de fundo garantidor em montante equivalente aos recursos levantados, constituído pela parcela restante dos depósitos judiciais e remunerado pela taxa referencial do Sistema Especial de Liquidação e de Custódia (Selic) para títulos federais, nunca inferior aos índices e critérios aplicados aos depósitos levantados, destinando-se:

•• Inciso II, *caput*, com redação determinada pela Emenda Constitucional n. 99, de 14-12-2017.

a) no caso do Distrito Federal, 100% (cem por cento) desses recursos ao próprio Distrito Federal;

•• Alínea *a* acrescentada pela Emenda Constitucional n. 94, de 15-12-2016.

b) no caso dos Estados, 50% (cinquenta por cento) desses recursos ao próprio Estado e 50% (cinquenta por cento) aos respectivos Municípios, conforme a circunscrição judiciária onde estão depositados os recursos, e, se houver mais de um Município na mesma circunscrição judiciária, os recursos serão rateados entre os Municípios concorrentes, proporcionalmente às respectivas populações, utilizado como referência o último levantamento censitário ou a mais recente estimativa populacional da Fundação Instituto Brasileiro de Geografia e Estatística (IBGE);

•• Alínea *b* com redação determinada pela Emenda Constitucional n. 99, de 14-12-2017.

III – empréstimos, excetuados para esse fim os limites de endividamento de que tratam os incisos VI e VII do *caput* do art. 52 da Constituição Federal e quaisquer outros limites de endividamento previstos em lei, não se aplicando a esses empréstimos a vedação de vinculação de receita prevista no inciso IV do *caput* do art. 167 da Constituição Federal;

•• Inciso III com redação determinada pela Emenda Constitucional n. 99, de 14-12-2017.

IV – a totalidade dos depósitos em precatórios e requisições diretas de pagamento de obrigações de pequeno valor efetuados até 31 de dezembro de 2009 e ainda não levantados, com o 4 cancelamento dos respectivos requisitórios e a baixa das obrigações, assegurada a revalidação dos requisitórios pelos juízos dos processos perante os Tribunais, a requerimento dos credores e após a oitiva da entidade devedora, mantidas a posição de ordem cronológica original e a remuneração de todo o período.

•• Inciso IV acrescentado pela Emenda Constitucional n. 99, de 14-12-2017.

§ 3.º Os recursos adicionais previstos nos incisos I, II e IV do § 2.º deste artigo serão transferidos diretamente pela instituição financeira depositária para a conta especial referida no *caput* deste artigo, sob única e exclusiva administração do Tribunal de Justiça local, e essa transferência deverá ser realizada em até sessenta dias contados a partir da entrada em vigor deste parágrafo, sob pena de responsabilização pessoal do dirigente da instituição financeira por improbidade.

•• § 3.º acrescentado pela Emenda Constitucional n. 99, de 14-12-2017.

§ 4.º (*Revogado pela Emenda Constitucional n. 109, de 15-3-2021.*)

§ 5.º Os empréstimos de que trata o inciso III do § 2.º deste artigo poderão ser destinados, por meio de ato do Poder Executivo, exclusivamente ao pagamento de precatórios por acordo direto com os credores, na forma do disposto no inciso III do § 8.º do art. 97 deste Ato das Disposições Constitucionais Transitórias.

•• § 5.º acrescentado pela Emenda Constitucional n. 113, de 8-12-2021.

•• O STF, nas ADIs n. 7.047 e 7.064, na sessão virtual extraordinária de 30-11-2023 (*DJE* de 1.º-12-2023), converteu o julgamento da medida cautelar em julgamento de mérito e conheceu da presente ação direta, para julgá-la parcialmente procedente, para declarar a inconstitucionalidade deste § 5.º, com redação estabelecida pelo art. 1.º da EC n. 113/2021. Por fim, a ADI n. 7.064 reconheceu que "o cumprimento integral do teor desta decisão insere-se nas exceções descritas no art. 3.º, § 2.º, da Lei Complementar 200/23, que instituí o Novo Regime Fiscal Sustentável, cujos valores não serão considerados exclusivamente para fins de verificação do cumprimento da meta de resultado primário a que se refere o art. 4.º, § 1.º, da Lei Complementar 101, de 4 de maio de 2000, prevista na lei de diretrizes orçamentárias em que for realizado o pagamento".

Art. 102. Enquanto viger o regime especial previsto nesta Emenda Constitucional, pelo menos 50% (cinquenta por cento) dos recursos que, nos termos do art. 101 deste Ato das Disposições Constitucionais Transitórias, forem destinados ao pagamento dos precatórios em mora serão utilizados no pagamento segundo a ordem cronológica de apresentação, respeitadas as preferências dos créditos alimentares, e, nessas, as relativas à idade, ao estado de saúde e à deficiência, nos termos do § 2.º do art. 100 da Constituição Federal, sobre todos os demais créditos de todos os anos.

•• *Caput* acrescentado pela Emenda Constitucional n. 94, de 15-12-2016.

§ 1.º A aplicação dos recursos remanescentes, por opção a ser exercida por Estados, Distrito Federal e Municípios, por ato do respectivo Poder Executivo, observada a ordem de preferência dos credores, poderá ser destinada ao pagamento mediante acordos diretos, perante Juízos Auxiliares de Conciliação de Precatórios, com redução máxima de 40% (quarenta por cento) do valor do crédito atualizado, desde que em relação ao crédito não penda recurso ou defesa judicial e que sejam observados os requisitos definidos na regulamentação editada pelo ente federado.

•• Parágrafo único renumerado pela Emenda Constitucional n. 99, de 14-12-2017.

§ 2.º Na vigência do regime especial previsto no art. 101 deste Ato das Disposições Constitucionais Transitórias, as preferências relativas à idade, ao estado de saúde e à deficiência serão atendidas até o valor equivalente ao quíntuplo fixado em lei para os fins do disposto no § 3.º do art. 100 da Constituição Federal, admitido o fracionamento para essa finalidade, e o restante será pago em ordem cronológica de apresentação do precatório.

•• § 2.º acrescentado pela Emenda Constitucional n. 99, de 14-12-2017.

Art. 103. Enquanto os Estados, o Distrito Federal e os Municípios estiverem efetuando o pagamento da parcela mensal devida como previsto no *caput* do art. 101 deste Ato das Disposições Constitucionais Transitórias, nem eles, nem as respectivas autarquias, fundações e empresas estatais dependentes poderão sofrer sequestro de valores, exceto no caso de não liberação tempestiva dos recursos.

•• *Caput* acrescentado pela Emenda Constitucional n. 94, de 15-12-2016.

Parágrafo único. Na vigência do regime especial previsto no art. 101 deste Ato das Disposições Constitucionais Transitórias, ficam vedadas desapropriações pelos Estados, pelo Distrito Federal e pelos Municípios, cujos estoques de precatórios ainda pendentes de pagamento, incluídos os precatórios a pagar de suas entidades da administração indireta, sejam superiores a 70% (setenta por cento) das respectivas receitas correntes líquidas, excetuadas as desapropriações para fins de necessidade pública nas áreas de saúde, educação, segurança pública, transporte público, saneamento básico e habitação de interesse social.

•• Parágrafo único acrescentado pela Emenda Constitucional n. 99, de 14-12-2017.

Art. 104. Se os recursos referidos no art. 101 deste Ato das Disposições Constitucionais Transitórias para o pagamento de precatórios não forem tempestivamente liberados, no todo ou em parte:

•• *Caput* acrescentado pela Emenda Constitucional n. 94, de 15-12-2016.

I – o Presidente do Tribunal de Justiça local determinará o sequestro, até o limite do valor não liberado, das contas do ente federado inadimplente;

•• Inciso I acrescentado pela Emenda Constitucional n. 94, de 15-12-2016.

Ato das Disposições Constitucionais Transitórias | Arts. 104 a 107-A | 241

II – o chefe do Poder Executivo do ente federado inadimplente responderá, na forma da legislação de responsabilidade fiscal e de improbidade administrativa;
- • Inciso II acrescentado pela Emenda Constitucional n. 94, de 15-12-2016.

III – a União reterá os recursos referentes aos repasses ao Fundo de Participação dos Estados e do Distrito Federal e ao Fundo de Participação dos Municípios e os depositará na conta especial referida no art. 101 deste Ato das Disposições Constitucionais Transitórias, para utilização como nele previsto;
- • Inciso III acrescentado pela Emenda Constitucional n. 94, de 15-12-2016.

IV – os Estados e o Comitê Gestor do Imposto sobre Bens e Serviços reterão os repasses previstos, respectivamente, nos §§ 1.º e 2.º do art. 158 da Constituição Federal e os depositarão na conta especial referida no art. 101 deste Ato das Disposições Constitucionais Transitórias, para utilização como nele previsto.
- • Inciso IV com redação determinada pela Emenda Constitucional n. 132, de 20-12-2023.
- • A Emenda Constitucional n. 132, de 20-12-2023, a partir de 2033, altera a redação deste inciso IV: "IV – o Comitê Gestor do Imposto sobre Bens e Serviços reterá os repasses previstos no § 2.º do art. 158 da Constituição Federal e os depositará na conta especial referida no art. 101 deste Ato das Disposições Constitucionais Transitórias, para utilização como nele previsto".

Parágrafo único. Enquanto perdurar a omissão, o ente federado não poderá contrair empréstimo externo ou interno, exceto para os fins previstos no § 2.º do art. 101 deste Ato das Disposições Constitucionais Transitórias, e ficará impedido de receber transferências voluntárias.
- • Parágrafo único acrescentado pela Emenda Constitucional n. 94, de 15-12-2016.

Art. 105. Enquanto viger o regime de pagamento de precatórios previsto no art. 101 deste Ato das Disposições Constitucionais Transitórias, é facultada aos credores de precatórios, próprios ou de terceiros, a compensação com débitos de natureza tributária ou de outra natureza que até 25 de março de 2015 tenham sido inscritos na dívida ativa dos Estados, do Distrito Federal ou dos Municípios, observados os requisitos definidos em lei própria do ente federado.
- • *Caput* acrescentado pela Emenda Constitucional n. 94, de 15-12-2016.

§ 1.º Não se aplica às compensações referidas no *caput* deste artigo qualquer tipo de vinculação, como as transferências a outros entes e as destinadas à educação, à saúde e a outras finalidades.
- • Parágrafo único renumerado pela Emenda Constitucional n. 99, de 14-12-2017.

§ 2.º Os Estados, o Distrito Federal e os Municípios regulamentarão nas respectivas leis o disposto no *caput* deste artigo em até cento e vinte dias a partir de 1.º de janeiro de 2018.
- • § 2.º acrescentado pela Emenda Constitucional n. 99, de 14-12-2017.

§ 3.º Decorrido o prazo estabelecido no § 2.º deste artigo sem a regulamentação nele prevista, ficam os credores de precatórios autorizados a exercer a faculdade a que se refere o *caput* deste artigo.
- • § 3.º acrescentado pela Emenda Constitucional n. 99, de 14-12-2017.

Arts. 106 e 107. (*Revogados pela Emenda Constitucional n. 126, de 21-12-2022.*)
- • Sobre as revogações: *vide* arts. 6.º e 9.º da Emenda Constitucional n. 126, de 21-12-2022.
- • A Lei Complementar n. 200, de 30-8-2023, instituiu regime fiscal sustentável para garantir a estabilidade macroeconômica do País e criar as condições adequadas ao crescimento socioeconômico.

Art. 107-A. Até o fim de 2026, fica estabelecido, para cada exercício financeiro, limite para alocação na proposta orçamentária das despesas com pagamentos em virtude de sentença judiciária de que trata o art. 100 da Constituição Federal, equivalente ao valor da despesa paga no exercício de 2016, incluídos os restos a pagar pagos, corrigido, para o exercício de 2017, em 7,2% (sete inteiros e dois décimos por cento) e, para os exercícios posteriores, pela variação do Índice Nacional de Preços ao Consumidor Amplo (IPCA), publicado pela Fundação Instituto Brasileiro de Geografia e Estatística, ou de outro índice que vier a substituí-lo, apurado no exercício anterior a que se refere a lei orçamentária, devendo o espaço fiscal decorrente da diferença entre o valor dos precatórios expedidos e o respectivo limite ser destinado ao programa previsto no parágrafo único do art. 6.º e à seguridade social, nos termos do art. 194, ambos da Constituição Federal, a ser calculado da seguinte forma:

- •• *Caput* com redação determinada pela Emenda Constitucional n. 126, de 21-12-2022.
- •• *Vide* art. 4.º da Emenda Constitucional n. 114, de 16-12-2021.

I – no exercício de 2022, o espaço fiscal decorrente da diferença entre o valor dos precatórios expedidos e o limite estabelecido no *caput* deverá ser destinado ao programa previsto no parágrafo único do art. 6.º e à seguridade social, nos termos do art. 194, ambos da Constituição Federal;

- •• Inciso I acrescentado pela Emenda Constitucional n. 114, de 16-12-2021.

II – no exercício de 2023, pela diferença entre o total de precatórios expedidos entre 2 de julho de 2021 e 2 de abril de 2022 e o limite de que trata o *caput* deste artigo válido para o exercício de 2023; e

- •• Inciso II acrescentado pela Emenda Constitucional n. 114, de 16-12-2021.
- •• O STF, na ADI n. 7.064, na sessão virtual extraordinária de 30-11-2023 (*DJE* de 1.º-12-2023), converteu o julgamento da medida cautelar em julgamento de mérito e conheceu da presente ação direta, para julgá-la parcialmente procedente, para declarar a inconstitucionalidade, com supressão de texto, deste inciso II, bem como "reconhecer que o cumprimento integral do teor desta decisão insere-se nas exceções descritas no art. 3.º, § 2.º, da Lei Complementar 200/23, que instituí o Novo Regime Fiscal Sustentável, cujos valores não serão considerados exclusivamente para fins de verificação do cumprimento da meta de resultado primário a que se refere o art. 4.º, § 1.º, da Lei Complementar n. 101, de 4 de maio de 2000, prevista na lei de diretrizes orçamentárias em que for realizado o pagamento".

III – nos exercícios de 2024 a 2026, pela diferença entre o total de precatórios expedidos entre 3 de abril de dois anos anteriores e 2 de abril do ano anterior ao exercício e o limite de que trata o *caput* deste artigo válido para o mesmo exercício.

- •• Inciso III acrescentado pela Emenda Constitucional n. 114, de 16-12-2021.
- •• O STF, na ADI n. 7.064, na sessão virtual extraordinária de 30-11-2023 (*DJE* de 1.º-12-2023), converteu o julgamento da medida cautelar em julgamento de mérito e conheceu da presente ação direta, para julgá-la parcialmente procedente, para declarar a inconstitucionalidade, com supressão de texto, deste inciso III, bem como "reconhecer que o cumprimento integral do teor desta decisão insere-se nas exceções descritas no art. 3.º, § 2.º, da Lei Complementar 200/23, que instituí o Novo Regime Fiscal Sustentável, cujos valores não serão considerados exclusivamente para fins de verificação do cumprimento da meta de resultado primário a que se refere o art. 4.º, § 1.º, da Lei Complementar n. 101, de 4 de maio de 2000, prevista na lei de diretrizes orçamentárias em que for realizado o pagamento".

§ 1.º O limite para o pagamento de precatórios corresponderá, em cada exercício, ao limite previsto no *caput* deste artigo, reduzido da projeção para a despesa com o pagamento de requisições de pequeno valor para o mesmo exercício, que terão prioridade no pagamento.

- •• § 1.º acrescentado pela Emenda Constitucional n. 114, de 16-12-2021.

§ 2.º Os precatórios que não forem pagos em razão do previsto neste artigo terão prioridade para pagamento em exercícios seguintes, observada a ordem cronológica e o disposto no § 8.º deste artigo.

- •• § 2.º acrescentado pela Emenda Constitucional n. 114, de 16-12-2021.

§ 3.' É facultado ao credor de precatório que não tenha sido pago em razão do disposto neste artigo, além das hipóteses previstas no § 11 do art. 100 da Constituição Federal e sem prejuízo dos procedimentos previstos nos §§ 9.º e 21 do referido artigo, optar pelo recebimento, mediante acordos diretos perante Juízos Auxiliares de Conciliação de Pagamento de Condenações Judiciais contra a Fazenda Pública Federal, em parcela única, até o final do exercício seguinte, com renúncia de 40% (quarenta por cento) do valor desse crédito.

•• § 3.º acrescentado pela Emenda Constitucional n. 114, de 16-12-2021.
•• O STF, na ADI n. 7.064, na sessão virtual extraordinária de 30-11-2023 (DJE de 1.º-12-2023), converteu o julgamento da medida cautelar em julgamento de mérito e conheceu da presente ação direta, para julgá-la parcialmente procedente, para declarar a inconstitucionalidade por arrastamento, deste § 3.º, bem como "reconhecer que o cumprimento integral do teor desta decisão insere-se nas exceções descritas no art. 3.º, § 2.º, da Lei Complementar 200/23, que instituiu o Novo Regime Fiscal Sustentável, cujos valores não serão considerados exclusivamente para fins de verificação do cumprimento da meta de resultado primário a que se refere o art. 4.º, § 1.º, da Lei Complementar 101, de 4 de maio de 2000, prevista na lei de diretrizes orçamentárias em que for realizado o pagamento".

§ 4.º O Conselho Nacional de Justiça regulamentará a atuação dos Presidentes dos Tribunais competentes para o cumprimento deste artigo.

•• § 4.º acrescentado pela Emenda Constitucional n. 114, de 16-12-2021.

§ 5.º Não se incluem no limite estabelecido neste artigo as despesas para fins de cumprimento do disposto nos §§ 11, 20 e 21 do art. 100 da Constituição Federal e no § 3.º deste artigo, bem como a atualização monetária dos precatórios inscritos no exercício.

•• § 5.º acrescentado pela Emenda Constitucional n. 114, de 16-12-2021.
•• O STF, na ADI n. 7.064, na sessão virtual extraordinária de 30-11-2023 (DJE de 1.º-12-2023), converteu o julgamento da medida cautelar em julgamento de mérito e conheceu da presente ação direta, para julgá-la parcialmente procedente, para declarar a inconstitucionalidade por arrastamento, deste § 5.º, bem como "reconhecer que o cumprimento integral do teor desta decisão insere-se nas exceções descritas no art. 3.º, § 2.º, da Lei Complementar 200/23, que instituiu o Novo Regime Fiscal Sustentável, cujos valores não serão considerados exclusivamente para fins de verificação do cumprimento da meta de resultado primário a que se refere o art. 4.º, § 1.º, da Lei Complementar n. 101, de 4 de maio de 2000, prevista na lei de diretrizes orçamentárias em que for realizado o pagamento".

§ 6.º Não se incluem nos limites estabelecidos no art. 107 deste Ato das Disposições Constitucionais Transitórias o previsto nos §§ 11, 20 e 21 do art. 100 da Constituição Federal e no § 3.º deste artigo.

•• § 6.º acrescentado pela Emenda Constitucional n. 114, de 16-12-2021.
•• O art. 107 do ADCT foi revogado pela Emenda Constitucional n. 126, de 21-12-2022.
•• O STF, na ADI n. 7.064, na sessão virtual extraordinária de 30-11-2023 (DJE de 1.º-12-2023), converteu o julgamento da medida cautelar em julgamento de mérito e conheceu da presente ação direta, para julgá-la parcialmente procedente, para declarar a inconstitucionalidade por arrastamento, deste § 6.º, bem como "reconhecer que o cumprimento integral do teor desta decisão insere-se nas exceções descritas no art. 3.º, § 2.º, da Lei Complementar 200/23, que instituiu o Novo Regime Fiscal Sustentável, cujos valores não serão considerados exclusivamente para fins de verificação do cumprimento da meta de resultado primário a que se refere o art. 4.º, § 1.º, da Lei Complementar n. 101, de 4 de maio de 2000, prevista na lei de diretrizes orçamentárias em que for realizado o pagamento".

§ 7.º Na situação prevista no § 3.º deste artigo, para os precatórios não incluídos na proposta orçamentária de 2022, os valores necessários à sua quitação serão providenciados pela abertura de créditos adicionais durante o exercício de 2022.

•• § 7.º acrescentado pela Emenda Constitucional n. 114, de 16-12-2021.

§ 8.º Os pagamentos em virtude de sentença judiciária de que trata o art. 100 da Constituição Federal serão realizados na seguinte ordem:

•• § 8.º, *caput*, acrescentado pela Emenda Constitucional n. 114, de 16-12-2021.

I – obrigações definidas em lei como de pequeno valor, previstas no § 3.º do art. 100 da Constituição Federal;

•• Inciso I acrescentado pela Emenda Constitucional n. 114, de 16-12-2021.

II – precatórios de natureza alimentícia cujos titulares, originários ou por sucessão hereditária, tenham a partir de 60 (sessenta) anos de idade, ou sejam portadores de doença grave ou pessoas com deficiência, assim definidos na forma da lei, até o valor equivalente ao triplo do montante fixado em lei como obrigação de pequeno valor;

•• Inciso II acrescentado pela Emenda Constitucional n. 114, de 16-12-2021.

III – demais precatórios de natureza alimentícia até o valor equivalente ao triplo do montante fixado em lei como obrigação de pequeno valor;

•• Inciso III acrescentado pela Emenda Constitucional n. 114, de 16-12-2021.

IV – demais precatórios de natureza alimentícia além do valor previsto no inciso III deste parágrafo;

•• Inciso IV acrescentado pela Emenda Constitucional n. 114, de 16-12-2021.

V – demais precatórios.

•• Inciso V acrescentado pela Emenda Constitucional n. 114, de 16-12-2021.

Art. 108. (*Revogado pela Emenda Constitucional n. 113, de 8-12-2021.*)

Arts. 109 a 112. (*Revogados pela Emenda Constitucional n. 126, de 21-12-2022.*)

•• Sobre as revogações: *vide* arts. 6.º e 9.º da Emenda Constitucional n. 126, de 21-12-2022.
•• A Lei Complementar n. 200, de 30-8-2023, institui regime fiscal sustentável para garantir a estabilidade macroeconômica do País e criar as condições adequadas ao crescimento socioeconômico.

Art. 113. A proposição legislativa que crie ou altere despesa obrigatória ou renúncia de receita deverá ser acompanhada da estimativa do seu impacto orçamentário e financeiro.

•• Artigo acrescentado pela Emenda Constitucional n. 95, de 15-12-2016.

Art. 114. (*Revogado pela Emenda Constitucional n. 126, de 21-12-2022.*)

•• Sobre a revogação: *vide* arts. 6.º e 9.º da Emenda Constitucional n. 126, de 21-12-2022.
•• A Lei Complementar n. 200, de 30-8-2023, institui regime fiscal sustentável para garantir a estabilidade macroeconômica do País e criar as condições adequadas ao crescimento socioeconômico.

Art. 115. Fica excepcionalmente autorizado o parcelamento das contribuições previdenciárias e dos demais débitos dos Municípios, incluídas suas autarquias e fundações, com os respectivos regimes próprios de previdência social, com vencimento até 31 de outubro de 2021, inclusive os parcelados anteriormente, no prazo máximo de 240 (duzentos e quarenta) prestações mensais, mediante autorização em lei municipal específica, desde que comprovem ter alterado a legislação do regime próprio de previdência social para atendimento das seguintes condições, cumulativamente:

•• *Caput* acrescentado pela Emenda Constitucional n. 113, de 8-12-2021.

I – adoção de regras de elegibilidade, de cálculo e de reajustamento dos benefícios que contemplem, nos termos previstos nos incisos I e III do § 1.º e nos §§ 3.º a 5.º, 7.º e 8.º do art. 40 da Constituição Federal, regras assemelhadas às aplicáveis aos servidores públicos do regime próprio de previdência social da União e que contribuam efetivamente para o atingimento e a manutenção do equilíbrio financeiro e atuarial;

•• Inciso I acrescentado pela Emenda Constitucional n. 113, de 8-12-2021.

II – adequação do rol de benefícios ao disposto nos §§ 2.º e 3.º do art. 9.º da Emenda Constitucional n. 103, de 12 de novembro de 2019;

•• Inciso II acrescentado pela Emenda Constitucional n. 113, de 8-12-2021.

III – adequação da alíquota de contribuição devida pelos servidores, nos termos do § 4.º do art. 9.º da Emenda Constitucional n. 103, de 12 de novembro de 2019; e

•• Inciso III acrescentado pela Emenda Constitucional n. 113, de 8-12-2021.

IV – instituição do regime de previdência complementar e adequação do órgão ou entidade gestora do regime próprio de previdência social, nos termos do § 6.º do art. 9.º da Emenda Constitucional n. 103, de 12 de novembro de 2019.

•• Inciso IV acrescentado pela Emenda Constitucional n. 113, de 8-12-2021.

Parágrafo único. Ato do Ministério do Trabalho e Previdência, no âmbito de suas competências, definirá os critérios para o parcelamento previsto neste artigo, inclusive quanto ao cumprimento do disposto nos incisos I, II, III e IV do *caput* deste artigo, bem como disponibilizará as informações aos Municípios sobre o montante das dívidas, as formas de parcelamento, os juros e os encargos incidentes, de modo a possibilitar o acompanhamento da evolução desses débitos.

•• Parágrafo único acrescentado pela Emenda Constitucional n. 113, de 8-12-2021.

Art. 116. Fica excepcionalmente autorizado o parcelamento dos débitos decorrentes de contribuições previdenciárias dos Municípios, incluídas suas autarquias e fundações, com o Regime Geral de Previdência Social, com vencimento até 31 de outubro de 2021, ainda que em fase de execução fiscal ajuizada, inclusive os decorrentes do descumprimento de obrigações acessórias e os parcelados anteriormente, no prazo máximo de 240 (duzentos e quarenta) prestações mensais.

•• *Caput* acrescentado pela Emenda Constitucional n. 113, de 8-12-2021.

§ 1.º Os Municípios que possuam regime próprio de previdência social deverão comprovar, para fins de formalização do parcelamento com o Regime Geral de Previdência Social, de que trata este artigo, terem atendido as condições estabelecidas nos incisos I, II, III e IV do *caput* do art. 115 deste Ato das Disposições Constitucionais Transitórias.

•• § 1.º acrescentado pela Emenda Constitucional n. 113, de 8-12-2021.

§ 2.º Os débitos parcelados terão redução de 40% (quarenta por cento) das multas de mora, de ofício e isoladas, de 80% (oitenta por cento) dos juros de mora, de 40% (quarenta por cento) dos encargos legais e de 25% (vinte e cinco por cento) dos honorários advocatícios.

•• § 2.º acrescentado pela Emenda Constitucional n. 113, de 8-12-2021.

§ 3.º O valor de cada parcela será acrescido de juros equivalentes à taxa referencial do Sistema Especial de Liquidação e de Custódia (Selic), acumulada mensalmente, calculados a partir do mês subsequente ao da consolidação até o mês anterior ao do pagamento.

•• § 3.º acrescentado pela Emenda Constitucional n. 113, de 8-12-2021.

§ 4.º Não constituem débitos dos Municípios aqueles considerados prescritos ou atingidos pela decadência.

•• § 4.º acrescentado pela Emenda Constitucional n. 113, de 8-12-2021.

§ 5.º A Secretaria Especial da Receita Federal do Brasil e a Procuradoria-Geral da Fazenda Nacional, no âmbito de suas competências, deverão fixar os critérios para o parcelamento previsto neste artigo, bem como disponibilizar as informações aos Municípios sobre o montante das dívidas, as formas de parcelamento, os juros e os encargos incidentes, de modo a possibilitar o acompanhamento da evolução desses débitos.

•• § 5.º acrescentado pela Emenda Constitucional n. 113, de 8-12-2021.

Art. 117. A formalização dos parcelamentos de que tratam os arts. 115 e 116 deste Ato das Disposições Constitucionais Transitórias deverá ocorrer até 30 de junho de 2022 e ficará condicionada à autorização de vinculação do Fundo de Participação dos Municípios para fins de pagamento das prestações acordadas nos termos de parcelamento, observada a seguinte ordem de preferência:

•• *Caput* acrescentado pela Emenda Constitucional n. 113, de 8-12-2021.

I – a prestação de garantia ou de contragarantia à União ou os pagamentos de débitos em favor da União, na forma do § 4.º do art. 167 da Constituição Federal;

•• Inciso I acrescentado pela Emenda Constitucional n. 113, de 8-12-2021.

II – as contribuições parceladas devidas ao Regime Geral de Previdência Social;
- •• Inciso II acrescentado pela Emenda Constitucional n. 113, de 8-12-2021.

III – as contribuições parceladas devidas ao respectivo regime próprio de previdência social.
- •• Inciso III acrescentado pela Emenda Constitucional n. 113, de 8-12-2021.

Art. 118. Os limites, as condições, as normas de acesso e os demais requisitos para o atendimento do disposto no parágrafo único do art. 6.º e no inciso VI do *caput* do art. 203 da Constituição Federal serão determinados, na forma da lei e respectivo regulamento, até 31 de dezembro de 2022, ficando dispensada, exclusivamente no exercício de 2022, a observância das limitações legais quanto à criação, à expansão ou ao aperfeiçoamento de ação governamental que acarrete aumento de despesa no referido exercício.
- •• Artigo acrescentado pela Emenda Constitucional n. 114, de 16-12-2021.

Art. 119. Em decorrência do estado de calamidade pública provocado pela pandemia da Covid-19, os Estados, o Distrito Federal, os Municípios e os agentes públicos desses entes federados não poderão ser responsabilizados administrativa, civil ou criminalmente pelo descumprimento, exclusivamente nos exercícios financeiros de 2020 e 2021, do disposto no *caput* do art. 212 da Constituição Federal.
- •• *Caput* acrescentado pela Emenda Constitucional n. 119, de 27-4-2022.
- •• *Vide* art. 2.º da Emenda Constitucional n. 119, de 27-4-2022.

Parágrafo único. Para efeitos do disposto no *caput* deste artigo, o ente deverá complementar na aplicação da manutenção e desenvolvimento do ensino, até o exercício financeiro de 2023, a diferença a menor entre o valor aplicado, conforme informação registrada no sistema integrado de planejamento e orçamento, e o valor mínimo exigível constitucionalmente para os exercícios de 2020 e 2021.
- •• Parágrafo único acrescentado pela Emenda Constitucional n. 119, de 27-4-2022.

Art. 120. Fica reconhecido, no ano de 2022, o estado de emergência decorrente da elevação extraordinária e imprevisível dos preços do petróleo, combustíveis e seus derivados e dos impactos sociais dela decorrentes.
- •• *Caput* acrescentado pela Emenda Constitucional n. 123, de 14-7-2022.
- •• O STF, na ADI n. 7.212, no plenário de 1.º-8-2024 (*DOU* de 13-8-2024), por maioria, conheceu integralmente da ação direta e julgou parcialmente procedente o pedido formulado, para declarar a inconstitucionalidade, com efeitos ex nunc, do art. 3.º da Emenda Constitucional n. 123, de 14-7-2024, que acrescentou este artigo.
- •• *Vide* art. 5.º da Emenda Constitucional n. 123, de 14-7-2022.

Parágrafo único. Para enfrentamento ou mitigação dos impactos decorrentes do estado de emergência reconhecido, as medidas implementadas, até os limites de despesas previstos em uma única e exclusiva norma constitucional observarão o seguinte:
- •• Parágrafo único, *caput*, acrescentado pela Emenda Constitucional n. 123, de 14-7-2022.

I – quanto às despesas:
- •• Inciso I, *caput*, acrescentado pela Emenda Constitucional n. 123, de 14-7-2022.

a) serão atendidas por meio de crédito extraordinário;
- •• Alínea *a* acrescentada pela Emenda Constitucional n. 123, de 14-7-2022.

b) não serão consideradas para fins de apuração da meta de resultado primário estabelecida no *caput* do art. 2.º da Lei n. 14.194, de 20 de agosto de 2021, e do limite estabelecido para as despesas primárias, conforme disposto no inciso I do *caput* do art. 107 do Ato das Disposições Constitucionais Transitórias; e
- •• Alínea *b* acrescentada pela Emenda Constitucional n. 123, de 14-7-2022.
- •• O art. 107 do ADCT foi revogado pela Emenda Constitucional n. 126, de 21-12-2022.

c) ficarão ressalvadas do disposto no inciso III do *caput* do art. 167 da Constituição Federal;

•• Alínea c acrescentada pela Emenda Constitucional n. 123, de 14-7-2022.

II – a abertura do crédito extraordinário para seu atendimento dar-se-á independentemente da observância dos requisitos exigidos no § 3.º do art. 167 da Constituição Federal; e

•• Inciso II acrescentado pela Emenda Constitucional n. 123, de 14-7-2022.

III – a dispensa das limitações legais, inclusive quanto à necessidade de compensação:

•• Inciso III, *caput*, acrescentado pela Emenda Constitucional n. 123, de 14-7-2022.

a) à criação, à expansão ou ao aperfeiçoamento de ação governamental que acarrete aumento de despesa; e

•• Alínea a acrescentada pela Emenda Constitucional n. 123, de 14-7-2022.

b) à renúncia de receita que possa ocorrer.

•• Alínea b acrescentada pela Emenda Constitucional n. 123, de 14-7-2022.

Art. 121. As contas referentes aos patrimônios acumulados de que trata o § 2.º do art. 239 da Constituição Federal cujos recursos não tenham sido reclamados por prazo superior a 20 (vinte) anos serão encerradas após o prazo de 60 (sessenta) dias da publicação de aviso no Diário Oficial da União, ressalvada reivindicação por eventual interessado legítimo dentro do referido prazo.

•• *Caput* acrescentado pela Emenda Constitucional n. 126, de 21-12-2022.

Parágrafo único. Os valores referidos no *caput* deste artigo serão tidos por abandonados, nos termos do inciso III do *caput* do art. 1.275 da Lei n. 10.406, de 10 de janeiro de 2002 (Código Civil), e serão apropriados pelo Tesouro Nacional como receita primária para realização de despesas de investimento de que trata o § 6.º-B do art. 107, que não serão computadas nos limites previstos no art. 107, ambos deste Ato das Disposições Constitucionais Transitórias, podendo o interessado reclamar ressarcimento à União no prazo de até 5 (cinco) anos do encerramento das contas.

•• Parágrafo único acrescentado pela Emenda Constitucional n. 126, de 21-12-2022.
•• O art. 107 do ADCT foi revogado pela Emenda Constitucional n. 126, de 21-12-2022.

Art. 122. As transferências financeiras realizadas pelo Fundo Nacional de Saúde e pelo Fundo Nacional de Assistência Social diretamente aos fundos de saúde e assistência social estaduais, municipais e distritais, para enfrentamento da pandemia da Covid-19, poderão ser executadas pelos entes federativos até 31 de dezembro de 2023.

•• Artigo acrescentado pela Emenda Constitucional n. 126, de 21-12-2022.

Art. 123. Todos os termos de credenciamentos, contratos, aditivos e outras formas de ajuste de permissão lotérica, em vigor, indistintamente, na data de publicação deste dispositivo, destinados a viabilizar a venda de serviços lotéricos, disciplinados em lei ou em outros instrumentos de alcance específico, terão assegurado prazo de vigência adicional, contado do término do prazo do instrumento vigente, independentemente da data de seu termo inicial.

•• Artigo acrescentado pela Emenda Constitucional n. 129, de 5-7-2023.

Art. 124. A transição para os tributos previstos no art. 156-A e no art. 195, V, todos da Constituição Federal, atenderá aos critérios estabelecidos nos arts. 125 a 133 deste Ato das Disposições Constitucionais Transitórias.

•• *Caput* acrescentado pela Emenda Constitucional n. 132, de 20-12-2023.

Parágrafo único. A contribuição prevista no art. 195, V, será instituída pela mesma lei complementar de que trata o art. 156-A, ambos da Constituição Federal.

•• Parágrafo único acrescentado pela Emenda Constitucional n. 132, de 20-12-2023.

Art. 125. Em 2026, o imposto previsto no art. 156-A será cobrado à alíquota estadual de 0,1% (um décimo por cento) e a contribuição prevista no art. 195, V, ambos da Constituição Federal, será cobrada à alíquota de 0,9% (nove décimos por cento).
•• *Caput* acrescentado pela Emenda Constitucional n. 132, de 20-12-2023.

§ 1.º O montante recolhido na forma do *caput* será compensado com o valor devido das contribuições previstas no art. 195, I, *b*, e IV, e da contribuição para o Programa de Integração Social a que se refere o art. 239, ambos da Constituição Federal.
•• § 1.º acrescentado pela Emenda Constitucional n. 132, de 20-12-2023.

§ 2.º Caso o contribuinte não possua débitos suficientes para efetuar a compensação de que trata o § 1.º, o valor recolhido poderá ser compensado com qualquer outro tributo federal ou ser ressarcido em até 60 (sessenta) dias, mediante requerimento.
•• § 2.º acrescentado pela Emenda Constitucional n. 132, de 20-12-2023.

§ 3.º A arrecadação do imposto previsto no art. 156-A da Constituição Federal decorrente do disposto no *caput* deste artigo não observará as vinculações, repartições e destinações previstas na Constituição Federal, devendo ser aplicada, integral e sucessivamente, para:
•• § 3.º, *caput*, acrescentado pela Emenda Constitucional n. 132, de 20-12-2023.

I – o financiamento do Comitê Gestor do Imposto sobre Bens e Serviços, nos termos do art. 156-B, § 2.º, III, da Constituição Federal;
•• Inciso I acrescentado pela Emenda Constitucional n. 132, de 20-12-2023.

II – compor o Fundo de Compensação de Benefícios Fiscais ou Financeiro-Fiscais do imposto de que trata o art. 155, II, da Constituição Federal.
•• Inciso II acrescentado pela Emenda Constitucional n. 132, de 20-12-2023.

§ 4.º Durante o período de que trata o *caput*, os sujeitos passivos que cumprirem as obrigações acessórias relativas aos tributos referidos no *caput* poderão ser dispensados do seu recolhimento, nos termos de lei complementar.
•• § 4.º acrescentado pela Emenda Constitucional n. 132, de 20-12-2023.

Art. 126. A partir de 2027:
•• *Caput* acrescentado pela Emenda Constitucional n. 132, de 20-12-2023.

I – serão cobrados:
•• Inciso I, *caput*, acrescentado pela Emenda Constitucional n. 132, de 20-12-2023.

a) a contribuição prevista no art. 195, V, da Constituição Federal;
•• Alínea *a* acrescentada pela Emenda Constitucional n. 132, de 20-12-2023.

b) o imposto previsto no art. 153, VIII, da Constituição Federal;
•• Alínea *b* acrescentada pela Emenda Constitucional n. 132, de 20-12-2023.

II – serão extintas as contribuições previstas no art. 195, I, *b*, e IV, e a contribuição para o Programa de Integração Social de que trata o art. 239, todos da Constituição Federal, desde que instituída a contribuição referida na alínea *a* do inciso I;
•• Inciso II acrescentado pela Emenda Constitucional n. 132, de 20-12-2023.

III – o imposto previsto no art. 153, IV, da Constituição Federal:
•• Inciso III, *caput*, acrescentado pela Emenda Constitucional n. 132, de 20-12-2023.

a) terá suas alíquotas reduzidas a zero, exceto em relação aos produtos que tenham industrialização incentivada na Zona Franca de Manaus, conforme critérios estabelecidos em lei complementar; e
•• Alínea *a* acrescentada pela Emenda Constitucional n. 132, de 20-12-2023.

b) não incidirá de forma cumulativa com o imposto previsto no art. 153, VIII, da Constituição Federal.
- •• Alínea b acrescentada pela Emenda Constitucional n. 132, de 20-12-2023.

Art. 127. Em 2027 e 2028, o imposto previsto no art. 156-A da Constituição Federal será cobrado à alíquota estadual de 0,05% (cinco centésimos por cento) e à alíquota municipal de 0,05% (cinco centésimos por cento).
- •• Caput acrescentado pela Emenda Constitucional n. 132, de 20-12-2023.

Parágrafo único. No período referido no *caput*, a alíquota da contribuição prevista no art. 195, V, da Constituição Federal, será reduzida em 0,1 (um décimo) ponto percentual.
- •• Parágrafo único acrescentado pela Emenda Constitucional n. 132, de 20-12-2023.

Art. 128. De 2029 a 2032, as alíquotas dos impostos previstos nos arts. 155, II, e 156, III, da Constituição Federal, serão fixadas nas seguintes proporções das alíquotas fixadas nas respectivas legislações:
- •• Caput acrescentado pela Emenda Constitucional n. 132, de 20-12-2023.

I – 9/10 (nove décimos), em 2029;
- •• Inciso I acrescentado pela Emenda Constitucional n. 132, de 20-12-2023.

II – 8/10 (oito décimos), em 2030;
- •• Inciso II acrescentado pela Emenda Constitucional n. 132, de 20-12-2023.

III – 7/10 (sete décimos), em 2031;
- •• Inciso III acrescentado pela Emenda Constitucional n. 132, de 20-12-2023.

IV – 6/10 (seis décimos), em 2032.
- •• Inciso IV acrescentado pela Emenda Constitucional n. 132, de 20-12-2023.

§ 1.º Os benefícios ou os incentivos fiscais ou financeiros relativos aos impostos previstos nos arts. 155, II, e 156, III, da Constituição Federal não alcançados pelo disposto no *caput* deste artigo serão reduzidos na mesma proporção.
- •• § 1.º acrescentado pela Emenda Constitucional n. 132, de 20-12-2023.

§ 2.º Os benefícios e incentivos fiscais ou financeiros referidos no art. 3.º da Lei Complementar n. 160, de 7 de agosto de 2017, serão reduzidos na forma deste artigo, não se aplicando a redução prevista no § 2.º-A do art. 3.º da referida Lei Complementar.
- •• § 2.º acrescentado pela Emenda Constitucional n. 132, de 20-12-2023.

§ 3.º Ficam mantidos em sua integralidade, até 31 de dezembro de 2032, os percentuais utilizados para calcular os benefícios ou incentivos fiscais ou financeiros já reduzidos por força da redução das alíquotas, em decorrência do disposto no *caput*.
- •• § 3.º acrescentado pela Emenda Constitucional n. 132, de 20-12-2023.

Art. 129. Ficam extintos, a partir de 2033, os impostos previstos nos arts. 155, II, e 156, III, da Constituição Federal.
- •• Artigo acrescentado pela Emenda Constitucional n. 132, de 20-12-2023.

Art. 130. Resolução do Senado Federal fixará, para todas as esferas federativas, as alíquotas de referência dos tributos previstos nos arts. 156-A e 195, V, da Constituição Federal, observados a forma de cálculo e os limites previstos em lei complementar, de forma a assegurar:
- •• Caput acrescentado pela Emenda Constitucional n. 132, de 20-12-2023.

I – de 2027 a 2033, que a receita da União com a contribuição prevista no art. 195, V, e com o imposto previsto no art. 153, VIII, todos da Constituição Federal, seja equivalente à redução da receita:
- •• Inciso I, caput, acrescentado pela Emenda Constitucional n. 132, de 20-12-2023.

a) das contribuições previstas no art. 195, I, *b*, e IV, e da contribuição para o Programa de Integração Social de que trata o art. 239, todos da Constituição Federal;

•• Alínea *a* acrescentada pela Emenda Constitucional n. 132, de 20-12-2023.

b) do imposto previsto no art. 153, IV; e

•• Alínea *b* acrescentada pela Emenda Constitucional n. 132, de 20-12-2023.

c) do imposto previsto no art. 153, V, da Constituição Federal, sobre operações de seguros;

•• Alínea *c* acrescentada pela Emenda Constitucional n. 132, de 20-12-2023.

II – de 2029 a 2033, que a receita dos Estados e do Distrito Federal com o imposto previsto no art. 156-A da Constituição Federal seja equivalente à redução:

•• Inciso II, *caput*, acrescentado pela Emenda Constitucional n. 132, de 20-12-2023.

a) da receita do imposto previsto no art. 155, II, da Constituição Federal; e

•• Alínea *a* acrescentada pela Emenda Constitucional n. 132, de 20-12-2023.

b) das receitas destinadas a fundos estaduais financiados por contribuições estabelecidas como condição à aplicação de diferimento, regime especial ou outro tratamento diferenciado, relativos ao imposto de que trata o art. 155, II, da Constituição Federal, em funcionamento em 30 de abril de 2023, excetuadas as receitas dos fundos mantidas na forma do art. 136 deste Ato das Disposições Constitucionais Transitórias;

•• Alínea *b* acrescentada pela Emenda Constitucional n. 132, de 20-12-2023.

III – de 2029 a 2033, que a receita dos Municípios e do Distrito Federal com o imposto previsto no art. 156-A seja equivalente à redução da receita do imposto previsto no art. 156, III, ambos da Constituição Federal.

•• Inciso III acrescentado pela Emenda Constitucional n. 132, de 20-12-2023.

§ 1.º As alíquotas de referência serão fixadas no ano anterior ao de sua vigência, não se aplicando o disposto no art. 150, III, *c*, da Constituição Federal, com base em cálculo realizado pelo Tribunal de Contas da União.

•• § 1.º acrescentado pela Emenda Constitucional n. 132, de 20-12-2023.

§ 2.º Na fixação das alíquotas de referência, deverão ser considerados os efeitos sobre a arrecadação dos regimes específicos, diferenciados ou favorecidos e de qualquer outro regime que resulte em arrecadação menor do que a que seria obtida com a aplicação da alíquota padrão.

•• § 2.º acrescentado pela Emenda Constitucional n. 132, de 20-12-2023.

§ 3.º Para fins do disposto nos §§ 4.º a 6.º, entende-se por:

•• § 3.º, *caput*, acrescentado pela Emenda Constitucional n. 132, de 20-12-2023.

I – Teto de Referência da União: a média da receita no período de 2012 a 2021, apurada como proporção do PIB, do imposto previsto no art. 153, IV, das contribuições previstas no art. 195, I, *b*, e IV, da contribuição para o Programa de Integração Social de que trata o art. 239 e do imposto previsto no art. 153, V, sobre operações de seguro, todos da Constituição Federal;

•• Inciso I acrescentado pela Emenda Constitucional n. 132, de 20-12-2023.

II – Teto de Referência Total: a média da receita no período de 2012 a 2021, apurada como proporção do PIB, dos impostos previstos nos arts. 153, IV, 155, II e 156, III, das contribuições previstas no art. 195, I, *b*, e IV, da contribuição para o Programa de Integração Social de que trata o art. 239 e do imposto previsto no art. 153, V, sobre operações de seguro, todos da Constituição Federal;

•• Inciso II acrescentado pela Emenda Constitucional n. 132, de 20-12-2023.

III – Receita-Base da União: a receita da União com a contribuição prevista no art. 195, V, e com o imposto previsto no art. 153, VIII, ambos da Constituição Federal, apurada como proporção do PIB;
- • Inciso III acrescentado pela Emenda Constitucional n. 132, de 20-12-2023.

IV – Receita-Base dos Entes Subnacionais: a receita dos Estados, do Distrito Federal e dos Municípios com o imposto previsto no art. 156-A da Constituição Federal, deduzida da parcela a que se refere a alínea *b* do inciso II do *caput*, apurada como proporção do PIB;
- • Inciso IV acrescentado pela Emenda Constitucional n. 132, de 20-12-2023.

V – Receita-Base Total: a soma da Receita-Base da União com a Receita-Base dos Entes Subnacionais, sendo essa última:
- • Inciso V, *caput*, acrescentado pela Emenda Constitucional n. 132, de 20-12-2023.

a) multiplicada por 10 (dez) em 2029;
- • Alínea *a* acrescentada pela Emenda Constitucional n. 132, de 20-12-2023.

b) multiplicada por 5 (cinco) em 2030;
- • Alínea *b* acrescentada pela Emenda Constitucional n. 132, de 20-12-2023.

c) multiplicada por 10 (dez) e dividida por 3 (três) em 2031;
- • Alínea *c* acrescentada pela Emenda Constitucional n. 132, de 20-12-2023.

d) multiplicada por 10 (dez) e dividida por 4 (quatro) em 2032;
- • Alínea *d* acrescentada pela Emenda Constitucional n. 132, de 20-12-2023.

e) multiplicada por 1 (um) em 2033.
- • Alínea *e* acrescentada pela Emenda Constitucional n. 132, de 20-12-2023.

§ 4.º A alíquota de referência da contribuição a que se refere o art. 195, V, da Constituição Federal será reduzida em 2030 caso a média da Receita-Base da União em 2027 e 2028 exceda o Teto de Referência da União.
- • § 4.º acrescentado pela Emenda Constitucional n. 132, de 20-12-2023.

§ 5.º As alíquotas de referência da contribuição a que se refere o art. 195, V, e do imposto a que se refere o art. 156-A, ambos da Constituição Federal, serão reduzidas em 2035 caso a média da Receita-Base Total entre 2029 e 2033 exceda o Teto de Referência Total.
- • § 5.º acrescentado pela Emenda Constitucional n. 132, de 20-12-2023.

§ 6.º As reduções de que tratam os §§ 4.º e 5.º serão:
- • § 6.º, *caput*, acrescentado pela Emenda Constitucional n. 132, de 20-12-2023.

I – definidas de forma a que a Receita-Base seja igual ao respectivo Teto de Referência;
- • Inciso I acrescentado pela Emenda Constitucional n. 132, de 20-12-2023.

II – no caso do § 5.º, proporcionais para as alíquotas de referência federal, estadual e municipal.
- • Inciso II acrescentado pela Emenda Constitucional n. 132, de 20-12-2023.

§ 7.º A revisão das alíquotas de referência em função do disposto nos §§ 4.º, 5.º e 6.º não implicará cobrança ou restituição de tributo relativo a anos anteriores ou transferência de recursos entre os entes federativos.
- • § 7.º acrescentado pela Emenda Constitucional n. 132, de 20-12-2023.

§ 8.º Os entes federativos e o Comitê Gestor do Imposto sobre Bens e Serviços fornecerão ao Tribunal de Contas da União as informações necessárias para o cálculo a que se referem os §§ 1.º, 4.º e 5.º.
- • § 8.º acrescentado pela Emenda Constitucional n. 132, de 20-12-2023.

§ 9.º Nos cálculos das alíquotas de que trata o *caput*, deverá ser considerada a arrecadação dos tributos previstos nos arts. 156-A e 195, V, da Constituição Federal, cuja cobrança tenha sido iniciada antes dos períodos de que tratam os incisos I, II e III do *caput*.
- •• § 9.º acrescentado pela Emenda Constitucional n. 132, de 20-12-2023.

§ 10. O cálculo das alíquotas a que se refere este artigo será realizado com base em propostas encaminhadas pelo Poder Executivo da União e pelo Comitê Gestor do Imposto sobre Bens e Serviços, que deverão fornecer ao Tribunal de Contas da União todos os subsídios necessários, mediante o compartilhamento de dados e informações, nos termos de lei complementar.
- •• § 10 acrescentado pela Emenda Constitucional n. 132, de 20-12-2023.

Art. 131. De 2029 a 2077, o produto da arrecadação dos Estados, do Distrito Federal e dos Municípios com o imposto de que trata o art. 156-A da Constituição Federal será distribuído a esses entes federativos conforme o disposto neste artigo.
- •• *Caput* acrescentado pela Emenda Constitucional n. 132, de 20-12-2023.

§ 1.º Serão retidos do produto da arrecadação do imposto de cada Estado, do Distrito Federal e de cada Município apurada com base nas alíquotas de referência de que trata o art. 130 deste Ato das Disposições Constitucionais Transitórias, nos termos dos arts. 149-C e 156-A, § 4.º, II, e § 5.º, I e IV, antes da aplicação do disposto no art. 158, IV, *b*, todos da Constituição Federal:
- •• § 1.º, *caput*, acrescentado pela Emenda Constitucional n. 132, de 20-12-2023.

I – de 2029 a 2032, 80% (oitenta por cento);
- •• Inciso I acrescentado pela Emenda Constitucional n. 132, de 20-12-2023.

II – em 2033, 90% (noventa por cento);
- •• Inciso II acrescentado pela Emenda Constitucional n. 132, de 20-12-2023.

III – de 2034 a 2077, percentual correspondente ao aplicado em 2033, reduzido à razão de 1/45 (um quarenta e cinco avos) por ano.
- •• Inciso III acrescentado pela Emenda Constitucional n. 132, de 20-12-2023.

§ 2.º Na forma estabelecida em lei complementar, o montante retido nos termos do § 1.º será distribuído entre os Estados, o Distrito Federal e os Municípios proporcionalmente à receita média de cada ente federativo, devendo ser consideradas:
- •• § 2.º, *caput*, acrescentado pela Emenda Constitucional n. 132, de 20-12-2023.

I – no caso dos Estados:
- •• Inciso I, *caput*, acrescentado pela Emenda Constitucional n. 132, de 20-12-2023.

a) a arrecadação do imposto previsto no art. 155, II, após aplicação do disposto no art. 158, IV, *a*, todos da Constituição Federal; e
- •• Alínea *a* acrescentada pela Emenda Constitucional n. 132, de 20-12-2023.

b) as receitas destinadas aos fundos estaduais de que trata o art. 130, II, *b*, deste Ato das Disposições Constitucionais Transitórias;
- •• Alínea *b* acrescentada pela Emenda Constitucional n. 132, de 20-12-2023.

II – no caso do Distrito Federal:
- •• Inciso II, *caput*, acrescentado pela Emenda Constitucional n. 132, de 20-12-2023.

a) a arrecadação do imposto previsto no art. 155, II, da Constituição Federal; e
- •• Alínea *a* acrescentada pela Emenda Constitucional n. 132, de 20-12-2023.

b) a arrecadação do imposto previsto no art. 156, III, da Constituição Federal;

•• Alínea b acrescentada pela Emenda Constitucional n. 132, de 20-12-2023.

III – no caso dos Municípios:

•• Inciso III, caput, acrescentado pela Emenda Constitucional n. 132, de 20-12-2023.

a) a arrecadação do imposto previsto no art. 156, III, da Constituição Federal; e

•• Alínea a acrescentada pela Emenda Constitucional n. 132, de 20-12-2023.

b) a parcela creditada na forma do art. 158, IV, a, da Constituição Federal.

•• Alínea b acrescentada pela Emenda Constitucional n. 132, de 20-12-2023.

§ 3.º Não se aplica o disposto no art. 158, IV, b, da Constituição Federal aos recursos distribuídos na forma do § 2.º, I, deste artigo.

•• § 3.º acrescentado pela Emenda Constitucional n. 132, de 20-12-2023.

§ 4.º A parcela do produto da arrecadação do imposto não retida nos termos do § 1.º, após a retenção de que trata o art. 132 deste Ato das Disposições Constitucionais Transitórias, será distribuída a cada Estado, ao Distrito Federal e a cada Município de acordo com os critérios da lei complementar de que trata o art. 156-A, § 5.º, I, da Constituição Federal, nela computada a variação de alíquota fixada pelo ente em relação à de referência.

•• § 4.º acrescentado pela Emenda Constitucional n. 132, de 20-12-2023.

§ 5.º Os recursos de que trata este artigo serão distribuídos nos termos estabelecidos em lei complementar, aplicando-se o seguinte:

•• § 5.º, caput, acrescentado pela Emenda Constitucional n. 132, de 20-12-2023.

I – constituirão a base de cálculo dos fundos de que trata o art. 212-A, II, da Constituição Federal, observado que:

•• Inciso I, caput, acrescentado pela Emenda Constitucional n. 132, de 20-12-2023.

a) para os Estados, o percentual de que trata o art. 212-A, II, será aplicado proporcionalmente à razão entre a soma dos valores distribuídos a cada ente nos termos do § 2.º, I, a, e do § 4.º, e a soma dos valores distribuídos nos termos do § 2.º, I e do § 4.º;

•• Alínea a acrescentada pela Emenda Constitucional n. 132, de 20-12-2023.

b) para o Distrito Federal, o percentual de que trata o art. 212-A, II, será aplicado proporcionalmente à razão entre a soma dos valores distribuídos nos termos do § 2.º, II, a, e do § 4.º, e a soma dos valores distribuídos nos termos do § 2.º, II, e do § 4.º, considerada, em ambas as somas, somente a parcela estadual nos valores distribuídos nos termos do § 4.º;

•• Alínea b acrescentada pela Emenda Constitucional n. 132, de 20-12-2023.

c) para os Municípios, o percentual de que trata o art. 212-A, II, será aplicado proporcionalmente à razão entre a soma dos valores distribuídos nos termos do § 2.º, III, b, e a soma dos valores distribuídos nos termos do § 2.º, III;

•• Alínea c acrescentada pela Emenda Constitucional n. 132, de 20-12-2023.

II – constituirão as bases de cálculo de que tratam os arts. 29-A, 198, § 2.º, 204, parágrafo único, 212 e 216, § 6.º, da Constituição Federal, excetuados os valores distribuídos nos termos do § 2.º, I, b;

•• Inciso II acrescentado pela Emenda Constitucional n. 132, de 20-12-2023.

III – poderão ser vinculados para prestação de garantias às operações de crédito por antecipação de receita previstas no art. 165, § 8.º, para pagamento de débitos com a União e para prestar-lhe garantia ou contragarantia, nos termos do art. 167, § 4.º, todos da Constituição Federal.

•• Inciso III acrescentado pela Emenda Constitucional n. 132, de 20-12-2023.

§ 6.º Durante o período de que trata o *caput* deste artigo, é vedado aos Estados, ao Distrito Federal e aos Municípios fixar alíquotas próprias do imposto de que trata o art. 156-A da Constituição Federal inferiores às necessárias para garantir as retenções de que tratam o § 1.º deste artigo e o art. 132 deste Ato das Disposições Constitucionais Transitórias.
•• § 6.º acrescentado pela Emenda Constitucional n. 132, de 20-12-2023.

Art. 132. Do imposto dos Estados, do Distrito Federal e dos Municípios apurado com base nas alíquotas de referência de que trata o art. 130 deste Ato das Disposições Constitucionais Transitórias, deduzida a retenção de que trata o art. 131, § 1.º, será retido montante correspondente a 5% (cinco por cento) para distribuição aos entes com as menores razões entre:
•• *Caput* acrescentado pela Emenda Constitucional n. 132, de 20-12-2023.

I – o valor apurado nos termos dos arts. 149-C e 156-A, § 4.º, II, e § 5.º, I e IV, com base nas alíquotas de referência, após a aplicação do disposto no art. 158, IV, *b*, todos da Constituição Federal; e
•• Inciso I acrescentado pela Emenda Constitucional n. 132, de 20-12-2023.

II – a respectiva receita média, apurada nos termos do art. 131, § 2.º, I, II e III, deste Ato das Disposições Constitucionais Transitórias, limitada a 3 (três) vezes a média nacional por habitante da respectiva esfera federativa.
•• Inciso II acrescentado pela Emenda Constitucional n. 132, de 20-12-2023.

§ 1.º Os recursos serão distribuídos, sequencial e sucessivamente, aos entes com as menores razões de que trata o *caput*, de maneira que, ao final da distribuição, para todos os entes que receberem recursos, seja observada a mesma a razão entre:
•• § 1.º, *caput,* acrescentado pela Emenda Constitucional n. 132, de 20-12-2023.

I – a soma do valor apurado nos termos do inciso I do *caput* com o valor recebido nos termos deste artigo; e
•• Inciso I acrescentado pela Emenda Constitucional n. 132, de 20-12-2023.

II – a receita média apurada na forma do inciso II do *caput*.
•• Inciso II acrescentado pela Emenda Constitucional n. 132, de 20-12-2023.

§ 2.º Aplica-se aos recursos distribuídos na forma deste artigo o disposto no art. 131, § 5.º deste Ato das Disposições Constitucionais Transitórias.
•• § 2.º acrescentado pela Emenda Constitucional n. 132, de 20-12-2023.

§ 3.º Lei complementar estabelecerá os critérios para a redução gradativa, entre 2078 e 2097, do percentual de que trata o *caput*, até a sua extinção.
•• § 3.º acrescentado pela Emenda Constitucional n. 132, de 20-12-2023.

Art. 133. Os tributos de que tratam os arts. 153, IV, 155, II, 156, III, e 195, I, *b*, e IV, e a contribuição para o Programa de Integração Social a que se refere o art. 239 não integrarão a base de cálculo do imposto de que trata o art. 156-A e da contribuição de que trata o art. 195, V, todos da Constituição Federal.
•• Artigo acrescentado pela Emenda Constitucional n. 132, de 20-12-2023.

Art. 134. Os saldos credores relativos ao imposto previsto no art. 155, II, da Constituição Federal, existentes ao final de 2032 serão aproveitados pelos contribuintes na forma deste artigo e nos termos de lei complementar.
•• *Caput* acrescentado pela Emenda Constitucional n. 132, de 20-12-2023.

§ 1.º O disposto neste artigo alcança os saldos credores cujo aproveitamento ou ressarcimento sejam admitidos pela legislação em vigor em 31 de dezembro de 2032 e que tenham sido homologados pelos respectivos entes federativos, observadas as seguintes diretrizes:
•• § 1.º, *caput,* acrescentado pela Emenda Constitucional n. 132, de 20-12-2023.

I – apresentado o pedido de homologação, o ente federativo deverá se pronunciar no prazo estabelecido na lei complementar a que se refere o *caput*;
•• Inciso I acrescentado pela Emenda Constitucional n. 132, de 20-12-2023.

II – na ausência de resposta ao pedido de homologação no prazo a que se refere o inciso I deste parágrafo, os respectivos saldos credores serão considerados homologados.
•• Inciso II acrescentado pela Emenda Constitucional n. 132, de 20-12-2023.

§ 2.º Aplica-se o disposto neste artigo também aos créditos reconhecidos após o prazo previsto no *caput*.
•• § 2.º acrescentado pela Emenda Constitucional n. 132, de 20-12-2023.

§ 3.º O saldo dos créditos homologados será informado pelos Estados e pelo Distrito Federal ao Comitê Gestor do Imposto sobre Bens e Serviços para que seja compensado com o imposto de que trata o art. 156-A da Constituição Federal:
•• § 3.º, *caput*, acrescentado pela Emenda Constitucional n. 132, de 20-12-2023.

I – pelo prazo remanescente, apurado nos termos do art. 20, § 5.º, da Lei Complementar n. 87, de 13 de setembro de 1996, para os créditos relativos à entrada de mercadorias destinadas ao ativo permanente;
•• Inciso I acrescentado pela Emenda Constitucional n. 132, de 20-12-2023.

II – em 240 (duzentos e quarenta) parcelas mensais, iguais e sucessivas, nos demais casos.
•• Inciso II acrescentado pela Emenda Constitucional n. 132, de 20-12-2023.

§ 4.º O Comitê Gestor do Imposto sobre Bens e Serviços deduzirá do produto da arrecadação do imposto previsto no art. 156-A devido ao respectivo ente federativo o valor compensado na forma do § 3.º, o qual não comporá base de cálculo para fins do disposto nos arts. 158, IV, 198, § 2.º, parágrafo único, 212, 212-A, II, e 216, § 6.º, todos da Constituição Federal.
•• § 4.º acrescentado pela Emenda Constitucional n. 132, de 20-12-2023.

§ 5.º A partir de 2033, os saldos credores serão atualizados pelo IPCA ou por outro índice que venha a substituí-lo.
•• § 5.º acrescentado pela Emenda Constitucional n. 132, de 20-12-2023.

§ 6.º Lei complementar disporá sobre:
•• § 6.º, *caput*, acrescentado pela Emenda Constitucional n. 132, de 20-12-2023.

I – as regras gerais de implementação do parcelamento previsto no § 3.º;
•• Inciso I acrescentado pela Emenda Constitucional n. 132, de 20-12-2023.

II – a forma pela qual os titulares dos créditos de que trata este artigo poderão transferi-los a terceiros;
•• Inciso II acrescentado pela Emenda Constitucional n. 132, de 20-12-2023.

III – a forma pela qual o crédito de que trata este artigo poderá ser ressarcido ao contribuinte pelo Comitê Gestor do Imposto sobre Bens e Serviços, caso não seja possível compensar o valor da parcela nos termos do § 3.º.
•• Inciso III acrescentado pela Emenda Constitucional n. 132, de 20-12-2023.

Art. 135. Lei complementar disciplinará a forma de utilização dos créditos, inclusive presumidos, do imposto de que trata o art. 153, IV, e das contribuições de que tratam o art. 195, I, *b*, e IV, e da contribuição para o Programa de Integração Social a que se refere o art. 239, todos da Constituição Federal, não apropriados ou não utilizados até a extinção, mantendo-se, apenas para os créditos que cumpram os requisitos estabelecidos na legislação vigente na data da extinção de tais tributos, a permissão para compensação com outros tributos federais, inclusive com a contribuição prevista no inciso V do *caput* do art. 195 da Constituição Federal, ou ressarcimento em dinheiro.

•• Artigo acrescentado pela Emenda Constitucional n. 132, de 20-12-2023.

Art. 136. Os Estados que possuíam, em 30 de abril de 2023, fundos destinados a investimentos em obras de infraestrutura e habitação e financiados por contribuições sobre produtos primários e semielaborados estabelecidas como condição à aplicação de diferimento, regime especial ou outro tratamento diferenciado, relativos ao imposto de que trata o art. 155, II, da Constituição Federal, poderão instituir contribuições semelhantes, não vinculadas ao referido imposto, observado que:

•• *Caput* acrescentado pela Emenda Constitucional n. 132, de 20-12-2023.

I – a alíquota ou o percentual de contribuição não poderão ser superiores e a base de incidência não poderá ser mais ampla que os das respectivas contribuições vigentes em 30 de abril de 2023;

•• Inciso I acrescentado pela Emenda Constitucional n. 132, de 20-12-2023.

II – a instituição de contribuição nos termos deste artigo implicará a extinção da contribuição correspondente, vinculada ao imposto de que trata o art. 155, II, da Constituição Federal, vigente em 30 de abril de 2023;

•• Inciso II acrescentado pela Emenda Constitucional n. 132, de 20-12-2023.

III – a destinação de sua receita deverá ser a mesma das contribuições vigentes em 30 de abril de 2023;

•• Inciso III acrescentado pela Emenda Constitucional n. 132, de 20-12-2023.

IV – a contribuição instituída nos termos do *caput* será extinta em 31 de dezembro de 2043.

•• Inciso IV acrescentado pela Emenda Constitucional n. 132, de 20-12-2023.

Parágrafo único. As receitas das contribuições mantidas nos termos deste artigo não serão consideradas como receita do respectivo Estado para fins do disposto nos arts. 130, II, *b*, e 131, § 2.º, I, *b*, deste Ato das Disposições Constitucionais Transitórias.

•• Parágrafo único acrescentado pela Emenda Constitucional n. 132, de 20-12-2023.

Art. 137. Os saldos financeiros dos recursos transferidos pelo Fundo Nacional de Saúde e pelo Fundo Nacional de Assistência Social, para enfrentamento da pandemia de Covid-19 no período de 2020 a 2022, aos fundos de saúde e assistência social estaduais, municipais e do Distrito Federal poderão ser aplicados, até 31 de dezembro de 2024, para o custeio de ações e serviços públicos de saúde e de assistência social, observadas, respectivamente, as diretrizes emanadas do Sistema Único de Saúde e do Sistema Único de Assistência Social.

•• Artigo acrescentado pela Emenda Constitucional n. 132, de 20-12-2023.

Art. 138. Até 2032, qualquer criação, alteração ou prorrogação de vinculação legal ou constitucional de receitas a despesas, inclusive na hipótese de aplicação mínima de montante de recursos, não poderá resultar em crescimento anual da respectiva despesa primária superior à variação do limite de despesas primárias, na forma prevista na lei complementar de que trata o art. 6.º da Emenda Constitucional n. 126, de 21 de dezembro de 2022.

•• Artigo acrescentado pela Emenda Constitucional n. 135, de 20-12-2024.

Brasília, 5 de outubro de 1988.

Ulysses Guimarães

Emendas Constitucionais

Emenda Constitucional n. 1, de 31 de março de 1992 [1]

Dispõe sobre a remuneração dos Deputados Estaduais e dos Vereadores.

As Mesas da Câmara dos Deputados e do Senado Federal, nos termos do § 3.º do art. 60, da Constituição Federal, promulgam a seguinte Emenda ao texto constitucional:

Art. 1.º O § 2.º do art. 27 da Constituição passa a vigorar com a seguinte redação:

> •• Alteração prejudicada pela Emenda Constitucional n. 19, de 4-6-1998, que deu nova redação ao § 2.º do art. 27 da CF.

Art. 2.º São acrescentados ao art. 29 da Constituição os seguintes incisos, VI e VII, renumerando-se os demais:

> •• Alteração prejudicada pela Emenda Constitucional n. 25, de 14-2-2000, que deu nova redação ao inciso VI do art. 29 da CF.

Art. 3.º Esta Emenda Constitucional entra em vigor na data de sua publicação.

Brasília, 31 de março de 1992.

A Mesa da Câmara dos Deputados
Deputado IBSEN PINHEIRO
Presidente

A Mesa do Senado Federal
Senador MAURO BENEVIDES
Presidente

Emenda Constitucional n. 2, de 25 de agosto de 1992 [2]

Dispõe sobre o plebiscito previsto no art. 2.º do Ato das Disposições Constitucionais Transitórias.

As Mesas da Câmara dos Deputados e do Senado Federal, nos termos do § 3.º do art. 60 da Constituição Federal, promulgam a seguinte Emenda ao texto constitucional:

---

(1) Publicada no *DOU* de 6-4-1992. As alterações determinadas por esta EC já foram processadas no texto da Constituição.

(2) Publicada no *DOU* de 1.º-9-1992.

Artigo único. O plebiscito de que trata o art. 2.º do Ato das Disposições Constitucionais Transitórias realizar-se-á no dia 21 de abril de 1993.

§ 1.º A forma e o sistema de governo definidos pelo plebiscito terão vigência em 1.º de janeiro de 1995.

§ 2.º A lei poderá dispor sobre a realização do plebiscito, inclusive sobre a gratuidade da livre divulgação das formas e sistemas de governo, através dos meios de comunicação de massa concessionários ou permissionários de serviço público, assegurada igualdade de tempo e paridade de horários.

§ 3.º A norma constante do parágrafo anterior não exclui a competência do Tribunal Superior Eleitoral para expedir instruções necessárias à realização da consulta plebiscitária.

Brasília, em 25 de agosto de 1992.

A Mesa da Câmara dos Deputados

Deputado IBSEN PINHEIRO
Presidente

A Mesa do Senado Federal

Senador MAURO BENEVIDES
Presidente

Emenda Constitucional n. 3,
de 17 de março de 1993 [1]

> *Altera dispositivos da Constituição Federal.*

As Mesas da Câmara dos Deputados e do Senado Federal, nos termos do § 3.º do art. 60 da Constituição Federal, promulgam a seguinte Emenda ao texto constitucional:

---

(1) Publicada no *DOU* de 18-3-1993. As alterações determinadas por esta EC já foram processadas no texto da Constituição.

Art. 1.º Os dispositivos da Constituição Federal abaixo enumerados passam a vigorar com as seguintes alterações:

•• Parte das alterações foram prejudicadas por Emendas Constitucionais posteriores: o art. 40, § 6.º, foi prejudicado pela Emenda Constitucional n. 20, de 15-12-1998; o art. 42, § 10, foi prejudicado pela Emenda Constitucional n. 18, de 5-2-1998; os arts. 102, § 2.º, e 103, § 4.º, foram prejudicados pela Emenda Constitucional n. 45, de 8-12-2004; o art. 155, § 3.º, foi prejudicado pela Emenda Constitucional n. 33, de 11-12-2001; o art. 156, § 3.º, *caput* e I, foi prejudicado pela Emenda Constitucional n. 37, de 12-6-2002; o art. 167, IV, foi prejudicado pela Emenda Constitucional n. 29, de 13-9-2000.

Art. 2.º A União poderá instituir, nos termos de lei complementar, com vigência até 31 de dezembro de 1994, imposto sobre movimentação ou transmissão de valores e de créditos e direitos de natureza financeira.

§ 1.º A alíquota do imposto de que trata este artigo não excederá a vinte e cinco centésimos por cento, facultado ao Poder Executivo reduzi-la ou restabelecê-la, total ou parcialmente, nas condições e limites fixados em lei.

§ 2.º Ao imposto de que trata este artigo não se aplica o art. 150, III, *b*, e VI, nem o disposto no § 5.º do art. 153 da Constituição.

§ 3.º O produto da arrecadação do imposto de que trata este artigo não se encontra sujeito a qualquer modalidade de repartição com outra entidade federada.

§ 4.º (*Revogado pela Emenda Constitucional de Revisão n. 1, de 1.º-3-1994.*)

Art. 3.º A eliminação do adicional ao imposto de renda, de competência dos Estados, decorrente desta Emenda Constitucional, somente produzirá efeitos a partir de 1.º de janeiro de 1996, reduzindo-se a correspondente alíquota, pelo menos, a dois e meio por cento no exercício financeiro de 1995.

Art. 4.º A eliminação do imposto sobre vendas a varejo de combustíveis líquidos e gasosos, de competência dos Municípios, decorrente desta Emenda Constitucional, somente produzirá efeitos a partir de 1.º de janeiro de 1996, reduzindo-se a correspondente alíquota, pelo menos, a um e meio por cento no exercício financeiro de 1995.

Art. 5.º Até 31 de dezembro de 1999, os Estados, o Distrito Federal e os Municípios somente poderão emitir títulos da dívida pública no montante necessário ao refinanciamento do principal devidamente atualizado de suas obrigações, representadas por essa espécie de títulos, ressalvado o disposto no art. 33, parágrafo único, do Ato das Disposições Constitucionais Transitórias.

Art. 6.º Revogam-se o inciso IV e o § 4.º do art. 156 da Constituição Federal.

Brasília, em 17 de março de 1993.

A Mesa da Câmara dos Deputados

Deputado INOCÊNCIO OLIVEIRA
Presidente

A Mesa do Senado Federal

Senador HUMBERTO LUCENA
Presidente

Emenda Constitucional n. 4,
de 14 de setembro de 1993 [1]

Dá nova redação ao art. 16 da Constituição Federal.

As Mesas da Câmara dos Deputados e do Senado Federal, nos termos do § 3.º do art. 60 da Constituição Federal, promulgam a seguinte Emenda ao texto constitucional:

Artigo único. O art. 16 da Constituição Federal passa a vigorar com a seguinte redação:

•• Alteração já processada no diploma modificado.

Brasília, 14 de setembro de 1993.

A Mesa da Câmara dos Deputados

Deputado INOCÊNCIO OLIVEIRA
Presidente

A Mesa do Senado Federal

Senador HUMBERTO LUCENA
Presidente

Emenda Constitucional de Revisão n. 1,
de 1.º de março de 1994 [2]

Acrescenta os arts. 71, 72 e 73 ao Ato das Disposições Constitucionais Transitórias.

A Mesa do Congresso Nacional, nos termos do art. 60 da Constituição Federal, combinado com o art. 3.º do Ato das Disposições Constitucionais Transitórias, promulga a seguinte emenda constitucional:

Art. 1.º Ficam incluídos os arts. 71, 72 e 73 no Ato das Disposições Constitucionais Transitórias, com a seguinte redação:

•• Parte das alterações foram prejudicadas por Emendas Constitucionais posteriores: arts. 71, caput, 72, V, prejudicados pela Emenda Constitucional n. 17, de 22-11-1997; 71, parágrafo único, 72, II a IV, e §§ 2.º a 5.º, prejudicados pela Emenda Constitucional n. 10, de 4-3-1996.

Art. 2.º Fica revogado o § 4.º do art. 2.º da Emenda Constitucional n. 3, de 1993.

Art. 3.º Esta Emenda entra em vigor na data de sua publicação.

Brasília, 1.º de março de 1994.

HUMBERTO LUCENA
Presidente

---

(1) Publicada no DOU de 15-9-1993. A alteração determinada por esta EC já foi processada no texto da Constituição.

(2) Publicada no DOU de 2-3-1994. Os acréscimos determinados por esta EC já foram processados no texto da Constituição.

Emenda Constitucional de Revisão n. 2,
de 7 de junho de 1994 ([1])

> *Dá nova redação ao art. 50, caput e § 2.º, da Constituição Federal.*

A Mesa do Congresso Nacional, nos termos do art. 60 da Constituição Federal, combinado com o art. 3.º do Ato das Disposições Constitucionais Transitórias, promulga a seguinte emenda constitucional:

Art. 1.º É acrescentada a expressão "ou quaisquer titulares de órgãos diretamente subordinados à Presidência da República" ao texto do art. 50 da Constituição, que passa a vigorar com a redação seguinte:

•• Alteração já processada no diploma modificado.

Art. 2.º É acrescentada a expressão "ou a qualquer das pessoas referidas no *caput* deste artigo" ao § 2.º do art. 50, que passa a vigorar com a redação seguinte:

•• Alteração já processada no diploma modificado.

Art. 3.º Esta Emenda Constitucional entra em vigor na data de sua publicação.

Brasília, 7 de junho de 1994.

HUMBERTO LUCENA
Presidente

Emenda Constitucional de Revisão n. 3,
de 7 de junho de 1994 ([2])

> *Altera a alínea c do inciso I, a alínea b do inciso II, o § 1.º e o inciso II do § 4.º do art. 12 da Constituição Federal.*

A Mesa do Congresso Nacional, nos termos do art. 60 da Constituição Federal, combinado com o art. 3.º do Ato das Disposições Constitucionais Transitórias, promulga a seguinte emenda constitucional:

Art. 1.º A alínea c do inciso I, a alínea *b* do inciso II, o § 1.º e o inciso II do § 4.º do art. 12 da Constituição Federal passam a vigorar com a seguinte redação:

•• Alteração prejudicada pela Emenda Constitucional n. 54, de 20-9-2007, que deu nova redação ao art. 12, I, c, da CF, e nos incisos II e III do § 4.º, do art. 12, pela Emenda Constitucional n. 131, de 3-10-2023.

Art. 2.º Esta Emenda Constitucional entra em vigor na data de sua publicação.

Brasília, 7 de junho de 1994.

HUMBERTO LUCENA
Presidente

Emenda Constitucional de Revisão n. 4,
de 7 de junho de 1994 ([3])

> *Dá nova redação ao § 9.º do art. 14 da Constituição Federal.*

A Mesa do Congresso Nacional, nos termos do art. 60 da Constituição Federal, combi-

---

(1) Publicada no *DOU* de 9-6-1994. As alterações determinadas por esta EC já foram processadas no texto da Constituição.

(2) Publicada no *DOU* de 9-6-1994. As alterações determinadas por esta EC já foram processadas no texto da Constituição.

(3) Publicada no *DOU* de 9-6-1994. A alteração determinada por esta EC já foi processada no texto da Constituição.

nado com o art. 3.º do Ato das Disposições Constitucionais Transitórias, promulga a seguinte emenda constitucional:

Art. 1.º São acrescentadas ao § 9.º do art. 14 da Constituição as expressões: "a probidade administrativa, a moralidade para o exercício do mandato, considerada a vida pregressa do candidato, e", após a expressão "a fim de proteger", passando o dispositivo a vigorar com a seguinte redação:

•• Alteração já processada no diploma modificado.

Art. 2.º Esta Emenda Constitucional entra em vigor na data de sua publicação.

Brasília, 7 de junho de 1994.

HUMBERTO LUCENA
Presidente

Emenda Constitucional de Revisão n. 5,
de 7 de junho de 1994 [1]

> Substitui a expressão cinco anos por quatro anos no art. 82 da Constituição Federal.

A Mesa do Congresso Nacional, nos termos do art. 60 da Constituição Federal, combinado com o art. 3.º do Ato das Disposições Constitucionais Transitórias, promulga a seguinte emenda constitucional:

Art. 1.º No art. 82 fica substituída a expressão "cinco anos" por "quatro anos".

•• Alteração prejudicada pela Emenda Constitucional n. 16, de 4-6-1997, que deu nova redação ao art. 82 da CF.

Art. 2.º Esta Emenda Constitucional entra em vigor no dia 1.º de janeiro de 1995.

Brasília, 7 de junho de 1994.

HUMBERTO LUCENA
Presidente

---

(1) Publicada no *DOU* de 9-6-1994. A expressão alterada, determinada por esta EC, já foi processada no texto da Constituição. *Vide* EC n. 16, de 4-6-1997.

Emenda Constitucional de Revisão n. 6,
de 7 de junho de 1994 [2]

> Acrescenta § 4.º ao art. 55 da Constituição Federal.

A Mesa do Congresso Nacional, nos termos do art. 60 da Constituição Federal, combinado com o art. 3.º do Ato das Disposições Constitucionais Transitórias, promulga a seguinte emenda constitucional:

Art. 1.º Fica acrescido, no art. 55, o § 4.º, com a seguinte redação:

•• Alteração já processada no diploma modificado.

Art. 2.º Esta Emenda Constitucional entra em vigor na data de sua publicação.

Brasília, 7 de junho de 1994.

HUMBERTO LUCENA
Presidente

Emenda Constitucional n. 5,
de 15 de agosto de 1995 [3]

> Altera o § 2.º do art. 25 da Constituição Federal.

As Mesas da Câmara dos Deputados e do Senado Federal, nos termos do § 3.º do art. 60 da Constituição Federal, promulgam a seguinte Emenda ao texto constitucional:

Artigo único. O § 2.º do art. 25 da Constituição Federal passa a vigorar com a seguinte redação:

•• Alteração já processada no diploma modificado.

---

(2) Publicada no *DOU* de 9-6-1994. O acréscimo determinado por esta EC já foi processado no texto da Constituição.

(3) Publicada no *DOU* de 16-8-1995. A alteração determinada por esta EC já foi processada no texto da Constituição.

Brasília, 15 de agosto de 1995.

Mesa da Câmara dos Deputados

Deputado LUÍS EDUARDO
Presidente

Mesa do Senado Federal

Senador JOSÉ SARNEY
Presidente

Emenda Constitucional n. 6,
de 15 de agosto de 1995 [1]

> *Altera o inciso IX do art. 170, o art. 171 e o § 1.º do art. 176 da Constituição Federal.*

As Mesas da Câmara dos Deputados e do Senado Federal, nos termos do § 3.º do art. 60 da Constituição Federal, promulgam a seguinte Emenda ao texto constitucional:

Art. 1.º O inciso IX do art. 170 e o § 1.º do art. 176 da Constituição Federal passam a vigorar com a seguinte redação:

•• Alteração já processada no diploma modificado.

Art. 2.º Fica incluído o seguinte art. 246 no Título IX – "Das Disposições Constitucionais Gerais":

•• Alteração prejudicada pela Emenda Constitucional n. 32, de 11-9-2001, que deu nova redação ao art. 246 da CF.

Art. 3.º Fica revogado o art. 171 da Constituição Federal.

Brasília, 15 de agosto de 1995.

Mesa da Câmara dos Deputados

Deputado LUÍS EDUARDO
Presidente

Mesa do Senado Federal

Senador JOSÉ SARNEY
Presidente

Emenda Constitucional n. 7,
de 15 de agosto de 1995 [2]

> *Altera o art. 178 da Constituição Federal e dispõe sobre a adoção de Medidas Provisórias.*

As Mesas da Câmara dos Deputados e do Senado Federal, nos termos do § 3.º do art. 60 da Constituição Federal, promulgam a seguinte Emenda ao texto constitucional:

Art. 1.º O art. 178 da Constituição Federal passa a vigorar com a seguinte redação:

•• Alteração já processada no diploma modificado.

Art. 2.º Fica incluído o seguinte art. 246 no Título IX – "Das Disposições Constitucionais Gerais":

•• Alteração prejudicada pela Emenda Constitucional n. 32, de 11-9-2001, que deu nova redação ao art. 246 da CF.

Brasília, 15 de agosto de 1995.

Mesa da Câmara dos Deputados

Deputado LUÍS EDUARDO
Presidente

Mesa do Senado Federal

Senador JOSÉ SARNEY
Presidente

---

(1) Publicada no *DOU* de 16-8-1995. As alterações determinadas por esta EC já foram processadas no texto da Constituição.

(2) Publicada no *DOU* de 16-8-1995. As alterações determinadas por esta EC já foram processadas no texto da Constituição.

Emenda Constitucional n. 8,
de 15 de agosto de 1995 [1]

Altera o inciso XI e a alínea a do inciso XII do art. 21 da Constituição Federal.

As Mesas da Câmara dos Deputados e do Senado Federal, nos termos do § 3.º do art. 60 da Constituição Federal, promulgam a seguinte Emenda ao texto constitucional:

Art. 1.º O inciso XI e a alínea a do inciso XII do art. 21 da Constituição Federal passam a vigorar com a seguinte redação:

•• Alteração já processada no diploma modificado.

Art. 2.º É vedada a adoção de medida provisória para regulamentar o disposto no inciso XI do art. 21 com a redação determinada por esta emenda constitucional.

Brasília, 15 de agosto de 1995.

Mesa da Câmara dos Deputados
Deputado LUÍS EDUARDO
Presidente

Mesa do Senado Federal
Senador JOSÉ SARNEY
Presidente

Emenda Constitucional n. 9,
de 9 de novembro de 1995 [2]

Dá nova redação ao art. 177 da Constituição Federal, alterando e inserindo parágrafos.

As Mesas da Câmara dos Deputados e do Senado Federal, nos termos do § 3.º do art. 60 da Constituição Federal, promulgam a seguinte Emenda ao texto constitucional:

Art. 1.º O § 1.º do art. 177 da Constituição Federal passa a vigorar com a seguinte redação:

•• Alteração já processada no diploma modificado.

Art. 2.º Inclua-se um parágrafo, a ser enumerado como § 2.º com a redação seguinte, passando o atual § 2.º para § 3.º, no art. 177 da Constituição Federal:

•• Alteração já processada no diploma modificado.

Art. 3.º É vedada a edição de medida provisória para a regulamentação da matéria prevista nos incisos I a IV e dos §§ 1.º e 2.º do art. 177 da Constituição Federal.

Brasília, 9 de novembro de 1995.

Mesa da Câmara dos Deputados
Deputado LUÍS EDUARDO
Presidente

Mesa do Senado Federal
Senador JOSÉ SARNEY
Presidente

Emenda Constitucional n. 10,
de 4 de março de 1996 [3]

Altera os arts. 71 e 72 do Ato das Disposições Constitucionais Transitórias, introduzidos pela Emenda Constitucional de Revisão n. 1, de 1994.

As Mesas da Câmara dos Deputados e do Senado Federal, nos termos do § 3.º do art. 60 da Constituição Federal, promulgam a seguinte Emenda ao texto constitucional:

---

(1) Publicada no *DOU* de 16-8-1995. As alterações determinadas por esta EC já foram processadas no texto da Constituição.

(2) Publicada no *DOU* de 10-11-1995. As alterações determinadas por esta EC já foram processadas no texto da Constituição.

(3) Publicada no *DOU* de 7-3-1996. As alterações determinadas por esta EC já foram processadas no texto da Constituição.

Art. 1.º O art. 71 do Ato das Disposições Constitucionais Transitórias passa a vigorar com a seguinte redação:

•• Alteração prejudicada pela Emenda Constitucional n. 17, de 22-11-1997, que deu nova redação ao *caput* do art. 71 do ADCT da CF.

Art. 2.º O art. 72 do Ato das Disposições Constitucionais Transitórias passa a vigorar com a seguinte redação:

•• Alteração prejudicada pela Emenda Constitucional n. 17, de 22-11-1997, que deu nova redação ao art. 72, V, do ADCT da CF.

Art. 3.º Esta Emenda Constitucional entra em vigor na data de sua publicação.

Brasília, 4 de março de 1996.

Mesa da Câmara dos Deputados

Deputado LUÍS EDUARDO
Presidente

Mesa do Senado Federal

Senador JOSÉ SARNEY
Presidente

Emenda Constitucional n. 11,
de 30 de abril de 1996 [1]

> Permite a admissão de professores, técnicos e cientistas estrangeiros pelas universidades brasileiras e concede autonomia às instituições de pesquisa científica e tecnológica.

As Mesas da Câmara dos Deputados e do Senado Federal, nos termos do § 3.º do art. 60 da Constituição Federal, promulgam a seguinte Emenda ao texto constitucional:

Art. 1.º São acrescentados ao art. 207 da Constituição Federal dois parágrafos com a seguinte redação:

•• Alteração já processada no diploma modificado.

Art. 2.º Esta Emenda entra em vigor na data de sua publicação.

Brasília, 30 de abril de 1996.

Mesa da Câmara dos Deputados

Deputado LUÍS EDUARDO
Presidente

Mesa do Senado Federal

Senador JOSÉ SARNEY
Presidente

Emenda Constitucional n. 12,
de 15 de agosto de 1996 [2]

> Outorga competência à União, para instituir contribuição provisória sobre movimentação ou transmissão de valores e de créditos e direitos de natureza financeira.

As Mesas da Câmara dos Deputados e do Senado Federal promulgam, nos termos do § 3.º do art. 60 da Constituição Federal, a seguinte Emenda ao texto constitucional:

Artigo único. Fica incluído o art. 74 no Ato das Disposições Constitucionais Transitórias, com a seguinte redação:

•• Alteração já processada no diploma modificado.

Brasília, em 15 de agosto de 1996.

---

(1) Publicada no *DOU* de 2-5-1996. Os acréscimos determinados por esta EC já foram processados no texto da Constituição.

(2) Publicada no *DOU* de 16-8-1996. O acréscimo determinado por esta EC já foi processado no texto da Constituição.

Mesa da Câmara dos Deputados

Deputado LUÍS EDUARDO
Presidente

Mesa do Senado Federal

Senador JOSÉ SARNEY
Presidente

Emenda Constitucional n. 13,
de 21 de agosto de 1996 [1]

Dá nova redação ao inciso II do art. 192 da Constituição Federal.

As Mesas da Câmara dos Deputados e do Senado Federal, nos termos do § 3.º do art. 60 da Constituição Federal, promulgam a seguinte Emenda ao texto constitucional:

Artigo único. O inciso II do art. 192 da Constituição Federal passa a vigorar com a seguinte redação:

- •• Este inciso foi revogado pela Emenda Constitucional n. 40, de 29-5-2003.

Brasília, 21 de agosto de 1996.

Mesa da Câmara dos Deputados

Deputado LUÍS EDUARDO
Presidente

Mesa do Senado Federal

Senador JOSÉ SARNEY
Presidente

Emenda Constitucional n. 14,
de 12 de setembro de 1996 [2]

Modifica os arts. 34, 208, 211 e 212 da Constituição Federal, e dá nova redação ao art. 60 do Ato das Disposições Constitucionais Transitórias.

As Mesas da Câmara dos Deputados e do Senado Federal, nos termos do § 3.º do art. 60 da Constituição Federal, promulgam a seguinte Emenda ao texto constitucional:

Art. 1.º É acrescentada no inciso VII do art. 34, da Constituição Federal, a alínea e, com a seguinte redação:

- •• Alteração prejudicada pela Emenda Constitucional n. 29, de 13-9-2000, que deu nova redação à alínea e do inciso VII do art. 34 da CF.

Art. 2.º É dada nova redação aos incisos I e II do art. 208 da Constituição Federal nos seguintes termos:

- •• Alteração parcialmente prejudicada pela Emenda Constitucional n. 59, de 11-11-2009, que deu nova redação ao art. 208, I, da CF.

Art. 3.º É dada nova redação aos §§ 1.º e 2.º do art. 211 da Constituição Federal e nele são inseridos mais dois parágrafos, passando a ter a seguinte redação:

- •• Alteração parcialmente prejudicada pela Emenda Constitucional n. 59, de 11-11-2009, que deu nova redação ao art. 211, § 4.º, da CF.

Art. 4.º É dada nova redação ao § 5.º do art. 212 da Constituição Federal nos seguintes termos:

- •• Alteração prejudicada pela Emenda Constitucional n. 53, de 19-12-2006, que deu nova redação ao § 5.º do art. 212 da CF.

Art. 5.º É alterado o art. 60 do Ato das Disposições Constitucionais Transitórias e nele são inseridos novos parágrafos, passando o artigo a ter a seguinte redação:

- •• Alteração prejudicada pela Emenda Constitucional n. 53, de 19-12-2006, que deu nova redação ao art. 60 do ADCT.
- •• *Vide* art. 3.º da Emenda Constitucional n. 53, de 19-12-2006.

---

(1) Publicada no *DOU* de 22-8-1996. A alteração determinada por esta EC já foi processada no texto da Constituição.

(2) Publicada no *DOU* de 13-9-1996. As alterações determinadas por esta EC já foram processadas no texto da Constituição.

Art. 6.º Esta Emenda entra em vigor em 1.º de janeiro do ano subsequente ao de sua promulgação.

Brasília, 12 de setembro de 1996.

Mesa da Câmara dos Deputados
Deputado LUÍS EDUARDO
Presidente

Mesa do Senado Federal
Senador JOSÉ SARNEY
Presidente

Emenda Constitucional n. 15,
de 12 de setembro de 1996 [1]

> *Dá nova redação ao § 4.º do art. 18 da Constituição Federal.*

As Mesas da Câmara dos Deputados e do Senado Federal, nos termos do § 3.º do art. 60 da Constituição Federal, promulgam a seguinte Emenda ao texto constitucional:

Artigo único. O § 4.º do art. 18 da Constituição Federal passa a vigorar com a seguinte redação:

•• Alteração já processada no diploma modificado.

Brasília, 12 de setembro de 1996.

Mesa da Câmara dos Deputados
Deputado LUÍS EDUARDO
Presidente

Mesa do Senado Federal
Senador JOSÉ SARNEY
Presidente

Emenda Constitucional n. 16,
de 4 de junho de 1997 [2]

> *Dá nova redação ao § 5.º do art. 14, ao caput do art. 28, ao inciso II do art. 29, ao caput do art. 77 e ao art. 82 da Constituição Federal.*

As Mesas da Câmara dos Deputados e do Senado Federal, nos termos do § 3.º do art. 60 da Constituição Federal, promulgam a seguinte Emenda ao texto constitucional:

Art. 1.º O § 5.º do art. 14, o *caput* do art. 28, o inciso II do art. 29, o *caput* do art. 77 e o art. 82 da Constituição Federal passam a vigorar com a seguinte redação:

•• Alteração já processada no diploma modificado.

Art. 2.º Esta Emenda Constitucional entra em vigor na data de sua publicação.

Brasília, 4 de junho de 1997.

Mesa da Câmara dos Deputados
Deputado MICHEL TEMER
Presidente

Mesa do Senado Federal
Senador ANTONIO CARLOS MAGALHÃES
Presidente

---

(1) Publicada no *DOU* de 13-9-1996. A alteração determinada por esta EC já foi processada no texto da Constituição. A Lei n. 10.521, de 18-7-2002, dispõe que é assegurada a instalação de Municípios cujo processo de criação teve início antes da promulgação desta EC, desde que o resultado do plebiscito tenha sido favorável e que as leis de criação tenham obedecido à legislação anterior.

(2) Publicada no *DOU* de 5-6-1997. As alterações determinadas por esta EC já foram processadas no texto da Constituição.

Emenda Constitucional n. 17,
de 22 de novembro de 1997 [1]

> Altera dispositivos dos arts. 71 e 72 do Ato das Disposições Constitucionais Transitórias, introduzidos pela Emenda Constitucional de Revisão n. 1, de 1994.

As Mesas da Câmara dos Deputados e do Senado Federal, nos termos do § 3.º do art. 60 da Constituição Federal, promulgam a seguinte Emenda ao texto constitucional:

Art. 1.º O *caput* do art. 71 do Ato das Disposições Constitucionais Transitórias passa a vigorar com a seguinte redação:

•• Alteração já processada no diploma modificado.

Art. 2.º O inciso V do art. 72 do Ato das Disposições Constitucionais Transitórias passa a vigorar com a seguinte redação:

•• Alteração já processada no diploma modificado.

Art. 3.º A União repassará aos Municípios, do produto da arrecadação do Imposto sobre a Renda e Proventos de Qualquer Natureza, tal como considerado na constituição dos fundos de que trata o art. 159, I, da Constituição, excluída a parcela referida no art. 72, I, do Ato das Disposições Constitucionais Transitórias, os seguintes percentuais:

I – um inteiro e cinquenta e seis centésimos por cento, no período de 1.º de julho de 1997 a 31 de dezembro de 1997;

II – um inteiro e oitocentos e setenta e cinco milésimos por cento, no período de 1.º de janeiro de 1998 a 31 de dezembro de 1998;

III – dois inteiros e cinco décimos por cento, no período de 1.º de janeiro de 1999 a 31 de dezembro de 1999.

Parágrafo único. O repasse dos recursos de que trata este artigo obedecerá à mesma periodicidade e aos mesmos critérios de repartição e normas adotadas no Fundo de Participação dos Municípios, observado o disposto no art. 160 da Constituição.

Art. 4.º Os efeitos do disposto nos arts. 71 e 72 do Ato das Disposições Constitucionais Transitórias, com a redação dada pelos arts. 1.º e 2.º desta Emenda, são retroativos a 1.º de julho de 1997.

Parágrafo único. As parcelas de recursos destinados ao Fundo de Estabilização Fiscal e entregues na forma do art. 159, I, da Constituição, no período compreendido entre 1.º de julho de 1997 e a data de promulgação desta Emenda, serão deduzidas das cotas subsequentes, limitada a dedução a um décimo do valor total entregue em cada mês.

Art. 5.º Observado o disposto no artigo anterior, a União aplicará as disposições do art. 3.º desta Emenda retroativamente a 1.º de julho de 1997.

Art. 6.º Esta Emenda Constitucional entra em vigor na data de sua publicação.

Brasília, 22 de novembro de 1997.

Mesa da Câmara dos Deputados

Deputado MICHEL TEMER
Presidente

Mesa do Senado Federal

Senador ANTONIO CARLOS MAGALHÃES
Presidente

Emenda Constitucional n. 18,
de 5 de fevereiro de 1998 [2]

> Dispõe sobre o regime constitucional dos militares.

---

(1) Publicada no *DOU* de 25-11-1997. As alterações determinadas por esta EC já foram processadas no texto da Constituição.

(2) Publicada no *DOU* de 6-2-1998. Retificada em 16-2-1998. As alterações determinadas por esta EC já foram processadas no texto da Constituição.

As Mesas da Câmara dos Deputados e do Senado Federal, nos termos do § 3.º do art. 60 da Constituição Federal, promulgam a seguinte Emenda ao texto constitucional:

Art. 1.º O art. 37, XV, da Constituição passa a vigorar com a seguinte redação:

•• Alteração prejudicada pela Emenda Constitucional n. 19, de 4-6-1998, que deu nova redação ao inciso XV do art. 37 da CF.

Art. 2.º A Seção II do Capítulo VII do Título III da Constituição passa a denominar-se "DOS SERVIDORES PÚBLICOS" e a Seção III do Capítulo VII do Título III da Constituição Federal passa a denominar-se "DOS MILITARES DOS ESTADOS, DO DISTRITO FEDERAL E DOS TERRITÓRIOS", dando-se ao art. 42 a seguinte redação:

•• Alteração no § 1.º do art. 42 prejudicada pela Emenda Constitucional n. 20, de 15-12-1998, e no § 2.º pela Emenda Constitucional n. 41, de 19-12-2003.

Art. 3.º O inciso II do § 1.º do art. 61 da Constituição passa a vigorar com as seguintes alterações:

•• Alteração já processada no diploma modificado.

Art. 4.º Acrescente-se o seguinte § 3.º ao art. 142 da Constituição:

•• Alteração no art. 142, IX, prejudicada pela Emenda Constitucional n. 20, de 15-12-1998. E nos incisos II, III e VIII do § 3.º pela Emenda Constitucional n. 77, de 11-2-2014.

Art. 5.º Esta Emenda Constitucional entra em vigor na data de sua publicação.

Brasília, 5 de fevereiro de 1998.

Mesa da Câmara dos Deputados
Deputado MICHEL TEMER
Presidente

Mesa do Senado Federal
Senador ANTONIO CARLOS MAGALHÃES
Presidente

Emenda Constitucional n. 19, de 4 de junho de 1998 [1]

Modifica o regime e dispõe sobre princípios e normas da Administração Pública, servidores e agentes políticos, controle de despesas e finanças públicas e custeio de atividades a cargo do Distrito Federal, e dá outras providências.

As Mesas da Câmara dos Deputados e do Senado Federal, nos termos do § 3.º do art. 60 da Constituição Federal, promulgam esta Emenda ao texto constitucional:

Art. 1.º Os incisos XIV e XXII do art. 21 e XXVII do art. 22 da Constituição Federal passam a vigorar com a seguinte redação:

•• Alteração já processada no diploma modificado.

Art. 2.º O § 2.º do art. 27 e os incisos V e VI do art. 29 da Constituição Federal passam a vigorar com a seguinte redação, inserindo-se § 2.º no art. 28 e renumerando-se para § 1.º o atual parágrafo único:

•• Alteração no art. 29, VI, prejudicada pela Emenda Constitucional n. 25, de 14-2-2000.

Art. 3.º O *caput*, os incisos I, II, V, VII, X, XI, XIII, XIV, XV, XVI, XVII e XIX e o § 3.º do art. 37 da Constituição Federal passam a vigorar com a seguinte redação, acrescendo-se ao artigo os §§ 7.º a 9.º:

•• Alteração nos arts. 37, XI e XVI, c, prejudicada pelas Emendas Constitucionais n. 41, de 19-12-2003, e 34, de 13-12-2001, respectivamente.

Art. 4.º O *caput* do art. 38 da Constituição Federal passa a vigorar com a seguinte redação:

•• Alteração já processada no diploma modificado.

Art. 5.º O art. 39 da Constituição Federal passa a vigorar com a seguinte redação:

•• Alteração já processada no diploma modificado.

Art. 6.º O art. 41 da Constituição Federal passa a vigorar com a seguinte redação:

•• Alteração já processada no diploma modificado.

Art. 7.º O art. 48 da Constituição Federal passa a vigorar acrescido do seguinte inciso XV:

•• Alteração no art. 48, XV, prejudicada pela Emenda Constitucional n. 41, de 19-12-2003.

---

(1) Publicada no *DOU* de 5-6-1998. As alterações determinadas por esta EC já foram processadas no texto da Constituição.

Art. 8.º Os incisos VII e VIII do art. 49 da Constituição Federal passam a vigorar com a seguinte redação:

•• Alteração já processada no diploma modificado.

Art. 9.º O inciso IV do art. 51 da Constituição Federal passa a vigorar com a seguinte redação:

•• Alteração já processada no diploma modificado.

Art. 10. O inciso XIII do art. 52 da Constituição Federal passa a vigorar com a seguinte redação:

•• Alteração já processada no diploma modificado.

Art. 11. O § 7.º do art. 57 da Constituição Federal passa a vigorar com a seguinte redação:

•• Alteração prejudicada pela Emenda Constitucional n. 32, de 11-9-2001, que deu nova redação ao § 7.º do art. 57 da CF.

Art. 12. O parágrafo único do art. 70 da Constituição Federal passa a vigorar com a seguinte redação:

•• Alteração já processada no diploma modificado.

Art. 13. O inciso V do art. 93, o inciso III do art. 95 e a alínea *b* do inciso II do art. 96 da Constituição Federal passam a vigorar com a seguinte redação:

•• Alteração no art. 96, II, *b*, prejudicada pela Emenda Constitucional n. 41, de 19-12-2003.

Art. 14. O § 2.º do art. 127 da Constituição Federal passa a vigorar com a seguinte redação:

•• Alteração já processada no diploma modificado.

Art. 15. A alínea *c* do inciso I do § 5.º do art. 128 da Constituição Federal passa a vigorar com a seguinte redação:

•• Alteração já processada no diploma modificado.

Art. 16. A Seção II do Capítulo IV do Título IV da Constituição Federal passa a denominar-se "DA ADVOCACIA PÚBLICA".

Art. 17. O art. 132 da Constituição Federal passa a vigorar com a seguinte redação:

•• Alteração já processada no diploma modificado.

Art. 18. O art. 135 da Constituição Federal passa a vigorar com a seguinte redação:

•• Alteração já processada no diploma modificado.

Art. 19. O § 1.º e seu inciso III e os §§ 2.º e 3.º do art. 144 da Constituição Federal passam a vigorar com a seguinte redação, inserindo-se no artigo § 9.º:

•• Alteração já processada no diploma modificado.

Art. 20. O *caput* do art. 167 da Constituição Federal passa a vigorar acrescido de inciso X, com a seguinte redação:

•• Alteração já processada no diploma modificado.

Art. 21. O art. 169 da Constituição Federal passa a vigorar com a seguinte redação:

•• Alteração já processada no diploma modificado.

Art. 22. O § 1.º do art. 173 da Constituição Federal passa a vigorar com a seguinte redação:

•• Alteração já processada no diploma modificado.

Art. 23. O inciso V do art. 206 da Constituição Federal passa a vigorar com a seguinte redação:

•• Alteração prejudicada pela Emenda Constitucional n. 53, de 19-12-2006, que deu nova redação ao inciso V do art. 206 da CF.

Art. 24. O art. 241 da Constituição Federal passa a vigorar com a seguinte redação:

•• Alteração já processada no diploma modificado.

Art. 25. Até a instituição do fundo a que se refere o inciso XIV do art. 21 da Constituição Federal, compete à União manter os atuais compromissos financeiros e a prestação de serviços públicos do Distrito Federal.

•• A Lei n. 10.633, de 27-12-2002, institui o FCDF, a que se refere o inciso XIV do art. 21 da CF.

Art. 26. No prazo de 2 (dois) anos da promulgação desta Emenda, as entidades da administração indireta terão seus estatutos revistos quanto à respectiva natureza jurídica, tendo em conta a finalidade e as competências efetivamente executadas.

Art. 27. O Congresso Nacional, dentro de 120 (cento e vinte) dias da promulgação desta Emenda, elaborará lei de defesa do usuário de serviços públicos.

Art. 28. É assegurado o prazo de 2 (dois) anos de efetivo exercício para aquisição da estabilidade aos atuais servidores em estágio probatório, sem prejuízo da avaliação a que se refere o § 4.º do art. 41 da Constituição Federal.

Art. 29. Os subsídios, vencimentos, remuneração, proventos da aposentadoria e pensões e quaisquer outras espécies remuneratórias adequar-se-ão, a partir da promulgação desta Emenda, aos limites decorrentes da Constituição Federal, não se admitindo a percepção de excesso a qualquer título.

Art. 30. O projeto de lei complementar a que se refere o art. 163 da Constituição Federal será apresentado pelo Poder Executivo ao Congresso Nacional no prazo máximo de 180 (cento e oitenta) dias da promulgação desta Emenda.

Art. 31. A pessoa que revestiu a condição de servidor público federal da administração direta, autárquica ou fundacional, de servidor municipal ou de integrante da carreira de policial, civil ou militar, dos ex-Territórios Federais do Amapá e de Roraima e que, comprovadamente, encontrava-se no exercício de suas funções, prestando serviço à administração pública dos ex-Territórios ou de prefeituras neles localizadas, na data em que foram transformados em Estado, ou a condição de servidor ou de policial, civil ou militar, admitido pelos Estados do Amapá e de Roraima, entre a data de sua transformação em Estado e outubro de 1993, bem como a pessoa que comprove ter mantido, nesse período, relação ou vínculo funcional, de caráter efetivo ou não, ou relação ou vínculo empregatício, estatutário ou de trabalho com a administração pública dos ex-Territórios, dos Estados ou das prefeituras neles localizadas ou com empresa pública ou sociedade de economia mista que haja sido constituída pelo ex-Território ou pela União para atuar no âmbito do ex-Território Federal, inclusive as extintas, poderão integrar, mediante opção, quadro em extinção da administração pública federal.

- •• *Caput* com redação determinada pela Emenda Constitucional n. 98, de 6-12-2017.
- •• *Vide* Emenda Constitucional n. 98, de 6-12-2017.
- •• A Lei n. 13.681, de 18-6-2018, regulamentada pelo Decreto n. 9.823, de 4-6-2019, dispõe sobre as tabelas de salários, vencimentos, soldos e demais vantagens aplicáveis aos servidores civis, aos militares e aos empregados dos ex-Territórios Federais, integrantes do quadro em extinção de que trata este artigo.

§ 1.º O enquadramento referido no *caput* deste artigo, para os servidores, para os policiais, civis ou militares, e para as pessoas que tenham revestido essa condição, entre a transformação e a instalação dos Estados em outubro de 1993, dar-se-á no cargo em que foram originariamente admitidos ou em cargo equivalente.

- •• § 1.º com redação determinada pela Emenda Constitucional n. 98, de 6-12-2017.

§ 2.º Os integrantes da carreira policial militar a que se refere o *caput* continuarão prestando serviços aos respectivos Estados, na condição de cedidos, submetidos às disposições estatutárias a que estão sujeitas as corporações das respectivas Polícias Militares, observados as atribuições de função compatíveis com seu grau hierárquico e o direito às devidas promoções.

- •• § 2.º com redação determinada pela Emenda Constitucional n. 79, de 27-5-2014.

§ 3.º As pessoas a que se referem este artigo prestarão serviços aos respectivos Estados ou a seus Municípios, na condição de servidores cedidos, sem ônus para o cessionário, até seu aproveitamento em órgão ou entidade da administração federal direta, autárquica ou fundacional, podendo os Estados, por conta e delegação da União, adotar os procedimentos necessários à cessão de servidores a seus Municípios.

- •• § 3.º com redação determinada pela Emenda Constitucional n. 98, de 6-12-2017.

§ 4.º Para fins do disposto no *caput* deste artigo, são meios probatórios de relação ou vínculo funcional, empregatício, estatutário ou de trabalho, independentemente da existência de vínculo atual, além dos admitidos em lei:

- •• § 4.º, *caput*, acrescentado pela Emenda Constitucional n. 98, de 6-12-2017.

I – o contrato, o convênio, o ajuste ou o ato administrativo por meio do qual a pessoa tenha revestido a condição de profissional, empregado, servidor público, prestador de serviço ou trabalhador e tenha atuado ou desenvolvido atividade laboral diretamente com o ex-Território, o Estado ou a prefeitura neles localizada, inclusive mediante a interveniência de cooperativa;

- •• Inciso I acrescentado pela Emenda Constitucional n. 98, de 6-12-2017.

II – a retribuição, a remuneração ou o pagamento documentado ou formalizado, à época, mediante depósito em conta-corrente bancária ou emissão de ordem de pagamento, de recibo, de nota de empenho ou de ordem bancária em que se identifique a administração pública do ex-Território, do Estado ou de prefeitura neles localizada como fonte pagadora ou origem direta dos recursos, assim como aquele realizado à conta de recursos oriundos de fundo de participação ou de fundo especial, inclusive em proveito do pessoal integrante das tabelas especiais.

•• Inciso II acrescentado pela Emenda Constitucional n. 98, de 6-12-2017.

§ 5.º Além dos meios probatórios de que trata o § 4.º deste artigo, sem prejuízo daqueles admitidos em lei, o enquadramento referido no *caput* deste artigo dependerá de a pessoa ter mantido relação ou vínculo funcional, empregatício, estatutário ou de trabalho com o ex-Território ou o Estado que o tenha sucedido por, pelo menos, noventa dias.

•• § 5.º acrescentado pela Emenda Constitucional n. 98, de 6-12-2017.

§ 6.º As pessoas a que se referem este artigo, para efeito de exercício em órgão ou entidade da administração pública estadual ou municipal dos Estados do Amapá e de Roraima, farão jus à percepção de todas as gratificações e dos demais valores que componham a estrutura remuneratória dos cargos em que tenham sido enquadradas, vedando-se reduzi-los ou suprimi-los por motivo de cessão ao Estado ou a seu Município.

•• § 6.º acrescentado pela Emenda Constitucional n. 98, de 6-12-2017.

Art. 32. A Constituição Federal passa a vigorar acrescida do seguinte artigo:

•• Alteração já processada no diploma modificado.

Art. 33. Consideram-se servidores não estáveis, para os fins do art. 169, § 3.º, II, da Constituição Federal aqueles admitidos na administração direta, autárquica e fundacional sem concurso público de provas ou de provas e títulos após o dia 5 de outubro de 1983.

Art. 34. Esta Emenda Constitucional entra em vigor na data de sua promulgação.

Brasília, 4 de junho de 1998.

Mesa da Câmara dos Deputados

Deputado MICHEL TEMER
Presidente

Mesa do Senado Federal

Senador ANTONIO CARLOS MAGALHÃES
Presidente

Emenda Constitucional n. 20,
de 15 de dezembro de 1998 ([1])

Modifica o sistema de previdência social, estabelece normas de transição e dá outras providências.

As Mesas da Câmara dos Deputados e do Senado Federal, nos termos do § 3.º do art. 60 da Constituição Federal, promulgam a seguinte Emenda ao texto constitucional:

Art. 1.º A Constituição Federal passa a vigorar com as seguintes alterações:

•• Parte das alterações foram prejudicadas por Emendas Constitucionais posteriores: arts. 40, *caput* e §§ 1.º, 3.º, 7.º, 8.º e 15, 42, § 2.º, 142, § 3.º, IX, prejudicados pela Emenda Constitucional n. 41, de 19-12-2003; arts. 40, § 4.º, 195, § 9.º, e 201, § 1.º, prejudicados pela Emenda Constitucional n. 47, de 6-7-2005; art. 100, § 3.º, prejudicado pela Emenda Constitucional n. 30, de 13-9-2000; art. 114, § 3.º, prejudicado pela Emenda Constitucional n. 45, de 8-12-2004; art. 40, § 1.º, II, pela Emenda Constitucional n. 88, de 7-5-2015; art. 100, § 3.º, prejudicado pela Emenda Constitucional n. 62, de 9-12-2009; arts. 40, §§ 1.º, III, 2.º, 5.º, 6.º, 9.º, 12, 13 e 14, 195, II, § 11, 201, I, §§ 1.º, 7.º, I e II, 8.º, 9.º e 10, 202, §§ 4.º, 5.º e 6.º, prejudicados pela Emenda Constitucional n. 103, de 12-11-2019.

---

(1) Publicada no *DOU* de 16-12-1998. As alterações determinadas por esta EC já foram processadas no texto da Constituição.

Art. 2.º A Constituição Federal, nas Disposições Constitucionais Gerais, é acrescida dos seguintes artigos:

•• Alteração já processada no diploma modificado.

Art. 3.º É assegurada a concessão de aposentadoria e pensão, a qualquer tempo, aos servidores públicos e aos segurados do regime geral de previdência social, bem como aos seus dependentes, que, até a data da publicação desta Emenda, tenham cumprido os requisitos para a obtenção destes benefícios, com base nos critérios da legislação então vigente.

§ 1.º O servidor de que trata este artigo, que tenha completado as exigências para aposentadoria integral e que opte por permanecer em atividade fará jus à isenção da contribuição previdenciária até completar as exigências para aposentadoria contidas no art. 40, § 1.º, III, *a*, da Constituição Federal.

§ 2.º Os proventos da aposentadoria a ser concedida aos servidores públicos referidos no *caput*, em termos integrais ou proporcionais ao tempo de serviço já exercido até a data de publicação desta Emenda, bem como as pensões de seus dependentes, serão calculados de acordo com a legislação em vigor à época em que foram atendidas as prescrições nela estabelecidas para a concessão destes benefícios ou nas condições da legislação vigente.

§ 3.º São mantidos todos os direitos e garantias assegurados nas disposições constitucionais vigentes à data de publicação desta Emenda aos servidores e militares, inativos e pensionistas, aos anistiados e aos ex-combatentes, assim como àqueles que já cumpriram, até aquela data, os requisitos para usufruírem tais direitos, observado o disposto no art. 37, XI, da Constituição Federal.

Art. 4.º Observado o disposto no art. 40, § 10, da Constituição Federal, o tempo de serviço considerado pela legislação vigente para efeito de aposentadoria, cumprido até que a lei discipline a matéria, será contado como tempo de contribuição.

•• *Vide* art. 2.º da Emenda Constitucional n. 41, de 19-12-2003.

Art. 5.º O disposto no art. 202, § 3.º, da Constituição Federal, quanto à exigência de paridade entre a contribuição da patrocinadora e a contribuição do segurado, terá vigência no prazo de 2 (dois) anos a partir da publicação desta Emenda, ou, caso ocorra antes, na data de publicação da lei complementar a que se refere o § 4.º do mesmo artigo.

• A Lei Complementar n. 108, de 29-5-2001, dispõe sobre a relação entre a União, os Estados, o Distrito Federal e os Municípios, suas autarquias, fundações, sociedades de economia mista e outras entidades públicas e suas respectivas entidades fechadas de Previdência Complementar.

Art. 6.º As entidades fechadas de previdência privada patrocinadas por entidades públicas, inclusive empresas públicas e sociedades de economia mista, deverão rever, no prazo de 2 (dois) anos, a contar da publicação desta Emenda, seus planos de benefícios e serviços, de modo a ajustá-los atuarialmente a seus ativos, sob pena de intervenção, sendo seus dirigentes e os de suas respectivas patrocinadoras responsáveis civil e criminalmente pelo descumprimento do disposto neste artigo.

Art. 7.º Os projetos das leis complementares previstos no art. 202 da Constituição Federal deverão ser apresentados ao Congresso Nacional no prazo máximo de 90 (noventa) dias após a publicação desta Emenda.

• Previdência Complementar: Leis Complementares n. 108 e n. 109, ambas de 29-5-2001.

Art. 8.º (*Revogado pela Emenda Constitucional n. 41, de 19-12-2003.*)

Art. 9.º (*Revogado pela Emenda Constitucional n. 103, de 12-11-2019.*)

Art. 10. (*Revogado pela Emenda Constitucional n. 41, de 19-12-2003.*)

Art. 11. A vedação prevista no art. 37, § 10, da Constituição Federal, não se aplica aos membros de poder e aos inativos, servidores e militares, que, até a publicação desta Emenda, tenham ingressado novamente no serviço público por concurso público de provas ou de provas e títulos, e pelas demais formas previstas na Constituição Federal, sendo-lhes proibida a percepção de mais de uma aposentadoria pelo regime de previdência a que se refere o art. 40 da Constituição Federal, aplicando-se-lhes, em qualquer hipótese, o limite de que trata o § 11 deste mesmo artigo.

Art. 12. Até que produzam efeitos as leis que irão dispor sobre as contribuições de que trata o art. 195 da Constituição Federal, são exigíveis as estabelecidas em lei, destinadas ao custeio da seguridade social e dos diversos regimes previdenciários.

Art. 13. (*Revogado pela Emenda Constitucional n. 103, de 12-11-2019.*)

Art. 14. O limite máximo para o valor dos benefícios do regime geral de previdência social de que trata o art. 201 da Constituição Federal é fixado em R$ 1.200,00 (um mil e duzentos reais), devendo, a partir da data da publicação desta Emenda, ser reajustado de forma a preservar, em caráter permanente, seu valor real, atualizado pelos mesmos índices aplicados aos benefícios do regime geral de previdência social.

•• A ADI n. 1.946-5, de 3-4-2003 (*DOU* de 5-6-2003), deu a este artigo, sem redução de texto, interpretação conforme a CF, para excluir sua aplicação ao salário da licença à gestante a que se refere o art. 7.º, XVIII, da CF.

• Os benefícios previdenciários são reajustados anualmente por meio de ato administrativo do Ministro de Estado da Previdência Social.

Art. 15. (*Revogado pela Emenda Constitucional n. 103, de 12-11-2019.*)

Art. 16. Esta Emenda Constitucional entra em vigor na data de sua publicação.

Art. 17. Revoga-se o inciso II do § 2.º do art. 153 da Constituição Federal.

Brasília, 15 de dezembro de 1998.

Mesa da Câmara dos Deputados

Deputado MICHEL TEMER
Presidente

Mesa do Senado Federal

Senador ANTONIO CARLOS MAGALHÃES
Presidente

Emenda Constitucional n. 21,
de 18 de março de 1999 ([1])

> *Prorroga, alterando a alíquota, a contribuição provisória sobre movimentação ou transmissão de valores e de créditos e de direitos de natureza financeira, a que se refere o art. 74 do Ato das Disposições Constitucionais Transitórias.*

As Mesas da Câmara dos Deputados e do Senado Federal, nos termos do § 3.º do art. 60 da Constituição Federal, promulgam a seguinte Emenda ao texto constitucional:

Art. 1.º Fica incluído o art. 75 no Ato das Disposições Constitucionais Transitórias, com a seguinte redação:

•• Alteração já processada no diploma modificado.

Art. 2.º Esta Emenda entra em vigor na data de sua publicação.

Brasília, 18 de março de 1999.

Mesa da Câmara dos Deputados

Deputado MICHEL TEMER
Presidente

Mesa do Senado Federal

Senador ANTONIO CARLOS MAGALHÃES
Presidente

---

(1) Publicada no *DOU* de 19-3-1999. As alterações determinadas por esta EC já foram processadas no texto da Constituição.

Emenda Constitucional n. 22,
de 18 de março de 1999 [1]

> *Acrescenta parágrafo único ao art. 98 e altera as alíneas i do inciso I do art. 102, e c do inciso I do art. 105 da Constituição Federal.*

As Mesas da Câmara dos Deputados e do Senado Federal, nos termos do § 3.º do art. 60 da Constituição Federal, promulgam a seguinte Emenda ao texto constitucional:

Art. 1.º É acrescentado ao art. 98 da Constituição Federal o seguinte parágrafo único:

•• Este parágrafo único foi transformado em § 1.º pela Emenda Constitucional n. 45, de 8-12-2004.

Art. 2.º A alínea *i* do inciso I do art. 102 da Constituição Federal passa a vigorar com a seguinte redação:

•• Alteração já processada no diploma modificado.

Art. 3.º A alínea c do inciso I do art. 105 da Constituição Federal passa a vigorar com a seguinte redação:

•• Alteração prejudicada pela Emenda Constitucional n. 23, de 2-9-1999, que deu nova redação ao disposto nessa alínea.

Art. 4.º Esta Emenda Constitucional entra em vigor na data de sua publicação.

Brasília, 18 de março de 1999.

Mesa da Câmara dos Deputados

Deputado MICHEL TEMER
Presidente

Mesa do Senado Federal

Senador ANTONIO CARLOS MAGALHÃES
Presidente

Emenda Constitucional n. 23,
de 2 de setembro de 1999 [2]

> *Altera os arts. 12, 52, 84, 91, 102 e 105 da Constituição Federal (criação do Ministério da Defesa).*

As Mesas da Câmara dos Deputados e do Senado Federal, nos termos do § 3.º do art. 60 da Constituição Federal, promulgam a seguinte Emenda ao texto constitucional:

Art. 1.º Os arts. 12, 52, 84, 91, 102 e 105 da Constituição Federal, passam a vigorar com as seguintes alterações:

•• Alteração já processada no diploma modificado.

Art. 2.º Esta Emenda Constitucional entra em vigor na data de sua publicação.

Brasília, 2 de setembro de 1999.

Mesa da Câmara dos Deputados

Deputado MICHEL TEMER
Presidente

Mesa do Senado Federal

Senador ANTONIO CARLOS MAGALHÃES
Presidente

Emenda Constitucional n. 24,
de 9 de dezembro de 1999 [3]

> *Altera dispositivos da Constituição Federal pertinentes à representação classista na Justiça do Trabalho.*

---

(1) Publicada no *DOU* de 19-3-1999. As alterações determinadas por esta EC já foram processadas no texto da Constituição.

(2) Publicada no *DOU* de 3-9-1999. As alterações determinadas por esta EC já foram processadas no texto da Constituição.

(3) Publicada no *DOU* de 10-12-1999. As alterações determinadas por esta EC já foram processadas no texto da Constituição.

As Mesas da Câmara dos Deputados e do Senado Federal, nos termos do § 3.º do art. 60 da Constituição Federal, promulgam a seguinte Emenda ao texto constitucional:

Art. 1.º Os arts. 111, 112, 113, 115 e 116 da Constituição Federal passam a vigorar com a seguinte redação:

> •• Parte das alterações foram prejudicadas por Emendas Constitucionais posteriores: arts. 111, §§ 1.º e 2.º, 112 e 115, prejudicados pela Emenda Constitucional n. 45, de 8-12-2004.

Art. 2.º É assegurado o cumprimento dos mandatos dos atuais ministros classistas temporários do Tribunal Superior do Trabalho e dos atuais juízes classistas temporários dos Tribunais Regionais do Trabalho e das Juntas de Conciliação e Julgamento.

Art. 3.º Esta Emenda Constitucional entra em vigor na data de sua publicação.

Art. 4.º Revoga-se o art. 117 da Constituição Federal.

Brasília, em 9 de dezembro de 1999.

Mesa da Câmara dos Deputados

Deputado MICHEL TEMER
Presidente

Mesa do Senado Federal

Senador ANTONIO CARLOS MAGALHÃES
Presidente

Emenda Constitucional n. 25,
de 14 de fevereiro de 2000 ([1])

> *Altera o inciso VI do art. 29 e acrescenta o art. 29-A à Constituição Federal, que dispõem sobre limites de despesas com o Poder Legislativo Municipal.*

---

(1) Publicada no *DOU* de 15-2-2000. As alterações determinadas por esta EC já foram processadas no texto da Constituição.

As Mesas da Câmara dos Deputados e do Senado Federal, nos termos do § 3.º do art. 60 da Constituição Federal, promulgam a seguinte Emenda ao texto constitucional:

Art. 1.º O inciso VI do art. 29 da Constituição Federal passa a vigorar com a seguinte redação:

> •• Alteração já processada no diploma modificado.

Art. 2.º A Constituição Federal passa a vigorar acrescida do seguinte art. 29-A:

> •• Alteração parcialmente prejudicada pela Emenda Constitucional n. 58, de 23-9-2009, que deu nova redação ao art. 29-A, I a VI, da CF.

Art. 3.º Esta Emenda Constitucional entra em vigor em 1.º de janeiro de 2001.

Brasília, 14 de fevereiro de 2000.

Mesa da Câmara dos Deputados

Deputado MICHEL TEMER
Presidente

Mesa do Senado Federal

Senador ANTONIO CARLOS MAGALHÃES
Presidente

Emenda Constitucional n. 26,
de 14 de fevereiro de 2000 ([2])

> *Altera a redação do art. 6.º da Constituição Federal.*

As Mesas da Câmara dos Deputados e do Senado Federal, nos termos do § 3.º do art. 60 da Constituição Federal, promulgam a seguinte Emenda ao texto constitucional:

Art. 1.º O art. 6.º da Constituição Federal passa a vigorar com a seguinte redação:

> •• Alteração já processada no diploma modificado.

---

(2) Publicada no *DOU* de 15-2-2000. As alterações determinadas por esta EC já foram processadas no texto da Constituição.

Art. 2.º Esta Emenda Constitucional entra em vigor na data de sua publicação.

Brasília, 14 de fevereiro de 2000.

Mesa da Câmara dos Deputados
Deputado MICHEL TEMER
Presidente

Mesa do Senado Federal
Senador ANTONIO CARLOS MAGALHÃES
Presidente

Emenda Constitucional n. 27,
de 21 de março de 2000 ([1])

> *Acrescenta o art. 76 ao Ato das Disposições Constitucionais Transitórias, instituindo a desvinculação de arrecadação de impostos e contribuições sociais da União.*

As Mesas da Câmara dos Deputados e do Senado Federal, nos termos do § 3.º do art. 60 da Constituição Federal, promulgam a seguinte Emenda ao texto constitucional:

Art. 1.º É incluído o art. 76 ao Ato das Disposições Constitucionais Transitórias, com a seguinte redação:

•• Alteração no art. 76 do ADCT prejudicada pela Emenda Constitucional n. 68, de 21-12-2011.

Art. 2.º Esta Emenda Constitucional entra em vigor na data de sua publicação.

Brasília, 21 de março de 2000.

Mesa da Câmara dos Deputados
Deputado MICHEL TEMER
Presidente

Mesa do Senado Federal
Senador ANTONIO CARLOS MAGALHÃES
Presidente

Emenda Constitucional n. 28,
de 25 de maio de 2000 ([2])

> *Dá nova redação ao inciso XXIX do art. 7.º e revoga o art. 233 da Constituição Federal.*

As Mesas da Câmara dos Deputados e do Senado Federal, nos termos do § 3.º do art. 60 da Constituição Federal, promulgam a seguinte Emenda ao texto constitucional:

Art. 1.º O inciso XXIX do art. 7.º da Constituição Federal passa a vigorar com a seguinte redação:

•• Alteração já processada no diploma modificado.

Art. 2.º Revoga-se o art. 233 da Constituição Federal.

Art. 3.º Esta Emenda Constitucional entra em vigor na data de sua publicação.

Brasília, em 25 de maio de 2000.

Mesa da Câmara dos Deputados
Deputado MICHEL TEMER
Presidente

Mesa do Senado Federal
Senador ANTONIO CARLOS MAGALHÃES
Presidente

Emenda Constitucional n. 29,
de 13 de setembro de 2000 ([3])

> *Altera os arts. 34, 35, 156, 160, 167 e 198 da Constituição Federal e acrescenta artigo ao Ato das Disposições Constitucionais*

---

(1) Publicada no *DOU* de 22-3-2000. As alterações determinadas por esta EC já foram processadas no texto da Constituição.

(2) Publicada no *DOU* de 26-5-2000. Retificada em 29-5-2000. As alterações determinadas por esta EC já foram processadas no texto da Constituição.

(3) Publicada no *DOU* de 14-9-2000. As alterações determinadas por esta EC já foram processadas no texto da Constituição.

Transitórias, para assegurar os recursos mínimos para o financiamento das ações e serviços públicos de saúde.

As Mesas da Câmara dos Deputados e do Senado Federal, nos termos do § 3.º do art. 60 da Constituição Federal, promulgam a seguinte Emenda ao texto constitucional:

Art. 1.º A alínea *e* do inciso VII do art. 34 passa a vigorar com a seguinte redação:
- • Alteração já processada no diploma modificado.

Art. 2.º O inciso III do art. 35 passa a vigorar com a seguinte redação:
- • Alteração já processada no diploma modificado.

Art. 3.º O § 1.º do art. 156 da Constituição Federal passa a vigorar com a seguinte redação:
- • Alteração já processada no diploma modificado.

Art. 4.º O parágrafo único do art. 160 passa a vigorar com a seguinte redação:
- • Alteração já processada no diploma modificado.

Art. 5.º O inciso IV do art. 167 passa a vigorar com a seguinte redação:
- • Alteração prejudicada pela Emenda Constitucional n. 42, de 19-12-2003.

Art. 6.º O art. 198 passa a vigorar acrescido dos seguintes §§ 2.º e 3.º, numerando-se o atual parágrafo único como § 1.º:
- • Alteração parcialmente prejudicada pela Emenda Constitucional n. 86, de 17-3-2015.

Art. 7.º O Ato das Disposições Constitucionais Transitórias passa a vigorar acrescido do seguinte art. 77:
- • Alteração já processada no diploma modificado.

Art. 8.º Esta Emenda Constitucional entra em vigor na data de sua publicação.

Brasília, 13 de setembro de 2000.

Mesa da Câmara dos Deputados

Deputado MICHEL TEMER
Presidente

Mesa do Senado Federal

Senador ANTONIO CARLOS MAGALHÃES
Presidente

Emenda Constitucional n. 30,
de 13 de setembro de 2000 [1]

Altera a redação do art. 100 da Constituição Federal e acrescenta o art. 78 no Ato das Disposições Constitucionais Transitórias, referente ao pagamento de precatórios judiciários.

As Mesas da Câmara dos Deputados e do Senado Federal, nos termos do § 3.º do art. 60 da Constituição Federal, promulgam a seguinte Emenda ao texto constitucional:

Art. 1.º O art. 100 da Constituição Federal passa a vigorar com a seguinte redação:
- • Alteração prejudicada pela Emenda Constitucional n. 62, de 9-12-2009, que deu nova redação ao art. 100 da CF.

Art. 2.º É acrescido, no Ato das Disposições Constitucionais Transitórias, o art. 78, com a seguinte redação:
- • Alteração já processada no diploma modificado.
- • O STF, nas ADIs n. 2.356 e 2.362, nas sessões virtuais de 20-10-2023 a 27-10-2023, (DOU de 14-11-2023), por maioria, julgou procedentes os pedidos formulados, para, confirmando a liminar deferida, declarar a inconstitucionalidade deste artigo 2.º, que introduziu o artigo 78 no ADCT. Nas sessões virtuais de 26-4-2024 a 6-5-2024 (DOU de 14-5-2024), o STF, por maioria, modulou os efeitos da presente decisão "para que seja conferida eficácia *ex nunc* ao presente julgamento, mantendo os parcelamentos realizados até a concessão da medida cautelar nestes autos (25-11-2010)".

Art. 3.º Esta Emenda Constitucional entra em vigor na data de sua publicação.

Brasília, 13 de setembro de 2000.

Mesa da Câmara dos Deputados

Deputado MICHEL TEMER
Presidente

Mesa do Senado Federal

Senador ANTONIO CARLOS MAGALHÃES
Presidente

---

(1) Publicada no *DOU* de 14-9-2000. As alterações determinadas por esta EC já foram processadas no texto da Constituição.

Emenda Constitucional n. 31,
de 14 de dezembro de 2000 (¹)

> *Altera o Ato das Disposições Constitucionais Transitórias, introduzindo artigos que criam o Fundo de Combate e Erradicação da Pobreza.*

As Mesas da Câmara dos Deputados e do Senado Federal, nos termos do § 3.º do art. 60 da Constituição Federal, promulgam a seguinte emenda ao texto constitucional:

Art. 1.º A Constituição Federal, no Ato das Disposições Constitucionais Transitórias, é acrescida dos seguintes artigos:

•• Alteração nos arts. 82, § 1.º, e 83 prejudicada pela Emenda Constitucional n. 42, de 19-12-2003.

Art. 2.º Esta Emenda Constitucional entra em vigor na data de sua publicação.

Brasília, 14 de dezembro de 2000.

Mesa da Câmara dos Deputados
Deputado MICHEL TEMER
Presidente

Mesa do Senado Federal
Senador ANTONIO CARLOS MAGALHÃES
Presidente

Emenda Constitucional n. 32,
de 11 de setembro de 2001 (²)

> *Altera dispositivos dos arts. 48, 57, 61, 62, 64, 66, 84, 88 e 246 da Constituição Federal, e dá outras providências.*

As Mesas da Câmara dos Deputados e do Senado Federal, nos termos do § 3.º do art. 60 da Constituição Federal, promulgam a seguinte Emenda ao texto constitucional:

Art. 1.º Os arts. 48, 57, 61, 62, 64, 66, 84, 88 e 246 da Constituição Federal passam a vigorar com as seguintes alterações:

•• Alteração no art. 57, § 7.º, prejudicada pela Emenda Constitucional n. 50, de 14-2-2006.

Art. 2.º As medidas provisórias editadas em data anterior à da publicação desta emenda continuam em vigor até que medida provisória ulterior as revogue explicitamente ou até deliberação definitiva do Congresso Nacional.

Art. 3.º Esta Emenda Constitucional entra em vigor na data de sua publicação.

Brasília, 11 de setembro de 2001.

Mesa da Câmara dos Deputados
Deputado AÉCIO NEVES
Presidente

Mesa do Senado Federal
Senador EDISON LOBÃO
Presidente, Interino

Emenda Constitucional n. 33,
de 11 de dezembro de 2001 (³)

> *Altera os arts. 149, 155 e 177 da Constituição Federal.*

As Mesas da Câmara dos Deputados e do Senado Federal, nos termos do § 3.º do art.

---

(1) Publicada no *DOU* de 18-12-2000. As alterações determinadas por esta EC já foram processadas no texto da Constituição. *Vide* art. 4.º da EC n. 42, de 19-12-2003.

(2) Publicada no *DOU* de 12-9-2001. As alterações determinadas por esta EC já foram processadas no texto da Constituição.

(3) Publicada no *DOU* de 12-12-2001. As alterações determinadas por esta EC já foram processadas no texto da Constituição.

60 da Constituição Federal, promulgam a seguinte Emenda ao texto constitucional:

Art. 1.º O art. 149 da Constituição Federal passa a vigorar acrescido dos seguintes parágrafos, renumerando-se o atual parágrafo único para § 1.º:

•• Alteração no art. 149, § 2.º, II, prejudicada pela Emenda Constitucional n. 42, de 19-12-2003.

Art. 2.º O art. 155 da Constituição Federal passa a vigorar com as seguintes alterações:

•• Alteração já processada no diploma modificado.

Art. 3.º O art. 177 da Constituição Federal passa a vigorar acrescido do seguinte parágrafo:

•• Alteração já processada no diploma modificado.

Art. 4.º Enquanto não entrar em vigor a lei complementar de que trata o art. 155, § 2.º, XII, *h*, da Constituição Federal, os Estados e o Distrito Federal, mediante convênio celebrado nos termos do § 2.º, XII, *g*, do mesmo artigo, fixarão normas para regular provisoriamente a matéria.

Art. 5.º Esta Emenda Constitucional entra em vigor na data de sua promulgação.

Brasília, 11 de dezembro de 2001.

Mesa da Câmara dos Deputados

Deputado AÉCIO NEVES
Presidente

Mesa do Senado Federal

Senador RAMEZ TEBET
Presidente

Emenda Constitucional n. 34,
de 13 de dezembro de 2001 [1]

Dá nova redação à alínea c do inciso XVI do art. 37 da Constituição Federal.

As Mesas da Câmara dos Deputados e do Senado Federal, nos termos do § 3.º do art. 60 da Constituição Federal, promulgam a seguinte Emenda ao texto constitucional:

Art. 1.º A alínea *c* do inciso XVI do art. 37 da Constituição Federal passa a vigorar com a seguinte redação:

•• Alteração já processada no diploma modificado.

Art. 2.º Esta Emenda Constitucional entra em vigor na data de sua publicação.

Brasília, 13 de dezembro de 2001.

Mesa da Câmara dos Deputados

Deputado AÉCIO NEVES
Presidente

Mesa do Senado Federal

Senador RAMEZ TEBET
Presidente

Emenda Constitucional n. 35,
de 20 de dezembro de 2001 [2]

Dá nova redação ao art. 53 da Constituição Federal.

As Mesas da Câmara dos Deputados e do Senado Federal, nos termos do § 3.º do art. 60 da Constituição Federal, promulgam a seguinte Emenda ao texto constitucional:

Art. 1.º O art. 53 da Constituição Federal passa a vigorar com as seguintes alterações:

•• Alteração já processada no diploma modificado.

Art. 2.º Esta Emenda Constitucional entra em vigor na data de sua publicação.

Brasília, 20 de dezembro de 2001.

---

(1) Publicada no *DOU* de 14-12-2001. A alteração determinada por esta EC já foi processada no texto da Constituição.

(2) Publicada no *DOU* de 21-12-2001. As alterações determinadas por esta EC já foram processadas no texto da Constituição.

Mesa da Câmara dos Deputados

Deputado AÉCIO NEVES
Presidente

Mesa do Senado Federal

Senador RAMEZ TEBET
Presidente

Emenda Constitucional n. 36,
de 28 de maio de 2002 (¹)

> *Dá nova redação ao art. 222 da Constituição Federal, para permitir a participação de pessoas jurídicas no capital social de empresas jornalísticas e de radiodifusão sonora e de sons e imagens, nas condições que especifica.*

As Mesas da Câmara dos Deputados e do Senado Federal, nos termos do § 3.º do art. 60 da Constituição Federal, promulgam a seguinte Emenda ao texto constitucional:

Art. 1.º O art. 222 da Constituição Federal passa a vigorar com a seguinte redação:

•• Alteração já processadas no diploma modificado.

Art. 2.º Esta Emenda Constitucional entra em vigor na data de sua publicação.

Brasília, 28 de maio de 2002.

Mesa da Câmara dos Deputados

Deputado AÉCIO NEVES
Presidente

Mesa do Senado Federal

Senador RAMEZ TEBET
Presidente

Emenda Constitucional n. 37,
de 12 de junho de 2002 (²)

> *Altera os arts. 100 e 156 da Constituição Federal e acrescenta os arts. 84, 85, 86, 87 e 88 ao Ato das Disposições Constitucionais Transitórias.*

As Mesas da Câmara dos Deputados e do Senado Federal, nos termos do § 3.º do art. 60 da Constituição Federal, promulgam a seguinte Emenda ao texto constitucional:

Art. 1.º O art. 100 da Constituição Federal passa a vigorar acrescido do seguinte § 4.º, renumerando-se os subsequentes:

•• Alteração prejudicada pela Emenda Constitucional n. 62, de 9-12-2009, que deu nova redação ao art. 100 da CF.

Art. 2.º O § 3.º do art. 156 da Constituição Federal passa a vigorar com a seguinte redação:

•• Alteração já processada no diploma modificado.

Art. 3.º O Ato das Disposições Constitucionais Transitórias passa a vigorar acrescido dos seguintes arts. 84, 85, 86, 87 e 88:

•• Alteração no art. 84, § 3.º, II, do ADCT, prejudicada pela Emenda Constitucional n. 42, de 19-12-2003.

Art. 4.º Esta Emenda Constitucional entra em vigor na data de sua publicação.

Brasília, em 12 de junho de 2002.

Mesa da Câmara dos Deputados

Deputado AÉCIO NEVES
Presidente

Mesa do Senado Federal

Senador RAMEZ TEBET
Presidente

---

(1) Publicada no *DOU* de 29-5-2002. As alterações determinadas por esta EC já foram processadas no texto da Constituição.

(2) Publicada no *DOU* de 13-6-2002. As alterações determinadas por esta EC já foram processadas no texto da Constituição.

Emenda Constitucional n. 38, de 12 de junho de 2002 [1]

Acrescenta o art. 89 ao Ato das Disposições Constitucionais Transitórias, incorporando os Policiais Militares do extinto Território Federal de Rondônia aos Quadros da União.

As Mesas da Câmara dos Deputados e do Senado Federal, nos termos do § 3.º do art. 60 da Constituição Federal, promulgam a seguinte Emenda ao texto constitucional:

Art. 1.º O Ato das Disposições Constitucionais Transitórias passa a vigorar acrescido do seguinte art. 89:

- •• Alteração prejudicada pela Emenda Constitucional n. 60, de 11-11-2009, que deu nova redação ao art. 89 do ADCT.

Art. 2.º Esta Emenda Constitucional entra em vigor na data de sua publicação.

Brasília, em 12 de junho de 2002.

Mesa da Câmara dos Deputados

Deputado AÉCIO NEVES
Presidente

Mesa do Senado Federal

Senador RAMEZ TEBET
Presidente

Emenda Constitucional n. 39, de 19 de dezembro de 2002 [2]

Acrescenta o art. 149-A à Constituição Federal (instituindo contribuição para custeio do serviço de iluminação pública nos Municípios e no Distrito Federal).

As Mesas da Câmara dos Deputados e do Senado Federal, nos termos do § 3.º do art. 60 da Constituição Federal, promulgam a seguinte Emenda ao texto constitucional:

Art. 1.º A Constituição Federal passa a vigorar acrescida do seguinte art. 149-A:

- •• Alteração já processada no diploma modificado.

Art. 2.º Esta Emenda Constitucional entra em vigor na data de sua publicação.

Brasília, em 19 de dezembro de 2002.

Mesa da Câmara dos Deputados

Deputado EFRAIM MORAIS
Presidente

Mesa do Senado Federal

Senador RAMEZ TEBET
Presidente

Emenda Constitucional n. 40, de 29 de maio de 2003 [3]

Altera o inciso V do art. 163 e o art. 192 da Constituição Federal, e o caput do art. 52 do Ato das Disposições Constitucionais Transitórias.

As Mesas da Câmara dos Deputados e do Senado Federal, nos termos do § 3.º do art. 60 da Constituição Federal, promul-

---

(1) Publicada no *DOU* de 13-6-2002. As alterações determinadas por esta EC já foram processadas no texto da Constituição.

(2) Publicada no *DOU* de 20-12-2002. A alteração determinada por esta EC já foi processada no texto da Constituição.

(3) Publicada no *DOU* de 30-5-2003. As alterações determinadas por esta EC já foram processadas no texto da Constituição.

gam a seguinte Emenda ao texto constitucional:

Art. 1.º O inciso V do art. 163 da Constituição Federal passa a vigorar com a seguinte redação:

•• Alteração já processada no diploma modificado.

Art. 2.º O art. 192 da Constituição Federal passa a vigorar com a seguinte redação:

•• Alteração já processada no diploma modificado.

Art. 3.º O *caput* do art. 52 do Ato das Disposições Constitucionais Transitórias passa a vigorar com a seguinte redação:

•• Alteração já processada no diploma modificado.

Art. 4.º Esta Emenda Constitucional entra em vigor na data de sua publicação.

Brasília, em 29 de maio de 2003.

Mesa da Câmara dos Deputados

Deputado JOÃO PAULO CUNHA
Presidente

Mesa do Senado Federal

Senador JOSÉ SARNEY
Presidente

Emenda Constitucional n. 41,
de 19 de dezembro de 2003 ([1])

> *Modifica os arts. 37, 40, 42, 48, 96, 149 e 201 da Constituição Federal, revoga o inciso IX do § 3.º do art. 142 da Constituição Federal e dispositivos da Emenda Constitucional n. 20, de 15 de dezembro de 1998, e dá outras providências.*

---

(1) Publicada no *DOU* de 31-12-2003. A Lei n. 10.887, de 18-6-2004, dispõe sobre a aplicação de disposições desta EC.

As Mesas da Câmara dos Deputados e do Senado Federal, nos termos do § 3.º do art. 60 da Constituição Federal, promulgam a seguinte Emenda ao texto constitucional:

Art. 1.º A Constituição Federal passa a vigorar com as seguintes alterações:

•• Alteração no art. 201, § 12, prejudicada pela Emenda Constitucional n. 47, de 5-7-2005.

•• Alteração prejudicada pela Emenda Constitucional n. 103, de 12-11-2019, que deu nova redação aos arts. 40, *caput*, § 1.º, *caput*, inciso I e §§ 3.º, 7.º, 15, 19 e 20, e 149, § 1.º, da CF.

Art. 2.º (*Revogado pela Emenda Constitucional n. 103, de 12-11-2019.*)

•• Sobre o prazo de vigência desta revogação, *vide* art. 36, II, da Emenda Constitucional n. 103, de 12-11-2019.

•• O texto revogado dizia:

"Art. 2.º Observado o disposto no art. 4.º da Emenda Constitucional n. 20, de 15 de dezembro de 1998, é assegurado o direito de opção pela aposentadoria voluntária com proventos calculados de acordo com o art. 40, §§ 3.º e 17, da Constituição Federal, àquele que tenha ingressado regularmente em cargo efetivo na Administração Pública direta, autárquica e fundacional, até a data de publicação daquela Emenda, quando o servidor, cumulativamente:

I – tiver cinquenta e três anos de idade, se homem, e quarenta e oito anos de idade, se mulher;

II – tiver cinco anos de efetivo exercício no cargo em que se der a aposentadoria;

III – contar tempo de contribuição igual, no mínimo, à soma de:

a) trinta e cinco anos, se homem, e trinta anos, se mulher; e

b) um período adicional de contribuição equivalente a vinte por cento do tempo que, na data de publicação daquela Emenda, faltaria para atingir o limite de tempo constante da alínea *a* deste inciso.

§ 1.º O servidor de que trata este artigo que cumprir as exigências para aposentadoria na forma do *caput* terá os seus proventos de inatividade reduzidos para cada ano antecipado em relação aos limites de idade estabelecidos pelo art. 40, § 1.º, III, *a*, e § 5.º da Constituição Federal, na seguinte proporção:

I – três inteiros e cinco décimos por cento, para aquele que completar as exigências para aposentadoria na forma do *caput* até 31 de dezembro de 2005;

II – cinco por cento, para aquele que completar as exigências para aposentadoria na forma do *caput* a partir de 1.º de janeiro de 2006.

§ 2.º Aplica-se ao magistrado e ao membro do Ministério Público e de Tribunal de Contas o disposto neste artigo.

§ 3.º Na aplicação do disposto no § 2.º deste artigo, o magistrado ou o membro do Ministério Público ou de Tribunal de Contas, se homem, terá o tempo de serviço exercido até a data de publicação da Emenda Constitucional n. 20, de 15 de dezembro de 1998, contado com acréscimo de dezessete por cento, observado o disposto no § 1.º deste artigo.

§ 4.º O professor, servidor da União, dos Estados, do Distrito Federal e dos Municípios, incluídas suas autarquias e fundações, que, até a data de publicação da Emenda Constitucional n. 20, de 15 de dezembro de 1998, tenha ingressado, regularmente, em cargo efetivo de magistério e que opte por aposentar-se na forma do disposto no *caput*, terá o tempo de serviço exercido até a publicação daquela Emenda contado com o acréscimo de dezessete por cento, se homem, e de vinte por cento, se mulher, desde que se aposente, exclusivamente, com tempo de efetivo exercício nas funções de magistério, observado o disposto no § 1.º.

§ 5.º O servidor de que trata este artigo, que tenha completado as exigências para aposentadoria voluntária estabelecidas no *caput*, e que opte por permanecer em atividade, fará jus a um abono de permanência equivalente ao valor da sua contribuição previdenciária até completar as exigências para aposentadoria compulsória contidas no art. 40, § 1.º, II, da Constituição Federal.

§ 6.º Às aposentadorias concedidas de acordo com este artigo aplica-se o disposto no art. 40, § 8.º, da Constituição Federal".

•• *Vide* art. 3.º, § 3.º, da Emenda Constitucional n. 103, de 12-11-2019.

Art. 3.º É assegurada a concessão, a qualquer tempo, de aposentadoria aos servidores públicos, bem como pensão aos seus dependentes, que, até a data de publicação desta Emenda, tenham cumprido todos os requisitos para obtenção desses benefícios, com base nos critérios da legislação então vigente.

§ 1.º O servidor de que trata este artigo que opte por permanecer em atividade tendo completado as exigências para aposentadoria voluntária e que conte com, no mínimo, vinte e cinco anos de contribuição, se mulher, ou trinta anos de contribuição, se homem, fará jus a um abono de permanência equivalente ao valor da sua contribuição previdenciária até completar as exigências para aposentadoria compulsória contidas no art. 40, § 1.º, II, da Constituição Federal.

•• *Vide* art. 3.º, § 3.º, da Emenda Constitucional n. 103, de 12-11-2019.

§ 2.º Os proventos da aposentadoria a ser concedida aos servidores públicos referidos no *caput*, em termos integrais ou proporcionais ao tempo de contribuição já exercido até a data de publicação desta Emenda, bem como as pensões de seus dependentes, serão calculados de acordo com a legislação em vigor à época em que foram atendidos os requisitos nela estabelecidos para a concessão desses benefícios ou nas condições da legislação vigente.

Art. 4.º Os servidores inativos e os pensionistas da União, dos Estados, do Distrito Federal e dos Municípios, incluídas suas autarquias e fundações, em gozo de benefícios na data de publicação desta Emenda, bem como os alcançados pelo disposto no seu art. 3.º, contribuirão para o custeio do regime de que trata o art. 40 da Constituição Federal com percentual igual ao estabelecido para os servidores titulares de cargos efetivos.

Parágrafo único. A contribuição previdenciária a que se refere o *caput* incidirá apenas sobre a parcela dos proventos e das pensões que supere:

I – cinquenta por cento do limite máximo estabelecido para os benefícios do regime geral de previdência social de que trata o art. 201 da Constituição Federal, para os servidores inativos e os pensionistas dos Estados, do Distrito Federal e dos Municípios;

•• O STF, nas ADIs n. 3.105-8, de 18-10-2006 (*DOU* de 9-3-2007), e 3.128-7, de 26-5-2004 (*DOU* de 19-9-2006), julgou inconstitucional a expressão "cinquenta por cento do" contida neste inciso, pelo que se aplica então à hipótese do art. 4.º desta EC o § 18 do art. 40 da CF.

II – sessenta por cento do limite máximo estabelecido para os benefícios do regime geral de previdência social de que trata o art. 201 da Constituição Federal, para os servidores inativos e os pensionistas da União.

•• O STF, nas ADIs n. 3.105-8, de 18-10-2006 (*DOU* de 9-3-2007), e 3.128-7, de 26-5-2004 (*DOU* de 19-9-2006), julgou inconstitucional a expressão "sessenta por cento do" contida neste inciso, pelo que se aplica então à hipótese do art. 4.º desta EC o § 18 do art. 40 da CF.

Art. 5.º O limite máximo para o valor dos benefícios do regime geral de previdência social de que trata o art. 201 da Constituição Federal é fixado em R$ 2.400,00 (dois mil e quatrocentos reais), devendo, a partir da data de publicação desta Emenda, ser reajustado de forma a preservar, em caráter permanente, seu valor real, atualizado pelos mesmos índices aplicados aos benefícios do regime geral de previdência social.

•• Os benefícios previdenciários são reajustados anualmente por meio de ato administrativo do Ministro de Estado da Previdência Social.

Art. 6.º *(Revogado pela Emenda Constitucional n. 103, de 12-11-2019.)*

•• Sobre o prazo de vigência desta revogação, *vide* art. 36, II, da Emenda Constitucional n. 103, de 12-11-2019.

•• O texto revogado dizia:

"Art. 6.º Ressalvado o direito de opção à aposentadoria pelas normas estabelecidas pelo art. 40 da Constituição Federal ou pelas regras estabelecidas pelo art. 2.º desta Emenda, o servidor da União, dos Estados, do Distrito Federal e dos Municípios, incluídas suas autarquias e fundações, que tenha ingressado no serviço público até a data de publicação desta Emenda poderá aposentar-se com proventos integrais, que corresponderão à totalidade da remuneração do servidor no cargo efetivo em que se der a aposentadoria, na forma da lei, quando, observadas as reduções de idade e tempo de contribuição contidas no § 5.º do art. 40 da Constituição Federal, vier a preencher, cumulativamente, as seguintes condições:

I – sessenta anos de idade, se homem, e cinquenta e cinco anos de idade, se mulher;

II – trinta e cinco anos de contribuição, se homem, e trinta anos de contribuição, se mulher;

III – vinte anos de efetivo exercício no serviço público; e

IV – dez anos de carreira e cinco anos de efetivo exercício no cargo em que se der a aposentadoria".

•• *Vide* art. 3.º, § 3.º, da Emenda Constitucional n. 103, de 12-11-2019.

Art. 6.º-A. *(Revogado pela Emenda Constitucional n. 103, de 12-11-2019.)*

•• Sobre o prazo de vigência desta revogação, *vide* art. 36, II, da Emenda Constitucional n. 103, de 12-11-2019.

•• O texto revogado dizia:

"Art. 6.º-A. O servidor da União, dos Estados, do Distrito Federal e dos Municípios, incluídas suas autarquias e fundações, que tenha ingressado no serviço público até a data de publicação desta Emenda Constitucional e que tenha se aposentado ou venha a se aposentar por invalidez permanente, com fundamento no inciso I do § 1.º do art. 40 da Constituição Federal, tem direito a proventos de aposentadoria calculados com base na remuneração do cargo efetivo em que se der a aposentadoria, na forma da lei, não sendo aplicáveis as disposições constantes dos §§ 3.º, 8.º e 17 do art. 40 da Constituição Federal.

•• *Caput* acrescentado pela Emenda Constitucional n. 70, de 29-3-2012.

Parágrafo único. Aplica-se ao valor dos proventos de aposentadorias concedidas com base no *caput* o disposto no art. 7.º desta Emenda Constitucional, observando-se igual critério de revisão às pensões derivadas dos proventos desses servidores.

•• Parágrafo único acrescentado pela Emenda Constitucional n. 70, de 29-3-2012".

Art. 7.º Observado o disposto no art. 37, XI, da Constituição Federal, os proventos de aposentadoria dos servidores públicos titulares de cargo efetivo e as pensões dos seus dependentes pagos pela União, Estados, Distrito Federal e Municípios, incluídas suas autarquias e fundações, em fruição na data de publicação desta Emenda, bem como os proventos de aposentadoria dos servidores e as pensões dos dependentes abrangidos pelo art. 3.º desta Emenda, serão revistos na mesma proporção e na mesma data, sempre que se modificar a remuneração dos servidores em atividade, sendo também estendidos aos aposentados e pensionistas quaisquer benefícios ou vantagens posteriormente concedidos aos servidores em atividade, inclusive quando decorrentes da transformação ou reclassificação do cargo ou função em que se deu a aposentadoria ou que serviu de referência para a concessão da pensão, na forma da lei.

•• *Vide* arts. 2.º e 3.º, parágrafo único, da Emenda Constitucional n. 47, de 5-7-2005.

Art. 8.º Até que seja fixado o valor do subsídio de que trata o art. 37, XI, da Constituição Federal, será considerado, para os fins do limite fixado naquele inciso, o valor da maior remuneração atribuída por lei na data de publicação desta Emenda a Ministro do Supremo Tribunal Federal, a título de vencimento, de representação mensal e da parcela recebida em razão de tempo de serviço, aplicando-se como limite, nos Municípios, o subsídio do Prefeito, e nos Estados e no Distrito Federal, o subsídio mensal do Governador no âmbito do Poder Executivo, o subsídio dos Deputados Estaduais e Distritais no âmbito do Poder Legislativo e o subsídio dos Desembargadores do Tribunal de Justiça, limitado a noventa inteiros e vinte e cinco centésimos por cento da maior remuneração mensal de Ministro do Supremo Tribunal Federal a que se refere este artigo, no âmbito do Poder Judiciário, aplicável este limite aos membros do Ministério Público, aos Procuradores e aos Defensores Públicos.

Art. 9.º Aplica-se o disposto no art. 17 do Ato das Disposições Constitucionais Transitórias aos vencimentos, remunerações e subsídios dos ocupantes de cargos, funções e empregos públicos da administração direta, autárquica e fundacional, dos membros de qualquer dos Poderes da União, dos Estados, do Distrito Federal e dos Municípios, dos detentores de mandato eletivo e dos demais agentes políticos e os proventos, pensões ou outra espécie remuneratória percebidos cumulativamente ou não, incluídas as vantagens pessoais ou de qualquer outra natureza.

Art. 10. Revogam-se o inciso IX do § 3.º do art. 142 da Constituição Federal, bem como os arts. 8.º e 10 da Emenda Constitucional n. 20, de 15 de dezembro de 1998.

Art. 11. Esta Emenda Constitucional entra em vigor na data de sua publicação.

Brasília, em 19 de dezembro de 2003.

Mesa da Câmara dos Deputados

Deputado JOÃO PAULO CUNHA
Presidente

Mesa do Senado Federal

Senador JOSÉ SARNEY
Presidente

Emenda Constitucional n. 42,
de 19 de dezembro de 2003 [1]

Altera o Sistema Tributário Nacional e dá outras providências.

---

(1) Publicada no *DOU* de 31-12-2003. As alterações determinadas por esta EC já foram processadas no texto da Constituição.

As Mesas da Câmara dos Deputados e do Senado Federal, nos termos do § 3.º do art. 60 da Constituição Federal, promulgam a seguinte Emenda ao texto constitucional:

Art. 1.º Os artigos da Constituição a seguir enumerados passam a vigorar com as seguintes alterações:

•• Alteração no art. 159, III, prejudicada pela Emenda Constitucional n. 47, de 5-7-2005.

•• Alteração prejudicada pela Emenda Constitucional n. 103, de 12-11-2019, que deu nova redação ao art. 195, § 13, da CF.

Art. 2.º Os artigos do Ato das Disposições Constitucionais Transitórias a seguir enumerados passam a vigorar com as seguintes alterações:

•• Alteração no art. 76 do ADCT prejudicada pela Emenda Constitucional n. 68, de 21-12-2011.

Art. 3.º O Ato das Disposições Constitucionais Transitórias passa a vigorar acrescido dos seguintes artigos:

•• Alteração já processada no diploma modificado.

Art. 4.º Os adicionais criados pelos Estados e pelo Distrito Federal até a data da promulgação desta Emenda, naquilo em que estiverem em desacordo com o previsto nesta Emenda, na Emenda Constitucional n. 31, de 14 de dezembro de 2000, ou na lei complementar de que trata o art. 155, § 2.º, XII, da Constituição, terão vigência, no máximo, até o prazo previsto no art. 79 do Ato das Disposições Constitucionais Transitórias.

•• *Vide* Emenda Constitucional n. 67, de 22-12-2010.

Art. 5.º O Poder Executivo, em até sessenta dias contados da data da promulgação desta Emenda, encaminhará ao Congresso Nacional projeto de lei, sob o regime de urgência constitucional, que disciplinará os benefícios fiscais para a capacitação do setor de tecnologia da informação, que vigerão até 2019 nas condições que estiverem em vigor no ato da aprovação desta Emenda.

Art. 6.º Fica revogado o inciso II do § 3.º do art. 84 do Ato das Disposições Constitucionais Transitórias.

Brasília, em 19 de dezembro de 2003.

Mesa da Câmara dos Deputados

Deputado JOÃO PAULO CUNHA
Presidente

Mesa do Senado Federal

Senador JOSÉ SARNEY
Presidente

Emenda Constitucional n. 43,
de 15 de abril de 2004 ([1])

Altera o art. 42 do Ato das Disposições Constitucionais Transitórias, prorrogando, por 10 (dez) anos, a aplicação, por parte da União, de percentuais mínimos do total dos recursos destinados à irrigação nas Regiões Centro-Oeste e Nordeste.

As Mesas da Câmara dos Deputados e do Senado Federal, nos termos do § 3.º do art. 60 da Constituição Federal, promulgam a seguinte Emenda ao texto constitucional:

Art. 1.º O *caput* do art. 42 do Ato das Disposições Constitucionais Transitórias passa a vigorar com a seguinte redação:

•• Alteração prejudicada pela Emenda Constitucional n. 89, de 15-9-2015, que deu nova redação ao art. 42 do ADCT.

Art. 2.º Esta Emenda Constitucional entra em vigor na data de sua publicação.

Brasília, em 15 de abril de 2004.

Mesa da Câmara dos Deputados

Deputado JOÃO PAULO CUNHA
Presidente

Mesa do Senado Federal

Senador JOSÉ SARNEY
Presidente

---

(1) Publicada no *DOU* de 16-4-2004. A alteração determinada por esta EC já foi processada no texto da Constituição.

Emenda Constitucional n. 44,
de 30 de junho de 2004 ([2])

Altera o Sistema Tributário Nacional e dá outras providências.

As Mesas da Câmara dos Deputados e do Senado Federal, nos termos do § 3.º do art. 60 da Constituição Federal, promulgam a seguinte Emenda ao texto constitucional:

Art. 1.º O inciso III do art. 159 da Constituição passa a vigorar com a seguinte redação:

•• Alteração já processada no diploma modificado.

Art. 2.º Esta Emenda à Constituição entra em vigor na data de sua publicação.

Brasília, em 30 de junho de 2004.

Mesa da Câmara dos Deputados

Deputado JOÃO PAULO CUNHA
Presidente

Mesa do Senado Federal

Senador JOSÉ SARNEY
Presidente

Emenda Constitucional n. 45,
de 8 de dezembro de 2004 ([3])

Altera dispositivos dos arts. 5.º, 36, 52, 92, 93, 95, 98, 99, 102, 103, 104, 105, 107, 109, 111, 112, 114, 115, 125, 126, 127, 128, 129, 134 e 168 da Constituição Federal, e acrescenta os arts. 103-A, 103-B, 111-A e 130-A, e dá outras providências.

---

(2) Publicada no *DOU* de 1.º-7-2004. A alteração determinada por esta EC já foi processada no texto da Constituição.

(3) Publicada no *DOU* de 31-12-2004. As alterações determinadas por esta EC já foram processadas no texto da Constituição.

As Mesas da Câmara dos Deputados e do Senado Federal, nos termos do § 3.º do art. 60 da Constituição Federal, promulgam a seguinte Emenda ao texto constitucional:

Art. 1.º Os arts. 5.º, 36, 52, 92, 93, 95, 98, 99, 102, 103, 104, 105, 107, 109, 111, 112, 114, 115, 125, 126, 127, 128, 129, 134 e 168 da Constituição Federal passam a vigorar com a seguinte redação:

•• Alteração já processada no diploma modificado.
•• Alteração prejudicada pela Emenda Constitucional n. 103, de 12-11-2019, que deu nova redação aos arts. 93, VIII, 103-B, § 4.º, III, e 130-A, § 2.º, III, da CF.

Art. 2.º A Constituição Federal passa a vigorar acrescida dos seguintes arts. 103-A, 103-B, 111-A e 130-A:

•• Alteração parcialmente prejudicada pela Emenda Constitucional n. 61, de 11-11-2009, que deu nova redação ao art. 103-B, e pela Emenda Constitucional n. 92, de 12-7-2016, que deu nova redação ao caput do art. 111-A da CF.

Art. 3.º A lei criará o Fundo de Garantia das Execuções Trabalhistas, integrado pelas multas decorrentes de condenações trabalhistas e administrativas oriundas da fiscalização do trabalho, além de outras receitas.

•• O STF, na ADI por Omissão n. 27, nas sessões virtuais de 23-6-2023 a 30-6-2023 (DOU de 12-7-2023), por maioria, declarou a mora do Congresso Nacional em editar a lei pela qual se instituiu o Fundo de Garantia das Execuções Trabalhistas, e fixou o prazo de vinte e quatro meses, a contar da data da publicação do acórdão, para que a omissão inconstitucional seja sanada.

Art. 4.º Ficam extintos os tribunais de Alçada, onde houver, passando os seus membros a integrar os Tribunais de Justiça dos respectivos Estados, respeitadas a antiguidade e classe de origem.

Parágrafo único. No prazo de cento e oitenta dias, contado da promulgação desta Emenda, os Tribunais de Justiça, por ato administrativo, promoverão a integração dos membros dos tribunais extintos em seus quadros, fixando-lhes a competência e remetendo, em igual prazo, ao Poder Legislativo, proposta de alteração da organização e da divisão judiciária correspondentes, assegurados os direitos dos inativos e pensionistas e o aproveitamento dos servidores no Poder Judiciário estadual.

Art. 5.º O Conselho Nacional de Justiça e o Conselho Nacional do Ministério Público serão instalados no prazo de cento e oitenta dias a contar da promulgação desta Emenda, devendo a indicação ou escolha de seus membros ser efetuada até trinta dias antes do termo final.

§ 1.º Não efetuadas as indicações e escolha dos nomes para os Conselhos Nacional de Justiça e do Ministério Público dentro do prazo fixado no *caput* deste artigo, caberá, respectivamente, ao Supremo Tribunal Federal e ao Ministério Público da União realizá-las.

•• O STF concedeu em 28-4-2005 liminar no julgamento da ADIn n. 3.472-3, para suspender a eficácia das expressões "e do Ministério Público", "respectivamente" e "e ao Ministério Público da União", contidas neste parágrafo.

§ 2.º Até que entre em vigor o Estatuto da Magistratura, o Conselho Nacional de Justiça, mediante resolução, disciplinará seu funcionamento e definirá as atribuições do Ministro-Corregedor.

•• A Resolução n. 135, de 13-7-2011, do CNJ, dispõe sobre a uniformização de normas relativas ao procedimento administrativo disciplinar aplicável aos magistrados, acerca do rito e das penalidades.

Art. 6.º O Conselho Superior da Justiça do Trabalho será instalado no prazo de cento e oitenta dias, cabendo ao Tribunal Superior do Trabalho regulamentar seu funcionamento por resolução, enquanto não promulgada a lei a que se refere o art. 111-A, § 2.º, II.

Art. 7.º O Congresso Nacional instalará, imediatamente após a promulgação desta Emenda Constitucional, comissão especial mista, destinada a elaborar, em cento e oitenta dias, os projetos de lei necessários à regulamentação da matéria nela tratada, bem como promover alterações na legislação federal objetivando tornar mais amplo o acesso à Justiça e mais célere a prestação jurisdicional.

Art. 8.º As atuais súmulas do Supremo Tribunal Federal somente produzirão efeito vinculante após sua confirmação por dois terços de seus integrantes e publicação na imprensa oficial.

Art. 9.º São revogados o inciso IV do art. 36; a alínea *h* do inciso I do art. 102; o § 4.º do art. 103; e os §§ 1.º a 3.º do art. 111.

Art. 10. Esta Emenda Constitucional entra em vigor na data de sua publicação.

Brasília, em 8 de dezembro de 2004.

Mesa da Câmara dos Deputados

Deputado JOÃO PAULO CUNHA
Presidente

Mesa do Senado Federal

Senador JOSÉ SARNEY
Presidente

Emenda Constitucional n. 46,
de 5 de maio de 2005 [¹]

> Altera o inciso IV do art. 20 da Constituição Federal.

As Mesas da Câmara dos Deputados e do Senado Federal, nos termos do § 3.º do art. 60 da Constituição Federal, promulgam a seguinte Emenda ao texto constitucional:

Art. 1.º O inciso IV do art. 20 da Constituição Federal passa a vigorar com a seguinte redação:

•• Alteração já processada no diploma modificado.

Art. 2.º Esta Emenda Constitucional entra em vigor na data de sua publicação.

Brasília, em 5 de maio de 2005.

Mesa da Câmara dos Deputados

Deputado SEVERINO CAVALCANTI
Presidente

Mesa do Senado Federal

Senador RENAN CALHEIROS
Presidente

---

(1) Publicada no *DOU* de 6-5-2005. A alteração determinada por esta EC já foi processada no texto da Constituição.

Emenda Constitucional n. 47,
de 5 de julho de 2005 [²]

> Altera os arts. 37, 40, 195 e 201 da Constituição Federal, para dispor sobre a previdência social, e dá outras providências.

As Mesas da Câmara dos Deputados e do Senado Federal, nos termos do § 3.º do art. 60 da Constituição Federal, promulgam a seguinte Emenda ao texto constitucional:

Art. 1.º Os arts. 37, 40, 195 e 201 da Constituição Federal passam a vigorar com a seguinte redação:

•• Alteração já processada no diploma modificado.

•• Alteração prejudicada pela Emenda Constitucional n. 103, de 12-11-2019, que deu nova redação aos arts. 40, §§ 4.º e 21, 195, § 9.º, e 201, §§ 12 e 13, da CF.

Art. 2.º Aplica-se aos proventos de aposentadorias dos servidores públicos que se aposentarem na forma do *caput* do art. 6.º da Emenda Constitucional n. 41, de 2003, o disposto no art. 7.º da mesma Emenda.

Art. 3.º (*Revogado pela Emenda Constitucional n. 103, de 12-11-2019.*)

•• Sobre o prazo de vigência desta revogação, *vide* art. 36, II, da Emenda Constitucional n. 103, de 12-11-2019.

•• *Vide* art. 3.º, § 3.º, da Emenda Constitucional n. 103, de 12-11-2019.

•• O texto revogado dizia:

"Art. 3.º Ressalvado o direito de opção à aposentadoria pelas normas estabelecidas pelo art. 40 da Constituição Federal ou pelas regras estabelecidas pelos arts. 2.º e 6.º da Emenda Constitucional n. 41, de 2003, o servidor da União, dos Estados, do Distrito Federal e dos Municípios, incluídas suas autarquias e fundações, que tenha ingressado no serviço público até 16 de dezembro de 1998 poderá aposentar-se com proventos integrais, desde que preencha, cumulativamente, as seguintes condições:

I – trinta e cinco anos de contribuição, se homem, e trinta anos de contribuição, se mulher;

II – vinte e cinco anos de efetivo exercício no serviço público, quinze anos de carreira e cinco anos no cargo em que se der a aposentadoria;

---

(2) Publicada no *DOU* de 6-7-2005. As alterações determinadas por esta EC já foram processadas no texto da Constituição.

III – idade mínima resultante da redução, relativamente aos limites do art. 40, § 1.º, inciso III, alínea a, da Constituição Federal, de um ano de idade para cada ano de contribuição que exceder a condição prevista no inciso I do *caput* deste artigo.

Parágrafo único. Aplica-se ao valor dos proventos de aposentadorias concedidas com base neste artigo o disposto no art. 7.º da Emenda Constitucional n. 41, de 2003, observando-se igual critério de revisão às pensões derivadas dos proventos de servidores falecidos que tenham se aposentado em conformidade com este artigo".

Art. 4.º Enquanto não editada a lei a que se refere o § 11 do art. 37 da Constituição Federal, não será computada, para efeito dos limites remuneratórios de que trata o inciso XI do *caput* do mesmo artigo, qualquer parcela de caráter indenizatório, assim definida pela legislação em vigor na data de publicação da Emenda Constitucional n. 41, de 2003.

Art. 5.º Revoga-se o parágrafo único do art. 6.º da Emenda Constitucional n. 41, de 19 de dezembro de 2003.

Art. 6.º Esta Emenda Constitucional entra em vigor na data de sua publicação, com efeitos retroativos à data de vigência da Emenda Constitucional n. 41, de 2003.

Brasília, em 5 de julho de 2005.

Mesa da Câmara dos Deputados

Deputado SEVERINO CAVALCANTI
Presidente

Mesa do Senado Federal

Senador RENAN CALHEIROS
Presidente

Emenda Constitucional n. 48,
de 10 de agosto de 2005 [1]

> *Acrescenta o § 3.º ao art. 215 da Constituição Federal, instituindo o Plano Nacional de Cultura.*

As Mesas da Câmara dos Deputados e do Senado Federal, nos termos do art. 60 da Constituição Federal, promulgam a seguinte Emenda ao texto constitucional:

Art. 1.º O art. 215 da Constituição Federal passa a vigorar acrescido do seguinte § 3.º:

•• Alteração já processada no diploma modificado.

Art. 2.º Esta Emenda Constitucional entra em vigor na data de sua publicação.

Brasília, em 10 de agosto de 2005.

Mesa da Câmara dos Deputados

Deputado SEVERINO CAVALCANTI
Presidente

Mesa do Senado Federal

Senador RENAN CALHEIROS
Presidente

Emenda Constitucional n. 49,
de 8 de fevereiro de 2006 [2]

> *Altera a redação da alínea b e acrescenta alínea c ao inciso XXIII do caput do art. 21 e altera a redação do inciso V do caput do art. 177 da Constituição Federal para excluir do monopólio da União a produção, a comercialização e a utilização de radioisótopos de meia-vida curta, para usos médicos, agrícolas e industriais.*

As Mesas da Câmara dos Deputados e do Senado Federal, nos termos do art. 60 da Constituição Federal, promulgam a seguinte Emenda ao texto constitucional:

---

(1) Publicada no *DOU* de 11-8-2005. As alterações determinadas por esta EC já foram processadas no texto da Constituição.

(2) Publicada no *DOU* de 9-2-2006. As alterações determinadas por esta EC já foram processadas no texto da Constituição.

Art. 1.º O inciso XXIII do art. 21 da Constituição Federal passa a vigorar com a seguinte redação:

•• Alteração já processada no diploma modificado.
•• Alteração parcialmente prejudicada pela Emenda Constitucional n. 118, de 26-4-2022.

Art. 2.º O inciso V do *caput* do art. 177 da Constituição Federal passa a vigorar com a seguinte redação:

•• Alteração já processada no diploma modificado.

Art. 3.º Esta Emenda Constitucional entra em vigor na data de sua publicação.

Brasília, em 8 de fevereiro de 2006.

Mesa da Câmara dos Deputados
Deputado ALDO REBELO
Presidente

Mesa do Senado Federal
Senador RENAN CALHEIROS
Presidente

Emenda Constitucional n. 50,
de 14 de fevereiro de 2006 (¹)

> Modifica o art. 57 da Constituição Federal.

As Mesas da Câmara dos Deputados e do Senado Federal, nos termos do art. 60 da Constituição Federal, promulgam a seguinte Emenda ao texto constitucional:

Art. 1.º O art. 57 da Constituição Federal passa a vigorar com a seguinte redação:

•• Alteração já processada no diploma modificado.

Art. 2.º Esta Emenda Constitucional entra em vigor na data de sua publicação.

Brasília, em 14 de fevereiro de 2006.

Mesa da Câmara dos Deputados
Deputado ALDO REBELO
Presidente

Mesa do Senado Federal
Senador RENAN CALHEIROS
Presidente

Emenda Constitucional n. 51,
de 14 de fevereiro de 2006 (²)

> Acrescenta os §§ 4.º, 5.º e 6.º ao art. 198 da Constituição Federal.

As Mesas da Câmara dos Deputados e do Senado Federal, nos termos do art. 60 da Constituição Federal, promulgam a seguinte Emenda ao texto constitucional:

Art. 1.º O art. 198 da Constituição Federal passa a vigorar acrescido dos seguintes §§ 4.º, 5.º e 6.º:

•• Alteração já processada no diploma modificado.

Art. 2.º Após a promulgação da presente Emenda Constitucional, os agentes comunitários de saúde e os agentes de combate às endemias somente poderão ser contratados diretamente pelos Estados, pelo Distrito Federal ou pelos Municípios na forma do § 4.º do art. 198 da Constituição Federal, observado o limite de gasto estabelecido na Lei Complementar de que trata o art. 169 da Constituição Federal.

Parágrafo único. Os profissionais que, na data de promulgação desta Emenda e a qualquer título, desempenharem as atividades de agente comunitário de saúde ou de agente de combate às endemias, na for-

---

(1) Publicada no *DOU* de 15-2-2006. As alterações determinadas por esta EC já foram processadas no texto da Constituição.

(2) Publicada no *DOU* de 15-2-2006. As alterações determinadas por esta EC já foram processadas no texto da Constituição.

ma da lei, ficam dispensados de se submeter ao processo seletivo público a que se refere o § 4.º do art. 198 da Constituição Federal, desde que tenham sido contratados a partir de anterior processo de Seleção Pública efetuado por órgãos ou entes da administração direta ou indireta de Estado, Distrito Federal ou Município ou por outras instituições com a efetiva supervisão e autorização da administração direta dos entes da federação.

• A Lei n. 11.350, de 5-10-2006, dispõe sobre o aproveitamento de pessoal amparado por este parágrafo.

Art. 3.º Esta Emenda Constitucional entra em vigor na data da sua publicação.

Brasília, em 14 de fevereiro de 2006.

Mesa da Câmara dos Deputados

Deputado ALDO REBELO
Presidente

Mesa do Senado Federal

Senador RENAN CALHEIROS
Presidente

Emenda Constitucional n. 52,
de 8 de março de 2006 [1]

Dá nova redação ao § 1.º do art. 17 da Constituição Federal para disciplinar as coligações eleitorais.

As Mesas da Câmara dos Deputados e do Senado Federal, nos termos do § 3.º do art. 60 da Constituição Federal, promulgam a seguinte Emenda ao texto constitucional:

Art. 1.º O § 1.º do art. 17 da Constituição Federal passa a vigorar com a seguinte redação:

•• Alteração já processada no diploma modificado.

Art. 2.º Esta Emenda Constitucional entra em vigor na data de sua publicação, aplicando-se às eleições que ocorrerão no ano de 2002.

•• Redação conforme publicação oficial.

•• O STF julgou procedente a ADI n. 3.685-8, em 22-3-2006 (*DOU* de 3-10-2008), para determinar que a alteração promovida por esta EC não se aplica às eleições de 2006, somente sendo aplicada após decorrido um ano da data de sua vigência.

Brasília, em 8 de março de 2006.

Mesa da Câmara dos Deputados

Deputado ALDO REBELO
Presidente

Mesa do Senado Federal

Senador RENAN CALHEIROS
Presidente

Emenda Constitucional n. 53,
de 19 de dezembro de 2006 [2]

Dá nova redação aos arts. 7.º, 23, 30, 206, 208, 211 e 212 da Constituição Federal e ao art. 60 do Ato das Disposições Constitucionais Transitórias.

As Mesas da Câmara dos Deputados e do Senado Federal, nos termos do § 3.º do art. 60 da Constituição Federal, promulgam a seguinte Emenda ao texto constitucional:

Art. 1.º A Constituição Federal passa a vigorar com as seguintes alterações:

---

(1) Publicada no *DOU* de 9-3-2006. A alteração determinada por esta EC já foi processada no texto da Constituição.

(2) Publicada no *DOU* de 20-12-2006. As alterações determinadas por esta EC já foram processadas no texto da Constituição.

EC n. 54, de 20-9-2007

•• Alteração já processada no diploma modificado.

Art. 2.º O art. 60 do Ato das Disposições Constitucionais Transitórias passa a vigorar com a seguinte redação:

•• Alteração já processada no diploma modificado.

Art. 3.º Esta Emenda Constitucional entra em vigor na data de sua publicação, mantidos os efeitos do art. 60 do Ato das Disposições Constitucionais Transitórias, conforme estabelecido pela Emenda Constitucional n. 14, de 12 de setembro de 1996, até o início da vigência dos Fundos, nos termos desta Emenda Constitucional.

Brasília, em 19 de dezembro de 2006.

Mesa da Câmara dos Deputados

Deputado ALDO REBELO
Presidente

Mesa do Senado Federal

Senador RENAN CALHEIROS
Presidente

Emenda Constitucional n. 54,
de 20 de setembro de 2007 (¹)

Dá nova redação à alínea c do inciso I do art. 12 da Constituição Federal e acrescenta art. 95 ao Ato das Disposições Constitucionais Transitórias, assegurando o registro nos consulados de brasileiros nascidos no estrangeiro.

As Mesas da Câmara dos Deputados e do Senado Federal, nos termos do § 3.º do art. 60 da Constituição Federal, promulgam a seguinte Emenda ao texto constitucional:

Art. 1.º A alínea c do inciso I do art. 12 da Constituição Federal passa a vigorar com a seguinte redação:

•• Alteração já processada no diploma modificado.

Art. 2.º O Ato das Disposições Constitucionais Transitórias passa a vigorar acrescido do seguinte art. 95:

•• Alteração já processada no diploma modificado.

Art. 3.º Esta Emenda Constitucional entra em vigor na data de sua publicação.

Mesa da Câmara dos Deputados

Deputado ARLINDO CHINAGLIA
Presidente

Mesa do Senado Federal

Senador RENAN CALHEIROS
Presidente

Emenda Constitucional n. 55,
de 20 de setembro de 2007 (²)

Altera o art. 159 da Constituição Federal, aumentando a entrega de recursos pela União ao Fundo de Participação dos Municípios.

As Mesas da Câmara dos Deputados e do Senado Federal, nos termos do § 3.º do art. 60 da Constituição Federal, promulgam a seguinte Emenda ao texto constitucional:

Art. 1.º O art. 159 da Constituição Federal passa a vigorar com as seguintes alterações:

•• Alterações parcialmente prejudicadas pela Emenda Constitucional n. 84, de 2-12-2014.

Art. 2.º No exercício de 2007, as alterações do art. 159 da Constituição Federal previstas nesta Emenda Constitucional somente

---

(1) Publicada no *DOU* de 21-9-2007. As alterações determinadas por esta EC já foram processadas no texto da Constituição.

(2) Publicada no *DOU* de 21-9-2007. As alterações determinadas por esta EC já foram processadas no texto da Constituição.

se aplicam sobre a arrecadação dos impostos sobre renda e proventos de qualquer natureza e sobre produtos industrializados realizada a partir de 1.º de setembro de 2007.

Art. 3.º Esta Emenda Constitucional entra em vigor na data de sua publicação.

Mesa da Câmara dos Deputados
Deputado ARLINDO CHINAGLIA
Presidente

Mesa do Senado Federal
Senador RENAN CALHEIROS
Presidente

Emenda Constitucional n. 56,
de 20 de dezembro de 2007 [1]

> *Prorroga o prazo previsto no caput do art. 76 do Ato das Disposições Constitucionais Transitórias e dá outras providências.*

As Mesas da Câmara dos Deputados e do Senado Federal, nos termos do § 3.º do art. 60 da Constituição Federal, promulgam a seguinte Emenda ao texto constitucional:

Art. 1.º O *caput* do art. 76 do Ato das Disposições Constitucionais Transitórias passa a vigorar com a seguinte redação:

•• Alteração prejudicada pela Emenda Constitucional n. 68, de 21-12-2011.

Art. 2.º Esta Emenda Constitucional entra em vigor na data da sua publicação.

Brasília, em 20 de dezembro de 2007.

Mesa da Câmara dos Deputados
Deputado ARLINDO CHINAGLIA
Presidente

Mesa do Senado Federal
Senador GARIBALDI ALVES FILHO
Presidente

Emenda Constitucional n. 57,
de 18 de dezembro de 2008 [2]

> *Acrescenta artigo ao Ato das Disposições Constitucionais Transitórias para convalidar os atos de criação, fusão, incorporação e desmembramento de Municípios.*

As Mesas da Câmara dos Deputados e do Senado Federal, nos termos do § 3.º do art. 60 da Constituição Federal, promulgam a seguinte Emenda ao texto constitucional:

Art. 1.º O Ato das Disposições Constitucionais Transitórias passa a vigorar acrescido do seguinte art. 96:

•• Alteração já processada no diploma modificado.

Art. 2.º Esta Emenda Constitucional entra em vigor na data de sua publicação.

Brasília, em 18 de dezembro de 2008.

Mesa da Câmara dos Deputados
Deputado ARLINDO CHINAGLIA
Presidente

Mesa do Senado Federal
Senador GARIBALDI ALVES FILHO
Presidente

---

(1) Publicada no *DOU* de 21-12-2007. A alteração determinada por esta EC já foi processada no texto da Constituição.

(2) Publicada no *DOU* de 18-12-2008 – Edição extra.

Emenda Constitucional n. 58,
de 23 de setembro de 2009 [1]

Altera a redação do inciso IV do caput do art. 29 e do art. 29-A da Constituição Federal, tratando das disposições relativas à recomposição das Câmaras Municipais.

As Mesas da Câmara dos Deputados e do Senado Federal, nos termos do § 3.º do art. 60 da Constituição Federal, promulgam a seguinte Emenda ao texto constitucional:

Art. 1.º O inciso IV do *caput* do art. 29 da Constituição Federal passa a vigorar com a seguinte redação:

•• Alteração já processada no diploma modificado.

Art. 2.º O art. 29-A da Constituição Federal passa a vigorar com a seguinte redação:

•• Alteração já processada no diploma modificado.

Art. 3.º Esta Emenda Constitucional entra em vigor na data de sua promulgação, produzindo efeitos:

I – o disposto no art. 1.º, a partir do processo eleitoral de 2008; e

•• O STF, na ADI n. 4.307, de 11-4-2013 (*DOU* de 29-10-2013), sustou os efeitos deste inciso.

II – o disposto no art. 2.º, a partir de 1.º de janeiro do ano subsequente ao da promulgação desta Emenda.

Brasília, em 23 de setembro de 2009.

Mesa da Câmara dos Deputados

Deputado MICHEL TEMER
Presidente

Mesa do Senado Federal

Senador JOSÉ SARNEY
Presidente

---

(1) Publicada no *DOU* de 24-9-2009. As alterações determinadas por esta EC já foram processadas no texto da Constituição.

Emenda Constitucional n. 59,
de 11 de novembro de 2009 [2]

Acrescenta § 3.º ao art. 76 do Ato das Disposições Constitucionais Transitórias para reduzir, anualmente, a partir do exercício de 2009, o percentual da Desvinculação das Receitas da União incidente sobre os recursos destinados à manutenção e desenvolvimento do ensino de que trata o art. 212 da Constituição Federal, dá nova redação aos incisos I e VII do art. 208, de forma a prever a obrigatoriedade do ensino de quatro a dezessete anos e ampliar a abrangência dos programas suplementares para todas as etapas da educação básica, e dá nova redação ao § 4.º do art. 211 e ao § 3.º do art. 212 e ao caput do art. 214, com a inserção neste dispositivo de inciso VI.

As Mesas da Câmara dos Deputados e do Senado Federal, nos termos do § 3.º do art. 60 da Constituição Federal, promulgam a seguinte Emenda ao texto constitucional:

Art. 1.º Os incisos I e VII do art. 208 da Constituição Federal, passam a vigorar com as seguintes alterações:

•• Alteração já processada no diploma modificado.

Art. 2.º O § 4.º do art. 211 da Constituição Federal passa a vigorar com a seguinte redação:

•• Alteração já processada no diploma modificado.

Art. 3.º O § 3.º do art. 212 da Constituição Federal passa a vigorar com a seguinte redação:

•• Alteração já processada no diploma modificado.

---

(2) Publicada no *DOU* de 12-11-2009. As alterações determinadas por esta EC já foram processadas no texto da Constituição.

Art. 4.º O *caput* do art. 214 da Constituição Federal passa a vigorar com a seguinte redação, acrescido do inciso VI:

•• Alteração já processada no diploma modificado.

Art. 5.º O art. 76 do Ato das Disposições Constitucionais Transitórias passa a vigorar acrescido do seguinte § 3.º:

•• Alteração prejudicada pela Emenda Constitucional n. 68, de 21-12-2011.

Art. 6.º O disposto no inciso I do art. 208 da Constituição Federal deverá ser implementado progressivamente, até 2016, nos termos do Plano Nacional de Educação, com apoio técnico e financeiro da União.

Art. 7.º Esta Emenda Constitucional entra em vigor na data da sua publicação.

Brasília, em 11 de novembro de 2009.

Mesa da Câmara dos Deputados

Deputado MICHEL TEMER
Presidente

Mesa do Senado Federal

Senador JOSÉ SARNEY
Presidente

Emenda Constitucional n. 60,
de 11 de novembro de 2009 [1]

Altera o art. 89 do Ato das Disposições Constitucionais Transitórias para dispor sobre o quadro de servidores civis e militares do ex-Território Federal de Rondônia.

As Mesas da Câmara dos Deputados e do Senado Federal, nos termos do § 3.º do art. 60 da Constituição Federal, promulgam a seguinte Emenda ao texto constitucional:

Art. 1.º O art. 89 do Ato das Disposições Constitucionais Transitórias passa a vigorar com a seguinte redação, vedado o pagamento, a qualquer título, em virtude de tal alteração, de ressarcimentos ou indenizações, de qualquer espécie, referentes a períodos anteriores à data de publicação desta Emenda Constitucional:

•• Alteração já processada no diploma modificado.

Art. 2.º Esta Emenda Constitucional entra em vigor na data de sua publicação, não produzindo efeitos retroativos.

Brasília, em 11 de novembro de 2009.

Mesa da Câmara dos Deputados

Deputado MICHEL TEMER
Presidente

Mesa do Senado Federal

Senador JOSÉ SARNEY
Presidente

Emenda Constitucional n. 61,
de 11 de novembro de 2009 [2]

Altera o art. 103-B da Constituição Federal, para modificar a composição do Conselho Nacional de Justiça.

As Mesas da Câmara dos Deputados e do Senado Federal, nos termos do § 3.º do

---

(1) Publicada no *DOU* de 12-11-2009. As alterações determinadas por esta EC já foram processadas no texto da Constituição.

(2) Publicada no *DOU* de 12-11-2009. As alterações determinadas por esta EC já foram processadas no texto da Constituição.

art. 60 da Constituição Federal, promulgam a seguinte Emenda ao texto constitucional:

Art. 1.º O art. 103-B da Constituição Federal passa a vigorar com a seguinte redação:

•• Alteração já processada no diploma modificado.

Art. 2.º Esta Emenda Constitucional entra em vigor na data de sua publicação.

Brasília, em 11 de novembro de 2009.

Mesa da Câmara dos Deputados

Deputado MICHEL TEMER
Presidente

Mesa do Senado Federal

Senador JOSÉ SARNEY
Presidente

Emenda Constitucional n. 62,
de 9 de dezembro de 2009 [1]

> *Altera o art. 100 da Constituição Federal e acrescenta o art. 97 ao Ato das Disposições Constitucionais Transitórias, instituindo regime especial de pagamento de precatórios pelos Estados, Distrito Federal e Municípios.*

As Mesas da Câmara dos Deputados e do Senado Federal, nos termos do § 3.º do art. 60 da Constituição Federal, promulgam a seguinte Emenda ao texto constitucional:

Art. 1.º O art. 100 da Constituição Federal passa a vigorar com a seguinte redação:

•• Alteração já processada no diploma modificado.

•• Alteração parcialmente prejudicada pela Emenda Constitucional n. 94, de 15-12-2016, que deu nova redação ao art. 100, § 2.º, da CF.

Art. 2.º O Ato das Disposições Constitucionais Transitórias passa a vigorar acrescido do seguinte art. 97:

•• Alteração já processada no diploma modificado.

Art. 3.º A implantação do regime de pagamento criado pelo art. 97 do Ato das Disposições Constitucionais Transitórias deverá ocorrer no prazo de até 90 (noventa) dias, contados da data da publicação desta Emenda Constitucional.

Art. 4.º A entidade federativa voltará a observar somente o disposto no art. 100 da Constituição Federal:

I – no caso de opção pelo sistema previsto no inciso I do § 1.º do art. 97 do Ato das Disposições Constitucionais Transitórias, quando o valor dos precatórios devidos for inferior ao dos recursos destinados ao seu pagamento;

II – no caso de opção pelo sistema previsto no inciso II do § 1.º do art. 97 do Ato das Disposições Constitucionais Transitórias, ao final do prazo.

Art. 5.º Ficam convalidadas todas as cessões de precatórios efetuadas antes da promulgação desta Emenda Constitucional, independentemente da concordância da entidade devedora.

Art. 6.º Ficam também convalidadas todas as compensações de precatórios com tributos vencidos até 31 de outubro de 2009 da entidade devedora, efetuadas na forma do disposto no § 2.º do art. 78 do ADCT, realizadas antes da promulgação desta Emenda Constitucional.

Art. 7.º Esta Emenda Constitucional entra em vigor na data de sua publicação.

Brasília, em 9 de dezembro de 2009.

Mesa da Câmara dos Deputados

Deputado MICHEL TEMER
Presidente

---

(1) Publicada no *DOU* de 10-12-2009. As alterações determinadas por esta EC já foram processadas no texto da Constituição.

Mesa do Senado Federal

Senador MARCONI PERILLO
1.º Vice-Presidente no exercício da Presidência

Emenda Constitucional n. 63,
de 4 de fevereiro de 2010 (¹)

> *Altera o § 5.º do art. 198 da Constituição Federal para dispor sobre piso salarial profissional nacional e diretrizes para os Planos de Carreira de agentes comunitários de saúde e de agentes de combate às endemias.*

As Mesas da Câmara dos Deputados e do Senado Federal, nos termos do art. 60 da Constituição Federal, promulgam a seguinte Emenda ao texto constitucional:

Art. 1.º O § 5.º do art. 198 da Constituição Federal passa a vigorar com a seguinte redação:

•• Alteração já processada no diploma modificado.

Art. 2.º Esta Emenda Constitucional entra em vigor na data de sua publicação.

Brasília, em 4 de fevereiro de 2010.

Mesa da Câmara dos Deputados

Deputado MICHEL TEMER
Presidente

Mesa do Senado Federal

Senador JOSÉ SARNEY
Presidente

Emenda Constitucional n. 64,
de 4 de fevereiro de 2010 (²)

> *Altera o art. 6.º da Constituição Federal, para introduzir a alimentação como direito social.*

As Mesas da Câmara dos Deputados e do Senado Federal, nos termos do art. 60 da Constituição Federal, promulgam a seguinte Emenda ao texto constitucional:

Art. 1.º O art. 6.º da Constituição Federal passa a vigorar com a seguinte redação:

•• Alteração prejudicada pela Emenda Constitucional n. 90, de 15-9-2015, que deu nova redação ao art. 6.º da CF.

Art. 2.º Esta Emenda Constitucional entra em vigor na data de sua publicação.

Brasília, em 4 de fevereiro de 2010.

Mesa da Câmara dos Deputados

Deputado MICHEL TEMER
Presidente

Mesa do Senado Federal

Senador JOSÉ SARNEY
Presidente

Emenda Constitucional n. 65,
de 13 de julho de 2010 (³)

> *Altera a denominação do Capítulo VII do Título VIII da Constituição Federal e modifica o seu art. 227, para cuidar dos interesses da juventude.*

---

(1) Publicada no *DOU* de 5-2-2010. As alterações determinadas por esta EC já foram processadas no texto da Constituição.

(2) Publicada no *DOU* de 5-2-2010. As alterações determinadas por esta EC já foram processadas no texto da Constituição.

(3) Publicada no *DOU* de 14-7-2010. As alterações determinadas por esta EC já foram processadas no texto da Constituição.

Emenda Constitucional n. 66,
de 13 de julho de 2010 [1]

> *Dá nova redação ao § 6.º do art. 226 da Constituição Federal, que dispõe sobre a dissolubilidade do casamento civil pelo divórcio, suprimindo o requisito de prévia separação judicial por mais de 1 (um) ano ou de comprovada separação de fato por mais de 2 (dois) anos.*

As Mesas da Câmara dos Deputados e do Senado Federal, nos termos do art. 60 da Constituição Federal, promulgam a seguinte Emenda ao texto constitucional:

Art. 1.º O Capítulo VII do Título VIII da Constituição Federal passa a denominar-se "Da Família, da Criança, do Adolescente, do Jovem e do Idoso".

Art. 2.º O art. 227 da Constituição Federal passa a vigorar com a seguinte redação:

•• Alteração já processada no diploma modificado.

Art. 3.º Esta Emenda Constitucional entra em vigor na data de sua publicação.

Brasília, em 13 de julho de 2010.

Mesa da Câmara dos Deputados

Deputado MICHEL TEMER
Presidente

Mesa do Senado Federal

Senador JOSÉ SARNEY
Presidente

Constituição Federal, promulgam a seguinte Emenda ao texto constitucional:

Art. 1.º O § 6.º do art. 226 da Constituição Federal passa a vigorar com a seguinte redação:

•• Alteração já processada no diploma modificado.

Art. 2.º Esta Emenda Constitucional entra em vigor na data de sua publicação.

Brasília, em 13 de julho de 2010.

Mesa da Câmara dos Deputados

Deputado MICHEL TEMER
Presidente

Mesa do Senado Federal

Senador JOSÉ SARNEY
Presidente

Emenda Constitucional n. 67,
de 22 de dezembro de 2010 [2]

> *Prorroga, por tempo indeterminado, o prazo de vigência do Fundo de Combate e Erradicação da Pobreza.*

As Mesas da Câmara dos Deputados e do Senado Federal, nos termos do § 3.º do art. 60 da Constituição Federal, promulgam a seguinte Emenda ao texto constitucional:

Art. 1.º Prorrogam-se, por tempo indeterminado, o prazo de vigência do Fundo de Combate e Erradicação da Pobreza a que se refere o *caput* do art. 79 do Ato das Disposições Constitucionais Transitórias e, igualmente, o prazo de vigência da Lei Complementar n. 111, de 6 de julho de 2001, que "Dispõe sobre o Fundo de Combate e Erradicação da Pobreza, na forma prevista nos arts. 79, 80 e 81 do Ato das Disposições Constitucionais Transitórias".

---

(1) Publicada no *DOU* de 14-7-2010. As alterações determinadas por esta EC já foram processadas no texto da Constituição.

(2) Publicada no *DOU* de 23-12-2010.

Art. 2.º Esta Emenda Constitucional entra em vigor na data de sua publicação.

Brasília, em 22 de dezembro de 2010.

Mesa da Câmara dos Deputados
Deputado MARCO MAIA
Presidente

Mesa do Senado Federal
Senador JOSÉ SARNEY
Presidente

Emenda Constitucional n. 68,
de 21 de dezembro de 2011 [1]

Altera o art. 76 do Ato das Disposições Constitucionais Transitórias.

As Mesas da Câmara dos Deputados e do Senado Federal, nos termos do § 3.º do art. 60 da Constituição Federal, promulgam a seguinte Emenda ao texto constitucional:

Art. 1.º O art. 76 do Ato das Disposições Constitucionais Transitórias passa a vigorar com a seguinte redação:

- • Alteração já processada no diploma modificado.
- • Alteração parcialmente prejudicada pela Emenda Constitucional n. 93, de 8-9-2016.

Art. 2.º Esta Emenda Constitucional entra em vigor na data da sua publicação.

Brasília, 21 de dezembro de 2011.

Mesa da Câmara dos Deputados
Deputado MARCO MAIA
Presidente

Mesa do Senado Federal
Senador JOSÉ SARNEY
Presidente

Emenda Constitucional n. 69,
de 29 de março de 2012 [2]

Altera os arts. 21, 22 e 48 da Constituição Federal, para transferir da União para o Distrito Federal as atribuições de organizar e manter a Defensoria Pública do Distrito Federal.

As Mesas da Câmara dos Deputados e do Senado Federal, nos termos do art. 60 da Constituição Federal, promulgam a seguinte Emenda ao texto constitucional:

Art. 1.º Os arts. 21, 22 e 48 da Constituição Federal passam a vigorar com a seguinte redação:

- • Alterações já processadas no diploma modificado.

Art. 2.º Sem prejuízo dos preceitos estabelecidos na Lei Orgânica do Distrito Federal, aplicam-se à Defensoria Pública do Distrito Federal os mesmos princípios e regras que, nos termos da Constituição Federal, regem as Defensorias Públicas dos Estados.

Art. 3.º O Congresso Nacional e a Câmara Legislativa do Distrito Federal, imediatamente após a promulgação desta Emenda Constitucional e de acordo com suas competências, instalarão comissões especiais destinadas a elaborar, em 60 (sessenta) dias, os projetos de lei necessários à adequação da legislação infraconstitucional à matéria nela tratada.

- • O Ato n. 15, de 29-3-2012, do CN, institui a Comissão Mista Especial prevista neste artigo.

Art. 4.º Esta Emenda Constitucional entra em vigor na data de sua publicação, produ-

---

(1) Publicada no *DOU* de 22-12-2011. As alterações determinadas por esta EC já foram processadas no texto do ADCT.

(2) Publicada no *DOU* de 30-3-2012. As alterações determinadas por esta EC já foram processadas no texto da CF.

zindo efeitos quanto ao disposto no art. 1.º após decorridos 120 (cento e vinte) dias de sua publicação oficial.

Brasília, 29 de março de 2012.

Mesa da Câmara dos Deputados
Deputado MARCO MAIA
Presidente

Mesa do Senado Federal
Senador JOSÉ SARNEY
Presidente

Emenda Constitucional n. 70,
de 29 de março de 2012 (¹)

> *Acrescenta art. 6.º-A à Emenda Constitucional n. 41, de 2003, para estabelecer critérios para o cálculo e a correção dos proventos da aposentadoria por invalidez dos servidores públicos que ingressaram no serviço público até a data da publicação daquela Emenda Constitucional.*

As Mesas da Câmara dos Deputados e do Senado Federal, nos termos do § 3.º do art. 60 da Constituição Federal, promulgam a seguinte Emenda ao texto constitucional:

Art. 1.º A Emenda Constitucional n. 41, de 19 de dezembro de 2003, passa a vigorar acrescida do seguinte art. 6.º-A:

•• Alteração já processada no diploma modificado.

Art. 2.º A União, os Estados, o Distrito Federal e os Municípios, assim como as respectivas autarquias e fundações, procederão, no prazo de 180 (cento e oitenta) dias da entrada em vigor desta Emenda Constitucional, à revisão das aposentadorias, e das pensões delas decorrentes, concedidas a partir de 1.º de janeiro de 2004, com base na redação dada ao § 1.º do art. 40 da Constituição Federal pela Emenda Constitucional n. 20, de 15 de dezembro de 1998, com efeitos financeiros a partir da data de promulgação desta Emenda Constitucional.

Art. 3.º Esta Emenda Constitucional entra em vigor na data de sua publicação.

Brasília, 29 de março de 2012.

Mesa da Câmara dos Deputados
Deputado MARCO MAIA
Presidente

Mesa do Senado Federal
Senador JOSÉ SARNEY
Presidente

Emenda Constitucional n. 71,
de 29 de novembro de 2012 (²)

> *Acrescenta o art. 216-A à Constituição Federal para instituir o Sistema Nacional de Cultura.*

As Mesas da Câmara dos Deputados e do Senado Federal, nos termos do § 3.º do art. 60 da Constituição Federal, promulgam a seguinte Emenda ao texto constitucional:

Art. 1.º A Constituição Federal passa a vigorar acrescida do seguinte art. 216-A:

•• Alteração já processada no diploma modificado.

Art. 2.º Esta Emenda Constitucional entra em vigor na data de sua publicação.

Brasília, em 29 de novembro de 2012.

---

(1) Publicada no *DOU* de 30-3-2012. As alterações determinadas por esta EC já foram processadas no texto da EC n. 41/2003.

(2) Publicada no *DOU* de 30-11-2012. A alteração determinada por esta EC já foi processada no texto da CF.

Mesa da Câmara dos Deputados

Deputado MARCO MAIA
Presidente

Mesa do Senado Federal

Senador JOSÉ SARNEY
Presidente

Emenda Constitucional n. 72,
de 2 de abril de 2013 ([1])

> *Altera a redação do parágrafo único do art. 7.º da Constituição Federal para estabelecer a igualdade de direitos trabalhistas entre os trabalhadores domésticos e os demais trabalhadores urbanos e rurais.*

As Mesas da Câmara dos Deputados e do Senado Federal, nos termos do § 3.º do art. 60 da Constituição Federal, promulgam a seguinte Emenda ao texto constitucional:

Artigo único. O parágrafo único do art. 7.º da Constituição Federal passa a vigorar com a seguinte redação:

•• Alteração já processada no diploma modificado.

Brasília, em 2 de abril de 2013.

Mesa da Câmara dos Deputados

Deputado HENRIQUE EDUARDO ALVES
Presidente

Mesa do Senado Federal

Senador RENAN CALHEIROS
Presidente

Emenda Constitucional n. 73,
de 6 de junho de 2013 ([2])

> *Cria os Tribunais Regionais Federais da 6.ª, 7.ª, 8.ª e 9.ª Regiões.*

As Mesas da Câmara dos Deputados e do Senado Federal, nos termos do § 3.º do art. 60 da Constituição Federal, promulgam a seguinte Emenda ao texto constitucional:

Art. 1.º O art. 27 do Ato das Disposições Constitucionais Transitórias passa a vigorar acrescido do seguinte § 11:

•• Alteração já processada no diploma modificado.

Art. 2.º Os Tribunais Regionais Federais da 6.ª, 7.ª, 8.ª e 9.ª Regiões deverão ser instalados no prazo de 6 (seis) meses, a contar da promulgação desta Emenda Constitucional.

Art. 3.º Esta Emenda Constitucional entra em vigor na data de sua publicação.

Brasília, em 6 de junho de 2013.

Mesa da Câmara dos Deputados

Deputado ANDRÉ VARGAS
1.º Vice-Presidente no exercício da Presidência

Mesa do Senado Federal

Senador ROMERO JUCÁ
2.º Vice-Presidente no exercício da Presidência

---

(1) Publicada no *DOU* de 3-4-2013. A alteração determinada por esta EC já foi processada no texto da CF.

(2) Publicada no *DOU* de 7-6-2013. A alteração determinada por esta EC já foi processada no texto da CF.

Emenda Constitucional n. 74,
de 6 de agosto de 2013 [1]

> *Altera o art. 134 da Constituição Federal.*

Art. 1.º O art. 134 da Constituição Federal passa a vigorar acrescido do seguinte § 3.º:

•• Alteração já processada no diploma modificado.

Art. 2.º Esta Emenda Constitucional entra em vigor na data de sua publicação.

Brasília, em 6 de agosto de 2013.

Mesa da Câmara dos Deputados

Deputado HENRIQUE EDUARDO ALVES
Presidente

Mesa do Senado Federal

Senador RENAN CALHEIROS
Presidente

Emenda Constitucional n. 75,
de 15 de outubro de 2013 [2]

> *Acrescenta a alínea e ao inciso VI do art. 150 da Constituição Federal, instituindo imunidade tributária sobre os fonogramas e videofonogramas musicais produzidos no Brasil contendo obras musicais ou literomusicais de autores brasileiros e/ou obras em geral interpretadas por artistas brasileiros bem como os suportes materiais ou arquivos digitais que os contenham.*

As Mesas da Câmara dos Deputados e do Senado Federal, nos termos do § 3.º do art. 60 da Constituição Federal, promulgam a seguinte Emenda ao texto constitucional:

Art. 1.º O inciso VI do art. 150 da Constituição Federal passa a vigorar acrescido da seguinte alínea e:

•• Alteração já processada no diploma modificado.

Art. 2.º Esta Emenda Constitucional entra em vigor na data de sua publicação.

Brasília, em 15 de outubro de 2013.

Mesa da Câmara dos Deputados

Deputado HENRIQUE EDUARDO ALVES
Presidente

Mesa do Senado Federal

Senador RENAN CALHEIROS
Presidente

Emenda Constitucional n. 76,
de 28 de novembro de 2013 [3]

> *Altera o § 2.º do art. 55 e o § 4.º do art. 66 da Constituição Federal, para abolir a votação secreta nos casos de perda de mandato de Deputado ou Senador e de apreciação de veto.*

As Mesas da Câmara dos Deputados e do Senado Federal, nos termos do § 3.º do art. 60 da Constituição Federal, promulgam a seguinte Emenda ao texto constitucional:

Art. 1.º Os arts. 55 e 66 da Constituição Federal passam a vigorar com as seguintes alterações:

•• Alterações já processadas no diploma modificado.

---

(1) Publicada no *DOU* de 7-8-2013. A alteração determinada por esta EC já foi processada no texto da CF.
(2) Publicada no *DOU* de 16-10-2013. A alteração determinada por esta EC já foi processada no texto da CF.

(3) Publicada no *DOU* de 29-11-2013. As alterações determinadas por esta EC já foram processadas no texto da Constituição.

Art. 2.º Esta Emenda Constitucional entra em vigor na data de sua publicação.

Brasília, em 28 de novembro de 2013.

Mesa da Câmara dos Deputados

Deputado HENRIQUE EDUARDO ALVES
Presidente

Mesa do Senado Federal

Senador RENAN CALHEIROS
Presidente

Emenda Constitucional n. 77,
de 11 de fevereiro de 2014 [1]

> *Altera os incisos II, III e VIII do § 3.º do art. 142 da Constituição Federal, para estender aos profissionais de saúde das Forças Armadas a possibilidade de cumulação de cargo a que se refere o art. 37, inciso XVI, alínea c.*

As Mesas da Câmara dos Deputados e do Senado Federal, nos termos do § 3.º do art. 60 da Constituição Federal, promulgam a seguinte Emenda ao texto constitucional:

Artigo único. Os incisos II, III e VIII do § 3.º do art. 142 da Constituição Federal passam a vigorar com as seguintes alterações:

•• Alterações já processadas no diploma modificado.

Brasília, em 11 de fevereiro de 2014.

Mesa da Câmara dos Deputados

Deputado HENRIQUE EDUARDO ALVES
Presidente

Mesa do Senado Federal

Senador RENAN CALHEIROS
Presidente

Emenda Constitucional n. 78,
de 14 de maio de 2014 [2]

> *Acrescenta o art. 54-A ao Ato das Disposições Constitucionais Transitórias, para dispor sobre indenização devida aos seringueiros de que trata o art. 54 desse Ato.*

As Mesas da Câmara dos Deputados e do Senado Federal, nos termos do § 3.º do art. 60 da Constituição Federal, promulgam a seguinte Emenda ao texto constitucional:

Art. 1.º O Ato das Disposições Constitucionais Transitórias passa a vigorar acrescido do seguinte art. 54-A:

•• Alteração já processada no diploma modificado.

Art. 2.º A indenização de que trata o art. 54-A do Ato das Disposições Constitucionais Transitórias somente se estende aos dependentes dos seringueiros que, na data de entrada em vigor desta Emenda Constitucional, detenham a condição de dependentes na forma do § 2.º do art. 54 do Ato das Disposições Constitucionais Transitórias, devendo o valor de R$ 25.000,00 (vinte e cinco mil reais) ser rateado entre os pensionistas na proporção de sua cota-parte na pensão.

Art. 3.º Esta Emenda Constitucional entra em vigor no exercício financeiro seguinte ao de sua publicação.

Brasília, em 14 de maio de 2014.

Mesa da Câmara dos Deputados

Deputado HENRIQUE EDUARDO ALVES
Presidente

Mesa do Senado Federal

Senador RENAN CALHEIROS
Presidente

---

(1) Publicada no *DOU* de 12-2-2014. As alterações determinadas por esta EC já foram processadas no texto da Constituição.

(2) Publicada no *DOU* de 15-5-2014. A alteração determinada por esta EC já foi processada no texto da Constituição.

Emenda Constitucional n. 79, de 27 de maio de 2014 [1]

Altera o art. 31 da Emenda Constitucional n. 19, de 4 de junho de 1998, para prever a inclusão, em quadro em extinção da Administração Federal, de servidores e policiais militares admitidos pelos Estados do Amapá e de Roraima, na fase de instalação dessas unidades federadas, e dá outras providências.

As Mesas da Câmara dos Deputados e do Senado Federal, nos termos do § 3.º do art. 60 da Constituição Federal, promulgam a seguinte Emenda ao texto constitucional:

Art. 1.º O art. 31 da Emenda Constitucional n. 19, de 4 de junho de 1998, passa a vigorar com a seguinte redação:

•• Alteração prejudicada pela Emenda Constitucional n. 98, de 6-12-2017, que deu nova redação ao art. 31 da Emenda Constitucional n. 19, de 4-6-1998.

Art. 2.º Para fins do enquadramento disposto no *caput* do art. 31 da Emenda Constitucional n. 19, de 4 de junho de 1998, e no *caput* do art. 89 do Ato das Disposições Constitucionais Transitórias, é reconhecido o vínculo funcional, com a União, dos servidores regularmente admitidos nos quadros dos Municípios integrantes dos ex-Territórios do Amapá, de Roraima e de Rondônia em efetivo exercício na data de transformação desses ex-Territórios em Estados.

Art. 3.º Os servidores dos ex-Territórios do Amapá, de Roraima e de Rondônia incorporados a quadro em extinção da União serão enquadrados em cargos de atribuições equivalentes ou assemelhadas, integrantes de planos de cargos e carreiras da União, no nível de progressão alcançado, assegurados os direitos, vantagens e padrões remuneratórios a eles inerentes.

Art. 4.º Cabe à União, no prazo máximo de 180 (cento e oitenta) dias, contado a partir da data de publicação desta Emenda Constitucional, regulamentar o enquadramento de servidores estabelecido no art. 31 da Emenda Constitucional n. 19, de 4 de junho de 1998, e no art. 89 do Ato das Disposições Constitucionais Transitórias.

Parágrafo único. No caso de a União não regulamentar o enquadramento previsto no *caput*, o optante tem direito ao pagamento retroativo das diferenças remuneratórias desde a data do encerramento do prazo para a regulamentação referida neste artigo.

Art. 5.º A opção para incorporação em quadro em extinção da União, conforme disposto no art. 31 da Emenda Constitucional n. 19, de 4 de junho de 1998, e no art. 89 do Ato das Disposições Constitucionais Transitórias, deverá ser formalizada pelos servidores e policiais militares interessados perante a administração, no prazo máximo de 180 (cento e oitenta) dias, contado a partir da regulamentação prevista no art. 4.º.

Art. 6.º Os servidores admitidos regularmente que comprovadamente se encontravam no exercício de funções policiais nas Secretarias de Segurança Pública dos ex-Territórios do Amapá, de Roraima e de Rondônia na data em que foram transformados em Estados serão enquadrados no quadro da Polícia Civil dos ex-Territórios, no prazo de 180 (cento e oitenta) dias, assegurados os direitos, vantagens e padrões remuneratórios a eles inerentes.

•• *Vide* art. 6.º da Emenda Constitucional n. 98, de 6-12-2017.

Art. 7.º Aos servidores admitidos regularmente pela União nas Carreiras do Grupo Tributação, Arrecadação e Fiscalização de que trata a Lei n. 6.550, de 5 de julho de 1978, cedidos aos Estados do Amapá, de Roraima e de Rondônia são assegurados os mesmos direitos remuneratórios auferidos pelos integrantes das Carreiras correspondentes do Grupo Tributação, Arrecadação e Fiscalização da União de que trata a Lei n. 5.645, de 10 de dezembro de 1970.

•• *Vide* art. 5.º da Emenda Constitucional n. 98, de 6-12-2017.

---

(1) Publicada no *DOU* de 28-5-2014. A alteração determinada por esta EC já foi processada no texto da Constituição. A Lei n. 13.681, de 18-6-2018, regulamentada pelo Decreto n. 9.823, de 4-6-2019, disciplina o disposto nesta Emenda Constitucional.

Art. 8.º Os proventos das aposentadorias, pensões, reformas e reservas remuneradas, originadas no período de outubro de 1988 a outubro de 1993, passam a ser mantidos pela União a partir da data de publicação desta Emenda Constitucional, vedado o pagamento, a qualquer título, de valores referentes a períodos anteriores a sua publicação.

Art. 9.º É vedado o pagamento, a qualquer título, em virtude das alterações promovidas por esta Emenda Constitucional, de remunerações, proventos, pensões ou indenizações referentes a períodos anteriores à data do enquadramento, salvo o disposto no parágrafo único do art. 4.º.

Art. 10. Esta Emenda Constitucional entra em vigor na data de sua publicação.

Brasília, em 27 de maio de 2014.

Mesa da Câmara dos Deputados

Deputado HENRIQUE EDUARDO ALVES
Presidente

Mesa do Senado Federal

Senador RENAN CALHEIROS
Presidente

Emenda Constitucional n. 80, de 4 de junho de 2014 [1]

> Altera o Capítulo IV – Das Funções Essenciais à Justiça, do Título IV – Da Organização dos Poderes, e acrescenta artigo ao Ato das Disposições Constitucionais Transitórias da Constituição Federal.

As Mesas da Câmara dos Deputados e do Senado Federal, nos termos do § 3.º do art. 60 da Constituição Federal, promulgam a seguinte Emenda ao texto constitucional:

Art. 1.º O Capítulo IV – Das Funções Essenciais à Justiça, do Título IV – Da Organização dos Poderes, passa a vigorar com as seguintes alterações:

•• Alterações já processadas no diploma modificado.

Art. 2.º O Ato das Disposições Constitucionais Transitórias passa a vigorar acrescido do seguinte art. 98:

•• Alteração já processada no diploma modificado.

Art. 3.º Esta Emenda Constitucional entra em vigor na data de sua publicação.

Brasília, em 4 de junho de 2014.

Mesa da Câmara dos Deputados

Deputado HENRIQUE EDUARDO ALVES
Presidente

Mesa do Senado Federal

Senador RENAN CALHEIROS
Presidente

Emenda Constitucional n. 81, de 5 de junho de 2014 [2]

> Dá nova redação ao art. 243 da Constituição Federal.

As Mesas da Câmara dos Deputados e do Senado Federal, nos termos do § 3.º do art. 60 da Constituição Federal, promulgam a seguinte Emenda ao texto constitucional:

---

(1) Publicada no *DOU* de 5-6-2014. As alterações determinadas por esta EC já foram processadas no texto da Constituição.

(2) Publicada no *DOU* de 6-6-2014. As alterações determinadas por esta EC já foram processadas no texto da Constituição.

Art. 1.º O art. 243 da Constituição Federal passa a vigorar com a seguinte redação:

•• Alteração já processada no diploma modificado.

Art. 2.º Esta Emenda Constitucional entra em vigor na data de sua publicação.

Brasília, em 5 de junho de 2014.

Mesa da Câmara dos Deputados

Deputado HENRIQUE EDUARDO ALVES
Presidente

Mesa do Senado Federal

Senador RENAN CALHEIROS
Presidente

Emenda Constitucional n. 82,
de 16 de julho de 2014 [1]

Inclui o § 10 ao art. 144 da Constituição Federal, para disciplinar a segurança viária no âmbito dos Estados, do Distrito Federal e dos Municípios.

As Mesas da Câmara dos Deputados e do Senado Federal, nos termos do § 3.º do art. 60 da Constituição Federal, promulgam a seguinte Emenda ao texto constitucional:

Art. 1.º O art. 144 da Constituição Federal passa a vigorar acrescido do seguinte § 10:

•• Alteração já processada no diploma modificado.

Art. 2.º Esta Emenda Constitucional entra em vigor na data de sua publicação.

Brasília, em 16 de julho de 2014.

Mesa da Câmara dos Deputados

Deputado HENRIQUE EDUARDO ALVES
Presidente

Mesa do Senado Federal

Senador RENAN CALHEIROS
Presidente

Emenda Constitucional n. 83,
de 5 de agosto de 2014 [2]

Acrescenta o art. 92-A ao Ato das Disposições Constitucionais Transitórias – ADCT.

As Mesas da Câmara dos Deputados e do Senado Federal, nos termos do § 3.º do art. 60 da Constituição Federal, promulgam a seguinte Emenda ao texto constitucional:

Art. 1.º O Ato das Disposições Constitucionais Transitórias passa a vigorar acrescido do seguinte art. 92-A:

•• Alteração já processada no diploma modificado.

Art. 2.º Esta Emenda Constitucional entra em vigor na data de sua publicação.

Brasília, em 5 de agosto de 2014.

Mesa da Câmara dos Deputados

Deputado HENRIQUE EDUARDO ALVES
Presidente

Mesa do Senado Federal

Senador RENAN CALHEIROS
Presidente

---

(1) Publicada no *DOU* de 17-7-2014. As alterações determinadas por esta EC já foram processadas no texto da Constituição.

(2) Publicada no *DOU* de 6-8-2014. As alterações determinadas por esta EC já foram processadas no texto da Constituição.

Emenda Constitucional n. 84,
de 2 de dezembro de 2014 [1]

> *Altera o art. 159 da Constituição Federal para aumentar a entrega de recursos pela União para o Fundo de Participação dos Municípios.*

As Mesas da Câmara dos Deputados e do Senado Federal, nos termos do § 3.º do art. 60 da Constituição Federal, promulgam a seguinte Emenda ao texto constitucional:

Art. 1.º O art. 159 da Constituição Federal passa a vigorar com a seguinte redação:

•• Alteração já processada no diploma modificado.
•• Alteração parcialmente prejudicada pela Emenda Constitucional n. 112, de 27-10-2021.

Art. 2.º Para os fins do disposto na alínea e do inciso I do *caput* do art. 159 da Constituição Federal, a União entregará ao Fundo de Participação dos Municípios o percentual de 0,5% (cinco décimos por cento) do produto da arrecadação dos impostos sobre renda e proventos de qualquer natureza e sobre produtos industrializados no primeiro exercício em que esta Emenda Constitucional gerar efeitos financeiros, acrescentando-se 0,5% (cinco décimos por cento) a cada exercício, até que se alcance o percentual de 1% (um por cento).

Art. 3.º Esta Emenda Constitucional entra em vigor na data de sua publicação, com efeitos financeiros a partir de 1.º de janeiro do exercício subsequente.

Brasília, em 2 de dezembro de 2014.

Mesa da Câmara dos Deputados
Deputado HENRIQUE EDUARDO ALVES
Presidente

Mesa do Senado Federal
Senador RENAN CALHEIROS
Presidente

Emenda Constitucional n. 85,
de 26 de fevereiro de 2015 [2]

> *Altera e adiciona dispositivos na Constituição Federal para atualizar o tratamento das atividades de ciência, tecnologia e inovação.*

As Mesas da Câmara dos Deputados e do Senado Federal, nos termos do § 3.º do art. 60 da Constituição Federal, promulgam a seguinte Emenda ao texto constitucional:

Art. 1.º A Constituição Federal passa a vigorar com as seguintes alterações:

•• Alterações já processadas no diploma modificado.

Art. 2.º O Capítulo IV do Título VIII da Constituição Federal passa a vigorar acrescido dos seguintes arts. 219-A e 219-B:

•• Alterações já processadas no diploma modificado.

Art. 3.º Esta Emenda Constitucional entra em vigor na data de sua publicação.

Brasília, em 26 de fevereiro de 2015.

Mesa da Câmara dos Deputados
Deputado EDUARDO CUNHA
Presidente

Mesa do Senado Federal
Senador RENAN CALHEIROS
Presidente

---

(1) Publicada no *DOU* de 3-12-2014. As alterações determinadas por esta EC já foram processadas no texto da CF.

(2) Publicada no *DOU* de 3-3-2015.

Emenda Constitucional n. 86,
de 17 de março de 2015 (¹)

> *Altera os arts. 165, 166 e 198 da Constituição Federal, para tornar obrigatória a execução da programação orçamentária que especifica.*

As Mesas da Câmara dos Deputados e do Senado Federal, nos termos do § 3.º do art. 60 da Constituição Federal, promulgam a seguinte Emenda ao texto constitucional:

Art. 1.º Os arts. 165, 166 e 198 da Constituição Federal passam a vigorar com as seguintes alterações:

•• Alterações já processadas no diploma modificado.
•• Alterações nos arts. 165 e 166 parcialmente prejudicadas pela Emenda Constitucional n. 100, de 26-6-2019.

Art. 2.º (*Revogado pela Emenda Constitucional n. 95, de 15-12-2016.*)

Art. 3.º As despesas com ações e serviços públicos de saúde custeados com a parcela da União oriunda da participação no resultado ou da compensação financeira pela exploração de petróleo e gás natural, de que trata o § 1.º do art. 20 da Constituição Federal, serão computadas para fins de cumprimento do disposto no inciso I do § 2.º do art. 198 da Constituição Federal.

Art. 4.º Esta Emenda Constitucional entra em vigor na data de sua publicação e produzirá efeitos a partir da execução orçamentária do exercício de 2014.

Art. 5.º Fica revogado o inciso IV do § 3.º do art. 198 da Constituição Federal.

Brasília, em 17 de março de 2015.

Mesa da Câmara dos Deputados

Deputado EDUARDO CUNHA

Presidente

Mesa do Senado Federal

Senador RENAN CALHEIROS
Presidente

Emenda Constitucional n. 87,
de 16 de abril de 2015 (²)

> *Altera o § 2.º do art. 155 da Constituição Federal e inclui o art. 99 no Ato das Disposições Constitucionais Transitórias, para tratar da sistemática de cobrança do imposto sobre operações relativas à circulação de mercadorias e sobre prestações de serviços de transporte interestadual e intermunicipal e de comunicação incidente sobre as operações e prestações que destinem bens e serviços a consumidor final, contribuinte ou não do imposto, localizado em outro Estado.*

As Mesas da Câmara dos Deputados e do Senado Federal, nos termos do § 3.º do art. 60 da Constituição Federal, promulgam a seguinte Emenda ao texto constitucional:

Art. 1.º Os incisos VII e VIII do § 2.º do art. 155 da Constituição Federal passam a vigorar com as seguintes alterações:

•• Alterações já processadas no diploma modificado.

Art. 2.º O Ato das Disposições Constitucionais Transitórias passa a vigorar acrescido do seguinte art. 99:

•• Alteração já processada no diploma modificado.

Art. 3.º Esta Emenda Constitucional entra em vigor na data de sua publicação, produzindo efeitos no ano subsequente e após 90 (noventa) dias desta.

Brasília, em 16 de abril de 2015.

---

(1) Publicada no *DOU* de 18-3-2015.

(2) Publicada no *DOU* de 17-4-2015. As alterações determinadas por esta EC já foram processadas no texto da CF.

Mesa da Câmara dos Deputados

Deputado EDUARDO CUNHA
Presidente

Mesa do Senado Federal

Senador RENAN CALHEIROS
Presidente

Emenda Constitucional n. 88,
de 7 de maio de 2015 ([1])

Altera o art. 40 da Constituição Federal, relativamente ao limite de idade para a aposentadoria compulsória do servidor público em geral, e acrescenta dispositivo ao Ato das Disposições Constitucionais Transitórias.

As Mesas da Câmara dos Deputados e do Senado Federal, nos termos do § 3.º do art. 60 da Constituição Federal, promulgam a seguinte Emenda ao texto constitucional:

Art. 1.º O art. 40 da Constituição Federal passa a vigorar com a seguinte alteração:

•• Alteração já processada no diploma modificado.

Art. 2.º O Ato das Disposições Constitucionais Transitórias passa a vigorar acrescido do seguinte art. 100:

•• Alteração já processada no diploma modificado.

Art. 3.º Esta Emenda Constitucional entra em vigor na data de sua publicação.

Brasília, em 7 de maio de 2015.

Mesa da Câmara dos Deputados

Deputado EDUARDO CUNHA
Presidente

Mesa do Senado Federal

Senador RENAN CALHEIROS
Presidente

Emenda Constitucional n. 89,
de 15 de setembro de 2015 ([2])

Dá nova redação ao art. 42 do Ato das Disposições Constitucionais Transitórias, ampliando o prazo em que a União deverá destinar às Regiões Centro-Oeste e Nordeste percentuais mínimos dos recursos destinados à irrigação.

As Mesas da Câmara dos Deputados e do Senado Federal, nos termos do art. 60 da Constituição Federal, promulgam a seguinte Emenda ao texto constitucional:

Art. 1.º O art. 42 do Ato das Disposições Constitucionais Transitórias passa a vigorar com a seguinte redação:

•• Alteração já processada no diploma modificado.

Art. 2.º Esta Emenda Constitucional entra em vigor na data de sua publicação.

Brasília, em 15 de setembro de 2015.

Mesa da Câmara dos Deputados

Deputado EDUARDO CUNHA
Presidente

Mesa do Senado Federal

Senador RENAN CALHEIROS
Presidente

---

(1) Publicada no *DOU* de 8-5-2015. As alterações determinadas por esta EC já foram processadas no texto da Constituição.

(2) Publicada no *DOU* de 16-9-2015. As alterações determinadas por esta EC já foram processadas no texto da CF.

Emenda Constitucional n. 90,
de 15 de setembro de 2015 [1]

> *Dá nova redação ao art. 6.º da Constituição Federal, para introduzir o transporte como direito social.*

As Mesas da Câmara dos Deputados e do Senado Federal, nos termos do art. 60 da Constituição Federal, promulgam a seguinte Emenda ao texto constitucional:

Artigo único. O art. 6.º da Constituição Federal de 1988 passa a vigorar com a seguinte redação:

•• Alteração já processada no diploma modificado.

Brasília, em 15 de setembro de 2015.

Mesa da Câmara dos Deputados
Deputado EDUARDO CUNHA
Presidente

Mesa do Senado Federal
Senador RENAN CALHEIROS
Presidente

Emenda Constitucional n. 91,
de 18 de fevereiro de 2016 [2]

> *Altera a Constituição Federal para estabelecer a possibilidade, excepcional e em período determinado, de desfiliação partidária, sem prejuízo do mandato.*

As Mesas da Câmara dos Deputados e do Senado Federal, nos termos do § 3.º do art. 60 da Constituição Federal, promulgam a seguinte Emenda ao texto constitucional:

Art. 1.º É facultado ao detentor de mandato eletivo desligar-se do partido pelo qual foi eleito nos trinta dias seguintes à promulgação desta Emenda Constitucional, sem prejuízo do mandato, não sendo essa desfiliação considerada para fins de distribuição dos recursos do Fundo Partidário e de acesso gratuito ao tempo de rádio e televisão.

- O art. 22-A da Lei n. 9.096, de 19-9-1995, dispõe sobre desfiliação partidária.
- CE: Lei n. 4.737, de 15-7-1965.

Art. 2.º Esta Emenda Constitucional entra em vigor na data de sua publicação.

Brasília, em 18 de fevereiro de 2016.

Mesa da Câmara dos Deputados
Deputado EDUARDO CUNHA
1.º Vice-Presidente

Mesa do Senado Federal
Senador RENAN CALHEIROS
Presidente

Emenda Constitucional n. 92,
de 12 de julho de 2016 [3]

> *Altera os arts. 92 e 111-A da Constituição Federal, para explicitar o Tribunal Superior do Trabalho como órgão do Poder Judiciário, alterar os requisitos para o provimento dos cargos de Ministros daquele Tribunal e modificar-lhe a competência.*

As Mesas da Câmara dos Deputados e do Senado Federal, nos termos do § 3.º do art. 60 da Constituição Federal, promulgam a seguinte Emenda ao texto constitucional:

---

(1) Publicada no *DOU* de 16-9-2015. As alterações determinadas por esta EC já foram processadas no texto da CF.
(2) Publicada no *DOU* de 19-2-2016.

(3) Publicada no *DOU* de 13-7-2016. As alterações determinadas por esta EC já foram processadas no texto da CF.

Art. 1.º Os arts. 92 e 111-A da Constituição Federal passam a vigorar com as seguintes alterações:

•• Alteração já processada no diploma modificado.

Art. 2.º Esta Emenda Constitucional entra em vigor na data de sua publicação.

Brasília, em 12 de julho de 2016.

Mesa da Câmara dos Deputados

Deputado WALDIR MARANHÃO
1.º Vice-Presidente, no exercício da Presidência

Mesa do Senado Federal

Senador RENAN CALHEIROS
Presidente

Emenda Constitucional n. 93,
de 8 de setembro de 2016 [1]

> Altera o Ato das Disposições Constitucionais Transitórias para prorrogar a desvinculação de receitas da União e estabelecer a desvinculação de receitas dos Estados, Distrito Federal e Municípios.

As Mesas da Câmara dos Deputados e do Senado Federal, nos termos do § 3.º do art. 60 da Constituição Federal, promulgam a seguinte Emenda ao texto constitucional:

Art. 1.º O art. 76 do Ato das Disposições Constitucionais Transitórias passa a vigorar com a seguinte redação:

•• Alteração já processada no diploma modificado.

Art. 2.º O Ato das Disposições Constitucionais Transitórias passa a vigorar acrescido dos seguintes arts. 76-A e 76-B:

•• Alteração já processada no diploma modificado.

---

(1) Publicada no *DOU* de 9-9-2016, Edição Extra. As alterações determinadas por esta EC já foram processadas no texto da CF.

Art. 3.º Esta Emenda Constitucional entra em vigor na data de sua publicação, produzindo efeitos a partir de 1.º de janeiro de 2016.

Brasília, em 8 de setembro de 2016.

Mesa da Câmara dos Deputados

Deputado RODRIGO MAIA
Presidente

Mesa do Senado Federal

Senador RENAN CALHEIROS
Presidente

Emenda Constitucional n. 94,
de 15 de dezembro de 2016 [2]

> Altera o art. 100 da Constituição Federal, para dispor sobre o regime de pagamento de débitos públicos decorrentes de condenações judiciais; e acrescenta dispositivos ao Ato das Disposições Constitucionais Transitórias, para instituir regime especial de pagamento para os casos em mora.

As Mesas da Câmara dos Deputados e do Senado Federal, nos termos do § 3.º do art. 60 da Constituição Federal, promulgam a seguinte Emenda ao texto constitucional:

Art. 1.º O art. 100 da Constituição Federal passa a vigorar com a seguinte redação:

•• Alteração já processada no diploma modificado.

Art. 2.º O Ato das Disposições Constitucionais Transitórias passa a vigorar acrescido dos seguintes arts. 101 a 105:

•• Alteração já processada no diploma modificado.

---

(2) Publicada no *DOU* de 16-12-2016. As alterações determinadas por esta EC já foram processadas no texto da Constituição.

Art. 3.º Esta Emenda Constitucional entra em vigor na data de sua publicação.

Brasília, em 15 de dezembro de 2016.

Mesa da Câmara dos Deputados

Deputado RODRIGO MAIA
Presidente

Mesa do Senado Federal

Senador RENAN CALHEIROS
Presidente

Emenda Constitucional n. 95,
de 15 de dezembro de 2016 (¹)

> Altera o Ato das Disposições Constitucionais Transitórias, para instituir o Novo Regime Fiscal, e dá outras providências.

As Mesas da Câmara dos Deputados e do Senado Federal, nos termos do § 3.º do art. 60 da Constituição Federal, promulgam a seguinte Emenda ao texto constitucional:

Art. 1.º O Ato das Disposições Constitucionais Transitórias passa a vigorar acrescido dos seguintes arts. 106, 107, 108, 109, 110, 111, 112, 113 e 114:

•• Alteração já processada no diploma modificado.

•• Alterações prejudicadas pela Emenda Constitucional n. 126, de 21-12-2022, que revogou os arts. 106, 107, 109, 110, 111, 111-A, 112 e 114 do ADCT.

Art. 2.º Esta Emenda Constitucional entra em vigor na data de sua promulgação.

Art. 3.º Fica revogado o art. 2.º da Emenda Constitucional n. 86, de 17 de março de 2015.

Brasília, em 15 de dezembro de 2016.

Mesa da Câmara dos Deputados

Deputado RODRIGO MAIA
Presidente

Mesa do Senado Federal

Senador RENAN CALHEIROS
Presidente

Emenda Constitucional n. 96,
de 6 de junho de 2017 (²)

> Acrescenta § 7.º ao art. 225 da Constituição Federal para determinar que práticas desportivas que utilizem animais não são consideradas cruéis, nas condições que especifica.

As Mesas da Câmara dos Deputados e do Senado Federal, nos termos do § 3.º do art. 60 da Constituição Federal, promulgam a seguinte Emenda ao texto constitucional:

Art. 1.º O art. 225 da Constituição Federal passa a vigorar acrescido do seguinte § 7.º:

•• Alteração já processada no diploma modificado.

Art. 2.º Esta Emenda Constitucional entra em vigor na data de sua publicação.

Brasília, em 6 de junho de 2017.

Mesa da Câmara dos Deputados

Deputado RODRIGO MAIA
Presidente

Mesa do Senado Federal

Senador EUNÍCIO OLIVEIRA
Presidente

---

(1) Publicada no *DOU* de 16-12-2016. As alterações determinadas por esta EC já foram processadas no texto da Constituição.

(2) Publicada no *DOU* de 7-6-2017. As alterações determinadas por esta EC já foram processadas no texto da Constituição.

Emenda Constitucional n. 97, de 4 de outubro de 2017 [1]

> Altera a Constituição Federal para vedar as coligações partidárias nas eleições proporcionais, estabelecer normas sobre acesso dos partidos políticos aos recursos do fundo partidário e ao tempo de propaganda gratuito no rádio e na televisão e dispor sobre regras de transição.

As Mesas da Câmara dos Deputados e do Senado Federal, nos termos do § 3.º do art. 60 da Constituição Federal, promulgam a seguinte Emenda ao texto constitucional:

Art. 1.º A Constituição Federal passa a vigorar com as seguintes alterações:

•• Alteração já processada no diploma modificado.

Art. 2.º A vedação à celebração de coligações nas eleições proporcionais, prevista no § 1.º do art. 17 da Constituição Federal, aplicar-se-á a partir das eleições de 2020.

Art. 3.º O disposto no § 3.º do art. 17 da Constituição Federal quanto ao acesso dos partidos políticos aos recursos do fundo partidário e à propaganda gratuita no rádio e na televisão aplicar-se-á a partir das eleições de 2030.

Parágrafo único. Terão acesso aos recursos do fundo partidário e à propaganda gratuita no rádio e na televisão os partidos políticos que:

I – na legislatura seguinte às eleições de 2018:

a) obtiverem, nas eleições para a Câmara dos Deputados, no mínimo, 1,5% (um e meio por cento) dos votos válidos, distribuídos em pelo menos um terço das unidades da Federação, com um mínimo de 1% (um por cento) dos votos válidos em cada uma delas; ou

b) tiverem elegido pelo menos nove Deputados Federais distribuídos em pelo menos um terço das unidades da Federação;

II – na legislatura seguinte às eleições de 2022:

a) obtiverem, nas eleições para a Câmara dos Deputados, no mínimo, 2% (dois por cento) dos votos válidos, distribuídos em pelo menos um terço das unidades da Federação, com um mínimo de 1% (um por cento) dos votos válidos em cada uma delas; ou

b) tiverem elegido pelo menos onze Deputados Federais distribuídos em pelo menos um terço das unidades da Federação;

III – na legislatura seguinte às eleições de 2026:

a) obtiverem, nas eleições para a Câmara dos Deputados, no mínimo, 2,5% (dois e meio por cento) dos votos válidos, distribuídos em pelo menos um terço das unidades da Federação, com um mínimo de 1,5% (um e meio por cento) dos votos válidos em cada uma delas; ou

b) tiverem elegido pelo menos treze Deputados Federais distribuídos em pelo menos um terço das unidades da Federação.

Art. 4.º Esta Emenda Constitucional entra em vigor na data de sua publicação.

Brasília, em 4 de outubro de 2017.

Mesa da Câmara dos Deputados

Deputado RODRIGO MAIA
Presidente

Mesa do Senado Federal

Senador EUNÍCIO OLIVEIRA
Presidente

---

(1) Publicada no *DOU* de 5-10-2017. As alterações determinadas por esta EC já foram processadas no texto da Constituição.

Emenda Constitucional n. 98, de 6 de dezembro de 2017 [1]

> *Altera o art. 31 da Emenda Constitucional n. 19, de 4 de junho de 1998, para prever a inclusão, em quadro em extinção da administração pública federal, de servidor público, de integrante da carreira de policial, civil ou militar, e de pessoa que haja mantido relação ou vínculo funcional, empregatício, estatutário ou de trabalho com a administração pública dos ex-Territórios ou dos Estados do Amapá ou de Roraima, inclusive suas prefeituras, na fase de instalação dessas unidades federadas, e dá outras providências.*

As Mesas da Câmara dos Deputados e do Senado Federal, nos termos do § 3.º do art. 60 da Constituição Federal, promulgam a seguinte Emenda ao texto constitucional:

Art. 1.º O art. 31 da Emenda Constitucional n. 19, de 4 de junho de 1998, passa a vigorar com as seguintes alterações:

•• Alteração já processada no diploma modificado.

Art. 2.º Cabe à União, no prazo máximo de noventa dias, contado a partir da data de publicação desta Emenda Constitucional, regulamentar o disposto no art. 31 da Emenda Constitucional n. 19, de 4 de junho de 1998, a fim de que se exerça o direito de opção nele previsto.

§ 1.º Descumprido o prazo de que trata o *caput* deste artigo, a pessoa a quem assista o direito de opção fará jus ao pagamento de eventuais acréscimos remuneratórios, desde a data de encerramento desse prazo, caso se confirme o seu enquadramento.

§ 2.º É vedado o pagamento, a qualquer título, de acréscimo remuneratório, ressarcimento, auxílio, salário, retribuição ou valor em virtude de ato ou fato anterior à data de enquadramento da pessoa optante, ressalvado o pagamento de que trata o § 1.º deste artigo.

Art. 3.º O direito à opção, nos termos previstos no art. 31 da Emenda Constitucional n. 19, de 4 de junho de 1998, deverá ser exercido no prazo de até trinta dias, contado a partir da data de regulamentação desta Emenda Constitucional.

§ 1.º São convalidados todos os direitos já exercidos até a data de regulamentação desta Emenda Constitucional, inclusive nos casos em que, feita a opção, o enquadramento ainda não houver sido efetivado, aplicando-se-lhes, para todos os fins, inclusive o de enquadramento, a legislação vigente à época em que houver sido feita a opção ou, sendo mais benéficas ou favoráveis ao optante, as normas previstas nesta Emenda Constitucional e em seu regulamento.

§ 2.º Entre a data de promulgação desta Emenda Constitucional e a de publicação de seu regulamento, o exercício do direito de opção será feito com base nas disposições contidas na Emenda Constitucional n. 79, de 27 de maio de 2014, e em suas normas regulamentares, sem prejuízo do disposto no § 1.º deste artigo.

Art. 4.º É reconhecido o vínculo funcional com a União dos servidores do ex-Território do Amapá, a que se refere a Portaria n. 4.481, de 19 de dezembro de 1995, do Ministério da Administração Federal e Reforma do Estado, publicada no Diário Oficial da União de 21 de dezembro de 1995, convalidando-se os atos de gestão, de admissão, aposentadoria, pensão, progressão, movimentação e redistribuição relativos a esses servidores, desde que não tenham sido excluídos dos quadros da União por decisão do Tribunal de Contas da União, da qual não caiba mais recurso judicial.

Art. 5.º O disposto no art. 7.º da Emenda Constitucional n. 79, de 27 de maio de 2014, aplica-se aos servidores que, em iguais condições, hajam sido admitidos pelos Estados de Rondônia até 1987, e do Amapá e de Roraima até outubro de 1993.

---

(1) Publicada no *DOU* de 11-12-2017. A Lei n. 13.681, de 18-6-2018, regulamentada pelo Decreto n. 9.823, de 4-6-2019, disciplina o disposto nesta Emenda Constitucional. A alteração determinada por esta EC já foi processada no texto da EC n. 19/1998.

Art. 6.º O disposto no art. 6.º da Emenda Constitucional n. 79, de 27 de maio de 2014, aplica-se aos servidores que, admitidos e lotados pelas Secretarias de Segurança Pública dos Estados de Rondônia até 1987, e do Amapá e de Roraima até outubro de 1993, exerciam função policial.

Art. 7.º As disposições desta Emenda Constitucional aplicam-se aos aposentados e pensionistas, civis e militares, vinculados aos respectivos regimes próprios de previdência, vedado o pagamento, a qualquer título, de valores referentes a períodos anteriores à sua publicação.

Parágrafo único. Haverá compensação financeira entre os regimes próprios de previdência por ocasião da aposentação ou da inclusão de aposentados e pensionistas em quadro em extinção da União, observado o disposto no § 9.º do art. 201 da Constituição Federal.

Art. 8.º Esta Emenda Constitucional entra em vigor na data de sua publicação.

Brasília, em 6 de dezembro de 2017.

Mesa da Câmara dos Deputados

Deputado RODRIGO MAIA
Presidente

Mesa do Senado Federal

Senador EUNÍCIO OLIVEIRA
Presidente

Emenda Constitucional n. 99,
de 14 de dezembro de 2017 (¹)

Altera o art. 101 do Ato das Disposições Constitucionais Transitórias, para instituir novo regime especial de pagamento de precatórios, e os arts. 102, 103 e 105 do Ato das Disposições Constitucionais Transitórias.

As Mesas da Câmara dos Deputados e do Senado Federal, nos termos do § 3.º do art. 60 da Constituição Federal, promulgam a seguinte Emenda ao texto constitucional:

Art. 1.º O art. 101 do Ato das Disposições Constitucionais Transitórias passa a vigorar com as seguintes alterações:

•• Alteração já processada no diploma modificado.

Art. 2.º O art. 102 do Ato das Disposições Constitucionais Transitórias passa a vigorar acrescido do seguinte § 2.º, numerando-se o atual parágrafo único como § 1.º:

•• Alteração já processada no diploma modificado.

Art. 3.º O art. 103 do Ato das Disposições Constitucionais Transitórias passa a vigorar acrescido do seguinte parágrafo único:

•• Alteração já processada no diploma modificado.

Art. 4.º O art. 105 do Ato das Disposições Constitucionais Transitórias passa a vigorar acrescido dos seguintes §§ 2.º e 3.º, numerando-se o atual parágrafo único como § 1.º:

•• Alteração já processada no diploma modificado.

Art. 5.º Esta Emenda Constitucional entra em vigor na data de sua publicação.

Brasília, em 14 de dezembro de 2017.

Mesa da Câmara dos Deputados

Deputado RODRIGO MAIA
Presidente

Mesa do Senado Federal

Senador EUNÍCIO OLIVEIRA
Presidente

Emenda Constitucional n. 100,
de 26 de junho de 2019 (²)

---

(1) Publicada no *DOU* de 15-12-2017. As alterações determinadas por esta EC já foram processadas no texto do ADCT.

(2) Publicada no *DOU* de 27-6-2019. As alterações determinadas por esta EC já foram processadas no texto da Constituição.

Altera os arts. 165 e 166 da Constituição Federal para tornar obrigatória a execução da programação orçamentária proveniente de emendas de bancada de parlamentares de Estado ou do Distrito Federal.

As Mesas da Câmara dos Deputados e do Senado Federal, nos termos do § 3.º do art. 60 da Constituição Federal, promulgam a seguinte Emenda ao texto constitucional:

Art. 1.º Os arts. 165 e 166 da Constituição Federal passam a vigorar com as seguintes alterações:

•• Alteração já processada no diploma modificado.

Art. 2.º O montante previsto no § 12 do art. 166 da Constituição Federal será de 0,8% (oito décimos por cento) no exercício subsequente ao da promulgação desta Emenda Constitucional.

Art. 3.º A partir do 3.º (terceiro) ano posterior à promulgação desta Emenda Constitucional até o último exercício de vigência do regime previsto na Emenda Constitucional n. 95, de 15 de dezembro de 2016, a execução prevista no § 12 do art. 166 da Constituição Federal corresponderá ao montante de execução obrigatória para o exercício anterior, corrigido na forma estabelecida no inciso II do § 1.º do art. 107 do Ato das Disposições Constitucionais Transitórias.

•• O art. 107 do ADCT foi revogado pela Emenda Constitucional n. 126, de 21-12-2022.

Art. 4.º Esta Emenda Constitucional entra em vigor na data de sua publicação e produzirá efeitos a partir da execução orçamentária do exercício financeiro subsequente.

Brasília, em 26 de Junho de 2019.

Mesa da Câmara dos Deputados

Deputado RODRIGO MAIA
Presidente

Mesa do Senado Federal

Senador DAVI ALCOLUMBRE
Presidente

Emenda Constitucional n. 101, de 3 de julho de 2019 [1]

Acrescenta § 3.º ao art. 42 da Constituição Federal para estender aos militares dos Estados, do Distrito Federal e dos Territórios o direito à acumulação de cargos públicos prevista no art. 37, inciso XVI.

As Mesas da Câmara dos Deputados e do Senado Federal, nos termos do § 3.º do art. 60 da Constituição Federal, promulgam a seguinte Emenda ao texto constitucional:

Art. 1.º O art. 42 da Constituição Federal passa a vigorar acrescido do seguinte § 3.º:

•• Alteração já processada no diploma modificado.

Art. 2.º Esta Emenda Constitucional entra em vigor na data de sua publicação.

Brasília, em 3 de Julho de 2019.

Mesa da Câmara dos Deputados

Deputado RODRIGO MAIA
Presidente

Mesa do Senado Federal

Senador DAVI ALCOLUMBRE
Presidente

---

(1) Publicada no *DOU* de 4-7-2019. As alterações determinadas por esta EC já foram processadas no texto da Constituição.

Emenda Constitucional n. 102,
de 26 de setembro de 2019 (¹)

> *Dá nova redação ao art. 20 da Constituição Federal e altera o art. 165 da Constituição Federal e o art. 107 do Ato das Disposições Constitucionais Transitórias.*

As Mesas da Câmara dos Deputados e do Senado Federal, nos termos do § 3.º do art. 60 da Constituição Federal, promulgam a seguinte Emenda ao texto constitucional:

Art. 1.º O § 1.º do art. 20 da Constituição Federal passa a vigorar com a seguinte redação:

• • Alteração já processada no diploma modificado.

Art. 2.º O art. 165 da Constituição Federal passa a vigorar com a seguinte redação:

• • Alteração já processada no diploma modificado.

Art. 3.º O art. 107 do Ato das Disposições Constitucionais Transitórias passa a vigorar com a seguinte redação:

• • Alteração já processada no diploma modificado.

• • Alteração prejudicada pela Emenda Constitucional n. 126, de 21-12-2022, que revogou o art. 107 do ADCT.

Art. 4.º Esta Emenda Constitucional entra em vigor na data de sua publicação e produzirá efeitos a partir da execução orçamentária do exercício financeiro subsequente, excetuada a alteração ao Ato das Disposições Constitucionais Transitórias, que terá eficácia no mesmo exercício de sua publicação.

Brasília, em 26 de setembro de 2019.

Mesa da Câmara dos Deputados

Deputado RODRIGO MAIA
Presidente

Mesa do Senado Federal

Senador DAVI ALCOLUMBRE
Presidente

Emenda Constitucional n. 103,
de 12 de novembro de 2019 (²)

> *Altera o sistema de previdência social e estabelece regras de transição e disposições transitórias.*

As Mesas da Câmara dos Deputados e do Senado Federal, nos termos do § 3.º do art. 60 da Constituição Federal, promulgam a seguinte Emenda ao texto constitucional:

Art. 1.º A Constituição Federal passa a vigorar com as seguintes alterações:

• • Alteração já processada no diploma modificado.

Art. 2.º O art. 76 do Ato das Disposições Constitucionais Transitórias passa a vigorar com a seguinte redação:

• • Alteração já processada no diploma modificado.

Art. 3.º A concessão de aposentadoria ao servidor público federal vinculado a regime próprio de previdência social e ao segurado do Regime Geral de Previdência Social e de pensão por morte aos respectivos dependentes será assegurada, a qualquer tempo, desde que tenham sido cumpridos os requisitos para obtenção desses benefícios até a data de entrada em vigor desta Emenda Constitucional, observados os critérios da legislação vigente na data em que foram atendidos os requisitos para a concessão da aposentadoria ou da pensão por morte.

§ 1.º Os proventos de aposentadoria devidos ao servidor público a que se refere o

---

(1) Publicada no *DOU* de 27-9-2019.

(2) Publicada no *DOU* de 12-11-2019. As alterações determinadas por esta EC já foram processadas no texto da Constituição.

caput e as pensões por morte devidas aos seus dependentes serão calculados e reajustados de acordo com a legislação em vigor à época em que foram atendidos os requisitos nela estabelecidos para a concessão desses benefícios.

§ 2.º Os proventos de aposentadoria devidos ao segurado a que se refere o *caput* e as pensões por morte devidas aos seus dependentes serão apurados de acordo com a legislação em vigor à época em que foram atendidos os requisitos nela estabelecidos para a concessão desses benefícios.

§ 3.º Até que entre em vigor lei federal de que trata o § 19 do art. 40 da Constituição Federal, o servidor de que trata o *caput* que tenha cumprido os requisitos para aposentadoria voluntária com base no disposto na alínea *a* do inciso III do § 1.º do art. 40 da Constituição Federal, na redação vigente até a data de entrada em vigor desta Emenda Constitucional, no art. 2.º, no § 1.º do art. 3.º ou no art. 6.º da Emenda Constitucional n. 41, de 19 de dezembro de 2003, ou no art. 3.º da Emenda Constitucional n. 47, de 5 de julho de 2005, que optar por permanecer em atividade fará jus a um abono de permanência equivalente ao valor da sua contribuição previdenciária, até completar a idade para aposentadoria compulsória.

Art. 4.º O servidor público federal que tenha ingressado no serviço público em cargo efetivo até a data de entrada em vigor desta Emenda Constitucional poderá aposentar-se voluntariamente quando preencher, cumulativamente, os seguintes requisitos:

I – 56 (cinquenta e seis) anos de idade, se mulher, e 61 (sessenta e um) anos de idade, se homem, observado o disposto no § 1.º;

II – 30 (trinta) anos de contribuição, se mulher, e 35 (trinta e cinco) anos de contribuição, se homem;

III – 20 (vinte) anos de efetivo exercício no serviço público;

IV – 5 (cinco) anos no cargo efetivo em que se der a aposentadoria; e

V – somatório da idade e do tempo de contribuição, incluídas as frações, equivalente a 86 (oitenta e seis) pontos, se mulher, e 96 (noventa e seis) pontos, se homem, observado o disposto nos §§ 2.º e 3.º.

§ 1.º A partir de 1.º de janeiro de 2022, a idade mínima a que se refere o inciso I do *caput* será de 57 (cinquenta e sete) anos de idade, se mulher, e 62 (sessenta e dois) anos de idade, se homem.

§ 2.º A partir de 1.º de janeiro de 2020, a pontuação a que se refere o inciso V do *caput* será acrescida a cada ano de 1 (um) ponto, até atingir o limite de 100 (cem) pontos, se mulher, e de 105 (cento e cinco) pontos, se homem.

§ 3.º A idade e o tempo de contribuição serão apurados em dias para o cálculo do somatório de pontos a que se referem o inciso V do *caput* e o § 2.º.

§ 4.º Para o titular do cargo de professor que comprovar exclusivamente tempo de efetivo exercício das funções de magistério na educação infantil e no ensino fundamental e médio, os requisitos de idade e de tempo de contribuição de que tratam os incisos I e II do *caput* serão:

I – 51 (cinquenta e um) anos de idade, se mulher, e 56 (cinquenta e seis) anos de idade, se homem;

II – 25 (vinte e cinco) anos de contribuição, se mulher, e 30 (trinta) anos de contribuição, se homem; e

III – 52 (cinquenta e dois) anos de idade, se mulher, e 57 (cinquenta e sete) anos de idade, se homem, a partir de 1.º de janeiro de 2022.

§ 5.º O somatório da idade e do tempo de contribuição de que trata o inciso V do *caput* para as pessoas a que se refere o § 4.º, incluídas as frações, será de 81 (oitenta e um) pontos, se mulher, e 91 (noventa e um) pontos, se homem, aos quais serão acrescidos, a partir de 1.º de janeiro de 2020, 1 (um) ponto a cada ano, até atingir o limite de 92 (noventa e dois) pontos, se mulher, e de 100 (cem) pontos, se homem.

§ 6.º Os proventos das aposentadorias concedidas nos termos do disposto neste artigo corresponderão:

I – à totalidade da remuneração do servidor público no cargo efetivo em que se der a aposentadoria, observado o disposto no § 8.º, para o servidor público que tenha ingressado no serviço público em cargo efetivo até 31 de dezembro de 2003 e que não tenha feito a opção de que trata o § 16 do art. 40 da Constituição Federal, desde que tenha, no mínimo, 62 (sessenta e dois) anos de idade, se mulher, e 65 (sessenta e cinco) anos de idade, se homem, ou, para os titulares do cargo de professor de que trata o § 4.º, 57 (cinquenta e sete) anos de idade, se mulher, e 60 (sessenta) anos de idade, se homem;

II – ao valor apurado na forma da lei, para o servidor público não contemplado no inciso I.

§ 7.º Os proventos das aposentadorias concedidas nos termos do disposto neste artigo não serão inferiores ao valor a que se refere o § 2.º do art. 201 da Constituição Federal e serão reajustados:

I – de acordo com o disposto no art. 7.º da Emenda Constitucional n. 41, de 19 de dezembro de 2003, se cumpridos os requisitos previstos no inciso I do § 6.º; ou

II – nos termos estabelecidos para o Regime Geral de Previdência Social, na hipótese prevista no inciso II do § 6.º.

§ 8.º Considera-se remuneração do servidor público no cargo efetivo, para fins de cálculo dos proventos de aposentadoria com fundamento no disposto no inciso I do § 6.º ou no inciso I do § 2.º do art. 20, o valor constituído pelo subsídio, pelo vencimento e pelas vantagens pecuniárias permanentes do cargo, estabelecidos em lei, acrescidos dos adicionais de caráter individual e das vantagens pessoais permanentes, observados os seguintes critérios:

I – se o cargo estiver sujeito a variações na carga horária, o valor das rubricas que refletem essa variação integrará o cálculo do valor da remuneração do servidor público no cargo efetivo em que se deu a aposentadoria, considerando-se a média aritmética simples dessa carga horária proporcional ao número de anos completos de recebimento e contribuição, contínuos ou intercalados, em relação ao tempo total exigido para a aposentadoria;

II – se as vantagens pecuniárias permanentes forem variáveis por estarem vinculadas a indicadores de desempenho, produtividade ou situação similar, o valor dessas vantagens integrará o cálculo da remuneração do servidor público no cargo efetivo mediante a aplicação, sobre o valor atual de referência das vantagens pecuniárias permanentes variáveis, da média aritmética simples do indicador, proporcional ao número de anos completos de recebimento e de respectiva contribuição, contínuos ou intercalados, em relação ao tempo total exigido para a aposentadoria ou, se inferior, ao tempo total de percepção da vantagem.

§ 9.º Aplicam-se às aposentadorias dos servidores dos Estados, do Distrito Federal e dos Municípios as normas constitucionais e infraconstitucionais anteriores à data de entrada em vigor desta Emenda Constitucional, enquanto não promovidas alterações na legislação interna relacionada ao respectivo regime próprio de previdência social.

§ 10. Estende-se o disposto no § 9.º às normas sobre aposentadoria de servidores públicos incompatíveis com a redação atribuída por esta Emenda Constitucional aos §§ 4.º, 4.º-A, 4.º-B e 4.º-C do art. 40 da Constituição Federal.

Art. 5.º O policial civil do órgão a que se refere o inciso XIV do *caput* do art. 21 da Constituição Federal, o policial dos órgãos a que se referem o inciso IV do *caput* do art. 51, o inciso XIII do *caput* do art. 52 e os incisos I a III do *caput* do art. 144 da Constituição Federal e o ocupante de cargo de agente federal penitenciário ou socioeducativo que tenham ingressado na respectiva carreira até a data de entrada em vigor desta Emenda Constitucional poderão aposentar-se, na forma da Lei Complementar n. 51, de 20 de dezembro de 1985, observada a idade mínima de 55 (cinquenta e cinco) anos para ambos os sexos ou o disposto no § 3.º.

•• A Lei complementar n. 51, de 20-12-1985, dispõe sobre a aposentadoria do servidor público policial, nos termos do § 4.º do art. 40 da Constituição Federal.

§ 1.º Serão considerados tempo de exercício em cargo de natureza estritamente policial, para os fins do inciso II do art. 1.º da Lei Complementar n. 51, de 20 de dezembro de 1985, o tempo de atividade militar nas Forças Armadas, nas polícias militares e nos corpos de bombeiros militares e o tempo de atividade como agente penitenciário ou socioeducativo.

§ 2.º Aplicam-se às aposentadorias dos servidores dos Estados de que trata o § 4.º-B do art. 40 da Constituição Federal as normas constitucionais e infraconstitucionais anteriores à data de entrada em vigor desta Emenda Constitucional, enquanto não promovidas alterações na legislação interna relacionada ao respectivo regime próprio de previdência social.

§ 3.º Os servidores de que trata o *caput* poderão aposentar-se aos 52 (cinquenta e dois) anos de idade, se mulher, e aos 53 (cinquenta e três) anos de idade, se homem, desde que cumprido período adicional de contribuição correspondente ao tempo que, na data de entrada em vigor desta Emenda Constitucional, faltaria para atingir o tempo de contribuição previsto na Lei Complementar n. 51, de 20 de dezembro de 1985.

Art. 6.º O disposto no § 14 do art. 37 da Constituição Federal não se aplica a aposentadorias concedidas pelo Regime Geral de Previdência Social até a data de entrada em vigor desta Emenda Constitucional.

Art. 7.º O disposto no § 15 do art. 37 da Constituição Federal não se aplica a complementações de aposentadorias e pensões concedidas até a data de entrada em vigor desta Emenda Constitucional.

Art. 8.º Até que entre em vigor lei federal de que trata o § 19 do art. 40 da Constituição Federal, o servidor público federal que cumprir as exigências para a concessão da aposentadoria voluntária nos termos do disposto nos arts. 4.º, 5.º, 20, 21 e 22 e que optar por permanecer em atividade fará jus a um abono de permanência equivalente ao valor da sua contribuição previdenciária, até completar a idade para aposentadoria compulsória.

Art. 9.º Até que entre em vigor lei complementar que discipline o § 22 do art. 40 da Constituição Federal, aplicam-se aos regimes próprios de previdência social o disposto na Lei n. 9.717, de 27 de novembro de 1998, e o disposto neste artigo.

§ 1.º O equilíbrio financeiro e atuarial do regime próprio de previdência social deverá ser comprovado por meio de garantia de equivalência, a valor presente, entre o fluxo das receitas estimadas e das despesas projetadas, apuradas atuarialmente, que, juntamente com os bens, direitos e ativos vinculados, comparados às obrigações assumidas, evidenciem a solvência e a liquidez do plano de benefícios.

§ 2.º O rol de benefícios dos regimes próprios de previdência social fica limitado às aposentadorias e à pensão por morte.

§ 3.º Os afastamentos por incapacidade temporária para o trabalho e o salário-maternidade serão pagos diretamente pelo ente federativo e não correrão à conta do regime próprio de previdência social ao qual o servidor se vincula.

§ 4.º Os Estados, o Distrito Federal e os Municípios não poderão estabelecer alíquota inferior à da contribuição dos servidores da União, exceto se demonstrado que o respectivo regime próprio de previdência social não possui déficit atuarial a ser equacionado, hipótese em que a alíquota não poderá ser inferior às alíquotas aplicáveis ao Regime Geral de Previdência Social.

§ 5.º Para fins do disposto no § 4.º, não será considerada como ausência de déficit a implementação de segregação da massa de segurados ou a previsão em lei de plano de equacionamento de déficit.

§ 6.º A instituição do regime de previdência complementar na forma dos §§ 14 a 16 do art. 40 da Constituição Federal e a adequação do órgão ou entidade gestora do regime próprio de previdência social ao § 20 do art. 40 da Constituição Federal deverão ocorrer no prazo máximo de 2 (dois) anos da data de entrada em vigor desta Emenda Constitucional.

§ 7.º Os recursos de regime próprio de previdência social poderão ser aplicados na concessão de empréstimos a seus segurados, na modalidade de consignados, observada regulamentação específica estabelecida pelo Conselho Monetário Nacional.

§ 8.º Por meio de lei, poderá ser instituída contribuição extraordinária pelo prazo máximo de 20 (vinte) anos, nos termos dos §§ 1.º-B e 1.º-C do art. 149 da Constituição Federal.

§ 9.º O parcelamento ou a moratória de débitos dos entes federativos com seus regimes próprios de previdência social fica limitado ao prazo a que se refere o § 11 do art. 195 da Constituição.

Art. 10. Até que entre em vigor lei federal que discipline os benefícios do regime próprio de previdência social dos servidores da União, aplica-se o disposto neste artigo.

§ 1.º Os servidores públicos federais serão aposentados:

I – voluntariamente, observados, cumulativamente, os seguintes requisitos:

a) 62 (sessenta e dois) anos de idade, se mulher, e 65 (sessenta e cinco) anos de idade, se homem; e

b) 25 (vinte e cinco) anos de contribuição, desde que cumprido o tempo mínimo de 10 (dez) anos de efetivo exercício no serviço público e de 5 (cinco) anos no cargo efetivo em que for concedida a aposentadoria;

II – por incapacidade permanente para o trabalho, no cargo em que estiverem investidos, quando insuscetíveis de readaptação, hipótese em que será obrigatória a realização de avaliações periódicas para verificação da continuidade das condições que ensejaram a concessão da aposentadoria; ou

III – compulsoriamente, na forma do disposto no inciso II do § 1.º do art. 40 da Constituição Federal.

§ 2.º Os servidores públicos federais com direito a idade mínima ou tempo de contribuição distintos da regra geral para concessão de aposentadoria na forma dos §§ 4.º-B, 4.º-C e 5.º do art. 40 da Constituição Federal poderão aposentar-se, observados os seguintes requisitos:

I – o policial civil do órgão a que se refere o inciso XIV do *caput* do art. 21 da Constituição Federal, o policial dos órgãos a que se referem o inciso IV do *caput* do art. 51, o inciso XIII do *caput* do art. 52 e os incisos I a III do *caput* do art. 144 da Constituição Federal e o ocupante de cargo de agente federal penitenciário ou socioeducativo, aos 55 (cinquenta e cinco) anos de idade, com 30 (trinta) anos de contribuição e 25 (vinte e cinco) anos de efetivo exercício em cargo dessas carreiras, para ambos os sexos;

II – o servidor público federal cujas atividades sejam exercidas com efetiva exposição a agentes químicos, físicos e biológicos prejudiciais à saúde, ou associação desses agentes, vedada a caracterização por categoria profissional ou ocupação, aos 60 (sessenta) anos de idade, com 25 (vinte e cinco) anos de efetiva exposição e contribuição, 10 (dez) anos de efetivo exercício de serviço público e 5 (cinco) anos no cargo efetivo em que for concedida a aposentadoria;

III – o titular do cargo federal de professor, aos 60 (sessenta) anos de idade, se homem, aos 57 (cinquenta e sete) anos, se mulher, com 25 (vinte e cinco) anos de contribuição exclusivamente em efetivo exercício das funções de magistério na educação infantil e no ensino fundamental e médio, 10 (dez) anos de efetivo exercício de serviço público e 5 (cinco) anos no cargo efetivo em que for concedida a aposentadoria, para ambos os sexos.

§ 3.º A aposentadoria a que se refere o § 4.º-C do art. 40 da Constituição Federal observará adicionalmente as condições e os requisitos estabelecidos para o Regime Geral de Previdência Social, naquilo em que não conflitarem com as regras específicas aplicáveis ao regime próprio de previdência social da União, vedada a conversão de tempo especial em comum.

§ 4.º Os proventos das aposentadorias concedidas nos termos do disposto neste artigo serão apurados na forma da lei.

§ 5.º Até que entre em vigor lei federal de que trata o § 19 do art. 40 da Constituição Federal, o servidor federal que cumprir as exigências para a concessão da aposentadoria voluntária nos termos do disposto neste artigo e que optar por permanecer em atividade fará jus a um abono de permanência equivalente ao valor da sua contribuição previdenciária, até completar a idade para aposentadoria compulsória.

§ 6.º A pensão por morte devida aos dependentes do policial civil do órgão a que se refere o inciso XIV do *caput* do art. 21 da Constituição Federal, do policial dos órgãos a que se referem o inciso IV do *caput* do art. 51, o inciso XIII do *caput* do art. 52 e os incisos I a III do *caput* do art. 144 da Constituição Federal e dos ocupantes dos cargos de agente federal penitenciário ou socioeducativo decorrente de agressão sofrida no exercício ou em razão da função será vitalícia para o cônjuge ou companheiro e equivalente à remuneração do cargo.

§ 7.º Aplicam-se às aposentadorias dos servidores dos Estados, do Distrito Federal e dos Municípios as normas constitucionais e infraconstitucionais anteriores à data de entrada em vigor desta Emenda Constitucional, enquanto não promovidas alterações na legislação interna relacionada ao respectivo regime próprio de previdência social.

Art. 11. Até que entre em vigor lei que altere a alíquota da contribuição previdenciária de que tratam os arts. 4.º, 5.º e 6.º da Lei n. 10.887, de 18 de junho de 2004, esta será de 14% (quatorze por cento).

•• Sobre o prazo de vigência deste artigo, *vide* art. 36, I, desta Emenda Constitucional.

• A Lei n. 10.887, de 18-6-2004, dispõe sobre o cálculo dos proventos de aposentadoria dos servidores titulares de cargo efetivo de qualquer dos Poderes da União, dos Estados, do Distrito Federal e dos Municípios, incluídas suas autarquias e fundações.

§ 1.º A alíquota prevista no *caput* será reduzida ou majorada, considerado o valor da base de contribuição ou do benefício recebido, de acordo com os seguintes parâmetros:

•• Portaria Interministerial n. 6, de 10-1-2025, dos Ministérios da Previdência Social e da Fazenda, dispõe, em seu art. 10, sobre o reajuste dos valores previstos nos incisos II a VIII desse § 1.º: "Art. 10. Os valores previstos no Anexo III da Portaria Interministerial MPS/MF n. 2, de 11 de janeiro de 2024, ficam reajustados, a partir de 1.º de janeiro de 2025, em 4,77 % (quatro inteiros e setenta e sete décimos por cento), índice aplicado aos benefícios do RGPS, nos termos do § 3.º do mesmo artigo. § 1.º Em razão do reajuste previsto no *caput*, a alíquota de 14 % (quatorze por cento) estabelecida no art. 11, caput, da Emenda Constitucional n. 103, de 2019, será reduzida ou majorada, considerado o valor da base de contribuição ou do benefício recebido, de acordo com os parâmetros previstos no Anexo III desta Portaria. § 2.º A alíquota, reduzida ou majorada nos termos do disposto no § 1.º, será aplicada de forma progressiva sobre a base de contribuição do servidor ativo de quaisquer dos Poderes da União, incluídas suas entidades autárquicas e suas fundações, incidindo cada alíquota sobre a faixa de valores compreendida nos respectivos limites. § 3.º A alíquota de contribuição de que trata o art. 11, caput, da Emenda Constitucional n. 103, de 2019, com a redução ou a majoração decorrentes do disposto no § 1.º, incisos I a VIII, do mesmo artigo, será devida pelos aposentados e pensionistas de quaisquer dos Poderes da União, incluídas suas entidades autárquicas e suas fundações, e incidirá sobre o valor da parcela dos proventos de aposentadoria e de pensões que supere o limite máximo estabelecido para os benefícios do RGPS, hipótese em que será considerada a totalidade do valor do benefício para fins de definição das alíquotas aplicáveis".

I – até 1 (um) salário mínimo, redução de seis inteiros e cinco décimos pontos percentuais;

II – acima de 1 (um) salário mínimo até R$ 2.000,00 (dois mil reais), redução de cinco pontos percentuais;

III – de R$ 2.000,01 (dois mil reais e um centavo) até R$ 3.000,00 (três mil reais), redução de dois pontos percentuais;

IV – de R$ 3.000,01 (três mil reais e um centavo) até R$ 5.839,45 (cinco mil oitocentos e trinta e nove reais e quarenta e cinco centavos), sem redução ou acréscimo;

V – de R$ 5.839,46 (cinco mil oitocentos e trinta e nove reais e quarenta e seis centavos) até R$ 10.000,00 (dez mil reais), acréscimo de meio ponto percentual;

VI – de R$ 10.000,01 (dez mil reais e um centavo) até R$ 20.000,00 (vinte mil reais), acréscimo de dois inteiros e cinco décimos pontos percentuais;

VII – de R$ 20.000,01 (vinte mil reais e um centavo) até R$ 39.000,00 (trinta e nove mil reais), acréscimo de cinco pontos percentuais; e

VIII – acima de R$ 39.000,00 (trinta e nove mil reais), acréscimo de oito pontos percentuais.

§ 2.º A alíquota, reduzida ou majorada nos termos do disposto no § 1.º, será aplicada de forma progressiva sobre a base de contribuição do servidor ativo, incidindo cada alíquota sobre a faixa de valores compreendida nos respectivos limites.

§ 3.º Os valores previstos no § 1.º serão reajustados, a partir da data de entrada em vigor desta Emenda Constitucional, na mesma data e com o mesmo índice em que se der o reajuste dos benefícios do Regime Geral de Previdência Social, ressalvados aqueles vinculados ao salário mínimo, aos quais se aplica a legislação específica.

§ 4.º A alíquota de contribuição de que trata o *caput*, com a redução ou a majoração decorrentes do disposto no § 1.º, será devida pelos aposentados e pensionistas de quaisquer dos Poderes da União, incluídas suas entidades autárquicas e suas fundações, e incidirá sobre o valor da parcela dos proventos de aposentadoria e de pensões que supere o limite máximo estabelecido para os benefícios do Regime Geral de Previdência Social, hipótese em que será considerada a totalidade do valor do benefício para fins de definição das alíquotas aplicáveis.

Art. 12. A União instituirá sistema integrado de dados relativos às remunerações, proventos e pensões dos segurados dos regimes de previdência de que tratam os arts. 40, 201 e 202 da Constituição Federal, aos benefícios dos programas de assistência social de que trata o art. 203 da Constituição Federal e às remunerações, proventos de inatividade e pensão por morte decorrentes das atividades militares de que tratam os arts. 42 e 142 da Constituição Federal, em interação com outras bases de dados, ferramentas e plataformas, para o fortalecimento de sua gestão, governança e transparência e o cumprimento das disposições estabelecidas nos incisos XI e XVI do art. 37 da Constituição Federal.

§ 1.º A União, os Estados, o Distrito Federal e os Municípios e os órgãos e entidades gestoras dos regimes, dos sistemas e dos programas a que se refere o *caput* disponibilizarão as informações necessárias para a estruturação do sistema integrado de dados e terão acesso ao compartilhamento das referidas informações, na forma da legislação.

§ 2.º É vedada a transmissão das informações de que trata este artigo a qualquer pessoa física ou jurídica para a prática de atividade não relacionada à fiscalização dos regimes, dos sistemas e dos programas a que se refere o *caput*.

Art. 13. Não se aplica o disposto no § 9.º do art. 39 da Constituição Federal a parcelas remuneratórias decorrentes de incorporação de vantagens de caráter temporário ou vinculadas ao exercício de função de confiança ou de cargo em comissão efetivada até a data de entrada em vigor desta Emenda Constitucional.

Art. 14. Vedadas a adesão de novos segurados e a instituição de novos regimes dessa natureza, os atuais segurados de regime de previdência aplicável a titulares de mandato eletivo da União, dos Estados, do Distrito Federal e dos Municípios poderão, por meio de opção expressa formalizada no prazo de 180 (cento e oitenta) dias, contado da data de entrada em vigor desta Emenda Constitucional, retirar-se dos regimes previdenciários aos quais se encontrem vinculados.

§ 1.º Os segurados, atuais e anteriores, do regime de previdência de que trata a Lei n.

9.506, de 30 de outubro de 1997, que fizerem a opção de permanecer nesse regime previdenciário deverão cumprir período adicional correspondente a 30% (trinta por cento) do tempo de contribuição que faltaria para aquisição do direito à aposentadoria na data de entrada em vigor desta Emenda Constitucional e somente poderão aposentar-se a partir dos 62 (sessenta e dois) anos de idade, se mulher, e 65 (sessenta e cinco) anos de idade, se homem.

• A Lei n. 9.506, de 30-10-1997, extinguiu o Instituto de Previdência dos Congressistas – IPC.

§ 2.º Se for exercida a opção prevista no *caput*, será assegurada a contagem do tempo de contribuição vertido para o regime de previdência ao qual o segurado se encontrava vinculado, nos termos do disposto no § 9.º do art. 201 da Constituição Federal.

§ 3.º A concessão de aposentadoria aos titulares de mandato eletivo e de pensão por morte aos dependentes de titular de mandato eletivo falecido será assegurada, a qualquer tempo, desde que cumpridos os requisitos para obtenção desses benefícios até a data de entrada em vigor desta Emenda Constitucional, observados os critérios da legislação vigente na data em que foram atendidos os requisitos para a concessão da aposentadoria ou da pensão por morte.

§ 4.º Observado o disposto nos §§ 9.º e 9.º-A do art. 201 da Constituição Federal, o tempo de contribuição a regime próprio de previdência social e ao Regime Geral de Previdência Social, assim como o tempo de contribuição decorrente das atividades militares de que tratam os arts. 42 e 142 da Constituição Federal, que tenha sido considerado para a concessão de benefício pelos regimes a que se refere o *caput* não poderá ser utilizado para obtenção de benefício naqueles regimes.

§ 5.º Lei específica do Estado, do Distrito Federal ou do Município deverá disciplinar a regra de transição a ser aplicada aos segurados que, na forma do *caput*, fizerem a opção de permanecer no regime previdenciário de que trata este artigo.

Art. 15. Ao segurado filiado ao Regime Geral de Previdência Social até a data de entrada em vigor desta Emenda Constitucional, fica assegurado o direito à aposentadoria quando forem preenchidos, cumulativamente, os seguintes requisitos:

•• A Instrução Normativa n. 128, de 28-3-2022, do INSS, dispõe sobre aposentadoria por tempo de contribuição.

I – 30 (trinta) anos de contribuição, se mulher, e 35 (trinta e cinco) anos de contribuição, se homem; e

II – somatório da idade e do tempo de contribuição, incluídas as frações, equivalente a 86 (oitenta e seis) pontos, se mulher, e 96 (noventa e seis) pontos, se homem, observado o disposto nos §§ 1.º e 2.º.

§ 1.º A partir de 1.º de janeiro de 2020, a pontuação a que se refere o inciso II do *caput* será acrescida a cada ano de 1 (um) ponto, até atingir o limite de 100 (cem) pontos, se mulher, e de 105 (cento e cinco) pontos, se homem.

§ 2.º A idade e o tempo de contribuição serão apurados em dias para o cálculo do somatório de pontos a que se referem o inciso II do *caput* e o § 1.º.

§ 3.º Para o professor que comprovar exclusivamente 25 (vinte e cinco) anos de contribuição, se mulher, e 30 (trinta) anos de contribuição, se homem, em efetivo exercício das funções de magistério na educação infantil e no ensino fundamental e médio, o somatório da idade e do tempo de contribuição, incluídas as frações, será equivalente a 81 (oitenta e um) pontos, se mulher, e 91 (noventa e um) pontos, se homem, aos quais serão acrescidos, a partir de 1.º de janeiro de 2020, 1 (um) ponto a cada ano para o homem e para a mulher, até atingir o limite de 92 (noventa e dois) pontos, se mulher, e 100 (cem) pontos, se homem.

§ 4.º O valor da aposentadoria concedida nos termos do disposto neste artigo será apurado na forma da lei.

Art. 16. Ao segurado filiado ao Regime Geral de Previdência Social até a data de entrada em vigor desta Emenda Constitucional fica assegurado o direito à aposentadoria quando preencher, cumulativamente, os seguintes requisitos:

•• A Instrução Normativa n. 128, de 28-3-2022, do INSS, dispõe sobre aposentadoria por tempo de contribuição.

I – 30 (trinta) anos de contribuição, se mulher, e 35 (trinta e cinco) anos de contribuição, se homem; e

II – idade de 56 (cinquenta e seis) anos, se mulher, e 61 (sessenta e um) anos, se homem.

§ 1.º A partir de 1.º de janeiro de 2020, a idade a que se refere o inciso II do *caput* será acrescida de 6 (seis) meses a cada ano, até atingir 62 (sessenta e dois) anos de idade, se mulher, e 65 (sessenta e cinco) anos de idade, se homem.

§ 2.º Para o professor que comprovar exclusivamente tempo de efetivo exercício das funções de magistério na educação infantil e no ensino fundamental e médio, o tempo de contribuição e a idade de que tratam os incisos I e II do *caput* deste artigo serão reduzidos em 5 (cinco) anos, sendo, a partir de 1.º de janeiro de 2020, acrescidos 6 (seis) meses, a cada ano, às idades previstas no inciso II do *caput*, até atingirem 57 (cinquenta e sete) anos, se mulher, e 60 (sessenta) anos, se homem.

§ 3.º O valor da aposentadoria concedida nos termos do disposto neste artigo será apurado na forma da lei.

Art. 17. Ao segurado filiado ao Regime Geral de Previdência Social até a data de entrada em vigor desta Emenda Constitucional e que na referida data contar com mais de 28 (vinte e oito) anos de contribuição, se mulher, e 33 (trinta e três) anos de contribuição, se homem, fica assegurado o direito à aposentadoria quando preencher, cumulativamente, os seguintes requisitos:

I – 30 (trinta) anos de contribuição, se mulher, e 35 (trinta e cinco) anos de contribuição, se homem; e

II – cumprimento de período adicional correspondente a 50% (cinquenta por cento) do tempo que, na data de entrada em vigor desta Emenda Constitucional, faltaria para atingir 30 (trinta) anos de contribuição, se mulher, e 35 (trinta e cinco) anos de contribuição, se homem.

Parágrafo único. O benefício concedido nos termos deste artigo terá seu valor apurado de acordo com a média aritmética simples dos salários de contribuição e das remunerações calculada na forma da lei, multiplicada pelo fator previdenciário, calculado na forma do disposto nos §§ 7.º a 9.º do art. 29 da Lei n. 8.213, de 24 de julho de 1991.

Art. 18. O segurado de que trata o inciso I do § 7.º do art. 201 da Constituição Federal filiado ao Regime Geral de Previdência Social até a data de entrada em vigor desta Emenda Constitucional poderá aposentar-se quando preencher, cumulativamente, os seguintes requisitos:

I – 60 (sessenta) anos de idade, se mulher, e 65 (sessenta e cinco) anos de idade, se homem; e

II – 15 (quinze) anos de contribuição, para ambos os sexos.

§ 1.º A partir de 1.º de janeiro de 2020, a idade de 60 (sessenta) anos da mulher, prevista no inciso I do *caput*, será acrescida em 6 (seis) meses a cada ano, até atingir 62 (sessenta e dois) anos de idade.

§ 2.º O valor da aposentadoria de que trata este artigo será apurado na forma da lei.

Art. 19. Até que lei disponha sobre o tempo de contribuição a que se refere o inciso I do § 7.º do art. 201 da Constituição Federal, o segurado filiado ao Regime Geral de Previdência Social após a data de entrada em vigor desta Emenda Constitucional será aposentado aos 62 (sessenta e dois) anos de idade, se mulher, 65 (sessenta e cinco) anos de idade, se homem, com 15 (quinze) anos de tempo de contribuição, se mulher, e 20 (vinte) anos de tempo de contribuição, se homem.

§ 1.º Até que lei complementar disponha sobre a redução de idade mínima ou tempo de contribuição prevista nos §§ 1.º e 8.º do art. 201 da Constituição Federal, será concedida aposentadoria:

I – aos segurados que comprovem o exercício de atividades com efetiva exposição a agentes químicos, físicos e biológicos prejudiciais à saúde, ou associação desses agentes, vedada a caracterização por categoria profissional ou ocupação, durante, no mínimo, 15 (quinze), 20 (vinte) ou 25 (vinte e cinco) anos, nos termos do disposto nos arts. 57 e 58 da Lei n. 8.213, de 24 de julho de 1991, quando cumpridos:

- •• A Instrução Normativa n. 128, de 28-3-2022, do INSS, dispõe sobre aposentadoria especial.
- • Aposentadoria Especial: arts. 57 e 58 da Lei n. 8.213, de 24-7-1991.

a) 55 (cinquenta e cinco) anos de idade, quando se tratar de atividade especial de 15 (quinze) anos de contribuição;

b) 58 (cinquenta e oito) anos de idade, quando se tratar de atividade especial de 20 (vinte) anos de contribuição; ou

c) 60 (sessenta) anos de idade, quando se tratar de atividade especial de 25 (vinte e cinco) anos de contribuição;

II – ao professor que comprove 25 (vinte e cinco) anos de contribuição exclusivamente em efetivo exercício das funções de magistério na educação infantil e no ensino fundamental e médio e tenha 57 (cinquenta e sete) anos de idade, se mulher, e 60 (sessenta) anos de idade, se homem.

§ 2.º O valor das aposentadorias de que trata este artigo será apurado na forma da lei.

Art. 20. O segurado ou o servidor público federal que se tenha filiado ao Regime Geral de Previdência Social ou ingressado no serviço público em cargo efetivo até a data de entrada em vigor desta Emenda Constitucional poderá aposentar-se voluntariamente quando preencher, cumulativamente, os seguintes requisitos:

I – 57 (cinquenta e sete) anos de idade, se mulher, e 60 (sessenta) anos de idade, se homem;

II – 30 (trinta) anos de contribuição, se mulher, e 35 (trinta e cinco) anos de contribuição, se homem;

III – para os servidores públicos, 20 (vinte) anos de efetivo exercício no serviço público e 5 (cinco) anos no cargo efetivo em que se der a aposentadoria;

IV – período adicional de contribuição correspondente ao tempo que, na data de entrada em vigor desta Emenda Constitucional, faltaria para atingir o tempo mínimo de contribuição referido no inciso II.

§ 1.º Para o professor que comprovar exclusivamente tempo de efetivo exercício das funções de magistério na educação infantil e no ensino fundamental e médio serão reduzidos, para ambos os sexos, os requisitos de idade e de tempo de contribuição em 5 (cinco) anos.

§ 2.º O valor das aposentadorias concedidas nos termos do disposto neste artigo corresponderá:

I – em relação ao servidor público que tenha ingressado no serviço público em cargo efetivo até 31 de dezembro de 2003 e que não tenha feito a opção de que trata o § 16 do art. 40 da Constituição Federal, à totalidade da remuneração no cargo efetivo em que se der a aposentadoria, observado o disposto no § 8.º do art. 4.º; e

II – em relação aos demais servidores públicos e aos segurados do Regime Geral de Previdência Social, ao valor apurado na forma da lei.

§ 3.º O valor das aposentadorias concedidas nos termos do disposto neste artigo não será inferior ao valor a que se refere o § 2.º do art. 201 da Constituição Federal e será reajustado:

I – de acordo com o disposto no art. 7.º da Emenda Constitucional n. 41, de 19 de dezembro de 2003, se cumpridos os requisitos previstos no inciso I do § 2.º;

II – nos termos estabelecidos para o Regime Geral de Previdência Social, na hipótese prevista no inciso II do § 2.º.

§ 4.º Aplicam-se às aposentadorias dos servidores dos Estados, do Distrito Federal e dos Municípios as normas constitucionais e infraconstitucionais anteriores à data de entrada em vigor desta Emenda Constitucional, enquanto não promovidas alterações na legislação interna relacionada ao respectivo regime próprio de previdência social.

Art. 21. O segurado ou o servidor público federal que se tenha filiado ao Regime Geral de Previdência Social ou ingressado no serviço público em cargo efetivo até a data de entrada em vigor desta Emenda Constitucional cujas atividades tenham sido exercidas com efetiva exposição a agentes químicos, físicos e biológicos prejudiciais à saúde, ou associação desses agentes, vedada a caracterização por categoria profissional ou ocupação, desde que cumpridos, no caso do servidor, o tempo mínimo de 20 (vinte) anos de efetivo exercício no serviço público e de 5 (cinco) anos no cargo efetivo em que for concedida a aposentadoria, na forma dos arts. 57 e 58 da Lei n. 8.213, de 24 de julho de 1991, poderão aposentar-se quando o total da soma resultante da sua idade e do tempo de contribuição e o tempo de efetiva exposição forem, respectivamente, de:

•• A Instrução Normativa n. 128, de 28-3-2022, do INSS, dispõe sobre regra de transição da aposentadoria especial.
• Aposentadoria Especial: arts. 57 e 58 da Lei n. 8.213, de 24-7-1991.

I – 66 (sessenta e seis) pontos e 15 (quinze) anos de efetiva exposição;

II – 76 (setenta e seis) pontos e 20 (vinte) anos de efetiva exposição; e

III – 86 (oitenta e seis) pontos e 25 (vinte e cinco) anos de efetiva exposição.

§ 1.º A idade e o tempo de contribuição serão apurados em dias para o cálculo do somatório de pontos a que se refere o *caput*.

§ 2.º O valor da aposentadoria de que trata este artigo será apurado na forma da lei.

§ 3.º Aplicam-se às aposentadorias dos servidores dos Estados, do Distrito Federal e dos Municípios cujas atividades sejam exercidas com efetiva exposição a agentes químicos, físicos e biológicos prejudiciais à saúde, ou associação desses agentes, vedada a caracterização por categoria profissional ou ocupação, na forma do § 4.º-C do art. 40 da Constituição Federal, as normas constitucionais e infraconstitucionais anteriores à data de entrada em vigor desta Emenda Constitucional, enquanto não promovidas alterações na legislação interna relacionada ao respectivo regime próprio de previdência social.

Art. 22. Até que lei discipline o § 4.º-A do art. 40 e o inciso I do § 1.º do art. 201 da Constituição Federal, a aposentadoria da pessoa com deficiência segurada do Regime Geral de Previdência Social ou do servidor público federal com deficiência vinculado a regime próprio de previdência social, desde que cumpridos, no caso do servidor, o tempo mínimo de 10 (dez) anos de efetivo exercício no serviço público e de 5 (cinco) anos no cargo efetivo em que for concedida a aposentadoria, será concedida na forma da Lei Complementar n. 142, de 8 de maio de 2013, inclusive quanto aos critérios de cálculo dos benefícios.

Parágrafo único. Aplicam-se às aposentadorias dos servidores com deficiência dos Estados, do Distrito Federal e dos Municípios as normas constitucionais e infraconstitucionais anteriores à data de entrada em vigor desta Emenda Constitucional, enquanto não promovidas alterações na legislação interna relacionada ao respectivo regime próprio de previdência social.

Art. 23. A pensão por morte concedida a dependente de segurado do Regime Geral de Previdência Social ou de servidor público federal será equivalente a uma cota familiar de 50% (cinquenta por cento) do valor da aposentadoria recebida pelo segurado ou servidor ou daquela a que teria direito se fosse aposentado por incapacidade permanente na data do óbito, acrescida de cotas de 10 (dez) pontos percentuais por dependente, até o máximo de 100% (cem por cento).

•• A Instrução Normativa n. 128, de 28-3-2022, do INSS, dispõe sobre pensão por morte.

§ 1.º As cotas por dependente cessarão com a perda dessa qualidade e não serão reversíveis aos demais dependentes, preservado o valor de 100% (cem por cento) da pensão por morte quando o número de dependentes remanescente for igual ou superior a 5 (cinco).

§ 2.º Na hipótese de existir dependente inválido ou com deficiência intelectual, mental ou grave, o valor da pensão por morte de que trata o *caput* será equivalente a:

I – 100% (cem por cento) da aposentadoria recebida pelo segurado ou servidor ou daquela a que teria direito se fosse aposentado por incapacidade permanente na data do óbito, até o limite máximo de benefícios do Regime Geral de Previdência Social; e

II – uma cota familiar de 50% (cinquenta por cento) acrescida de cotas de 10 (dez) pontos percentuais por dependente, até o máximo de 100% (cem) por cento, para o valor que supere o limite máximo de benefícios do Regime Geral de Previdência Social.

§ 3.º Quando não houver mais dependente inválido ou com deficiência intelectual, mental ou grave, o valor da pensão será recalculado na forma do disposto no *caput* e no § 1.º.

§ 4.º O tempo de duração da pensão por morte e das cotas individuais por dependente até a perda dessa qualidade, o rol de dependentes e sua qualificação e as condições necessárias para enquadramento serão aqueles estabelecidos na Lei n. 8.213, de 24 de julho de 1991.

§ 5.º Para o dependente inválido ou com deficiência intelectual, mental ou grave, sua condição pode ser reconhecida previamente ao óbito do segurado, por meio de avaliação biopsicossocial realizada por equipe multiprofissional e interdisciplinar, observada revisão periódica na forma da legislação.

§ 6.º Equiparam-se a filho, para fins de recebimento da pensão por morte, exclusivamente o enteado e o menor tutelado, desde que comprovada a dependência econômica.

§ 7.º As regras sobre pensão previstas neste artigo e na legislação vigente na data de entrada em vigor desta Emenda Constitucional poderão ser alteradas na forma da lei para o Regime Geral de Previdência Social e para o regime próprio de previdência social da União.

§ 8.º Aplicam-se às pensões concedidas aos dependentes de servidores dos Estados, do Distrito Federal e dos Municípios as normas constitucionais e infraconstitucionais anteriores à data de entrada em vigor desta Emenda Constitucional, enquanto não promovidas alterações na legislação interna relacionada ao respectivo regime próprio de previdência social.

Art. 24. É vedada a acumulação de mais de uma pensão por morte deixada por cônjuge ou companheiro, no âmbito do mesmo regime de previdência social, ressalvadas as pensões do mesmo instituidor decorrentes do exercício de cargos acumuláveis na forma do art. 37 da Constituição Federal.

•• A Instrução Normativa n. 128, de 28-3-2022, do INSS, dispõe sobre acumulação do valor da pensão por morte com outros benefícios.

§ 1.º Será admitida, nos termos do § 2.º, a acumulação de:

I – pensão por morte deixada por cônjuge ou companheiro de um regime de previdência social com pensão por morte concedida por outro regime de previdência social ou com pensões decorrentes das atividades militares de que tratam os arts. 42 e 142 da Constituição Federal;

II – pensão por morte deixada por cônjuge ou companheiro de um regime de previdência social com aposentadoria concedida no âmbito do Regime Geral de Previdência Social ou de regime próprio de previdência social ou com proventos de inatividade decorrentes das atividades militares de que tratam os arts. 42 e 142 da Constituição Federal; ou

III – pensões decorrentes das atividades militares de que tratam os arts. 42 e 142 da Constituição Federal com aposentadoria concedida no âmbito do Regime Geral de Previdência Social ou de regime próprio de previdência social.

§ 2.º Nas hipóteses das acumulações previstas no § 1.º, é assegurada a percepção do valor integral do benefício mais vantajoso e de uma parte de cada um dos demais benefícios, apurada cumulativamente de acordo com as seguintes faixas:

I – 60% (sessenta por cento) do valor que exceder 1 (um) salário mínimo, até o limite de 2 (dois) salários-mínimos;

II – 40% (quarenta por cento) do valor que exceder 2 (dois) salários mínimos, até o limite de 3 (três) salários-mínimos;

III – 20% (vinte por cento) do valor que exceder 3 (três) salários mínimos, até o limite de 4 (quatro) salários mínimos; e

IV – 10% (dez por cento) do valor que exceder 4 (quatro) salários mínimos.

§ 3.º A aplicação do disposto no § 2.º poderá ser revista a qualquer tempo, a pedido do interessado, em razão de alteração de algum dos benefícios.

§ 4.º As restrições previstas neste artigo não serão aplicadas se o direito aos benefícios houver sido adquirido antes da data de entrada em vigor desta Emenda Constitucional.

§ 5.º As regras sobre acumulação previstas neste artigo e na legislação vigente na data de entrada em vigor desta Emenda Constitucional poderão ser alteradas na forma do § 6.º do art. 40 e do § 15 do art. 201 da Constituição Federal.

Art. 25. Será assegurada a contagem de tempo de contribuição fictício no Regime Geral de Previdência Social decorrente de hipóteses descritas na legislação vigente até a data de entrada em vigor desta Emenda Constitucional para fins de concessão de aposentadoria, observando-se, a partir da sua entrada em vigor, o disposto no § 14 do art. 201 da Constituição Federal.

§ 1.º Para fins de comprovação de atividade rural exercida até a data de entrada em vigor desta Emenda Constitucional, o prazo de que tratam os §§ 1.º e 2.º do art. 38-B da Lei n. 8.213, de 24 de julho de 1991, será prorrogado até a data em que o Cadastro Nacional de Informações Sociais (CNIS) atingir a cobertura mínima de 50% (cinquenta por cento) dos trabalhadores de que trata o § 8.º do art. 195 da Constituição Federal, apurada conforme quantitativo da Pesquisa Nacional por Amostra de Domicílios Contínua (Pnad).

§ 2.º Será reconhecida a conversão de tempo especial em comum, na forma prevista na Lei n. 8.213, de 24 de julho de 1991, ao segurado do Regime Geral de Previdência Social que comprovar tempo de efetivo exercício de atividade sujeita a condições especiais que efetivamente prejudiquem a saúde, cumprido até a data de entrada em vigor desta Emenda Constitucional, vedada a conversão para o tempo cumprido após esta data.

§ 3.º Considera-se nula a aposentadoria que tenha sido concedida ou que venha a ser concedida por regime próprio de previdência social com contagem recíproca do Regime Geral de Previdência Social mediante o cômputo de tempo de serviço sem o recolhimento da respectiva contribuição ou a correspondente indenização pelo segurado obrigatório responsável, à época do exercício da atividade, pelo recolhimento de suas próprias contribuições previdenciárias.

Art. 26. Até que lei discipline o cálculo dos benefícios do regime próprio de previdência social da União e do Regime Geral de Previdência Social, será utilizada a média aritmética simples dos salários de contribuição e das remunerações adotados como base para contribuições a regime próprio de previdência social e ao Regime Geral de Previdência Social, ou como base para contribuições decorrentes das atividades militares de que tratam os arts. 42 e 142 da Constituição Federal, atualizados monetariamente, correspondentes a 100% (cem por cento) do período contributivo desde a competência julho de 1994 ou desde o início da contribuição, se posterior àquela competência.

•• A Instrução Normativa n. 128, de 28-3-2022, do INSS, dispõe sobre cálculo do valor do benefício.

§ 1.º A média a que se refere o *caput* será limitada ao valor máximo do salário de contribuição do Regime Geral de Previdência Social para os segurados desse regime e para o servidor que ingressou no serviço público em cargo efetivo após a implantação do regime de previdência complementar ou que tenha exercido a opção correspondente, nos termos do disposto nos §§ 14 a 16 do art. 40 da Constituição Federal.

§ 2.º O valor do benefício de aposentadoria corresponderá a 60% (sessenta por cento) da média aritmética definida na forma prevista no *caput* e no § 1.º, com acréscimo de 2 (dois) pontos percentuais para cada ano de contribuição que exceder o tempo de 20 (vinte) anos de contribuição nos casos:

I – do inciso II do § 6.º do art. 4.º, do § 4.º do art. 15, do § 3.º do art. 16 e do § 2.º do art. 18;

II – do § 4.º do art. 10, ressalvado o disposto no inciso II do § 3.º e no § 4.º deste artigo;

III – de aposentadoria por incapacidade permanente aos segurados do Regime Geral de Previdência Social, ressalvado o disposto no inciso II do § 3.º deste artigo; e

IV – do § 2.º do art. 19 e do § 2.º do art. 21, ressalvado o disposto no § 5.º deste artigo.

§ 3.º O valor do benefício de aposentadoria corresponderá a 100% (cem por cento) da média aritmética definida na forma prevista no *caput* e no § 1.º:

I – no caso do inciso II do § 2.º do art. 20;

II – no caso de aposentadoria por incapacidade permanente, quando decorrer de acidente de trabalho, de doença profissional e de doença do trabalho.

§ 4.º O valor do benefício da aposentadoria de que trata o inciso III do § 1.º do art. 10 corresponderá ao resultado do tempo de contribuição dividido por 20 (vinte) anos, limitado a um inteiro, multiplicado pelo valor apurado na forma do *caput* do § 2.º deste artigo, ressalvado o caso de cumprimento de critérios de acesso para aposentadoria voluntária que resulte em situação mais favorável.

§ 5.º O acréscimo a que se refere o *caput* do § 2.º será aplicado para cada ano que exceder 15 (quinze) anos de tempo de contribuição para os segurados de que tratam a alínea *a* do inciso I do § 1.º do art. 19 e o inciso I do art. 21 e para as mulheres filiadas ao Regime Geral de Previdência Social.

§ 6.º Poderão ser excluídas da média as contribuições que resultem em redução do valor do benefício, desde que mantido o tempo mínimo de contribuição exigido, vedada a utilização do tempo excluído para qualquer finalidade, inclusive para o acréscimo a que se referem os §§ 2.º e 5.º, para a averbação em outro regime previdenciário ou para a obtenção dos proventos de inatividade das atividades de que tratam os arts. 42 e 142 da Constituição Federal.

§ 7.º Os benefícios calculados nos termos do disposto neste artigo serão reajustados nos termos estabelecidos para o Regime Geral de Previdência Social.

Art. 27. Até que lei discipline o acesso ao salário-família e ao auxílio-reclusão de que trata o inciso IV do art. 201 da Constituição Federal, esses benefícios serão concedidos apenas àqueles que tenham renda bruta mensal igual ou inferior a R$ 1.364,43 (mil trezentos e sessenta e quatro reais e quarenta e três centavos), que serão corrigidos pelos mesmos índices aplicados aos benefícios do Regime Geral de Previdência Social.

§ 1.º Até que lei discipline o valor do auxílio-reclusão, de que trata o inciso IV do art. 201 da Constituição Federal, seu cálculo será realizado na forma daquele aplicável à pensão por morte, não podendo exceder o valor de 1 (um) salário mínimo.

•• A Instrução Normativa n. 128, de 28-3-2022, do INSS, dispõe sobre auxílio-reclusão.

§ 2.º Até que lei discipline o valor do salário-família, de que trata o inciso IV do art. 201 da Constituição Federal, seu valor será de R$ 46,54 (quarenta e seis reais e cinquenta e quatro centavos).

Art. 28. Até que lei altere as alíquotas da contribuição de que trata a Lei n. 8.212, de

24 de julho de 1991, devidas pelo segurado empregado, inclusive o doméstico, e pelo trabalhador avulso, estas serão de:

•• Sobre o prazo de vigência deste artigo, *vide* art. 36, I, desta Emenda Constitucional.

I – até 1 (um) salário mínimo, 7,5% (sete inteiros e cinco décimos por cento);

II – acima de 1 (um) salário mínimo até R$ 2.000,00 (dois mil reais), 9% (nove por cento);

III – de R$ 2.000,01 (dois mil reais e um centavo) até R$ 3.000,00 (três mil reais), 12% (doze por cento); e

IV – de R$ 3.000,01 (três mil reais e um centavo) até o limite do salário de contribuição, 14% (quatorze por cento).

§ 1.º As alíquotas previstas no *caput* serão aplicadas de forma progressiva sobre o salário de contribuição do segurado, incidindo cada alíquota sobre a faixa de valores compreendida nos respectivos limites.

§ 2.º Os valores previstos no *caput* serão reajustados, a partir da data de entrada em vigor desta Emenda Constitucional, na mesma data e com o mesmo índice em que se der o reajuste dos benefícios do Regime Geral de Previdência Social, ressalvados aqueles vinculados ao salário mínimo, aos quais se aplica a legislação específica.

Art. 29. Até que entre em vigor lei que disponha sobre o § 14 do art. 195 da Constituição Federal, o segurado que, no somatório de remunerações auferidas no período de 1 (um) mês, receber remuneração inferior ao limite mínimo mensal do salário de contribuição poderá:

I – complementar a sua contribuição, de forma a alcançar o limite mínimo exigido;

II – utilizar o valor da contribuição que exceder o limite mínimo de contribuição de uma competência em outra; ou

III – agrupar contribuições inferiores ao limite mínimo de diferentes competências, para aproveitamento em contribuições mínimas mensais.

Parágrafo único. Os ajustes de complementação ou agrupamento de contribuições previstos nos incisos I, II e III do *caput* somente poderão ser feitos ao longo do mesmo ano civil.

Art. 30. A vedação de diferenciação ou substituição de base de cálculo decorrente do disposto no § 9.º do art. 195 da Constituição Federal não se aplica a contribuições que substituam a contribuição de que trata a alínea *a* do inciso I do *caput* do art. 195 da Constituição Federal instituídas antes da data de entrada em vigor desta Emenda Constitucional.

Art. 31. O disposto no § 11 do art. 195 da Constituição Federal não se aplica aos parcelamentos previstos na legislação vigente até a data de entrada em vigor desta Emenda Constitucional, sendo vedadas a reabertura ou a prorrogação de prazo para adesão.

Art. 32. Até que entre em vigor lei que disponha sobre a alíquota da contribuição de que trata a Lei n. 7.689, de 15 de dezembro de 1988, esta será de 20% (vinte por cento) no caso das pessoas jurídicas referidas no inciso I do § 1.º do art. 1.º da Lei Complementar n. 105, de 10 de janeiro de 2001.

•• Sobre o prazo de vigência deste artigo, *vide* art. 36, I, desta Emenda Constitucional.

Art. 33. Até que seja disciplinada a relação entre a União, os Estados, o Distrito Federal e os Municípios e entidades abertas de previdência complementar na forma do disposto nos §§ 4.º e 5.º do art. 202 da Constituição Federal, somente entidades fechadas de previdência complementar estão autorizadas a administrar planos de benefícios patrocinados pela União, Estados, Distrito Federal ou Municípios, inclusive suas autarquias, fundações, sociedades de economia mista e empresas controladas direta ou indiretamente.

Art. 34. Na hipótese de extinção por lei de regime previdenciário e migração dos respectivos segurados para o Regime Geral de Previdência Social, serão observados, até que lei federal disponha sobre a matéria, os seguintes requisitos pelo ente federativo:

I – assunção integral da responsabilidade pelo pagamento dos benefícios concedidos durante a vigência do regime extinto, bem como daqueles cujos requisitos já tenham sido implementados antes da sua extinção;

II – previsão de mecanismo de ressarcimento ou de complementação de benefícios aos que tenham contribuído acima do limite máximo do Regime Geral de Previdência Social;

III – vinculação das reservas existentes no momento da extinção, exclusivamente:

a) ao pagamento dos benefícios concedidos e a conceder, ao ressarcimento de contribuições ou à complementação de benefícios, na forma dos incisos I e II; e

b) à compensação financeira com o Regime Geral de Previdência Social.

Parágrafo único. A existência de superávit atuarial não constitui óbice à extinção de regime próprio de previdência social e à consequente migração para o Regime Geral de Previdência Social.

Art. 35. Revogam-se:

I – os seguintes dispositivos da Constituição Federal:

a) o § 21 do art. 40;

b) o § 13 do art. 195;

II – os arts. 9.º, 13 e 15 da Emenda Constitucional n. 20, de 15 de dezembro de 1998;

III – os arts. 2.º, 6.º e 6.º-A da Emenda Constitucional n. 41, de 19 de dezembro de 2003;

IV – o art. 3.º da Emenda Constitucional n. 47, de 5 de julho de 2005.

Art. 36. Esta Emenda Constitucional entra em vigor:

I – no primeiro dia do quarto mês subsequente ao da data de publicação desta Emenda Constitucional, quanto ao disposto nos arts. 11, 28 e 32;

II – para os regimes próprios de previdência social dos Estados, do Distrito Federal e dos Municípios, quanto à alteração promovida pelo art. 1.º desta Emenda Constitucional no art. 149 da Constituição Federal e às revogações previstas na alínea *a* do inciso I e nos incisos III e IV do art. 35, na data de publicação de lei de iniciativa privativa do respectivo Poder Executivo que as referende integralmente;

III – nos demais casos, na data de sua publicação.

Parágrafo único. A lei de que trata o inciso II do *caput* não produzirá efeitos anteriores à data de sua publicação.

Brasília, em 12 de novembro de 2019.

Mesa da Câmara dos Deputados

Deputado RODRIGO MAIA
Presidente

Mesa do Senado Federal

Senador DAVI ALCOLUMBRE
Presidente

Emenda Constitucional n. 104, de 4 de dezembro de 2019 [1]

Altera o inciso XIV do caput do art. 21, o § 4.º do art. 32 e o art. 144 da Constituição Federal, para criar as polícias penais federal, estaduais e distrital.

As Mesas da Câmara dos Deputados e do Senado Federal, nos termos do § 3.º do art. 60 da Constituição Federal, promulgam a seguinte Emenda ao texto constitucional:

Art. 1.º O inciso XIV do *caput* do art. 21 da Constituição Federal passa a vigorar com a seguinte redação:

•• Alteração já processada no diploma modificado.

---

(1) Publicada no *DOU* de 5-12-2019. As alterações determinadas por esta EC já foram processadas no texto da Constituição.

Art. 2.º O § 4.º do art. 32 da Constituição Federal passa a vigorar com a seguinte redação:

* Alteração já processada no diploma modificado.

Art. 3.º O art. 144 da Constituição Federal passa a vigorar com as seguintes alterações:

* Alterações já processadas no diploma modificado.

Art. 4.º O preenchimento do quadro de servidores das polícias penais será feito, exclusivamente, por meio de concurso público e por meio da transformação dos cargos isolados, dos cargos de carreira dos atuais agentes penitenciários e dos cargos públicos equivalentes.

Art. 5.º Esta Emenda Constitucional entra em vigor na data de sua publicação.

Brasília, em 4 de dezembro de 2019.

Mesa da Câmara dos Deputados

Deputado RODRIGO MAIA
Presidente

Mesa do Senado Federal

Senador DAVI ALCOLUMBRE
Presidente

Emenda Constitucional n. 105,
de 12 de dezembro de 2019 [1]

Acrescenta o art. 166-A à Constituição Federal, para autorizar a transferência de recursos federais a Estados, ao Distrito Federal e a Municípios mediante emendas ao projeto de lei orçamentária anual.

As Mesas da Câmara dos Deputados e do Senado Federal, nos termos do § 3.º do art. 60 da Constituição Federal, promulgam a seguinte Emenda ao texto constitucional:

Art. 1.º A Constituição Federal passa a vigorar acrescida do seguinte art. 166-A:

* Alteração já processada no diploma modificado.

Art. 2.º No primeiro semestre do exercício financeiro subsequente ao da publicação desta Emenda Constitucional, fica assegurada a transferência financeira em montante mínimo equivalente a 60% (sessenta por cento) dos recursos de que trata o inciso I do *caput* do art. 166-A da Constituição Federal.

Art. 3.º Esta Emenda Constitucional entra em vigor em 1.º de janeiro do ano subsequente ao de sua publicação.

Brasília, em 12 de dezembro de 2019.

Mesa da Câmara dos Deputados

Deputado RODRIGO MAIA
Presidente

Mesa do Senado Federal

Senador DAVI ALCOLUMBRE
Presidente

Emenda Constitucional n. 106,
de 7 de maio de 2020 [2]

Institui regime extraordinário fiscal, financeiro e de contratações para enfrentamento de calamidade pública nacional decorrente de pandemia.

As Mesas da Câmara dos Deputados e do Senado Federal, nos termos do § 3.º do art. 60 da Constituição Federal, promulgam a seguinte Emenda ao texto constitucional:

---

(1) Publicada no *DOU* de 13-12-2019. As alterações determinadas por esta EC já foram processadas no texto da Constituição.

(2) Publicada no *DOU* de 8-5-2020.

Art. 1.º Durante a vigência de estado de calamidade pública nacional reconhecido pelo Congresso Nacional em razão de emergência de saúde pública de importância internacional decorrente de pandemia, a União adotará regime extraordinário fiscal, financeiro e de contratações para atender às necessidades dele decorrentes, somente naquilo em que a urgência for incompatível com o regime regular, nos termos definidos nesta Emenda Constitucional.

Art. 2.º Com o propósito exclusivo de enfrentamento do contexto da calamidade e de seus efeitos sociais e econômicos, no seu período de duração, o Poder Executivo federal, no âmbito de suas competências, poderá adotar processos simplificados de contratação de pessoal, em caráter temporário e emergencial, e de obras, serviços e compras que assegurem, quando possível, competição e igualdade de condições a todos os concorrentes, dispensada a observância do § 1.º do art. 169 da Constituição Federal na contratação de que trata o inciso IX do *caput* do art. 37 da Constituição Federal, limitada a dispensa às situações de que trata o referido inciso, sem prejuízo da tutela dos órgãos de controle.

Parágrafo único. Nas hipóteses de distribuição de equipamentos e insumos de saúde imprescindíveis ao enfrentamento da calamidade, a União adotará critérios objetivos, devidamente publicados, para a respectiva destinação a Estados e a Municípios.

Art. 3.º Desde que não impliquem despesa permanente, as proposições legislativas e os atos do Poder Executivo com propósito exclusivo de enfrentar a calamidade e suas consequências sociais e econômicas, com vigência e efeitos restritos à sua duração, ficam dispensados da observância das limitações legais quanto à criação, à expansão ou ao aperfeiçoamento de ação governamental que acarrete aumento de despesa e à concessão ou à ampliação de incentivo ou benefício de natureza tributária da qual decorra renúncia de receita.

Parágrafo único. Durante a vigência da calamidade pública nacional de que trata o art. 1.º desta Emenda Constitucional, não se aplica o disposto no § 3.º do art. 195 da Constituição Federal.

Art. 4.º Será dispensada, durante a integralidade do exercício financeiro em que vigore a calamidade pública nacional de que trata o art. 1.º desta Emenda Constitucional, a observância do inciso III do *caput* do art. 167 da Constituição Federal.

Parágrafo único. O Ministério da Economia publicará, a cada 30 (trinta) dias, relatório com os valores e o custo das operações de crédito realizadas no período de vigência do estado de calamidade pública nacional de que trata o art. 1.º desta Emenda Constitucional.

Art. 5.º As autorizações de despesas relacionadas ao enfrentamento da calamidade pública nacional de que trata o art. 1.º desta Emenda Constitucional e de seus efeitos sociais e econômicos deverão:

I – constar de programações orçamentárias específicas ou contar com marcadores que as identifiquem; e

II – ser separadamente avaliadas na prestação de contas do Presidente da República e evidenciadas, até 30 (trinta) dias após o encerramento de cada bimestre, no relatório a que se refere o § 3.º do art. 165 da Constituição Federal.

Parágrafo único. Decreto do Presidente da República, editado até 15 (quinze) dias após a entrada em vigor desta Emenda Constitucional, disporá sobre a forma de identificação das autorizações de que trata o *caput* deste artigo, incluídas as anteriores à vigência desta Emenda Constitucional.

Art. 6.º Durante a vigência da calamidade pública nacional de que trata o art. 1.º desta Emenda Constitucional, os recursos decorrentes de operações de crédito realizadas para o refinanciamento da dívida mobiliária poderão ser utilizados também para o pagamento de seus juros e encargos.

Art. 7.º O Banco Central do Brasil, limitado ao enfrentamento da calamidade pública nacional de que trata o art. 1.º desta Emenda Constitucional, e com vigência e efeitos restritos ao período de sua duração, fica autorizado a comprar e a vender:

I – títulos de emissão do Tesouro Nacional, nos mercados secundários local e internacional; e

II – os ativos, em mercados secundários nacionais no âmbito de mercados financeiros, de capitais e de pagamentos, desde que, no momento da compra, tenham classificação em categoria de risco de crédito no mercado local equivalente a BB – ou superior, conferida por pelo menos 1 (uma) das 3 (três) maiores agências internacionais de classificação de risco, e preço de referência publicado por entidade do mercado financeiro acreditada pelo Banco Central do Brasil.

§ 1.º Respeitadas as condições previstas no inciso II do *caput* deste artigo, será dada preferência à aquisição de títulos emitidos por microempresas e por pequenas e médias empresas.

§ 2.º O Banco Central do Brasil fará publicar diariamente as operações realizadas, de forma individualizada, com todas as respectivas informações, inclusive as condições financeiras e econômicas das operações, como taxas de juros pactuadas, valores envolvidos e prazos.

§ 3.º O Presidente do Banco Central do Brasil prestará contas ao Congresso Nacional, a cada 30 (trinta) dias, do conjunto das operações previstas neste artigo, sem prejuízo do previsto no § 2.º deste artigo.

§ 4.º A alienação de ativos adquiridos pelo Banco Central do Brasil, na forma deste artigo, poderá dar-se em data posterior à vigência do estado de calamidade pública nacional de que trata o art. 1.º desta Emenda Constitucional, se assim justificar o interesse público.

Art. 8.º Durante a vigência desta Emenda Constitucional, o Banco Central do Brasil editará regulamentação sobre exigências de contrapartidas ao comprar ativos de instituições financeiras em conformidade com a previsão do inciso II do *caput* do art. 7.º desta Emenda Constitucional, em especial a vedação de:

I – pagar juros sobre o capital próprio e dividendos acima do mínimo obrigatório estabelecido em lei ou no estatuto social vigente na data de entrada em vigor desta Emenda Constitucional;

II – aumentar a remuneração, fixa ou variável, de diretores e membros do conselho de administração, no caso das sociedades anônimas, e dos administradores, no caso de sociedades limitadas.

Parágrafo único. A remuneração variável referida no inciso II do *caput* deste artigo inclui bônus, participação nos lucros e quaisquer parcelas de remuneração diferidas e outros incentivos remuneratórios associados ao desempenho.

Art. 9.º Em caso de irregularidade ou de descumprimento dos limites desta Emenda Constitucional, o Congresso Nacional poderá sustar, por decreto legislativo, qualquer decisão de órgão ou entidade do Poder Executivo relacionada às medidas autorizadas por esta Emenda Constitucional.

Art. 10. Ficam convalidados os atos de gestão praticados a partir de 20 de março de 2020, desde que compatíveis com o teor desta Emenda Constitucional.

Art. 11. Esta Emenda Constitucional entra em vigor na data de sua publicação e ficará automaticamente revogada na data do encerramento do estado de calamidade pública reconhecido pelo Congresso Nacional.

Brasília, em 7 de maio de 2020.

Mesa da Câmara dos Deputados

Deputado RODRIGO MAIA
Presidente

Mesa do Senado Federal

Senador DAVI ALCOLUMBRE
Presidente

Emenda Constitucional n. 107,
de 2 de julho de 2020 [1]

> *Adia, em razão da pandemia da Covid-19, as eleições municipais de outubro de 2020 e os prazos eleitorais respectivos.*

As Mesas da Câmara dos Deputados e do Senado Federal, nos termos do § 3.º do art. 60 da Constituição Federal, promulgam a seguinte Emenda ao texto constitucional:

Art. 1.º As eleições municipais previstas para outubro de 2020 realizar-se-ão no dia 15 de novembro, em primeiro turno, e no dia 29 de novembro de 2020, em segundo turno, onde houver, observado o disposto no § 4.º deste artigo.

§ 1.º Ficam estabelecidas, para as eleições de que trata o *caput* deste artigo, as seguintes datas:

I – a partir de 11 de agosto, para a vedação às emissoras para transmitir programa apresentado ou comentado por pré-candidato, conforme previsto no § 1.º do art. 45 da Lei n. 9.504, de 30 de setembro de 1997;

II – entre 31 de agosto e 16 de setembro, para a realização das convenções para escolha dos candidatos pelos partidos e a deliberação sobre coligações, a que se refere o *caput* do art. 8.º da Lei n. 9.504, de 30 de setembro de 1997;

III – até 26 de setembro, para que os partidos e coligações solicitem à Justiça Eleitoral o registro de seus candidatos, conforme disposto no *caput* do art. 11 da Lei n. 9.504, de 30 de setembro de 1997, e no *caput* do art. 93 da Lei n. 4.737, de 15 de julho de 1965;

IV – após 26 de setembro, para o início da propaganda eleitoral, inclusive na internet, conforme disposto nos arts. 36 e 57-A da Lei n. 9.504, de 30 de setembro de 1997, e no *caput* do art. 240 da Lei n. 4.737, de 15 de julho de 1965;

V – a partir de 26 de setembro, para que a Justiça Eleitoral convoque os partidos e a representação das emissoras de rádio e de televisão para elaborarem plano de mídia, conforme disposto no art. 52 da Lei n. 9.504, de 30 de setembro de 1997;

VI – 27 de outubro, para que os partidos políticos, as coligações e os candidatos, obrigatoriamente, divulguem o relatório que discrimina as transferências do Fundo Partidário e do Fundo Especial de Financiamento de Campanha, os recursos em dinheiro e os estimáveis em dinheiro recebidos, bem como os gastos realizados, conforme disposto no inciso II do § 4.º do art. 28 da Lei n. 9.504, de 30 de setembro de 1997;

VII – até 15 de dezembro, para o encaminhamento à Justiça Eleitoral do conjunto das prestações de contas de campanha dos candidatos e dos partidos políticos, relativamente ao primeiro e, onde houver, ao segundo turno das eleições, conforme disposto nos incisos III e IV do *caput* do art. 29 da Lei n. 9.504, de 30 de setembro de 1997.

§ 2.º Os demais prazos fixados na Lei n. 9.504, de 30 de setembro de 1997, e na Lei n. 4.737, de 15 de julho de 1965, que não tenham transcorrido na data da publicação desta Emenda Constitucional e tenham como referência a data do pleito serão computados considerando-se a nova data das eleições de 2020.

§ 3.º Nas eleições de que trata este artigo serão observadas as seguintes disposições:

I – o prazo previsto no § 1.º do art. 30 da Lei n. 9.504, de 30 de setembro de 1997, não será aplicado, e a decisão que julgar as contas dos candidatos eleitos deverá ser publicada até o dia 12 de fevereiro de 2021;

II – o prazo para a propositura da representação de que trata o art. 30-A da Lei n. 9.504, de 30 de setembro de 1997, será até o dia 1.º de março de 2021;

---

[1] Publicada no *DOU* de 3-7-2020.

III – os partidos políticos ficarão autorizados a realizar, por meio virtual, independentemente de qualquer disposição estatutária, convenções ou reuniões para a escolha de candidatos e a formalização de coligações, bem como para a definição dos critérios de distribuição dos recursos do Fundo Especial de Financiamento de Campanha, de que trata o art. 16-C da Lei n. 9.504, de 30 de setembro de 1997;

IV – os prazos para desincompatibilização que, na data da publicação desta Emenda Constitucional, estiverem:

a) a vencer: serão computados considerando-se a nova data de realização das eleições de 2020;

b) vencidos: serão considerados preclusos, vedada a sua reabertura;

V – a diplomação dos candidatos eleitos ocorrerá em todo o País até o dia 18 de dezembro, salvo a situação prevista no § 4.º deste artigo;

VI – os atos de propaganda eleitoral não poderão ser limitados pela legislação municipal ou pela Justiça Eleitoral, salvo se a decisão estiver fundamentada em prévio parecer técnico emitido por autoridade sanitária estadual ou nacional;

VII – em relação à conduta vedada prevista no inciso VII do *caput* do art. 73 da Lei n. 9.504, de 30 de setembro de 1997, os gastos liquidados com publicidade institucional realizada até 15 de agosto de 2020 não poderão exceder a média dos gastos dos 2 (dois) primeiros quadrimestres dos 3 (três) últimos anos que antecedem ao pleito, salvo em caso de grave e urgente necessidade pública, assim reconhecida pela Justiça Eleitoral;

VIII – no segundo semestre de 2020, poderá ser realizada a publicidade institucional de atos e campanhas dos órgãos públicos municipais e de suas respectivas entidades da administração indireta destinados ao enfrentamento à pandemia da Covid-19 e à orientação da população quanto a serviços públicos e a outros temas afetados pela pandemia, resguardada a possibilidade de apuração de eventual conduta abusiva nos termos do art. 22 da Lei Complementar n. 64, de 18 de maio de 1990.

§ 4.º No caso de as condições sanitárias de um Estado ou Município não permitirem a realização das eleições nas datas previstas no *caput* deste artigo, o Congresso Nacional, por provocação do Tribunal Superior Eleitoral, instruída com manifestação da autoridade sanitária nacional, e após parecer da Comissão Mista de que trata o art. 2.º do Decreto Legislativo n. 6, de 20 de março de 2020, poderá editar decreto legislativo a fim de designar novas datas para a realização do pleito, observada como data-limite o dia 27 de dezembro de 2020, e caberá ao Tribunal Superior Eleitoral dispor sobre as medidas necessárias à conclusão do processo eleitoral.

§ 5.º O Tribunal Superior Eleitoral fica autorizado a promover ajustes nas normas referentes a:

I – prazos para fiscalização e acompanhamento dos programas de computador utilizados nas urnas eletrônicas para os processos de votação, apuração e totalização, bem como de todas as fases do processo de votação, apuração das eleições e processamento eletrônico da totalização dos resultados, para adequá-los ao novo calendário eleitoral;

II – recepção de votos, justificativas, auditoria e fiscalização no dia da eleição, inclusive no tocante ao horário de funcionamento das seções eleitorais e à distribuição dos eleitores no período, de forma a propiciar a melhor segurança sanitária possível a todos os participantes do processo eleitoral.

Art. 2.º Não se aplica o art. 16 da Constituição Federal ao disposto nesta Emenda Constitucional.

Art. 3.º Esta Emenda Constitucional entra em vigor na data de sua publicação.

Brasília, em 2 de julho de 2020.

Mesa da Câmara dos Deputados

Deputado RODRIGO MAIA
Presidente

Mesa do Senado Federal
Senador DAVI ALCOLUMBRE
Presidente

Emenda Constitucional n. 108,
de 26 de agosto de 2020 (1)

> *Altera a Constituição Federal para estabelecer critérios de distribuição da cota municipal do Imposto sobre Operações Relativas à Circulação de Mercadorias e sobre Prestações de Serviços de Transporte Interestadual e Intermunicipal e de Comunicação (ICMS), para disciplinar a disponibilização de dados contábeis pelos entes federados, para tratar do planejamento na ordem social e para dispor sobre o Fundo de Manutenção e Desenvolvimento da Educação Básica e de Valorização dos Profissionais da Educação (Fundeb); altera o Ato das Disposições Constitucionais Transitórias; e dá outras providências.*

As Mesas da Câmara dos Deputados e do Senado Federal, nos termos do § 3.º do art. 60 da Constituição Federal, promulgam a seguinte Emenda ao texto constitucional:

Art. 1.º A Constituição Federal passa a vigorar com as seguintes alterações:

•• Alteração já processada no diploma modificado.

Art. 2.º O Ato das Disposições Constitucionais Transitórias passa a vigorar com as seguintes alterações:

•• Alteração já processada no diploma modificado.

Art. 3.º Os Estados terão prazo de 2 (dois) anos, contado da data da promulgação desta Emenda Constitucional, para aprovar lei estadual prevista no inciso II do parágrafo único do art. 158 da Constituição Federal.

Art. 4.º Esta Emenda Constitucional entra em vigor na data de sua publicação e produzirá efeitos financeiros a partir de 1.º de janeiro de 2021.

Parágrafo único. Ficam mantidos os efeitos do art. 60 do Ato das Disposições Constitucionais Transitórias, conforme estabelecido pela Emenda Constitucional n. 53, de 19 de dezembro de 2006, até o início dos efeitos financeiros desta Emenda Constitucional.

Brasília, em 26 de agosto de 2020.

Mesa da Câmara dos Deputados
Deputado RODRIGO MAIA
Presidente

Mesa do Senado Federal
Senador DAVI ALCOLUMBRE
Presidente

Emenda Constitucional n. 109,
de 15 de março de 2021 (2)

> *Altera os arts. 29-A, 37, 49, 84, 163, 165, 167, 168 e 169 da Constituição Federal e os arts. 101 e 109 do Ato das Disposições Constitucionais Transitórias; acrescenta à Constituição Federal os arts. 164-A, 167-A, 167-B, 167-C, 167-D, 167-E, 167-F e 167-G; revoga dispositivos do Ato das Disposições Constitucionais Transitórias e institui regras transitórias sobre redução de benefícios tributários; desvincula parcialmente o superávit financeiro de fundos públicos; e suspende condicionalidades para realização de despesas com concessão de auxílio emergencial residual para enfrentar as consequências sociais e econômicas da pandemia da Covid-19.*

---

(1) Publicada no *DOU* de 27-8-2020.

(2) Publicada no *DOU* de 16-3-2021.

As Mesas da Câmara dos Deputados e do Senado Federal, nos termos do § 3.º do art. 60 da Constituição Federal, promulgam a seguinte Emenda ao texto constitucional:

Art. 1.º A Constituição Federal passa a vigorar com as seguintes alterações:

•• Alteração já processada no diploma modificado.

Art. 2.º O Ato das Disposições Constitucionais Transitórias passa a vigorar com as seguintes alterações:

•• Alteração já processada no diploma modificado.

•• Alterações parcialmente prejudicadas pela Emenda Constitucional n. 126, de 21-12-2022, que revogou o art. 109 do ADCT.

Art. 3.º Durante o exercício financeiro de 2021, a proposição legislativa com o propósito exclusivo de conceder auxílio emergencial residual para enfrentar as consequências sociais e econômicas da pandemia da Covid-19 fica dispensada da observância das limitações legais quanto à criação, à expansão ou ao aperfeiçoamento de ação governamental que acarrete aumento de despesa.

§ 1.º As despesas decorrentes da concessão do auxílio referido no *caput* deste artigo realizadas no exercício financeiro de 2021 não são consideradas, até o limite de R$ 44.000.000.000,00 (quarenta e quatro bilhões de reais), para fins de:

I – apuração da meta de resultado primário estabelecida no *caput* do art. 2.º da Lei n.º 14.116, de 31 de dezembro de 2020;

II – limite para despesas primárias estabelecido no inciso I do *caput* do art. 107 do Ato das Disposições Constitucionais Transitórias.

•• O art. 107 do ADCT foi revogado pela Emenda Constitucional n. 126, de 21-12-2022.

§ 2.º As operações de crédito realizadas para custear a concessão do auxílio referido no *caput* deste artigo ficam ressalvadas do limite estabelecido no inciso III do *caput* do art. 167 da Constituição Federal.

§ 3.º A despesa de que trata este artigo deve ser atendida por meio de crédito extraordinário.

§ 4.º A abertura do crédito extraordinário referido no § 3.º deste artigo dar-se-á independentemente da observância dos requisitos exigidos no § 3.º do art. 167 da Constituição Federal.

§ 5.º O disposto neste artigo aplica-se apenas à União, vedada sua adoção pelos Estados, pelo Distrito Federal e pelos Municípios.

Art. 4.º O Presidente da República deve encaminhar ao Congresso Nacional, em até 6 (seis) meses após a promulgação desta Emenda Constitucional, plano de redução gradual de incentivos e benefícios federais de natureza tributária, acompanhado das correspondentes proposições legislativas e das estimativas dos respectivos impactos orçamentários e financeiros.

§ 1.º As proposições legislativas a que se refere o *caput* devem propiciar, em conjunto, redução do montante total dos incentivos e benefícios referidos no *caput* deste artigo:

I – para o exercício em que forem encaminhadas, de pelo menos 10% (dez por cento), em termos anualizados, em relação aos incentivos e benefícios vigentes por ocasião da promulgação desta Emenda Constitucional;

II – de modo que esse montante, no prazo de até 8 (oito) anos, não ultrapasse 2% (dois por cento) do produto interno bruto.

§ 2.º O disposto no *caput* deste artigo, bem como o atingimento das metas estabelecidas no § 1.º deste artigo, não se aplica aos incentivos e benefícios:

I – estabelecidos com fundamento na alínea *d* do inciso III do *caput* e no parágrafo único do art. 146 da Constituição Federal;

II – concedidos a entidades sem fins lucrativos com fundamento na alínea *c* do inciso VI do *caput* do art. 150 e no § 7.º do art. 195 da Constituição Federal;

III – concedidos aos programas de que trata a alínea *c* do inciso I do *caput* do art. 159 da Constituição Federal;

IV – relativos ao regime especial estabelecido nos termos do art. 40 do Ato das Disposições Constitucionais Transitórias, às áreas de livre comércio e zonas francas e à política industrial para o setor de tecnologias da informação e comunicação e para o setor de semicondutores, na forma da lei;

•• Inciso IV com redação determinada pela Emenda Constitucional n. 121, de 10-5-2022.

V – relacionados aos produtos que compõem a cesta básica; e

VI – concedidos aos programas estabelecidos em lei destinados à concessão de bolsas de estudo integrais e parciais para estudantes de cursos superiores em instituições privadas de ensino superior, com ou sem fins lucrativos.

§ 3.º Para efeitos deste artigo, considera-se incentivo ou benefício de natureza tributária aquele assim definido na mais recente publicação do demonstrativo a que se refere o § 6.º do art. 165 da Constituição Federal.

§ 4.º Lei complementar tratará de:

I – critérios objetivos, metas de desempenho e procedimentos para a concessão e a alteração de incentivo ou benefício de natureza tributária, financeira ou creditícia para pessoas jurídicas do qual decorra diminuição de receita ou aumento de despesa;

II – regras para a avaliação periódica obrigatória dos impactos econômico-sociais dos incentivos ou benefícios de que trata o inciso I deste parágrafo, com divulgação irrestrita dos respectivos resultados;

III – redução gradual de incentivos fiscais federais de natureza tributária, sem prejuízo do plano emergencial de que trata o *caput* deste artigo.

Art. 5.º O superávit financeiro das fontes de recursos dos fundos públicos do Poder Executivo, exceto os saldos decorrentes do esforço de arrecadação dos servidores civis e militares da União, apurado ao final de cada exercício, poderá ser destinado:

•• *Caput* com redação determinada pela Emenda Constitucional n. 127, de 22-12-2022.

I – à amortização da dívida pública do respectivo ente, nos exercícios de 2021 e de 2022; e

•• Inciso I acrescentado pela Emenda Constitucional n. 127, de 22-12-2022.

II – ao pagamento de que trata o § 12 do art. 198 da Constituição Federal, nos exercícios de 2023 a 2027.

•• Inciso II acrescentado pela Emenda Constitucional n. 127, de 22-12-2022.

§ 1.º No período de que trata o inciso I do *caput* deste artigo, se o ente não tiver dívida pública a amortizar, o superávit financeiro das fontes de recursos dos fundos públicos do Poder Executivo será de livre aplicação.

•• § 1.º com redação determinada pela Emenda Constitucional n. 127, de 22-12-2022.

§ 2.º Não se aplica o disposto no *caput* deste artigo:

I – aos fundos públicos de fomento e desenvolvimento regionais, operados por instituição financeira de caráter regional;

II – aos fundos ressalvados no inciso IV do art. 167 da Constituição Federal.

Art. 6.º Ficam revogados:

I – o art. 91 do Ato das Disposições Constitucionais Transitórias; e

II – o § 4.º do art. 101 do Ato das Disposições Constitucionais Transitórias.

Art. 7.º Esta Emenda Constitucional entra em vigor na data de sua publicação, exceto quanto à alteração do art. 29-A da Constituição Federal, a qual entra em vigor a partir do início da primeira legislatura municipal após a data de publicação desta Emenda Constitucional.

Brasília, em 15 de março de 2021.

Mesa da Câmara dos Deputados

Deputado ARTHUR LIRA
Presidente

Mesa do Senado Federal

Senador RODRIGO PACHECO
Presidente

Emenda Constitucional n. 110,
de 12 de julho de 2021 (¹)

> *Acrescenta o art. 18-A ao Ato das Disposições Constitucionais Transitórias, para dispor sobre a convalidação de atos administrativos praticados no Estado do Tocantins entre 1.º de janeiro de 1989 e 31 de dezembro de 1994.*

As Mesas da Câmara dos Deputados e do Senado Federal, nos termos do § 3.º do art. 60 da Constituição Federal, promulgam a seguinte Emenda ao texto constitucional:

Art. 1.º O Ato das Disposições Constitucionais Transitórias passa a vigorar acrescido do seguinte art. 18-A:

•• Alteração já processada no diploma modificado.

Art. 2.º Esta Emenda Constitucional entra em vigor na data de sua publicação.

Brasília, em 12 de julho de 2021.

Mesa da Câmara dos Deputados

Deputado ARTHUR LIRA
Presidente

Mesa do Senado Federal

Senador RODRIGO PACHECO
Presidente

Emenda Constitucional n. 111,
de 28 de setembro de 2021 (²)

> *Altera a Constituição Federal para disciplinar a realização de consultas populares concomitantes às eleições municipais, dispor sobre o instituto da fidelidade partidária, alterar a data de posse de Governadores e do Presidente da República e estabelecer regras transitórias para distribuição entre os partidos políticos dos recursos do fundo partidário e do Fundo Especial de Financiamento de Campanha (FEFC) e para o funcionamento dos partidos políticos.*

As Mesas da Câmara dos Deputados e do Senado Federal, nos termos do § 3.º do art. 60 da Constituição Federal, promulgam a seguinte Emenda ao texto constitucional:

Art. 1.º A Constituição Federal passa a vigorar com as seguintes alterações:

•• Alteração já processada no diploma modificado.

Art. 2.º Para fins de distribuição entre os partidos políticos dos recursos do fundo partidário e do Fundo Especial de Financiamento de Campanha (FEFC), os votos dados a candidatas mulheres ou a candidatos negros para a Câmara dos Deputados nas eleições realizadas de 2022 a 2030 serão contados em dobro.

Parágrafo único. A contagem em dobro de votos a que se refere o *caput* somente se aplica uma única vez.

Art. 3.º Até que entre em vigor lei que discipline cada uma das seguintes matérias, observar-se-ão os seguintes procedimentos:

I – nos processos de incorporação de partidos políticos, as sanções eventualmente aplicadas aos órgãos partidários regionais e municipais do partido incorporado, inclusive as decorrentes de prestações de contas, bem como as de responsabilização de seus antigos dirigentes, não serão aplicadas ao partido incorporador nem aos seus novos dirigentes, exceto aos que já integravam o partido incorporado;

II – nas anotações relativas às alterações dos estatutos dos partidos políticos, serão objeto de análise pelo Tribunal Superior Eleitoral apenas os dispositivos objeto de alteração.

Art. 4.º O Presidente da República e os Governadores de Estado e do Distrito Federal eleitos em 2022 tomarão posse em 1.º de

---

(1) Publicada no *DOU* de 13-7-2021.
(2) Publicada no *DOU* de 29-9-2021.

janeiro de 2023, e seus mandatos durarão até a posse de seus sucessores, em 5 e 6 de janeiro de 2027, respectivamente.

Art. 5.º As alterações efetuadas nos arts. 28 e 82 da Constituição Federal constantes do art. 1.º desta Emenda Constitucional, relativas às datas de posse de Governadores, de Vice-Governadores, do Presidente e do Vice-Presidente da República, serão aplicadas somente a partir das eleições de 2026.

Art. 6.º Esta Emenda Constitucional entra em vigor na data de sua publicação.

Brasília, em 28 de setembro de 2021.

Mesa da Câmara dos Deputados

Deputado ARTHUR LIRA
Presidente

Mesa do Senado Federal

Senador RODRIGO PACHECO
Presidente

Emenda Constitucional n. 112,
de 27 de outubro de 2021 (¹)

Altera o art. 159 da Constituição Federal para disciplinar a distribuição de recursos pela União ao Fundo de Participação dos Municípios.

As Mesas da Câmara dos Deputados e do Senado Federal, nos termos do § 3.º do art. 60 da Constituição Federal, promulgam a seguinte Emenda ao texto constitucional:

Art. 1.º O art. 159 da Constituição Federal passa a vigorar com a seguinte redação:

•• Alteração já processada no diploma modificado.

Art. 2.º Para os fins do disposto na alínea *f* do inciso I do *caput* do art. 159 da Constituição Federal, a União entregará ao Fundo de Participação dos Municípios, do produto da arrecadação dos impostos sobre renda e proventos de qualquer natureza e sobre produtos industrializados, 0,25% (vinte e cinco centésimos por cento), 0,5% (cinco décimos por cento) e 1% (um por cento), respectivamente, em cada um dos 2 (dois) primeiros exercícios, no terceiro exercício e a partir do quarto exercício em que esta Emenda Constitucional gerar efeitos financeiros.

Art. 3.º Esta Emenda Constitucional entra em vigor na data de sua publicação e produzirá efeitos financeiros a partir de 1.º de janeiro do exercício subsequente.

Brasília, em 27 de outubro de 2021.

Mesa da Câmara dos Deputados

Deputado ARTHUR LIRA
Presidente

Mesa do Senado Federal

Senador RODRIGO PACHECO
Presidente

Emenda Constitucional n. 113,
de 8 de dezembro de 2021 (²)

Altera a Constituição Federal e o Ato das Disposições Constitucionais Transitórias para estabelecer o novo regime de pagamentos de precatórios, modificar normas relativas ao Novo Regime Fiscal e autorizar o parcelamento de débitos previdenciários dos Municípios; e dá outras providências.

As Mesas da Câmara dos Deputados e do Senado Federal, nos termos do § 3.º do art. 60 da Constituição Federal, promulgam a seguinte Emenda ao texto constitucional:

---

(1) Publicada no *DOU* de 28-10-2021.

(2) Publicada no *DOU* de 9-12-2021.

Art. 1.º Os arts. 100 e 160 da Constituição Federal passam a vigorar com as seguintes alterações:

•• Alterações já processadas no diploma modificado.

Art. 2.º O Ato das Disposições Constitucionais Transitórias passa a vigorar com as seguintes alterações:

•• Alterações já processadas no diploma modificado.

Art. 3.º Nas discussões e nas condenações que envolvam a Fazenda Pública, independentemente de sua natureza e para fins de atualização monetária, de remuneração do capital e de compensação da mora, inclusive do precatório, haverá a incidência, uma única vez, até o efetivo pagamento, do índice da taxa referencial do Sistema Especial de Liquidação e de Custódia (Selic), acumulado mensalmente.

Art. 4.º Os limites resultantes da aplicação do disposto no inciso II do § 1.º do art. 107 do Ato das Disposições Constitucionais Transitórias serão aplicáveis a partir do exercício de 2021, observado o disposto neste artigo.

•• O art. 107 do ADCT foi revogado pela Emenda Constitucional n. 126, de 21-12-2022.

§ 1.º No exercício de 2021, o eventual aumento dos limites de que trata o *caput* deste artigo fica restrito ao montante de até R$ 15.000.000.000,00 (quinze bilhões de reais), a ser destinado exclusivamente ao atendimento de despesas de vacinação contra a Covid-19 ou relacionadas a ações emergenciais e temporárias de caráter socioeconômico.

§ 2.º As operações de crédito realizadas para custear o aumento de limite referido no § 1.º deste artigo ficam ressalvadas do estabelecido no inciso III do *caput* do art. 167 da Constituição Federal.

§ 3.º As despesas de que trata o § 1.º deste artigo deverão ser atendidas por meio de créditos extraordinários e ter como fonte de recurso o produto de operações de crédito.

§ 4.º A abertura dos créditos extraordinários referidos no § 3.º deste artigo dar-se-á independentemente da observância dos requisitos exigidos no § 3.º do art. 167 da Constituição Federal.

§ 5.º O aumento do limite previsto no § 1.º deste artigo será destinado, ainda, ao atendimento de despesas de programa de transferência de renda.

•• § 5.º acrescentado pela Emenda Constitucional n. 114, de 16-12-2021.

§ 6.º O aumento do limite decorrente da aplicação do disposto no inciso II do § 1.º do art. 107 do Ato das Disposições Constitucionais Transitórias deverá, no exercício de 2022, ser destinado somente ao atendimento das despesas de ampliação de programas sociais de combate à pobreza e à extrema pobreza, nos termos do parágrafo único do art. 6.º e do inciso VI do *caput* do art. 203 da Constituição Federal, à saúde, à previdência e à assistência social.

•• § 6.º acrescentado pela Emenda Constitucional n. 114, de 16-12-2021.

•• O art. 107 do ADCT foi revogado pela Emenda Constitucional n. 126, de 21-12-2022.

Art. 5.º As alterações relativas ao regime de pagamento dos precatórios aplicam-se a todos os requisitórios já expedidos, inclusive no orçamento fiscal e da seguridade social do exercício de 2022.

Art. 6.º Revoga-se o art. 108 do Ato das Disposições Constitucionais Transitórias.

Art. 7.º Esta Emenda Constitucional entra em vigor na data de sua publicação.

Brasília, em 8 de dezembro de 2021.

Mesa da Câmara dos Deputados
Deputado ARTHUR LIRA
Presidente

Mesa do Senado Federal
Senador RODRIGO PACHECO
Presidente

Emenda Constitucional n. 114, de 16 de dezembro de 2021 [1]

Altera a Constituição Federal e o Ato das Disposições Constitucionais Transi-.

---

(1) Publicada no *DOU* de 17-12-2021.

tórias para estabelecer o novo regime de pagamentos de precatórios, modificar normas relativas ao Novo Regime Fiscal e autorizar o parcelamento de débitos previdenciários dos Municípios; e dá outras providências.

As Mesas da Câmara dos Deputados e do Senado Federal, nos termos do § 3.º do art. 60 da Constituição Federal, promulgam a seguinte Emenda ao texto constitucional:

Art. 1.º Os arts. 6.º, 100 e 203 da Constituição Federal passam a vigorar com as seguintes alterações:

•• Alterações já processadas no diploma modificado.

Art. 2.º O Ato das Disposições Constitucionais Transitórias passa a vigorar acrescido dos seguintes arts. 107-A e 118:

•• Alterações já processadas no diploma modificado.

Art. 3.º O art. 4.º da Emenda Constitucional n. 113, de 8 de dezembro de 2021, passa a vigorar acrescido dos seguintes §§ 5.º e 6.º:

•• Alterações já processadas no diploma modificado.

Art. 4.º Os precatórios decorrentes de demandas relativas à complementação da União aos Estados e aos Municípios por conta do Fundo de Manutenção e Desenvolvimento do Ensino Fundamental e de Valorização do Magistério (Fundef) serão pagos em 3 (três) parcelas anuais e sucessivas, da seguinte forma:

I – 40% (quarenta por cento) no primeiro ano;

II – 30% (trinta por cento) no segundo ano;

III – 30% (trinta por cento) no terceiro ano.

Parágrafo único. Não se incluem nos limites estabelecidos nos arts. 107 e 107-A do Ato das Disposições Constitucionais Transitórias, a partir de 2022, as despesas para os fins de que trata este artigo.

•• O art. 107 do ADCT foi revogado pela Emenda Constitucional n. 126, de 21-12-2022.

Art. 5.º As receitas que os Estados e os Municípios receberem a título de pagamentos da União por força de ações judiciais que tenham por objeto a complementação de parcela desta no Fundo de Manutenção e Desenvolvimento do Ensino Fundamental e de Valorização do Magistério (Fundef) deverão ser aplicadas na manutenção e desenvolvimento do ensino fundamental público e na valorização de seu magistério, conforme destinação originária do Fundo.

Parágrafo único. Da aplicação de que trata o *caput* deste artigo, no mínimo 60% (sessenta por cento) deverão ser repassados aos profissionais do magistério, inclusive aposentados e pensionistas, na forma de abono, vedada a incorporação na remuneração, na aposentadoria ou na pensão.

Art. 6.º No prazo de 1 (um) ano a contar da promulgação desta Emenda Constitucional, o Congresso Nacional promoverá, por meio de comissão mista, exame analítico dos atos, dos fatos e das políticas públicas com maior potencial gerador de precatórios e de sentenças judiciais contrárias à Fazenda Pública da União.

•• O STF, na ADI n. 7.064, na sessão virtual extraordinária de 30-11-2023 (*DJE* de 1.º-12-2023), converteu o julgamento da medida cautelar em julgamento de mérito e conheceu da presente ação direta, para julgá-la parcialmente procedente, para declarar a inconstitucionalidade deste artigo, bem como "reconhecer que o cumprimento integral do teor desta decisão insere-se nas exceções descritas no art. 3.º, § 2.º, da Lei Complementar 200/23, que institui o Novo Regime Fiscal Sustentável, cujos valores não serão considerados exclusivamente para fins de verificação do cumprimento da meta de resultado primário a que se refere o art. 4.º, § 1.º, da Lei Complementar n. 101, de 4 de maio de 2000, prevista na lei de diretrizes orçamentárias em que for realizado o pagamento".

§ 1.º A comissão atuará em cooperação com o Conselho Nacional de Justiça e com o auxílio do Tribunal de Contas da União e poderá requisitar informações e documentos de órgãos e entidades da administração pública direta e indireta de qualquer dos Poderes da União, dos Estados, do Distrito Federal e dos Municípios, buscando identificar medidas legislativas a serem adotadas com vistas a trazer maior segurança jurídica no âmbito federal.

§ 2.º O exame de que trata o *caput* deste artigo analisará os mecanismos de aferição de risco fiscal e de prognóstico de efetivo pagamento de valores decorrentes de decisão judicial, segregando esses pagamentos por tipo de risco e priorizando os temas que possuam maior impacto financeiro.

§ 3.º Apurados os resultados, o Congresso Nacional encaminhará suas conclusões aos presidentes do Supremo Tribunal Federal e do Superior Tribunal de Justiça, para a adoção de medidas de sua competência.

Art. 7.º Os entes da Federação que tiverem descumprido a medida prevista no art. 4.º da Lei Complementar n. 156, de 28 de dezembro de 2016, e que optarem por não firmar termo aditivo na forma do que prevê o art. 4.º-A da referida Lei Complementar poderão restituir à União os valores diferidos por força do prazo adicional proporcionalmente à quantidade de prestações remanescentes dos respectivos contratos, aplicados os encargos contratuais de adimplência e desde que adotem, durante o prazo de restituição dos valores para a União, as medidas previstas no art. 167-A da Constituição Federal.

Art. 8.º Esta Emenda Constitucional entra em vigor:

I – a partir de 2022, para a alteração no § 5.º do art. 100 da Constituição Federal, constante do art. 1.º desta Emenda Constitucional;

II – na data de sua publicação, para os demais dispositivos.

Brasília, em 16 de dezembro de 2021.

Mesa da Câmara dos Deputados

Deputado ARTHUR LIRA
Presidente

Mesa do Senado Federal

Senador RODRIGO PACHECO
Presidente

Emenda Constitucional n. 115,
de 10 de fevereiro de 2022 (¹)

Altera a Constituição Federal para incluir a proteção de dados pessoais entre os direitos e garantias fundamentais e para fixar a competência privativa da União para legislar sobre proteção e tratamento de dados pessoais.

As Mesas da Câmara dos Deputados e do Senado Federal, nos termos do § 3.º do art. 60 da Constituição Federal, promulgam a seguinte Emenda ao texto constitucional:

Art. 1.º O *caput* do art. 5.º da Constituição Federal passa a vigorar acrescido do seguinte inciso LXXIX:

•• Alteração já processada no diploma modificado.

Art. 2.º O *caput* do art. 21 da Constituição Federal passa a vigorar acrescido do seguinte inciso XXVI:

•• Alteração já processada no diploma modificado.

Art. 3.º O *caput* do art. 22 da Constituição Federal passa a vigorar acrescido do seguinte inciso XXX:

•• Alteração já processada no diploma modificado.

Art. 4.º Esta Emenda Constitucional entra em vigor na data de sua publicação.

Brasília, em 10 de fevereiro de 2022.

Mesa da Câmara dos Deputados

Deputado ARTHUR LIRA
Presidente

Mesa do Senado Federal

Senador RODRIGO PACHECO
Presidente

Emenda Constitucional n. 116,
de 17 de fevereiro de 2022 (²)

Acrescenta § 1.º-A ao art. 156 da Constituição Federal para prever a não incidência sobre templos de qualquer culto do Imposto sobre a Propriedade Predial e Territorial Urbana (IPTU), ainda que as

---

(1) Publicada no *DOU* de 11-2-2022.

(2) Publicada no *DOU* de 18-2-2022.

entidades abrangidas pela imunidade tributária sejam apenas locatárias do bem imóvel.

As Mesas da Câmara dos Deputados e do Senado Federal, nos termos do § 3º do art. 60 da Constituição Federal, promulgam a seguinte Emenda ao texto constitucional:

Art. 1.º O art. 156 da Constituição Federal passa a vigorar acrescido do seguinte § 1º-A:

•• Alteração já processada no diploma modificado.

Art. 2.º Esta Emenda Constitucional entra em vigor na data de sua publicação.

Brasília, em 17 de fevereiro de 2022

Mesa da Câmara dos Deputados

Deputado ARTHUR LIRA
Presidente

Mesa do Senado Federal

Senador RODRIGO PACHECO
Presidente

Emenda Constitucional n. 117,
de 5 de abril de 2022 (¹)

Altera o art. 17 da Constituição Federal para impor aos partidos políticos a aplicação de recursos do fundo partidário na promoção e difusão da participação política das mulheres, bem como a aplicação de recursos desse fundo e do Fundo Especial de Financiamento de Campanha e a divisão do tempo de propaganda gratuita no rádio e na televisão no percentual mínimo de 30% (trinta por cento) para candidaturas femininas.

As Mesas da Câmara dos Deputados e do Senado Federal, nos termos do § 3.º do art. 60 da Constituição Federal, promulgam a seguinte Emenda ao texto constitucional:

Art. 1.º O art. 17 da Constituição Federal passa a vigorar acrescido dos seguintes §§ 7.º e 8.º:

•• Alteração já processada no diploma modificado.

Art. 2.º Aos partidos políticos que não tenham utilizado os recursos destinados aos programas de promoção e difusão da participação política das mulheres ou cujos valores destinados a essa finalidade não tenham sido reconhecidos pela Justiça Eleitoral é assegurada a utilização desses valores nas eleições subsequentes, vedada a condenação pela Justiça Eleitoral nos processos de prestação de contas de exercícios financeiros anteriores que ainda não tenham transitado em julgado até a data de promulgação desta Emenda Constitucional.

Art. 3.º Não serão aplicadas sanções de qualquer natureza, inclusive de devolução de valores, multa ou suspensão do fundo partidário, aos partidos que não preencheram a cota mínima de recursos ou que não destinaram os valores mínimos em razão de sexo e raça em eleições ocorridas antes da promulgação desta Emenda Constitucional.

Art. 4.º Esta Emenda Constitucional entra em vigor na data de sua publicação.

Brasília, em 5 de abril de 2022.

Mesa da Câmara dos Deputados

Deputado ARTHUR LIRA
Presidente

Mesa do Senado Federal

Senador RODRIGO PACHECO
Presidente

Emenda Constitucional n. 118,
de 26 de abril de 2022 (²)

Dá nova redação às alíneas b e c do inciso XXIII do caput do art. 21 da Constitui-

---

(1) Publicada no *DOU* de 6-4-2022.

(2) Publicada no *DOU* de 27-4-2022.

ção Federal, para autorizar a produção, a comercialização e a utilização de radioisótopos para pesquisa e uso médicos.

As Mesas da Câmara dos Deputados e do Senado Federal, nos termos do § 3.º do art. 60 da Constituição Federal, promulgam a seguinte Emenda ao texto constitucional:

Art. 1.º As alíneas *b* e *c* do inciso XXIII do *caput* do art. 21 da Constituição Federal passam a vigorar com a seguinte redação:

•• Alteração já processada no diploma modificado.

Art. 2.º Esta Emenda Constitucional entra em vigor na data de sua publicação.

Brasília, em 26 de abril de 2022.

Mesa da Câmara dos Deputados
Deputado ARTHUR LIRA
Presidente

Mesa do Senado Federal
Senador RODRIGO PACHECO
Presidente

Emenda Constitucional n. 119,
de 27 de abril de 2022 ([1])

Altera o Ato das Disposições Constitucionais Transitórias para determinar a impossibilidade de responsabilização dos Estados, do Distrito Federal, dos Municípios e dos agentes públicos desses entes federados pelo descumprimento, nos exercícios financeiros de 2020 e 2021, do disposto no caput do art. 212 da Constituição Federal; e dá outras providências.

As Mesas da Câmara dos Deputados e do Senado Federal, nos termos do § 3.º do art. 60 da Constituição Federal, promulgam a seguinte Emenda ao texto constitucional:

Art. 1.º O Ato das Disposições Constitucionais Transitórias passa a vigorar acrescido do seguinte art. 119:

•• Alteração já processada no diploma modificado.

Art. 2.º O disposto no *caput* do art. 119 do Ato das Disposições Constitucionais Transitórias impede a aplicação de quaisquer penalidades, sanções ou restrições aos entes subnacionais para fins cadastrais, de aprovação e de celebração de ajustes onerosos ou não, incluídas a contratação, a renovação ou a celebração de aditivos de quaisquer tipos, de ajustes e de convênios, entre outros, inclusive em relação à possibilidade de execução financeira desses ajustes e de recebimento de recursos do orçamento geral da União por meio de transferências voluntárias.

Parágrafo único. O disposto no *caput* do art. 119 do Ato das Disposições Constitucionais Transitórias também obsta a ocorrência dos efeitos do inciso III do *caput* do art. 35 da Constituição Federal.

Art. 3.º Esta Emenda Constitucional entra em vigor na data de sua publicação.

Brasília, em 27 de abril de 2022.

Mesa da Câmara dos Deputados
Deputado ARTHUR LIRA
Presidente

Mesa do Senado Federal
Senador RODRIGO PACHECO
Presidente

Emenda Constitucional n. 120,
de 5 de maio de 2022 ([2])

Acrescenta §§ 7.º, 8.º, 9.º, 10 e 11 ao art. 198 da Constituição Federal, para

---

(1) Publicada no *DOU* de 28-4-2022.

(2) Publicada no *DOU* de 6-5-2022.

dispor sobre a responsabilidade financeira da União, corresponsável pelo Sistema Único de Saúde (SUS), na política remuneratória e na valorização dos profissionais que exercem atividades de agente comunitário de saúde e de agente de combate às endemias.

As Mesas da Câmara dos Deputados e do Senado Federal, nos termos do § 3.º do art. 60 da Constituição Federal, promulgam a seguinte Emenda ao texto constitucional:

Art. 1.º O art. 198 da Constituição Federal passa a vigorar acrescido dos seguintes §§ 7.º, 8.º, 9º, 10 e 11:

•• Alteração já processada no diploma modificado.

Art. 2.º Esta Emenda Constitucional entra em vigor na data de sua publicação.

Brasília, em 5 de maio de 2022.

Mesa da Câmara dos Deputados
Deputado ARTHUR LIRA
Presidente

Mesa do Senado Federal
Senador RODRIGO PACHECO
Presidente

Emenda Constitucional n. 121,
de 10 de maio de 2022 [1]

Altera o inciso IV do § 2.º do art. 4.º da Emenda Constitucional n. 109, de 15 de março de 2021.

As Mesas da Câmara dos Deputados e do Senado Federal, nos termos do § 3.º do art. 60 da Constituição Federal, promulgam a seguinte Emenda ao texto constitucional:

Art. 1.º O inciso IV do § 2.º do art. 4.º da Emenda Constitucional n. 109, de 15 de março de 2021, passa a vigorar com a seguinte redação:

•• Alteração já processada no diploma modificado.

Art. 2.º Esta Emenda Constitucional entra em vigor na data de sua publicação.

Brasília, em 10 de maio de 2022.

Mesa da Câmara dos Deputados
Deputado ARTHUR LIRA
Presidente

Mesa do Senado Federal
Senador RODRIGO PACHECO
Presidente

Emenda Constitucional n. 122,
de 17 de maio de 2022 [2]

Altera a Constituição Federal para elevar para setenta anos a idade máxima para a escolha e nomeação de membros do Supremo Tribunal Federal, do Superior Tribunal de Justiça, dos Tribunais Regionais Federais, do Tribunal Superior do Trabalho, dos Tribunais Regionais do Trabalho, do Tribunal de Contas da União e dos Ministros civis do Superior Tribunal Militar.

As Mesas da Câmara dos Deputados e do Senado Federal, nos termos do § 3.º do art. 60 da Constituição Federal, promulgam a seguinte Emenda ao texto constitucional:

Art. 1.º Os arts. 73, 101, 104, 107, 111-A, 115 e 123 da Constituição Federal passam a vigorar com as seguintes alterações:

•• Alteração já processada no diploma modificado.

•• Os arts. 107 e 111-A do ADCT foram revogados pela Emenda Constitucional n. 126, de 21-12-2022.

---

(1) Publicada no *DOU* de 11-5-2022.

(2) Publicada no *DOU* de 18-5-2022.

Art. 2.º Esta Emenda Constitucional entra em vigor na data de sua publicação.

Brasília, em 17 de maio de 2022.

Mesa da Câmara dos Deputados

Deputado ARTHUR LIRA
Presidente

Mesa do Senado Federal

Senador RODRIGO PACHECO
Presidente

Emenda Constitucional n. 123, de 14 de julho de 2022 (¹)

Altera o art. 225 da Constituição Federal para estabelecer diferencial de competitividade para os biocombustíveis; inclui o art. 120 no Ato das Disposições Constitucionais Transitórias para reconhecer o estado de emergência decorrente da elevação extraordinária e imprevisível dos preços do petróleo, combustíveis e seus derivados e dos impactos sociais dela decorrentes; autoriza a União a entregar auxílio financeiro aos Estados e ao Distrito Federal que outorgarem créditos tributários do Imposto sobre Operações relativas à Circulação de Mercadorias e sobre Prestações de Serviços de Transporte Interestadual e Intermunicipal e de Comunicação (ICMS) aos produtores e distribuidores de etanol hidratado; expande o auxílio Gás dos Brasileiros, de que trata a Lei n. 14.237, de 19 de novembro de 2021; institui auxílio para caminhoneiros autônomos; expande o Programa Auxílio Brasil, de que trata a Lei n. 14.284, de 29 de dezembro de 2021; e institui auxílio para entes da Federação financiarem a gratuidade do transporte público.

As Mesas da Câmara dos Deputados e do Senado Federal, nos termos do § 3.º do art. 60 da Constituição Federal, promulgam a seguinte Emenda ao texto constitucional:

Art. 1.º Esta Emenda Constitucional dispõe sobre o estabelecimento de diferencial de competitividade para os biocombustíveis e sobre medidas para atenuar os efeitos do estado de emergência decorrente da elevação extraordinária e imprevisível dos preços do petróleo, combustíveis e seus derivados e dos impactos sociais dela decorrentes.

- •• O STF, na ADI n. 7.212, no plenário de 1.º-8-2024 (*DOU* de 13-8-2024), por maioria, conheceu integralmente da ação direta e julgou parcialmente procedente o pedido formulado, para declarar a inconstitucionalidade, com efeitos ex nunc, da expressão e das medidas para atenuar os efeitos do estado de emergência decorrente da elevação extraordinária e imprevisível dos preços do petróleo, combustíveis e seus derivados e dos impactos sociais dela decorrentes, constante neste artigo.

Art. 2.º O § 1.º do art. 225 da Constituição Federal passa a vigorar acrescido do seguinte inciso VIII:

- •• Alteração já processada no diploma modificado.

Art. 3.º O Ato das Disposições Constitucionais Transitórias passa a vigorar acrescido do seguinte art. 120:

- •• Alteração já processada no diploma modificado.
- •• O STF, na ADI n. 7.212, no plenário de 1.º-8-2024 (*DOU* de 13-8-2024), por maioria, conheceu integralmente da ação direta e julgou parcialmente procedente o pedido formulado, para declarar a inconstitucionalidade, com efeitos ex nunc, deste artigo.

Art. 4.º Enquanto não entrar em vigor a lei complementar a que se refere o inciso VIII do § 1.º do art. 225 da Constituição Federal, o diferencial competitivo dos biocombustíveis destinados ao consumo final em relação aos combustíveis fósseis será garantido pela manutenção, em termos percentuais, da diferença entre as alíquotas aplicáveis a cada combustível fóssil e aos biocombustíveis que lhe sejam substitutos em patamar igual ou superior ao vigente em 15 de maio de 2022.

---

(1) Publicada no *DOU* de 15-7-2022.

§ 1.º Alternativamente ao disposto no *caput* deste artigo, quando o diferencial competitivo não for determinado pelas alíquotas, ele será garantido pela manutenção do diferencial da carga tributária efetiva entre os combustíveis.

§ 2.º No período de 20 (vinte) anos após a promulgação desta Emenda Constitucional, a lei complementar federal não poderá estabelecer diferencial competitivo em patamar inferior ao referido no *caput* deste artigo.

§ 3.º A modificação, por proposição legislativa estadual ou federal ou por decisão judicial com efeito erga omnes, das alíquotas aplicáveis a um combustível fóssil implicará automática alteração das alíquotas aplicáveis aos biocombustíveis destinados ao consumo final que lhe sejam substitutos, a fim de, no mínimo, manter a diferença de alíquotas existente anteriormente.

§ 4.º A lei complementar a que se refere o inciso VIII do § 1.º do art. 225 da Constituição Federal disporá sobre critérios ou mecanismos para assegurar o diferencial competitivo dos biocombustíveis destinados ao consumo final na hipótese de ser implantada, para o combustível fóssil de que são substitutos, a sistemática de recolhimento de que trata a alínea *h* do inciso XII do § 2.º do art. 155 da Constituição Federal.

§ 5.º Na aplicação deste artigo, é dispensada a observância do disposto no inciso VI do § 2.º do art. 155 da Constituição Federal.

Art. 5.º Observado o disposto no art. 120 do Ato das Disposições Constitucionais Transitórias, a União, como únicas e exclusivas medidas a que se refere o parágrafo único do referido dispositivo, excluída a possibilidade de adoção de quaisquer outras:

•• O STF, na ADI n. 7.212, no plenário de 1.º-8-2024 (*DOU* de 13-8-2024), por maioria, conheceu integralmente da ação direta e julgou parcialmente procedente o pedido formulado, para declarar a inconstitucionalidade, com efeitos ex nunc, deste artigo.

I – assegurará a extensão do Programa Auxílio Brasil, de que trata a Lei n. 14.284, de 29 de dezembro de 2021, às famílias elegíveis na data de promulgação desta Emenda Constitucional, e concederá às famílias beneficiárias desse programa acréscimo mensal extraordinário, durante 5 (cinco) meses, de R$ 200,00 (duzentos reais), no período de 1.º de agosto a 31 de dezembro de 2022, até o limite de R$ 26.000.000.000,00 (vinte e seis bilhões de reais), incluídos os valores essencialmente necessários para a implementação do benefício, vedado o uso para qualquer tipo de publicidade institucional;

II – assegurará às famílias beneficiadas pelo auxílio Gás dos Brasileiros, de que trata a Lei n. 14.237, de 19 de novembro de 2021, a cada bimestre, entre 1.º de julho e 31 de dezembro de 2022, valor monetário correspondente a 1 (uma) parcela extraordinária adicional de 50% (cinquenta por cento) da média do preço nacional de referência do botijão de 13 kg (treze quilogramas) de gás liquefeito de petróleo (GLP), estabelecido pelo Sistema de Levantamento de Preços (SLP) da Agência Nacional do Petróleo, Gás Natural e Biocombustíveis (ANP), nos 6 (seis) meses anteriores, até o limite de R$ 1.050.000.000,00 (um bilhão e cinquenta milhões de reais), incluídos os valores essencialmente necessários para a implementação do benefício, vedado o uso para qualquer tipo de publicidade institucional;

III – concederá, entre 1.º de julho e 31 de dezembro de 2022, aos Transportadores Autônomos de Cargas devidamente cadastrados no Registro Nacional de Transportadores Rodoviários de Cargas (RNTRC) até a data de 31 de maio de 2022, auxílio de R$ 1.000,00 (mil reais) mensais, até o limite de R$ 5.400.000.000,00 (cinco bilhões e quatrocentos milhões de reais);

IV – aportará à União, aos Estados, ao Distrito Federal e aos Municípios que dispõem de serviços regulares em operação de transporte público coletivo urbano, semiurbano ou metropolitano assistência financeira em caráter emergencial no valor de R$ 2.500.000.000,00 (dois bilhões e quinhentos milhões de reais), a serem utilizados para auxílio no custeio ao direito previsto no § 2.º do art. 230 da Constituição Federal, regulamentado no art. 39 da Lei n.

10.741, de 1.º de outubro de 2003 (Estatuto do Idoso), até 31 de dezembro de 2022;

V – entregará na forma de auxílio financeiro o valor de até R$ 3.800.000.000,00 (três bilhões e oitocentos milhões de reais), em 5 (cinco) parcelas mensais no valor de até R$ 760.000.000,00 (setecentos e sessenta milhões de reais) cada uma, de agosto a dezembro de 2022, exclusivamente para os Estados e o Distrito Federal que outorgarem créditos tributários do Imposto sobre Operações relativas à Circulação de Mercadorias e sobre Prestações de Serviços de Transporte Interestadual e Intermunicipal e de Comunicação (ICMS) aos produtores ou distribuidores de etanol hidratado em seu território, em montante equivalente ao valor recebido;

•• A Portaria n. 7.740, de 29-8-2022, do Ministério da Economia, regulamenta a entrega do auxílio financeiro para Estados e Distrito Federal, de que trata este inciso V.

VI – concederá, entre 1.º de julho e 31 de dezembro de 2022, aos motoristas de táxi devidamente registrados até 31 de maio de 2022, auxílio até o limite de R$ 2.000.000.000,00 (dois bilhões de reais);

VII – assegurará ao Programa Alimenta Brasil, de que trata a Lei n. 14.284, de 29 de dezembro de 2021, a suplementação orçamentária de R$ 500.000.000,00 (quinhentos milhões de reais).

§ 1.º O acréscimo mensal extraordinário de que trata o inciso I do *caput* deste artigo será complementar à soma dos benefícios previstos nos incisos I, II, III e IV do *caput* do art. 4.º da Lei n. 14.284, de 29 de dezembro de 2021, e não será considerado para fins de cálculo do benefício previsto na Lei n. 14.342, de 18 de maio de 2022.

§ 2.º A parcela extraordinária de que trata o inciso II do *caput* deste artigo será complementar ao previsto no art. 3.º da Lei n. 14.237, de 19 de novembro de 2021.

§ 3.º O auxílio de que trata o inciso III do *caput* deste artigo observará o seguinte:

I – terá por objetivo auxiliar os Transportadores Autônomos de Cargas em decorrência do estado de emergência de que trata o *caput* do art. 120 do Ato das Disposições Constitucionais Transitórias;

II – será concedido para cada Transportador Autônomo de Cargas, independentemente do número de veículos que possuir;

III – será recebido independentemente de comprovação da aquisição de óleo diesel;

IV – será disponibilizada pelo Poder Executivo solução tecnológica em suporte à operacionalização dos pagamentos do auxílio; e

V – para fins de pagamento do auxílio, será definido pelo Ministério do Trabalho e Previdência o operador bancário responsável, entre as instituições financeiras federais, pela operacionalização dos pagamentos.

§ 4.º O aporte de recursos da União para os Estados, para o Distrito Federal e para os Municípios de que trata o inciso IV do *caput* deste artigo observará o seguinte:

I – terá função de complementariedade aos subsídios tarifários, subsídios orçamentários e aportes de recursos de todos os gêneros concedidos pelos Estados, pelo Distrito Federal e pelos Municípios, bem como às gratuidades e aos demais custeios do sistema de transporte público coletivo suportados por esses entes;

II – será concedido em observância à premissa de equilíbrio econômico financeiro dos contratos de concessão do transporte público coletivo e às diretrizes da modicidade tarifária;

III – será repassado a qualquer fundo apto a recebê-lo, inclusive aos que já recebem recursos federais, ou a qualquer conta bancária aberta especificamente para esse fim, ressalvada a necessidade de que o aporte se vincule estritamente à assistência financeira para a qual foi instituído;

IV – será distribuído em proporção à população maior de 65 (sessenta e cinco) anos residente no Distrito Federal e nos Municípios que dispõem de serviços de transporte público coletivo urbano intramunicipal regular em operação;

V – serão retidos 30% (trinta por cento) pela União e repassados aos respectivos entes estaduais ou a órgão da União responsáveis pela gestão do serviço, nos casos de Municípios atendidos por redes de transporte público coletivo intermunicipal ou interestadual de caráter urbano ou semiurbano;

VI – será integralmente entregue ao Município responsável pela gestão, nos casos de Municípios responsáveis pela gestão do sistema de transporte público integrado metropolitano, considerado o somatório da população maior de 65 (sessenta e cinco) anos residente nos Municípios que compõem a região metropolitana administrada;

VII – será distribuído com base na estimativa populacional mais atualizada publicada pelo Departamento de Informática do Sistema Único de Saúde (DataSUS) a partir de dados da Fundação Instituto Brasileiro de Geografia e Estatística (IBGE); e

VIII – será entregue somente aos entes federados que comprovarem possuir, em funcionamento, sistema de transporte público coletivo de caráter urbano, semiurbano ou metropolitano, na forma do regulamento.

§ 5.º Os créditos de que trata o inciso V do *caput* deste artigo observarão o seguinte:

I – deverão ser outorgados até 31 de dezembro de 2022, podendo ser aproveitados nos exercícios posteriores;

II – terão por objetivo reduzir a carga tributária da cadeia produtiva do etanol hidratado, de modo a manter diferencial competitivo em relação à gasolina;

III – serão proporcionais à participação dos Estados e do Distrito Federal em relação ao consumo total do etanol hidratado em todos os Estados e no Distrito Federal no ano de 2021;

IV – seu recebimento pelos Estados ou pelo Distrito Federal importará na renúncia ao direito sobre o qual se funda eventual ação que tenha como causa de pedir, direta ou indiretamente, qualquer tipo de indenização relativa a eventual perda de arrecadação decorrente da adoção do crédito presumido de que trata o inciso V do *caput* deste artigo nas operações com etanol hidratado em seu território;

V – o auxílio financeiro será entregue pela Secretaria do Tesouro Nacional da Secretaria Especial do Tesouro e Orçamento do Ministério da Economia, mediante depósito, no Banco do Brasil S.A., na mesma conta bancária em que são depositados os repasses regulares do Fundo de Participação dos Estados e do Distrito Federal (FPE), da seguinte forma:

a) primeira parcela até o dia 31 de agosto de 2022;

b) segunda parcela até o dia 30 de setembro de 2022;

c) terceira parcela até o dia 31 de outubro de 2022;

d) quarta parcela até o dia 30 de novembro de 2022;

e) quinta parcela até o dia 27 de dezembro de 2022;

VI – serão livres de vinculações a atividades ou a setores específicos, observadas:

a) a repartição com os Municípios na proporção a que se refere o inciso IV do *caput* do art. 158 da Constituição Federal;

b) a inclusão na base de cálculo para efeitos de aplicação do art. 212 e do inciso II do *caput* do art. 212-A da Constituição Federal;

VII – serão entregues após a aprovação de norma específica, independentemente da deliberação de que trata a alínea *g* do inciso XII do § 2.º do art. 155 da Constituição Federal; e

VIII – serão incluídos, como receita, no orçamento do ente beneficiário do auxílio e, como despesa, no orçamento da União e deverão ser deduzidos da receita corrente líquida da União.

§ 6.º O auxílio de que trata o inciso VI do *caput* deste artigo:

I – considerará taxistas os profissionais que residam e trabalhem no Brasil, comprovado mediante apresentação do documento de permissão para prestação do serviço emitido pelo poder público municipal ou distrital;

II – será regulamentado pelo Poder Executivo quanto à formação do cadastro para sua operacionalização, à sistemática de seu pagamento e ao seu valor.

§ 7.º Compete aos ministérios setoriais, no âmbito de suas competências, a edição de atos complementares à implementação dos benefícios previstos nos incisos I, II, III e IV do *caput* deste artigo.

Art. 6.º Até 31 de dezembro de 2022, a alíquota de tributos incidentes sobre a gasolina poderá ser fixada em zero, desde que a alíquota do mesmo tributo incidente sobre o etanol hidratado também seja fixada em zero.

•• O STF, na ADI n. 7.212, no plenário de 1.º-8-2024 (*DOU* de 13-8-2024), por maioria, conheceu integralmente da ação direta e julgou parcialmente procedente o pedido formulado, para declarar a inconstitucionalidade, com efeitos ex nunc, deste artigo.

Art. 7.º Esta Emenda Constitucional entra em vigor na data de sua publicação.

Brasília, em 14 de julho de 2022.

Mesa da Câmara dos Deputados

Deputado ARTHUR LIRA
Presidente

Mesa do Senado Federal

Senador RODRIGO PACHECO
Presidente

Emenda Constitucional n. 124,
de 14 de julho de 2022 ([1])

> *Institui o piso salarial nacional do enfermeiro, do técnico de enfermagem, do auxiliar de enfermagem e da parteira.*

As Mesas da Câmara dos Deputados e do Senado Federal, nos termos do § 3.º do art. 60 da Constituição Federal, promulgam a seguinte Emenda ao texto constitucional:

Art. 1.º O art. 198 da Constituição Federal passa a vigorar acrescido dos seguintes §§ 12 e 13:

•• Alteração já processada no diploma modificado.

Art. 2.º Esta Emenda Constitucional entra em vigor na data de sua publicação.

Brasília, em 14 de julho de 2022.

Mesa da Câmara dos Deputados

Deputado ARTHUR LIRA
Presidente

Mesa do Senado Federal

Senador RODRIGO PACHECO
Presidente

Emenda Constitucional n. 125,
de 14 de julho de 2022 ([2])

> *Altera o art. 105 da Constituição Federal para instituir no recurso especial o requisito da relevância das questões de direito federal infraconstitucional.*

As Mesas da Câmara dos Deputados e do Senado Federal, nos termos do § 3.º do art. 60 da Constituição Federal, promulgam a seguinte Emenda ao texto constitucional:

Art. 1.º O art. 105 da Constituição Federal passa a vigorar com as seguintes alterações:

•• Alteração já processada no diploma modificado.

Art. 2.º A relevância de que trata o § 2.º do art. 105 da Constituição Federal será exigida nos recursos especiais interpostos após a entrada em vigor desta Emenda Constitucional, ocasião em que a parte poderá atualizar o valor da causa para os fins de que trata o inciso III do § 3.º do referido artigo.

---

(1) Publicada no *DOU* de 15-7-2022.

(2) Publicada no *DOU* de 15-7-2022.

Art. 3.º Esta Emenda Constitucional entra em vigor na data de sua publicação.

Brasília, em 14 de julho de 2022.

Mesa da Câmara dos Deputados

Deputado ARTHUR LIRA
Presidente

Mesa do Senado Federal

Senador RODRIGO PACHECO
Presidente

Emenda Constitucional n. 126,
de 21 de dezembro de 2022 [1]

> *Altera a Constituição Federal, para dispor sobre as emendas individuais ao projeto de lei orçamentária, e o Ato das Disposições Constitucionais Transitórias para excluir despesas dos limites previstos no art. 107; define regras para a transição da Presidência da República aplicáveis à Lei Orçamentária de 2023; e dá outras providências.*

As Mesas da Câmara dos Deputados e do Senado Federal, nos termos do § 3.º do art. 60 da Constituição Federal, promulgam a seguinte Emenda ao texto constitucional:

Art. 1.º A Constituição Federal passa a vigorar com as seguintes alterações:

•• Alteração já processada no diploma modificado.

Art. 2.º O Ato das Disposições Constitucionais Transitórias passa a vigorar com as seguintes alterações:

•• Alteração já processada no diploma modificado.

•• *Vide* arts. 6.º e 9.º da Emenda Constitucional n. 126, de 21-12-2022.

---

(1) Publicada no *DOU* de 22-12-2022.

Art. 3.º O limite estabelecido no inciso I do *caput* do art. 107 do Ato das Disposições Constitucionais Transitórias fica acrescido em R$ 145.000.000.000,00 (cento e quarenta e cinco bilhões de reais) para o exercício financeiro de 2023.

•• O art. 107 do ADCT foi revogado pela Emenda Constitucional n. 126, de 21-12-2022.

Parágrafo único. As despesas decorrentes do aumento de limite previsto no *caput* deste artigo não serão consideradas para fins de verificação do cumprimento da meta de resultado primário estabelecida no *caput* do art. 2.º da Lei n. 14.436, de 9 de agosto de 2022, e ficam ressalvadas, no exercício financeiro de 2023, do disposto no inciso III do *caput* do art. 167 da Constituição Federal.

Art. 4.º Os atos editados em 2023 relativos ao programa de que trata o art. 2.º da Lei n. 14.284, de 29 de dezembro de 2021, ou ao programa que vier a substituí-lo, e ao programa auxílio Gás dos Brasileiros, de que trata a Lei n. 14.237, de 19 de novembro de 2021, ficam dispensados da observância das limitações legais quanto à criação, à expansão ou ao aperfeiçoamento de ação governamental, inclusive quanto à necessidade de compensação.

Parágrafo único. O disposto no *caput* deste artigo não se aplica a atos cujos efeitos financeiros tenham início a partir do exercício de 2024.

Art. 5º. Para o exercício financeiro de 2023, a ampliação de dotações orçamentárias sujeitas ao limite previsto no inciso I do *caput* do art. 107 do Ato das Disposições Constitucionais Transitórias prevista nesta Emenda Constitucional poderá ser destinada ao atendimento de solicitações das comissões permanentes do Congresso Nacional ou de suas Casas.

•• O art. 107 do ADCT foi revogado pela Emenda Constitucional n. 126, de 21-12-2022.

§ 1.º Fica o relator-geral do Projeto de Lei Orçamentária de 2023 autorizado a apresentar emendas para a ampliação de dotações orçamentárias referida no *caput* deste artigo.

§ 2.º As emendas referidas no § 1.º deste artigo:

I – não se sujeitam aos limites aplicáveis às emendas ao projeto de lei orçamentária;

II – devem ser classificadas de acordo com as alíneas a ou b do inciso II do § 4.º do art. 7.º da Lei n. 14.436, de 9 de agosto de 2022.

§ 3.º O disposto no *caput* deste artigo não impede os cancelamentos necessários à abertura de créditos adicionais.

§ 4.º As ações diretamente destinadas a políticas públicas para mulheres deverão constar entre as diretrizes sobre como a margem aberta será empregada.

Art. 6.º O Presidente da República deverá encaminhar ao Congresso Nacional, até 31 de agosto de 2023, projeto de lei complementar com o objetivo de instituir regime fiscal sustentável para garantir a estabilidade macroeconômica do País e criar as condições adequadas ao crescimento socioeconômico, inclusive quanto à regra estabelecida no inciso III do *caput* do art. 167 da Constituição Federal.

•• A Lei Complementar n. 200, de 30-8-2023, instituiu regime fiscal sustentável para garantir a estabilidade macroeconômica do País e criar as condições adequadas ao crescimento socioeconômico, de que trata este artigo.

Art. 7.º O disposto nesta Emenda Constitucional não altera a base de cálculo estabelecida no § 1.º do art. 107 do Ato das Disposições Constitucionais Transitórias.

•• O art. 107 do ADCT foi revogado pela Emenda Constitucional n. 126, de 21-12-2022.

Art. 8.º Fica o relator-geral do Projeto de Lei Orçamentária de 2023 autorizado a apresentar emendas para ações direcionadas à execução de políticas públicas até o valor de R$ 9.850.000.000,00 (nove bilhões oitocentos e cinquenta milhões de reais), classificadas de acordo com a alínea b do inciso II do § 4.º do art. 7.º da Lei n. 14.436, de 9 de agosto de 2022.

Art. 9.º Ficam revogados os arts. 106, 107, 109, 110, 111, 111-A, 112 e 114 do Ato das Disposições Constitucionais Transitórias após a sanção da lei complementar prevista no art. 6.º desta Emenda Constitucional.

•• A Lei Complementar n. 200, de 30-8-2023, instituiu regime fiscal sustentável para garantir a estabilidade macroeconômica do País e criar as condições adequadas ao crescimento socioeconômico, de que trata este artigo.

Art. 10. Esta Emenda Constitucional entra em vigor na data de sua publicação.

Brasília, em 21 de dezembro de 2022.

Mesa da Câmara dos Deputados

Deputado ARTHUR LIRA
Presidente

Mesa do Senado Federal

Senador RODRIGO PACHECO
Presidente

Emenda Constitucional n. 127,
de 22 de dezembro de 2022 [1]

Altera a Constituição Federal e o Ato das Disposições Constitucionais Transitórias para estabelecer que compete à União prestar assistência financeira complementar aos Estados, ao Distrito Federal e aos Municípios e às entidades filantrópicas, para o cumprimento dos pisos salariais profissionais nacionais para o enfermeiro, o técnico de enfermagem, o auxiliar de enfermagem e a parteira; altera a Emenda Constitucional n. 109, de 15 de março de 2021, para estabelecer o superávit financeiro dos fundos públicos do Poder Executivo como fonte de recursos para o cumprimento dos pisos salariais profissionais nacionais para o enfermeiro, o técnico de enfermagem, o auxiliar de enfermagem e a parteira; e dá outras providências.

As Mesas da Câmara dos Deputados e do Senado Federal, nos termos do § 3.º do art. 60 da Constituição Federal, promulgam a seguinte Emenda ao texto constitucional:

---

(1) Publicada no *DOU* de 23-12-2022.

Art. 1.º O art. 198 da Constituição Federal passa a vigorar acrescido dos seguintes §§ 14 e 15:

•• Alteração já processada no diploma modificado.

Art. 2.º O Ato das Disposições Constitucionais Transitórias passa a vigorar com as seguintes alterações:

•• Alteração já processada no diploma modificado.

Art. 3.º O art. 5.º da Emenda Constitucional n. 109, de 15 de março de 2021, passa a vigorar com as seguintes alterações:

•• Alteração já processada no diploma modificado.

Art. 4.º Poderão ser utilizados como fonte para pagamento da assistência financeira complementar de que trata o § 15 do art. 198 da Constituição Federal os recursos vinculados ao Fundo Social (FS) de que trata o art. 49 da Lei n. 12.351, de 22 de dezembro de 2010, ou de lei que venha a substituí-la, sem prejuízo à parcela que estiver destinada à área de educação.

Parágrafo único. Os recursos previstos no *caput* deste artigo serão acrescidos ao montante aplicado nas ações e serviços públicos de saúde, nos termos da Lei Complementar n. 141, de 13 de janeiro de 2012, ou de lei complementar que venha a substituí-la, e não serão computados para fins dos recursos mínimos de que trata o § 2.º do art. 198 da Constituição Federal.

Art. 5.º Esta Emenda Constitucional entra em vigor na data de sua publicação.

Brasília, em 22 de dezembro de 2022.

Mesa da Câmara dos Deputados
Deputado ARTHUR LIRA
Presidente

Mesa do Senado Federal
Senador RODRIGO PACHECO
Presidente

Emenda Constitucional n. 128,
de 22 de dezembro de 2022 (¹)

Acrescenta § 7.º ao art. 167 da Constituição Federal, para proibir a imposição e a transferência, por lei, de qualquer encargo financeiro decorrente da prestação de serviço público para a União, os Estados, o Distrito Federal e os Municípios.

As Mesas da Câmara dos Deputados e do Senado Federal, nos termos do § 3.º do art. 60 da Constituição Federal, promulgam a seguinte Emenda ao texto constitucional:

Art. 1.º O art. 167 da Constituição Federal passa a vigorar acrescido do seguinte § 7º:

•• Alteração já processada no diploma modificado.

Art. 2.º Esta Emenda Constitucional entra em vigor na data de sua publicação.

Brasília, em 22 de dezembro de 2022.

Mesa da Câmara dos Deputados
Deputado ARTHUR LIRA
Presidente

Mesa do Senado Federal
Senador RODRIGO PACHECO
Presidente

Emenda Constitucional n. 129,
de 5 de julho de 2023 (²)

Acrescenta o art. 123 ao Ato das Disposições Constitucionais Transitórias, para assegurar prazo de vigência adicional aos instrumentos de permissão lotérica.

---

(1) Publicada no *DOU* de 23-12-2022.

(2) Publicada no *Diário Oficial da União*, de 6-7-2023.

As Mesas da Câmara dos Deputados e do Senado Federal, nos termos do § 3.º do art. 60 da Constituição Federal, promulgam a seguinte Emenda ao texto constitucional:

Art. 1.º O Ato das Disposições Constitucionais Transitórias passa a vigorar acrescido do seguinte art. 123:

•• Alteração já processada no diploma modificado.

Art. 2.º Esta Emenda Constitucional entra em vigor na data de sua publicação.

Brasília, em 5 de julho de 2023.

Mesa da Câmara dos Deputados

Deputado ARTHUR LIRA
Presidente

Mesa do Senado Federal

Senador RODRIGO PACHECO
Presidente

Emenda Constitucional n. 130,
de 3 de outubro de 2023 [1]

> Altera o art. 93 da Constituição Federal para permitir a permuta entre juízes de direito vinculados a diferentes tribunais.

As Mesas da Câmara dos Deputados e do Senado Federal, nos termos do § 3.º do art. 60 da Constituição Federal, promulgam a seguinte Emenda ao texto constitucional:

Art. 1.º O art. 93 da Constituição Federal passa a vigorar com a seguinte redação:

•• Alteração já processada no diploma modificado.

Art. 2.º Esta Emenda Constitucional entra em vigor na data de sua publicação.

Brasília, em 3 de outubro de 2023.

Mesa da Câmara dos Deputados

Deputado ARTHUR LIRA
Presidente

Mesa do Senado Federal

Senador RODRIGO PACHECO
Presidente

Emenda Constitucional n. 131,
de 3 de outubro de 2023 [2]

> Altera o art. 12 da Constituição Federal para suprimir a perda da nacionalidade brasileira em razão da mera aquisição de outra nacionalidade, incluir a exceção para situações de apatridia e acrescentar a possibilidade de a pessoa requerer a perda da própria nacionalidade.

As Mesas da Câmara dos Deputados e do Senado Federal, nos termos do § 3.º do art. 60 da Constituição Federal, promulgam a seguinte Emenda ao texto constitucional:

Art. 1.º O art. 12 da Constituição Federal passa a vigorar com as seguintes alterações:

•• Alterações já processadas no diploma modificado.

Art. 2.º Esta Emenda Constitucional entra em vigor na data de sua publicação.

Brasília, em 3 de outubro de 2023.

Mesa da Câmara dos Deputados

Deputado ARTHUR LIRA
Presidente

Mesa do Senado Federal

Senador RODRIGO PACHECO
Presidente

---

(1) Publicada no *Diário Oficial da União*, de 4-10-2023.

(2) Publicada no *Diário Oficial da União*, de 4-10-2023.

Emenda Constitucional n. 132,
de 20 de dezembro de 2023 (¹)

> *Altera o Sistema Tributário Nacional.*

As Mesas da Câmara dos Deputados e do Senado Federal, nos termos do § 3.º do art. 60 da Constituição Federal, promulgam a seguinte Emenda ao texto constitucional:

Art. 1.º A Constituição Federal passa a vigorar com as seguintes alterações:

•• Alterações já processadas no diploma modificado.

Art. 2.º O Ato das Disposições Constitucionais Transitórias passa a vigorar com as seguintes alterações:

•• Alterações já processadas no diploma modificado.

Art. 3.º A Constituição Federal passa a vigorar com as seguintes alterações:

•• Alterações já processadas no diploma modificado.

Art. 4.º A Constituição Federal passa a vigorar com as seguintes alterações:

•• Alterações já processadas no diploma modificado.

Art. 5.º O Ato das Disposições Constitucionais Transitórias passa a vigorar com as seguintes alterações:

•• Alterações já processadas no diploma modificado.

Art. 6.º Até que lei complementar disponha sobre a matéria:

I – o crédito das parcelas de que trata o art. 158, IV, *b*, da Constituição Federal, obedecido o § 2.º do referido artigo, com redação dada pelo art. 1.º desta Emenda Constitucional, observará, no que couber, os critérios e os prazos aplicáveis ao Imposto sobre Operações relativas à Circulação de Mercadorias e sobre Prestação de Serviços de Transporte Interestadual e Intermunicipal e de Comunicação a que se refere a Lei Complementar n. 63, de 11 de janeiro de 1990, e respectivas alterações;

---

(1) Publicada no *Diário Oficial da União*, de 21-12-2023.

• A Lei Complementar n. 63, de 11-1-1990, dispõe sobre critérios e prazos de crédito das parcelas do produto da arrecadação de impostos de competência dos Estados e de transferências por estes recebidas, pertencentes aos Municípios.

II – a entrega dos recursos do art. 153, VIII, nos termos do art. 159, I, ambos da Constituição Federal, com redação dada pelo art. 1.º desta Emenda Constitucional, observará os critérios e as condições da Lei Complementar n. 62, de 28 de dezembro de 1989, e respectivas alterações;

• Normas para cálculo, entrega e controle de liberações dos recursos dos Fundos de Participação: Lei Complementar n. 62, de 28-12-1989.

III – a entrega dos recursos do imposto de que trata o art. 153, VIII, nos termos do art. 159, II, ambos da Constituição Federal, com redação dada pelo art. 1.º desta Emenda Constitucional, observará a Lei Complementar n. 61, de 26 de dezembro de 1989, e respectivas alterações;

• Normas para participação dos Estados e do Distrito Federal no produto da arrecadação do IPI, relativamente às exportações: Lei Complementar n. 61, de 26-12-1989.

IV – as bases de cálculo dos percentuais dos Estados, do Distrito Federal e dos Municípios de que trata a Lei Complementar n. 141, de 13 de janeiro de 2012, compreenderão também:

• Normas de cálculo do montante mínimo a ser aplicado, anualmente, pela União em ações e serviços públicos de saúde: Lei Complementar n. 141, de 13-1-2012.

a) as respectivas parcelas do imposto de que trata o art. 156-A, com os acréscimos e as deduções decorrentes do crédito das parcelas de que trata o art. 158, IV, *b*, ambos da Constituição Federal, com redação dada pelo art. 1.º desta Emenda Constitucional;

b) os valores recebidos nos termos dos arts. 131 e 132 do Ato das Disposições Constitucionais Transitórias, com redação dada pelo art. 2.º desta Emenda Constitucional.

§ 1.º As vinculações de receita dos impostos previstos nos arts. 155, II, e 156, III, estabelecidas em legislação de Estados, Distrito Federal ou Municípios até a data de promulgação desta Emenda Constitucional serão aplicadas, em mesmo percentual, sobre a receita do imposto previsto no art. 156-A do ente federativo competente.

§ 2.º Aplica-se o disposto no § 1º deste artigo enquanto não houver alteração na legislação dos Estados, Distrito Federal ou Municípios que trata das referidas vinculações.

Art. 7.º A partir de 2027, a União compensará eventual redução no montante dos valores entregues nos termos do art. 159, I e II, em razão da substituição da arrecadação do imposto previsto no art. 153, IV, pela arrecadação do imposto previsto no art. 153, VIII, todos da Constituição Federal, nos termos de lei complementar.

§ 1.º A compensação de que trata o *caput*:

I – terá como referência a média de recursos transferidos do imposto previsto no art. 153, IV, de 2022 a 2026, atualizada:

a) até 2027, na forma da lei complementar;

b) a partir de 2028, pela variação do produto da arrecadação da contribuição prevista no art. 195, V, da Constituição Federal, apurada com base na alíquota de referência de que trata o art. 130 do Ato das Disposições Constitucionais Transitórias; e

II – observará os mesmos critérios, prazos e garantias aplicáveis à entrega de recursos de que trata o art. 159, I e II, da Constituição Federal.

§ 2.º Aplica-se à compensação de que trata o *caput* o disposto nos arts. 167, § 4.º, 198, § 2.º, 212, *caput* e § 1.º, e 212-A, II, da Constituição Federal.

Art. 8.º Fica criada a Cesta Básica Nacional de Alimentos, que considerará a diversidade regional e cultural da alimentação do País e garantirá a alimentação saudável e nutricionalmente adequada, em observância ao direito social à alimentação previsto no art. 6.º da Constituição Federal.

Parágrafo único. Lei complementar definirá os produtos destinados à alimentação humana que comporão a Cesta Básica Nacional de Alimentos, sobre os quais as alíquotas dos tributos previstos nos arts. 156-A e 195, V, da Constituição Federal serão reduzidas a zero.

Art. 9.º A lei complementar que instituir o imposto de que trata o art. 156-A e a contribuição de que trata o art. 195, V, ambos da Constituição Federal, poderá prever os regimes diferenciados de tributação de que trata este artigo, desde que sejam uniformes em todo o território nacional e sejam realizados os respectivos ajustes nas alíquotas de referência com vistas a reequilibrar a arrecadação da esfera federativa.

§ 1.º A lei complementar definirá as operações beneficiadas com redução de 60% (sessenta por cento) das alíquotas dos tributos de que trata o *caput* entre as relativas aos seguintes bens e serviços:

I – serviços de educação;

II – serviços de saúde;

III – dispositivos médicos;

IV – dispositivos de acessibilidade para pessoas com deficiência;

V – medicamentos;

VI – produtos de cuidados básicos à saúde menstrual;

VII – serviços de transporte público coletivo de passageiros rodoviário e metroviário de caráter urbano, semiurbano e metropolitano;

VIII – alimentos destinados ao consumo humano;

IX – produtos de higiene pessoal e limpeza majoritariamente consumidos por famílias de baixa renda;

X – produtos agropecuários, aquícolas, pesqueiros, florestais e extrativistas vegetais *in natura*;

XI – insumos agropecuários e aquícolas;

XII – produções artísticas, culturais, de eventos, jornalísticas e audiovisuais nacionais, atividades desportivas e comunicação institucional;

XIII – bens e serviços relacionados a soberania e segurança nacional, segurança da informação e segurança cibernética.

§ 2.º É vedada a fixação de percentual de redução distinto do previsto no § 1.º em relação às hipóteses nele previstas.

§ 3.º A lei complementar a que se refere o *caput* preverá hipóteses de:

I – isenção, em relação aos serviços de que trata o § 1.º, VII;

II – redução em 100% (cem por cento) das alíquotas dos tributos referidos no *caput* para:

a) bens de que trata o § 1.º, III a VI;

b) produtos hortícolas, frutas e ovos;

c) serviços prestados por Instituição Científica, Tecnológica e de Inovação (ICT) sem fins lucrativos;

d) automóveis de passageiros, conforme critérios e requisitos estabelecidos em lei complementar, quando adquiridos por pessoas com deficiência e pessoas com transtorno do espectro autista, diretamente ou por intermédio de seu representante legal ou por motoristas profissionais, nos termos de lei complementar, que destinem o automóvel à utilização na categoria de aluguel (táxi);

III – redução em 100% (cem por cento) da alíquota da contribuição de que trata o art. 195, V, da Constituição Federal, para serviços de educação de ensino superior nos termos do Programa Universidade para Todos (Prouni), instituído pela Lei n. 11.096, de 13 de janeiro de 2005;

IV – isenção ou redução em até 100% (cem por cento) das alíquotas dos tributos referidos no *caput* para atividades de reabilitação urbana de zonas históricas e de áreas críticas de recuperação e reconversão urbanística.

§ 4.º O produtor rural pessoa física ou jurídica que obtiver receita anual inferior a R$ 3.600.000,00 (três milhões e seiscentos mil reais), atualizada anualmente pelo Índice Nacional de Preços ao Consumidor Amplo (IPCA), e o produtor integrado de que trata o art. 2.º, II, da Lei n. 13.288, de 16 de maio de 2016, com a redação vigente em 31 de maio de 2023, poderão optar por ser contribuintes dos tributos de que trata o *caput*.

§ 5.º É autorizada a concessão de crédito ao contribuinte adquirente de bens e serviços de produtor rural pessoa física ou jurídica que não opte por ser contribuinte na hipótese de que trata o § 4.º, nos termos da lei complementar, observado o seguinte:

I – o Poder Executivo da União e o Comitê Gestor do Imposto de Bens e Serviços poderão revisar, anualmente, de acordo com critérios estabelecidos em lei complementar, o valor do crédito presumido concedido, não se aplicando o disposto no art. 150, I, da Constituição Federal; e

II – o crédito presumido de que trata este parágrafo terá como objetivo permitir a apropriação de créditos não aproveitados por não contribuinte do imposto em razão do disposto no *caput* deste parágrafo.

§ 6.º Observado o disposto no § 5.º, I, é autorizada a concessão de crédito ao contribuinte adquirente de:

I – serviços de transportador autônomo de carga pessoa física que não seja contribuinte do imposto, nos termos da lei complementar;

II – resíduos e demais materiais destinados à reciclagem, reutilização ou logística reversa, de pessoa física, cooperativa ou outra forma de organização popular.

§ 7.º Lei complementar poderá prever a concessão de crédito ao contribuinte que adquira bens móveis usados de pessoa física não contribuinte para revenda, desde que esta seja tributada e o crédito seja vinculado ao respectivo bem, vedado o ressarcimento.

§ 8.º Os benefícios especiais de que trata este artigo serão concedidos observando-se o disposto no art. 149-B, III, da Constituição Federal, exceto em relação ao § 3.º, III, deste artigo.

§ 9.º O imposto previsto no art. 153, VIII, da Constituição Federal não incidirá sobre os bens ou serviços cujas alíquotas sejam reduzidas nos termos do § 1.º deste artigo.

§ 10. Os regimes diferenciados de que trata este artigo serão submetidos a avaliação quinquenal de custo-benefício, podendo a lei fixar regime de transição para a alíquota padrão, não observado o disposto no § 2.º, garantidos os respectivos ajustes nas alíquotas de referência.

§ 11. A avaliação de que trata o § 10 deverá examinar o impacto da legislação dos tributos a que se refere o *caput* deste artigo na promoção da igualdade entre homens e mulheres.

§ 12. A lei complementar estabelecerá as operações beneficiadas com redução de 30% (trinta por cento) das alíquotas dos tributos de que trata o *caput* relativas à prestação de serviços de profissão intelectual, de natureza científica, literária ou artística, desde que sejam submetidas a fiscalização por conselho profissional.

§ 13. Para fins deste artigo, incluem-se:

I – entre os medicamentos de que trata o inciso V do § 1.º, as composições para nutrição enteral ou parenteral e as composições especiais e fórmulas nutricionais destinadas às pessoas com erros inatos do metabolismo; e

II – entre os alimentos de que trata o inciso VIII do § 1.º, os sucos naturais sem adição de açúcares e conservantes.

Art. 10. Para fins do disposto no inciso II do § 6.º do art. 156-A da Constituição Federal, consideram-se:

I – serviços financeiros:

a) operações de crédito, câmbio, seguro, resseguro, consórcio, arrendamento mercantil, faturização, securitização, previdência privada, capitalização, arranjos de pagamento, operações com títulos e valores mobiliários, inclusive negociação e corretagem, e outras que impliquem captação, repasse, intermediação, gestão ou administração de recursos;

b) outros serviços prestados por entidades administradoras de mercados organizados, infraestruturas de mercado e depositárias centrais e por instituições autorizadas a funcionar pelo Banco Central do Brasil, na forma de lei complementar;

II – operações com bens imóveis:

a) construção e incorporação imobiliária;

b) parcelamento do solo e alienação de bem imóvel;

c) locação e arrendamento de bem imóvel;

d) administração e intermediação de bem imóvel.

§ 1.º Em relação às instituições financeiras bancárias:

I – não se aplica o regime específico de que trata o art. 156-A, § 6.º, II, da Constituição Federal aos serviços remunerados por tarifas e comissões, observado o disposto nas normas expedidas pelas entidades reguladoras;

II – os demais serviços financeiros sujeitam-se ao regime específico de que trata o art. 156-A, § 6.º, II, da Constituição Federal, devendo as alíquotas e as bases de cálculo ser definidas de modo a manter, em caráter geral, até o final do quinto ano da entrada em vigor do regime, a carga tributária decorrente dos tributos extintos por esta Emenda Constitucional incidente sobre as operações de crédito na data de sua promulgação, e a manter, em caráter específico, aquela incidente sobre as operações relacionadas ao fundo de garantia por tempo de serviço, podendo, neste caso, definir alíquota e base de cálculo diferenciadas e abranger os serviços de que trata o inciso I deste parágrafo, não se lhes aplicando o prazo previsto neste inciso.

§ 2.º O disposto no § 1.º, II, em relação ao fundo de garantia do tempo de serviço, poderá, nos termos da lei complementar, ser estendido para outros fundos garantidores ou executores de políticas públicas previstos em lei.

Art. 11. A revogação do art. 195, I, *b*, não produzirá efeitos sobre as contribuições incidentes sobre a receita ou o faturamento vigentes na data de publicação desta Emenda Constitucional que substituam a contribuição de que trata o art. 195, I, *a*, ambos da Constituição Federal, e sejam cobradas com base naquele dispositivo, observado o disposto no art. 30 da Emenda Constitucional n. 103, de 12 de novembro de 2019.

•• Sobre o prazo de vigência deste artigo, *vide* art. 23, I, desta Emenda Constitucional.

Art. 12. Fica instituído o Fundo de Compensação de Benefícios Fiscais ou Financeiro-Fiscais do imposto de que trata o art. 155, II, da Constituição Federal, com vistas a compensar, entre 1.º de janeiro de 2029 e 31 de dezembro de 2032, pessoas físicas ou jurídicas beneficiárias de isenções, incentivos e benefícios fiscais ou financeiro-fiscais relativos àquele imposto, concedidos por prazo certo e sob condição.

§ 1.º De 2025 a 2032, a União entregará ao Fundo recursos que corresponderão aos seguintes valores, atualizados, de 2023 até o ano anterior ao da entrega, pela variação acumulada do IPCA ou de outro índice que vier a substituí-lo:

I – em 2025, a R$ 8.000.000.000,00 (oito bilhões de reais);

II – em 2026, a R$ 16.000.000.000,00 (dezesseis bilhões de reais);

III – em 2027, a R$ 24.000.000.000,00 (vinte e quatro bilhões de reais);

IV – em 2028, a R$ 32.000.000.000,00 (trinta e dois bilhões de reais);

V – em 2029, a R$ 32.000.000.000,00 (trinta e dois bilhões de reais);

VI – em 2030, a R$ 24.000.000.000,00 (vinte e quatro bilhões de reais);

VII – em 2031, a R$ 16.000.000.000,00 (dezesseis bilhões de reais);

VIII – em 2032, a R$ 8.000.000.000,00 (oito bilhões de reais).

§ 2.º Os recursos do Fundo de que trata o *caput* serão utilizados para compensar a redução do nível de benefícios onerosos do imposto previsto no art. 155, II, da Constituição Federal, na forma do § 1.º do art. 128 do Ato das Disposições Constitucionais Transitórias, suportada pelas pessoas físicas ou jurídicas em razão da substituição do referido imposto por aquele previsto no art. 156-A da Constituição Federal, nos termos deste artigo.

§ 3.º Para efeitos deste artigo, consideram-se benefícios onerosos as isenções, os incentivos e os benefícios fiscais ou financeiro-fiscais vinculados ao imposto referido no *caput* deste artigo concedidos por prazo certo e sob condição, na forma do art. 178 da Lei n. 5.172, de 25 de outubro de 1966 (Código Tributário Nacional).

§ 4.º A compensação de que trata o § 1.º:

I – aplica-se aos titulares de benefícios onerosos referentes ao imposto previsto no art. 155, II, da Constituição Federal regularmente concedidos até 31 de maio de 2023, sem prejuízo de ulteriores prorrogações ou renovações, observados o prazo estabelecido no *caput* e, se aplicável, a exigência de registro e depósito estabelecida pelo art. 3.º, II, da Lei Complementar n. 160, de 7 de agosto de 2017, que tenham cumprido tempestivamente as condições exigidas pela norma concessiva do benefício, bem como aos titulares de projetos abrangidos pelos benefícios a que se refere o art. 19 desta Emenda Constitucional;

II – não se aplica aos titulares de benefícios decorrentes do disposto no art. 3.º, § 2.º-A, da Lei Complementar n. 160, de 7 de agosto de 2017.

§ 5.º A pessoa física ou jurídica perderá o direito à compensação de que trata o § 2.º caso deixe de cumprir tempestivamente as condições exigidas pela norma concessiva do benefício.

§ 6.º Lei complementar estabelecerá:

I – critérios e limites para apuração do nível de benefícios e de sua redução;

II – procedimentos de análise, pela União, dos requisitos para habilitação do requerente à compensação de que trata o § 2.º.

§ 7.º É vedada a prorrogação dos prazos de que trata o art. 3.º, §§ 2.º e 2.º-A, da Lei Complementar n. 160, de 7 de agosto de 2017.

§ 8.º A União deverá complementar os recursos de que trata o § 1.º em caso de insuficiência de recursos para a compensação de que trata o § 2.º.

§ 9.º Eventual saldo financeiro existente em 31 de dezembro de 2032 será transferido ao

Fundo de que trata o art. 159-A da Constituição Federal, com a redação dada pelo art. 1.º desta Emenda Constitucional, sem redução ou compensação dos valores consignados no art. 13 desta Emenda Constitucional.

§ 10. O disposto no § 4.º, I, aplica-se também aos titulares de benefícios onerosos que, por força de mudanças na legislação estadual, tenham migrado para outros programas ou benefícios entre 31 de maio de 2023 e a data de promulgação desta Emenda Constitucional, ou estejam em processo de migração na data de promulgação desta Emenda Constitucional.

Art. 13. Os recursos de que trata o art. 159-A da Constituição Federal, com a redação dada pelo art. 1.º desta Emenda Constitucional, corresponderão aos seguintes valores, atualizados, de 2023 até o ano anterior ao da entrega, pela variação acumulada do IPCA ou de outro índice que vier a substituí-lo:

I – em 2029, a R$ 8.000.000.000,00 (oito bilhões de reais);

II – em 2030, a R$ 16.000.000.000,00 (dezesseis bilhões de reais);

III – em 2031, a R$ 24.000.000.000,00 (vinte e quatro bilhões de reais);

IV – em 2032, a R$ 32.000.000.000,00 (trinta e dois bilhões de reais);

V – em 2033, a R$ 40.000.000.000,00 (quarenta bilhões de reais);

VI – em 2034, a R$ 42.000.000.000,00 (quarenta e dois bilhões de reais);

VII – em 2035, a R$ 44.000.000.000,00 (quarenta e quatro bilhões de reais);

VIII – em 2036, a R$ 46.000.000.000,00 (quarenta e seis bilhões de reais);

IX – em 2037, a R$ 48.000.000.000,00 (quarenta e oito bilhões de reais);

X – em 2038, a R$ 50.000.000.000,00 (cinquenta bilhões de reais);

XI – em 2039, a R$ 52.000.000.000,00 (cinquenta e dois bilhões de reais);

XII – em 2040, a R$ 54.000.000.000,00 (cinquenta e quatro bilhões de reais);

XIII – em 2041, a R$ 56.000.000.000,00 (cinquenta e seis bilhões de reais);

XIV – em 2042, a R$ 58.000.000.000,00 (cinquenta e oito bilhões de reais);

XV – a partir de 2043, a R$ 60.000.000.000,00 (sessenta bilhões de reais), por ano.

Art. 14. A União custeará, com posterior ressarcimento pelo Comitê Gestor do Imposto sobre Bens e Serviços de que trata o art. 156-B da Constituição Federal, as despesas necessárias para sua instalação.

Art. 15. Os recursos entregues na forma do art. 159-A da Constituição Federal, com a redação dada pelo art. 1.º desta Emenda Constitucional, os recursos de que trata o art. 12 e as compensações de que trata o art. 7.º não se incluem em bases de cálculo ou em limites de despesas estabelecidos pela lei complementar de que trata o art. 6.º da Emenda Constitucional n. 126, de 21 de dezembro de 2022.

Art. 16. Até que lei complementar regule o disposto no art. 155, § 1.º, III, da Constituição Federal, o imposto incidente nas hipóteses de que trata o referido dispositivo competirá:

I – relativamente a bens imóveis e respectivos direitos, ao Estado da situação do bem, ou ao Distrito Federal;

II – se o doador tiver domicílio ou residência no exterior:

a) ao Estado onde tiver domicílio o donatário ou ao Distrito Federal;

b) se o donatário tiver domicílio ou residir no exterior, ao Estado em que se encontrar o bem ou ao Distrito Federal;

III – relativamente aos bens do *de cujus*, ainda que situados no exterior, ao Estado onde era domiciliado, ou, se domiciliado ou residente no exterior, onde tiver domicílio o sucessor ou legatário, ou ao Distrito Federal.

Art. 17. A alteração do art. 155, § 1.º, II, da Constituição Federal, promovida pelo art. 1.º desta Emenda Constitucional, aplica-se às sucessões abertas a partir da data de publicação desta Emenda Constitucional.

Art. 18. O Poder Executivo deverá encaminhar ao Congresso Nacional:

I – em até 90 (noventa) dias após a promulgação desta Emenda Constitucional, projeto de lei que reforme a tributação da renda, acompanhado das correspondentes estimativas e estudos de impactos orçamentários e financeiros;

II – em até 180 (cento e oitenta) dias após a promulgação desta Emenda Constitucional, os projetos de lei referidos nesta Emenda Constitucional;

III – em até 90 (noventa) dias após a promulgação desta Emenda Constitucional, projeto de lei que reforme a tributação da folha de salários.

Parágrafo único. Eventual arrecadação adicional da União decorrente da aprovação da medida de que trata o inciso I do *caput* deste artigo poderá ser considerada como fonte de compensação para redução da tributação incidente sobre a folha de pagamentos e sobre o consumo de bens e serviços.

Art. 19. Os projetos habilitados à fruição dos benefícios estabelecidos pelo art. 11-C da Lei n. 9.440, de 14 de março de 1997, e pelos arts. 1.º a 4.º da Lei n. 9.826, de 23 de agosto de 1999, farão jus, até 31 de dezembro de 2032, a crédito presumido da contribuição prevista no art. 195, V, da Constituição Federal.

§ 1.º O crédito presumido de que trata este artigo:

I – incentivará exclusivamente a produção de veículos equipados com motor elétrico que tenha capacidade de tracionar o veículo somente com energia elétrica, permitida a associação com motor de combustão interna que utilize biocombustíveis isolada ou simultaneamente com combustíveis derivados de petróleo;

II – será concedido exclusivamente:

a) a projetos aprovados até 31 de dezembro de 2024 de pessoas jurídicas habilitadas à fruição dos benefícios estabelecidos pelo art. 11-C da Lei n. 9.440, de 14 de março de 1997, e pelos arts. 1.º a 4.º da Lei n. 9.826, de 23 de agosto de 1999, na data de promulgação desta Emenda Constitucional;

b) a novos projetos, aprovados até 31 de dezembro de 2025, que ampliem ou reiniciem a produção em planta industrial utilizada em projetos ativos ou inativos habilitados à fruição dos benefícios de que trata a alínea *a* deste inciso;

III – poderá ter sua manutenção condicionada à realização de investimentos produtivos e em pesquisa e desenvolvimento de inovação tecnológica;

IV – equivalerá ao nível de benefício estabelecido, para o ano de 2025, pelo art. 11-C da Lei n. 9.440, de 14 de março de 1997, e pelos arts. 1.º a 4.º da Lei n. 9.826, de 23 de agosto de 1999; e

V – será reduzido à razão de 20% (vinte por cento) ao ano entre 2029 e 2032.

§ 2.º Os créditos apurados em decorrência dos benefícios de que trata o *caput* poderão ser compensados com débitos próprios relativos a tributos administrados pela Secretaria Especial da Receita Federal do Brasil, nos termos da lei, e não poderão ser transferidos a outro estabelecimento da pessoa jurídica, devendo ser utilizados somente pelo estabelecimento habilitado e localizado na região incentivada.

§ 3.º O benefício de que trata este artigo será estendido a projetos de pessoas jurídicas de que trata o § 1.º, II, *a*, relacionados à produção de veículos tracionados por motor de combustão interna que utilize biocombustíveis isolada ou cumulativamente com combustíveis derivados de petróleo, desde que a pessoa jurídica habilitada:

I – no caso de montadoras de veículos, inicie a produção de veículos que atendam ao disposto no § 1.º, I, até 1.º de janeiro de 2028; e

II – assuma, nos termos do ato concessório do benefício, compromissos relativos:

a) ao volume mínimo de investimentos;

b) ao volume mínimo de produção; e

c) à manutenção da produção por prazo mínimo, inclusive após o encerramento do benefício.

§ 4.º A lei complementar estabelecerá as penalidades aplicáveis em razão do descumprimento das condições exigidas para fruição do crédito presumido de que trata este artigo.

Art. 20. Até que lei disponha sobre a matéria, a contribuição para o Programa de Formação do Patrimônio do Servidor Público, criado pela Lei Complementar n. 8, de 3 de dezembro de 1970, de que trata o art. 239 da Constituição Federal, permanecerá sendo cobrada na forma do art. 2.º, III, da Lei n. 9.715, de 25 de novembro de 1998, e dos demais dispositivos legais a ele referentes em vigor na data de publicação desta Emenda Constitucional.

Art. 21. Lei complementar poderá estabelecer instrumentos de ajustes nos contratos firmados anteriormente à entrada em vigor das leis instituidoras dos tributos de que tratam o art. 156-A e o art. 195, V, da Constituição Federal, inclusive concessões públicas.

Art. 22. Revogam-se:

I – em 2027, o art. 195, I, b, e IV, e § 12, da Constituição Federal;

II – em 2033:

a) os arts. 155, II, e §§ 2.º a 5.º, 156, III e § 3.º, 158, IV, a, e § 1.º, e 161, I, da Constituição Federal; e

b) os arts. 80, II, 82, § 2.º, e 83 do Ato das Disposições Constitucionais Transitórias.

Art. 23. Esta Emenda Constitucional entra em vigor:

I – em 2027, em relação aos arts. 3.º e 11;

II – em 2033, em relação aos arts. 4.º e 5.º; e

III – na data de sua publicação, em relação aos demais dispositivos.

Brasília, em 20 de dezembro de 2023.

Mesa da Câmara dos Deputados

Deputado ARTHUR LIRA
Presidente

Mesa do Senado Federal

Senador RODRIGO PACHECO
Presidente

Emenda Constitucional n. 133, de 22 de agosto de 2024 [1]

Impõe aos partidos políticos a obrigatoriedade da aplicação de recursos financeiros para candidaturas de pessoas pretas e pardas; estabelece parâmetros e condições para regularização e refinanciamento de débitos de partidos políticos; e reforça a imunidade tributária dos partidos políticos conforme prevista na Constituição Federal.

As Mesas da Câmara dos Deputados e do Senado Federal, nos termos do § 3.º do art. 60 da Constituição Federal, promulgam a seguinte Emenda ao texto constitucional:

Art. 1.º Esta Emenda Constitucional impõe aos partidos políticos a obrigatoriedade da aplicação de recursos financeiros para candidaturas de pessoas pretas e pardas, estabelece parâmetros e condições para regularização e refinanciamento de débitos de partidos políticos e reforça a imunidade tributária dos partidos políticos conforme prevista na Constituição Federal.

Art. 2.º O art. 17 da Constituição Federal passa a vigorar acrescido do seguinte § 9.º:

•• Alteração já processada no diploma modificado.

Art. 3.º A aplicação de recursos de qualquer valor em candidaturas de pessoas pretas e pardas realizadas pelos partidos políticos nas eleições ocorridas até a promulgação desta Emenda Constitucional, com base em lei, em qualquer outro ato normativo ou em decisão judicial, deve ser considerada como cumprida.

---

(1) Publicada no Diário Oficial da União, de 23-8-2024.

Parágrafo único. A eficácia do disposto no *caput* deste artigo está condicionada à aplicação, nas 4 (quatro) eleições subsequentes à promulgação desta Emenda Constitucional, a partir de 2026, do montante correspondente àquele que deixou de ser aplicado para fins de cumprimento da cota racial nas eleições anteriores, sem prejuízo do cumprimento da cota estabelecida nesta Emenda Constitucional.

Art. 4.º É assegurada a imunidade tributária aos partidos políticos e a seus institutos ou fundações, conforme estabelecido na alínea "c" do inciso VI do *caput* do art. 150 da Constituição Federal.

§ 1.º A imunidade tributária estende-se a todas as sanções de natureza tributária, exceto as previdenciárias, abrangidos a devolução e o recolhimento de valores, inclusive os determinados nos processos de prestação de contas eleitorais e anuais, bem como os juros incidentes, as multas ou as condenações aplicadas por órgãos da administração pública direta e indireta em processos administrativos ou judiciais em trâmite, em execução ou transitados em julgado, e resulta no cancelamento das sanções, na extinção dos processos e no levantamento de inscrições em cadastros de dívida ou inadimplência.

§ 2.º O disposto no § 1.º deste artigo aplica-se aos processos administrativos ou judiciais nos quais a decisão administrativa, a ação de execução, a inscrição em cadastros de dívida ativa ou a inadimplência tenham ocorrido em prazo superior a 5 (cinco) anos.

Art. 5.º É instituído o Programa de Recuperação Fiscal (Refis) específico para partidos políticos e seus institutos ou fundações, para que regularizem seus débitos com isenção dos juros e das multas acumulados, aplicada apenas a correção monetária sobre os montantes originais, que poderá ocorrer a qualquer tempo, com o pagamento das obrigações apuradas em até 60 (sessenta) meses para as obrigações previdenciárias e em até 180 (cento e oitenta) meses para as demais obrigações, a critério do partido.

Art. 6.º É garantido aos partidos políticos e seus institutos ou fundações o uso de recursos do fundo partidário para o parcelamento de sanções e penalidades de multas eleitorais, de outras sanções e de débitos de natureza não eleitoral e para devolução de recursos ao erário e devolução de recursos públicos ou privados a eles imputados pela Justiça Eleitoral, inclusive os de origem não identificada, excetuados os recursos de fontes vedadas.

Parágrafo único. Os órgãos partidários de esfera hierarquicamente superior poderão utilizar os recursos do fundo partidário para a quitação de débitos, ainda que parcial, das obrigações referidas no *caput* deste artigo dos órgãos partidários de esferas inferiores, inclusive se o órgão originalmente responsável estiver impedido de receber esse tipo de recurso.

Art. 7.º O disposto nesta Emenda Constitucional aplica-se aos órgãos partidários nacionais, estaduais, municipais e zonais e abrange os processos de prestação de contas de exercícios financeiros e eleitorais, independentemente de terem sido julgados ou de estarem em execução, mesmo que transitados em julgado.

Art. 8.º É dispensada a emissão do recibo eleitoral nas seguintes hipóteses:

I – doação do Fundo Especial de Financiamento de Campanha e do fundo partidário por meio de transferência bancária feita pelo partido aos candidatos e às candidatas;

II – doações recebidas por meio de Pix por partidos, candidatos e candidatas.

Art. 9.º Esta Emenda Constitucional entra em vigor na data de sua publicação, aplicando-se a partir das eleições de 2024:

I – o § 9.º do art. 17 da Constituição Federal; e

II – o art. 8.º desta Emenda Constitucional.

Brasília, em 22 de agosto de 2024.

Mesa da Câmara dos Deputados

Deputado Arthur Lira
Presidente

Mesa do Senado Federal

Senador Rodrigo Pacheco
Presidente

Emenda Constitucional n. 134,
de 24 de setembro de 2024 (¹)

> Altera o art. 96 da Constituição Federal, para dispor sobre a eleição dos órgãos diretivos de Tribunais de Justiça.

As Mesas da Câmara dos Deputados e do Senado Federal, nos termos do § 3.º do art. 60 da Constituição Federal, promulgam a seguinte Emenda ao texto constitucional:

Art. 1.º O art. 96 da Constituição Federal passa a vigorar acrescido do seguinte parágrafo único:

•• Alteração já processada no diploma modificado.

Art. 2.º Esta Emenda Constitucional entra em vigor na data de sua publicação.

Brasília, em 24 de setembro de 2024.

Mesa da Câmara dos Deputados

Deputado Arthur Lira
Presidente

Mesa do Senado Federal

Senador Rodrigo Pacheco
Presidente

Emenda Constitucional n. 135,
de 20 de dezembro de 2024 (²)

> Altera os arts. 37, 163, 165, 212-A e 239 da Constituição Federal e o Ato das Disposições Constitucionais Transitórias (ADCT).

As Mesas da Câmara dos Deputados e do Senado Federal, nos termos do § 3.º do art. 60 da Constituição Federal, promulgam a seguinte Emenda ao texto constitucional:

Art. 1.º A Constituição Federal passa a vigorar com as seguintes alterações:

•• Alterações já processadas no diploma modificado.

Art. 2.º O Ato das Disposições Constitucionais Transitórias (ADCT) passa a vigorar com as seguintes alterações:

•• Alterações já processadas no diploma modificado.

Art. 3.º Enquanto não editada a lei ordinária de caráter nacional, aprovada pelo Congresso Nacional, a que se refere o § 11 do art. 37 da Constituição Federal, não serão computadas, para efeito dos limites remuneratórios de que trata o inciso XI do *caput* do referido artigo, as parcelas de caráter indenizatório previstas na legislação.

Art. 4.º Esta Emenda Constitucional entra em vigor na data de sua publicação.

Brasília, em 20 de dezembro de 2024.

Mesa da Câmara dos Deputados

Deputado ARTHUR LIRA
Presidente

Mesa do Senado Federal

Senador RODRIGO PACHECO
Presidente

---

(1) Publicada no *Diário Oficial da União*, de 25-9-2024.

(2) Publicada no *Diário Oficial da União*, de 20-12-2024 – Edição extra.

Súmulas Vinculantes

1. Ofende a garantia constitucional do ato jurídico perfeito a decisão que, sem ponderar as circunstâncias do caso concreto, desconsidera a validez e a eficácia de acordo constante de termo de adesão instituído pela Lei Complementar n. 110/2001.
   - Vide art. 5.º, XXXVI, da CF.

2. É inconstitucional a lei ou ato normativo estadual ou distrital que disponha sobre sistemas de consórcios e sorteios, inclusive bingos e loterias.
   - Vide art. 22, XX, da CF.

3. Nos processos perante o Tribunal de Contas da União asseguram-se o contraditório e a ampla defesa quando da decisão puder resultar anulação ou revogação de ato administrativo que beneficie o interessado, excetuada a apreciação da legalidade do ato de concessão inicial de aposentadoria, reforma e pensão.
   - Vide arts. 5.º, LIV e LV, e 71, III, da CF.

4. Salvo nos casos previstos na Constituição, o salário mínimo não pode ser usado como indexador de base de cálculo de vantagem de servidor público ou de empregado, nem ser substituído por decisão judicial.
   - Vide art. 7.º, IV, da CF.

5. A falta de defesa técnica por advogado no processo administrativo disciplinar não ofende a Constituição.
   - Vide art. 5.º, LV, da CF.

6. Não viola a Constituição o estabelecimento de remuneração inferior ao salário mínimo para as praças prestadoras de serviço militar inicial.
   - Vide art. 142, § 3.º, VIII, da CF.

7. A norma do § 3.º do artigo 192 da Constituição, revogada pela Emenda Constitucional n. 40/2003, que limitava a taxa de juros reais a 12% ao ano, tinha sua aplicação condicionada à edição de lei complementar.

8. São inconstitucionais o parágrafo único do artigo 5.º do Decreto-lei n. 1.569/1977 e os artigos 45 e 46 da Lei n. 8.212/1991, que tratam de prescrição e decadência de crédito tributário.

9. O disposto no artigo 127 da Lei n. 7.210/1984 (Lei de Execução Penal) foi recebido pela ordem constitucional vigente, e não se lhe aplica o limite temporal previsto no caput do artigo 58.

10. Viola a cláusula de reserva de plenário (Constituição Federal, artigo 97) a decisão de órgão fracionário de tribunal que, embora não declare expressamen-

te a inconstitucionalidade de lei ou ato normativo do poder público, afasta sua incidência, no todo ou em parte.

11. Só é lícito o uso de algemas em casos de resistência e de fundado receio de fuga ou de perigo à integridade física própria ou alheia, por parte do preso ou de terceiros, justificada a excepcionalidade por escrito, sob pena de responsabilidade disciplinar, civil e penal do agente ou da autoridade e de nulidade da prisão ou do ato processual a que se refere, sem prejuízo da responsabilidade civil do Estado.

- Vide arts. 1.º, III, 5.º, III, X e XLIX, da CF.
- A Lei n. 7.210, de 11-7-1984 (LEP), dispõe em seu art. 199: "Art. 199. O emprego de algemas será disciplinado por decreto federal".

12. A cobrança de taxa de matrícula nas universidades públicas viola o disposto no art. 206, IV, da Constituição Federal.

13. A nomeação de cônjuge, companheiro ou parente em linha reta, colateral ou por afinidade, até o terceiro grau, inclusive, da autoridade nomeante ou de servidor da mesma pessoa jurídica investido em cargo de direção, chefia ou assessoramento, para o exercício de cargo em comissão ou de confiança ou, ainda, de função gratificada na administração pública direta e indireta em qualquer dos poderes da União, dos Estados, do Distrito Federal e dos Municípios, compreendido o ajuste mediante designações recíprocas, viola a Constituição Federal.

- Vide art. 37, caput, da CF.

14. É direito do defensor, no interesse do representado, ter acesso amplo aos elementos de prova que, já documentados em procedimento investigatório realizado por órgão com competência de polícia judiciária, digam respeito ao exercício do direito de defesa.

- Vide art. 5.º, XXXIII, LIV e LV, da CF.

15. O cálculo de gratificações e outras vantagens do servidor público não incide sobre o abono utilizado para se atingir o salário mínimo.

- Vide art. 7.º, IV, da CF.

16. Os artigos 7.º, IV, e 39, § 3.º (redação da Emenda Constitucional n. 19/98), da Constituição, referem-se ao total da remuneração percebida pelo servidor público.

17. Durante o período previsto no parágrafo 1.º do artigo 100 da Constituição, não incidem juros de mora sobre os precatórios que nele sejam pagos.

18. A dissolução da sociedade ou do vínculo conjugal, no curso do mandato, não afasta a inelegibilidade prevista no § 7.º do artigo 14 da Constituição Federal.

19. A taxa cobrada exclusivamente em razão dos serviços públicos de coleta, remoção e tratamento ou destinação de lixo ou resíduos provenientes de imóveis, não viola o artigo 145, II, da Constituição Federal.

20. A gratificação de desempenho de atividade técnico-administrativa – GDATA, instituída pela Lei n. 10.404/2002, deve ser deferida aos inativos nos valores correspondentes a 37,5 (trinta e sete vírgula cinco) pontos no período de fevereiro a maio de 2002 e, nos termos do artigo 5.º, parágrafo único, da Lei n. 10.404/2002, no período de junho de 2002 até a conclusão dos efeitos do último ciclo de avaliação a que se refere o artigo 1.º da Medida Provisória n. 198/2004, a partir da qual passa a ser de 60 (sessenta) pontos.

21. É inconstitucional a exigência de depósito ou arrolamento prévios de dinheiro ou bens para admissibilidade de recurso administrativo.

- Vide art. 5.º, XXXIV, a, e LV, da CF.

22. A Justiça do Trabalho é competente para processar e julgar as ações de indenização por danos morais e patrimoniais decorrentes de acidente de trabalho propostas por empregado contra empregador, inclusive aquelas que ain-

da não possuíam sentença de mérito em primeiro grau quando da promulgação da Emenda Constitucional n. 45/04.

- *Vide* arts. 109, I, e 114, VI, da CF.

23. A Justiça do Trabalho é competente para processar e julgar ação possessória ajuizada em decorrência do exercício do direito de greve pelos trabalhadores da iniciativa privada.

- *Vide* art. 114, II, da CF.

24. Não se tipifica crime material contra a ordem tributária, previsto no art. 1.º, incisos I a IV, da Lei n. 8.137/90, antes do lançamento definitivo do tributo.

25. É ilícita a prisão civil de depositário infiel, qualquer que seja a modalidade do depósito.

- *Vide* art. 5.º, LXVII, e § 2.º, da CF.

26. Para efeito de progressão de regime no cumprimento de pena por crime hediondo, ou equiparado, o juízo da execução observará a inconstitucionalidade do art. 2.º da Lei n. 8.072, de 25 de julho de 1990, sem prejuízo de avaliar se o condenado preenche, ou não, os requisitos objetivos e subjetivos do benefício, podendo determinar, para tal fim, de modo fundamentado, a realização de exame criminológico.

27. Compete à Justiça estadual julgar causas entre consumidor e concessionária de serviço público de telefonia, quando a ANATEL não seja litisconsorte passiva necessária, assistente, nem opoente.

- *Vide* art. 109, I, da CF.

28. É inconstitucional a exigência de depósito prévio como requisito de admissibilidade de ação judicial na qual se pretenda discutir a exigibilidade de crédito tributário.

- *Vide* art. 5.º, XXXV e LV, da CF.

29. É constitucional a adoção, no cálculo do valor de taxa, de um ou mais elementos da base de cálculo própria de determinado imposto, desde que não haja integral identidade entre uma base e outra.

- *Vide* art. 145, § 2.º, da CF.
- •• Até a data de fechamento desta edição o STF mantinha suspensa a publicação da Súmula Vinculante 30.

31. É inconstitucional a incidência do Imposto Sobre Serviços de Qualquer Natureza – ISS sobre operações de locação de bens móveis.

32. O ICMS não incide sobre alienação de salvados de sinistro pelas seguradoras.

- *Vide* arts. 22, VII, e 153, V, da CF.

33. Aplicam-se ao servidor público, no que couber, as regras do regime geral da previdência social sobre aposentadoria especial de que trata o art. 40, § 4.º, inciso III da Constituição Federal, até a edição de lei complementar específica.

34. A Gratificação de Desempenho de Atividade de Seguridade Social e do Trabalho – GDASST, instituída pela Lei 10.483/2002, deve ser estendida aos inativos no valor correspondente a 60 (sessenta) pontos, desde o advento da Medida Provisória 198/2004, convertida na Lei 10.971/2004, quando tais inativos façam jus à paridade constitucional (EC 20/1998, 41/2003 e 47/2005).

35. A homologação da transação penal prevista no artigo 76 da Lei 9.099/1995 não faz coisa julgada material e, descumpridas suas cláusulas, retoma-se a situação anterior, possibilitando-se ao Ministério Público a continuidade da persecução penal mediante oferecimento de denúncia ou requisição de inquérito policial.

- A Lei n. 9.099, de 26-9-1995, dispõe sobre os Juizados Especiais Cíveis e Criminais e dá outras providências.

36. Compete à Justiça Federal comum processar e julgar civil denunciado pelos crimes de falsificação e de uso de documento falso quando se tratar de falsificação da Caderneta de Inscrição e Registro (CIR) ou de Carteira de Habilitação de Amador (CHA), ainda que expedidas pela Marinha do Brasil.

37. Não cabe ao Poder Judiciário, que não tem função legislativa, aumentar vencimentos de servidores públicos sob o fundamento de isonomia.
- Vide art. 37, X, da CF.

38. É competente o Município para fixar o horário de funcionamento de estabelecimento comercial.
- Vide art. 30, I, da CF.

39. Compete privativamente à União legislar sobre vencimentos dos membros das polícias civil e militar e do corpo de bombeiros militar do Distrito Federal.
- Vide art. 21, XIV, da CF.

40. A contribuição confederativa de que trata o art. 8.º, IV, da Constituição Federal, só é exigível dos filiados ao sindicato respectivo.

41. O serviço de iluminação pública não pode ser remunerado mediante taxa.
- Vide art. 145, II, da CF.

42. É inconstitucional a vinculação do reajuste de vencimentos de servidores estaduais ou municipais a índices federais de correção monetária.
- Vide arts. 30, I, e 37, XIII, da CF.

43. É inconstitucional toda modalidade de provimento que propicie ao servidor investir-se, sem prévia aprovação em concurso público destinado ao seu provimento, em cargo que não integra a carreira na qual anteriormente investido.
- Vide art. 37, II, da CF.

44. Só por lei se pode sujeitar a exame psicotécnico a habilitação de candidato a cargo público.
- Vide arts. 5.º, II, e 37, I, da CF.

45. A competência constitucional do Tribunal do Júri prevalece sobre o foro por prerrogativa de função estabelecido exclusivamente pela constituição estadual.
- Vide arts. 5.º, XXXVIII, d, e 125, § 1.º, da CF.

46. A definição dos crimes de responsabilidade e o estabelecimento das respectivas normas de processo e julgamento são da competência legislativa privativa da União.
- Vide arts. 22, I, e 85, parágrafo único, da CF.

47. Os honorários advocatícios incluídos na condenação ou destacados do montante principal devido ao credor consubstanciam verba de natureza alimentar cuja satisfação ocorrerá com a expedição de precatório ou requisição de pequeno valor, observada ordem especial restrita aos créditos dessa natureza.
- Vide art. 100, § 1.º, da CF.

48. Na entrada de mercadoria importada do exterior, é legítima a cobrança do ICMS por ocasião do desembaraço aduaneiro.
- Vide art. 155, § 2.º, IX, a, da CF.

49. Ofende o princípio da livre concorrência lei municipal que impede a instalação de estabelecimentos comerciais do mesmo ramo em determinada área.
- Vide arts. 170, IV, V e parágrafo único, e 173, § 4.º, da CF.

50. Norma legal que altera o prazo de recolhimento de obrigação tributária não se sujeita ao princípio da anterioridade.
- Vide art. 195, § 6.º, da CF.

51. O reajuste de 28,86%, concedido aos servidores militares pelas Leis 8.622/93 e 8.627/93, estende-se aos servidores civis do poder executivo, observadas as eventuais compensações decorrentes dos reajustes diferenciados concedidos pelos mesmos diplomas legais.
- Vide art. 37, X, da CF.

52. Ainda quando alugado a terceiros, permanece imune ao IPTU o imóvel pertencente a qualquer das entidades referidas pelo art. 150, VI, c, da Constituição Federal, desde que o valor dos aluguéis seja aplicado nas atividades para as quais tais entidades foram constituídas.

53. A competência da Justiça do Trabalho prevista no art. 114, VIII, da Constituição Federal alcança a execução de ofício das contribuições previdenciárias relativas ao objeto da condenação constante das sentenças que proferir e acordos por ela homologados.

54. A medida provisória não apreciada pelo Congresso Nacional podia, até a Emenda Constitucional 32/2001, ser reeditada dentro do seu prazo de eficácia de trinta dias, mantidos os efeitos de lei desde a primeira edição.

55. O direito ao auxílio-alimentação não se estende aos servidores inativos.

56. A falta de estabelecimento penal adequado não autoriza a manutenção do condenado em regime prisional mais gravoso, devendo-se observar, nessa hipótese, os parâmetros fixados no RE 641.320/ RS.

57. A imunidade tributária constante do art. 150, VI, "d", da CF/88 aplica-se à importação e comercialização, no mercado interno, do livro eletrônico (e-book) e dos suportes exclusivamente utilizados para fixá-lo, como os leitores de livros eletrônicos (e-readers), ainda que possuam funcionalidades acessórias.

58. Inexiste direito a crédito presumido de IPI relativamente à entrada de insumos isentos, sujeitos à alíquota zero ou não tributáveis, o que não contraria o princípio da não cumulatividade.

59. É impositiva a fixação do regime aberto e a substituição da pena privativa de liberdade por restritiva de direitos quando reconhecida a figura do tráfico privilegiado (art. 33, § 4.º, da Lei n. 11.343/06) e ausentes vetores negativos na primeira fase da dosimetria (art. 59 do CP), observados os requisitos do art. 33, § 2.º, alínea c, e do art. 44, ambos do Código Penal.

60. O pedido e a análise administrativos de fármacos na rede pública de saúde, a judicialização do caso, bem ainda seus desdobramentos (administrativos e jurisdicionais), devem observar os termos dos 3 (três) acordos interfederativos (e seus fluxos) homologados pelo Supremo Tribunal Federal, em governança judicial colaborativa, no tema 1.234 da sistemática da repercussão geral (RE 1.366.243).

• *Vide* arts. 23, II, 109, I, 196, 197 e 198, I, da CF.

61. A concessão judicial de medicamento registrado na ANVISA, mas não incorporado às listas de dispensação do Sistema Único de Saúde, deve observar as teses firmadas no julgamento do Tema 6 da Repercussão Geral (RE 566.471).

• *Vide* arts. 6.º e 196 da CF

62. É legítima a revogação da isenção estabelecida no art. 6.º, II, da Lei Complementar 70/1991 pelo art. 56 da Lei 9.430/1996, dado que a LC 70/1991 é apenas formalmente complementar, mas materialmente ordinária com relação aos dispositivos concernentes à contribuição social por ela instituída.

Índice Alfabético-Remissivo da Constituição Federal

ABASTECIMENTO ALIMENTAR
– competência para organização: art. 23, VIII

ABUSO DE PRERROGATIVAS
– por Deputado e Senador: art. 55, § 1.º

ABUSO DO PODER
– direito de petição: art. 5.º, XXXIV, a

ABUSO DO PODER ECONÔMICO
– repressão: art. 173, § 4.º

AÇÃO CIVIL PÚBLICA
– promoção pelo Ministério Público: art. 129, III

AÇÃO DECLARATÓRIA DE CONSTITUCIONALIDADE
– competência para propor: art. 103
– de lei ou ato normativo federal; decisões definitivas de mérito proferidas pelo Supremo Tribunal Federal; eficácia: art. 102, § 2.º
– de lei ou ato normativo federal; processo e julgamento: art. 102, I, a

AÇÃO DE *HABEAS CORPUS*
– gratuidade: art. 5.º, LXXVII

AÇÃO DE *HABEAS DATA*
– gratuidade: art. 5.º, LXXVII

AÇÃO DE IMPUGNAÇÃO DE MANDATO ELETIVO
– art. 14, §§ 10 e 11

AÇÃO DE INCONSTITUCIONALIDADE
– apreciação pelo Supremo Tribunal Federal: art. 103, § 3.º
– declaração: art. 103, § 2.º
– proposição: art. 103

AÇÃO DIRETA DE INCONSTITUCIONALIDADE
– de lei ou ato normativo federal ou estadual; processo e julgamento: art. 102, I, a

AÇÃO PENAL
– para os casos de improbidade administrativa: art. 37, § 4.º

AÇÃO PENAL PÚBLICA
– promoção pelo Ministério Público: art. 129, I

AÇÃO POPULAR
– proposição: art. 5.º, LXXIII

AÇÃO PRIVADA
– nos crimes de ação pública; caso: art. 5.º, LIX

AÇÃO PÚBLICA
– crimes de; admissão de ação privada: art. 5.º, LIX

AÇÃO RESCISÓRIA
– processo e julgamento: art. 102, I, j

AÇÃO TRABALHISTA
– art. 7.º, XXIX

ACESSO À CULTURA, À EDUCAÇÃO, À CIÊNCIA, À TECNOLOGIA, À PESQUISA E À INOVAÇÃO

– art. 23, V

ACESSO À INFORMAÇÃO

– art. 5.º, XIV

ACIDENTES DO TRABALHO

– seguro: art. 7.º, XXVIII

AÇÕES RESCISÓRIAS

– competência; processo e julgamento: art. 108, I, *b*

– processo e julgamento pelo Superior Tribunal de Justiça: art. 105, I, *e*

ACORDOS

– internacionais; competência do Congresso Nacional: art. 49, I

ACORDOS COLETIVOS DE TRABALHO

– reconhecimento: art. 7.º, XXVI

ADICIONAL

– atividade penosa, insalubre e perigosa: art. 7.º, XXIII

ADMINISTRAÇÃO PÚBLICA

– arts. 37 a 43

– disposições gerais: arts. 37 e 38

– fiscalização de atos; Congresso Nacional: art. 49, X

– princípios: art. 37

– regiões: art. 43

– servidores públicos: arts. 39 a 41

ADOÇÃO

– art. 227, § 5.º

ADOLESCENTE

– arts. 226 a 230

– abuso, violência e exploração sexual do; punição: art. 227, § 4.º

– assistência a: art. 227, § 1.º

ADVOCACIA E DEFENSORIA PÚBLICA

– arts. 133 a 135

ADVOCACIA PÚBLICA

– arts. 131 e 132

– atividades: art. 131

– chefia: art. 131, § 1.º

– ingresso: art. 131, § 2.º

ADVOGADO-GERAL DA UNIÃO

– nomeação: art. 84, XVI

– processo e julgamento: art. 52, II

ADVOGADOS

– assistência ao preso: art. 5.º, LXIII

– atos e manifestações; inviolabilidade: art. 133

– na composição dos Tribunais Regionais Federais: art. 107, I

AEROPORTOS

– exploração: art. 21, XII, *c*

AGENTE COMUNITÁRIO DE SAÚDE

– política remuneratória: art. 198, §§ 7.º a 11

AGROPECUÁRIA

– produção; competência para fomentar: art. 23, VIII

AGROTÓXICOS

– propaganda comercial: art. 220, § 4.º

ÁGUAS

– competência para legislar sobre: art. 22, IV

– Estados: art. 26, I

– para consumo: art. 200, VI

– União: art. 22, IV

ÁGUAS SUBTERRÂNEAS

– bens estaduais: art. 26, I

ÁGUAS SUPERFICIAIS

– bens estaduais: art. 26, I

ÁLCOOL CARBURANTE

– venda e revenda: art. 238

ALIENAÇÕES
– contratação: art. 37, XXI

ALIMENTAÇÃO
– competência para organizar abastecimento: art. 23, VIII
– direito social: art. 6.º

ALIMENTOS
– créditos; pagamento: art. 100
– inspeção: art. 200, VI
– prisão civil por dívida: art. 5.º, LXVII

ALÍQUOTAS
– alteração: art. 153, § 1.º

ALISTAMENTO ELEITORAL
– art. 14, § 1.º

AMAMENTAÇÃO
– dos filhos, pelas presidiárias: art. 5.º, L

AMEAÇA DE DIREITO
– apreciação: art. 5.º, XXXV

AMPLA DEFESA
– art. 5.º, LV

ANALFABETOS
– alistamento e voto: art. 14, § 1.º, II, a
– inelegibilidade: art. 14, § 4.º

ANIMAIS
– manifestações culturais; práticas desportivas que utilizem: art. 225, § 7.º

ANISTIA
– competência para concessão: art. 21, XVII
– concessão de: art. 48, VIII
– disposição pelo Congresso Nacional: art. 48, VIII
– fiscal: art. 150, § 6.º
– previdenciária: art. 150, § 6.º

ANONIMATO
– vedado o: art. 5.º, IV

APOSENTADORIA
– art. 7.º, XXIV
– do professor e da professora: art. 201, § 8.º
– do servidor público: arts. 37, §§ 14 e 15, e 40
– dos magistrados: art. 93, VI
– por idade: art. 201, §§ 7.º e 8.º

APOSENTADOS
– gratificação natalina: art. 201, § 6.º

APRENDIZ
– trabalho noturno: art. 7.º, XXXIII

ARGUIÇÃO DE DESCUMPRIMENTO DE PRECEITO FUNDAMENTAL
– apreciação pelo Supremo Tribunal Federal: art. 102, § 1.º

ARMAS NACIONAIS
– símbolo: art. 13, § 1.º

ASILO POLÍTICO
– art. 4.º, X

ASSEMBLEIAS LEGISLATIVAS
– competência: art. 27, § 3.º
– composição: art. 235, I

ASSISTÊNCIA FAMILIAR
– ao preso: art. 5.º, LXIII

ASSISTÊNCIA GRATUITA
– a filhos e dependentes: art. 7.º, XXV
– dever do Estado: art. 5.º, LXXIV

ASSISTÊNCIA JURÍDICA
– competência para legislar sobre: art. 24, XIII
– garantia do Estado: art. 5.º, LXXIV

ASSISTÊNCIA PÚBLICA
– cuidado; competência: art. 23, II

ASSISTÊNCIA RELIGIOSA
– prestação: art. 5.º, VII

ASSISTÊNCIA SOCIAL

– ações governamentais; recursos: art. 204

– a todos: art. 203

– instituição de imposto vedada: art. 150, VI, c

– instituição pelos Estados, Distrito Federal e Municípios: art. 149, §§ 1.º a 1.º-C

ASSOCIAÇÃO

– criação: art. 5.º, XVIII

– direito de denúncia: art. 74, § 2.º

– dissolução: art. 5.º, XIX

– impetração de mandado de segurança coletivo: art. 5.º, LXX, b

– liberdade de: art. 5.º, XVII

– obrigação: art. 5.º, XX

– representação de filiados: art. 5.º, XXI

ASSOCIAÇÃO PROFISSIONAL

– liberdade de: art. 8.º

ASSOCIAÇÃO SINDICAL

– liberdade de: art. 8.º

– liberdade do servidor público: art. 37, VI

– proibição para o militar: art. 142, § 3.º, IV

ATIVIDADE ARTÍSTICA

– liberdade: art. 5.º, IX

ATIVIDADE CIENTÍFICA

– liberdade: art. 5.º, IX

ATIVIDADE DE COMUNICAÇÃO

– liberdade: art. 5.º, IX

ATIVIDADE ECONÔMICA

– exploração direta pelo Estado: art. 173

– livre exercício: art. 170, parágrafo único

– princípios gerais: arts. 170 a 181

ATIVIDADE GARIMPEIRA

– organização: art. 174, § 3.º

ATIVIDADE INTELECTUAL

– liberdade: art. 5.º, IX

ATIVIDADE NOCIVA AO INTERESSE NACIONAL

– cancelamento da naturalização: art. 12, § 4.º, I

ATIVIDADE NUCLEAR

– competência do Congresso Nacional: art. 49, XIV

– em território nacional: art. 21, XXIII

– monopólio da União: art. 177, V

ATIVIDADE PERIGOSA

– art. 7.º, XXIII

ATIVIDADES ESSENCIAIS

– definição por lei: art. 9.º, § 1.º

ATIVIDADES INSALUBRES

– art. 7.º, XXIII

ATIVIDADES NUCLEARES

– admissão: art. 21, XXIII, a

– danos; responsabilidade civil: art. 21, XXIII, d

– legislação sobre: art. 22, XXVI

ATIVIDADES PENOSAS

– art. 7.º, XXIII

ATO JURÍDICO PERFEITO

– proteção: art. 5.º, XXXVI

ATO NORMATIVO ESTADUAL

– ação direta de inconstitucionalidade; processo e julgamento: art. 102, I, a

ATO NORMATIVO FEDERAL

– ação declaratória de constitucionalidade; processo e julgamento: art. 102, I, a

– ação direta de inconstitucionalidade; processo e julgamento: art. 102, I, a

ATOS INTERNACIONAIS

– celebração; Presidente da República: art. 84, VIII

– competência do Congresso Nacional: art. 49, I

ATOS PROCESSUAIS
– publicidade: art. 5.º, LX

AUMENTO DE DESPESA
– inadmissibilidade: art. 63

AUTARQUIA
– criação: art. 37, XIX

AUTODETERMINAÇÃO DOS POVOS
– art. 4.º, III

AUTOMAÇÃO
– proteção em face da: art. 7.º, XXVII

AUTORES
– direitos sobre suas obras: art. 5.º, XXVII

AVAIS
– controle: art. 74, III

AVISO PRÉVIO
– art. 7.º, XXI

BANCO CENTRAL
– compra e venda de títulos: art. 164, § 2.º
– concessão de empréstimos ao Tesouro Nacional: art. 164, § 1.º
– emissão de moeda: art. 164
– escolha do presidente: art. 52, III, *d*
– escolha dos diretores: art. 52, III, *d*
– nomeação de diretores: art. 84, XIV

BANDEIRA NACIONAL
– símbolo: art. 13, § 1.º

BANIMENTO
– art. 5.º, XLVII, *d*

BEBIDAS
– inspeção: art. 200, VI

BEBIDAS ALCOÓLICAS
– propaganda comercial: art. 220, § 4.º

BEM DE TODOS
– promoção: art. 3.º, IV

BEM-ESTAR
– equilíbrio: art. 23, parágrafo único

BENS
– confiscáveis; hipóteses: art. 243, parágrafo único
– de estrangeiros no Brasil; sucessão: art. 5.º, XXXI
– imóveis; impostos sobre transmissão *inter vivos*: art. 156, II e § 2.º
– impostos sobre transmissão *causa mortis* e doação: art. 155, I e § 1.º
– indisponíveis; hipóteses: art. 37, § 4.º
– perda dos: art. 5.º, XLVI, *b*
– perdimento: art. 5.º, XLV
– privação: art. 5.º, LIV

BENS ARTÍSTICOS
– competência para legislar sobre responsabilidade por dano: art. 24, VIII

BENS DA UNIÃO
– art. 20

BENS DE VALOR
– competência para legislar sobre responsabilidade por dano: art. 24, VIII

BENS DOS ESTADOS
– art. 26

BENS IMÓVEIS
– impostos: art. 155, § 1.º, I

BENS MÓVEIS
– impostos: art. 155, § 1.º, II

BIOCOMBUSTÍVEIS
– regime fiscal: art. 225, § 1.º, VIII

BOMBEIROS
– organização e manutenção do corpo de; competência: art. 21, XIV

BRASILEIRO
– extradição: art. 5.º, LI
– nato: art. 12, I

– naturalizado: art. 12, II

– perda da nacionalidade: art. 12, § 4.º

– renúncia da nacionalidade: art. 12, § 5.º

BRASILEIROS NATOS

– cargos privativos: art. 12, § 3.º

BRASILEIROS NATOS E NATURALIZADOS

– distinção: art. 12, § 2.º

BRASÍLIA

– capital: art. 18, § 1.º

CAÇA

– competência para legislar sobre: art. 24, VI

CALAMIDADES PÚBLICAS

– e empréstimo compulsório: art. 148, I

– planejamento e promoção da defesa; competência: art. 21, XVIII

CÂMARA DOS DEPUTADOS

– art. 51

– competência privativa: art. 51

– composição: art. 45

– convocação de ministros: art. 50, § 2.º

– deliberações: art. 47

– elaboração do regimento interno: art. 51, III

– organização, funcionamento, polícia, criação, transformação ou extinção de cargos: art. 51, IV

– presidente da; cargo privativo de brasileiro nato: art. 12, § 3.º, II

– proposta pela mesa de ação declaratória de constitucionalidade: art. 103, III

– reunião conjunta com o Senado Federal: art. 57, § 3.º

CÂMARA LEGISLATIVA

– art. 32, § 3.º

CÂMARA MUNICIPAL

– competência; fixação de subsídios: art. 29, V

– competência legislativa: art. 30

– composição: art. 29, IV

– despesas; limites: art. 29-A

– fiscalização do Município: art. 31

– Lei Orgânica; aprovação: art. 29, caput

– vereadores; número: art. 29, IV

CÂMBIO

– competência para administração e fiscalização: art. 21, VIII

– competência para legislar sobre política de: art. 22, VII

– operações: art. 163, VI

– operações de: art. 153, V

– política de: art. 22, VIII

– regulamentação: art. 163, VI

CAPITAL ESTRANGEIRO

– em empresa jornalística: art. 222, § 4.º

– investimentos de: art. 153, V

CAPITAL FEDERAL

– Brasília: art. 18, § 1.º

CAPITALIZAÇÃO

– competência para administração e fiscalização: art. 21, VIII

CARGOS PRIVATIVOS

– de brasileiros natos: art. 12, § 3.º

CARGOS PÚBLICOS

– acesso através de concurso: art. 37, II

– acumulação de: art. 37, XVI e XVII

– contratação por tempo determinado: art. 37, IX

– criação e remuneração; iniciativa legislativa: art. 61, § 1.º, II, a

– deficiente; reserva de: art. 37, VIII

– em comissão: art. 37, V

– estabilidade: art. 41

– funções de confiança: art. 37, V

– perda: art. 247

- provimento e extinção: art. 84, XXV
- remuneração; subsídios: art. 37, X e XI

CARREIRA DIPLOMÁTICA

- privativa do brasileiro nato: art. 12, § 3.º, V

CARTAS ROGATÓRIAS

- concessão; processo e julgamento: art. 105, I, *i*

CARTOGRAFIA

- legislação sobre: art. 22, XVIII
- serviços de; organização e manutenção; competência: art. 21, XV

CARTÓRIOS

- *Vide* SERVIÇOS NOTARIAIS e SERVIÇOS DE REGISTRO

CASA

- inviolabilidade: art. 5.º, XI

CASAMENTO

- celebração: art. 226, § 1.º
- civil; dissolução: art. 226, § 6.º
- reconhecimento da união estável: art. 226, § 3.º
- religioso: art. 226, § 2.º

CASSAÇÃO DE DIREITOS POLÍTICOS

- vedada: art. 15

CAVIDADES NATURAIS

- bens da União: art. 20, X

CENSURA

- art. 5.º, IX
- impedimento à: art. 220, § 2.º

CERTIDÃO DE ÓBITO

- gratuidade: art. 5.º, LXXVI, *b*

CERTIDÕES

- de repartição pública; obtenção: art. 5.º, XXXIV, *b*

CIDADANIA

- art. 1.º, II

- atos necessários ao exercício da; gratuidade: art. 5.º, LXXVI
- legislação sobre: art. 22, XIII

CIDADÃO

- direito de denúncia: art. 74, § 2.º

CIÊNCIA

- acesso à; competência para proporcionar: art. 23, V
- formação de recursos humanos na área de: art. 218, § 3.º

CIÊNCIA, TECNOLOGIA E INOVAÇÃO

- arts. 218 a 219-B

CIENTISTAS

- estrangeiros; admissão nas universidades: art. 207, §§ 1.º e 2.º

COISA JULGADA

- proteção: art. 5.º, XXXVI

COLÉGIO PEDRO II

- manutenção: art. 242, § 2.º

COLIGAÇÕES ELEITORAIS

- regime: art. 17, § 1.º

COLIGAÇÕES PARTIDÁRIAS

- vedações em eleições proporcionais: Art. 17, § 1.º

COLÔNIAS DE PESCADORES

- art. 8.º, parágrafo único

COMBUSTÍVEIS

- de petróleo, álcool carburante e outros combustíveis; venda e revenda: art. 238
- imposto; limite: art. 155, §§ 3.º a 5.º

COMÉRCIO EXTERIOR

- competência para legislar sobre: art. 22, VIII
- fiscalização e controle: art. 237

COMÉRCIO INTERESTADUAL

- competência para legislar sobre: art. 22, VIII

COMISSÕES

– do Poder Legislativo: art. 58

– parlamentares de inquérito – CPI: art. 58, § 3.º

COMITÊ GESTOR DO IMPOSTO SOBRE BENS E SERVIÇOS

– processo e julgamento pelo Superior Tribunal de Justiça; conflito entre entes federativos relacionado a tributos: art. 105, I, *j*

COMPENSAÇÃO DE HORÁRIOS

– art. 7.º, XIII

COMPETÊNCIA

– *Vide* verbetes por assunto

– da União e dos Estados: art. 24

COMPETIÇÕES DESPORTIVAS

– recursos: art. 217, § 1.º

COMUNICAÇÃO

– arts. 220 a 224

COMUNICAÇÕES DE DADOS

– sigilo: art. 5.º, XII

COMUNICAÇÕES TELEFÔNICAS

– sigilo: art. 5.º, XII

COMUNICAÇÕES TELEGRÁFICAS

– sigilo: art. 5.º, XII

COMUNIDADE LATINO-AMERICANA DE NAÇÕES

– formação: art. 4.º, parágrafo único

CONCESSÃO

– de serviços de radiodifusão sonora e de sons e imagens: art. 223

CONCESSÃO DO ASILO POLÍTICO

– art. 4.º, X

CONCURSO PÚBLICO

– para acesso à administração pública: art. 37, II

– prazo de validade: art. 37, III

CONDECORAÇÃO

– quem pode conferir: art. 84, XXI

CONDENAÇÃO CRIMINAL

– efeito: art. 15, III

CONDENAÇÃO PENAL

– estrangeiros naturalizados: art. 12, II, *b*

CONFLITOS

– solução pacífica: art. 4.º, VII

CONFLITOS DE ATRIBUIÇÕES

– processo e julgamento pelo Superior Tribunal de Justiça: art. 105, I, *g*

CONFLITOS DE COMPETÊNCIA

– processo e julgamento: art. 102, I, *o*

– processo e julgamento; competência dos Tribunais Regionais Federais: art. 108, I, *e*

– processo e julgamento pelo Superior Tribunal de Justiça: art. 105, I, *d*

CONFLITOS FUNDIÁRIOS

– art. 126

CONGRESSO NACIONAL

– arts. 44 a 47

– apreciação do estado de sítio: art. 138, §§ 1.º a 3.º

– atribuições do: arts. 48 a 50

– competência exclusiva: art. 49

– composição: art. 44

– convocação de plebiscito: art. 49, XV

– convocação extraordinária: art. 57, §§ 6.º e 7.º

– duração da legislatura: art. 44, parágrafo único

– estado de defesa e estado de sítio; acompanhamento e fiscalização: art. 140

– exercício do Poder Legislativo: art. 44

– matérias sobre as quais poderá dispor: art. 48

– o que cabe a ele: art. 48

– presidência da mesa: art. 57, § 5.º

– reuniões: art. 57

CÔNJUGES

– caso de inelegibilidade: art. 14, § 7.º

CONSCIÊNCIA

– liberdade: art. 5.º, VI

CONSELHO DA JUSTIÇA FEDERAL

– art. 105, § 1.º, II

CONSELHO DA REPÚBLICA

– arts. 89 e 90

– competência: art. 90

– eleição de membros pela Câmara dos Deputados: art. 51, V

– eleição de membros pelo Senado Federal: art. 52, XIV

– nomeação de membros: art. 84, XVII

– organização e funcionamento: art. 90, § 2.º

– participantes do: art. 89

CONSELHO DE COMUNICAÇÃO SOCIAL

– instituição: art. 224

CONSELHO DE DEFESA NACIONAL

– art. 91

– competência: art. 91, § 1.º

– organização e funcionamento: art. 91, § 2.º

– participantes: art. 91

CONSELHO NACIONAL DE JUSTIÇA

– competência: art. 103-B, § 4.º

– composição: art. 103-B, I a XIII

CONSELHO NACIONAL DO MINISTÉRIO PÚBLICO

– competência: art. 130-A, § 2.º

– composição: art. 130-A, I a VI

CONSELHO(S)

– de contas dos Municípios: art. 75

– ou órgãos de Contas Municipais; criação: art. 31, § 4.º

CONSERVAÇÃO DA NATUREZA

– competência para legislar sobre: art. 24, VI

CONSÓRCIOS

– legislação sobre: art. 22, XX

– públicos: art. 241

CONSTITUCIONALIDADE

– *Vide* AÇÃO DECLARATÓRIA DE CONSTITUCIONALIDADE

CONSTITUIÇÃO

– emenda: art. 60

– emenda; quando não será objeto de deliberação: art. 60, § 4.º

– emenda rejeitada; reapresentação: art. 60, § 5.º

– promulgação da emenda: art. 60, § 3.º

– proposta de emenda; discussão: art. 60, § 2.º

– quando não poderá ser emendada: art. 60, § 1.º

– zelo pela; competência: art. 23, I

CONSTITUIÇÃO ESTADUAL

– ainda não promulgada; responsabilidades: art. 235, VIII

– número de conselheiros no Tribunal de Contas: art. 75, parágrafo único

CONSUMIDOR

– competência para legislar sobre responsabilidade por dano: art. 24, VIII

– defesa do: art. 5.º, XXXII

CONSUMO

– competência para legislar sobre: art. 24, V

CONTRABANDO

– prevenir e reprimir o: art. 144, § 1.º, II

CONTRADITÓRIO

– art. 5.º, LV

CONTRATAÇÃO

– normas gerais; legislação sobre: art. 22, XXVII

– para serviço público: art. 37, IX

CONTRIBUIÇÃO DE MELHORIA

– instituição: art. 145, III

CONTRIBUIÇÕES

– instituição pelos Estados, Distrito Federal e Municípios: art. 149

– para custeio do serviço de iluminação pública: art. 149-A

CONTRIBUIÇÕES SOCIAIS

– instituição: art. 149

CONVENÇÕES COLETIVAS DE TRABALHO

– reconhecimento: art. 7.º, XXVI

CONVENÇÕES INTERNACIONAIS

– celebração; Presidente da República: art. 84, VIII

– competência do Congresso Nacional: art. 49, I

– sobre direitos humanos; força de emenda constitucional: art. 5.º, § 3.º

CONVÊNIOS

– de cooperação: art. 241

CONVICÇÃO FILOSÓFICA

– direito: art. 5.º, VIII

CONVICÇÃO POLÍTICA

– direito: art. 5.º, VIII

COOPERAÇÃO ENTRE OS POVOS

– para o progresso da humanidade: art. 4.º, IX

COOPERATIVAS

– criação: art. 5.º, XVIII

– pesquisa e lavra: art. 174, § 4.º

COOPERATIVISMO

– apoio e estímulo: art. 174, § 2.º

CORPOS DE BOMBEIROS

– inatividade e pensões; legislação sobre: art. 22, XXI

– legislação sobre: art. 22, XXI

– organização e manutenção do; competência: art. 21, XIV

CORPOS DE BOMBEIROS MILITARES

– administração pública; disposições: art. 42

– subordinação: art. 144, § 6.º

CORREIO AÉREO NACIONAL

– manutenção: art. 21, X

CORRENTES DE ÁGUA

– bens da União: art. 20, III

CORRESPONDÊNCIA

– sigilo: art. 5.º, XII

CRECHES

– assistência gratuita aos filhos e dependentes: art. 7.º, XXV

CRÉDITOS

– competência para legislar sobre política de: art. 22, VII

– da União; entrega de recursos: art. 160, parágrafo único

– pagamentos: art. 100, *caput*, e §§ 1.º e 2.º

CRENÇA

– liberdade: art. 5.º, VI

CRENÇA RELIGIOSA

– direito de: art. 5.º, VIII

CRIAÇÃO

– de partidos políticos: art. 17

CRIAÇÃO DE ESTADOS

– normas básicas a serem observadas: art. 235

– o que é vedado à União: art. 234

CRIAÇÕES INDUSTRIAIS

– proteção: art. 5.º, XXIX

CRIANÇA

– arts. 226 a 230

– abuso, violência e exploração sexual da; punição: art. 227, § 4.º

– assistência à: art. 227, § 1.º

CRIME

– inexistência de: art. 5.º, XXXIX

– retenção dolosa do salário: art. 7.º, X

CRIME DE RESPONSABILIDADE

– competência; Senado Federal; processo e julgamento: art. 52, I

– competência; Supremo Tribunal Federal; processo e julgamento: art. 102, I, c

– de Prefeitos; espécies: art. 29-A, § 2.º

– de Presidentes das Câmaras Municipais; espécies: art. 29-A, § 3.º

– do Presidente da República: art. 85

– Ministros de Estado; caso: art. 50, § 2.º

– processo e julgamento: art. 85, parágrafo único

CRIME INAFIANÇÁVEL

– Deputados e Senadores: art. 53, § 2.º

CRIME MILITAR

– prisão: art. 5.º, LXI

CRIMES COMUNS

– processo e julgamento pelo Superior Tribunal de Justiça: art. 105, I, a

CRIMES DOLOSOS CONTRA A VIDA

– competência: art. 5.º, XXXVIII, d

CRIMES HEDIONDOS

– prática de: art. 5.º, XLIII

CRIMES POLÍTICOS

– em recurso ordinário; processo e julgamento: art. 102, II, b

– por estrangeiro: art. 5.º, LII

– processo e julgamento: art. 109, IV

CULPADO

– declaração: art. 5.º, LVII

CULTOS RELIGIOSOS

– a quem é vedado o estabelecimento: art. 19, I

– livre exercício: art. 5.º, VI

CULTURA

– arts. 215 e 216

– acesso; competência para proporcionar: art. 23, V

– competência para legislar sobre: art. 24, IX

– garantia do Estado: art. 215

CULTURA AFRO-BRASILEIRA

– proteção do Estado: art. 215, § 1.º

CULTURA INDÍGENA

– proteção do Estado: art. 215, § 1.º

CULTURA POPULAR

– proteção do Estado: art. 215, § 1.º

CULTURAS ILEGAIS

– expropriação das glebas com: art. 243

CUSTAS FORENSES

– competência para legislar sobre: art. 24, IV

CUSTAS JUDICIAIS

– ação popular: art. 5.º, LXXIII

DADOS PESSOAIS

– direito de proteção dos; direito fundamental: art. 5.º, LXXIX

DANO À IMAGEM

– indenização: art. 5.º, V

DANO MATERIAL

– indenização: art. 5.º, V

DANO MORAL

– indenização: art. 5.º, V

DANOS

– reparação: art. 5.º, XLV

– responsabilidade: art. 37, § 6.º

DATAS COMEMORATIVAS

– disposição legal: art. 215, § 2.º

DÉCIMO TERCEIRO SALÁRIO

– art. 7.º, VIII

– dos aposentados e pensionistas: art. 201, § 6.º

DECORO

– parlamentar: art. 55, § 1.º

DEFENSORIA PÚBLICA

– arts. 134 e 135

– competência para legislar sobre: art. 24, XIII

– da União e do Distrito Federal e dos Territórios: art. 134, § 1.º

– estadual: art. 134, § 2.º

– incumbência: art. 134

– organização e manutenção; competência: art. 21, XIII

– organização judiciária; legislação sobre: art. 22, XVII

– princípios institucionais: art. 134, § 4.º

DEFESA

– plenitude: art. 5.º, XXXVIII, a

DEFESA AEROESPACIAL

– legislação sobre: art. 22, XXVIII

DEFESA CIVIL

– legislação sobre: art. 22, XXVIII

DEFESA DA PAZ

– art. 4.º, VI

DEFESA DO CONSUMIDOR

– art. 5.º, XXXII

DEFESA DO ESTADO E DAS INSTITUIÇÕES DEMOCRÁTICAS

– arts. 136 a 144

– disposições gerais: arts. 140 e 141

– estado de defesa: art. 136

– estado de defesa e estado de sítio: arts. 136 a 141

– estado de sítio: arts. 137 a 139

– Forças Armadas: arts. 142 e 143

– segurança pública: art. 144

DEFESA DO SOLO

– competência para legislar sobre: art. 24, VI

DEFESA NACIONAL

– competência para assegurar: art. 21, III

DEFESA TERRITORIAL

– legislação sobre: art. 22, XXVIII

DEFICIENTES FÍSICOS

– adaptação de logradouros, edifícios e veículos para transporte coletivo: art. 244

– cargos e empregos públicos: art. 37, VIII

– cuidado; competência: art. 23, II

– discriminação: art. 7.º, XXXI

– garantia de um salário mínimo: art. 203, V

– logradouros públicos e edifícios: art. 227, § 2.º

– proteção e integração social; competência para legislar sobre: art. 24, XIV

DENÚNCIA

– direito de associação: art. 74, § 2.º

– direito de partido político: art. 74, § 2.º

– direito de sindicato: art. 74, § 2.º

– direito do cidadão: art. 74, § 2.º

DEPOSITÁRIO INFIEL

– prisão civil do: art. 5.º, LXVII

DEPUTADOS

– à Assembleia Legislativa; número: art. 27

– casos de inviolabilidade: art. 53

– convocação de suplente: art. 56, §§ 1.º e 2.º

– flagrante de crime inafiançável: art. 53, § 2.º

– impedimentos: art. 54

– imunidades; subsistência: art. 53, § 8.º

– incorporação às Forças Armadas: art. 53, § 7.º

– julgamento: art. 53, § 1.º

– perda do mandato: art. 55

– prisão: art. 53, § 2.º

– sustação da ação contra: art. 53, §§ 3.º a 5.º

– testemunhas: art. 53, § 6.º

DEPUTADOS DISTRITAIS

– art. 32, § 3.º

DEPUTADOS E SENADORES

– arts. 53 a 56

DEPUTADOS ESTADUAIS

– número: art. 27

– subsídio: art. 27, § 2.º

– tempo de mandato: art. 27, § 1.º

DEPUTADOS FEDERAIS

– quem pode eleger-se: art. 14, § 3.º, VI, c

DESAPROPRIAÇÃO

– competência para legislar sobre: art. 22, II

– de glebas com culturas ilegais: art. 243

– indenização de benfeitorias: art. 184, § 1.º

– isenção de impostos: art. 184, § 5.º

– não sujeição: art. 185

– pelo Município: art. 182, § 4.º, III

– por interesse social: art. 184

– procedimento: art. 5.º, XXIV

– processo judicial: art. 184, § 3.º

DESASTRE

– violabilidade da casa: art. 5.º, XI

DESENVOLVIMENTO

– científico e tecnológico: arts. 218 a 219-B

– equilíbrio: art. 23, parágrafo único

DESENVOLVIMENTO CIENTÍFICO

– art. 200, V

– promoção e incentivo do Estado: art. 218

DESENVOLVIMENTO NACIONAL

– garantia do: art. 3.º, II

DESENVOLVIMENTO TECNOLÓGICO

– art. 200, V

DESENVOLVIMENTO URBANO

– diretrizes; competência de instituição: art. 21, XX

– política de: art. 182

DESIGUALDADES SOCIAIS E REGIONAIS

– redução: art. 3.º, III

DESPEDIDA ARBITRÁRIA

– art. 7.º, I

DESPESA

– aumento de: art. 63

– limites; Câmara dos Vereadores: art. 29-A

DESPESA COM PESSOAL

– limite: art. 169, caput e § 1.º

DESPORTO

– art. 217

– apreciação pelo Poder Judiciário de ações relativas às competições e disciplina desportivas: art. 217, § 1.º

– competência para legislar sobre: art. 24, IX

– fomentação pelo Estado: art. 217

DETERMINAÇÃO JUDICIAL

– invasão de casa: art. 5.º, XI

DEVERES INDIVIDUAIS E COLETIVOS

– art. 5.º

DIFERENÇA TRIBUTÁRIA

– estabelecimento vedado: art. 152

DIGNIDADE DA PESSOA HUMANA

– art. 1.º, III

DIPLOMATA

– cargo privativo de brasileiro nato: art. 12, § 3.º, V

DIREITO AERONÁUTICO

– competência para legislar sobre: art. 22, I

DIREITO AGRÁRIO
– competência para legislar sobre: art. 22, I

DIREITO CIVIL
– competência para legislar sobre: art. 22, I

DIREITO COMERCIAL
– competência para legislar sobre: art. 22, I

DIREITO DE GREVE
– art. 9.º
– exercício: art. 37, VII

DIREITO DE HERANÇA
– garantia do: art. 5.º, XXX

DIREITO DE PETIÇÃO
– art. 5.º, XXXIV, a

DIREITO DE PROPRIEDADE
– garantia do: art. 5.º, XXII

DIREITO DE RESPOSTA
– art. 5.º, V

DIREITO DO TRABALHO
– competência para legislar sobre: art. 22, I

DIREITO ECONÔMICO
– competência para legislar sobre: art. 24, I

DIREITO ELEITORAL
– competência para legislar sobre: art. 22, I

DIREITO ESPACIAL
– competência para legislar sobre: art. 22, I

DIREITO FINANCEIRO
– competência para legislar sobre: art. 24, I

DIREITO MARÍTIMO
– competência para legislar sobre: art. 22, I

DIREITO PENAL
– competência para legislar sobre: art. 22, I

DIREITO PENITENCIÁRIO
– competência para legislar sobre: art. 24, I

DIREITO PROCESSUAL
– competência para legislar sobre: art. 22, I

DIREITO(S)
– adquirido; proteção: art. 5.º, XXXVI
– competência para legislar sobre: art. 22, I
– informação aos presos de seus: art. 5.º, LXIII
– lesão ou ameaça de: art. 5.º, XXXV
– suspensão ou interdição: art. 5.º, XLVI, e

DIREITOS E GARANTIAS FUNDAMENTAIS
– arts. 5.º a 17
– aplicação imediata das normas: art. 5.º, § 1.º
– direitos e deveres individuais e coletivos: art. 5.º
– direitos políticos: arts. 14 a 16
– direitos sociais: arts. 6.º a 11
– nacionalidade: arts. 12 e 13
– partidos políticos: art. 17

DIREITOS E OBRIGAÇÕES
– homens e mulheres; igualdade: art. 5.º, I

DIREITOS HUMANOS
– art. 4.º, II
– tratados e convenções sobre: art. 5.º, § 3.º
– violação; competência: art. 109, § 5.º

DIREITOS POLÍTICOS
– arts. 14 a 16
– cassação, perda e suspensão: art. 15
– cassação vedada: art. 15
– suspensão: art. 37, § 4.º

DIREITOS SOCIAIS
– arts. 6.º a 11

DIREITO TRIBUTÁRIO
– competência para legislar sobre: art. 24, I

DIREITO URBANÍSTICO
– competência para legislar sobre: art. 24, I

DIRETRIZES E BASES DA EDUCAÇÃO NACIONAL
– art. 22, XXIV

DISCRIMINAÇÃO

– art. 3.º, IV

– punição pela lei: art. 5.º, XLI

DISPOSIÇÕES CONSTITUCIONAIS GERAIS

– arts. 234 a 250

DISPOSIÇÕES CONSTITUCIONAIS TRANSITÓRIAS

– arts. 1.º a 95

DISSÍDIOS COLETIVOS

– competência da Justiça do Trabalho: art. 14

– conciliação e julgamento: art. 114

DISSÍDIOS INDIVIDUAIS

– conciliação e julgamento: art. 114

DISTINÇÕES

– entre brasileiros: art. 19, III

– igualdade perante a lei: art. 5.º, *caput*

DISTINÇÕES HONORÍFICAS

– quem pode conferir: art. 84, XXI

DISTRITO FEDERAL

– art. 32

– competência: art. 32, § 1.º

– defensoria pública do; legislação sobre: art. 22, XVII

– dívida mobiliária; limitação pelo Senado Federal: art. 52, IX

– eleição de Senadores: art. 46, § 1.º

– e territórios: arts. 32 e 33

– fixação da dívida: art. 52, VI

– imposto que pertence ao: art. 157

– impostos do: art. 155

– instituição de contribuições: art. 149, §§ 1.º a 1.º-C

– instituição de impostos: art. 155

– Lei Orgânica: art. 32

– Municípios e Estados; união indissolúvel: art. 1.º

– proventos de aposentadoria e pensões; constituição de fundos: art. 249

– representação; renovação: art. 46, § 2.º

– símbolos: art. 13, § 2.º

DIVERSÕES PÚBLICAS

– competência para classificação: art. 21, XVI

– legislação: art. 220, § 3.º, I

DÍVIDA MOBILIÁRIA

– dos Estados, do Distrito Federal e dos Municípios; limitação pelo Senado Federal: art. 52, IX

DÍVIDA PÚBLICA EXTERNA E INTERNA

– disposição sobre: art. 163, II

DÍVIDAS

– fixação pelo Senado Federal: art. 52, VI

DIVÓRCIO DIRETO

– art. 226, § 6.º

DOAÇÃO

– imposto sobre: art. 155, I

DOCUMENTOS DE VALOR

– proteção; competência: art. 23, III

DOCUMENTOS PÚBLICOS

– fé: art. 19, II

DOMÉSTICO

– direitos do trabalhador: art. 7.º, parágrafo único

DOMICÍLIO

– eleitoral: art. 14, § 3.º, IV

– inviolabilidade: art. 5.º, XI

DOTAÇÕES ORÇAMENTÁRIAS

– entrega dos recursos; prazo: art. 168

DROGAS

– confisco de bens decorrentes de: art. 243, parágrafo único

– extradição: art. 5.º, LI

– tráfico ilícito: art. 5.º, XLIII

DURAÇÃO DO TRABALHO

– art. 7.º, XIII

ECLESIÁSTICOS

– serviço militar: art. 143, § 2.º

EDUCAÇÃO

– arts. 205 a 214

– acesso à; competência para proporcionar: art. 23, V

– competência para legislar sobre: art. 24, IX

– direito de todos e dever do Estado: art. 205

– legislação sobre: art. 22, XXIV

EDUCAÇÃO AMBIENTAL

– promoção: art. 225, § 1.º, VI

EFICIÊNCIA

– princípio da; Administração Pública: art. 37, *caput*

ELEGIBILIDADE

– art. 14, § 3.º

ELEIÇÃO

– cotas raciais: art. 17, § 9.º

– de Governador e Vice-Governador; realização: art. 28

– de Presidente e Vice-Presidente da República: art. 77, §§ 1.º a 5.º

– fidelidade partidária: art. 17, § 6.º

– municipal; consultas populares: art. 14, §§ 12 e 13

– quem é elegível: art. 14, § 3.º

– voto direto e secreto: art. 14

EMBARCAÇÕES NACIONAIS

– exigências quanto às: art. 178

EMENDAS À CONSTITUIÇÃO

– art. 60

– discussão: art. 60, § 2.º

– equivalentes a; tratados e convenções internacionais sobre direitos humanos: art. 5.º, § 3.º

– promulgação: art. 60, § 3.º

– proposta: art. 60

– quando não será objeto de deliberação: art. 60, § 4.º

– rejeição; reapresentação: art. 60, § 5.º

EMIGRAÇÃO

– legislação sobre: art. 22, XV

EMISSORAS DE RÁDIO E TELEVISÃO

– *Vide* RÁDIO e TELEVISÃO

EMPREGADORES

– participação nos colegiados dos órgãos públicos: art. 10

EMPREGADO SINDICALIZADO

– dispensa: art. 8.º, VIII

EMPRESA JORNALÍSTICA

– controle acionário; alterações; exigibilidade: art. 222, § 5.º

– meios de comunicação social eletrônica; prestação de serviço: art. 222, § 3.º

– participação de capital estrangeiro; regulamentação: art. 222, § 4.º

– propriedade: art. 222, *caput*

– propriedade; capital social total e votante; porcentagem: art. 222, § 1.º

– responsabilidade editorial: art. 222, § 2.º

EMPRESAS

– apoio e estímulo legal por seus investimentos: art. 218, § 4.º

– com mais de duzentos empregados; representante do empregado: art. 11

EMPRESAS CONCESSIONÁRIAS E PERMISSIONÁRIAS

– disposições sobre: art. 175, parágrafo único

EMPRESAS DE PEQUENO PORTE

– tratamento jurídico diferenciado: art. 179

EMPRESAS DE RADIODIFUSÃO

– controle acionário; alterações; exigibilidade: art. 222, § 5.º
– meios de comunicação social eletrônica; prestação de serviço: art. 222, § 3.º
– participação de capital estrangeiro; regulamentação: art. 222, § 4.º
– propriedade: art. 222, *caput*
– propriedade; capital social total e votante; porcentagem: art. 222, § 1.º
– responsabilidade editorial: art. 222, § 2.º

EMPRESAS ESTATAIS

– exploração: art. 21, XI
– orçamento de investimento: art. 165, § 5.º, II

EMPRESAS PÚBLICAS

– criação: art. 37, XIX
– privilégios fiscais: art. 173, § 2.º
– regime jurídico: art. 173, § 1.º
– relação com o Estado: art. 173, § 3.º

EMPRÉSTIMOS AO TESOURO NACIONAL

– concessão vedada: art. 164, § 1.º

EMPRÉSTIMOS COMPULSÓRIOS

– instituição: art. 148

ENERGIA

– competência para legislar sobre: art. 22, IV

ENERGIA ELÉTRICA

– incidência de tributo; limite: art. 155, § 3.º
– instalação; exploração: art. 21, XII, *b*

ENERGIA HIDRÁULICA

– potenciais; bens da União: art. 20, VIII
– propriedade: art. 176

ENSINO

– competência para legislar sobre: art. 24, IX
– da História do Brasil: art. 242, § 1.º
– educação infantil: art. 211, § 2.º
– investimento da União no: art. 212, *caput*, §§ 1.º a 5.º
– liberdade à iniciativa privada: art. 209
– princípios: art. 206

ENSINO FUNDAMENTAL

– atuação dos Municípios: art. 212, § 2.º
– conteúdo: art. 210
– ministração em língua portuguesa: art. 210, § 2.º
– recenseamento dos educandos: art. 208, § 3.º

ENSINO OBRIGATÓRIO

– acesso: art. 208, §§ 1.º e 2.º

ENSINO RELIGIOSO

– facultativo: art. 210, § 1.º

ENSINO SUPERIOR

– o que será observado: art. 207

ENTIDADE DE CLASSE

– impetração de mandado de segurança coletivo: art. 5.º, LXX, *b*

ENTIDADE FAMILIAR

– art. 226, §§ 3.º e 4.º

ENTORPECENTES

– confisco de bens decorrentes de: art. 243, parágrafo único
– extradição: art. 5.º, LI
– tráfico ilícito: art. 5.º, XLIII

ENTRADA DE ESTRANGEIROS

– legislação sobre: art. 22, XV

ERRO JUDICIÁRIO

– indenização pelo Estado: art. 5.º, LXXV

ESCOLA NACIONAL DE FORMAÇÃO E APERFEIÇOAMENTO DE MAGISTRADOS

– funções: art. 105, § 1.º, I

ESCOLA NACIONAL DE FORMAÇÃO E APERFEIÇOAMENTO DE MAGISTRADOS DO TRABALHO

– funções: art. 111-A, § 2.º, I

ESCOLAS COMUNITÁRIAS

– recursos: art. 213

ESCOLAS CONFESSIONAIS

– recursos: art. 213

ESCOLAS FILANTRÓPICAS

– recursos: art. 213

ESPETÁCULOS PÚBLICOS

– legislação: art. 220, § 3.º, I

ESTADO DE DEFESA

– art. 136

– cessação; efeitos: art. 141

– competência para decretação: art. 21, V

– decretação: arts. 84, IX, e 136, §§ 1.º a 7.º

– decretação; decisão sobre o ato de: art. 136, §§ 4.º a 7.º

– duração: art. 136, §§ 1.º e 2.º

– fiscalização da execução: art. 140

– ocorrências na vigência: art. 136, § 3.º

– rejeição do decreto: art. 136, § 7.º

ESTADO DE SÍTIO

– arts. 137 a 139

– apreciação do ato pelo Congresso Nacional: art. 138, §§ 2.º e 3.º

– cessação; efeitos: art. 141, parágrafo único

– competência para decretação: art. 21, V

– decretação: art. 84, IX

– decretação e medidas que poderão ser tomadas: art. 139

– decretação pelo Presidente da República; casos: art. 137

– duração: art. 138

– fiscalização de execução: art. 140

ESTADOS

– bens dos: art. 26

– criação: art. 235

– dever de educação: art. 208

– fixação da dívida: art. 52, VI

– função de fiscalização, incentivo e planejamento; atividade econômica: art. 174

– imposto que pertence aos: art. 157

– impostos dos: art. 155

– incorporação com outros Estados: art. 18, § 3.º

– instituição de contribuições: art. 149, §§ 1.º a 1.º-C

– instituição de impostos: art. 155

– intervenção federal: art. 34

– intervenção nos Municípios: art. 35

– Municípios e Distrito Federal; união indissolúvel: art. 1.º

– organização de suas Constituições: art. 25

– proventos de aposentadoria e pensões; constituição de fundos: art. 249

– representação; renovação: art. 46, § 2.º

– símbolos: art. 13, § 2.º

– Tribunais de Justiça: art. 125

ESTADOS FEDERADOS

– arts. 25 a 28

ESTATÍSTICA

– legislação sobre: art. 22, XVIII

– serviços de; organização e manutenção; competência: art. 21, XV

ESTATUTO DA JUVENTUDE

– estabelecimento do: art. 227, § 8.º, I

ESTATUTO DA MAGISTRATURA

– disposições sobre o: art. 93

ESTRANGEIROS

– alistamento eleitoral: art. 14, § 2.º

– crime político; extradição: art. 5.º, LII

– inviolabilidade de seus direitos: art. 5.º, *caput*

– legislação sobre: art. 22, XV

– naturalizados: art. 12, II, *b*

– sucessão de bens: art. 5.º, XXXI

EXECUÇÃO ORÇAMENTÁRIA
– publicação de relatório: art. 165, § 3.º

EXECUTORES
– de crimes: art. 5.º, XLIII

EXERCÍCIO PROFISSIONAL
– informação; direito: art. 5.º, XIV

EXPULSÃO
– legislação sobre: art. 22, XV

EXTINÇÃO
– de partidos políticos: art. 17

EXTRADIÇÃO
– de brasileiro: art. 5.º, LI
– de estrangeiro por crime político: art. 5.º, LII
– legislação sobre: art. 22, XV
– processo e julgamento: art. 102, I, g

FAMÍLIA
– arts. 226 a 230
– adoção: art. 227, § 5.º
– assistência à saúde da criança e do adolescente: art. 227, § 1.º
– casamento religioso: art. 226, § 2.º
– celebração do casamento: art. 226, § 1.º
– coibição da violência: art. 226, § 8.º
– deficientes físicos; logradouros e edifícios: art. 227, § 2.º
– dever da: arts. 227 e 230
– deveres dos pais: art. 229
– direito a proteção especial: art. 227, § 3.º
– dissolução do casamento civil: art. 226, § 6.º
– entidade familiar; comunidade: art. 226, § 4.º
– filhos; direitos e qualificações: art. 227, § 6.º
– maiores de sessenta e cinco anos; transporte gratuito: art. 230, § 2.º
– menores de dezoito anos, inimputabilidade: art. 228
– planejamento familiar: art. 226, § 7.º
– programas de amparo a idosos: art. 230, § 1.º
– proteção do Estado: art. 226 e §§ 1.º a 8.º
– punição severa por abuso, violência e exploração sexual da criança e do adolescente: art. 227, § 4.º
– reconhecimento da união estável: art. 226, § 3.º
– sociedade conjugal; direitos e deveres: art. 226, § 5.º

FAUNA
– competência para legislar sobre: art. 24, VI
– proteção: art. 225, § 1.º, VII
– proteção; competência: art. 23, VII

FAZENDA ESTADUAL
– pagamento: art. 100

FAZENDA FEDERAL
– pagamento: art. 100

FAZENDA MUNICIPAL
– pagamento: art. 100

FAZER OU DEIXAR DE FAZER
– art. 5.º, II

FÉ
– dos documentos públicos: art. 19, II

FÉRIAS REMUNERADAS
– art. 7.º, XVII

FIANÇA
– liberdade provisória: art. 5.º, LXVI

FILHOS
– direitos e qualificações: art. 227, § 6.º

FILIAÇÃO PARTIDÁRIA
– militares: art. 142, § 3.º, V

FINANÇAS PÚBLICAS
– arts. 163 a 169

- disposição sobre: art. 163, I
- normas gerais: arts. 163 e 164-A
- orçamentos: arts. 165 a 169
- transparência; disponibilização de informações e dados contábeis: art. 163-A

FISCALIZAÇÃO

- contábil, financeira e orçamentária: arts. 70 a 75

FISCALIZAÇÃO CONTÁBIL, FINANCEIRA E ORÇAMENTÁRIA

- controle externo: art. 71
- exercício: art. 70

FLAGRANTE DELITO

- prisão mediante: art. 5.º, LXI
- violabilidade da casa: art. 5.º, XI

FLORA

- proteção: art. 225, § 1.º, VII
- proteção; competência: art. 23, VII

FLORESTA AMAZÔNICA BRASILEIRA

- patrimônio nacional: art. 225, § 4.º

FLORESTAS

- competência para legislar sobre: art. 24, VI
- proteção; competência: art. 23, VII

FORÇAS ARMADAS

- arts. 142 e 143
- comando supremo: art. 84, XIII
- constituição e destinação: art. 142
- incorporação de Deputados e Senadores: art. 53, § 6.º
- oficial das; cargo privativo de brasileiro nato: art. 12, § 3.º, VI

FORÇAS ESTRANGEIRAS

- trânsito no território nacional: arts. 21, IV, e 84, XXII

FRONTEIRA

- defesa do território: art. 20, § 2.º
- faixa de: art. 20, § 2.º, e 176, § 1.º

FUNÇÃO PÚBLICA

- perda: art. 37, § 4.º

FUNÇÃO SOCIAL

- da propriedade: art. 184

FUNÇÕES ESSENCIAIS À JUSTIÇA

- arts. 127 a 135
- Advocacia e Defensoria Pública: arts. 133 a 135
- Advocacia-Geral da União: arts. 131 e 132
- Ministério Público: arts. 127 a 130

FUNDAÇÃO PÚBLICA

- criação: art. 37, XIX

FUNDEB

- Fundo de Manutenção e Desenvolvimento da Educação Básica e de Valorização dos Profissionais da Educação: art. 212-A

FUNDO DE GARANTIA

- por tempo de serviço: art. 7.º, III

FUNDO NACIONAL DE DESENVOLVIMENTO REGIONAL

- instituição: art. 159-A

FUNDO PARTIDÁRIO

- partidos políticos; direito aos recursos do: Art. 17, § 3.º

FUNDOS DE PARTICIPAÇÃO

- cálculo das quotas: art. 161, parágrafo único

FUSÃO

- de partidos políticos: art. 17

GARANTIA DA UNIÃO

- disposição pelo Senado Federal: art. 52, VIII

GARANTIAS

- controle: art. 74, III
- dos magistrados: art. 95
- pelas entidades públicas; concessão: art. 163, III

GARANTIAS FUNDAMENTAIS

– aplicação imediata das normas: art. 5.º, § 1.º

GARIMPAGEM

– áreas e condições; competência para estabelecimentos: art. 21, XXV

GARIMPO

– art. 174, § 3.º

GÁS

– serviço de; exploração pelos Estados: art. 25, § 2.º

GÁS NATURAL

– exploração e participação: art. 20, § 1.º
– monopólio da União: art. 177, I

GEOGRAFIA

– serviços de; organização e manutenção; competência: art. 21, XV

GEOLOGIA

– legislação sobre: art. 22, XVIII
– serviços de; organização e manutenção; competência: art. 21, XV

GESTANTE

– licença: art. 7.º, XVIII

GOVERNADORES

– eleição, mandato e posse: arts. 28 e 32, § 2.º
– inelegibilidade: art. 14, § 7.º
– perda de mandato: art. 28, § 1.º
– quem pode eleger-se: art. 14, § 3.º, VI, *b*
– reeleição: art. 14, § 5.º

GOVERNADORES DE TERRITÓRIOS

– escolha pelo Senado Federal: art. 52, III, *c*
– nomeação: art. 84, XIV

GRATIFICAÇÃO NATALINA

– art. 7.º, VIII
– dos aposentados e pensionistas: art. 201, § 6.º

GREVE

– abusos: art. 9.º, § 2.º

– direito de: arts. 9.º e 37, VII
– proibição para o militar: art. 142, § 3.º, IV

GRUPOS ARMADOS

– ação; crimes inafiançável e imprescritível: art. 5.º, XLIV

GUARDAS MUNICIPAIS

– constituição: art. 144, § 8.º

GUERRA

– declaração: arts. 21, II, e 84, XIX
– requisições civis e militares: art. 22, III

GUERRA EXTERNA

– instituição de imposto: art. 154, II

HABEAS CORPUS

– concessão: art. 5.º, LXVIII
– em recurso ordinário; processo e julgamento: art. 102, II, *a*
– gratuidade das ações: art. 5.º, LXXVII
– julgamento pelo Superior Tribunal de Justiça: art. 105, II, *a*
– processo e julgamento: art. 102, I, *d* e *i*
– processo e julgamento; competência dos Tribunais Regionais Federais: art. 108, I, *d*
– processo e julgamento pelo Superior Tribunal de Justiça: art. 105, I, *c*
– punições disciplinares militares: art. 142, § 2.º

HABEAS DATA

– concessão: art. 5.º, LXXII
– em recurso ordinário; processo e julgamento: art. 102, II, *a*
– gratuidade da ação de: art. 5.º, LXXVII
– processo e julgamento: art. 102, I, *d*
– processo e julgamento; competência dos Tribunais Regionais Federais: art. 108, I, *c*
– processo e julgamento pelo Superior Tribunal de Justiça: art. 105, I, *b*

HABITAÇÃO

– programas; competência para promoção: art. 23, IX

HERANÇA
– garantia do direito de: art. 5.º, XXX

HERDEIROS
– assistência do poder público: art. 245
– de autores: art. 5.º, XXVII

HIDROCARBONETOS FLUIDOS
– monopólio da União: art. 177, I

HIGIENE E SEGURANÇA DO TRABALHO
– art. 7.º, XXII

HINO NACIONAL
– símbolo: art. 13, § 1.º

HISTÓRIA DO BRASIL
– ensino da: art. 242, § 1.º

HONRA
– inviolabilidade: art. 5.º, X

HORA EXTRA
– remuneração: art. 7.º, XVI

HORÁRIO DE TRABALHO
– art. 7.º, XIII

HORÁRIO GRATUITO DE RÁDIO E TELEVISÃO
– partidos políticos; acesso ao: Art. 17, § 3.º

IDENTIFICAÇÃO CRIMINAL
– submissão: art. 5.º, LVIII

IDOSO
– arts. 226 a 230
– garantia de um salário mínimo: art. 203, V
– programa de amparo ao: art. 230, § 1.º

IGREJAS
– a quem é vedado o estabelecimento: art. 19, I

IGUALDADE
– entre Estados: art. 4.º, V
– perante a lei: art. 5.º, *caput*

ILHAS COSTEIRAS
– bens da União: art. 20, IV
– bens estaduais: art. 26, II

ILHAS FLUVIAIS
– bens da União: art. 20, IV
– bens estaduais: art. 26, III

ILHAS LACUSTRES
– bens da União: art. 20, IV
– bens estaduais: art. 26, III

ILHAS OCEÂNICAS
– bens da União: art. 20, IV
– bens estaduais: art. 26, II

ILUMINAÇÃO PÚBLICA
– contribuição para custeio do serviço de: art. 149-A

IMAGEM DAS PESSOAS
– inviolabilidade: art. 5.º, X

IMAGEM HUMANA
– reprodução: art. 5.º, XXVIII, *a*

IMIGRAÇÃO
– legislação sobre: art. 22, XV

IMÓVEIS PÚBLICOS
– usucapião: art. 183, § 3.º

IMÓVEIS RURAIS
– beneficiários de distribuição; títulos que receberão: art. 189
– desapropriação: art. 184

IMPOSTO DE TRANSMISSÃO *CAUSA MORTIS*
– alíquotas; fixação: art. 155, § 1.º, IV
– competência para sua instituição: art. 155, § 1.º, III
– instituição: art. 155, I

IMPOSTO DE TRANSMISSÃO INTER VIVOS
– instituição pelo Município: art. 156, II e § 2.º

IMPOSTOS
– anistia ou remissão: art. 150, § 6.º
– caráter: art. 145, § 1.º
– instituição: art. 145, I

- instituição mediante lei complementar: art. 154, I
- instituição pela União: art. 153
- pertencente a arrecadação ao Distrito Federal: art. 157
- pertencente a arrecadação aos Estados: art. 157
- pertencente a arrecadação aos Municípios: art. 158

IMPOSTOS DA UNIÃO

- arts. 153 e 154

IMPOSTOS DOS ESTADOS E DISTRITO FEDERAL

- art. 155

IMPOSTOS DOS MUNICÍPIOS

- art. 156

IMPOSTOS ESTADUAIS

- art. 155
- em Território Federal; competência: art. 147

IMPOSTOS EXTRAORDINÁRIOS

- instituição: art. 154, II

IMPOSTOS SOBRE BENS E SERVIÇOS

- competência compartilhada entre Estados, Distrito Federal e Municípios: arts. 156-A e 156-B
- processo e julgamento pelo Superior Tribunal de Justiça; conflito entre entes federativos relacionado a tributos: art. 105, I, *j*

IMPOSTO SOBRE CIRCULAÇÃO DE MERCADORIAS

- a que atenderá: art. 155, § 2.º
- instituição: art. 155, II

IMPOSTO SOBRE COMBUSTÍVEIS LÍQUIDOS E GASOSOS

- incidência de tributo; limite: art. 155, §§ 3.º a 5.º

IMPOSTO SOBRE LUBRIFICANTES

- incidência de tributo; limite: art. 155, §§ 3.º a 5.º

IMPOSTO SOBRE MINERAIS

- incidência de imposto; limite: art. 155, § 3.º

IMPOSTO SOBRE PRESTAÇÃO DE SERVIÇOS

- instituição: art. 155, II

IMPOSTO SOBRE PRODUTOS INDUSTRIALIZADOS

- distribuição pela União: art. 159

IMPOSTO SOBRE PROPRIEDADE DE VEÍCULOS AUTOMOTORES

- instituição: art. 155, III e § 6.º

IMPOSTO SOBRE PROPRIEDADE PREDIAL E TERRITORIAL URBANA

- instituição pelo Município: art. 156, I e § 1.º

IMPOSTO SOBRE PROPRIEDADE TERRITORIAL RURAL

- art. 153, VI

IMPOSTO SOBRE RENDAS E PROVENTOS DE QUALQUER NATUREZA

- a quem pertence: art. 157, I
- distribuição pela União: art. 159, I e § 1.º

IMPOSTO SOBRE SERVIÇOS DE QUALQUER NATUREZA

- instituição: art. 156, III e § 3.º

IMPROBIDADE ADMINISTRATIVA

- art. 37, § 4.º
- efeito: art. 15, V

IMUNIDADES

- de Deputados e Senadores: art. 53, § 8.º
- tributárias: art. 150, VI

INALISTÁVEIS

- inelegibilidade: art. 14, § 4.º

INCENTIVO

- regional: art. 43, § 2.º

INCONSTITUCIONALIDADE

- *Vide*, também, Ação direta de inconstitucionalidade

– de lei; declaração: art. 97

– de lei; julgamento: art. 102, I, a

– de lei; suspensão da declaração: art. 52, X

INCORPORAÇÃO

– de partidos políticos: art. 17

INDENIZAÇÃO

– por dano material ou moral: art. 5.º, X

INDENIZAÇÃO COMPENSATÓRIA

– art. 7.º, I

INDENIZAÇÃO POR DANO MATERIAL, MORAL OU À IMAGEM

– art. 5.º, V

INDEPENDÊNCIA NACIONAL

– art. 4.º, I

ÍNDIOS

– Vide, também, TERRAS INDÍGENAS

– arts. 231 e 232

– defesa judicial de seus interesses: art. 129, V

– demarcação de suas terras: art. 231

– ingresso em juízo: art. 232

– legislação sobre: art. 22, XIV

INDISPONIBILIDADE DOS BENS

– art. 37, § 4.º

INDIVIDUALIZAÇÃO DA PENA

– art. 5.º, XLVI

INDULTO

– concessão: art. 84, XII

INELEGIBILIDADE

– casos de: art. 14, §§ 4.º, 6.º e 7.º

INFÂNCIA

– proteção; competência para legislar sobre: art. 24, XV

INFORMAÇÃO

– direito de todos: art. 5.º, XIV

INFORMAÇÃO COMERCIAL

– requisição; observações: art. 181

INFORMAÇÕES DE INTERESSE PARTICULAR

– recebimento de: art. 5.º, XXXIII

INFORMÁTICA

– competência para legislar sobre: art. 22, IV

INOVAÇÃO

– arts. 218 a 219-B

INQUÉRITO POLICIAL

– instauração: art. 129, VIII

INSALUBRIDADE

– adicional de: art. 7.º, XXIII

INSPEÇÃO DO TRABALHO

– competência: art. 21, XXIV

INSTALAÇÕES NUCLEARES

– exploração dos serviços e instalações; competência: art. 21, XXIII

INSTITUIÇÃO DO JÚRI

– reconhecimento da: art. 5.º, XXXVIII

INSTITUIÇÕES DEMOCRÁTICAS

– zelo pelas; competência: art. 23, I

INSTITUIÇÕES FINANCEIRAS

– CN: art. 48, XV

– emissão de moedas: art. 164, § 3.º

– fiscalização: art. 163, V

INSTRUÇÃO PROCESSUAL PENAL

– art. 5.º, XII

INTEGRAÇÃO

– econômica, política, social e cultural: art. 4.º, parágrafo único

– política, econômica, social e cultural dos povos da América Latina: art. 4.º, parágrafo único

INTEGRAÇÃO SOCIAL

– promoção; competência: art. 23, X

INTEGRIDADE FÍSICA E MORAL
– do preso; respeitabilidade: art. 5.º, XLIX

INTERDIÇÃO DE DIREITOS
– art. 5.º, XLVI, e

INTÉRPRETES
– art. 5.º, XXVIII, b

INTERROGATÓRIO POLICIAL
– art. 5.º, LXIV

INTERVENÇÃO
– arts. 34 a 36
– decretação: art. 36
– efeitos da cessação da: art. 36, § 4.º
– não: art. 4.º, IV
– pela União nos Estados: art. 34

INTERVENÇÃO FEDERAL
– competência para decretação: art. 21, V
– decretação: art. 84, X

INTIMIDADE
– inviolabilidade: art. 5.º, X

INUNDAÇÕES
– planejamento e promoção da defesa; competência: art. 21, XVIII

INVENTOS INDUSTRIAIS
– privilégios: art. 5.º, XXIX

INVESTIGAÇÃO CRIMINAL
– art. 5.º, XII

INVESTIMENTOS
– de capital estrangeiro: art. 172

INVIOLABILIDADE
– de correspondência: art. 139, § 3.º
– dos direitos fundamentais: art. 5.º
– dos Vereadores: art. 29, VIII

IRREDUTIBILIDADE DE SALÁRIO
– art. 7.º, VI

JAZIDAS
– legislação sobre: art. 22, XII
– propriedade: art. 176

JAZIDAS DE GÁS NATURAL
– monopólio da União: art. 177, I

JAZIDAS DE MINERAIS
– prioridade das cooperativas: art. 174, § 4.º

JAZIDAS DE PETRÓLEO
– monopólio da União: art. 177, I

JORNADA DE TRABALHO
– em turnos: art. 7.º, XIV
– redução: art. 7.º, XIII

JORNAIS
– imposto sobre: art. 150, VI, d

JORNALISMO
– informação; embaraço: art. 220, § 1.º

JOVEM
– arts. 226 a 230

JUIZADO DE PEQUENAS CAUSAS
– criação, funcionamento e processo; competência para legislar sobre: art. 24, X

JUIZADOS ESPECIAIS
– criação: art. 98, I

JUIZ DE PAZ
– quem pode eleger-se: art. 14, § 3.º, VI, c

JUÍZES
– garantias: art. 95

JUÍZES DA JUSTIÇA MILITAR
– processo e julgamento dos: art. 108, I, a

JUÍZES DOS ESTADOS
– arts. 125 e 126

JUÍZES DO TRABALHO
– arts. 111 a 116
– processo e julgamento dos: art. 108, I, a

JUÍZES ELEITORAIS
– arts. 118 a 121

JUÍZES FEDERAIS
– arts. 106 a 110

– competência para processar e julgar: art. 109
– na composição dos Tribunais Regionais Federais: art. 107, II
– processo e julgamento dos: art. 108, I, a

JUÍZES MILITARES
– arts. 122 a 124

JUÍZO DE EXCEÇÃO
– art. 5.º, XXXVII

JUNTAS COMERCIAIS
– competência para legislar sobre: art. 24, III

JÚRI
– reconhecimento da instituição do: art. 5.º, XXXVIII

JUSTIÇA DE PAZ
– criação: art. 98, II

JUSTIÇA DESPORTIVA
– art. 217

JUSTIÇA DO TRABALHO
– competência: art. 114

JUSTIÇA ELEITORAL
– composição: art. 119
– órgãos: art. 118

JUSTIÇA FEDERAL
– competência: arts. 108 e 109
– órgãos: art. 106, I e II

JUSTIÇA MILITAR
– competência: art. 124
– organização, funcionamento e competência: art. 124, parágrafo único
– órgãos: art. 122

JUSTIÇA MILITAR ESTADUAL
– competência: art. 125, §§ 4.º e 5.º
– criação: art. 125, § 3.º

JUVENTUDE
– proteção; competência para legislar sobre: art. 24, XV

LAGOS
– bens da União: art. 20, III

LAZER
– direitos dos trabalhadores: art. 7.º, IV
– direitos sociais: art. 217, § 3.º
– incentivo: art. 217, § 3.º
– para a criança, o adolescente e o jovem: art. 227

LEI DE DIRETRIZES ORÇAMENTÁRIAS
– instituição: art. 165, II e § 2.º

LEI ESTADUAL
– ação direta de inconstitucionalidade; processo e julgamento: art. 102, I, a

LEI FEDERAL
– ação declaratória de constitucionalidade; processo e julgamento: art. 102, I, a
– ação direta de inconstitucionalidade; processo e julgamento: art. 102, I, a

LEI ORGÂNICA DO DISTRITO FEDERAL
– art. 32

LEI ORGÂNICA DOS MUNICÍPIOS
– votação: art. 29

LEI PENAL
– retroatividade: art. 5.º, XL

LEIS
– arts. 61 a 69
– declaração de inconstitucionalidade: art. 97
– iniciativa: art. 61
– iniciativa do Presidente da República: art. 61, § 1.º
– iniciativa popular: art. 61, § 2.º
– julgamento de inconstitucionalidade: art. 102, I, a
– zelo pelas; competência: art. 23, I

LEIS COMPLEMENTARES
– aprovação: art. 69

LEIS DELEGADAS
– elaboração: art. 68

LESÃO OU AMEAÇA A DIREITO
– apreciação: art. 5.º, XXXV

LIBERDADE
– privação da: art. 5.º, LIV
– privação ou restrição: art. 5.º, XLVI, *a*

LIBERDADE DE ASSOCIAÇÃO
– art. 5.º, XVII

LIBERDADE PROVISÓRIA
– admissão: art. 5.º, LXVI

LICENÇA
– art. 5.º, IX

LICENÇA À GESTANTE
– art. 7.º, XVIII

LICENÇA-PATERNIDADE
– art. 7.º, XIX

LICITAÇÃO
– exigência: art. 37, XXI e §§ 1.º e 2.º
– legislação sobre: art. 22, XXVII

LIMITAÇÃO DO PODER DE TRIBUTAR
– arts. 150 a 152

LÍNGUA OFICIAL
– art. 13

LÍNGUA PORTUGUESA
– ministração no ensino fundamental: art. 210, § 2.º

LITIGANTES
– contraditório: art. 5.º, LV

LITURGIAS
– proteção: art. 5.º, VI

LIVRE INICIATIVA
– art. 1.º, IV

LIVROS
– imposto sobre: art. 150, VI, *d*

LOCAIS DE CULTO
– proteção: art. 5.º, VI

LOCOMOÇÃO
– liberdade de: art. 5.º, XV

LUBRIFICANTES
– imposto; limite: art. 155, §§ 3.º a 5.º

LUCROS
– participação nos: art. 7.º, XI

MAGISTRADOS
– acesso a tribunais: art. 93, III
– aposentadoria: art. 93, VI
– escolha pelo Senado Federal: art. 52, III, *a*
– estatuto: art. 93, *caput*
– garantias: art. 95
– ingresso na carreira: art. 93, I
– nomeação: art. 84, XVI
– permuta de magistrados: art. 93, VIII-B
– preparação e aperfeiçoamento: art. 93, IV
– promoção: art. 93, II
– remoção; disponibilidade: art. 93, VIII
– remoção a pedido de: art. 93, VIII-A
– residência: art. 93, VII
– subsídios: art. 93, V

MAGISTRATURA
– disposições do estatuto: art. 93

MAIORES
– de dezesseis anos; voto: art. 14, § 1.º, II, *c*
– de sessenta e cinco anos; transporte gratuito: art. 230, § 2.º
– de setenta anos; voto: art. 14, § 1.º, II, *b*

MANDADO DE INJUNÇÃO
– concessão: art. 5.º, LXXI
– em recurso ordinário; processo e julgamento: art. 102, II, *a*

- processo e julgamento: art. 102, I, q
- processo e julgamento pelo Superior Tribunal de Justiça: art. 105, I, h

MANDADO DE SEGURANÇA
- concessão: art. 5.º, LXIX
- em recurso ordinário; processo e julgamento: art. 102, II, a
- julgamento pelo Superior Tribunal de Justiça: art. 105, II, b
- processo e julgamento; competência dos Tribunais Regionais Federais: art. 108, I, c
- processo e julgamento pelo Superior Tribunal de Justiça: art. 105, I, b

MANDADO DE SEGURANÇA COLETIVO
- impetração: art. 5.º, LXX

MANDANTES
- de crimes: art. 5.º, XLIII

MANDATO
- de Deputado e Senador; casos em que não perderão: art. 56
- dos Deputados e Senadores; perda: art. 55

MANDATO ELETIVO
- impugnação: art. 14, § 10
- tramitação da ação de impugnação: art. 14, § 11

MANIFESTAÇÃO DO PENSAMENTO
- art. 5.º, IV
- liberdade de: art. 220

MARCAS
- proteção à propriedade: art. 5.º, XXIX

MARGINALIZAÇÃO
- combate aos fatores; competência: art. 23, X
- erradicação da: art. 3.º, III

MAR TERRITORIAL
- bem da União: art. 20, VI

MATA ATLÂNTICA
- patrimônio nacional: art. 225, § 4.º

MATERIAIS RADIOATIVOS
- para pesquisa e usos médicos, agrícolas e industriais; produção, comercialização e utilização sob regime de permissão: arts. 21, XXIII, b e c, e 177, V
- transporte e utilização: art. 177, § 3.º

MATERIAL BÉLICO
- legislação sobre: art. 22, XXI
- produção e comércio; fiscalização: art. 21, VI

MATÉRIA PROCESSUAL
- competência para legislar sobre: art. 24, XI

MATÉRIA TRIBUTÁRIA
- conflitos de competência em: art. 145, § 2.º

MATERNIDADE
- assistência social: art. 203, I
- direito social: art. 6.º
- na previdência social: art. 201, II

MÉDIA PROPRIEDADE RURAL
- caso em que não será desapropriada: art. 185, I

MEDICAMENTOS
- propaganda comercial: art. 220, § 4.º

MEDIDA CAUTELAR
- ações diretas de inconstitucionalidade; pedido; processo e julgamento: art. 102, I, p

MEDIDAS PROVISÓRIAS
- adoção: arts. 62 e 246
- edição de: art. 84, XXVI

MEIO AMBIENTE
- art. 225
- ação popular: art. 5.º, LXXIII
- competência para legislar sobre proteção do: art. 24, VI
- competência para legislar sobre responsabilidade por dano: art. 24, VIII

- condutas e atividades lesivas ao; sanções: art. 225, § 3.º
- direito de todos ao equilíbrio: art. 225
- educação ambiental; promoção: art. 225, § 1.º, VI
- equilibrado; direito de todos: art. 225
- proteção: art. 200, VIII
- proteção; competência: art. 23, VI

MEIOS DE COMUNICAÇÃO SOCIAL
- monopólio ou oligopólio: art. 220, § 5.º

MENOR DE DEZOITO ANOS
- trabalho noturno: art. 7.º, XXXIII

MENOR DE QUATORZE ANOS
- trabalho noturno: art. 7.º, XXXIII

MENORES
- de dezoito anos; inimputabilidade: art. 228
- de dezoito anos; voto: art. 14, § 1.º, II, c

MERCADO INTERNO
- incentivo ao: art. 219

METAIS
- títulos e garantias dos; legislação: art. 22, VI

METALURGIA
- legislação sobre: art. 22, XII

MICROEMPRESAS
- tratamento jurídico diferenciado: art. 179

MICRORREGIÕES
- art. 25, § 3.º

MILITAR(ES)
- dos Estados, do Distrito Federal e dos Territórios: art. 42
- elegibilidade: art. 14, § 8.º

MINAS
- legislação sobre: art. 22, XII

MINERAIS
- imposto; limite: art. 155, § 3.º

MINÉRIOS
- pesquisa e exploração; competência: art. 23, XI

MINÉRIOS E MINERAIS NUCLEARES
- exploração: art. 21, XXIII
- pesquisa, lavra, enriquecimento, reprocessamento, industrialização e comércio: art. 177, V
- produção, comercialização e utilização de radioisótopos para pesquisa e uso médicos: art. 21, XXIII, b e c

MINISTÉRIO PÚBLICO
- arts. 127 a 130-A
- autonomia: art. 127, § 2.º
- chefia: art. 128, § 1.º
- destituição do Procurador-Geral da República: art. 128 e §§ 2.º a 4.º
- direitos, vedações e forma de investidura: art. 130
- escolha do Procurador-Geral: art. 128, § 3.º
- Federal; na composição dos Tribunais Regionais Federais: art. 107, I
- funções; exercício: art. 129, § 2.º
- garantias de seus membros: art. 128, § 5.º, I
- incumbências: art. 127
- ingresso na carreira: art. 129, § 3.º
- orçamento: art. 127, § 3.º
- organização; atribuições e estatuto: art. 128, § 5.º
- organização e manutenção; competência: art. 21, XIII
- organização judiciária; legislação sobre: art. 22, XVII
- União; processo e julgamento dos membros do: art. 108, I, a

MINISTÉRIO(S)
- criação, estruturação e atribuições: art. 88
- da Defesa; cargo privativo de brasileiro nato: art. 12, § 3.º, VII

– da Defesa; comando supremo; competência privativa do Presidente da República: art. 84, XIII

– da Defesa; do Conselho; integrantes: art. 91, I a VIII

– da Defesa; do Superior Tribunal de Justiça; processo e julgamento; competência: art. 105

– da Defesa; do Supremo Tribunal Federal; infrações penais comuns e crimes de responsabilidade; competência: art. 102, I, c

– da Defesa; processo e julgamento; competência privativa do Senado Federal: art. 52, I

MINISTROS

– convocação pela Câmara dos Deputados e pelo Senado Federal: art. 50

MINISTROS DE ESTADO

– arts. 87 e 88

– escolha: art. 87

– infrações penais comuns; julgamento: art. 102, I, c

– nomeação e exoneração: art. 84, I

– processo contra: art. 51, I

– processo e julgamento: art. 52, I

MINISTROS DO SUPREMO TRIBUNAL FEDERAL

– cargo privativo de brasileiro nato: art. 12, § 3.º, IV

– nomeação: art. 84, XIV

– processo e julgamento: art. 52, II

MINISTROS DO TRIBUNAL DE CONTAS

– da União; escolha pelo Senado Federal: art. 52, III, b

– nomeação: art. 84, XIV

MISSÃO DIPLOMÁTICA

– chefes; infrações penais comuns; julgamento: art. 102, I, c

– escolha de chefe: art. 52, IV

MOBILIZAÇÃO NACIONAL

– legislação sobre: art. 22, XXVIII

MOEDA

– competência para emissão: art. 21, VII

– emissão: art. 164

– emissão; limites: art. 48, XIV

MONOPÓLIO DA UNIÃO

– art. 177

MONUMENTOS

– proteção; competência: art. 23, III

MORADIAS

– direito social: art. 6.º, caput

– programas; competência para promoção: art. 23, IX

MORALIDADE ADMINISTRATIVA

– ação popular: art. 5.º, LXXIII

MULHERES

– serviço militar: art. 143, § 2.º

MULTA

– art. 5.º, XLVI, c

MUNICÍPIOS

– arts. 29 a 31

– competência: art. 30

– constituição de Guarda Municipal: art. 144, § 8.º

– contas do: art. 31, § 3.º

– criação, incorporação, fusão e desmembramento: art. 18, § 4.º

– despesas do Poder Legislativo; limites: art. 29-A

– de territórios; intervenção: art. 35

– dívida mobiliária; limitação pelo Senado Federal: art. 52, IX

– Estados e Distrito Federal; união indissolúvel: art. 1.º

– fiscalização: art. 31

– fixação da dívida: art. 52, VI

– imposto dos: art. 156

– imposto que pertence aos: art. 158

– instituição de contribuições: art. 149, §§ 1.º a 1.º-C

– instituição de impostos; competência: art. 156

– Lei Orgânica: art. 29

– proventos de aposentadoria e pensões; constituição de fundos: art. 249

– símbolos: art. 13, § 2.º

NACIONALIDADE

– arts. 12 e 13

– aquisição de outra: art. 12, § 4.º, II

– de brasileiro; perda: art. 12, § 4.º

– legislação sobre: art. 22, XIII

– renúncia: art. 12, § 5.º

NÃO INTERVENÇÃO

– art. 4.º, IV

NASCIMENTO

– gratuidade do registro civil: art. 5.º, LXXVI, a

NATURALIZAÇÃO

– cancelamento; efeito: art. 12, § 4.º, I

– legislação sobre: art. 22, XIII

NATUREZA

– competência para legislar sobre conservação da: art. 24, VI

NAVEGAÇÃO AÉREA

– regime; legislação: art. 22, X

NAVEGAÇÃO AEROESPACIAL

– exploração dos serviços de: art. 21, XII, c

– regime; legislação: art. 22, X

NAVEGAÇÃO DE CABOTAGEM E INTERIOR

– de quem é privativa: art. 178, parágrafo único

NAVEGAÇÃO FLUVIAL

– regime; legislação: art. 22, X

NAVEGAÇÃO LACUSTRE

– regime; legislação: art. 22, X

NAVEGAÇÃO MARÍTIMA

– regime; legislação: art. 22, X

NOMES DE EMPRESAS

– proteção à propriedade: art. 5.º, XXIX

NOTÁRIOS

– *Vide* SERVIÇOS NOTARIAIS

ÓBITO

– gratuidade da certidão: art. 5.º, LXXVI, b

OBJETIVOS FUNDAMENTAIS

– da República: art. 3.º

OBRAS

– contratação: art. 37, XXI

OBRAS COLETIVAS

– participações: art. 5.º, XXVIII, a

OBRAS DE VALOR

– proteção; competência: art. 23, III

OBRIGAÇÃO ALIMENTÍCIA

– prisão civil por dívida de: art. 5.º, LXVII

OFICIAIS-GENERAIS

– promoção e nomeação: art. 84, XIII

OFICIAL DAS FORÇAS ARMADAS

– cargo privativo de brasileiro nato: art. 12, § 3.º, VI

OFÍCIO

– liberdade de: art. 5.º, XIII

OPERAÇÕES DE CRÉDITO

– competência para administração e fiscalização: art. 21, VIII

– controle: art. 74, III

– disposição pelo Senado Federal: art. 52, VII

OPERAÇÕES EXTERNAS

– de natureza financeira; autorização: art. 52, V

OPERAÇÕES FINANCEIRAS

– competência para fiscalização: art. 21, VIII

– externas; autorização: art. 52, V

ORÇAMENTOS

- arts. 165 a 169
- ajuste fiscal; vedações: art. 167-A
- competência para legislar sobre: art. 24, II
- estado de calamidade pública; contratação de pessoal: art. 167-C
- estado de calamidade pública; disposições: arts. 167-B a 167-G
- estado de calamidade pública; regime extraordinário fiscal, financeiro e de contratações: art. 167-B
- inclusão de verbas; pagamento de precatórios de sentenças transitadas em julgado: art. 100, § 5.º

ORDEM DOS ADVOGADOS DO BRASIL

- art. 103, VII

ORDEM ECONÔMICA E FINANCEIRA

- arts. 170 a 192
- finalidade: art. 170
- política agrícola e fundiária e reforma agrária: arts. 184 a 191
- política urbana: arts. 182 e 183
- princípios gerais da atividade econômica: arts. 170 a 181

ORDEM JUDICIAL

- violabilidade das comunicações telefônicas: art. 5.º, XII

ORDEM SOCIAL

- arts. 193 a 232
- ciência e tecnologia: arts. 218 e 219
- comunicação social: arts. 220 a 224
- cultura: arts. 215 e 216
- desporto: art. 217
- disposição geral: art. 193
- educação: arts. 205 a 214
- educação, cultura e desporto: arts. 205 a 217
- família, criança, adolescente e idoso: arts. 226 a 230
- índios: arts. 231 e 232
- meio ambiente: art. 225
- seguridade social: arts. 194 a 204
- seguridade social; assistência social: arts. 203 e 204
- seguridade social; disposições gerais: arts. 194 e 195
- seguridade social; previdência social: arts. 201 e 202
- seguridade social; saúde: arts. 196 a 200

ORGANIZAÇÃO ADMINISTRATIVA

- da Defensoria Pública do Distrito Federal: art. 22, XVII
- do Distrito Federal e Territórios: art. 22, XVII

ORGANIZAÇÃO DO ESTADO

- arts. 18 a 43
- administração pública: arts. 37 a 43
- administração pública; disposições gerais: arts. 37 e 38
- administração pública; dos militares dos Estados, do Distrito Federal e dos Territórios: art. 42
- administração pública; regiões: art. 43
- administração pública; servidores públicos: arts. 39 a 41
- Distrito Federal: art. 32
- Distrito Federal e territórios: arts. 32 e 33
- Estados federados: arts. 25 a 28
- intervenção: arts. 34 a 36
- Municípios: arts. 29 a 31
- organização político-administrativa: arts. 18 e 19
- Territórios: art. 33
- União: arts. 20 a 24

ORGANIZAÇÃO DOS PODERES

- arts. 44 a 135
- funções essenciais à justiça: arts. 127 a 135
- funções essenciais à justiça; advocacia e defensoria pública: arts. 133 a 135

- funções essenciais à justiça; advocacia pública: arts. 131 e 132
- funções essenciais à justiça; ministério público: arts. 127 a 130-A
- poder executivo: arts. 76 a 91
- poder executivo; atribuições do presidente da república: art. 84
- poder executivo; conselho da república: arts. 89 e 90
- poder executivo; conselho da república e conselho de defesa nacional: arts. 89 a 91
- poder executivo; conselho de defesa nacional: art. 91
- poder executivo; ministros de estado: arts. 87 e 88
- poder executivo; presidente e vice-presidente da república: arts. 76 a 83
- poder executivo; responsabilidade do presidente da república: arts. 85 e 86
- poder judiciário: arts. 92 a 126
- poder judiciário; disposições gerais: arts. 92 a 100
- poder judiciário; Superior Tribunal de Justiça: arts. 104 e 105
- poder judiciário; Supremo Tribunal Federal: arts. 101 a 103-B
- poder judiciário; tribunais e juízes dos estados: arts. 125 e 126
- poder judiciário; tribunais e juízes do trabalho: arts. 111 a 117
- poder judiciário; tribunais e juízes eleitorais: arts. 118 a 121
- poder judiciário; tribunais e juízes militares: arts. 122 a 124
- poder judiciário; tribunais regionais federais e juízes federais: arts. 106 a 110
- poder legislativo: arts. 44 a 75
- poder legislativo; atribuições do Congresso Nacional: arts. 48 a 50
- poder legislativo; câmara dos deputados: art. 51
- poder legislativo; comissões: art. 58
- poder legislativo; Congresso Nacional: arts. 44 a 47

- poder legislativo; deputados e senadores: arts. 53 a 56
- poder legislativo; fiscalização contábil, financeira e orçamentária: arts. 70 a 75
- poder legislativo; processo legislativo: arts. 59 a 69
- poder legislativo; processo legislativo; disposição geral: art. 59
- poder legislativo; processo legislativo; emenda à Constituição: art. 60
- poder legislativo; processo legislativo; leis: arts. 61 a 69
- poder legislativo; reuniões: art. 57
- poder legislativo; senado federal: art. 52

ORGANIZAÇÃO POLÍTICO-ADMINISTRATIVA
- arts. 18 e 19
- o que compreende: art. 18

ORGANIZAÇÃO SINDICAL
- criação: art. 8.º, II
- impetração de mandado de segurança coletivo: art. 5.º, LXX, *b*
- interferência e intervenção: art. 8.º, I

ORGANIZAÇÕES INTERNACIONAIS
- art. 21, I

OURO
- imposto: art. 153, § 5.º
- não incidência de imposto: art. 155, § 2.º, X, c

PAGAMENTO DE CRÉDITOS
- art. 100 e §§ 1.º e 2.º

PAIS
- deveres: art. 230

PAISAGENS NATURAIS
- proteção; competência: art. 23, III

PANTANAL MATO-GROSSENSE
- patrimônio nacional: art. 225, § 4.º

PAPEL
- destinado à impressão; imposto: art. 150, VI, *d*

PARENTES CONSANGUÍNEOS
– caso de inelegibilidade: art. 14, § 7.º

PARTICIPAÇÃO NOS LUCROS E RESULTADOS
– art. 7.º, XI

PARTIDOS POLÍTICOS
– art. 17
– acesso a meios de comunicação: art. 17, § 3.º
– autonomia: art. 17, § 1.º
– candidaturas de pessoas pretas e pardas: art. 17, § 9.º
– candidaturas femininas: art. 17, §§ 7.º e 8.º
– criação, fusão, incorporação e extinção: art. 17
– direito de denúncia: art. 74, § 2.º
– impetração de mandado de segurança coletivo: art. 5.º, LXX, a
– instituição de imposto vedada: art. 150, VI, c
– liberdade de criação: art. 17
– organização paramilitar; utilização: art. 17, § 4.º
– recursos: art. 17, § 3.º
– registro de estatuto: art. 17, § 2.º

PATERNIDADE
– licença: art. 7.º, XIX

PATRIMÔNIO
– instituição de impostos vedada: art. 150, VI, c

PATRIMÔNIO ARTÍSTICO
– competência para legislar sobre proteção: art. 24, VII

PATRIMÔNIO CULTURAL
– competência para legislar sobre proteção: art. 24, VII

PATRIMÔNIO CULTURAL BRASILEIRO
– constituição: art. 216, caput
– danos e ameaças; punição: art. 216, § 4.º
– documentação; consulta: art. 216, § 2.º
– fundo estadual de fomento à cultura: art. 216, § 6.º
– incentivos para produção e conhecimento de bens e valores do: art. 216, § 3.º
– promoção e proteção: art. 216, § 1.º

PATRIMÔNIO HISTÓRICO
– competência para legislar sobre proteção: art. 24, VII

PATRIMÔNIO HISTÓRICO E CULTURAL
– ação popular: art. 5.º, LXXIII

PATRIMÔNIO PAISAGÍSTICO
– competência para legislar sobre proteção: art. 24, VII

PATRIMÔNIO PÚBLICO
– zelo pelo; competência: art. 23, I

PATRIMÔNIO TURÍSTICO
– competência para legislar sobre proteção: art. 24, VII

PAZ
– celebração: arts. 21, II, e 84, XX
– defesa da: art. 4.º, VI e VII

PENA DE MORTE
– art. 5.º, XLVII, a

PENA PERPÉTUA
– art. 5.º, XLVII, b

PENAS
– comutação: art. 84, XII
– cumprimento: art. 5.º, XLVIII
– exigência de cominação: art. 5.º, XXXIX
– individualização: art. 5.º, XLVI
– não passará da pessoa do condenado: art. 5.º, XLV

PENAS CRUÉIS
– art. 5.º, XLVII, e
– liberdade de manifestação: arts. 5.º, IV, e 220

PENSÃO
– do servidor público: art. 40

PENSIONISTAS

- gratificação natalina: art. 201, § 6.º
- militares: art. 42, § 2.º

PEQUENA PROPRIEDADE RURAL

- caso em que não será desapropriada: art. 185, I

PERDA

- da nacionalidade; brasileiro: art. 12, § 4.º
- de bens: art. 5.º, XLVI, b
- dos direitos políticos: art. 15

PERDIMENTO DE BENS

- art. 5.º, XLV

PERICULOSIDADE

- adicional de: art. 7.º, XXIII

PERIÓDICOS

- imposto sobre: art. 150, VI, d

PERMISSÃO

- de serviços de radiodifusão sonora e de sons e imagens: art. 223

PESCADORES

- colônias de: art. 8.º, parágrafo único

PESQUISA

- direitos de; registro, acompanhamento e fiscalização; competência: art. 23, XI
- formação de recursos humanos na área de: art. 218, § 3.º

PESQUISA CIENTÍFICA

- prioridade: art. 218, § 1.º
- receita dos Estados e do Distrito Federal: art. 218, § 5.º

PESQUISA E CAPACITAÇÃO TECNOLÓGICAS

- promoção e incentivo pelo Estado: art. 218

PESQUISA TECNOLÓGICA

- destinação: art. 218, § 2.º
- receita dos Estados e do Distrito Federal: art. 218, § 5.º

PETRÓLEO

- exploração e participação: art. 20, § 1.º
- refinação; monopólio da União: art. 177, II
- venda e revenda: art. 238

PISO SALARIAL

- art. 7.º, V
- enfermeiro, técnico de enfermagem, auxiliar de enfermagem e parteira: art. 198, §§ 12 a 15

PLANEJAMENTO FAMILIAR

- art. 226, § 7.º

PLANO NACIONAL DE CULTURA

- instituição: art. 215, § 3.º

PLANO NACIONAL DE EDUCAÇÃO

- art. 214

PLANO PLURIANUAL

- disposições sobre o: art. 165, § 9.º
- instituição: art. 165, I e § 1.º
- projetos de lei relativos a: art. 166
- remessa ao Congresso Nacional: art. 84, XXIII

PLANOS DE PREVIDÊNCIA SOCIAL

- a quem atenderão: art. 201

PLANOS NACIONAIS

- elaboração: art. 165, § 4.º

PLANTAS PSICOTRÓPICAS

- expropriação de glebas com cultura de: art. 243

PLEBISCITO

- art. 14, I
- convocação pelo Congresso Nacional: art. 49, XV
- para criação, incorporação, fusão e desmembramento de municípios: art. 18, § 4.º
- para incorporação de Estados: art. 18, § 3.º

PLURALISMO POLÍTICO

– art. 1.º, V

POBREZA

– combate à causa; competência: art. 23, X
– erradicação: art. 3.º, III

PODER

– emana do povo: art. 1.º, parágrafo único

PODER DE TRIBUTAR

– limitação: arts. 150 a 152

PODER EXECUTIVO

– arts. 76 a 91
– atribuições do Presidente da República: art. 84
– conselho da república: arts. 89 e 90
– conselho da república e conselho de defesa nacional: arts. 89 a 91
– conselho de defesa nacional: art. 91
– eleição: art. 77
– exercício: art. 76
– ministros de estado: arts. 87 e 88
– Presidente e Vice-Presidente da República: arts. 76 a 83
– responsabilidade do Presidente da República: arts. 85 e 86

PODER JUDICIÁRIO

– arts. 92 a 126
– acesso a tribunais: art. 93, III
– aposentadoria: art. 93, VI
– autonomia: art. 99 e §§ 1.º e 2.º
– disposições gerais: arts. 92 a 100
– ingresso na carreira: art. 93, I
– julgamentos: art. 93, IX
– organização e manutenção; competência: art. 21, XIII
– órgãos: art. 92
– preparação e aperfeiçoamento: art. 93, IV
– promoção: art. 93, II
– recursos relativos a desporto: art. 217, § 1.º
– residência do juiz titular: art. 93, VII
– subsídio: art. 93, V
– Superior Tribunal de Justiça: arts. 104 e 105
– Supremo Tribunal Federal: arts. 101 a 103-B
– tribunais e juízes dos estados: arts. 125 e 126
– tribunais e juízes do trabalho: arts. 111 a 116
– tribunais e juízes eleitorais: arts. 118 a 121
– tribunais e juízes militares: arts. 122 a 124
– tribunais regionais federais e juízes federais: arts. 106 a 110
– vencimentos dos cargos do: art. 37, XII

PODER LEGISLATIVO

– arts. 44 a 75
– atribuições do Congresso Nacional: arts. 48 a 50
– câmara dos deputados: art. 51
– comissões: art. 58
– Congresso Nacional: arts. 44 a 47
– deputados e senadores: arts. 53 a 56
– fiscalização contábil, financeira e orçamentária: arts. 70 a 75
– municipal; despesas; limites: art. 29, VII
– processo legislativo: arts. 59 a 69
– processo legislativo; disposição geral: art. 59
– processo legislativo; emenda à Constituição: art. 60
– processo legislativo; leis: arts. 61 a 69
– reuniões: art. 57
– Senado Federal: art. 52
– vencimentos dos cargos do: art. 37, XII

POLÍCIA AÉREA

– execução do serviço de; competência: art. 21, XXII

POLÍCIA DE FRONTEIRA

– serviços; execução; competência: art. 21, XXII

POLÍCIA FEDERAL

– destinação: art. 144, § 1.º

– legislação sobre: art. 22, XXII

POLÍCIA FERROVIÁRIA

– federal; destinação: art. 144, § 3.º

– legislação sobre: art. 22, XXII

POLÍCIA MARÍTIMA

– execução do serviço de; competência: art. 21, XXII

POLÍCIA MILITAR

– convocação e mobilização; inatividade e pensões; legislação sobre: art. 22, XXI

– dos Estados, do Distrito Federal e dos Territórios: art. 42

– incumbência: art. 144, §§ 5.º e 6.º

– organização e manutenção; competência: art. 21, XII, *d*

POLÍCIA RODOVIÁRIA

– federal; destinação: art. 144, § 2.º

– legislação sobre: art. 22, XXII

POLÍCIAS CIVIS

– incumbência: art. 144, § 4.º

– organização e manutenção; competência: art. 21, XIV

– organização, garantias, direitos e deveres; legislação sobre: art. 24, XVI

POLÍTICA AGRÍCOLA

– planejamento e execução: art. 187

POLÍTICA AGRÍCOLA E FUNDIÁRIA E REFORMA AGRÁRIA

– arts. 184 a 191

POLÍTICA DE DESENVOLVIMENTO URBANO

– art. 182

POLÍTICA NACIONAL DE TRANSPORTES

– competência para legislar sobre: art. 22, IX

POLÍTICA URBANA

– arts. 182 e 183

POLUIÇÃO

– combate; competência: art. 23, VI

– competência para legislar sobre controle da: art. 24, VI

POPULAÇÃO INDÍGENA

– legislação sobre: art. 22, XIV

PORTOS

– regime; legislação: art. 22, X

PORTOS FLUVIAIS

– exploração: art. 21, XII, *f*

PORTOS LACUSTRES

– exploração: art. 21, XII, *f*

PORTOS MARÍTIMOS

– exploração: art. 21, XII, *f*

PORTUGUÊS

– língua oficial: art. 13

PORTUGUESES

– naturalizados: art. 12, § 1.º

POUPANÇA

– legislação sobre: art. 22, XIX

POVO

– emanação do poder: art. 1.º, parágrafo único

PRAIAS FLUVIAIS

– bens da União: art. 20, III

PRAIAS MARÍTIMAS

– bens da União: art. 20, IV

PRAZO

– apreciação das emendas do Senado Federal: art. 64, § 3.º

– de mandato de Prefeito, Vice-Prefeito e Vereadores: art. 29, I

– de validade de concurso público: art. 37, III

– em caso de recesso do Congresso: art. 64, § 4.º

– para impugnação do mandato eletivo: art. 14, § 10

– para sanção de lei: art. 66, § 3.º

– para vigência da lei que alterar o processo eleitoral: art. 16

– prescrição de ilícitos: art. 37, § 5.º

– tempo de mandato dos Deputados Estaduais: art. 27, § 1.º

PRECATÓRIOS

– disposições: art. 100

– orçamento; inclusão de verbas; pagamento de precatórios de sentenças transitadas em julgado: art. 100, § 5.º

PRECONCEITOS

– art. 3.º, IV

PRÉ-ESCOLAS

– assistência gratuita aos filhos e dependentes: art. 7.º, XXV

– atuação dos Municípios: art. 212, § 2.º

PREFEITO

– contas do: art. 31, § 2.º

– crime de responsabilidade; espécies: art. 29-A, § 2.º

– eleição: art. 29, I

– inelegibilidade: art. 14, § 7.º

– julgamento: art. 29, X

– perda do mandato: art. 29, XIV

– posse: art. 29, III

– prazo do mandato: art. 29, I

– quem pode eleger-se: art. 14, § 3.º, VI, c

– reeleição: art. 14, § 5.º

– servidor público: art. 38, II

– subsídios: art. 29, V

PREFERÊNCIAS

– entre brasileiros: art. 19, III

PRESCRIÇÃO

– do direito de ação: art. 7.º, XXIX

PRESIDENTE DA CÂMARA DOS DEPUTADOS

– cargo privativo de brasileiro nato: art. 12, § 3.º, II

PRESIDENTE DA REPÚBLICA

– afastamento; cessação: art. 86, § 2.º

– atos estranhos ao exercício de suas funções: art. 86, § 4.º

– atribuições: art. 84

– ausência do País: art. 83

– cargo privativo de brasileiro nato: art. 12, § 3.º, I

– contas do; exame: art. 166, § 1.º, I

– crimes de responsabilidade: art. 85

– decretação de estado de defesa: art. 136

– delegação de atribuições: art. 84, parágrafo único

– eleição: art. 77

– exercício do Poder Executivo: art. 76

– impedimento: art. 80

– inelegibilidade: art. 14, § 7.º

– infrações penais comuns; julgamento: art. 102, I, *b*

– iniciativa das leis: art. 61, § 1.º

– julgamento: art. 86

– mandato: art. 82

– medidas provisórias, com força de lei; caso: art. 62

– morte do candidato: art. 77, § 4.º

– posse: arts. 78 e 82

– prisão: art. 86, § 3.º

– processo contra: art. 51, I

– processo e julgamento: art. 52, I

– proposta de ação declaratória de constitucionalidade: art. 103, I

- quem pode eleger-se: art. 14, § 3.º, VI, a
- reeleição: art. 14, § 5.º
- substituição: art. 79
- suspensão das funções: art. 86, § 1.º
- tomada de contas pela Câmara dos Deputados: art. 51, II
- vacância do cargo: art. 81

PRESIDENTE DO BANCO CENTRAL

- escolha: art. 52, III, d

PRESIDENTE DO SENADO FEDERAL

- cargo privativo de brasileiro nato: art. 12, § 3.º, III

PRESIDENTE E VICE-PRESIDENTE DA REPÚBLICA

- arts. 76 a 83
- atribuições do Presidente da República: art. 84
- responsabilidade do Presidente da República: arts. 85 e 86

PRESIDIÁRIAS

- permanência com os filhos: art. 5.º, L

PRESO

- assistência familiar e advogado: art. 5.º, LXIII
- identificação dos responsáveis por sua prisão e interrogatório: art. 5.º, LXIV
- informação de seus direitos: art. 5.º, LXIII
- respeito ao: art. 5.º, XLIX
- tempo superior à condenação; indenização: art. 5.º, LXXV

PRESTAÇÃO SOCIAL ALTERNATIVA

- art. 5.º, XLVI, d

PREVIDÊNCIA COMPLEMENTAR

- art. 202

PREVIDÊNCIA PRIVADA

- competência para administração e fiscalização: art. 21, VIII

PREVIDÊNCIA SOCIAL

- a quem atenderão os planos de: art. 201
- aposentadoria; por idade: art. 201, §§ 7.º e 8.º
- benefícios; limites: art. 248
- benefícios não programados; cobertura: art. 201, § 10
- competência para legislar sobre: art. 24, XII
- contagem recíproca: art. 201, §§ 9.º e 9.º-A
- correção dos salários de contribuição: art. 201, §§ 3.º e 4.º
- ganhos do empregado incorporados ao salário: art. 201, § 11
- gratificação natalina dos aposentados e pensionistas: art. 201, § 6.º
- instituição pelos Estados, Distrito Federal e Municípios: art. 149, §§ 1.º a 1.º-C
- professor: art. 201, § 8.º
- reajustamento de benefícios: art. 201, § 4.º
- recursos; fundos: arts. 249 e 250
- risco de acidente do trabalho; cobertura: art. 201, § 10
- servidor público: art. 38, V
- sistema especial de inclusão previdenciária para trabalhadores de baixa renda e sem renda própria: art. 201, §§ 12 e 13
- tempo de contribuição fictício; vedação: art. 201, § 14

PRINCÍPIO DO CONTRADITÓRIO

- art. 5.º, LV

PRINCÍPIOS FUNDAMENTAIS

- arts. 1.º a 4.º

PRISÃO

- comunicação da: art. 5.º, LXII
- de Deputados e Senadores: art. 53, § 2.º
- exigências para sua realização: art. 5.º, LXI

PRISÃO CIVIL POR DÍVIDA

- caso de: art. 5.º, LXVII

PRISÃO ILEGAL
– relaxamento: art. 5.º, LXV

PRISÃO PERPÉTUA
– art. 5.º, XLVII, b

PRIVAÇÃO DA LIBERDADE
– art. 5.º, LIV e XLVI, a

PRIVAÇÃO DOS BENS
– art. 5.º, LIV

PROCEDIMENTOS EM MATÉRIA PROCESSUAL
– competência para legislar sobre: art. 24, XI

PROCESSO
– provas ilícitas: art. 5.º, LVI

PROCESSO ELEITORAL
– vigência da lei alteradora: art. 16

PROCESSO E SENTENÇA
– por autoridade competente: art. 5.º, LIII

PROCESSO JUDICIAL OU ADMINISTRATIVO
– direitos dos litigantes: art. 5.º, LV
– duração razoável; celeridade da tramitação; garantia: art. 5.º, LXXVIII

PROCESSO LEGISLATIVO
– arts. 59 a 69
– disposição geral: art. 59
– emendas à Constituição: art. 60
– leis: arts. 61 a 69

PROCESSO LEGISLATIVO ESTADUAL
– iniciativa popular do processo: art. 27, § 4.º

PROCURADORES DO DISTRITO FEDERAL
– estabilidade: art. 132, parágrafo único
– representação judicial: art. 132

PROCURADORES DOS ESTADOS
– estabilidade: art. 132, parágrafo único
– representação judicial e consultoria jurídica: art. 132

PROCURADOR-GERAL DA REPÚBLICA
– escolha: art. 52, III, e
– exoneração: art. 52, XI
– processo e julgamento: art. 52, II
– proposta de ação declaratória de constitucionalidade: art. 103, VI

PROCURADORIA-GERAL DA FAZENDA NACIONAL
– representação da União: art. 131, § 3.º

PRODUÇÃO
– competência para legislar sobre: art. 24, V

PRODUTOS INDUSTRIALIZADOS
– destinados ao exterior; imposto: art. 153, § 3.º, III
– fixação de alíquotas: art. 153, § 4.º

PROFESSOR(A)
– aposentadoria: art. 201, § 8.º
– estrangeiros; admissão nas universidades: art. 207, §§ 1.º e 2.º

PROFISSÃO
– liberdade de: art. 5.º, XIII

PROGRAMA DE FORMAÇÃO DO PATRIMÔNIO DO SERVIDOR PÚBLICO (PASEP)
– contribuições; destinação: art. 239

PROGRAMA DE INTEGRAÇÃO SOCIAL (PIS)
– contribuições; destinação: art. 239

PROGRAMAS DE RÁDIO E TELEVISÃO
– competência para classificação: art. 21, XVI

PROGRAMAS NACIONAIS
– elaboração: art. 165, § 4.º

PROGRESSO DA HUMANIDADE
– cooperação entre os povos: art. 4.º, IX

PROJETOS DE LEI
– apreciação do veto: art. 66, §§ 4.º e 6.º
– aprovado; encaminhamento à sanção: art. 66

- aprovado; revisão: art. 65
- discussão e votação: art. 64
- emendas do Senado; apreciação: art. 64, § 3.º
- inconstitucionalidade: art. 66, § 1.º
- leis delegadas; elaboração: art. 68
- pedido de emergência: art. 64, §§ 1.º e 2.º
- prazo para sanção: art. 66, § 3.º
- rejeição; consequência: art. 67
- veto; manutenção: art. 66, § 7.º
- veto parcial: art. 66, § 2.º

PROJETOS DE LEIS MUNICIPAIS
- iniciativa popular: art. 29, XIII

PROMOÇÃO
- dos magistrados: art. 93, II

PROPAGANDA COMERCIAL
- legislação sobre: art. 22, XXIX
- restrições: art. 220, § 4.º

PROPAGANDA GRATUITA NO RÁDIO E TELEVISÃO
- partidos políticos; acesso a: Art. 17, § 3.º

PROPRIEDADE
- direito garantido: art. 5.º, XXII
- função social: art. 5.º, XXIII
- particular; caso de utilização por autoridade: art. 5.º, XXV
- pequena e rural; impenhorabilidade: art. 5.º, XXVI

PROPRIEDADE RURAL
- aquisição; limitação: art. 190
- desapropriação: arts. 184 e 185
- função social; cumprimento: art. 186
- impenhorabilidade: art. 5.º, XXVI
- imposto sobre: art. 153, VI

PROPRIEDADE URBANA
- função social: art. 182, § 2.º

PROVAS ILÍCITAS
- inadmissibilidade: art. 5.º, LVI

PUBLICIDADE DOS ATOS PROCESSUAIS
- art. 5.º, LX

QUINTO CONSTITUCIONAL
- art. 94

RACISMO
- prática; crime inafiançável e imprescritível: art. 5.º, XLII
- repúdio ao: art. 4.º, VIII

RÁDIO
- competência para classificação dos programas: art. 21, XVI
- competência para legislar sobre: art. 22, IV
- defesa da pessoa e da família quanto aos programas de: art. 220, § 3.º, II
- princípios que atenderão a produção e programação: art. 221

RADIODIFUSÃO
- empresa de; disposições: art. 222
- exploração dos serviços de: art. 21, XII, a
- serviços de: art. 223

RADIOISÓTOPOS
- produção, comercialização e utilização para pesquisa e uso médicos: art. 21, XXIII, b e c

RECEITAS TRIBUTÁRIAS
- repartição: arts. 157 a 162

RECLAMAÇÃO
- processo e julgamento pelo Superior Tribunal de Justiça: art. 105, I, f

RECURSO ESPECIAL
- art. 105, III
- relevância das questões de direito federal infraconstitucional: art. 105, §§ 2.º e 3.º

RECURSO EXTRAORDINÁRIO
- art. 102, III

RECURSO ORDINÁRIO
– arts. 102, II, e 105, II

RECURSOS HÍDRICOS
– exploração e participação: art. 20, § 1.º
– gerenciamento; competência: art. 21, XIX
– pesquisa e exploração; competência: art. 23, XI

RECURSOS MINERAIS
– autorização de pesquisa; prazo: art. 176, § 3.º
– autorização ou concessão: art. 176, § 1.º
– bens da União: art. 20, IX
– competência para legislar sobre defesa dos: art. 24, VI
– legislação sobre: art. 22, XII
– pesquisa e exploração; competência: art. 23, XI
– proprietário do solo; seus direitos: art. 176, § 2.º
– recuperação do meio ambiente pelo explorador: art. 225, § 2.º

RECURSOS NATURAIS
– bens da União: art. 20, V

REDUÇÃO DA JORNADA DE TRABALHO
– art. 7.º, XIII

REELEIÇÃO
– Presidente da República, Governadores de Estado e do Distrito Federal, Prefeitos e quem os houver sucedido ou substituído no curso dos mandatos: art. 14, § 5.º

REFERENDO
– art. 14, II

REFINAÇÃO DE PETRÓLEO
– monopólio da União: art. 177, II

REFORMA AGRÁRIA
– desapropriação para fins de: art. 184
– o que não será desapropriado para fins de: art. 185

REGIÕES
– da administração pública: art. 43

REGIÕES METROPOLITANAS
– instituição: art. 25, § 3.º

REGISTRO CIVIL DE NASCIMENTO
– gratuidade: art. 5.º, LXXVI, *a*

REGISTROS
– *Vide* SERVIÇOS NOTARIAIS e SERVIÇOS DE REGISTRO

REGISTROS PÚBLICOS
– legislação sobre: art. 22, XXV

RELAÇÃO DE EMPREGO
– art. 7.º, I

RELAÇÕES INTERNACIONAIS
– princípios: art. 4.º
– regimento: art. 4.º
– representantes diplomáticos: art. 84, VII

REMUNERAÇÃO
– de servidores públicos; revisão: art. 37, X e XI

REMUNERAÇÃO VARIÁVEL
– garantia do salário mínimo: art. 7.º, VII

RENDA
– instituição de imposto vedada: art. 150, VI, *a*

RENDA BÁSICA FAMILIAR
– brasileiros em situação de vulnerabilidade social: art. 6.º, parágrafo único

REPARAÇÃO DE DANO
– art. 5.º, XLV

REPARTIÇÃO DAS RECEITAS TRIBUTÁRIAS
– arts. 157 a 162

REPOUSO SEMANAL REMUNERADO
– art. 7.º, XV

REPRESENTANTES
– do povo: art. 1.º, parágrafo único

REPÚBLICA FEDERATIVA DO BRASIL

– formação: art. 1.º
– objetivos fundamentais: art. 3.º
– relações internacionais; princípios: art. 4.º

REPÚDIO AO TERRORISMO E AO RACISMO

– art. 4.º, VIII

RESERVAS CAMBIAIS

– administração; competência para administração: art. 21, VIII

RESTRIÇÃO DA LIBERDADE

– art. 5.º, XLVI, *a*

REUNIÃO PACÍFICA

– liberdade de: art. 5.º, XVI

REUNIÕES

– do Poder Legislativo: art. 57

REVISÕES CRIMINAIS

– competência; processo e julgamento pelos Tribunais Regionais Federais: art. 108, I, *b*
– processo e julgamento: art. 102, I, *j*
– processo e julgamento pelo Superior Tribunal de Justiça: art. 105, I, *e*

RIOS

– bens da União: art. 20, III

RISCOS DO TRABALHO

– art. 7.º, XXII

SALÁRIO DE CONTRIBUIÇÃO

– da previdência social; correção: art. 201, § 3.º

SALÁRIO-EDUCAÇÃO

– aplicação no ensino: art. 212, §§ 5.º e 6.º

SALÁRIO-FAMÍLIA

– art. 7.º, XII

SALÁRIO MÍNIMO

– art. 7.º, IV

SALÁRIO(S)

– diferença; proibição: art. 7.º, XXX
– garantia de: art. 7.º, VII
– irredutibilidade de: art. 7.º, VI
– retenção: art. 7.º, X

SALÁRIO VARIÁVEL

– garantia do salário mínimo: art. 7.º, VII

SANEAMENTO BÁSICO

– art. 200, IV
– competência da União: art. 21, XX
– programa; competência para promoção: art. 23, IX

SANGUE

– transfusão; comércio: art. 199, § 4.º

SAÚDE

– ações e serviços de; relevância pública: art. 197
– ações e serviços públicos: art. 198
– agentes comunitários e agentes de combate às endemias; perda do cargo; hipóteses: art. 198, § 6.º
– agentes comunitários e agentes de combate às endemias; regime jurídico e regulamentação das atividades: art. 198, § 5.º
– agentes comunitários e agentes de combate às endemias; sistema único; admissão: art. 198, § 4.º
– assistência à: art. 199
– competência do Sistema Único de: art. 200
– competência para legislar sobre: art. 24, XII
– cuidado; competência: art. 23, II
– direito de todos: art. 196
– financiamento do Sistema Único de Saúde: art. 198, § 1.º
– lei complementar; divisão de recursos para a; previsão: art. 198, § 3.º
– piso salarial da enfermagem: art. 198, §§ 12 a 15
– recursos da União, Estados, Distrito Federal e Municípios; aplicação: art. 198, § 2.º

SECAS

– planejamento e promoção da defesa; competência: art. 21, XVIII

SECRETARIAS
– quantidade limitada: art. 235, II

SEGURANÇA NO TRABALHO
– art. 7.º, XXII

SEGURANÇA PÚBLICA
– art. 144
– destinação: art. 144, §§ 1.º a 5.º
– órgãos: art. 144, caput, I a V
– polícia rodoviária federal; destinação: art. 144, §§ 2.º e 3.º

SEGURANÇA VIÁRIA
– art. 144, § 10

SEGURIDADE SOCIAL
– arts. 194 a 204
– assistência social: arts. 203 e 204
– direito à saúde: art. 196
– disposições gerais: arts. 194 e 195
– financiamento da: art. 195
– legislação sobre: art. 22, XXIII
– o que compreende: art. 194
– orçamento: art. 165, § 5.º, III
– organização: art. 194, parágrafo único
– previdência social: arts. 201 e 202
– saúde: arts. 196 a 200

SEGURO
– contra acidentes do trabalho: art. 7.º, XXVIII

SEGURO-DESEMPREGO
– arts. 7.º, II, e 239, caput e § 4.º

SEGUROS
– competência para legislar sobre: art. 22, VII

SEGUROS DE PREVIDÊNCIA PRIVADA
– competência para administração e fiscalização: art. 21, VIII

SELO NACIONAL
– símbolo: art. 13, § 1.º

SENADO FEDERAL
– art. 52
– competência privativa: art. 52
– composição: art. 46
– convocação de ministros: art. 50, § 2.º
– deliberações: art. 47
– elaboração do regimento interno: art. 52, XII
– eleição dos senadores: art. 46
– instituição de alíquotas: art. 155, § 2.º, IV e V
– presidente; cargo privativo de brasileiro nato: art. 12, § 3.º, III
– proposta pela mesa de ação declaratória de constitucionalidade: art. 103, II
– reunião conjunta com a Câmara dos Deputados: art. 57, § 3.º

SENADORES
– casos de inviolabilidade: art. 53
– convocação de suplente: art. 56
– flagrante de crime inafiançável: art. 53, § 2.º
– impedimentos: art. 54
– imunidades; subsistência: art. 53, § 8.º
– incorporação às Forças Armadas: art. 53, § 7.º
– julgamento: art. 53, § 1.º
– pedido de sustação: art. 53, § 4.º
– pelo Distrito Federal: art. 46, § 1.º
– perda do mandato: art. 55
– por Estado: art. 46, § 1.º
– prisão: art. 53, § 2.º
– quem pode eleger-se: art. 14, § 3.º, VI, a
– suplentes: art. 46, § 3.º
– testemunhas: art. 53, § 6.º

SENTENÇA
– por autoridade competente: art. 5.º, LIII

SENTENÇA PENAL CONDENATÓRIA
– situação do culpado: art. 5.º, LVII

SENTENÇAS ESTRANGEIRAS

– homologação; processo e julgamento: art. 105, I, *i*

SEPARAÇÃO DE FATO

– por mais de dois anos; dissolução do casamento; divórcio: art. 226, § 6.º

SEPARAÇÃO DOS PODERES

– vedação: art. 60, § 4.º, III

SERRA DO MAR

– patrimônio nacional: art. 225, § 4.º

SERVIÇO EXTRAORDINÁRIO

– remuneração: art. 7.º, XVI

SERVIÇO MILITAR

– eclesiástico: art. 143, § 2.º
– mulheres: art. 143, § 2.º
– obrigatoriedade: art. 143
– obrigatório; estrangeiros: art. 14, § 2.º

SERVIÇO POSTAL

– competência para legislar sobre: art. 22, V
– manutenção: art. 21, X

SERVIÇOS

– contratação: art. 37, XXI

SERVIÇOS DE ENERGIA ELÉTRICA

– instalação e exploração: art. 21, XII, *b*

SERVIÇOS DE GÁS

– exploração pelos Estados: art. 25, § 2.º

SERVIÇOS DE NAVEGAÇÃO AÉREA

– exploração: art. 21, XII, *c*

SERVIÇOS DE NAVEGAÇÃO AEROESPACIAL

– exploração: art. 21, XII, *c*

SERVIÇOS DE RADIODIFUSÃO

– concessão, permissão e autorização: art. 223
– exploração: art. 21, XII, *a*

SERVIÇOS DE REGISTRO

– exercício: art. 236

SERVIÇOS DE TELECOMUNICAÇÕES

– exploração: art. 21, XI

SERVIÇOS ESSENCIAIS

– definição por lei: art. 9.º, § 1.º

SERVIÇOS FORENSES

– competência para legislar sobre: art. 24, IV

SERVIÇOS NOTARIAIS

– emolumentos: art. 236, § 2.º
– exercício: art. 236
– ingresso na atividade notarial: art. 236, § 3.º
– responsabilidades: art. 236, § 1.º

SERVIÇOS PÚBLICOS

– prestação: art. 175
– reclamação: art. 37, § 3.º, I

SERVIDOR(ES) PÚBLICO(S)

– arts. 39 a 41
– acréscimos pecuniários: art. 37, XIV
– acumulação remunerada de cargos: art. 37, XVI e XVII
– aposentadoria: art. 40
– associação sindical: art. 37, VI
– concurso público: art. 37, II
– em exercício de mandato: art. 38
– estabilidade: art. 41
– extinção de cargo: art. 41, § 3.º
– perda do cargo: art. 247
– política de administração: art. 39
– reintegração: art. 41, § 2.º
– revisão da remuneração: art. 37, X e XI
– titular de cargo efetivo; readaptação para exercício de cargo; limitação da capacidade física ou mental: art. 37, § 13
– vencimentos; irredutibilidade: art. 37, XV

SESSÃO LEGISLATIVA

– anual: art. 57

SIGILO DA CORRESPONDÊNCIA
– inviolabilidade: art. 5.º, XII

SIGILO DAS VOTAÇÕES
– no tribunal do júri: art. 5.º, XXXVIII, b

SIGNOS
– proteção: art. 5.º, XXIX

SÍMBOLOS ESTADUAIS
– art. 13, § 2.º

SÍMBOLOS NACIONAIS
– art. 13, § 1.º

SINDICATO
– aposentado filiado; eleição: art. 8.º, VII
– contribuição; fixação: art. 8.º, IV
– criação da organização: art. 8.º, II
– defesa da categoria: art. 8.º, III
– direito de denúncia: art. 74, § 2.º
– filiação: art. 8.º, V
– instituição de imposto vedada: art. 150, VI, c
– interferência e intervenção: art. 8.º, I
– liberdade de associação: art. 8.º
– negociações coletivas de trabalho; participação: art. 8.º, VI

SINDICATOS RURAIS
– art. 8.º, parágrafo único

SISTEMA DE MEDIDAS
– competência para legislar sobre: art. 22, VI

SISTEMA FEDERAL DE ENSINO
– organização e financiamento: art. 211, § 1.º

SISTEMA MONETÁRIO
– competência para legislar sobre: art. 22, VI

SISTEMA NACIONAL DE EMPREGO
– legislação sobre: art. 22, XVI

SISTEMA NACIONAL DE VIAÇÃO
– competência da União: art. 21, XXI

SISTEMA TRIBUTÁRIO NACIONAL
– arts. 145 a 162
– impostos da União: arts. 153 e 154
– impostos dos Estados e do Distrito Federal: art. 155
– impostos dos Municípios: art. 156
– limitação do poder de tributar: arts. 150 a 152
– princípios gerais: arts. 145 a 149-C
– repartição das receitas tributárias: arts. 157 a 162

SISTEMA ÚNICO DE SAÚDE
– agente comunitário; política remuneratória: art. 198, §§ 7.º a 11
– competência do: art. 200
– financiamento: art. 198, § 1.º

SÍTIOS ARQUEOLÓGICOS
– bens da União: art. 20, X
– proteção; competência: art. 23, III

SÍTIOS PRÉ-HISTÓRICOS
– bens da União: art. 20, X

SOBERANIA
– art. 1.º, I
– nacional; ordem econômica: art. 170, I

SOBERANIA POPULAR
– exercício: art. 14

SOCIEDADE CONJUGAL
– direitos e deveres: art. 226, § 5.º

SOCIEDADE DE ECONOMIA MISTA
– criação: art. 37, XIX
– estatuto jurídico: art. 173, § 1.º
– privilégios fiscais: art. 173, § 2.º

SOCIEDADE LIVRE, JUSTA E SOLIDÁRIA
– objetivo da República: art. 3.º, I

SOCORRO
– violabilidade da casa: art. 5.º, XI

SOLO
– competência para legislar sobre defesa do: art. 24, VI
– conservação do: art. 24, VI
– indígena: art. 231, § 2.º
– jazidas: art. 176
– urbano: arts. 30, VIII, e 182

SOLUÇÃO PACÍFICA DOS CONFLITOS
– art. 4.º, VII

SORTEIOS
– legislação sobre: art. 22, XX

SUBSÍDIOS
– Deputados Estaduais; limite: art. 27, § 2.º
– fixação: art. 37, X
– Governador; limite: art. 28, § 2.º
– irredutibilidade: art. 37, XV
– limite: art. 37, XI
– Ministros de Estado; limite: art. 39, § 4.º
– Ministros dos tribunais superiores; limites: art. 93, V
– Prefeito; limites: art. 29, V
– Secretário de Estado; limites: art. 28, § 2.º
– Secretários de Município; limites: art. 29, V
– Vereadores; limites: art. 29, VI
– Vice-Governador; limites: art. 28, § 2.º
– Vice-Prefeito; limites: art. 29, V

SUBSTÂNCIAS E PRODUTOS PSICOATIVOS, TÓXICOS E RADIOATIVOS
– controle e fiscalização: art. 200, VII

SUCESSORES
– penas a eles cabíveis: art. 5.º, XLV

SUCUMBÊNCIA
– ação popular: art. 5.º, LXXIII

SÚMULA VINCULANTE
– art. 103-A

SUPERIOR TRIBUNAL DE JUSTIÇA
– arts. 104 e 105
– competência: art. 105
– composição: art. 104
– Conselho da Justiça Federal; funcionamento junto ao: art. 105, parágrafo único
– julgamento, em recurso especial: art. 105, III
– julgamento, em recurso ordinário: art. 105, II
– julgamento, em recurso ordinário, das causas entre Estados e Municípios ou pessoa: art. 105, II, c
– julgamento, em recurso ordinário, de *habeas corpus*: art. 105, II, a
– julgamento, em recurso ordinário, do mandado de segurança: art. 105, II, b
– nomeação de Ministros: arts. 84, XIV, e 104, parágrafo único
– processo e julgamento de ações rescisórias: art. 105, I, e
– processo e julgamento de crimes comuns: art. 105, I, a
– processo e julgamento de reclamação: art. 105, I, f
– processo e julgamento de revisões criminais: art. 105, I, e
– processo e julgamento do *habeas corpus*: art. 105, I, c
– processo e julgamento do *habeas data*: art. 105, I, b
– processo e julgamento do mandado de injunção: art. 105, I, h
– processo e julgamento do mandado de segurança: art. 105, I, b
– processo e julgamento dos conflitos de atribuições: art. 105, I, g
– processo e julgamento dos conflitos de jurisdição: art. 105, I, d

SUPERIOR TRIBUNAL MILITAR
– composição: art. 123
– escolha dos Ministros civis: art. 123, parágrafo único

SUPLENTE
– convocação para a Câmara e para o Senado: art. 56, §§ 1.º e 2.º

SUPREMO TRIBUNAL FEDERAL

– arts. 101 a 103

– ações declaratórias de constitucionalidade de lei ou ato normativo federal; decisões definitivas de mérito; eficácia: art. 102, § 2.º

– apreciação da arguição de descumprimento de preceito fundamental decorrente da Constituição: art. 102, § 1.º

– apreciação de arguição de inconstitucionalidade: art. 102, § 1.º

– competência: art. 102

– competência privativa: art. 96, II

– composição: art. 101

– jurisdição: art. 92, parágrafo único

– Ministro do; cargo privativo de brasileiro nato: art. 12, § 3.º, IV

– nomeação de Ministros: arts. 84, XIV, e 101, parágrafo único

– processo e julgamento de seus Ministros: art. 52, II

– sede e jurisdição: art. 92, parágrafo único

SUSPENSÃO

– de direitos: art. 5.º, XLVI, e

– de direitos políticos: art. 15

TABACO

– propaganda comercial: art. 220, § 4.º

TAXAS

– base de cálculo: art. 145, § 2.º

– instituição: art. 145, II

TÉCNICOS

– estrangeiros; admissão nas universidades: art. 207, §§ 1.º e 2.º

TECNOLOGIA

– arts. 218 a 219-B

– formação de recursos humanos na área de: art. 218, § 3.º

TELECOMUNICAÇÕES

– competência da União: art. 22, IV

– competência para legislar sobre: art. 22, IV

– CN; regulamentação: art. 48, XII

– exploração dos serviços de: art. 21, XI e XII, a

TELEVISÃO

– competência para classificação dos programas: art. 21, XVI

– defesa da pessoa e da família quanto aos programas de: art. 220, § 3.º, II

– princípios que atenderão a produção e programação: art. 221

TEMPLOS RELIGIOSOS

– instituição de impostos vedada: art. 150, VI, b

TERAPIAS

– propaganda comercial: art. 220, § 4.º

TERRAS DEVOLUTAS

– bens da União: art. 20, II

– destinação: art. 188

– indisponibilidade: art. 225, § 5.º

TERRAS INDÍGENAS

– bens da União: art. 20, XI

– competência do Congresso Nacional: art. 49, XVI

– demarcação: art. 231

– domínio e posse; atos que são considerados nulos e extintos: art. 231, § 6.º

– inalienabilidade: art. 231, § 4.º

– recursos hídricos: art. 231, § 3.º

– remoção dos grupos indígenas: art. 231, § 5.º

TERRAS PÚBLICAS

– alienação ou concessão: art. 188, §§ 1.º e 2.º

– competência do Congresso Nacional: art. 49, XVII

– destinação: art. 188

TERRENOS DE MARINHA
– bens da União: art. 20, VII

TERRENOS MARGINAIS
– bens da União: art. 20, III

TERRITÓRIOS
– art. 33
– contas do governo: art. 33, § 2.º
– defensoria pública dos; legislação sobre: art. 22, XVII
– divisão em Municípios: art. 33, § 1.º
– escolha do Governador: art. 52, III, c
– federais; criação, transformação e reintegração: art. 18, § 2.º
– federais; jurisdição e atribuições cometidas aos juízes federais: art. 110, parágrafo único
– nomeação de Governadores dos: art. 84, XIV
– número de deputados que elegerá: art. 45, § 2.º
– organização: art. 33
– órgãos judiciários: art. 33, § 3.º
– símbolos: art. 13, § 2.º

TERRORISMO
– prática do: art. 5.º, XLIII
– repúdio ao: art. 4.º, VIII

TESOURO NACIONAL
– disposições: art. 164

TÍTULOS
– competência para legislar sobre: art. 22, VI

TÍTULOS DA DÍVIDA AGRÁRIA
– disposições: art. 184

TÍTULOS DA DÍVIDA PÚBLICA
– emissão e resgate: art. 163, IV

TÍTULOS DE CRÉDITO
– imposto: art. 155, § 1.º, II

TÍTULOS DE EMISSÃO DO TESOURO NACIONAL
– compra e venda pelo Banco Central: art. 164, § 2.º

TOMBAMENTO
– art. 216, § 5.º

TORTURA
– art. 5.º, III
– prática: art. 5.º, XLIII

TÓXICOS
– controle e fiscalização: art. 200, VII

TRABALHADOR DOMÉSTICO
– direitos: art. 7.º, parágrafo único

TRABALHADORES
– participação nos colegiados dos órgãos públicos: art. 10
– urbanos e rurais; direitos: art. 7.º

TRABALHADOR RURAL
– *Vide*, também, SINDICATOS RURAIS
– prescrição do direito de ação: art. 7.º, XXIX

TRABALHO
– liberdade de: art. 5.º, XIII
– valores sociais: art. 1.º, IV

TRABALHO COM VÍNCULO EMPREGATÍCIO E AVULSO
– igualdade de direitos dos trabalhadores: art. 7.º, XXXIV

TRABALHO EM TURNOS
– art. 7.º, XIV

TRABALHO FORÇADO
– art. 5.º, XLVII, c

TRABALHO INTELECTUAL
– distinção proibida: art. 7.º, XXXII

TRABALHO MANUAL
– distinção proibida: art. 7.º, XXXII

TRABALHO NOTURNO
– proibição: art. 7.º, XXXIII
– remuneração: art. 7.º, IX

TRABALHO TÉCNICO
– distinção proibida: art. 7.º, XXXII

TRÁFICO ILÍCITO
– prática: art. 5.º, XLIII

TRÁFICO ILÍCITO DE ENTORPECENTES E DROGAS AFINS
– extradição: art. 5.º, LI

TRANSFERÊNCIA DE VALORES
– competência para legislar sobre: art. 22, VII

TRANSGRESSÃO MILITAR
– prisão: art. 5.º, LXI

TRÂNSITO
– educação; competência: art. 23, XII
– legislação sobre: art. 22, XI

TRANSMISSÃO *CAUSA MORTIS*
– instituição do imposto de: art. 155, I

TRANSPORTE
– competência para legislar sobre: art. 22, IX
– legislação sobre: art. 22, XI

TRANSPORTE AÉREO
– disposições sobre o: art. 178, *caput*

TRANSPORTE AQUÁTICO
– disposições sobre o: art. 178

TRANSPORTE AQUAVIÁRIO
– exploração: art. 21, XII, *d*

TRANSPORTE FERROVIÁRIO
– exploração: art. 21, XII, *d*

TRANSPORTE GRATUITO
– a maiores de 65 anos: art. 230, § 2.º

TRANSPORTE INTERNACIONAL
– ordenação: art. 178, *caput*

TRANSPORTE MARÍTIMO DE PETRÓLEO BRUTO
– monopólio da União: art. 177, IV

TRANSPORTE RODOVIÁRIO INTERESTADUAL E INTERNACIONAL
– de passageiros; exploração: art. 21, XII, e

TRANSPORTES URBANOS
– competência da União: art. 21, XX

TRANSPORTE TERRESTRE
– disposições sobre o: art. 178, *caput*

TRATADOS INTERNACIONAIS
– celebração; Presidente da República: art. 84, VIII
– competência do Congresso Nacional: art. 49, I
– e os direitos e garantias expressos na Constituição: art. 5.º, § 2.º
– sobre direitos humanos; força de emenda constitucional: art. 5.º, § 3.º

TRATAMENTO DEGRADANTE
– art. 5.º, III

TRATAMENTO DESUMANO
– art. 5.º, III

TRIBUNAIS
– competência privativa: art. 96
– conflitos de competência: arts. 102, I, e 105, I, *d*
– declaração de inconstitucionalidade de lei: art. 97
– de segundo grau; acesso: art. 93, III
– Municípios; criação vedada: art. 31, § 4.º
– órgão especial; previsão: art. 93, XI

TRIBUNAIS E JUÍZES DOS ESTADOS
– arts. 125 e 126

TRIBUNAIS E JUÍZES DO TRABALHO
– arts. 111 a 116

TRIBUNAIS E JUÍZES ELEITORAIS
– arts. 118 a 121

TRIBUNAIS E JUÍZES MILITARES
– arts. 122 a 124

TRIBUNAIS REGIONAIS FEDERAIS

– câmaras regionais: art. 107, § 3.º

– competência: art. 108

– composição: arts. 94 e 107

– juízes federais: arts. 106 a 110

– justiça itinerante: art. 107, § 2.º

– remoção ou permuta de juízes: art. 107, § 1.º

TRIBUNAIS SUPERIORES

– competência privativa: art. 96, II

– membros, infrações penais comuns, julgamento: art. 102, I, c

– nomeação: art. 84, XIV

– sede e jurisdição: art. 92, parágrafo único

TRIBUNAL DE CONTAS

– composição: art. 235, III

– da União; auditor; substituição de ministro: art. 73, § 4.º

– da União; cálculo de quotas referentes aos fundos de participação: art. 161, parágrafo único

– da União; composição e sede: art. 73

– da União; escolha de dois terços dos membros: art. 49, XIII

– da União; membros; infrações penais comuns; julgamento: art. 102, I, c

– da União; ministros; direitos: art. 73, § 3.º

– da União; ministros; escolha: art. 73, § 2.º

– da União; ministros; nomeação: art. 73, § 1.º

– da União; nomeação de ministros: art. 84, XV

– dos Estados, Distrito Federal e Municípios; normas aplicáveis ao: art. 75

– estadual; número de conselheiros: art. 75, parágrafo único

TRIBUNAL DE EXCEÇÃO

– art. 5.º, XXXVII

TRIBUNAL DE JUSTIÇA

– câmaras regionais: art. 125, § 6.º

– competência privativa: art. 96, II

– composição: art. 235, IV

– conflitos fundiários: art. 126

– eleição dos órgãos diretivos: art. 96, parágrafo único

– justiça itinerante: art. 125, § 7.º

– nomeação dos Desembargadores: art. 235, V

– quinto constitucional: art. 94

TRIBUNAL PENAL INTERNACIONAL

– jurisdição no Brasil: art. 5.º, § 4.º

TRIBUNAL REGIONAL DO TRABALHO

– câmaras regionais: art. 115, § 2.º

– composição: art. 115, I e II

– justiça itinerante: art. 115, § 1.º

TRIBUNAL REGIONAL ELEITORAL

– composição: art. 120, § 1.º

– decisões; recursos: art. 121, § 4.º

– eleições pelo: art. 120, § 2.º

– instalação: art. 120

TRIBUNAL SUPERIOR DO TRABALHO

– advogados e membros do Ministério Público: art. 111-A, I

– competência: art. 111-A, § 1.º

– composição: art. 111-A, *caput*

TRIBUNAL SUPERIOR ELEITORAL

– decisões; irrecorribilidade: art. 121, § 3.º

– eleições pelo: art. 119, parágrafo único

TRIBUTAÇÃO E ORÇAMENTO

– arts. 145 a 169

– finanças públicas: arts. 163 a 169

– finanças públicas; normas gerais: arts. 163 e 164

– finanças públicas; orçamentos: arts. 165 a 169

- sistema tributário nacional: arts. 145 a 162
- sistema tributário nacional; impostos da União: arts. 153 e 154
- sistema tributário nacional; impostos dos Estados e do Distrito Federal: art. 155
- sistema tributário nacional; impostos dos Municípios: art. 156
- sistema tributário nacional; limitação do poder de tributar: arts. 150 a 152
- sistema tributário nacional; princípios gerais: arts. 145 a 149-A
- sistema tributário nacional; repartição das receitas tributárias: arts. 157 a 162

TRIBUTOS

- anistia: art. 150, § 6.º
- anterioridade: art. 150, III, b
- cobrança vedada: art. 150, III
- competência tributária: art. 145
- exigência e aumento vedados: art. 150, I
- instituição vedada: art. 150, VI
- isenção vedada: art. 151, III
- limitações ao poder de tributar: art. 150
- tratamento desigual de contribuinte: art. 150, II

TURISMO

- incentivo ao: art. 180

UNIÃO

- arts. 20 a 24
- bens da: art. 20
- competência da: art. 21
- competência para estabelecer normas gerais: art. 24, § 1.º
- competência privativa: art. 22
- disponibilidade de caixa: art. 164, § 3.º
- emissão de moeda: art. 164
- entrega de recursos e crédito: art. 160, parágrafo único
- fixação da dívida: art. 52, VI
- impostos da: arts. 153 e 154

- indissolúvel dos Estados, Municípios e Distrito Federal: art. 1.º
- instituição de contribuição de melhoria: art. 145, III
- instituição de impostos: arts. 145, I, e 153, §§ 1.º a 5.º
- instituição de isenção de tributo vedada: art. 151, III
- instituição de taxas: art. 145, II
- instituição de tributo vedada: art. 151, I
- limite de sua competência: art. 24, § 1.º
- proventos de aposentadoria e pensões; constituição de fundos: art. 249
- tributação de renda vedada: art. 151, II

UNIÃO ESTÁVEL

- art. 226

UNIVERSIDADES

- autonomia didático-científica, administrativa e gestão financeira e patrimonial: art. 207

USINAS

- que operem com reator nuclear; localização: art. 225, § 6.º

USUCAPIÃO

- área urbana: art. 183
- de imóvel rural ou urbano: art. 191
- imóveis públicos: arts. 183, § 3.º, e 191, parágrafo único

VALE-CULTURA

- art. 216-A

VAQUEJADA

- prática desportiva em manifestações culturais: art. 225, § 7.º

VEÍCULOS AUTOMOTORES

- instituição de imposto sobre: art. 155, III

VENCIMENTOS

- dos cargos do Poder Legislativo e do Poder Judiciário: art. 37, XII
- dos magistrados: art. 93, V

VEREADORES

– eleição: art. 29, I
– idade mínima para ser: art. 14, § 3.º, VI, d
– número: art. 29, IV
– posse: art. 29, III
– prazo de mandato: art. 29, I
– presidente da Câmara; crime de responsabilidade; espécies: art. 29-A, § 3.º
– servidor público: art. 38, III
– subsídio; limites: art. 29, VI

VEREDICTOS

– soberania dos: art. 5.º, XXXVIII, c

VERTICALIZAÇÃO

– nas eleições: art. 17, § 1.º

VETO

– conhecimento e deliberação pelo Senado Federal: art. 57, § 3.º, IV
– pelo Presidente da República: art. 84, V

VIAÇÃO

– sistema nacional; princípios e diretrizes; competência para estabelecimento: art. 21, XXI

VICE-GOVERNADOR

– eleição: arts. 28 e 32, § 2.º
– quem pode eleger-se: art. 14, § 3.º, VI, b
– subsídios: art. 28, § 2.º

VICE-PREFEITO

– eleição: art. 29, I e II
– posse: art. 29, III
– prazo de mandato: art. 29, I

– quem pode eleger-se: art. 14, § 3.º, VI, c
– subsídio: art. 29, V

VICE-PRESIDENTE DA REPÚBLICA

– ausência do País: art. 83
– cargo privativo de brasileiro nato: art. 12, § 3.º, I
– eleição: art. 77, caput, e § 1.º
– impedimento do: art. 80
– infrações penais comuns; julgamento: art. 102, I, b
– posse: art. 78
– processo contra: art. 51, I
– processo e julgamento: art. 52, I
– quem pode eleger-se: art. 14, § 3.º, VI, a
– substituição do Presidente: art. 79
– vacância do cargo: art. 81

VIDA PRIVADA

– inviolabilidade: art. 5.º, X

VIOLÊNCIA FAMILIAR

– art. 226, § 8.º

VOTAÇÕES NO JÚRI

– sigilo: art. 5.º, XXXVIII, b

VOTO

– direto e secreto: art. 14
– facultativo: art. 14, § 1.º, II
– obrigatoriedade: art. 14, § 1.º, I

VOZ HUMANA

– reprodução: art. 5.º, XXVIII, a

ZONA COSTEIRA

– patrimônio nacional: art. 225, § 4.º

Índice Alfabético-Remissivo do Ato das Disposições Constitucionais Transitórias

ACRE

– limites; homologação conforme serviços do Instituto Brasileiro de Geografia e Estatística: art. 12, § 5.º

ADICIONAIS

– percebidos em desacordo com a Constituição; redução: art. 17

ADMINISTRAÇÃO PÚBLICA

– médico militar; cumulação de cargos: art. 17, § 1.º
– profissionais de saúde; cumulação de cargos: art. 17, § 2.º

ADVOCACIA-GERAL DA UNIÃO

– organização e funcionamento; projeto de lei complementar; prazo: art. 29, § 1.º
– procuradores atuais; opção: art. 29, § 2.º

ADVOCACIAS-GERAIS

– permissão aos Estados; consultorias jurídicas separadas das suas: art. 69

AGROTÓXICOS

– propaganda comercial; competência do poder legislativo; regulamentação: art. 65

AMAPÁ

– enquanto não concretizada a transformação; benefícios: art. 14, § 4.º
– governador; indicação; Presidente da República; até a posse do governador eleito: art. 14, § 3.º
– instalação do Estado: art. 14, § 1.º
– transformação em Estado Federado: art. 14
– transformação; normas e critérios: art. 14, § 2.º

AMAZÔNIA LEGAL

– comissão de estudos territoriais; novas unidades territoriais: art. 12

ANISTIA

– aos que, por força de atos institucionais, exerceram gratuitamente mandato eletivo de vereador; cômputo para efeito de aposentadoria: art. 8.º, § 4.º
– aplicação: art. 8.º, § 5.º
– disposições: art. 8.º
– efeitos financeiros: art. 8.º, § 1.º
– reparação de natureza econômica; atividade profissional específica: art. 8.º, § 3.º
– trabalhadores do setor privado, dirigentes e representantes sindicais; benefícios: art. 8.º, § 2.º

APOSENTADORIA

– ex-combatente da Segunda Guerra Mundial: art. 53, V

– juízes togados de investidura limitada: art. 21, parágrafo único

– proventos percebidos em desacordo com a Constituição; redução: art. 17

– vereador; exercício gratuito do mandato eletivo; cômputo para efeito de: art. 8.º, § 4.º

APOSENTADORIA COMPULSÓRIA

– art. 100

ASSEMBLEIA LEGISLATIVA

– Constituição do Estado; elaboração; prazo: art. 11

ASSISTÊNCIA MÉDICA, HOSPITALAR E EDUCACIONAL

– para ex-combatente da Segunda Guerra Mundial: art. 53, IV

ATOS ADMINISTRATIVOS

– praticados no Estado do Tocantins: art. 18-A

BANCO DO DESENVOLVIMENTO DO CENTRO-OESTE

– criação: art. 34, § 11

BEBIDAS ALCOÓLICAS

– propaganda comercial; competência do poder legislativo; regulamentação: art. 65

BENEFÍCIOS PREVIDENCIÁRIOS

– *Vide* PREVIDÊNCIA SOCIAL

CALAMIDADE PÚBLICA

– gastos com educação por parte dos Estados, Municípios, DF e agentes públicos; descumprimento; isenção de responsabilidade durante a pandemia de Covid-19: art. 119

CÂMARA DOS DEPUTADOS

– irredutibilidade da representação dos Estados e do Distrito Federal na: art. 4.º, § 2.º

CÂMARA LEGISLATIVA DO DISTRITO FEDERAL

– competência, até que se instale: art. 16, §§ 1.º e 2.º

CÂMARA MUNICIPAL

– Lei Orgânica; prazo: art. 11, parágrafo único

CASSADOS POLÍTICOS

– reconhecimento dos direitos; requerimento comprovando vício grave: art. 9.º

– reconhecimento dos direitos; requerimento comprovando vício grave; apreciação do Supremo Tribunal Federal; prazo: art. 9.º, parágrafo único

CENSOR FEDERAL

– aproveitamento: art. 23, parágrafo único

– Departamento de Polícia Federal: art. 23

CENTENÁRIO DA PROCLAMAÇÃO DA REPÚBLICA

– comissão para promover as comemorações: art. 63

CIDADÃO

– brasileiro; direito a um exemplar gratuito da Constituição do Brasil: art. 64

CÓDIGO DE DEFESA DO CONSUMIDOR

– elaboração; prazo: art. 48

COMBUSTÍVEIS

– imposto municipal; alíquota até que seja fixada em lei complementar: art. 34, § 7.º

COMISSÃO DE ESTUDOS TERRITORIAIS

– criação; prazo: art. 12

– prazo para apresentação dos estudos: art. 12, § 1.º

COMISSÃO INTERNA DE PREVENÇÃO DE ACIDENTES

– empregado eleito para cargo de direção; vedada dispensa arbitrária ou sem justa causa: art. 10, II, *a*

COMISSÃO MISTA

– competência: art. 26

COMPETÊNCIA

– Justiça Federal: art. 27, § 10

- Superior Tribunal de Justiça: art. 27, § 10
- Supremo Tribunal Federal; até que se instale o Superior Tribunal de Justiça: art. 27, § 1.º
- Tribunais Estaduais; definição da Constituição Estadual: art. 70
- Tribunais Regionais Federais: art. 27, § 10

COMPROMISSO

- Presidente da República, Presidente do Supremo Tribunal Federal e membros do Congresso Nacional: art. 1.º

CONGRESSO NACIONAL

- apresentação dos estudos territoriais: art. 12, § 1.º
- código de defesa do consumidor; elaboração; prazo: art. 48
- comissão de estudos territoriais; indicação: art. 12
- doações, vendas e concessões de terras públicas; revisão através de Comissão Mista; prazo: art. 51
- endividamento externo brasileiro; apuração de irregularidade; medidas: art. 26, § 2.º
- exame analítico e pericial dos atos e fatos geradores do endividamento externo brasileiro: art. 26
- fundos existentes; extinção ou ratificação pelo: art. 36
- lei complementar prevista no art. 161, II; voto; prazo: art. 39, parágrafo único
- membros; compromisso; disposições constitucionais transitórias: art. 1.º
- prazo para apreciação dos projetos de lei relativos à organização da seguridade social e aos planos de custeio e de benefício: art. 59
- realização da revisão constitucional: art. 3.º
- revogação; dispositivos legais que atribuam ou deleguem a órgão do Poder Executivo competência assinalada pela Constituição ao: art. 25, I e II

CONSTITUIÇÃO DO ESTADO

- assembleia legislativa; elaboração; prazo: art. 11

CONSULTORIAS JURÍDICAS DOS MINISTÉRIOS

- atribuições enquanto não aprovadas as leis complementares relativas ao Ministério Público e à Advocacia-Geral da União: art. 29

CONSUMIDOR

- código de defesa; elaboração; prazo: art. 48

CONTRIBUIÇÃO PROVISÓRIA

- alíquota; limite: art. 74, § 1.º
- destinação da contribuição arrecadada: art. 74, § 3.º
- exigibilidade: art. 74, § 4.º
- inaplicabilidade: art. 74, § 2.º
- sobre movimentação ou transmissão de valores e de créditos e direitos de natureza financeira; instituição: art. 74
- sobre movimentação ou transmissão de valores e de créditos e direitos de natureza financeira; não incidência: art. 85
- sobre movimentação ou transmissão de valores e de créditos e direitos de natureza financeira; prorrogação: arts. 75, 84 e 90

CONTRIBUIÇÕES PREVIDENCIÁRIAS

- e demais débitos dos Municípios; parcelamento: arts. 115 a 117

CONTRIBUIÇÕES SOCIAIS

- vigência imediata: art. 34, § 1.º

CORREÇÃO MONETÁRIA

- aplicação: art. 46, I a IV
- empréstimos bancários ou por instituições financeiras; liquidação dos débitos; casos onde não existirá: art. 47
- isenção; alteração nas condições contratuais: art. 47, § 5.º
- isenção; concessão; casos: art. 47, § 3.º
- isenção; não acarretará ônus para o Poder Público: art. 47, § 6.º
- isenção; não se estende aos débitos já quitados: art. 47, § 4.º

– isenção; ônus; fonte de recurso originária: art. 47, § 7.º

DECRETOS-LEIS

– atos praticados na vigência; validade: art. 25, § 1.º, III

– em tramitação no Congresso Nacional: art. 25, § 1.º

– em tramitação no Congresso Nacional; apreciação: art. 25, § 1.º, I

– medidas provisórias: art. 25, § 2.º

– rejeitados: art. 25, § 1.º, II

DEFENSORES PÚBLICOS

– direito de opção: art. 22

– proporcionalidade: art. 98

DEFESA DO CONSUMIDOR

– código; elaboração; prazo: art. 48

DEMARCAÇÃO DE TERRAS

– áreas litigiosas; estados e municípios: art. 12, § 2.º

– áreas litigiosas; estados e municípios; expirado o prazo; competência: art. 12, § 4.º

– áreas litigiosas; estados e municípios; solicitação à União dos trabalhos de: art. 12, § 3.º

– Estados do Acre, Amazonas e Rondônia; homologação dos atuais limites: art. 12, § 5.º

DEPARTAMENTO DE POLÍCIA FEDERAL

– cargo de censor federal: art. 23

DEPENDENTES

– de seringueiros; reconhecidamente carentes; benefícios transferíveis: art. 54, § 2.º

DESPESAS E RECEITAS

– da União; projeto de revisão da lei orçamentária; exercício 1989: art. 39

DESVINCULAÇÃO DAS RECEITAS DA UNIÃO (DRU)

– disposições: arts. 76 a 76-B

DIREITOS

– servidores públicos inativos; revisão dos: art. 20

DIREITOS SOCIAIS

– disposições transitórias: art. 10

DIRETRIZES ORÇAMENTÁRIAS DA UNIÃO

– projeto de lei; prazo; encaminhamento: art. 35, § 2.º, II

DISPOSITIVOS LEGAIS

– que atribuam ou deleguem a órgão do Poder Executivo competência assinalada pela Constituição ao Congresso Nacional; revogação: art. 25

DISTRITO FEDERAL

– até a promulgação da lei complementar; despesa com pessoal; excesso do limite previsto: art. 38, § 1.º

– até a promulgação da lei complementar; despesa com pessoal; porcentagem: art. 38

– bens: art. 16, § 3.º

– Câmara Legislativa: art. 16, § 1.º

– fiscalização contábil, financeira, orçamentária, operacional e patrimonial; competência, até que se instale a Câmara Legislativa: art. 16, § 2.º

– fundo de participação; determinações: art. 34, § 2.º

– indicação de governador e vice-governador: art. 16

– sistema tributário nacional; aplicação da legislação anterior: art. 34, § 5.º

– sistema tributário nacional; leis necessárias à aplicação: art. 34, § 3.º

– sistema tributário nacional; leis necessárias à aplicação; efeitos; vigência: art. 34, § 4.º

EDUCAÇÃO

– gastos durante a pandemia; descumprimento pelos Estados, DF, Municípios e agentes públicos em 2020 e 2021; impossibilidade de responsabilização: art. 119

ELEIÇÃO

– exigibilidade: art. 5.º, § 1.º

– inaplicabilidade: art. 5.º

– inelegibilidade: art. 5.º, § 5.º

– Presidente da República: art. 4.º, § 1.º

EMPREGADOR RURAL

– obrigações trabalhistas; Justiça do Trabalho: art. 10, § 3.º

EMPRÉSTIMO COMPULSÓRIO

– em benefício das Centrais Elétricas Brasileiras S/A (Eletrobrás): art. 34, § 12

– vigência imediata: art. 34, § 1.º

ENERGIA ELÉTRICA

– imposto sobre operações relativas à circulação de mercadorias incidente sobre: art. 34, § 9.º

ENERGIA HIDRÁULICA

– empresas brasileiras; autorizações: art. 44, § 3.º

– empresas brasileiras titulares de autorização de aproveitamento dos potenciais; dispensa do cumprimento dos requisitos previstos no art. 176, §§ 1.º e 2.º: art. 44, §§ 1.º e 2.º

– empresas brasileiras titulares de autorização de aproveitamento dos potenciais; prazo para cumprimento dos requisitos previstos no art. 176: art. 44

ENFITEUSE

– em imóveis urbanos; direitos dos atuais ocupantes: art. 49, § 2.º

– em imóveis urbanos; lei sobre o instituto: art. 49

– em imóveis urbanos; quando não existir cláusula contratual: art. 49, § 1.º

– remido o foro; guarda do registro de imóveis; documentação: art. 49, § 4.º

– terrenos de marinha; aplicação: art. 49, § 3.º

ENTIDADES EDUCACIONAIS

– recursos públicos: art. 61

ESTABILIDADE

– concedida a servidor admitido sem concurso público; extinção dos efeitos jurídicos: art. 18

– inaplicabilidade: art. 19, § 2.º

– juízes togados de investidura limitada: art. 21

– membros dos Ministérios Públicos do Trabalho e Militar: art. 29, § 4.º

– para servidores em exercício, há pelo menos cinco anos contínuos, e que não tenham sido admitidos na forma regulada pelo art. 37: art. 19

– professores de nível superior: art. 19, § 3.º

ESTADO DE EMERGÊNCIA

– elevação dos preços do petróleo e seus impactos sociais: art. 120

ESTADOS

– até a promulgação da lei complementar; despesa com pessoal; excesso do limite previsto: art. 38, § 1.º

– até a promulgação da lei complementar; despesa com pessoal; porcentagem: art. 38

– consultorias jurídicas separadas; permissão: art. 69

– débitos relativos às contribuições previdenciárias: art. 57

– débitos relativos às contribuições previdenciárias; consignação: art. 57, § 3.º

– débitos relativos às contribuições previdenciárias; descumprimento das condições estabelecidas para concessão do parcelamento: art. 57, § 4.º

– débitos relativos às contribuições previdenciárias; liquidação: art. 57, § 2.º

– débitos relativos às contribuições previdenciárias; parcelamento: art. 57, § 1.º

– demarcação de suas linhas divisórias; áreas litigiosas; prazo: art. 12, § 2.º

– demarcação de terras; expirado o prazo; competência da União: art. 12, § 4.º

– demarcação de terras; linhas divisórias; solicitação à União: art. 12, § 3.º

- fundo de participação; determinações: art. 34, § 2.º
- incentivos fiscais; reavaliação; convênio entre: art. 41, § 3.º
- sistema tributário nacional; aplicação da legislação anterior: art. 34, § 5.º
- sistema tributário nacional; leis necessárias à aplicação: art. 34, § 3.º
- sistema tributário nacional; leis necessárias à aplicação; efeitos; vigência: art. 34, § 4.º

ESTRANGEIRO

- nascidos no; registro em repartição diplomática ou consular brasileira ou em ofício de registro: art. 95

EX-COMBATENTE

- aposentadoria: art. 53, V
- assistência médica, hospitalar e educacional: art. 53, IV
- casa própria: art. 53, VI
- pensão à viúva ou companheira ou dependente em caso de morte: art. 53, III
- pensão especial: art. 53, II
- pensão especial; substitui qualquer outra concedida: art. 53, parágrafo único
- Segunda Guerra Mundial; direitos: art. 53
- serviço público; estabilidade: art. 53, I

FATOS GERADORES

- endividamento externo brasileiro; Congresso Nacional; exame analítico e pericial dos atos e: art. 26

FERNANDO DE NORONHA

- território federal; extinção: art. 15

FORMA DE GOVERNO

- plebiscito: art. 2.º
- plebiscito; livre divulgação: art. 2.º, § 1.º
- plebiscito; Tribunal Superior Eleitoral; normas regulamentadoras: art. 2.º, § 2.º

FUNDAÇÕES EDUCACIONAIS

- recursos públicos: art. 61

FUNDEB

- distribuição de recursos; revisão: art. 60-A

FUNDO DE COMBATE E ERRADICAÇÃO DA POBREZA

- composição: art. 80
- disposições gerais: art. 81
- instituição do: art. 79
- produtos supérfluos; definição; lei federal: art. 83
- sociedade civil; participação: art. 82

FUNDO DE ESTABILIZAÇÃO FISCAL

- denominação: art. 71, § 2.º
- disposições: arts. 71 a 73

FUNDO DE PARTICIPAÇÃO

- dos Estados, Distrito Federal e dos Municípios; determinações: art. 34, § 2.º
- Estados e Municípios devedores; bloqueio e repasse à previdência social; casos: art. 57, § 4.º
- percentuais: art. 34, § 2.º, I
- percentuais; Estados e Distrito Federal: art. 34, § 2.º, II
- percentuais; Municípios: art. 34, § 2.º, III

FUNDOS

- extinção ou ratificação pelo Congresso Nacional; prazo: art. 36

FUNDO SOCIAL DE EMERGÊNCIA

- disposições: arts. 71 a 73

GASTOS PÚBLICOS

- teto limite; novo regime fiscal: arts. 107-A e 113

GESTANTE

- empregada; vedada dispensa arbitrária ou sem justa causa: art. 10, II, *b*

GOVERNADORES

- mandatos: art. 4.º, § 3.º

ICMS

- partilha entre Estados de origem e destino: art. 99.

IMÓVEIS

– urbanos; enfiteuse; direitos dos atuais ocupantes: art. 49, § 2.º

– urbanos; enfiteuse; sem cláusula contratual: art. 49, § 1.º

– urbanos; lei sobre o instituto da enfiteuse: art. 49

IMPOSTO MUNICIPAL SOBRE VENDAS A VAREJO DE COMBUSTÍVEIS LÍQUIDOS E GASOSOS

– alíquota até que seja fixada em lei complementar: art. 34, § 7.º

IMPOSTOS

– criação; vigência imediata: art. 34, § 1.º

– distribuição da arrecadação; regiões norte, nordeste e centro-oeste: art. 34, § 1.º

– ICMS; partilha entre Estados de origem e destino: art. 99.

– municipais; sobre combustíveis; vigência imediata: art. 34, § 1.º

– sobre serviços; alíquota: art. 86

IMPRENSA NACIONAL

– edição popular do texto integral da Constituição: art. 64

INCENTIVOS FISCAIS

– de natureza setorial; reavaliação: art. 41

– por convênio entre Estados; reavaliação e reconfirmação: art. 41, § 3.º

– quanto aos direitos adquiridos: art. 41, § 2.º

– revogações: art. 41, § 1.º

INSTITUIÇÕES FINANCEIRAS

– aumento do percentual de participação no capital por pessoas físicas ou jurídicas, residentes ou domiciliadas no exterior; vedação: art. 52, II

– domiciliadas no exterior; instalação no País; novas agências; vedação: art. 52, I

– liquidação de débitos: art. 47

– vedação; inaplicabilidade: art. 52, parágrafo único

INSTITUTO BRASILEIRO DE GEOGRAFIA E ESTATÍSTICA

– limites do Estado do Acre; homologação conforme serviços técnico-especializados do: art. 12, § 5.º

IRREDUTIBILIDADE

– representação dos Estados e do Distrito Federal; Câmara dos Deputados: art. 4.º, § 2.º

IRRIGAÇÃO

– aplicação dos recursos; prazo: art. 42

JAZIDAS MINERAIS

– pesquisa e lavra; autorizações consideradas sem efeito; casos: art. 44

JUÍZES

– togados de investidura limitada; aposentadoria: art. 21, parágrafo único

– togados de investidura limitada; estabilidade: art. 21

JUÍZES FEDERAIS

– promoção por antiguidade: art. 28, parágrafo único

– titularidade de varas na Seção Judiciária para a qual tenham sido nomeados ou designados: art. 28

JUSTIÇA DE PAZ

– legislação; requisitos: art. 30

JUSTIÇA DO TRABALHO

– empregador rural; obrigações trabalhistas: art. 10, § 3.º

JUSTIÇA FEDERAL

– competência: art. 27, § 10

LEI AGRÍCOLA

– disposições gerais: art. 50

LEI N. 5.107, DE 13-9-1966

– proteção; aumento; art. 6.º, *caput* e § 1.º da: art. 10, I

LEI ORÇAMENTÁRIA

– revisão; exercício financeiro 1989: art. 39

LEI ORÇAMENTÁRIA ANUAL

– aplicação de critérios; exclusão das despesas relativas à manutenção dos órgãos federais no Distrito Federal: art. 35, § 1.º, III

– aplicação de critérios; exclusão das despesas relativas ao Congresso Nacional, ao Tribunal de Contas da União e ao Poder Judiciário: art. 35, § 1.º, IV

– aplicação de critérios; exclusão das despesas relativas ao serviço da dívida da administração direta e indireta da União, inclusive fundações: art. 35, § 1.º, V

– aplicação de critérios; exclusão das despesas relativas aos projetos prioritários do plano plurianual: art. 35, § 1.º, I

– aplicação de critérios; exclusão das despesas relativas à segurança e defesa nacional: art. 35, § 1.º, II

– cumprimento; exclusões: art. 35, § 1.º

– cumprimento; prazo: art. 35

LEI ORÇAMENTÁRIA DA UNIÃO

– projeto; prazo; encaminhamento: art. 35, § 2.º, III

LEI ORGÂNICA DOS MUNICÍPIOS

– promulgação: art. 11, parágrafo único

LICENÇA-PATERNIDADE

– prazo até que a lei discipline: art. 10, § 1.º

LIMITAÇÕES DO PODER DE TRIBUTAR

– inaplicabilidade; casos; prazo: art. 34, § 6.º

– vigência imediata: art. 34, § 1.º

LIMITES TERRITORIAIS

– disposições: art. 12

LOTÉRICA

– prazo de vigência adicional aos instrumentos de permissão: art. 123

MANDATO

– governadores e vice-governadores: art. 4.º, § 3.º

– prefeitos e vice-prefeitos: art. 4.º, § 4.º

– Presidente da República: art. 4.º

– vereadores: art. 4.º, § 4.º

MEDICAMENTOS

– propaganda comercial; competência do poder legislativo; regulamentação: art. 65

MÉDICO MILITAR

– cumulação de cargos: art. 17, § 1.º

MICROEMPRESA

– considera-se: art. 47, § 1.º

– liquidação dos débitos; sem correção monetária; período: art. 47, I

MINISTÉRIO PÚBLICO DO TRABALHO

– integrantes que tenham adquirido estabilidade: art. 29, § 4.º

MINISTÉRIO PÚBLICO FEDERAL

– atribuições enquanto não aprovadas as leis complementares relativas ao Ministério Público e à Advocacia-Geral da União: art. 29

– atuais procuradores; opção: art. 29, § 2.º

– integrantes dos Ministérios Públicos do Trabalho e Militar: art. 29, § 4.º

– procuradores; opção pelo regime anterior: art. 29, § 3.º

MINISTÉRIO PÚBLICO MILITAR

– integrantes que tenham adquirido estabilidade: art. 29, § 4.º

MINISTROS

– Superior Tribunal de Justiça; aposentados do Tribunal Federal de Recursos: art. 27, § 4.º

– Superior Tribunal de Justiça; aproveitamento; Tribunal Federal de Recursos: art. 27, § 2.º, I

– Superior Tribunal de Justiça; classe: art. 27, § 3.º

– Superior Tribunal de Justiça; indicação em lista tríplice: art. 27, § 5.º

– Superior Tribunal de Justiça; nomeação: art. 27, § 2.º, II

MUNICÍPIOS

– até a promulgação da lei complementar; despesa com pessoal; excesso do limite previsto: art. 38, § 1.º

- até a promulgação da lei complementar; despesa com pessoal; porcentagem: art. 38
- criação, fusão, incorporação e desmembramento: art. 96
- demarcação de suas linhas divisórias; áreas litigiosas: art. 12, § 2.º
- demarcação de terras; expirado o prazo; competência da União: art. 12, § 4.º
- demarcação de terras; linhas divisórias; solicitação à União: art. 12, § 3.º
- fundo de participação; determinações: art. 34, § 2.º
- sistema tributário nacional; aplicação da legislação anterior: art. 34, § 5.º
- sistema tributário nacional; leis necessárias à aplicação: art. 34, § 3.º
- sistema tributário nacional; leis necessárias à aplicação; efeitos; vigência: art. 34, § 4.º

OPERAÇÕES DE CRÉDITO

- adaptação; prazo: art. 37

PAGAMENTO

- forma; precatórios judiciais: art. 33

PARCELAMENTO

- das contribuições previdenciárias e demais débitos dos Municípios: arts. 115 a 117

PARTIDO POLÍTICO

- registro provisório: art. 6.º, § 1.º
- registro provisório; perda: art. 6.º, § 2.º
- requerimento de registro de novo: art. 6.º

PENSÃO

- benefício estendido aos seringueiros que contribuíram durante a Segunda Guerra Mundial, na região amazônica: art. 54, § 1.º
- mensal vitalícia; seringueiros; concessão; prazo: art. 54, § 3.º
- mensal vitalícia; seringueiros recrutados: art. 54
- seringueiros; benefícios transferíveis aos dependentes carentes: art. 54, § 2.º

PENSÃO ESPECIAL

- para ex-combatente da Segunda Guerra Mundial: art. 53, II
- substituição de qualquer outra já concedida a ex-combatente da Segunda Guerra Mundial: art. 53, parágrafo único

PENSIONISTAS

- revisão dos direitos: art. 20

PETRÓLEO BRASILEIRO S/A-PETROBRAS

- contratos de risco: art. 45, parágrafo único

PLANO PLURIANUAL

- lei orçamentária; aplicação de critérios; exclusão das despesas relativas aos projetos prioritários no: art. 35, § 1.º, I
- projeto; encaminhamento: art. 35, § 2.º, I

PLANOS DE CUSTEIO E DE BENEFÍCIO

- prazo para implantação após aprovação pelo Congresso Nacional: art. 59, parágrafo único
- seguridade social; prazo para apreciação dos projetos de lei relativos à organização: art. 59

PLEBISCITO

- forma e sistema de governo: art. 2.º
- forma e sistema de governo; livre divulgação: art. 2.º, § 1.º
- Tribunal Superior Eleitoral; normas regulamentadoras: art. 2.º, § 2.º

POBREZA

- Fundo de Combate e Erradicação da: art. 79

PODER EXECUTIVO

- comissão de estudos territoriais; indicação: art. 12
- elaboração; projeto de revisão da lei orçamentária referente ao exercício financeiro de l989: art. 39
- reavaliação de incentivos fiscais de natureza setorial: art. 41

PODER LEGISLATIVO

- apreciação do projeto de revisão da lei orçamentária referente ao exercício financeiro de 1989: art. 39
- incentivos fiscais de natureza setorial; medidas cabíveis decorrentes de reavaliação: art. 41
- propaganda comercial específica; regulamentação; prazo: art. 65

POLÍCIA MILITAR

- servidores do ex-Território Federal de Rondônia; incorporação aos Quadros da União: art. 89

PRAZO

- Advocacia-Geral da União; organização e funcionamento; projeto de lei complementar: art. 29, § 1.º
- apreciação; Supremo Tribunal Federal; requerimento de cassados políticos: art. 9.º, parágrafo único
- apresentação dos resultados dos estudos territoriais: art. 12, § 1.º
- Câmara Municipal; lei orgânica; votação: art. 11, parágrafo único
- concessão de benefício; pensão mensal vitalícia aos seringueiros: art. 54, § 3.º
- criação; comissão de estudos territoriais: art. 12
- elaboração da constituição do estado; assembleia legislativa: art. 11
- elaboração do Código de Defesa do Consumidor pelo Congresso Nacional: art. 48
- indicação pelo Presidente da República de governadores para os Estados de Roraima e Amapá: art. 14, § 3.º
- irrigação; aplicação de recursos: art. 42, I e II
- lei orçamentária anual; cumprimento: art. 35
- licença-paternidade; disposições até que a lei discipline: art. 10, § 1.º
- realização da revisão constitucional: art. 3.º
- revisão pelo Congresso Nacional, através de Comissão Mista; doações, vendas e concessões de terras públicas: art. 51
- sistema tributário nacional; vigência: art. 34
- sistema tributário nacional; vigência imediata: art. 34, § 1.º

PRECATÓRIOS

- débitos de pequeno valor; o que são considerados: art. 87
- entidades devedoras; emissão de títulos da dívida pública: art. 33, parágrafo único
- pendentes; forma de pagamento: arts. 33, 78 e 86
- proposta orçamentária; despesas com pagamentos; diferença entre os valores expedidos e o limite estabelecido; destinação: art. 107-A
- regime especial de pagamento: arts. 97 e 101 a 105
- vencidos; forma de pagamento: art. 97

PREFEITOS

- mandatos: art. 4.º, § 4.º

PRESIDENTE DA REPÚBLICA

- compromisso; disposições constitucionais transitórias: art. 1.º
- Distrito Federal; indicação de governador e vice-governador: art. 16
- eleição: art. 4.º, § 1.º
- governadores dos Estados de Roraima e do Amapá; indicação: art. 14, § 3.º
- mandato: art. 4.º

PREVIDÊNCIA SOCIAL

- benefícios; revisão dos valores: art. 58
- prestações mensais dos benefícios atualizadas; início do pagamento: art. 58, parágrafo único

PROCLAMAÇÃO DA REPÚBLICA

- centenário; comemorações; competência: art. 63

PROCURADORES DA REPÚBLICA

- opção: art. 29, § 2.º

PROCURADORIA-GERAL DA FAZENDA NACIONAL

- atribuições enquanto não aprovadas as leis complementares relativas ao Ministério Público e à Advocacia-Geral da União: art. 29

– representação; União; causas de natureza fiscal: art. 29, § 5.º

PROCURADORIAS

– e departamentos jurídicos de autarquias federais; atribuições enquanto não aprovadas as leis complementares relativas ao Ministério Público e à Advocacia-Geral da União: art. 29

PROCURADORIAS-GERAIS

– permissão aos Estados; consultorias jurídicas separadas das suas: art. 69

PRODUTORES RURAIS

– classificação: art. 47, § 2.º
– míni, pequenos e médios; liquidação de débitos; correção monetária; período: art. 47, II

PROFESSORES DE NÍVEL SUPERIOR

– estabilidade; inaplicabilidade: art. 19, § 3.º

QUILOMBOS

– remanescentes das comunidades; terras; propriedade definitiva: art. 68

RECEITAS

– da União; projeto de revisão da lei orçamentária; exercício 1989: art. 39

RECURSOS MINERAIS

– empresas brasileiras; autorizações: art. 44, § 3.º
– empresas brasileiras titulares de autorização de concessão de lavra; dispensa do cumprimento dos requisitos previstos no art. 176, § 1.º: art. 44, § 1.º
– empresas brasileiras titulares de autorização de concessão de lavra; prazo para cumprimento dos requisitos previstos no art. 176: art. 44
– pesquisa e lavra; autorizações consideradas sem efeito; casos: art. 44

REFINARIAS

– em funcionamento; excluídas do monopólio estabelecido pelo art. 177, II: art. 45

REGIME FISCAL

– no âmbito dos orçamentos fiscal e da seguridade social da União: arts. 107-A e 113

REMUNERAÇÃO

– percebida em desacordo com a Constituição; redução: art. 17

RENDA BÁSICA FAMILIAR

– criação, expansão ou aperfeiçoamento de ação governamental; dispensa de limitação: art. 118

RESPONSABILIDADE ADMINISTRATIVA

– dos Estados, Municípios, DF e agentes públicos em gastos com educação durante a pandemia de Covid-19: art. 119

RESPONSABILIDADE CIVIL

– dos Estados, Municípios, DF e agentes públicos em gastos com educação durante a pandemia de Covid-19: art. 119

RESPONSABILIDADE CRIMINAL

– dos Estados, Municípios, DF e agentes públicos em gastos com educação durante a pandemia de Covid-19: art. 119

REVISÃO CONSTITUCIONAL

– realização: art. 3.º

RORAIMA

– enquanto não concretizada a transformação; benefícios: art. 14, § 4.º
– governador; indicação; Presidente da República; até a posse do governador eleito: art. 14, § 3.º
– instalação do Estado: art. 14, § 1.º
– transformação em Estado Federado: art. 14
– transformação; normas e critérios: art. 14, § 2.º

SAFRAS

– lei agrícola; planejamento de: art. 50

SAÚDE

– porcentagem do orçamento da seguridade social destinado ao setor da: art. 55
– recursos aplicáveis até 2004, divisão da União, Estados, Distrito Federal e Municípios: art. 77

SEGUNDA GUERRA MUNDIAL

– ex-combatente; direitos: art. 53, I a VI e parágrafo único

SEGURIDADE SOCIAL

– arrecadação que passa a integrar a receita da: art. 56

– porcentagem do orçamento destinado ao setor de saúde: art. 55

– projeto de lei relativo à organização: art. 59

SENADO FEDERAL

– até que se instale a Câmara Legislativa do Distrito Federal; competência será do: art. 16, §§ 1.º e 2.º

SERINGUEIROS

– pensão mensal vitalícia; benefícios transferíveis aos dependentes reconhecidamente carentes: art. 54, § 2.º

– pensão mensal vitalícia estendida aos que contribuíram durante a Segunda Guerra Mundial, na região amazônica: art. 54, § 1.º

– recrutados; pensão mensal vitalícia: arts. 54 e 54-A

SERVENTIAS

– foro judicial; estatização: art. 31

SERVIÇO NACIONAL DE APRENDIZAGEM RURAL – SENAR

– criação: art. 62

SERVIÇO PÚBLICO

– para ex-combatente da Segunda Guerra Mundial; direitos: art. 53, I

SERVIÇOS NOTARIAIS

– e de registro; oficializados; inaplicabilidade do art. 236: art. 32

SERVIÇOS PÚBLICOS DE TELECOMUNICAÇÕES

– concessões mantidas: art. 66

SERVIDORES CIVIS DA UNIÃO

– estabilidade: art. 19

– estáveis; tempo de serviço; contagem como título; concurso para efetivação: art. 19, § 1.º

SERVIDORES DO DISTRITO FEDERAL

– estabilidade: art. 19

– estáveis; tempo de serviço; contagem como título; concurso para efetivação: art. 19, § 1.º

SERVIDORES ESTADUAIS

– estabilidade: art. 19

– estáveis; tempo de serviço; contagem como título; concurso para efetivação: art. 19, § 1.º

SERVIDORES MUNICIPAIS

– estabilidade: art. 19

– estáveis; tempo de serviço; contagem como título; concurso para efetivação: art. 19, § 1.º

SERVIDORES PÚBLICOS CIVIS

– leis que estabeleçam critérios para compatibilização dos quadros de pessoal; competência: art. 24

SERVIDORES PÚBLICOS INATIVOS

– revisão dos direitos: art. 20

SINDICATOS RURAIS

– cobrança das contribuições: art. 10, § 2.º

SISTEMA DE GOVERNO

– plebiscito: art. 2.º

– plebiscito; livre divulgação: art. 2.º, § 1.º

– plebiscito; Tribunal Superior Eleitoral; normas regulamentadoras: art. 2.º, § 2.º

SISTEMA FINANCEIRO NACIONAL

– vedações até que sejam fixadas as condições a que se refere o art. 192: art. 52

SISTEMA TRIBUTÁRIO NACIONAL

– aplicação da legislação anterior: art. 34, § 5.º

– aplicação de recursos; art. 159, I, c; distribuição até que entre em vigor: art. 34, § 10

- criação do Banco de Desenvolvimento do Centro-Oeste: art. 34, § 11
- empréstimo compulsório; Eletrobrás: art. 34, § 12
- fixação de normas para regular provisoriamente: art. 34, § 8.º
- imposto municipal sobre vendas a varejo de combustíveis líquidos e gasosos; alíquota: art. 34, § 7.º
- imposto sobre operações relativas à circulação de mercadorias incidente sobre energia elétrica; responsáveis: art. 34, § 9.º
- leis necessárias à aplicação: art. 34, § 3.º
- leis necessárias à aplicação; efeitos; vigência: art. 34, § 4.º
- limitações do poder de tributar; inaplicabilidade; casos; prazo: art. 34, § 6.º
- vigência; com a promulgação da Constituição: art. 34, § 1.º
- vigência; prazo: art. 34

SUPERIOR TRIBUNAL DE JUSTIÇA

- aproveitamento dos Ministros do Tribunal Federal de Recursos: art. 27, § 2.º, I
- aproveitamento dos Ministros do Tribunal Federal de Recursos; classes: art. 27, § 3.º
- competência: art. 27, § 10
- composição inicial: art. 27, § 2.º, I e II
- instalação: art. 27
- ministros aposentados do Tribunal Federal de Recursos: art. 27, § 4.º
- nomeação; ministros; lista tríplice: art. 27, § 5.º

SUPREMO TRIBUNAL FEDERAL

- atribuições e competências até que se instale o Superior Tribunal de Justiça: art. 27, § 1.º
- presidente; compromisso; disposições constitucionais transitórias: art. 1.º
- requerimento; cassados; reconhecimento dos direitos: art. 9.º
- requerimento; cassados; reconhecimento dos direitos; prazo: art. 9.º, parágrafo único

TABACO

- propaganda comercial; competência do poder legislativo; regulamentação: art. 65

TELECOMUNICAÇÕES

- serviços públicos; concessões mantidas: art. 66

TERAPIAS

- propaganda comercial; competência do poder legislativo; regulamentação: art. 65

TERRAS

- indígenas; demarcação: art. 67
- ocupadas por remanescentes das comunidades dos quilombos; propriedade: art. 68

TERRAS INDÍGENAS

- prazo para conclusão de demarcação: art. 67

TERRAS PÚBLICAS

- doações e concessões; critério da legalidade e de conveniência do interesse público: art. 51, § 2.º
- vendas; critério da legalidade da operação: art. 51, § 1.º
- vendas, doações e concessões; comprovação da ilegalidade ou havendo interesse público: art. 51, § 3.º
- vendas, doações e concessões; revisão pelo Congresso Nacional: art. 51

TERRENOS DE MARINHA

- enfiteuse: art. 49, § 3.º

TERRITÓRIO FEDERAL DE FERNANDO DE NORONHA

- extinção: art. 15

TOCANTINS

- assembleia estadual constituinte; posse; governador e vice-governador: art. 13, § 5.º

- atos administrativos: art. 18-A
- criação do Estado: art. 13
- designação da capital: art. 13, § 2.º
- eleição de governador, vice-governador, senadores e deputados: art. 13, § 3.º
- eleição de governador, vice-governador, senadores e deputados; datas de convenções; calendário especial: art. 13, § 3.º, II
- eleição de governador, vice-governador, senadores e deputados; diretórios regionais: art. 13, § 3.º, IV
- eleição de governador, vice-governador, senadores e deputados; inelegibilidade: art. 13, § 3.º, III
- eleição de governador, vice-governador, senadores e deputados; prazo; filiação partidária: art. 13, § 3.º, I
- encargos decorrentes de empreendimentos no território do novo estado: art. 13, § 7.º
- mandato de Senador; extinção: art. 13, § 4.º, segunda parte
- mandatos de governador, vice-governador, deputados; extinção: art. 13, § 4.º, primeira parte
- normas disciplinadoras: art. 13, § 6.º
- região e limites: art. 13, § 1.º

TRIBUNAIS ESTADUAIS

- competência mantida até que seja definida na Constituição Estadual: art. 70

TRIBUNAIS REGIONAIS FEDERAIS

- até que se instalem; competência: art. 27, § 7.º
- competência: art. 27, § 10
- criação e instalação: art. 27, § 6.º
- novos tribunais: art. 27, § 11

TRIBUNAL FEDERAL DE RECURSOS

- aproveitamento dos ministros do: art. 27, § 2.º, I
- aproveitamento dos ministros do; classe: art. 27, § 3.º
- competência até que se instalem os Tribunais Regionais Federais: art. 27, § 7.º
- instalação dos Tribunais Regionais Federais: art. 27, § 6.º
- ministros aposentados: art. 27, § 4.º
- provimento de vagas de Ministro do: art. 27, § 8.º

TRIBUNAL INTERNACIONAL DOS DIREITOS HUMANOS

- formação: art. 7.º

TRIBUNAL SUPERIOR ELEITORAL

- eleição; Estado de Tocantins; disposições: art. 13, § 3.º, I a IV
- eleições 1988; disposições gerais: art. 5.º
- novo partido político; registro provisório: art. 6.º, § 1.º
- novo partido político; registro provisório; perda: art. 6.º, § 2.º
- plebiscito; normas regulamentadoras: art. 2.º, § 2.º
- requerimento de registo de novo partido político; pedido: art. 6.º

TRIBUTOS

- Sistema Tributário Nacional: art. 34

UNIÃO

- até a promulgação da lei complementar; despesa com pessoal; excesso do limite previsto: art. 38, § 1.º
- até a promulgação da lei complementar; despesa com pessoal; porcentagem: art. 38
- demarcação de terras; competência: art. 12, § 4.º
- demarcação de terras; estado e municípios; trabalhos demarcatórios: art. 12, § 3.º
- demarcação de terras indígenas; conclusão; prazo: art. 67
- Estado de Tocantins; encargos decorrentes de empreendimentos no território do novo estado; autorização para assumir débitos: art. 13, § 7.º

- sistema tributário nacional; aplicação da legislação anterior: art. 34, § 5.º
- sistema tributário nacional; leis necessárias à aplicação: art. 34, § 3.º
- sistema tributário nacional; leis necessárias à aplicação; efeitos; vigência: art. 34, § 4.º

VANTAGENS

- percebidas em desacordo com a Constituição; redução: art. 17

VENCIMENTOS

- percebidos em desacordo com a Constituição; redução: art. 17

VEREADOR

- por atos institucionais: art. 8.º, § 4.º

VEREADORES

- mandatos: art. 4.º, § 4.º

VICE-GOVERNADORES

- mandatos: art. 4.º, § 3.º

VICE-PREFEITOS

- mandatos: art. 4.º, § 4.º

VIGÊNCIA

- contribuições sociais: art. 34, § 1.º
- distribuição da arrecadação dos impostos; regiões norte, nordeste e centro-oeste: art. 34, § 1.º
- empréstimos compulsórios: art. 34, § 1.º
- imposto municipal sobre combustível: art. 34, § 1.º
- limitações do poder de tributar: art. 34, § 1.º
- novos impostos: art. 34, § 1.º
- sistema tributário nacional: art. 34

ZONA FRANCA DE MANAUS

- critérios que disciplinam aprovação dos projetos; modificações; lei federal: art. 40, parágrafo único
- disposições: art. 40
- prazo: arts. 40, 92, 92-A e 92-B